Mary M. Canobbio
Praxishandbuch –
Patientenschulung und -beratung

Weitere Pflegetitel bei Ullstein Medical

Brearley/Birchley
Beratung und Gesprächsführung bei Krankheit und Behinderung
Ullstein Mosby, Berlin/Wiesbaden 1995
ISBN 3-86126-534-6

Dash/Zarle
Entlassungsplanung und Überleitungspflege
Ullstein Medical, Wiesbaden 1998
ISBN 3-86126-614-8

Angela Eich
Enterale Ernährung
Ullstein Medical, Wiesbaden 1998
ISBN 3-86126-631-8

Farr/Watkinson
Diabetesschulung und -beratung
Ullstein Mosby, Berlin/Wiesbaden 1996
ISBN 3-86126-581-8

Barbara Klug-Redman
Patientenschulung und -beratung
Ullstein Mosby, Berlin/Wiesbaden 1996
ISBN 3-86126-526-5

McCaffery/Beebe/Latham
Schmerz
Ullstein Mosby, Berlin/Wiesbaden 1997
ISBN 3-86126-528-1

Marianne Peters-Gawlik
Praxishandbuch – Stomapflege
Ullstein Medical, Wiesbaden 1998
ISBN 3-86126-632-6

Marjory Gordon
Handbuch Pflegediagnosen
Ullstein Medical, Wiesbaden 1998
ISBN 3-86126-589-3

Carina Kroth
Stillberatung
Ullstein Medical, Wiesbaden 1998
ISBN 3-86126-649-0

Mary M. Canobbio

Praxishandbuch – Patientenschulung und -beratung

ULLSTEIN MEDICAL

Mary M. Canobbio, MN, RN
Pflegeexpertin für kardiovaskuläre Erkrankungen, Lehrbeauftragte der Universität von Kalifornien, USA

Übersetzer:
Michael Herrmann, Berlin

Die Deutsche Bibliothek - CIP Einheitsaufnahme

Canobbio, Mary M.:
Praxishandbuch–Patientenschulung und -beratung/ Mary M. Canobbio. Dt. Ausg. hrsg. von Angelika Zegelin. [Übers.: Michael Hermann].–Wiesbaden: Ullstein Medical, 1998
Einheitssacht.: Handbook of patient teaching <dt.>
ISBN 3-86126-644-X

Das vorliegende Buch ist eine Übersetzung aus dem Englischen von: „Handbook of Patient Teaching“ von Mary M. Canobbio

Lektorat: Jürgen Georg, Detlef Kraut

Herstellung: Stefan Wiesner

Umschlagillustration: pinx. Winterwerb und Partner

Layoutsatz: FEMOSET GmbH, Wiesbaden

Druck und buchbinderische Verarbeitung:
Clausen & Bosse, Leck

ISBN 3-86126-644-X

Autorinnen

Anne E. Belcher, PhD, RN, FAAN
Planmäßige außerordentliche Professorin,
Mitglied im leitenden Gremium der Abteilung für Akut- und Langzeitpflege,
Fachbereich Pflege der Universität von Maryland,
Baltimore, Maryland, USA

Leonor C. Cancino, MN, BS, RNC, OCN
Klinische Instruktorin für medizinische und chirurgische Pflege,
Fachbereich Pflege der Universität von Kalifornien, Los Angeles;
Leitende Stationsschwester der Station für kardiologische Überwachung,
Medizinisches Zentrum der Universität von Kalifornien,
Zentrum für Gesundheitswissenschaften;
Private Beraterin für Verwaltung und Management im Gesundheitswesen,
Los Angeles, Kalifornien, USA

Patricia Carter, MN, RN
Studentin der Medizin,
Forschungsassistentin,
Fachbereich Pflege der Universität von Kalifornien,
Los Angeles, Kalifornien, USA

Betty Y. F. Lee, MN, RN, CCRN
Medizinisches Zentrum der Universität von Kalifornien,
Los Angeles, Kalifornien, USA

Marise C. Magsarili, MN, RN, CCRN
Pflegeexpertin für klinische Pflege, klinische Koordinatorin,
Schule für Medizin der Universität Südkalifornien,
Sektion Herz- und Thoraxchirurgie,
Los Angeles, Kalifornien, USA

Margaret Marinow, BSN, RN
Commander i. R.,
Pflegecorps der US-Marine,
Long Beach, Kalifornien, USA

Candace Weigand, MN, RN, CNS, FNP
Medizinisches Zentrum St. Joseph,
Burbank, Kalifornien, USA

Esther Winthrop, RN, BS, MSE
Lehrerin für Pflege,
Medizinisches Zentrum St. Mary,
Duluth, Minnesota, USA

Beirat

Susan Chase Baltrus, MS, RNC
Koordinatorin des Abschlußjahrgangs,
Fachbereich Pflege,
Zentrales medizinisches Hauptzentrum,
Lewiston, Maine, USA

Ellen Carson, PhD, RNCS
Planmäßige außerordentliche Professorin,
Fachbereich Pflege,
Staatliche Universität Pittsburg,
Pittsburg, Kansas, USA

Mary Anne Dumas, PhD, RN, C, FNP
Planmäßige außerordentliche Professorin,
Fachbereich Pflege,
SUNY Stony Brook,
Stony Brook, New York, USA

Joyce Mulholland, MA, MS, RNC
Beraterin für Patientenschulung,
Phoenix, Arizona, USA

Joan Murphy, RN, MS
Planmäßige außerordentliche Professorin,
Fachbereich Pflege,
Utica College der Syracuse University,
Utica, New York, USA

Gervaise E. Nicklas, RN, MS, BSN
Lehrbeauftragte,
Fachbereich Pflege,
Universität von Nord-Illinois,
DeKalb, Illinois, USA

Elizabeth Outlaw, RN, MA
Pflegedienstleitung,
Medizinische Onkologie,
Stamford Hospital,
Stamford, Connecticut, USA

Sandra Solberg, RN
Instruktorin und Beraterin,
Studentischer Dienst,
Madison, Wisconsin, USA

Anita Lee Wynne, PhD
Planmäßige außerordentliche Professorin,
Fachbereich Pflege
Universität von Portland,
Portland, Oregon, USA

Für unsere Patienten und deren Familien
die ein Recht haben, zu erfahren ...

und

für meinen Mann, John G. Colias,
sein Verständnis für all die drängenden Termine,
verlorenen Wochenenden und verschobenen Ferien.

Vorwort

Im Zuge fortlaufender Veränderungen im Bereich der Gesundheitsfürsorge wandelt sich auch die Pflege im Sinne einer früheren Entlassung des Patienten aus der Klinik und überträgt damit vermehrt Verantwortung auf Patienten, ihre Familien und in der ambulanten Pflege Tätige. Dementsprechend tragen die im Gesundheitswesen Beschäftigten vermehrt Verantwortung dafür, daß Patientenschulung stattfindet.

Beurteilen und Befriedigen des Informationsbedürfnisses von Patienten und deren Familien sind integraler Bestandteil der praktischen Gesundheitsfürsorge. In der Vergangenheit lag der Schwerpunkt der Patientenschulung im wesentlichen auf der Pathophysiologie und der Behandlung von Krankheiten. Heute sind Patienten jedoch gehalten, in größerem Maße Verantwortung für alle Aspekte ihrer Versorgung zu übernehmen. Dazu gehören die Versorgung ihrer Wunden und Katheter sowie Maßnahmen der Prävention und der Gesundheitsförderung. Dieses Buch möchte daher den in der Gesundheitsfürsorge Tätigen dabei helfen, sicherzustellen, daß ihre Patienten über jeden Aspekt der ambulanten Pflege gut informiert sind.

Angesichts sinkender Hospitalisierungszeiten und zunehmender chirurgischer Kurzeingriffe gewinnt es an eminenter Bedeutung, sichere und einheitliche Pflegestandards aufrechtzuerhalten, die bei den Patienten in jedem System der Gesundheitsfürsorge zu einem positiven Ergebnis führen. Die „Gemeinsame Kommission für die Zulassung von Organisationen im Gesundheitswesen“ (Joint Commission on Accreditation of Healthcare Organizations, JCAHO) hat die Bedeutung von organisierten Systemen der Vermittlung für die Schulung des Patienten und seiner Familie seit langem erkannt. In diesem Buch wurde eine Anzahl von Verlautbarungen der JCAHO in Bezug auf Standards der Patientenschulung aufgenommen, die an dieser Stelle zusammengefaßt werden:

1. Versorgen Sie den Patienten und seine Familie mit Informationen, die deren Wissen vergrößern, zur Förderung des Heilungsprozesses und Funktionsverbesserung der notwendigen Fertigkeiten beitragen.
2. Ermutigen Sie den Patienten zur Teilnahme an der Entscheidungsfindung, und beziehen Sie die Familie in den Unterricht mit ein.

---

[1] Joint Commission on Accreditation of Healthcare Organizations: The Joint Commission's 1996 accreditation manual for hospitals: the new care of the patient standards. Washington, DC, 1996, American Hospital Association.

3. Verwenden Sie ein Schulungsprogramm, das mit einer Einschätzung und Bewertung beginnt und den erkannten Lernbedarf sowie Fähigkeiten und Vorlieben anspricht.
4. Schulen Sie den Patienten im sicheren und wirksamen Umgang seiner Medikamente.
5. Sie den Patienten im sicheren und wirksamen Umgang von Geräten und Materialien sowie in den entsprechenden Möglichkeiten der Beschaffung.
6. Beraten Sie den Patienten hinsichtlich der Nahrungsmittel und Ernährungsweisen, die für eine Krankheit angemessen sind, sowie möglicher Wechselwirkungen zwischen Nahrungsmittel und Medikament.
7. Versorgen Sie den Patienten beim Verlassen einer (medizinischen) Einrichtung mit Informationen darüber, wie er Anschlußpflege erhalten und Zugang zu den kommunalen Versorgungsmöglichkeiten finden kann.

Basierend auf diesen Standards bietet dieses Buch Infomationsrichtlinien, die der Betreuer im Umgang mit dem Patienten bzw. der Patientin und seiner/ihrer Familie sowie mit den Betreuenden in der Primärfürsorge berücksichtigen sollte. Die Richtlinien wurden als weitgefaßte Darstellungen formuliert, um die bzw. den Betreuende/n in der Gesundheitsfürsorge daran zu erinnern, was bei der Entlassung des Patienten in den individuellen Schulungsplan mit aufzunehmen ist. Da beispielsweise jeder Patient einen anderen Beruf hat, wird in einem Punkt zur Erinnerung angeführt, „den Patienten zu ermutigen, Fragen bezüglich der Aktivitäten in Beruf und Freizeit zu stellen". Auf diese Weise gibt man den Patienten die Sicherheit, daß sie wichtige Informationen bezüglich der Möglichkeiten und Einschränkungen in Bezug auf ihr klinisches Problem erhalten.

Es ist nicht Ziel dieses Buches, den Leser über Krankheiten, Störungen oder Methoden zu unterrichten. Dieses Wissen wird vorausgesetzt. Die Absicht besteht lediglich darin, in der Gesundheitsfürsorge Tätige daran zu erinnern, welche Punkte mit dem Patienten unbedingt diskutiert werden müssen. Die Abhandlung jeder Krankheit oder Methode beginnt mit einer kurzen **Definition.** Die **Kennzeichen** oder **Symptome** der Krankheit oder Störung sind diejenigen, die dem Patienten als zu erwarten oder zu beachten vermittelt werden. In ähnlicher Weise werden die **Komplikationen** erklärt, die in unmittelbarem Zusammenhang mit der Krankheit stehen, d. h. auf die der Patient achten muß. Untersuchungen zur **Diagnostik** werden mit einer kurzen Erklärung ihrer Zielsetzung aufgeführt. Ein Hinweis zur Erinnerung daran, über jede der verordneten Untersuchungen genaue Informationen zu vermitteln, findet sich zu Beginn einer jeden Auflistung.

Es folgt eine Aufzählung der allgemeinen **medizinischen Betreuung,** die für die Krankheit, die Störung oder das Verfahren spezifisch ist.

Der Abschnitt über die ambulante Pflege umfaßt Kernpunkte, die dem Patienten während der Betreuung zu Hause vermittelt werden sollen, und die mit ihm durchzugehen und zu diskutieren sind. Unter Berücksichtigung von Prinzipien aus der Erwachsenenbildung dient die einheitliche, strukturierte Auslegung des Textes den Betreuenden in der Gesundheitsfürsorge zur Erinnerung, die Familie des Patienten oder die betreuende Person in den Unterricht zu integrieren und für Hilfsmaterial zu sorgen, wie etwa schriftliche Informationen oder Telefonnummern zur Beantwortung weiterer Fragen. Wenn zur Vorbereitung des Patienten eine praktische Demonstration der Pflege erforderlich ist, so wird der Leser im Text darauf hingewiesen.

Um Betreuende in der Gesundheitsfürsorge bei der Vorbereitung des Patienten auf die Entlassung zu unterstützen, behandelt der Abschnitt über ambulante Pflege die Elemente, die in jeden Entlassungsplan aufgenommen werden müssen: Beschreibung der Erkrankung bzw. Methode, Ursachen oder Risikofaktoren, zu berichtende Symptome, Ernährungsberatung, Medikationen, Tätigkeiten sowie jede besondere Anweisung in Zusammenhang mit der Erkrankung bzw. Methode. Schließlich werden die Leser daran erinnert, für eine Verankerung der ambulanten Pflege im Umfeld einschließlich der kommunalen Möglichkeiten zu sorgen.

An Ginni McCanne, RN, BSN, Utilization Management Coordinator am Foothill Presbyterian Hospital gehen mein Dank und meine Anerkennung für ihre Beratung, Beteiligung und ihre Sachkenntnis. Für die Hilfe bei der Manuskriptvorbereitung danke ich Pauline Nguyen, Praktikantin an der Universität von Kalifornien.

Mary M. Canobbio

Geleitwort

Die Zunahme von Patientenberatung und -schulung gehört zweifellos zu den Megatrends in der Pflege. Seltsam, daß hierzulande diese Aufgabe nur zögerlich wahrgenommen wird. Ähnlich wie in den Vereinigten Staaten werden auch bei uns Kranke immer früher aus der stationären Versorgung entlassen. Neben dem Kostendruck tragen Entwicklungen wie ambulantes Operieren oder minimal invasive Chirurgie dazu bei.

Dennoch sind die Menschen nicht gesünder, ganz im Gegenteil, chronische Leiden nehmen zu und die Betroffenen sind schon früh in der Rekonvaleszenz auf sich selbst gestellt. Patienten und ihre Familien müssen mehr Verantwortung für ihre Situation übernehmen, wodurch der Bedarf an Information deutlich steigt.

Parallel dazu steigt in den nachwachsenden Generationen die Medienkompetenz, was sich in einer vielfachen Nutzung der neuen Medien zeigt: Mucoviszidosekranke nehmen im Internet an Diskussionsgruppen teil, Leukämiepatienten ziehen aus internationalen Datenbanken neue Forschungsergebnisse oder es wird ein adäquater ambulanter Pflegedienst für einen multiple Sklerose Kranken per „Mausklick“ gesucht.

Ich wage die Behauptung, daß in zehn Jahren die Information und Beratung betroffener Menschen viel selbstverständlicher geworden sind und darüber hinaus steuernde Hilfen benötigt werden, um sich in Dickicht der Mitteilungen zurecht zu finden.

Wenn dieses Feld von Pflegenden nicht besetzt wird, werden sich andere oder neue Berufsgruppen dort etablieren und zu Pflegefragen beraten. Es ist wünschenswert, daß sich die Pflege aus den Fesseln tradierter Pflichten befreit und sich mehr der Beratung und Schulung zuwendet und diese Aufgaben auch als anerkannte Leistungen auf allen Ebenen durchsetzt. Die Voraussetzungen dafür sollten jetzt in den Pflegeausbildungen und auch in Fort- und Weiterbildungen geschaffen werden. Im Rahmen der pflegebezogenen Studiengängen könnten entsprechende Konzepte und Szenarien entwickelt werden.

Dieses Buch der amerikanischen Pflegeexpertin Mary M. Canobbio ist wichtig. Es zeigt Beispiele für Pflegeberatung im originären Sinn, nämlich dem Betroffenen konkrete Hilfen zu geben für die Bewältigung seiner Krankheit in Bezug auf die Alltagsaktivitäten. Über 200 Erkrankungen, Beeinträchtigungen oder Behandlungsformen werden in systematischer und detaillierter Weise dargestellt. Ausgewählte Schwerpunkte wie beeinflussende Faktoren, prä- und postoperative Schulungen, Komplikationen, die

Diagnostik und Behandlung fehlen ebensowenig wie Hinweise zur Mobilisation, Ernährung, Wundversorgung und Medikamenteneinnahme. Die Entlassungsplanung und Pflegeüberleitung wird durch instruktive Hinweise zur ambulanten Pflege und Nachsorge unterstützt und erleichtert. Überlegungen zu Beruf und Freizeit bieten einen guten Leitfaden für Beratungen und Schulungen.

Ich wünsche diesem Buch eine rasche Verbreitung und den LeserInnen Mut und Durchhaltevermögen, diese wichtige Pflegeaufgabe deutlicher wahrzunehmen.

Angelika Zegelin-Abt, M.A.
Pflegewissenschaftlerin
Institut für Pflegewissenschaft
Universität Witten/Herdecke

Inhaltsverzeichnis

Z

Richtlinien für den Unterricht

Obwohl Patientenschulungen seit langem ein Grundpfeiler der praktischen Gesundheitsfürsorge sind, hat die Verkürzung der Verweildauer in Krankenhäusern den Bedarf nach Unterrichtsplän für die Entlassung erhöht, welcher die ambulante Pflege einschließt. Heutzutage übernehmen Patienten Verantwortung für Aspekte der Pflege, die früher in der Klinik abgedeckt wurden. Daher müssen Betreuende in der Gesundheitsfürsorge ihre Vorstellungen über den Schulungsbedarf des Patienten ausweiten, um darin nicht nur die Krankheit oder Störung, sondern auch die Umgebung, in die der Patient zurückkehrt und verfügbaren Ressourcen berücksichtigen.
Bei der Entwicklung eines individuellen Unterrichtsplans muß die/der Betreuende einige Grundprinzipien der Erwachsenenbildung mit einbeziehen um eine Einschätzung des Patienten vornehmen zu können. Im folgenden werden einige Punkte beschrieben, die bei der Entwicklung eines Schulungsprogramms für die ambulante Pflege bei Entlassung berücksichtigt werden müssen.

Beurteilung des Schulungsbedarfs

Patientenschulung beginnt mit einer Beurteilung dessen, was der Patient wissen sollte, um wieder gesund zu werden und zu seinen Aufgaben zurückzufinden. Aus Angst und Sorge merken sich Patienten nur wenig von den Instruktionen, die sie in der Klinik erhalten. Pflegende sollten die Informationen daher auf besondere Inhalte, Fertigkeiten und Verhaltensweisen beschränken, die vor der Entlassung gelernt werden müssen. Was der Patient wissen möchte und was sich in der kurzen zur Verfügung stehenden Zeit lernen läßt, sollte in die Einschätzung der notwendigen zu beschaffenden Information aufgenommen werden.
Ein Plan für die Beurteilung berücksichtigt alle Faktoren, die den Lehr- und den Lernprozeß beeinflussen. Alter, Geschlecht, Bildung, kultureller und religiöser Hintergrund, Beruf und Erfahrungen in der Vergangenheit beeinflussen die Lernfähigkeit und -bereitschaft des Patienten. Die bzw. der Pflegende muß versuchen, den Lebensstil des Patienten, seine Vorlieben und seine Einstellungen gegenüber Gesundheit und Krankheit zu beurteilen. Auch Hemmschwellen beim Lernen, wie etwa körperliche Beeinträchtigungen, Geldangelegenheiten und die Art der Durchführung der Gesundheitsfürsorge, müssen in ihrer Wertigkeit beurteilt werden, besonders bei der Verschreibung von Geräten und Material für die ambulante Pflege und bei der Vermittlung von Selbsthilfegruppen.

Beurteilung des Umfeldes

Bei der Vorbereitung des Patienten auf die ambulante Pflege muß die bzw. der Pflegende das physische und soziale Umfeld beurteilen, in das der Patient entlassen wird. Wird er nach Hause entlassen, muß die bzw. der Pflegende sich versichern, daß die häusliche Umgebung sicher und für den Patienten geeignet ist, um die erhaltenen Instruktionen auszuführen. Kann sich der Patient beispielsweise sicher umherbewegen, oder lebt er in einem zweistöckigen Gebäude ohne einen Fahrstuhl, mit dem er ins Erdgeschoß gelangen könnte? Falls der Patient angewiesen wurde, sich täglich zu wiegen: Besitzt er eine Waage? Das äußere Umfeld umfaßt sowohl die für den Patienten verfügbaren und finanzierbaren Ressourcen des Krankenhauses wie auch der Kommune. Betreuende in der Gesundheitsfürsorge müssen mit den kommunalen Ressourcen vertraut werden, an die der Patient verwiesen werden kann, z. B. Selbsthilfeprogramme, ambulante Pflegedienste und Berufsorganisationen.

Der Informationsgrad des Patienten

Die Information für den Patienten sollte seinem Alter, seiner Lese- und Schreibkundigkeit, dem Bildungsgrad und seinen sprachlichen Fertigkeiten angepaßt sein. Das Material für Patienten sollte hinsichtlich des Leseverständnisses zwischen den Ansprüchen des 6. und 8. Schuljahrs liegen. Medizinische Terminologie oder Umgangssprache sollte vermieden werden. So sollten beispielsweise nicht anstelle von „Herzinfarkt“ die Begriffe „Myokardinfarkt“ oder „MI“ verwendet werden, es sei denn, sie wurden dem Patienten zuvor erläutert.

Gebrauch von Unterrichtsmaterial für Patienten

Angesichts kürzerer Liegezeiten und begrenzter Zeit für den Unterricht bilden gedruckte und audiovisuelle Materialien wichtige Hilfsmittel für jeden Unterrichtsplan zur Entlassung. Beides stellt jedoch nur eine Hilfsmittel dar und kann die individuelle Unterweisung nicht ersetzen.

Gedrucktes Material kann von kleinen Kompendien bis hin zu Einzelblättern mit nur einem Thema reichen. Gedrucktes Material hilft bei der Verstärkung der Informationen, die den Patienten während ihres Klinikaufenthaltes vermittelt wird und dient als rasch greifbare Ressource. Wegen der verminderten Fähigkeit hospitalisierter Patienten, sich Informationen zu merken und wieder abzurufen, stellt gedrucktes Material nach der Rückkehr der Patienten in die häusliche Umgebung ein wichtiges Hilfsmittel zur Erinnerung der Kernpunkte dar.

Beteiligung der Familie

Nach kürzeren Liegezeiten fühlen sich Patienten auf Maßnahmen der Selbstpflege möglicherweise schlecht vorbereitet oder körperlich nicht dazu in der Lage, daher sind Familienmitglieder lebenswichtige Bindeglieder beim Übergang von der klinischen zur ambulanten Pflege. Familien müssen an allen Diskussionen und Demonstrationen beteiligt sein.
Für den Zweck dieses Buches wird der Begriff „Familie" im weitesten Sinne verwandt und umfaßt jede Person, die im Leben des Patienten eine wichtige Rolle spielt. Das „Familienmitglied" ist nicht notwendigerweise jemand, der bzw. die mit dem Patienten in einer rechtlichen Verbindung steht, sondern ganz einfach jemand, der bzw. die die primäre Verantwortung für die ambulante Pflege des Patienten übernimmt. Es ist daher wichtig, die oben angesprochenen Lernprinzipien auf dieses Familienmitglied anzuwenden, das nun ebenfalls ein Klient wird.

Fertigkeitenunterricht

Um die Fertigkeiten des Patienten zur Selbstpflege maximal zu steigern, muß die bzw. der Betreuende in der Gesundheitsfürsorge dem Patienten genügend Zeit und Gelegenheit einräumen, um diese Fertigkeiten zu üben. Die Praxis sollte Bestandteil jedes Zusammentreffens mit dem Patienten sein und nicht zurückgehalten werden, bis der Patient zur Entlassung ansteht. Es muß jede Anstrengung unternommen werden, um sicherzustellen, daß das Lernen in aufbauenden Schritten stattfindet und Patienten nicht von zuviel Information auf einmal überwältigt werden.

Literatur

Johnson, E. A., Jackson, J. E.: Teaching the home care client. Nurse Clin North Am 24, 687-693 (1989)

Joint Commission on Accreditation of Healthcare Organizations: The Joint Commission´s 1996 accreditation manual for hospitals: the new care of the patient standards. American Hospital Association, Washington, DC, 1996

Knowles, M. S.: The modern practice of adult education. In: Pedagogy to andragogy, 2. Aufl. Follett, Chicago, 1980

Redman, B.: The process of patient education, 7. Aufl. Mosby, St. Louis, 1993

Ruzicki, D. A.: Realistically meeting the educational needs of hospitalized acute and short-stay patients. Nurse Clin North Am 24, 629-637 (1989)

Winthrop, E.: Mosby´s patient teaching tips. Mosby, St. Louis, 1994

Praxishandbuch – Patientenschulung und -beratung

Abdominalchirurgischer Eingriff

A

Abdominalchirurgischer Eingriff: chirurgischer Eingriff in das Abdomen. Abdominalchirurgische Eingriffe werden aus zahlreichen Gründen durchgeführt, etwa bei Erkrankungen des Gastrointestinaltraktes, um Teile eines Organs (z. B. bei Appendektomie) oder ein ganzes Organ (z. B. bei Gastrektomie) zu entnehmen, Organe zu transplantieren oder das Fortschreiten einer Krankheit zu überwachen.

Präoperative Schulung

- Gehen Sie die Erklärung des Arztes anhand von Illustrationen durch
- Erläutern Sie die Notwendigkeit einer schriftlichen Einverständniserklärung nach Aufklärung über den Eingriff, die Anästhesie und Bluttransfusionen
- Erklären Sie, daß der Patient für gewöhnlich eher am Tag des Eingriffs als davor in die Klinik aufgenommen wird, es sei denn, eine ausgedehnte Darmvorbereitung ist erforderlich

Besprechen der präoperativen Pflege

- Am Tag vor dem Eingriff darf der Patient nach Mitternacht weder essen noch trinken
- Es kann erforderlich sein, daß der Patient vom Nabel bis in den Genitalbereich (einschließlich des Perineums) rasiert werden muß, um eine Infektion der Operationswunde zu verhindern
- Ein zu Hause durchgeführter, kleiner Reinigungseinlauf kann am Abend vor dem Eingriff erforderlich sein
- Der Patient muß angewiesen werden, sich vor der Fahrt in die Klinik unter Verwendung einer bakteriziden Seife zu duschen

Besprechen der postoperativen Pflege

- Betonen Sie die Bedeutung der Druckentlastung, des Drehens, Abhustens und tiefen Einatmens
- Besprechen Sie den Zweck des Giebelrohrs oder anderer Atemtherapiegeräte, und demonstrieren Sie deren Gebrauch
- Erläutern Sie, wie wichtig es ist, am ersten Tag nach dem Eingriff aufzustehen
- Erläutern Sie den Grund für das Tragen von Kompressionsstrümpfen und für deren Ersatz durch Antithrombosestrümpfe während der Bettlägerigkeit

- Erläutern Sie, wie wichtig es ist, Arme und Beine zu bewegen, solange man im Bett liegt
- Erklären Sie, daß Schmerzen nach der Operation zu erwarten sind, daß zu deren Bekämpfung jedoch Analgetika zur Verfügung stehen. Besprechen Sie die Arten der Schmerzbekämpfung
  - Patientenkontrollierte Analgesie (PCA): Der Patient verabreicht sich das Analgetikum selbst, indem er auf den Knopf eines Gerätes drückt, das einem computergesteuerten Zeit/Dosis-Schema folgt
  - Intramuskuläre Injektion: Das Analgetikum wird wie verordnet injiziert
- Erklären Sie, daß die Flüssigkeitsversorgung intravenös geschieht, bis der Patient wieder essen und trinken darf
- Erläutern Sie, daß u. U. verschiedene Schläuche und Absaugsysteme verwendet werden, um nach dem Eingriff Blut und Flüssigkeit um den Einschnitt herum abzusaugen. Dazu können gehören: die Magensonde (bis die Darmgeräusche wiederkehren), der Blasenverweilkatheter; die Penrose-Drainage, die Jackson-Pratt-Drainage und die Redon-Drainage

Komplikationen

- Wundinfektion
- Wunddehiszenz
- Tiefe Beinvenenthrombose
- Paralytischer Ileus
- Störungen des Flüssigkeits- und Elektrolythaushalts
- Darmverschluß
- Harnwegsinfektion
- Pulmonale Komplikationen
- Hämorrhagie
- Akutes Nierenversagen

Ambulante Pflege

- Geben Sie sowohl dem Patienten als auch der bzw. dem Betreuenden *mündliche* und *schriftliche* Instruktionen. Nennen Sie ihnen den Namen und die Telefonnummer eines Arztes oder einer Pflegeperson, die sie bei Fragen anrufen können

- *Wundversorgung*
  - Zeigen Sie dem Patienten, wie man Verbände wechselt und sich um die Schläuche und Drainagen kümmert
  - Helfen Sie dem Patienten, sich mit dem notwendigen Material zu versorgen, und stellen Sie sicher, daß er bzw. sie weiß, welches Material besorgt werden muß und wo es nach der Entlassung aus der Klinik erhältlich ist
- *Komplikationszeichen*
  - Gehen Sie Anzeichen und Symptome durch, die der Patient einem Arzt oder einer Pflegeperson mitteilen sollte
    - Wundinfektion: Rötung, Schmerzhaftigkeit, Wärme und Schwellung um den Einschnitt herum; erhöhter Ausfluß aus den Drainagen
    - Veränderungen der Stuhlgewohnheiten: Durchfall, Verstopfung, Blähungen
- *Medikamente*
  - Erläutern Sie Zweck, Dosierung, Zeitplan und Art der Einnahme der verschriebenen Medikamente sowie deren Nebenwirkungen, die einem Arzt oder einer Pflegeperson mitgeteilt werden sollten
- *Besondere Hinweise*
  - Gehen Sie Techniken der Schmerzkontrolle durch
  - Unterweisen Sie den Patienten darin, beim Husten mit den flachen Händen leichten Druck auf die Bauchdecke auszuüben
  - Versichern Sie dem Patienten, daß die Schmerzen und das Dekubitusrisiko mit steigender Beweglichkeit abnehmen
- *Aktivitäten*
  - Erläutern Sie die Notwendigkeit häufiger Ruhepausen
  - Instruieren Sie den Patienten, seine Aktivitäten entsprechend der Toleranzgrenzen allmählich auszuweiten
  - Weisen Sie den Patienten an, das Heben schwerer Gegenstände (> 5 kg) und anstrengende Arbeit oder Sport für 4–6 Wochen oder länger zu vermeiden, entsprechend dem Rat des Arztes
- *Ernährung/Diät*
  - Informieren Sie den Patienten darüber, daß sich die Diät nach der Grunderkrankung bzw. Diagnose richtet

Adrenalektomie

Adrenalektomie: chirurgisches Entfernen einer oder beider Nebennieren.

Indikationen

- Überfunktion der Nebennieren (Cushing-Syndrom) und Hyperaldosteronismus
- Benigne Nebennierenadenome oder maligne, ACTH produzierende Tumoren
- Begleitende Behandlung bei Prostata- und Mammakarzinomen, die von der Hormonsekretion der Nebennieren abhängen

Präoperative Schulung

- Gehen Sie die Erläuterungen des Arztes bezüglich des Eingriffs und seiner Gründe, den Vorgang der Hautvorbereitung und die Lokalisation des Einschnitts durch. Ermutigen Sie den Patienten, Fragen zu stellen und alle Sorgen und Ängste zu besprechen
- Werden beide Nebennieren entfernt, erklären Sie dem Patienten, daß er lebenslang eine Kortisonbehandlung benötigen wird. Wird nur eine Nebenniere entfernt, so nimmt der Patient Kortison-Tabletten über 6 Monate bis zu 2 Jahren
- Erklären Sie dem Patienten, daß er eher am Tag des Eingriffs aufgenommen wird als früher
- Erläutern Sie die Notwendigkeit einer schriftlichen Einverständniserklärung nach Aufklärung für den Eingriff und die Anästhesie

Besprechen der präoperativen Pflege

- Am Tag vor dem Eingriff darf der Patient nach Mitternacht weder essen noch trinken
- Der Patient wird nach dem Eingriff sorgfältig überwacht, um Komplikationen wie z. B. eine Addison-Krise, Infektion oder Hypertonie zu verhindern, die sich durch das Entfernen einer oder beider Nebennieren ergeben können. Informieren Sie sich bei der Grunderkrankung über besondere Medikationen, wie etwa Antihypertensiva und Glukose

Besprechen der postoperativen Pflege

- Betonen Sie die Bedeutung der Druckentlastung, des Drehens, Abhustens und tiefen Einatmens
- Besprechen Sie den Zweck des Giebelrohrs oder anderer Atemtherapiegeräte, und zeigen Sie deren Gebrauch
  - Unterweisen Sie den Patienten darin, beim Husten mit den flachen Händen leichten Druck auf die Bauchdecke auszuüben

Komplikationen

- Addison-Krise
- Hämorrhagie
- Infektion
- Hypoglykämie
- Störungen des Elektrolythaushalts
- Hypotonie

Ambulante Pflege

- Geben Sie sowohl dem Patienten als auch der bzw. dem Betreuenden *mündliche* und *schriftliche* Instruktionen. Nennen Sie ihnen den Namen und die Telefonnummer eines Arztes oder einer Pflegeperson, die sie bei Fragen anrufen können
- *Wundversorgung*
  - Zeigen Sie dem Patienten, wie seine Wunde versorgt wird
  - Weisen Sie den Patienten an, keine enge oder einschnürende Kleidung, z. B. Gürtel oder Strumpfhalter, über der Wunde zu tragen, da dies Gewebsreizungen hervorrufen kann
- *Komplikationszeichen*
  - Betonen Sie, wie wichtig es ist, sofort medizinische Hilfe zu suchen, wenn der Verdacht auf eine Addison-Krise besteht. Gehen Sie die Kennzeichen und Symptome einer Krise durch, d. h. ausgeprägte Schwäche, Müdigkeit, Benommenheit, Übelkeit, Erbrechen, Schmerzen im Abdomen und kühle, feuchte Haut. Stellen Sie sicher, daß Patient und Betreuende/r von zu Hause und vom Arbeitsplatz aus den schnellsten Weg zu einer Notfallstation kennen
  - Helfen Sie dem Patienten bei der Beschaffung einer Notfallausrüstung mit Alkoholtupfern und Spritzen mit 100 mg Hydrokortison
  - Raten Sie dem Patienten, die Notfallausrüstung auf Reisen mitzuführen und das Material regelmäßig auf das Verfallsdatum zu prüfen

- Bringen Sie dem Patienten und dem bzw. der Betreuenden bei, wie man im Fall einer Addison-Krise eine Hydrokortisoninjektion vorbereitet und verabreicht
- *Medikamente*
- Erläutern Sie Zweck, Dosierung, Zeitplan und Art der Einnahme der verschriebenen Medikamente sowie deren Nebenwirkungen, die einem Arzt oder einer Pflegeperson mitgeteilt werden sollten
- Wurde bei dem Patienten eine einseitige Adrenektomie durchgeführt, so erklären Sie ihm, daß eine Kortikosteroidsubstitution erforderlich ist, bis die verbliebene Nebenniere entsprechend zu arbeiten begonnen hat. Die Hormonsubstitution dauert zwischen ein paar Monaten und einem Jahr
- Patienten nach beidseitiger Adrenektomie benötigen eine lebenslange Kortikosteroidsubstitution; gehen Sie die Langzeitbetreuung der Nebenniereninsuffizienz durch
- Betonen Sie, daß die Hormonsubstitution lebenslang erforderlich ist und ein abruptes Absetzen der Medikation eine Addison-Krise auslösen kann
- Betonen Sie, wie wichtig es ist, die Kortikosteroidmedikation nicht abrupt abzubrechen
- *Aktivitäten*
- Erläutern Sie den Bedarf an häufigen Ruhepausen
- Instruieren Sie den Patienten, seine Aktivitäten entsprechend den Toleranzgrenzen allmählich auszuweiten
- Weisen Sie den Patienten an, das Heben schwerer Gegenstände (> 5 kg) und anstrengende Arbeit oder Sport für 4-6 Wochen oder länger zu vermeiden, entsprechend dem Rat des Arztes
- *Ernährung/Diät*
- Informieren Sie den Patienten darüber, daß sich die Diät nach der Grunderkrankung bzw. Diagnose richtet

Nachsorge

- Betonen Sie die Bedeutung regelmäßiger Nachsorgeuntersuchungen. Stellen Sie sicher, daß der Patient die notwendigen Namen und Telefonnummern hat
- Helfen Sie dem Patienten bei der Beschaffung eines Notfallmedaillons (SOS-Kapsel) und eines Ausweises mit der Diagnose, der Medikation und der Behandlung im Notfall

Allergie

A

Allergie: eine Überempfindlichkeitsreaktion gegen intrinsische Antigene, die meisten davon aus der Umwelt. Die gewöhnlichen Allergien unterteilen sich in zwei Reaktionstypen: die Sofortreaktion oder antikörpervermittelte Reaktion, die innerhalb von Minuten nach Exposition als Folge der Freisetzung einer Substanz wie z. B. Histamin, Bradykinin oder Immunglobulin in den Kreislauf eintritt (Typ-I-Reaktion) und die verzögerte oder zellvermittelte Reaktion, die sich über 24–48 Stunden entwickelt und durch Antigene vermittelt wird (Typ-IV-Reaktionen).

Häufige Allergien/Reaktionen

- Allergische Konjunktivitis: Hyperämie (Rötung, Wärme) der Konjunktiven, verursacht durch Allergene wie Pollen, Gras, topische Medikamente, Luftverunreinigungen, Reizstoffe im beruflichen Umfeld und Rauch
- Allergische Dermatitis: Akute Entzündung der Haut nach Exposition gegenüber einem Allergen, gegen das die Person empfindlich ist, z. B. bestimmte Früchte oder Nickelverbindungen
- Allergische Rhinitis: Entzündung der Nasenwege mit wäßrigem Ausfluß und Jucken von Nase und Augen in Verbindung mit Allergenen aus der Luft wie Hausstaub, Tierhaaren oder einem Antigen (gewöhnlich Pollen)

Kennzeichen/Symptome

- *Leichte Symptome*
- Konjunktivitis
- Urtikaria
- Verstopfte und tropfende Nase
- Einengung der Bronchien
- Erythem (Rötung), Ödem, Hautschuppungen
- Erbrechen
- *Schwere Symptome*
- Anaphylaxie

Diagnostik

- Beschreiben Sie jedes Verfahren, seinen Zweck und die normalen Empfindungen oder Wahrnehmungen, die dabei wahrscheinlich vorkommen, sowie die Pflege davor und danach
- Hautallergietest zur Identifizierung des auslösenden Allergens
  - Intradermaltest
  - Skarifikationstest (Scratch-Test)
  - Pflasterprobe (Patch-Test)
- Blutuntersuchungen: vollständiges Blutbild, Eosinophile, Ausstrich, Serum-IgE-Spiegel,

Radio-Allergen-Sorbent-Test (RAST) zur Identifizierung spezifischer IgE-Antikörper

Bei allergischer Rhinitis

- Röntgenaufnahme der Stirnhöhlen zum Ausschluß anderer Erkrankungen, z. B. Nasenpolypen, sowie von Infektionen und Strukturdefekten
- Computertomographie: Scan der Stirnhöhlen zum Ausschluß anderer Erkrankungen, z. B. Nasenpolypen, sowie von Infektionen und Strukturdefekten

Behandlung

Konservativ

- *Therapie*
- Immuntherapie (Hyposensibilisierung) gegen Inhalationsantigene, wie z. B. die Pollen von Bäumen, Gräsern und Kräutern
- Desensibilisierung zur Abschwächung der starken Allergenwirkung
- Überprüfung des Umfelds zur Elimination oder Abschwächung störender Allergene in der Umgebung
- *Medikamente*
- Antihistaminika über Inhaler, Vernebler, oral oder nasal
- Sympathomimetika, oral oder topisch, abschwellend
- Kortikosteroide, systemisch, topisch oder über die Konjunktiven
- Antiinfektiöse Wirkstoffe
- Analgetika

Ambulante Pflege

- Geben Sie sowohl dem Patienten als auch der bzw. dem Betreuenden *mündliche* und *schriftliche* Instruktionen. Nennen Sie ihnen den Namen und die Telefonnummer eines Arztes oder einer Pflegeperson, die sie bei Fragen anrufen können
- *Allgemeine Informationen*
- Besprechen Sie die chronische Natur von Allergien. Helfen Sie dem Patienten, problematische Allergene zu erkennen, und besprechen Sie Wege, wie sich Symptome durch Medikamente oder Überprüfung des Umfelds verhindern lassen
- *Besondere Hinweise*
- Erläutern Sie, daß das Überprüfen des Umfelds ein Mittel zur Verhinderung und Behandlung von Symptomen ist
- Zeigen Sie den Patienten, seine häusliche und soziale Umgebung sowie seinen Arbeitsplatz auf schädigende Allergene zu prüfen, und legen Sie dem Patienten dringend nahe, diese Allergene zu eliminieren oder möglichst zu vermeiden
- Erklären Sie, daß Allergene saisonabhängig sein können – Pollen treten beispielsweise im Frühjahr und nach heftigen Regenfällen verstärkt auf – oder in gewissen Bereichen, wie z. B. auf freiem Feld, im Wald oder in ländlichen Gebieten, häufiger auftreten können
- Gehen Sie Maßnahmen zur Eliminierung oder Einschränkung häufiger Allergene durch
  - Bäume, Gras, Kräuter und Pollen: Fenster während der Zeit des Pollenflugs geschlossen halten und Klimaanlagen verwenden
  - Pilzsporen: Quelle entfernen, z. B. Pflanzen, Schmutz; wachstumshemmende Lösungen in feuchten Bereichen wie etwa dem Badezimmer; hochwirksame Partikelfilter oder elektrostatische Luftreiniger einsetzen
  - Hausstaub, Tierhaare, Milben: Dafür sorgen, daß Haushaltsgegenstände keine „Staubfänger“ werden; häufiges Waschen der Bettwäsche; Matratze in Plastikfolie einhüllen; Teppiche, Tücher und Decken entfernen oder häufig absaugen; feuchtes Abstauben mit Gesichtsmaske; Luftfilter; Haustiere und andere Tiere entfernen oder meiden
- Weisen Sie den Patienten an, seine Reaktionen auf die Behandlung (Medikamente, Umgebungskontrolle, Immuntherapie, Desensibilisierung) zu überwachen, jedes Problem und neue Symptome sowie Nebenwirkungen aufzuzeichnen und dem Arzt oder einer Pflegeperson mitzuteilen

- *Medikamente*
  - Erläutern Sie Zweck, Dosierung, Zeitplan und Art der Einnahme der verschriebenen Medikamente sowie deren Nebenwirkungen, die einem Arzt oder einer Pflegeperson mitgeteilt werden sollten
  - Werden ein Inhalator oder zu vernebelnde Medikamente verschrieben, unterweisen Sie den Patienten in deren Gebrauch
  - Betonen Sie, wie wichtig es ist, verschriebene oder rezeptfrei erhältliche Medikamente nicht übermäßig einzusetzen oder gar zu mißbrauchen, da sie eine kumulierende Wirkung haben können
- *Aktivitäten*
  - Instruieren Sie den Patienten mit allergischer Rhinitis oder Konjunktivitis, an Tagen mit starkem Pollenflug anstrengende Arbeit oder Sport zu vermeiden oder zu verringern, vor allem, wenn die Allergene einen Anfall auslösen. Falls verordnet, können die Medikamente vor dem Sport oder der jeweiligen Tätigkeit eingenommen werden, um einen Anfall zu verhindern

Nachsorge

- Betonen Sie die Bedeutung jeglicher vorgeschriebenen Nachsorge einschließlich der Allergie- und Labortests. Versichern Sie sich, daß der Patient die erforderlichen Namen und Telefonnummern hat

Alzheimer-Krankheit

Alzheimer-Krankheit: fortschreitende Einschränkung des Intellekts, des Gedächtnisses und der Persönlichkeit, die zu schwerer Demenz führt. Die genaue Ursache ist unbekannt, man nimmt jedoch an, daß die Krankheit durch einen Neurotransmittermangel im Gehirn hervorgerufen wird. Immunologische und genetische Faktoren sowie Umweltfaktoren wurden angeschuldigt. Die Krankheit beginnt schleichend und befällt Menschen ab dem 4. Lebensjahrzehnt; sie tritt bei 10–15 % der über 65jährigen auf.

Kennzeichen/Symptome

- *Verlust des Intellekts*
  - Gedächtnisverlust – zu Beginn kann sich der Patient nicht an kurze Zeit zurückliegende, wohl aber an weit zurückliegende Ereignisse erinnern.
  - Verlust des Zeitgefühls

- Probleme bei der Entscheidungsfindung
- Verlust des roten Fadens bei Unterhaltungen
- Notwendigkeit wiederholter Anweisungen
- Rechenunfähigkeit
- Verkürzte Aufmerksamkeitsspanne
- Unfähigkeit, Freunde und Familienmitglieder zu erkennen

- *Verlust der Persönlichkeit und des Affekts*
- Persönlichkeitsveränderungen
- Apathie, Verlust der Initiative
- Ängstlichkeit, Furcht, Streitsucht, Starrsinn
- Mißtrauen bis hin zur Paranoia
- Verlust des Humors
- Unsensibilität gegenüber anderen
- Unaufmerksamkeit
- Veränderungen der Sprache (Verlangsamung, Wortverluste, Verwendung von Stereotypen)
- Leichte Ermüdbarkeit
- Reaktive Depressionen
- Weinkrämpfe
- Lethargie
- Vernachlässigung der Selbstpflege
- Nächtliches Umherwandern

- *Fortgeschrittenes Stadium*
- Apathie, Mutismus
- Unfähigkeit, sich an kurz oder weiter Zurückliegendes zu erinnern
- Desorientiertheit, Verwirrtheit
- Unfähigkeit in den Aktivitäten des täglichen Lebens
- Inkontinenz

Komplikationen

- Körperliche und/oder seelische Abhängigkeit
- Verletzungen
- Harn- und Stuhlinkontinenz
- Dehydrierung/Unter- bzw. Mangelernährung
- Infektionen

Diagnostik

- Beschreiben Sie jedes Verfahren, seinen Zweck und die normalen Empfindungen oder Wahrnehmungen, die dabei wahrscheinlich vorkommen, sowie die Pflege davor und danach
  - Positronemissionstomographie zur Bestimmung der metabolischen Aktivität der Hirnrinde
  - Computertomographie zur Erkennung einer fortschreitenden Hirnatrophie und Ventrikelvergrößerung sowie zum Ausschluß anderer neurologischer Erkrankungen
  - Magnetresonanztomographie im Frühstadium zur Erkennung biochemischer und anatomischer Veränderungen
  - Hirnbiopsie zur Erkennung lockenförmiger Alzheimer-Fibrillen und seniler Plaques

Behandlung

Konservativ

Es gibt keine spezielle Therapie. Die Verordnungen richten sich auf eine Überwachung der Symptomatik sowie auf die körperliche und seelische Unterstützung des Patienten und seiner Familie, um sie im Umgang mit den Auswirkungen der forschreitenden Erkrankung zu stärken

- *Medikamente*
  - Präparate zur Steigerung der kognitiven Leistung
  - Antidepressiva gegen die Depression und zur Stimmungsaufhellung
  - Stimulanzien bei Verlust der Spontaneität oder bei Unaufmerksamkeit
  - Antipsychotisch wirkende Substanzen zur Kontrolle agitierter oder aggressiver Patienten
  - Tranquilizer, Sedativa zur Kontrolle von Unruhe, Agitiertheit und Schlafstörungen
  - Medikamente in Erprobung: Cholinderivate, Cholinergika, Anticholinesterasehemmer, Opioidantagonisten

Ambulante Pflege

- Geben Sie sowohl dem Patienten als auch der bzw. dem Betreuenden *mündliche* und *schriftliche* Instruktionen. Nennen Sie ihnen den Namen und die Telefonnummer eines Arztes oder einer Pflegeperson, die sie bei Fragen anrufen können

A

- *Allgemeine Informationen*
- Besprechen Sie die Krankheit, und erläutern Sie deren chronischen Charakter. Helfen Sie zur Ausrichtung der ambulanten Pflege der bzw. dem Betreuenden bei der Bestimmung des funktionalen Status des Patienten
- *Besondere Hinweise*
- Zeigen Sie die bzw. den Betreuende/n, dem Patienten bei der Orientierung im täglichen Leben zu helfen
  - Stellen Sie die betreuende Person jedes Mal mit Namen vor, und lassen Sie die Betreuenden Namenschilder tragen. Regen Sie die Betreuenden an, diese stets zu tragen
  - Es kann hilfreich sein, Instruktionen und Anleitungen aufzuschreiben
  - Plazieren Sie eine Uhr mit großem Zifferblatt und Datum dort, wo der Patient sie sehen kann. Erinnern Sie ihn an die Zeit für eine geplante Tätigkeit
  - Seien Sie klar in Ihren Äußerungen, und verwenden Sie Wiederholungen
  - Geben Sie einstufige, einfache Anweisungen
  - Erinnern Sie den Patienten häufig an das Datum und die Uhrzeit sowie an den Ort, an dem er sich befindet
- Zeigen Sie die bzw. den Betreuende/n den Umgang mit einem agitierten Patienten
  - Sprechen Sie mit ruhiger Stimme
  - Sorgen Sie für eine ruhige, ausgeglichene Umgebung, und vermeiden Sie Hektik. Reduzieren Sie Umfang und Komplexität von Reizen, wenn der Patient Anzeichen von Frustration und Agitiertheit zeigt
  - Achten Sie auf Faktoren, die Agitiertheit hervorrufen können, um sie zu eliminieren oder einzuschränken
- Besprechen Sie die Gefahr von Verletzungen, wenn sich der Zustand des Patienten verschlechtert. Regen Sie die bzw. den Betreuenden an, im häuslichen Bereich Sicherheitsvorkehrungen zu treffen
  - Halten Sie die Umgebung des Patienten frei von Durcheinander und von gefährlichen Gerätschaften
  - Halten Sie das Umfeld frei von scharfen Gegenständen und brennbarem Material, wie z. B. Feuerzeugbenzin
  - Entfernen oder blockieren Sie Türschlösser
  - Lassen Sie den Patienten einen elektrischen Rasierer statt eines Rasiermessers oder Naßrasierers benutzen
  - Lassen Sie den Patienten keine potentiell gefährlichen Tätigkeiten, wie z. B. Rauchen oder Kochen, ausführen

  - Stecken Sie Zettel mit Namen und Adresse des Patienten in dessen Kleidung
  - Sorgen Sie für Hilfe bei der täglichen Routine, z. B. Körperpflege, Ernährung, Stuhlgang. Im Sanitätshaus finden Sie Spezialausrüstungen für die Dusche, Stützen für die Toilette u. a.
  - Erwägen Sie die Installation von Alarmsystemen
- Diskutieren Sie den Bedarf des Patienten nach regelmäßiger Körperhygiene, d. h. Baden, Haarewaschen, Haut- und Mundpflege. Besprechen Sie die Möglichkeit, eine Hilfskraft anzustellen, um mit steigender Abhängigkeit des Patienten bei der täglichen Pflege zu helfen
- Erklären Sie, daß der Patient regelmäßige Stuhlgewohnheiten entwickeln muß
- Besprechen Sie Wege, um eine Obstipation zu verhindern
  - Stellen Sie das normale Verhaltensmuster des Patienten fest
  - Erinnern Sie den Patienten zu festgelegten Zeiten daran, die Toilette aufzusuchen
  - Sorgen Sie für die Verschreibung von Laxanzien und stuhlerweichenden Mitteln
  - Halten Sie den Patienten zum Trinken an, und fördern Sie den Verzehr ballststoffreicher Nahrungsmittel
  - Achten Sie auf Zeichen einer Kotstauung: seit 3 Tagen kein geformter Stuhl, halbflüssige Stühle und Unruhe. Besprechen Sie die Behandlung einer Kotstauung: Laxanzien, Suppositorien und Einläufe
- Besprechen Sie Wege, um eine Harninkontinenz zu verhindern
  - Beobachten Sie die üblichen Gewohnheiten des Patienten beim Wasserlassen
  - Erinnern Sie den Patienten daran, alle 2 Stunden die Toilette aufzusuchen
  - Geben Sie dem Patienten vor dem Schlafengehen nichts mehr zu trinken
  - Verwenden Sie bei Bedarf Einmalwindeln und -vorlagen

- *Medikamente*
- Erläutern Sie Zweck, Dosierung, Zeitplan und Art der Einnahme der verschriebenen Medikamente sowie deren Nebenwirkungen, die einem Arzt oder einer Pflegeperson mitgeteilt werden sollten

- *Ernährung/Diät*
- Alzheimer-Patienten benötigen eine ausgewogene, ballaststoffreiche und hochkalorische Ernährung

- Servieren Sie nur einen Gang auf einmal, z. B. zuerst den Salat, dann die Vorspeise. Helfen Sie dem Patienten bei Bedarf, die Speisen zu zerschneiden
- Verhindern Sie ein Verschlucken durch folgende Maßnahmen:
  - Machen Sie sich ein Bild über den Grad der Aufmerksamkeit des Patienten
  - Überwachen Sie die Fähigkeit des Patienen, zu kauen und zu schlucken
  - Erinnern Sie den Patienten daran, langsam zu essen, kleine Bissen zu sich zu nehmen und jeden Bissen erst zu schlucken, bevor er den nächsten nimmt

Stadien des Funktionsverlustes

Stadum I: Frühstadium der Verwirrtheit

- Vergeßlich, verliert Gegenstände
- Ist sich der Verluste bewußt und äußert dies (Depression nicht selten)

Stadum II: Spätstadium der Verwirrtheit

- Zunehmende Schwierigkeiten in finanziellen Angelegenheiten und bei der Arbeit, beim Autofahren, im Haushalt und beim Einkaufen
- Sozialer Rückzug aus Clubs und alltäglichen Unternehmungen mit Freunden
- Depression, zunehmende Müdigkeit
- Verleugnet die Symptome, sagt jedoch möglicherweise: „Ich fühle mich, als ob ich den Verstand verliere."
- Erfordert u. U. die Aufnahme in eine offene Tagesstätte oder, falls alleinstehend, die Einweisung in ein Pflegeheim

Stadum III: Ambulatorische Demenz

- Vermehrt unfähig zu den Aktivitäten des täglichen Lebens
- Zunahme der Symptomatik gegen Abend
- Rückzug von der Familie und von Freunden
- Scheint sich der Verluste nicht bewußt
- Grenzverhalten unter erhöhtem Streß (nächtliches Wachliegen, Umherwandern, unruhiges Auf-und-ab-Gehen, Agitiertheit, Aggressivität)
- Sprache schwer verständlich, Schrift schwer leserlich

Stadum IV: Demenz im Spätstadium

- Kein Umhergehen mehr; kann sich nicht erinnern, wie man ißt, schluckt oder kaut
- Wenig zielgerichtete Aktivität
- Kein Erkennen von Betreuenden oder Familienmitgliedern
- Inkontinent; kann bei der Körperhygiene vollkommen pflegebedürftig werden
- Zunehmend vegetativ

Nachsorge

- Betonen Sie die Bedeutung regelmäßiger Nachsorgeuntersuchungen. Stellen Sie sicher, daß der Patient die erforderlichen Namen und Telefonnummern hat

Hinweis

- Sorgen Sie für Namen und Telefonnummern von Behörden, Hilfsorganisationen und -gruppen. Dazu gehören Gruppen zur Unterstützung Betreuender, soziale Dienste für finanzielle Angelegenheiten und eine mögliche Einweisung, Hauspflegedienste zur eventuellen Unterstützung zu Hause sowie Pflegeheime

Amputation

Amputation: operatives Entfernen von Körperteilen (Fingern, Zehen, obere oder untere Extremität). Die meisten Amputationen werden an den Beinen vorgenommen. Chirurgisches Ziel einer Amputation ist es, möglichst wenig Gewebe zu entfernen und genügend für einen Gewebslappen übrigzulassen, aus dem sich ein Stumpf zur Anpassung einer Prothese formen läßt.

Indikationen

- *Am häufigsten*
  - Schweres Trauma
  - Quetschungen
  - Schwere Sepsis, z. B. Gasbrand
  - Gangrän durch Erliegen der arteriellen oder venösen Versorgung

- *Seltener*
  - Schwere oder rezidivierende Osteomyelitis
  - Tumoren des Muskel-Skelett-Systems
  - Therapieresistente Schmerzen bei Gliedmaßenlähmung

Arten der Amputation

- Interskapulothorakale (Schulter-)Amputation: Entfernen des gesamten Arms, Unterarms und der Hand. Die Gliedmaße wird im Schultergelenk exartikuliert
- Armamputation: Amputation oberhalb des Ellenbogens oder im Bereich des Unterarms
- Hemipelvektomie: Entfernen des gesamten Ober- und Unterschenkels und des Fußes (auch interilioabdominale Amputation genannt)
- Oberschenkelamputation: Amputation oberhalb des Knies
- Unterschenkelamputation: Amputation unterhalb des Knies
- Fußamputation: Amputation der Zehen und eines Teils des Fußes an den Metatarsalgelenken
- Exartikulation: Amputation durch ein Gelenk hindurch
- Geschlossene Amputation: Schaffen eines gewichtaufnehmenden Stumpfes, bei dem ein Haut- und Gewebelappen als Polster über dem Knochen dient
- Offene Amputation: Schaffen offener Stumpfflächen, da das Gewebe gerade durchtrennt wird und der Schnitt infolge einer Infektion zu Beginn nur geringfügig geschlossen wird. Dies geschieht später in einem zweiten Eingriff

Präoperative Schulung

- Gehen Sie die Erklärung des Arztes bezüglich des Eingriffs und der Gründe für den Eingriff durch
- Erläutern Sie die Notwendigkeit einer schriftlichen Einverständniserklärung nach Aufklärung für den Eingriff und die Anästhesie

Besprechen der präoperativen Pflege

- Erklären Sie, daß der Patient für gewöhnlich eher am Tag des Eingriffs als davor in die Klinik aufgenommen wird
- Erklären Sie, daß der Patient am Tag vor dem Eingriff nach Mitternacht nichts mehr essen oder trinken darf
  - Erklären Sie, daß die Haut des Patienten mit einer bakteriziden Seife oder antiseptischen Lösung gewaschen wird, um Keime abzutöten

- Erläutern Sie, daß ein komplettes Blutbild und eine Urinuntersuchung durchgeführt werden, um Infektionen und Blutungen aufzudecken
- Ist eine Amputation der unteren Extremität geplant, so unterweisen Sie, wenn möglich, den Patienten im Umgang mit Unterarmgehstützen
- Ermutigen Sie den Patienten, Fragen zu stellen und jede Art von Besorgnis, Furcht oder Trauer über den Verlust einer Gliedmaße zu besprechen
- Versuchen Sie, zur seelischen Unterstützung vor der Operation ein Treffen mit jemandem zu arrangieren, der mit einer vergleichbaren Amputation gut zurechtgekommen ist

Besprechen der postoperativen Pflege

- Erläutern Sie die Pflege des Stumpfes und das Verbinden
- Die Gliedmaße wird für 24 Stunden hochgelagert, danach flach und gestreckt gehalten; abhängig vom Grad der Schwellung ist u. U. ein längeres Hochlagern erforderlich
- Der Stumpf wird oft überprüft, um Farbe, Drainage, Schwellung, Blutung und die Wunde zu überwachen und die Pulse proximal des Stumpfes zu tasten
- Das Nässen um den Schnitt kann geringfügig bis mäßig sein, Schläuche und Drains dienen dem Entfernen von Flüssigkeit
- Besprechen Sie das Phänomen des Phantomschmerzes: schmerzhafte oder irritierende Empfindungen, die scheinbar von dem amputierten Körperteil ausgehen. Erklären Sie, daß Medikamente gegen den Schmerz zur Verfügung stehen
- Gehen Sie den Prothesentyp durch, der vom Chirurgen verordnet wurde
- Verzögerte Anpassung: Ein Verband und eine elastische Binde werden nach der Operation um den Stumpf gewickelt und nach 2–3 Monaten wird eine Prothese angepaßt, nachdem die Schwellung abgeklungen ist
  - Zeigen Sie dem Patienten und der betreuenden Person, wie man den Stumpf richtig umwickelt, um ihm die passende Form für die Prothese zu geben. Sagen Sie ihnen, daß ein Orthopädietechniker den Stumpf ausmißt, um den guten Sitz der Prothese sicherzustellen
- Anpassen und Einsetzen der Prothese unmittelbar nach der Operation werden verordnet, um sofortiges Gehen und Gewichtsaufnahme zu ermöglichen. Eine Gipsform wird am Stumpf angebracht und die Prothese daran befestigt
- Erklären Sie, daß der Patient mit hochgelagertem Stumpf für die vom Chirurgen verordnete Dauer Bettruhe einhalten sollte. Falls es sich um eine Amputation an der unteren Extremität gehandelt hat, wird der Patient im Anschluß an diese Phase auf Unterarmgehstützen aufgerichtet

- Erläutern und demonstrieren Sie die Beuge- und Streckübungen, die an der amputierten Gliedmaße vorgenommen werden, um Kontrakturen zu verhindern
- Bei Amputationen der unteren Extremität:
  - Betonen Sie die Bedeutung von Übungen zum Bewegungsumfang für die nichtbetroffenen Gliedmaßen
  - Betonen Sie, wie wichtig es ist, auf dem Bauch zu liegen, um Kontrakturen zu verhindern
- Bei Amputationen der unteren Extremität ohne Prothese:
  - Erklären Sie, daß der Patient langes Sitzen auf einem Stuhl vermeiden sollte. Zeigen Sie den Patienten den Gebrauch von Gehhilfen, wie z. B. eines Gehstocks oder eines Gehwagens
  - Ermutigen Sie den Patienten, einen guten Laufschuh zu tragen und den Stumpf in normaler Stellung zu halten, d. h. entspannt und nach unten gerichtet
- Bei Amputationen der unteren Extremität mit Prothese:
  - Zeigen Sie den Patienten den Gebrauch von Gehhilfen, wie z. B. von Unterarmgehstützen oder einem Gehstock
  - Erklären Sie, daß die Zeiten des Umhergehens sich mit dem verordneten Maß an Belastung verlängern
- Betonen Sie die Bedeutung von Konditionsübungen, z. B. Rumpfbeugen, Aufrichten des Rumpfes aus dem Liegen, Auf-der-Stelle-Hüpfen, Hüpfen am Gehwagen
- Gehen Sie die Medikamente durch, und besprechen Sie alternative Methoden zur Kontrolle des Phantomschmerzes, wie z. B. Ablenkung, Verhaltenstraining, Entspannung, Biofeedback, Hypnose, Stimulation der Haut mit Pfefferminzöl, Wärme und Massage sowie transkutaner Elektrostimulation der Nerven
- Weisen Sie den Patienten an, einen länger anhaltenden oder chronischen Phantomschmerz mitzuteilen, um ein mögliches Neuron an der Resektionsstelle aufzusuchen und zu entfernen

Nebenwirkungen/Komplikationen

- Hämorrhagie, Dehiszenz
- Wundinfektion
- Phantomschmerz
- Kontraktur
- Abduktionsfehlstellung

Ambulante Pflege

- Geben Sie sowohl dem Patienten als auch der bzw. dem Betreuenden *mündliche* und *schriftliche* Instruktionen. Setzen Sie bei der Erläuterung visuelle Hilfen ein. Nennen Sie ihnen den Namen und die Telefonnummer eines Arztes oder einer Pflegeperson, die sie bei Fragen anrufen können
- *Komplikationszeichen*
- Gehen Sie die Anzeichen einer Infektion durch, die dem Arzt oder einer Pflegeperson mitgeteilt werden müssen: Fieber, Schüttelfrost, Rötung und Schwellung um die Wunde, Nässen oder ein übler Geruch, der von der Wunde oder dem Verband ausgeht
- Betonen Sie, daß ein länger anhaltender Phantomschmerz unüblich ist und dem Arzt oder Chirurgen mitgeteilt werden sollte
- *Besondere Hinweise*
- Verzögerte Anpassung: Zeigen Sie den Patienten das Anbringen des elastischen Strumpfs oder das Wickeln des Stumpfes für das Formen und Anpassen, und geben Sie dem Patienten Zeit, es Ihnen zu demonstrieren. Betonen Sie, daß der Stumpf nicht zu straff umwickelt werden sollte, da dies die Durchblutung behindert
- Zeigen und demonstrieren Sie die Pflege des Stumpfes
  - Besprechen Sie die Bedeutung der täglichen Hygiene, um Infektionen und einen Zusammenbruch der Haut zu verhindern: Den Stumpf täglich mit Wasser und Seife waschen und gut abtrocknen, bevor der Verband, der Gummistrumpf oder die Prothese angelegt werden
  - Betonen Sie die Bedeutung der täglichen Inspektion und Reinigung des Stumpfes: Erklären Sie den Gebrauch eines Handspiegels zur Suche nach Anzeichen einer Infektion, von Druckstellen, Hautreizungen oder Nässen. Raten Sie dem Patienten, jede Art der Hautreizung, Blasen, Abschürfungen oder gerötete, empfindliche Bezirke, dem Chirurgen mitzuteilen
- *Medikamente*
- Erläutern Sie Zweck, Dosierung, Zeitplan und Art der Einnahme der verschriebenen Medikamente (Antibiotika, Analgetika, Sedativa) sowie deren Nebenwirkungen, die einem Arzt oder einer Pflegeperson mitgeteilt werden sollten
- *Aktivitäten*
- Betonen Sie, wie wichtig es ist, an dem verordneten Rehabilitationsprogramm teilzunehmen: physikalische Therapie, tägliches Konditionstraining und Übungen zur Kräftigung des Stumpfes

Nachsorge

- Sprechen Sie darüber, wie wichtig es ist, Termine zur Nachsorgeuntersuchung zu vereinbaren und wahrzunehmen, bis der Genesungsprozeß abgeschlossen ist. Stellen Sie sicher, daß der Patient über die erforderlichen Namen und Telefonnummern verfügt

Amyloidose

Amyloidose: eine seltene chronische Erkrankung, die durch eine Akkumulation von eiweißartiger Substanz (Amyloid) in den Weichteilgeweben charakterisiert ist. Amyloid kann sich in einem oder mehreren Organen ablagern und deren Funktion beeinträchtigen. Die Amyloidose kann primär auftreten und familiären Ursprungs sein oder sekundär infolge einer seit langem bestehenden entzündlichen, infektiösen oder neoplastischen Erkrankung. Die Ursache der Amyloidose ist unbekannt, man nimmt jedoch an, daß immunbiologische Faktoren beteiligt sind.

Kennzeichen/Symptome

Die Zeichen und Symptome einer Amyloidose richten sich nach dem betroffenen Organsystem und den entsprechenden Komplikationen

- Neuropathie: reduzierte Temperatur- und Schmerzwahrnehmung; Unfähigkeit zu schwitzen
- Gastrointestinaltrakt: Schwierigkeiten beim Sprechen, Schlucken und Essen infolge einer vergrößerten Zunge (Makroglossie), Schmerzen im Abdomen, Verstopfung, Durchfall, Blutungen des Gastrointestinaltrakts
- Atmungssystem: Atemnot, Husten, pfeifende Atmung, Läsionen an der Nase und den Stimmbändern
- Haut: Wächserne, verhärtete Papeln und Purpura, Dickenzunahme der Haut, Haarausfall
- Gelenke: Morgensteifigkeit, Ermüdung

Komplikationen

- *Herz*
  - Restriktive Kardiomyopathie
  - Myokardinfarkt
  - Dekompensierte Herzinsuffizienz

- *Nieren*
  - Nephrotisches Syndrom
  - Nierenversagen
- *Gastrointestinaltrakt*
  - Malabsorptionssyndrom
  - Hämorrhagie
  - Exsudative Enteropathie (Eiweißverlustsyndrom)
  - Perforation, ischämische Nekrose
  - Hepatomegalie
- *Nervensystem*
  - Periphere sensomotorische Neuropathie

Diagnostik

- Beschreiben Sie jedes Verfahren, seinen Zweck und die normalen Empfindungen oder Wahrnehmungen, die dabei wahrscheinlich vorkommen, sowie die Pflege davor und danach.
  - Serum- und Urinelektrophorese
  - Gewebebiopsie (Zahnfleisch, Haut, Bauchfett und Rektumschleimhaut)

Behandlung

Konservativ

- *Therapie*
  - Plasmapherese, um die Ausbreitung von Amyloidketten zum Stillstand zu bringen
- *Medikamente*
  - Zytostatika zur Verringerung der Amyloidkonzentration
  - Colchizin, DMSO (=Dimethylsulfoxid)
  - Kortikosteroide zur Behandlung der Grunderkrankung

Ambulante Pflege

- Geben Sie sowohl dem Patienten als auch der bzw. dem Betreuenden *mündliche* und *schriftliche* Instruktionen. Nennen Sie ihnen den Namen und die Telefonnummer eines Arztes oder einer Pflegeperson, die sie bei Fragen anrufen können

- *Allgemeine Informationen*
- Gehen Sie die Erläuterungen des Arztes bezüglich der Erkrankung, ihrer Ursachen und der damit einhergehenden Beteiligung anderer Organe des Körpers durch
- *Komplikationszeichen*
- Gehen Sie die Anzeichen und Symptome eines Fortschreitens der Erkrankung durch, die dem Arzt oder einer Pflegeperson mitgeteilt werden sollten
  - Schmerzen in der Brust
  - Atemnot
  - Kurzatmigkeit
  - Ödeme der Extremitäten
  - Blutungen
  - Schmerzen im Abdomen
  - Durchfall
- *Besondere Hinweise*
- Bringen Sie, falls erforderlich, dem Patienten die Versorgung von Hautläsionen bei. Betonen Sie, wie wichtig es ist, dem Arzt jedes Anzeichen einer Hautinfektion, wie etwa gerötete, erwärmte, schmerzhafte, nässende Läsionen, mitzuteilen
- Besprechen Sie die Notwendigkeit häuslicher Sicherheitsvorkehrungen, wenn bei dem Patienten periphere Störungen und Störungen der Sensibilität vorliegen
  - Temperatur des Badewassers prüfen, bevor man in die Wanne steigt
  - Keine Heizkissen verwenden
  - Enganliegende Kleidung, z. B. Strümpfe oder Strumpfhosen, vermeiden
- *Medikamente*
- Erläutern Sie Zweck, Dosierung, Zeitplan und Art der Einnahme der verschriebenen Medikamente sowie deren Nebenwirkungen, die einem Arzt oder einer Pflegeperson mitgeteilt werden sollten
- Falls Kortikosteroide verordnet wurden, machen Sie deutlich, daß der Patient diese Medikamente nicht abrupt absetzten sollte, ohne dies mit seinem Arzt abgesprochen zu haben
- *Aktivitäten*
- Ermutigen Sie den Patienten, über Zugeständnisse oder Einschränkungen im Beruf und über Lieblingssportarten und -aktivitäten zu sprechen
- *Ernährung/Diät*
- Sagen Sie dem Patienten, daß er sich normal ernähren oder einer für die entsprechende Begleiterkrankung verordneten Diät folgen solle

- Ist die Zunge betroffen, weisen Sie den Patienten an, nur kleine Bissen zu nehmen, gründlich zu kauen und jeden Bissen vor dem nächsten vollständig hinunterzuschlucken
- Ist der Patient unterernährt, so empfehlen Sie hochkalorische Nahrungsmittelzusätze zur Diät

Nachsorge

- Betonen Sie die Bedeutung regelmäßiger Nachsorgeuntersuchungen. Stellen Sie sicher, daß der Patient die notwendigen Namen und Telefonnummern hat
- Helfen Sie dem Patienten bei der Beschaffung eines Notfallmedaillons (SOS-Kapsel) und eines Ausweises mit der Diagnose und der Medikation

Amyotrophische Lateralsklerose

Amyotrophische Lateralsklerose: eine progressive Erkrankung des zweiten motorischen Neurons, die zu Muskelschwund und -schwäche führt. Die Schwäche beginnt in den oberen Extremitäten (Oberarme und Schultern) und bezieht nach und nach die Hals- und Kehlkopfmuskulatur mit ein. Rumpf und Beine sind für gewöhnlich erst in einem späten Stadium der Erkrankung betroffen.

Kennzeichen/Symptome

- Unregelmäßige Muskelfaszikulationen
- Muskelkrämpfe
- Unkoordinierte Bewegungen der Hände und Finger
- Muskelsteifigkeit und -schwund an Händen, Armen und Schultern
- Spastischer Gang
- Verwaschene Sprache
- Fortschreitende Schwäche, Schlaffheit und Atrophie der Beine
- Schwierigkeiten beim Schlucken
- Dyspnö
- Verstärkter Speichelfluß
- Verlust der Reflexe

A

Komplikationen

- Milde bis ausgeprägte neuromuskuläre Ausfallerscheinungen
- Atemwegsinfekte
- Aspiration
- Atelektasen
- Atemversagen
- Verletzungen

Diagnostik

- Beschreiben Sie jedes Verfahren, seinen Zweck und die normalen Empfindungen oder Wahrnehmungen, die dabei wahrscheinlich vorkommen, sowie die Pflege davor und danach. Machen Sie deutlich, daß folgende Untersuchungen die Diagnose bestätigen helfen:
- Myelographie
- Computertomographie
- Muskelbiopsie
- Elektromyelographie
- Untersuchungen der Nervenleitfähigkeit
- Laboruntersuchungen
  - Kreatinphosphokinase: erhöht
  - Liquor cerebrospinalis: erhöhter Eiweißgehalt

Behandlung

Konservativ

- *Therapie*
- Physikalische Therapie
- Beschäftigungstherapie und Sprachunterricht
- Sauerstoff/assistierte Beatmung
- *Medikamente*
- Anticholinesterasehemmer
- Kortikosteroide
- Antibiotika
- Muskelrelaxanzien

Chirurgisch

- Transtympanische Neurektomie
- Myotomie des M. cricopharyngeus zur Linderung der Dysphagie
- Zervikale Ösophagostomie

Ambulante Pflege

- Geben Sie sowohl dem Patienten als auch der bzw. dem Betreuenden *mündliche* und *schriftliche* Instruktionen. Setzen Sie bei der Erläuterung visuelle Hilfen ein. Nennen Sie ihnen den Namen und die Telefonnummer eines Arztes oder einer Pflegeperson, die sie bei Fragen anrufen können
- Allgemeine Informationen
- Gehen Sie die Erläuterungen des Arztes hinsichtlich der Erkrankung sowie deren Symptome und Veränderungen durch
- Besprechen Sie die Bedeutung der Hautpflege, um eine Hautschädigung zu verhindern (Einreibungen am Rücken, häufige Lagewechsel, Weichlagerung, Schaffelle und ein Fußbrett)
- Erläutern Sie die Notwendigkeit einer guten Mund- und Augenpflege. Erklären Sie, daß es bei fortschreitender Erkrankung notwendig wird, den Mund abzusaugen, und führen Sie das Verfahren vor
- *Komplikationszeichen*
- Gehen Sie die Anzeichen und Symptome eines Fortschreitens der Erkrankung durch, die dem Arzt oder einer Pflegeperson mitgeteilt werden sollten
  - Exzessiver Speichelfluß
  - Schwächer werdende Stimme
  - Schwierigkeiten beim Schlucken
- Erklären Sie dem Patienten und der bzw. dem Betreuenden, daß kognitive Prozesse nicht beeinträchtigt sind. Betonen Sie, wie wichtig es ist, seinen Empfindungen über den fortschreitenden Muskelschwund und die Schwäche Ausdruck zu verleihen
- *Besondere Hinweise*
- Erläutern Sie dem Patienten und der bzw. dem Betreuenden das Gerät zur Atemunterstützung für den häuslichen Gebrauch (Sauerstofftherapie, Absauggerät), und zeigen Sie den Mitgliedern des Haushalts dessen Gebrauch. Unterstützen Sie den Patienten bzw. die betreuende Person beim Kauf der Ausrüstung
- Demonstrieren Sie den Gebrauch eines Elektrolarynx zur Erleichterung der Stimmbildung
- Besprechen Sie die Notwendigkeit alternativer Formen der Kommunikation (Augenbewegungen, Blinzeln), wenn die Stimme nicht mehr funktioniert
- *Medikamente*
- Erläutern Sie Zweck, Dosierung, Zeitplan und Art der Einnahme der verschriebenen Medikamente sowie deren Nebenwirkungen, die einem Arzt oder einer Pflegeperson mitgeteilt werden sollten

- *Aktivitäten*
- Bringen Sie dem Patienten bei, ein ausgewogenes Verhältnis zwischen aktiven oder passiven Übungen des Bewegungsumfangs und Ruhepausen zu wahren und anstrengende Übungen oder Aktivitäten zu vermeiden; ermuntern Sie ihn zur Teilnahme am Familienleben
- Gehen Sie den Zweck von Stützbändern, Schienen und Halskragen zur Unterstützung der Hände, Fußgelenke und des Halses durch, und zeigen Sie deren richtigen Gebrauch
- *Ernährung/Diät*
- Raten Sie zu einer möglichst hochkalorischen, sehr proteinreichen, leicht zu kauenden Diät
- Unterweisen Sie den Patienten und die betreuende Person im Umgang mit Schluckstörungen
  - Bringen Sie die pürierte Nahrung auf den hinteren Teil der Zunge
  - Falls die Aufnahme fester Nahrung noch möglich ist, schneiden Sie sie in kleine Stücke. Der Patient soll jeden Bissen vollständig kauen und hinunterschlucken, bevor er den nächsten aufnimmt, um ein Verschlucken zu vermeiden
- Wischen Sie dem Patienten nach dem Essen den Mund ab
- Sorgen Sie dafür, daß der Patient ein Stomatuch trägt
- Bei Ernährung über eine Magensonde oder ein Gastrostoma, führen Sie das Verfahren sowie den Umgang mit den Gerätschaften vor
- Erläutern Sie, daß für Stuhlgang und Wasserlassen gesorgt und dies vorausgesehen werden muß. Erläutern Sie, daß der Patient eine Verstopfung verhindern kann, indem er Flüssigkeit trinkt und täglich Zäpfchen oder stuhlerweichende Mittel nimmt

Nachsorge

- Betonen Sie die Bedeutung regelmäßiger Nachsorgeuntersuchungen. Stellen Sie sicher, daß der Patient die notwendigen Namen und Telefonnummern hat
- Helfen Sie dem Patienten bei der Beschaffung eines Notfallmedaillons (SOS-Kapsel) und eines Ausweises mit der Diagnose und der Medikation

Hinweis

- Versorgen Sie den Patienten und die betreuende Person mit Namen und Telefonnummern von Hilfsdiensten, wie etwa Hauspflegedienste und Zentren für physikalische Therapie und Beschäftigungstherapie

Anaphylaxie

Anaphylaxie: eine rasche, systemische Antigen-Antikörper-Reaktion als Ausdruck einer Allergie, die eine Anzahl von Organen im gesamten Körper betrifft. Es handelt sich oft um ein akutes, lebensbedrohliches Ereignis, das innerhalb von Sekunden bis Minuten nach Exposition gegenüber einem auslösenden Allergen auftritt. Die häufigsten Auslöser sind Insektengift (Bienen, Wespen, Hornissen), Medikamente (Penicillin, Jod, Sulfonamide), Blutprodukte und Nahrungsmittel (Schalentiere, Eier).

Kennzeichen/Symptome

- *Frühe Zeichen (innerhalb von Sekunden)*
- Schwitzen
- Schwäche
- Vernichtungsgefühl oder Furcht
- Kurzatmigkeit
- Juckreiz, Urtikaria
- Angioödem an Augen, Lippen und Zunge
- *Späte Zeichen (innerhalb von Minuten)*
- Atmung
  - Bronchospasmus
  - Dyspnö
  - Pfeifende Atmung
  - Larynxödem
  - Zyanose
  - Hypoxie
  - Atemstillstand
- Herz und Kreislauf
  - Benommenheit (infolge der Hypotonie)
  - Rascher, flacher Puls
  - Arrhythmien
- Nervensystem
  - Verwirrtheit
  - Krämpfe
  - Koma

Komplikationen

- Schock
- Atemversagen
- Herzstillstand
- Tod

Diagnostik

Zur Diagnose der Anaphylaxie gibt es keine besonderen Tests. Diagnose und Therapie werden durch die Vorgeschichte des Patienten, die Kennzeichen und Symptome bestimmt. Bei Patienten, bei denen das Risiko einer Anaphylaxie vermutet wird, können Hauttests und Skarifikationstests durchgeführt werden

Behandlung

Konservativ

Anaphylaxie ist immer ein Notfall. Die Behandlung erfordert ein sofortiges, offensives Angehen der Symptome

- *Therapie*
  - Intubation, um die Atemwege freizuhalten
  - Einweisung auf die Intensivstation zur Überwachung und Behandlung
- *Medikamente*
  - Adrenalin gegen die Auswirkungen des Allergens
  - Blutdrucksteigernde Substanzen
  - Diphenhydramin gegen Glottisödem und Urtikaria
  - Theophyllin gegen den Bronchospasmus

Chirurgisch

- *Tracheostomie bei schwerer Verlegung der Atemwege*

Ambulante Pflege

- Geben Sie sowohl dem Patienten als auch der bzw. dem Betreuenden *mündliche* und *schriftliche* Instruktionen. Setzen Sie bei der Erläuterung visuelle Hilfen ein. Nennen Sie ihnen den Namen und die Telefonnummer eines Arztes oder einer Pflegeperson, die sie bei Fragen anrufen können

- *Allgemeine Informationen*
  - Gehen Sie die Erläuterungen des Arztes hinsichtlich der Erkrankung durch, und versichern Sie sich, daß der Patient versteht, welcher Auslöser für die Anaphylaxie verantwortlich war
  - Betonen Sie, wie wichtig es ist, bekannte Allergene in Zukunft zu vermeiden
    - War das Allergen ein Nahrungsmittel, helfen Sie dem Patienten bei der Auflistung anderer Nahrungsmittel, die ebenfalls eine Reaktion hervorrufen können. Wenn die Reaktion beispielsweise durch Shrimps hervorgerufen wurde, sollte der Patient alle Schalentiere, wie Austern, Krebse und Muscheln, vermeiden
    - War das Allergen ein Insektengift, instruieren Sie den Patienten, während einer bestimmten Jahreszeit Orte im Freien zu meiden, an denen Insekten vermehrt vorkommen
- *Komplikationszeichen*
  - Siehe die oben genannten Kennzeichen und Symptome für das frühe und das späte Auftreten einer Anaphylaxie
- *Besondere Hinweise*
  - Besprechen Sie mit dem Patienten, daß er ein Notfall-Set gegen Anaphylaxie mit sich führen muß. Falls dieser verschrieben wird, bringen Sie dem Patienten und seinen Angehörigen bei, wie man die Medikamente verabreicht. Weisen Sie den Patienten an, regelmäßig die Verfallsdaten der Ausrüstung zu überprüfen

Nachsorge

- Besprechen Sie mit dem Patienten, daß weitere Nachsorgeuntersuchungen einschließlich eventueller Allergietests notwendig sind. Versichern Sie sich, daß der Patient über die erforderlichen Namen und Telefonnummern verfügt
- Betonen Sie, daß der Patient vor jedem Eingriff und jeder Maßnahme die entsprechenden in der Gesundheitsfürsorge Tätigen über seine Allergie informieren sollte
- Erklären Sie die Bedeutung eines Notfallmedaillons (SOS-Kapsel) und eines Allergikerausweises
- Raten Sie dem Patienten, die Adresse, die dem Wohnort und seiner Arbeitsstelle nächstgelegenen Klinik herauszusuchen

Anorektaler Abszeß, anorektale Fistel

A

Anorektaler Abszeß, anorektale Fistel: eine lokale Infektion, verursacht durch Entzündung im Weichteilgewebe des Analkanals, des Rektums oder der perianalen Haut. Zunächst als Eiteransammlung auftretend, kann ein anorektaler Abszeß sich zu einer Fistel in den Weichteilgeweben und in der Haut des Analbereichs entwickeln.

Ätiologie/beeinflussende Faktoren/Risikofaktoren

- Abschürfung, Trauma oder Einreißen der Gewebsschichten des Analkanals, des Rektums oder der Haut im Perianalbereich mit nachfolgender Infektion durch E. coli, Staphylokokken oder Streptokokken
- Infektion submuköser Hämatome, sklerosierter Hämorrhoiden oder von Analfissuren
- Verlegung der Ausführungsgänge von Drüsen im Analbereich
- Kryptitis
- Infektion apokriner Drüsen
- Follikulitis im Analbereich
- Colitis ulcerosa
- Morbus Crohn

Kennzeichen/Symptome

Schmerzen im Rektum, je nach Lokalisation des Abszesses gewöhnlich als pulsierend oder als dumpf und ziehend beschrieben

- *Geröteter Knoten oder Schwellung im Analbereich*
- Zunehmen der Schmerzen im Sitzen, beim Gehen oder beim Stuhlgang
- *Ausfluß oder Blutung*
- *Pruritus ani*
- *Fieber, Frösteln, Übelkeit, Erbrechen, Krankheitsgefühl*
- Bei Fisteln: rosafarbenes oder rotes, erhabenes Ulkus mit Ausfluß zur Haut im Perianalbereich hin

Komplikationen

- Perineale Zellulitis
- Bildung von Narbengewebe
- Analstriktur
- Peritonitis

Diagnostik

- Beschreiben Sie jedes Verfahren, seinen Zweck und die normalen Empfindungen oder Wahrnehmungen, die dabei wahrscheinlich vorkommen, sowie die Pflege davor und danach
- Digitale rektale Untersuchung
- Proktoskopie zur Darstellung der Läsionen
- Zusätzliche Verfahren, die zum Ausschluß anderer Erkrankungen erforderlich werden können
  - Sigmoidoskopie
  - Bariumeinlauf
  - Koloskopie

Behandlung

Konservativ

- *Therapie*
- Faserreiche und flüssigkeitshaltige Ernährung
- *Medikamente*
- Stuhlerweichende Präparate
- Antibiotika
- Analgetika

Chirurgisch

- *Bei einem anorektalen Abszeß: chirurgische Inzision und Drainage*
- Bei Fisteln: Fistulotomie (Entfernen der Fistel und des Granulationsgewebes) oder Fistulektomie (Entfernen des Fistelganges und Drainage)

Ambulante Pflege

- Geben Sie sowohl dem Patienten als auch der bzw. dem Betreuenden mündliche und schriftliche Instruktionen. Nennen Sie ihnen den Namen und die Telefonnummer eines Arztes oder einer Pflegeperson, die Sie bei Fragen anrufen können
- *Allgemeine Informationen*
- Erklären Sie, wie sich ein anorektaler Abszeß bzw. eine Fistel entwickelt, und besprechen Sie die Ursachen und die entwicklungsfördernden Faktoren sowie die Diagnostik, Pflege und Behandlung
- *Komplikationszeichen*
- Gehen Sie die Zeichen und Symptome durch, die einem Arzt oder einer Pflegeperson mitgeteilt werden sollten

- Infektion (Fieber, purulenter Ausfluß aus der Operationswunde, Rötung, Schwellung, Schmerzhaftigkeit)
- Weisen Sie den Patienten an, den Zeitpunkt des ersten Stuhlgangs nach dem Eingriff zu notieren und den Arzt oder die Pflegeperson zu benachrichtigen, wenn es zu keinem Stuhlgang kommt oder sich eine Verstopfung entwickelt

Besondere Hinweise

- Helfen Sie dem Patienten bei der Beschaffung des geeigneten Materials (Verbandmaterial, Vorlagen, Netzhöschen) zur Unterstützung einer vollständigen Heilung des betroffenen Bereichs
- Demonstrieren Sie die richtige Art der Wundpflege und des Verbandwechsels (Verfahren, Häufigkeit, Dichte und Befeuchtung). Zeigen Sie dem Patienten, wie man einen Spiegel benutzt, um die Region zu inspizieren und den Verband zu wechseln
- Weisen Sie den Patienten an, den Verband nach jedem Stuhlgang oder Wasserlassen auf Verschmutzungen zu untersuchen und ggf. zu wechseln. Empfehlen Sie dem Patienten, verschmutzte Verbände in einem Plastikbeutel zu entsorgen und sich gründlich die Hände zu waschen
- Empfehlen Sie dem Patienten, den Perianalbereich einmal wöchentlich zu rasieren, um Haare aus dem betroffenen Bereich fernzuhalten. Hierbei ist u. U. eine betreuende Person zur Unterstützung erforderlich
- Motivieren Sie den Patienten zum Stuhlgang, um eine Kotstauung zu verhindern
- Unterweisen Sie den Patienten, beim Stuhlgang nicht zu pressen, da dies die Beschwerden verstärken und Druck auf den betroffenen Bereich ausüben kann
- Betonen Sie die Bedeutung ständiger Sauberkeit im Perianalbereich, und erklären Sie, daß eine entsprechende Hygiene Infektionen verhindern hilft
- Sorgen Sie für warme Sitzbäder, um die Perianalregion zu säubern und die Beschwerden des Patienten zu lindern. Zeigen Sie dem Patienten, wie man ein Sitzbad vorbereitet
- Weisen Sie den Patienten an, beim Sitzen ein dickes Kissen oder Polster zu benutzen
- Erklären Sie dem Patienten, daß anorektale Infektionen zu Rezidiven neigen und daß anale Sexualpraktiken eingeschränkt oder geändert werden müssen, um ein erneutes Auftreten oder Komplikationen zu verhindern

- *Medikamente*
  - Erläutern Sie Zweck, Dosierung, Zeitplan und Art der Einnahme der verschriebenen Medikamente sowie deren Nebenwirkungen, die einem Arzt oder einer Pflegeperson mitgeteilt werden sollten
  - Bringen Sie dem Patienten bei, daß stuhlerweichende Laxanzien zusammen mit ballaststoffreicher Ernährung die Verstopfung verhindern
- *Ernährung/Diät*
  - Helfen Sie dem Patienten bei der Planung einer ballaststoffreichen und flüssigkeitshaltigen Ernährung, die zur regelmäßigen Darmentleerung beiträgt

Nachsorge

- Betonen Sie die Bedeutung regelmäßiger Nachsorgeuntersuchungen. Stellen Sie sicher, daß der Patient die notwendigen Namen und Telefonnummern hat
- Machen Sie deutlich, daß Nachsorgeuntersuchungen wichtig sind, weil Analfisteln bis zu ihrer Heilung 4–5 Wochen benötigen können. Tiefere Wunden benötigen u. U. 12–16 Wochen

Antikoagulanzien, Therapie mit

Antikoagulanzien, Therapie mit: Einsatz von Antikoagulanzien zur Prävention oder Therapie bei arterieller oder venöser Thrombose (Blutgerinnseln) bei einer Anzahl von Krankheiten und Störungen. Zu den Antikoagulanzien gehören Warfarin, das oral verabreicht wird, und Heparin, das subkutan injiziert wird. Die Dauer einer Antikoagulanzientherapie richtet sich nach der Grunderkrankung, für die sie verordnet wird; sie kann von kurzer Dauer oder lebenslang erforderlich sein.

Indikationen

- Lungenembolie
- Hirnembolie
- Herzklappenerkrankung
- Nach einem Herzklappenersatz
- Wandständige Thromben
- Nach einem Myokardinfarkt
- Nach Implantation von Gefäßprothesen

A

Nebenwirkungen/Komplikationen

- *Blutungen*
  - Nasenbluten
  - Zahnfleischbluten
  - Blutspucken (Hämoptysis)
  - Bluterbrechen (Hämatemesis)
  - Verstärkte Regelblutung
  - Positiver Hämoccult-Test
  - Hämatome, blaue Flecken, Unterhautblutungen
- Schmerzen im Abdomen, in den Flanken oder Gelenkschmerzen
- Symptome eines Schlaganfalls oder transitorischer ischämischer Attacken in Verbindung mit unregelmäßiger Medikamenteneinnahme

Ambulante Pflege

- Geben Sie sowohl dem Patienten als auch der bzw. dem Betreuenden *mündliche* und *schriftliche* Instruktionen. Setzen Sie bei der Erläuterung visuelle Hilfen ein. Nennen Sie ihnen den Namen und die Telefonnummer eines Arztes oder einer Pflegeperson, die sie bei Fragen anrufen können
- Beginnen Sie mit dem Lehrprogramm, sobald bekannt wird, daß der Patient mit Antikoagulanzien entlassen werden wird
- *Allgemeine Informationen*
  - Gehen Sie Erläuterungen zu der Krankheit, die eine Antikoagulanzientherapie erforderlich macht. Besprechen Sie ferner die Art des verordneten Antikoagulans (Warfarin oder Heparin), seine Vorteile, Dosierung, Dauer der Medikation und Nebenwirkungen. Verweisen Sie darauf, wie wichtig es ist, das Medikament zur vorgschriebenen Zeit einzunehmen und keine Dosis auszulassen. Weisen Sie darauf hin, was zu tun ist, wenn eine Dosis ausgelassen wurde
- *Komplikationszeichen*
  - Gehen Sie Zeichen und Symptome einer Blutung durch, die der Patient einem Arzt oder einer Pflegeperson mitteilen sollte
    - Spontanes Nasen- oder Zahnfleischbluten
    - Blutende Hämorrhoiden
    - Blutige Stühle
    - Rötliche oder lilafarbene Punkte auf der Haut
    - Erbrechen, Durchfall und Fieber, das über 24 Stunden anhält

- *Besondere Hinweise*
- Weisen Sie den Patienten an, blaue Flecken und Hämatome zu überwachen, indem er deren Rand mit einem Farbstift markiert und den Arzt oder die Pflegeperson informiert, sobald sich die Hauterscheinungen über die Umrandung hinweg ausdehnen. Schittverletzungen sollte der Patient 10 Minuten lang kräftig abdrücken. Bei Schnittverletzungen an Armen oder Beinen sollten die Gliedmaße über die Herzebene angehoben werden. Kommt die Blutung nicht zum Stehen, ist sofort Hilfe aufzusuchen
- Besprechen Sie Sicherheitsvorkehrungen, um Verletzungen zu verhindern, die Blutungen hervorrufen könnten
  - Heftiges Schneuzen und Zähneputzen vermeiden; keine druckbetriebenen Mundduschen zum Reinigen der Zähne. Eine Zahnbürste mit weichen Borsten verwenden. Keine Zahnstocher oder scharfe Gegenstände in den Mund nehmen
  - Stets Schuhe oder Sandalen tragen, um Verletzungen an den Füßen zu verhindern. Verhornungen und Schwielen von einem Podologen entfernen lassen
  - Bei Gartenarbeiten Handschuhe tragen
  - Rasieren nur mit einem elektrischen Rasierer, nicht mit der blanken Klinge oder einem Naßrasierer
  - Herumspielen mit scharfen Gegenständen oder Werkzeugmaschinen vermeiden
- Für Frauen:
  - Auf die Regelblutung achten, wenn sie das normale Maß überschreitet, und den Arzt oder eine Pflegeperson informieren, wenn es zu schweren Blutungen kommt
  - Raten Sie der Patientin unter Warfarin, eine Schwangerschaft zu vermeiden, da dies zu schweren Mißbildungen führen kann. Betonen Sie, wie wichtig es ist, den Arzt oder eine Pflegeperson zu benachrichtigen, wenn eine Schwangerschaft gewünscht oder vermutet wird
  - Bitten Sie die Patientin, mit einem Arzt oder einer Pflegeperson über eine angemessene Kontrazeption zu sprechen. Intrauterinpessare (z. B. die Spirale) sind zu vermeiden
- Unterweisen Sie den Patienten und die betreuende Person in der Verabreichung einer subkutanen Injektion
  - Geben Sie dem Patienten bzw. der betreuenden Person ausreichend Zeit, das Vorgehen zu üben

A

- ☐ Machen Sie deutlich, wie wichtig es ist, bei jeder Injektion die Injektionsstelle zu wechseln, um Blutungen, Infektionen und Empfindlichkeit der Haut zu verhindern. Wird die Injektionsstelle schmerzhaft, trockene Wärme (nicht Hitze) anwenden
- ☐ Weisen Sie den Patienten bzw. die betreuende Person an, sich die Hände zu waschen und im Umgang mit Spritze und Injektionsnadel aseptisch vorzugehen
- ☐ Demonstrieren Sie die Entnahme der korrekten Menge Heparin
- ☐ Demonstrieren und erläutern Sie jeden einzelnen Schritt des Vorgehens
- — Wählen Sie den Injektionsort
- — Nehmen Sie subkutanes Fettgewebe. Vermeiden Sie Bereiche mit blauen Flecken, Hämatomen und Narbengewebe. Vermeiden Sie den Bereich im Umkreis von 3 Zentimetern um den Nabel
- — Reinigen Sie die Haut mit Alkohol
- — Halten Sie die mit der korrekten Menge Heparin gefüllte Spritze wie einen Bleistift oder einen Dart-Pfeil
- — Kneifen Sie die Haut zusammen, so daß sie zwischen den Fingern eine dicke Rolle bildet
- — Stechen Sie die Injektionsnadel im Winkel von 45 Grad ein, und dringen Sie mit der Nadel rasch bis an deren Übergang in die Kunststoffmanschette ins Fettgewebe vor. Ziehen Sie den Kolben vorsichtig ein wenig zurück. Falls Blut in der Spritze erscheint haben Sie ein kleines Hautgefäß getroffen und sollten die Injektion an einer anderen Stelle wiederholen. Andernfalls injizieren Sie das Medikament, ziehen die Nadel vorsichtig zurück und drücken sanft auf die Haut an der Injektionsstelle. Vermeiden Sie Reiben oder Massieren
- — Tragen Sie Datum, Uhrzeit und Dosis jeder Injektion in den ambulanten Pflegebericht ein
- ☐ Lassen Sie das Material zum Üben am Bett des Patienten zurück. Sorgen Sie für Material zum Hausgebrauch. Geben Sie dem Patienten Hinweise, wo er sich weiteres Material beschaffen kann

☐ Unterweisen Sie den Patienten bzw. die betreuende Person in der oralen Verabreichung von Warfarin

- ☐ Erklären Sie dem Patienten, daß das Medikament in verschiedenen Dosierungen angeboten wird und daß jede Dosierung eine eignene Farbe hat
- ☐ Gehen Sie die verordnete Dosis und den Zeitplan für die Einnahme durch

  - Erhebliche Mengen vitamin-k-reicher Nahrungsmittel, wie grünes Blattgemüse, Tomaten, Bananen und Fisch, können die Wirkung von Warfarin beeinträchtigen
  - Der Alkoholkonsum sollte eingeschränkt werden, da Alkohol die Wirkung von Arzneimitteln verstärken kann
- *Medikamente*
- Erläutern Sie Zweck, Dosierung, Einnahmezeitplan und Art der Verabreichung der verordneten Medikamente sowie deren Nebenwirkungen, die einem Arzt oder einer Pflegeperson mitgeteilt werden sollten
- Sprechen Sie darüber, wie wichtig es ist, keine rezeptfreien Medikamente einzunehmen, die Acetylsalicylsäure oder deren Salze enthalten. Weisen Sie den Patienten an, stets die Beipackzettel der Medikamente zu lesen und mit einem Arzt, einer Pflegeperson oder einem Apotheker die geeigneten Medikamente auszuwählen, z. B. bei Medikamenten gegen Erkältung, Vitaminen oder Analgetika
- Weisen Sie den Patienten an, 1–2 Wochen vor dem Auslaufen seines Medikamentenvorrats für Nachschub zu sorgen, die Medikamente an einem kühlen Ort zu lagern und vor extremer Hitze und Kälte zu schützen
- Raten Sie dem Patienten, sich vor einer Reise mit zusätzlichen Medikamenten zu versorgen und am Zielort eine Untersuchung vornehmen zu lassen
- *Aktivitäten*
- Instruieren Sie den Patienten, von gefährlichen Hobbys oder Kontaktsportarten, die zu leichten bis schweren Verletzungen führen können, Abstand zu nehmen. Ermuntern Sie ihn zu Fragen über Einschränkungen und Grenzen in Beruf und Freizeit

Nachsorge

- Betonen Sie die Notwendigkeit regelmäßiger Nachsorgeuntersuchungen. Stellen Sie sicher, daß dem Patienten die erforderlichen Namen und Telefonnummern zur Verfügung stehen
- Betonen Sie, wie wichtig es ist, die Laboruntersuchungen wie vorgeschrieben durchzuführen. Erläutern Sie, daß zur Überwachung und Anpassung der Dosierung häufige Blutuntersuchungen erforderlich sind. Ist der gewünschte Wirkspiegel einmal erreicht, werden die Blutuntersuchungen seltener, obwohl für die gesamte Dauer der Antikoagulanzientherapie auch weiterhin Blutuntersuchungen erforderlich sind

- Therapeutische Serumspiegel
  - Warfarin: 1,5–2 x Referenzwert; International Ratio (INR) 1:3
  - Heparin: partielle Thromboplastinzeit 2–3 x Referenzwert
- Helfen Sie dem Patienten bei der Beschaffung eines Notfallmedaillons (SOS-Kapsel) und eines Ausweises mit der Diagnose und der Medikation

Aortenaneurysma

Aortenaneurysma: eine abnorme Erweiterung der Aorta, entweder am Ursprung des Gefäßes (aufsteigende Aorta) oder in dessen absteigendem Teil. In einem dissezierenden Aneurysma bahnt sich das Blut einen Weg zwischen den Gewebsschichten der Aorta und drängt sie auseinander. Ein Aneurysma kann den gesamten Gefäßdurchmesser oder nur eine schwache Stelle der Arterienwand erfassen. In dem Hohlraum, der sich dabei bildet, sammelt sich Blut und verursacht Gerinnsel.

Ätiologie/beeinflussende Faktoren/Risikofaktoren

- Arteriosklerose (aufsteigende Aorta)
- Infektionen (Aortenbogen und absteigende Aorta)
- Gefäßeinengung
- Trauma (absteigende Aorta)
- Syphilis (aufsteigende Aorta)
- Hypertonie (bei dissezierendem Aneurysma)
- Marfan-Syndrom
- Männer im Alter zwischen 50 und 70 Jahren
- Afroamerikaner

Kennzeichen/Symptome

- Plötzlich einsetzender Schmerz im vorderen Thoraxbereich, der sich über Nacken, Schultern, Lenden oder Abdomen ausbreitet
- Synkope
- Blässe
- Schweißausbruch
- Kurzatmigkeit
- Beschleunigter Puls
- Benommenheit

- Beinschwäche (Beteiligung der Aortenklappe, Aneurysma der aufsteigenden Aorta)
- Pfeifende Atmung
- Heiserkeit
- Taubheitsgefühl (Parästhesie)
- Neuralgie

Komplikationen

- Dissektion, Ruptur
- Blutung
- Embolie

Diagnostik

- Erklären Sie, daß die folgenden diagnostischen Verfahren die Diagnose bestätigen. Erläutern Sie jedes der angeordneten Verfahren. Beschreiben Sie jedes Verfahren, seinen Zweck sowie die Empfindungen und Wahrnehmungen, die dabei normalerweise auftreten, und erläutern Sie die Pflege davor und danach
- Aortographie zur Darstellung der Lokalisation und Form des Aneurysmas sowie zum Nachweis eines Auseinanderweichens der Gewebsschichten (dissezierendes Aneurysma)
- EKG zur Unterscheidung eines durch das Aneurysma bedingten Thoraxschmerzes von einem Myokardinfarkt
- Echokardiographie zur Erkennung eines dissezierenden Aneurysmas (Auseinanderweichen der Gewebsschichten des Gefäßes)
- Hämoglobinbestimmung zum Nachweis eines Blutverlustes
- Computertomographie zur Lokalisierung und zur Bestätigung der Lokalisierung sowie zur Überwachung der Entwicklung des Aneurysmas
- Magnetresonanztomographie zur weiteren Stützung der Diagnose
- Transösophageale Echokardiographie zur Lokalisation eines dorsalen Aneurysmas

Behandlung

Konservativ

- *Medikamente*
- Antihypertonika zur Kontrolle des Blutdrucks und zur Senkung der Druckbelastung der Gefäße, auch an der Stelle des Eingriffs

Chirurgisch

- Resektion des Aneurysmas und Wiederherstellen des normalen Blutflusses durch Dacron- oder Teflonimplantate. Bei gleichzeitig betroffener oder insuffizienter Aortenklappe ist deren Ersatz erforderlich (s. Herzklappenersatz, S. 339)

Ambulante Pflege

- Geben Sie sowohl dem Patienten als auch der betreuenden Person mündliche und schriftliche Instruktionen. Versorgen Sie sie mit Namen und Telefonnummer eines Arztes oder einer Pflegeperson, die bei Fragen zu Rate gezogen werden können
- *Allgemeine Informationen*
- Gehen Sie die Anzeichen und Ursachen des Aneurysmas mit dem Patienten durch. Besprechen Sie alle Faktoren, die ein Aneurysma in Zukunft verhindern können, wie etwa Überwachung des Blutdrucks und eine Verlangsamung des arteriosklerotischen Prozesses
- *Besondere Hinweise*
- Nach dem chirurgischen Eingriff
  - Weisen Sie den Patienten in die Versorgung seiner Wunde ein. Gehen Sie die Anzeichen einer Infektion und Thrombosierung des Implantats durch
  - Unterweisen Sie Hypertoniker darin, ihren Blutdruck regelmäßig zu überwachen und darüber Aufzeichnungen zu führen. Sorgen Sie für Vergleichstabellen, und informieren Sie den Patienten darüber, wo die erforderlichen Geräte und Materialien erhältlich sind
- *Medikamente*
- Erläutern Sie Zweck, Dosierung, Einnahmezeitplan und Art der Verabreichung der verordneten Medikamente sowie deren Nebenwirkungen, die einem Arzt oder einer Pflegeperson mitgeteilt werden sollten
- *Aktivitäten*
- Raten Sie dem Patienten, zwischen Belastungs- und Ruhephasen zu wechseln und starke körperliche Anstrengung und das Heben schwerer Gegenstände zu vermeiden
- Ermutigen Sie den Patienten, über Einschränkungen und Grenzen im Beruf, beim Sport und in der Freizeit zu sprechen
- Warnen Sie den Patienten vor plötzlich einsetzenden Belastungen in Verbindung mit Streß
- Betonen Sie, daß der Patient weder Schneeräumen, einen Autoreifen wechseln noch einen Wagen anschieben sollte

- *Ernährung/Diät*
  - Raten Sie dem Patienten zu einer fett- und salzarmen Ernährung
  - Weisen Sie den Patienten an, wegen der Auswirkungen des Alkohols auf den Blutdruck seinen Alkoholkonsum zu senken

Nachsorge

- Stellen Sie sicher, daß der Patient einen Termin zur Nachsorgeuntersuchung vereinbart hat
- Betonen Sie, wie wichtig es ist, wegen der Wirkungen von Nikotin auf die Blutgefäße und den Blutdruck das Rauchen einzustellen

Aorteninsuffizienz

Aorteninsuffizienz: Versagen oder unzureichende Funktion der Aortenklappe, die es dem Blut ermöglicht, in den linken Ventrikel zurückzufließen. Dies führt zu einer Abnahme des Blutausstoßes in den Organismus und zu einer Zunahme des Blutvolumens im linken Ventrikel, steigert dadurch die Herzarbeit und führt zu einer Hypertrophie des linken Ventrikels. Die Klappensegel sind nicht mehr in der Lage, sich zu schließen. Ursache dafür sind Verletzungen, Perforationen, Einrisse oder die Entwicklung von Erosionen oder Narbengewebe infolge von Infektionen oder einer Fibrosierung.

Ätiologie/beeinflussende Faktoren

- Rheumatisches Fieber
- Syphilis
- Hypertonie
- Endokarditis
- Idiopathisch
- In Verbindung mit dem Marfan-Syndrom
- Dissezierendes Aortenaneurysma
- Ankylosierende Spondylitis (M. Bechterew)
- Angeborene bikuspidale Aortenklappe
- Thoraxtrauma

Kennzeichen/Symptome

- Herzklopfen
- Sich des Herzschlages bewußt sein, vor allem im Liegen
- Tachykardie
- Dyspnö
- Orthopnö
- Paroxysmale nächtliche Dyspnö
- Müdigkeit
- Belastungsangina

Komplikationen

- Herzrhythmusstörungen
- Dekompensierte Herzinsuffizienz
- Ventrikelhypertrophie
- Endokarditis
- Plötzlicher Herztod

Diagnostik

- Beschreiben Sie jedes Verfahren, seinen Zweck sowie die Empfindungen und Wahrnehmungen, die dabei normalerweise auftreten, und erläutern Sie die Pflege davor und danach
- ☐ EKG zum Nachweis der Hypertrophie des linken Ventrikels
- ☐ Röntgen-Thorax zum Nachweis von Verkalkungen an der Aortenklappe, einer Vergrößerung des linken Ventrikels und einer Erweiterung der aufsteigenden Aorta
- ☐ Echokardiographie zum Nachweis von Herzrhythmusstörungen, für das Vorliegen eines vergrößerten linken Ventrikels und ischämischer Veränderungen
- ☐ Radioisotopenuntersuchung zur Bestimmung der Auswurffraktion
- ☐ Herzkatheteruntersuchung zur Bestimmung des Schweregrades der Beeinträchtigung, zur Beurteilung der Ventrikelfunktion und zur Prüfung auf eine Beteiligung weiterer Herzklappen

Behandlung

Konservativ

- *Medikamente*
  - Inotrope Substanzen
  - Vasodilatatoren
  - Antiarrhythmika

Chirurgisch

- *Aortenklappenersatz*

Ambulante Pflege

- Geben Sie sowohl dem Patienten als auch der betreuenden Person mündliche und schriftliche Instruktionen. Versorgen Sie sie mit Namen und Telefonnummer eines Arztes oder einer Pflegeperson, die bei Fragen zu Rate gezogen werden können
- *Allgemeine Informationen*
  - Verwenden Sie Modelle eines Herzens oder Zeichnungen zur Unterstützung Ihrer Erläuterungen. Zeigen Sie dem Patienten die Position der geschädigten Herzklappe
  - Besprechen Sie den Krankheitsprozeß und seine Ursachen, und erläutern Sie die Anzeichen und Symptome, die ein Fortschreiten der Erkrankung anzeigen können
  - Legen Sie die Risiken einer Endokarditis dar, und besprechen Sie deren Ursachen und die Wege der Prävention: Zahnarzt und anderes medizinisches Personal, wie Urologen oder Gynäkologen, über die Klappenerkrankung informieren. Erläutern Sie die Bedeutung einer guten Mundhygiene und regelmäßiger Zahnpflege. Betonen Sie die Bedeutung einer Antibiotikaprophylaxe vor dem Besuch beim Zahnarzt bzw. vor jedem invasiven Eingriff, wie z. B. einer Dilatation und Kürettage oder einer Zystoskopie
  - Legen Sie die Notwendigkeit des Herzklappenersatzes dar (s. S. 339)
- *Komplikationszeichen*
  - Gehen Sie die Zeichen und Symptome durch, die einem Arzt oder einer Pflegeperson mitgeteilt werden sollten.
    - Belastungsdyspnö
    - Orthopnö
    - Paroxysmale nächtliche Dyspnö
    - Müdigkeit
    - Herzklopfen

- *Besondere Hinweise*
  - Versorgen Sie Patientinnen mit ausreichenden Informationen bezüglich einer Schwangerschaft und zur Kontrazeption. Betonen Sie die Wichtigkeit einer genauen Planung von Schwangerschaften
- *Medikamente*
  - Erläutern Sie Zweck, Dosierung, Einnahmezeitplan und Art der Verabreichung der verordneten Medikamente sowie deren Nebenwirkungen, die einem Arzt oder einer Pflegeperson mitgeteilt werden sollten
- *Aktivitäten*
  - Heben Sie hervor, wie wichtig es ist, körperliche Anstrengung zu vermeiden. Ermutigen Sie den Patienten, über Einschränkungen und Grenzen im Beruf und beim Sport zu sprechen. Erläutern Sie die Notwendigkeit zur Einschränkung der Aktivität. Fordern Sie ihn zu häufigen Ruhepausen auf, und bitten Sie ihn, Ermüdungen zu vermeiden
- *Ernährung/Diät*
  - Betonen Sie die Notwendigkeit, den Salzkonsum einzuschränken. Erläutern Sie, daß bei Vorliegen einer Herzinsuffizienz eine weitere Einschränkung der Salzaufnahme erforderlich werden kann

Nachsorge

- Betonen Sie, wie wichtig es ist, jede verordnete Nachsorgeuntersuchung einschließlich aller Allergietests und Laboruntersuchungen wahrzunehmen. Stellen Sie sicher, daß der Patient über die notwendigen Namen und Telefonnummern verfügt
- Betonen Sie, wie wichtig es ist, mit dem Rauchen aufzuhören und auch keine anderen Tabakerzeugnisse zu konsumieren. Sorgen Sie notfalls für Informationen über Selbsthilfegruppen oder Entwöhnungsprogramme

Aortenklappenstenose

Aortenklappenstenose: Einengung der dreigeteilten Aortenklappe von normalerweise 2,6–3,5 Zentimeter auf Werte bis zu 0,4 Zentimeter. Die Einengung ist die Folge vermehrter Kalkeinlagerungen. Diese Verengung oder Verlegung hemmt den Blutstrom durch die Aortenklappe in die Aorta, schränkt damit die Durchblutung des Herzens und anderer Organe ein und erhöht die Arbeitslast des Herzens.

Ätiologie/beeinflussende Faktoren/Risikofaktoren

- Angeborene bikuspidale Aortenklappe
- Rheumatisches Fieber
- Männliches Geschlecht
- Alter über 60 Jahre

Kennzeichen/Symptome

- Symptome treten spät auf
- Angina
- Belastungssynkope
- Orthopnö, Dyspnö, Kurzatmigkeit
- Müdigkeit
- Kühle Extremitäten
- Benommenheit

Komplikationen

- *Arrhythmien*
  - Vorhofflimmern
  - Überleitungsstörungen
- *Herzversagen*
- *Plötzlicher Herztod*
- *Infektiöse Endokarditis*
- *Embolie*

A

Diagnostik

- Beschreiben Sie jedes Verfahren, seinen Zweck sowie die Empfindungen und Wahrnehmungen, die dabei normalerweise auftreten, und erläutern Sie die Pflege davor und danach
  - EGK zur Erkennung von Rhythmusanomalien und einer Hypertrophie des linken Ventrikels
  - Echokardiographie zur Bestimmung des Schweregrades der Obstruktion und zur Einschätzung der Ventrikelfunktion
  - Herzkatheteruntersuchung und Koronarangiographie zur Bestimmung des Schweregrades der Obstruktion auf dem Weg über das Gefäß sowie zur Einschätzung der Ventrikelfunktion und der koronaren Durchblutung
  - Röntgen-Thorax zum Nachweis von Herzklappenverkalkungen, einer Herzvergrößerung und einer Stauungslunge

Behandlung

Konservativ

- *Therapie*
  - Aortenklappenplastik über einen Ballonkatheter
- *Medikamente*
  - Digitalis
  - Diuretika
  - Betablocker
  - Vasodilatatoren
  - Antiarrhythmika

Chirurgisch

- *Aortenklappenersatz*

Ambulante Pflege

- Geben Sie sowohl dem Patienten als auch der betreuenden Person *mündliche* und *schriftliche* Instruktionen. Versorgen Sie sie mit Namen und Telefonnummer eines Arztes oder einer Pflegeperson, die bei Fragen zu Rate gezogen werden können
- *Allgemeine Informationen*
  - Verwenden Sie Modelle des Herzens oder Zeichnungen als Unterrichtshilfen. Zeigen Sie dem Patienten die Lokalisation der betroffenen Herzklappe, und erläutern Sie deren Funktion im Kreislaufsystem

- Falls eine Angioplastie mittels Ballonkatheter oder ein chirurgischer Eingriff empfohlen werden, helfen Sie dem Patienten zu verstehen, warum dies so ist, und erklären Sie ihm, was diese beiden Vorgehensweisen beinhalten (s. Herzklappenersatz, S. 339)
- Besprechen Sie den weiteren Verlauf der Erkrankung, die Faktoren, die dazu beitragen, die Ursache der Gefäßverlegung sowie die Zeichen und Symptome eines Fortschreitens der Erkrankung
- Erläutern Sie das Risiko einer Endokarditis, und besprechen Sie deren Ursachen sowie die Möglichkeiten zur Prävention. Dazu gehört es, den Zahnarzt und das weitere medizinische Personal (Urologen, Gynäkologen) darüber zu informieren, daß der Patient eine Herzklappenerkrankung hat. Ferner gehören dazu eine gute Mundhygiene und regelmäßige Kontrolle des Zahnstatus. Erläutern Sie die Bedeutung der Antibiotikaprophylaxe vor einer zahnmedizinischen Maßnahme und anderen invasiven Eingriffen (Dilatation und Kürettage, Zystoskopie)

Komplikationszeichen

- Gehen Sie die Zeichen und Symptome durch, die einem Arzt oder einer Pflegeperson mitgeteilt werden sollten
  - Mattigkeit
  - Herzklopfen
  - Kurzatmigkeit
  - Belastungsdyspnö
  - Zeichen systemischer Embolien: Muskelschwäche, Parästhesien, Verwirrtheit

Besondere Hinweise

- Geben Sie Patientinnen Hinweise bezüglich der Kontrazeption und der Risiken einer Schwangerschaft. Betonen Sie die Bedeutung der Geburtenregelung

Medikamente

- Erläutern Sie Zweck, Dosierung, Einnahmezeitplan und Art der Verabreichung der verordneten Medikamente sowie deren Nebenwirkungen, die einem Arzt oder einer Pflegeperson mitgeteilt werden sollten

Aktivitäten

- Betonen Sie, wie wichtig es ist, anstrengende Tätigkeiten zu vermeiden. Dazu gehören Staubsaugen, ein Auto anschieben, einen Reifen wechseln oder Wettkampfsport
- Ermutigen Sie den Patienten, über Einschränkungen in Beruf und Freizeit zu sprechen

- Erläutern Sie die Notwendigkeit einer reduzierten Aktivität wie Spazierengehen als Konditionstraining
- Ermutigen Sie den Patienten, häufig auszuruhen und eine Ermüdung zu vermeiden

- *Ernährung/Diät*
  - Besprechen Sie die Notwendigkeit, den täglichen Salzkonsum auf 3 Gramm zu reduzieren. Erklären Sie, daß es bei Herzinsuffizienz erforderlich werden kann, die Natriumaufnahme weiter zu senken

Nachsorge

- Betonen Sie, wie wichtig es ist, jede verordnete Nachsorgeuntersuchung einschließlich aller Allergietests und Laboruntersuchungen wahrzunehmen. Stellen Sie sicher, daß der Patient über die notwendigen Namen und Telefonnummern verfügt
- Betonen Sie, wie wichtig es ist, mit dem Rauchen aufzuhören und auch keine anderen Tabakerzeugnisse zu konsumieren. Sorgen Sie notfalls für Informationen über Selbsthilfegruppen oder Entwöhnungsprogramme

Aortokoronarer Bypass

Aortokoronarer Bypass: ein chirurgisches Verfahren, das den Blutstrom zum Herzmuskel erhöht. Die Zunahme der Sauerstoff- und Nährstoffversorgung des Herzmuskels verhindert einen Myokardinfarkt. Das Anlegen eines koronaren Bypass ist ein offener Eingriff am Herzen, der den Einsatz einer Herz-Lungen-Maschine erfordert, unter Vollnarkose durchgeführt wird und im allgemeinen zwei Einschnitte erfordert. Ein Einschnitt wird an der Wade oder am Oberschenkel gelegt, um ein Stück der V. saphena zu entnehmen. Ein weiterer Einschnitt geschieht am Brustkorb (Sternum), um ein Ende der Vene an die Aorta, das andere Ende an die betroffene Koronararterie unterhalb des Verschlusses anzuschließen. Es können mehrere Gefäße überbrückt werden. Alternativ kann auch ein Stück der A. mammaria interna verwendet werden.

Indikationen

- Akute oder chronische ischämische Herzkrankheit

Präoperative Schulung

- Gehen Sie die Erläuterungen des Arztes bezüglich des Eingriffs und seiner Gründe, den Vorgang der Hautvorbereitung und die Lokalisation des Einschnitts durch. Ermutigen Sie den Patienten, Fragen zu stellen und alle Sorgen und Ängste zu besprechen
- Besprechen Sie die Notwendigkeit einer schriftlichen Einverständniserklärung nach Aufklärung

Besprechen der präoperativen Pflege

- Gehen Sie die Vorbereitung der Haut am Thorax und am Bein durch: Der Patient wird vom Kinn bis zu den Zehen rasiert und nimmt eine aseptische Dusche oder ein Bad
- Erklären Sie, daß am Abend und am Morgen vor der Operation jeweils ein Beruhigungsmittel verabreicht wird
- Informieren Sie den Patienten darüber, daß er vor der Operation Besuch von einem Anästhesisten und einem Radiologen erhält

Besprechen der postoperativen Pflege

- Erklären Sie, daß der Patient direkt nach der Operation auf die chirurgische Intensivstation gebracht wird und dort gewöhnlich für 1–2 Tage bleibt
- Beschreiben Sie die Station, die Geräusche, die der Patient eventuell hört, die Besuchsordnung, die Schmerzen, die er haben wird, und die Medikamente, die er erhält
- Besprechen Sie die Anzahl der Schläuche (Magensonde, Endotrachealtubus, Thoraxdrainage, Foley-Katheter) sowie die intravenösen und arteriellen Zugänge. Erklären Sie, daß sie entfernt werden, sobald sich der Zustand des Patienten stabilisiert hat
- Erklären Sie die Form der Kommunikation, die nach der Operation angewandt wird, solange der Patient intubiert ist
- Informieren Sie den Patienten über die Routinepflege: Druckentlastung, häufiges Drehen, Abhusten, tiefes Einatmen und Überwachen der Vitalzeichen
- Betonen Sie die Bedeutung des Abhustens, des tiefen Einatmens und den Gebrauch des Giebelrohrs oder anderer Atemtherapiegeräte. Ermöglichen Sie Zeit zum Üben
- Sagen Sie dem Patienten, daß Sitzen auf der Bettkante mit herabhängenden Beinen oder in einem Stuhl schon am Abend des Operationstages gestattet sein kann

- Erklären Sie, daß der Patient aufgrund der Medikation oder aus Schlafmangel desorientiert sein kann und Medikamente erhält, um es ihm erträglich zu machen

Nebenwirkungen/Komplikationen

- Arrhythmien
- Blutung oder Hämorrhagie
- Hypotonie/Hypertonie
- Herztamponade
- Intraoperativer Myokardinfarkt (2,5–5 % der Patienten)
- Perikarditis
- Postperikardiotomiesyndrom
- Schock
- Einschränkungen des Kurzzeitgedächtnisses, Konzentrationsschwäche, Desorientiertheit, Sehstörungen (bei ca. 20 % der Operierten)

Ambulante Pflege

- Geben Sie sowohl dem Patienten als auch der betreuenden Person *mündliche* und *schriftliche* Instruktionen. Versorgen Sie sie mit Namen und Telefonnummer eines Arztes oder einer Pflegeperson, die bei Fragen zu Rate gezogen werden können
- *Allgemeine Informationen*
  - Gehen Sie das Operationsverfahren durch, und besprechen Sie alle speziellen Vorsichtsmaßnahmen und Komplikationen, die damit einhergehen, sowie den Zustand, der zu erwarten ist, nachdem sich der Patient erholt hat
  - Erklären Sie, daß die vollständige Heilung und Erholung 8–12 Wochen dauern kann
  - Informieren Sie den Patienten, daß das Brustbein (Sternum) mit Draht zusammengebunden wird und daß in der Heilungsphase ein Gefühl der Bewegung oder klickende Geräusche normal sind
  - Sagen Sie dem Patienten, daß ein leichtes Jucken, Rötung, Taubheitsgefühl, Wundsein, Schwellung oder ein ziehendes Gefühl in der Heilungsphase normal sind
- *Wundpflege*
  - Informieren Sie den Patienten, daß Duschen ein paar Tage nach der Operation erlaubt ist. Der Patient sollte warm duschen und die Wunde vorsichtig waschen

- Erklären Sie, daß sich die meisten Nähte langsam auflösen und nicht von einem Arzt oder einer Pflegeperson entfernt werden müssen
- Empfehlen Sie dem Patienten lockere, bequeme Kleidung. Frauen mit submammärer Inzision sollten während der ersten Tage keinen BH tragen. Wenn dies wieder möglich ist, sollten die Körbchen nicht von einem Drahtbügel gestützt werden, der zu Reizerscheinungen führen kann

Komplikationszeichen

- Gehen Sie die Zeichen und Symptome durch, die einem Arzt oder einer Pflegeperson mitgeteilt werden sollten
  - Wundinfektion: Schwellung, Absonderungen, Rötung, Schmerzen
  - Anschwellen der Hände und Beine, Gewichtszunahme, Kurzatmigkeit
  - Fieber, erhöhter Puls
  - Brustschmerzen beim Einatmen oder unter Belastung

Medikamente

- Erläutern Sie Zweck, Dosierung, Einnahmezeitplan und Art der Verabreichung der verordneten Medikamente sowie deren Nebenwirkungen, die einem Arzt oder einer Pflegeperson mitgeteilt werden sollten

Aktivitäten

- Besprechen Sie Einschränkungen und Anpassungen bei Tätigkeiten
  - Weisen Sie den Patienten an, seine Aktivitäten allmählich zu steigern und mit einem täglichen Übungsprogramm zu beginnen. Verweisen Sie den Patienten an eine Koronarsportgruppe an der Klinik oder Sportverein
  - Raten Sie dem Patienten, Ermüdung zu vermeiden, indem Aktivitäten durch Pausen unterbrochen werden
  - Sagen Sie dem Patienten, er möge langes Stehen oder Sitzen vermeiden. Im Sitzen sollte der Patient die Beine nicht übereinanderschlagen und das Bein mit der Inzision nicht anheben
  - Warnen Sie den Patienten vor dem Heben schwerer Gegenstände und vor Aktivitäten mit isometrischer Belastung. Autofahren sollte entsprechend ärztlicher Anweisung in den ersten Wochen nur eingeschränkt erfolgen

- Ermutigen Sie den Patienten zu Fragen bezüglich der Aktivitäten, die wieder aufgenommen werden können, z. B.:
  - Sexualleben, sobald sich Patient und Partner wohlfühlen
  - Sportarten wie Schwimmen, Golf und Tennis nach 6 Wochen
  - Staubsaugen, Schneeschippen und ein Umzug nach 6 Wochen
  - Rückkehr an den Arbeitsplatz gewöhnlich nach 4–6 Wochen, abhängig vom Beruf
- Erklären Sie, daß ein aortokoronarer Bypass die Erkrankung nicht heilt. Betonen Sie die Bedeutung von Veränderungen der Lebensweise, um ein erneutes Auftreten von Gefäßverschlüssen zu verhindern (s. Koronare Herzkrankheit, S. 450)
- *Ernährung/Diät*
- Erklären Sie, daß die Ernährung fettarm oder entsprechend ärztlicher Verordnung erfolgen und der Kochsalzkonsum eingeschränkt werden sollte

Nachsorge

- Betonen Sie die Notwendigkeit regelmäßiger Nachsorgeuntersuchungen. Stellen Sie sicher, daß dem Patienten die erforderlichen Namen und Telefonnummern zur Verfügung stehen

Psychosoziale Betreuung

- Erklären Sie, daß der Heilungsprozeß gewöhnlich von Emotionen, Reizbarkeit und Depression begleitet wird. Versichern Sie dem Patienten, daß dies ein vorübergehender Zustand ist

Hinweis

- Verweisen Sie den Patienten an lokale und bundesweit tätige Hilfsorganisationen

Aplastische Anämie (Hypoplastische Anämie)

Aplastische Anämie: ergibt sich aus der Unfähigkeit des Knochenmarks, Erythrozyten zu produzieren. Sie beginnt gewöhnlich schleichend. Bei plötzlichem Beginn hat sie jedoch eine schlechte Prognose. Die hypoplastische Anämie beinhaltet in den meisten Fällen eine Depression aller drei Knochenmarkelemente: Erythrozyten, Thrombozyten und Granulozyten (Panzytopenie).

Ätiologie

- Zytostatika oder Antibiotika
- Entzündungsprozesse
- Schwangerschaft
- Hepatitis
- Radioaktive Strahlung

Kennzeichen/Symptome

- Müdigkeit
- Kurzatmigkeit
- Kopfschmerzen
- Schwäche
- Blässe
- Dysphagie
- Taubheitsgefühl und Kribbeln in den Extremitäten
- Rasches Entstehen von blauen Flecken und Blutungen
- Benommenheit
- Fieber
- Infektionen

Komplikationen

- Blutungen oder Infektionen im Gesichtsbereich

A

Diagnostik

- Beschreiben Sie jedes Verfahren, seinen Zweck sowie die Empfindungen und Wahrnehmungen, die dabei normalerweise auftreten, und erläutern Sie die Pflege davor und danach
- Komplettes Blutbild und Differentialblutbild
- Thrombozyten
- Blutungszeit
- Knochenmarkaspiration
- Retikulozyten
- Peripherer Blutausstrich
- Blutkultur (bei Verdacht auf eine Infektion)

Behandlung

Konservativ

- *Therapie*
- Sauerstoff bei schwerer Anämie
- Transfusionen
  - Erythrozytenkonzentrate
  - Thrombozyten
  - Granulozyten
- *Medikamente*
- Kortikosteroide
- Koloniestimulierender Faktor
- Antibiotika
- Androgene

Chirurgisch

- *Knochenmarktransplantation*

Ambulante Pflege

- Geben Sie sowohl dem Patienten als auch der betreuenden Person *mündliche* und *schriftliche* Instruktionen. Versorgen Sie sie mit Namen und Telefonnummer eines Arztes oder einer Pflegeperson, die bei Fragen zu Rate gezogen werden können
- *Allgemeine Informationen*
- Erläutern Sie dem Patienten die aplastische Anämie, ihre Ursachen und beeinflussenden Faktoren

- *Komplikationszeichen*
- Gehen Sie die Zeichen und Symptome durch, die einem Arzt oder einer Pflegeperson mitgeteilt werden sollten
  - Infektionen
  - Sytemische Infektionen: Fieber, Unwohlsein, Müdigkeit
  - Infektionen des Harntraktes: Brennen beim Wasserlassen, häufiges Wasserlassen, Harndrang
  - Infektionen der oberen Atemwege: übelriechende, purulente, verfärbte und ausgiebige Schleimabsonderungen; produktiver Husten
  - Blutungen/Hämorrhagie: Meläna, Hämaturie, Epistaxis, Ekchymosen, Zahnfleischbluten
  - Anämie: Müdigkeit, Schwäche, Parästhesien
- *Besondere Hinweise*
- Bringen Sie dem Patienten bei, seine Laborwerte selbst zu verfolgen. Suchen Sie die Grundwerte des Patienten heraus, um zukünftige Abnahmen oder Veränderungen zu überwachen
  - Betonen Sie, wie wichtig es ist, den Kontakt mit Personen zu vermeiden, von denen akute Infektionen bekannt sind
- Zeigen Sie dem Patienten, Verletzungen, Schürfwunden und einen Zusammenbruch der Haut zu vermeiden, die zu einer Infektion führen können
- Besprechen Sie Wege zur Verhinderung von Blutungen, wie etwa das Rasieren mit einem elektrischen Rasierer, Zähneputzen mit einer weichen Zahnbürste sowie das Vermeiden potentiell gewebsschädigender Aktivitäten
- *Medikamente*
- Erläutern Sie Zweck, Dosierung, Einnahmezeitplan und Art der Verabreichung der verordneten Medikamente sowie deren Nebenwirkungen, die einem Arzt oder einer Pflegeperson mitgeteilt werden sollten
- Raten Sie dem Patienten bei Ermüdung und zu Zeiten einer Infektion zur Einschränkung seiner Aktivitäten
- *Ernährung/Diät*
- Besprechen Sie die Notwendigkeit einer ausgewogenen Ernährung, um die Widerstandsfähigkeit gegen Infektionen zu erhöhen
- Besprechen Sie die Notwendigkeit, den Ballaststoffgehalt der Nahrung zu erhöhen, z. B. durch frische Früchte oder Gemüse, um Verstopfung und Pressen beim Stuhlgang zu verhindern

Nachsorge

- Betonen Sie die Bedeutung regelmäßiger Nachsorgeuntersuchungen. Stellen Sie sicher, daß der Patient über die erforderlichen Namen und Telefonnummern verfügt

Appendizitis, Appendektomie

Appendizitis: Verlegung der Appendix, eines kleinen, wurmförmigen Fortsatzes am Caecum des Colons, welcher Entzündungen, Auftreibung, verringerte Blutversorgung, Nekrose und bisweilen eine Perforation verursacht. Unbehandelt führt die Appendizitis zur generalisierten Peritonitis oder zu einem lokalen Abszeß.

Appendektomie: operatives Entfernen der Appendix.

Risikofaktoren

- Höchste Inzidenz bei Jugendlichen und jungen Männern
- Neigung zu familiär gehäuftem Auftreten

Kennzeichen/Symptome

- *Frühstadium*
  - Unbestimmter, periumbilikaler Schmerz im Abdomen
  - Übelkeit und Erbrechen
  - Fieber
  - Empfindlichkeit über dem Bereich der Appendix (rechter Unterbauch)
- *Intermediär- oder Akutstadium*
  - Schmerz über dem rechten Unterbauch, der beim Gehen oder Husten zunimmt
  - Gefühl der Obstipation, Stuhldrang
  - Appetitverlust
  - Unwohlsein
  - Bisweilen Diarrhö
  - Abgeschwächte Darmgeräusche
  - Schneller Puls
  - Fieber
  - Verhärtetes Abdomen bei der Palpation

Komplikationen

- *Perforierte Appendix*
  - Plötzliches Nachlassen des Schmerzes bei der Perforation, dann einsetzende Peritonitis
  - Peritonitis
  - Starker, allgemeiner Schmerz über dem Abdomen
  - Erneutes Erbrechen
  - Seitenlage mit gebeugten Knien
  - Schneller Puls, flache Atmung, niedriger Blutdruck
  - Schüttelfrost, Fieber
  - Blässe oder Hitzegefühl
  - Reizbarkeit, Unruhe, Ängstlichkeit
  - Fortschreitende Auftreibung und Verhärtung des Abdomens
  - Kein Abgang von Winden oder Stuhl
  - Abgeschwächte oder fehlende Darmgeräusche
  - Appetitverlust
  - Dehydratation
- *Sepsis*
- *Abdominalabszeß*
- *Störungen des Elektrolythaushalts*

Diagnostik

- Beschreiben Sie jedes Verfahren, seinen Zweck sowie die Empfindungen und Wahrnehmungen, die dabei normalerweise auftreten, und erläutern Sie die Pflege davor und danach
  - Blutuntersuchungen: Anstieg der Leukozyten im Differentialblutbild
  - Röntgenaufnahme des Abdomens
  - Intravenöse Pyelographie zum Ausschluß von Nierensteinen oder einer Pyelitis (s. Urolithiasis, S. 751)

Behandlung

Konservativ (bis zur Operation)

- *Therapie*
  - Intravenöse Substitution von Flüssigkeit
  - Trösten und Beruhigen
  - Magensonde bei ausgeprägtem Aufgetriebensein und Erbrechen
  - Bettruhe

- *Medikamente*
  - Antibiotika

Chirurgisch

- Operation innerhalb von 24–48 Stunden nach Beginn der Symptomatik oder wenn der Patient stabil ist
- Siehe abdominalchirurgischer Eingriff (S. 3) für die prä- und postoperative Pflege
- Appendektomieverfahren
  - Laparoskopisch, wenn die Appendix noch nicht rupturiert ist
    - Inzision unterhalb des Nabels, mit 3 oder 4 Zugängen in das Abdomen zum Einführen des Laparoskops, für die Sicht und zum Entfernen der Appendix
    - Das Verfahren erfordert Allgemeinanästhesie und stationäre Aufnahme für eine Nacht
    - Abdominalchirurgischer Ansatz
    - Inzision im rechten unteren Quadranten unter Allgemeinanästhesie und 2 Tage Klinikaufenthalt
    - Bei rupturierter Appendix werden Drainagen gelegt, und der Patient bleibt für 5 Tage oder länger in der Klinik

Ambulante Pflege

- Geben Sie sowohl dem Patienten als auch der betreuenden Person mündliche und schriftliche Instruktionen. Versorgen Sie sie mit Namen und Telefonnummer eines Arztes oder einer Pflegeperson, die bei Fragen zu Rate gezogen werden können
- *Komplikationszeichen*
  - Gehen Sie die postoperativen Zeichen und Symptome durch, die einem Arzt oder einer Pflegeperson mitgeteilt werden sollten
    - Rötung
    - Schwellung
    - Schmerzen
    - Warme Haut beim Berühren
    - Ausfluß
- *Besondere Hinweise*
  - Gehen Sie alle Einschränkungen durch: Einläufe vermeiden, bis sie vom Arzt genehmigt wurden; keine Wannenbäder, Duschen erlaubt
  - Sagen Sie dem Patienten, wie und wo er Verbrauchsmaterialen erhält

- Bringen Sie dem Patienten bei, wie man die Wunde versorgt und den Verband wechselt. Bei rupturierter Appendix können Spülungen mit steriler Kochsalzlösung und sterile Verbände erforderlich werden
- *Medikamente*
- Erläutern Sie Zweck, Dosierung, Einnahmezeitplan und Art der Verabreichung der verordneten Medikamente sowie deren Nebenwirkungen, die einem Arzt oder einer Pflegeperson mitgeteilt werden sollten
- *Aktivitäten*
- Weisen Sie den Patienten an, das Heben schwerer Gegenstände (> 5 kg) während der ersten 6 Wochen (kürzer bei laparoskopischem Eingriff) zu unterlassen, sich bei Ermüdung auszuruhen und seine Aktivitäten entsprechend der Toleranzgrenzen zu steigern
- Eine normale Tätigkeit kann gewöhnlich innerhalb von 4 Wochen wieder aufgenommen werden. Bitten Sie den Patienten, die Rückkehr an den Arbeitsplatz, Autofahren oder Freizeitsport mit dem Arzt bzw. der Pflegeperson abzuklären

Nachsorge

- Betonen Sie die Bedeutung regelmäßiger Nachsorgeuntersuchungen. Stellen Sie sicher, daß der Patient über die erforderlichen Namen und Telefonnummern verfügt

Arterielle Revaskularisation

Arterielle Revaskularisation: chirurgisches Verfahren zur Erhöhung der arteriellen Durchblutung durch Umgehen einer stenosierten oder verschlossenen Arterie. Das zur Bildung des Bypass erforderliche Material kann in einem autologen Transplantat, d. h. aus einem Stück der V. saphena, oder in synthetischem Material, etwa einem Dacron-Implantat bestehen.

Arten der Bypass-Operation

- Aortofemoraler Bypass: Der Bypass verläuft von der Bauchaorta zur A. iliaca externa oder zur A. femoralis und erhöht die Durchblutung des Beins
- Aortoiliakaler Bypass: Der Bypass verläuft von der Bauchaorta abwärts zur A. iliaca oder zur A. femoralis

- Axillofemoraler Bypass: Der Bypass zieht von der A. axillaris durch einen Tunnel unter der Haut abwärts zur A. femoralis
- Femoropoplitealer Bypass
- Femorotibialer Bypass

Indikationen

- *Arterieninsuffizienz*
- Akute Insuffizienz
  - Embolie
  - Thrombose
  - Trauma
- Chronische Insuffizienz
  - Arteriosclerosis obliterans
  - Arterieninsuffizienz
  - Thrombangiitis obliterans (Buerger-Krankheit)

Präoperative Schulung

- Gehen Sie die Erläuterungen des Arztes bezüglich des Eingriffs und seiner Gründe durch. Ermutigen Sie den Patienten, Fragen zu stellen und Sorgen und Ängste zu besprechen
- Besprechen Sie die Notwendigkeit einer schriftlichen Einverständniserklärung nach Aufklärung

Besprechen der präoperativen Pflege

- Besprechen Sie die Anzahl der Inzisionen, die vorgenommen werden. So sind beispielsweise beim aortofemoralen Bypass 2–3 Inzisionen erforderlich: eine in der Mittellinie des Abdomens und je eine in jeder Leistenbeuge für das entsprechende Transplantat. Besprechen Sie ferner die Art der verwendeten Anästhesie
- Weisen Sie den Patienten an, jegliche Antikoagulanzientherapie eine Woche vor dem Eingriff abzusetzen. Bitten Sie den Patienten bzw. die Patientin, alle anderen Medikationen, wie herzwirksame Substanzen, Kontrazeptiva und Hormone, mit einem Arzt oder einer Pflegeperson zu besprechen

Besprechen der postoperativen Pflege

- *Axillofemoraler Bypass*
  - Weisen Sie den Patienten an, nicht auf der operierten Seite zu liegen, da dies zum Verschluß des Transplantats bzw. Implantats führen kann. Bitten Sie den Patienten ferner, den Arm nicht weit nach oben zu strecken und keine schweren Gegenstände zu heben, da dies zu einem Ein- bzw. Abreißen des Transplantats bzw. Implantats an dessen Abgang führen kann
  - Besprechen und demonstrieren Sie passive Übungen des Bewegungsspielraums der betroffenen Gliedmaße
- *Femoropopliteraler bzw. -tibialer Bypass*
  - Erklären Sie, daß der Patient einen Verweilkatheter erhalten kann und daß der Eingriff unter Vollnarkose vorgenommen wird
  - Informieren Sie den Patienten darüber, daß Gehen 1–3 Tage nach der Operation gestattet ist und nach und nach leichter fallen wird. Sagen Sie ihm, daß für einige Tage eine Gehhilfe, etwa ein Gehstock oder ein Rollator, erforderlich werden kann
  - Sprechen Sie darüber, wie wichtig es ist, Knie und Hüfte des betroffenen Beins nicht zu beugen und nicht über lange Zeit hinweg zu sitzen, da dies zum Verschluß des Transplantats bzw. Implantats führen könnte.
  - Informieren Sie den Patienten, daß u. U. ein Bettbogen zum Einsatz kommt, um Druck auf das betroffene Bein zu vermeiden
- *Gehen Sie die postoperative Medikation durch*
  - Antikoagulanzien oder Acetylsalicylsäure, um das Transplantat bzw. Implantat offenzuhalten
  - Antibiotika zur Verhinderung von Infektionen
  - Vasodilatatoren zur Durchblutungsförderung in den Beinen

Komplikationen

- *Hämatome*
- *Thrombose des Transplantats bzw. Implantats*
- *Infektion des gesamten Transplantats bzw. Implantats*
- *Nieren- und Darmembolien*
  - Nierenversagen
  - Ischämie des Darms

Ambulante Pflege

- Geben Sie sowohl dem Patienten als auch der betreuenden Person mündliche und schriftliche Anleitungen sowie Namen und Telefonnummer eines Arztes oder einer Pflegeperson, die bei Fragen angesprochen werden können
- *Komplikationszeichen*
- Gehen Sie die Zeichen und Symptome durch, die einem Arzt oder einer Pflegeperson mitgeteilt werden sollten
    - Infektion: Fieber, Ausfluß an den Einschnitten, die sich bei Berührung warm oder heiß anfühlen oder sich röten und schmerzhafter werden
    - Thrombose: Ruheschmerz im Bereich der Operation oder in den Beinen; Blähungen oder Schmerzen im Abdomen
    - Claudicatio intermittens: Brennen oder Krämpfe der Muskulatur unter Belastung, die in Ruhe verschwinden
- *Besondere Hinweise*
- Zeigen Sie den Patienten den Gebrauch von Stützstrümpfen, falls verordnet
- Weisen Sie den Patienten mit axillofemoralem Bypass an, einen kraftvollen Einsatz des betroffenen Beins zu vermeiden, keine enganliegende oder einschnürende Kleidung über dem Transplantat bzw. Implantat zu tragen (Gürtel, Strumpfbänder), den Puls im Transplantat bzw. Implantat zu überwachen und einen Arzt oder eine Pflegeperson zu benachrichtigen, wenn kein Puls zu spüren ist
- *Medikamente*
- Erläutern Sie Zweck, Dosierung, Einnahmezeitplan und Art der Verabreichung jedes verschriebenen Medikaments sowie die Nebenwirkungen, die einem Arzt oder einer Pflegeperson mitgeteilt werden sollten
- *Aktivitäten*
- Während der Heilungsphase von 6–8 Wochen
    - Der Patient sollte langes Sitzen vermeiden, die Beine im Sitzen hochlagern und nicht übereinanderschlagen sowie Staubsaugen, Rasenmähen und das Heben von Gegenständen über 10 kg Gewicht vermeiden
    - Der Patient sollte jeden Tag nach einem Programm spazierengehen, bei dem sich die Wegstrecke nach vorgeschriebenem Maß allmählich erhöht

- Langfristig: Um den Nutzen des Eingriffs zu erhalten, sollte der Patient Lebensgewohnheiten folgen, die die Durchblutung verbessern und ein weiteres Fortschreiten der Arteriosklerose verhindern. Dazu gehört es, einen Diabetes sorgfältig zu überwachen, den Blutdruck zu kontrollieren, zur Anregung des Kreislaufs regelmäßig zu üben und langes Sitzen in der Hocke zu vermeiden
- Besprechen Sie die Auswirkungen von Streß auf den Kreislauf. Gehen Sie Möglichkeiten des Streßabbaus durch, z. B. progressive Relaxation, körperliche Übungen

- *Ernährung/Diät*
  - Der Patient sollte einer ausgewogenen, fettarmen Ernährung folgen, die Eiweiß beinhaltet, um die Heilung des Gewebes zu fördern, sowie Früchte und Gemüse, um eine Obstipation zu verhindern
  - Alkohol sollte nur in Maßen genossen bzw. ganz vermieden werden, wenn der Patient Medikamente einnimmt, die dessen Wirkung verstärken

Nachsorge

- Betonen Sie die Notwenigkeit regelmäßiger Nachsorgeuntersuchungen. Stellen Sie sicher, daß der Patient über die erforderlichen Namen und Telefonnummern verfügt
- Betonen Sie, wie wichtig es ist, nicht zu rauchen. Verweisen Sie den Patienten an Entwöhnungsprogramme für Raucher, falls dies notwendig sein sollte. Sorgen Sie für Literatur zum Thema Rauchen, und besprechen Sie die Auswirkungen von Nikotin auf den Organismus

Arthritis

Rheumatoide Arthritis (RA): eine chronische, systemische Autoimmunkrankheit unbekannter Ätiologie, die primär die echten Gelenke befällt. Die RA ist charakterisiert durch die Remissionen und das Wiederaufflammen einer Entzündung des Bindegewebes im ganzen Körper, die allmählich zur Zerstörung des Gelenkknorpels und nachfolgenden Deformationen führen. Am häufigsten sind die Gelenke der Finger, die Handgelenke sowie die Schulter-, Ellenbogen-, Fuß-, Knöchel-, Hüft- und Kniegelenke betroffen. Die Anfälligkeit für diese Krankheit ist genetisch determiniert. RA ist eine häufige Krankheit mit einer Prävalenz von 1–2 % in der Gesamtbevölkerung und tritt bei Frauen im Verhältnis 1:3 häufiger als bei Männern auf. Eine RA entwickelt sich gewöhnlich im Alter zwischen 25 und 55 Jahren, obwohl es auch im Alter zwischen 8 und 15 Jahren zur sog. juvenilen Arthritis kommen kann.

Osteoarthritis (degenerative Gelenkerkrankung): eine chronisch progrediente Krankheit, charakterisiert durch zunehmenden Schmerz, Deformationen und Funktionsverlust, hervorgerufen durch degenerative Veränderungen des Knorpels, der die Enden der Knochen bedeckt, und zwar vor allem in den Gelenken, die das Körpergewicht tragen: Hüft- und Kniegelenke sowie die Gelenke der Wirbelsäule. Die Finger-, Ellenbogen-, Hand- und Knöchelgelenke sind in geringerem Umfang betroffen. Die Osteoarthritis tritt bei älteren Menschen auf und erfaßt nahezu jeden im Alter über 75 Jahren. Frauen sind häufiger als Männer betroffen, und die Inzidenz nimmt nach der Menopause zu.

Beeinflussende Faktoren

- *Bei Osteoarthritis (sekundäre Osteoarthritis)*
- Übergewicht
- Überlastung von Gelenken
- Trauma

Kennzeichen/Symptome

- *Allgemein*
- Gelenkbeteiligung
  - Steifigkeit, vor allem frühmorgens
  - Schmerzen, die unter Belastung zunehmen und in Ruhe abklingen
  - Schwellung und Deformierung
  - Instabilität und Funktionseinschränkung
  - Eingeschränkter Bewegungsumfang
  - Knochenneubildungen in den betroffenen Gelenken
- *Rheumatoide Arthritis*
- Lokale Wärme, Rötung
- Anämie
- Unwohlsein, Gewichtsverlust, Fieber
- Rötliche, bläuliche oder weiße Verfärbung der Finger und Zehen
- Beteiligung mehrerer Gelenke

- Subkutane Knötchen über den Knochenfortsätzen (Hände, Ellenbogen, Knie)
- Durchscheinende, gestraffte Haut über dem betroffenen Gelenk
- Taubheitsgefühl und Kribbeln in Händen und Füßen

Komplikationen

- *Allgemein*
- Avaskuläre Nekrose des Hüftgelenks
- Kontrakturen
- Einschränkung der Bewegungsfreiheit in den Gelenken (Ankylosierung)
- Muskelschwund
- Sensibilitätsverlust und eingeschränkte Beweglichkeit
- *Rheumatoide Arthritis*
- Degenerative Erscheinungen am Herzen: Kardiomyopathie, dekompensierte Herzinsuffizienz, Perikarditis
- Chronische Niereninsuffizienz
- Chronisch-obstruktive Lungenerkrankung
- Septische Arthritis
- Tenosynovitis

Diagnostik

- Beschreiben Sie jedes Verfahren, seinen Zweck und die Empfindungen und Wahrnehmungen, die normalerweise dabei auftreten, sowie die Pflege davor und danach.
- Laboruntersuchungen
  - Differentialblutbild
  - Blutkörperchensenkungsgeschwindigkeit (BSG)
  - Analyse der Synovia und Gewebsbiopsie
  - Bei RA:
  - — Antistreptolysin-O-Titer
  - — Rheumafaktor, bei RA positiv
  - — C-reaktives Protein, im akuten Schub einer RA vorhanden
  - — Serumkomplement, im akuten Schub einer RA vermindert
- Röntgenuntersuchungen zur Bestätigung der Diagnose (Verengung der Gelenkspalten)
- Magnetresonanz-/Computertomographie zum frühen Nachweis von Veränderungen, noch bevor dies durch Röntgenaufnahmen möglich ist
- Ganganalyse zur Darstellung des Beinlängenunterschieds

- Muskeluntersuchungen zum Nachweis einer Schwäche der Stützmuskulatur
- Sonographie des Knochens

Behandlung

Konservativ

- *Therapie*
- Physikalische Therapie
  - Paraffintauchbad oder Fango zur Wärmeapplikation bei kleinen Gelenken (Finger und Zehen)
  - Whirlpool
  - Wärme- und Kältebehandlung: feuchte Wärme; Anwendung von Kälte oder Wärme zur Schmerzlinderung und Erhöhung der Gelenkbeweglichkeit
  - Gelenkübungen: passive und aktive Übungen des Bewegungsumfangs zur Kräftigung der Muskeln und des Gewebes um das Gelenk sowie für den bestmöglichen Erhalt der Beweglichkeit
- Orthesen: Schienen, ein Stützkorsett etc., um die Gelenke in der richtigen Position zu halten und ruhigzustellen
- Gehhilfen: Unterarmgehstützen, ein Gehstock oder ein Rollator, um die Gelenke vor Überlastung zu schützen
- Sonstige Hilfen
  - Anziehhilfen für Strümpfe
  - Speziell adaptiertes Eßbesteck
  - Hilfen für das Aufheben von Gegenständen
  - Erhöhter Toilettensitz
- *Medikamente*
- Allgemein
  - Salizylate, gewöhnlich Acetylsalicylsäure
  - Nichtsteroidale Antiphlogistika
  - Tranquilizer, Antidepressiva
  - Analgetika
  - Muskelrelaxanzien
  - Intraartikuläre Injektion von Steroiden
- Rheumatoide Arthritis
  - Antirheumatika
  - Kortikosteroide
  - Immunsuppressiva
  - Mittel gegen Malaria

Chirurgisch

- Synovektomie: Entfernen der entzündeten Synovia
- Arthroplastik: Wiederherstellen des geschwächten Gelenks
- Osteotomie zur Korrektur von Knochenfehlstellungen
- Einsetzen einer Prothese zur Verbesserung der Gelenkfunktion
- Diagnostische und therapeutische Arthroskopie: Entfernen von Fremdkörpern, überschüssigem Gewebe und Knorpel, der durch das Arthroskop hindurch abgetragen wird
- Arthrodese: Gelenkversteifung durch feste Verbindung ehemals beweglicher Gelenkanteile zur Stabilisierung und Schmerzlinderung in schwer betroffenen Gelenken
- Totaler Gelenkersatz siehe Hüftgelenkersatz (S. 371), Kniegelenkersatz (S. 427) und Schultergelenkersatz (S. 427)

Ambulante Pflege

- Geben Sie sowohl dem Patienten als auch der betreuenden Person mündliche und schriftliche Anleitungen sowie Namen und Telefonnummer eines Arztes oder einer Pflegeperson, die bei Fragen angesprochen werden können
- *Allgemeine Informationen*
- Erläutern und besprechen Sie den Typ der Arthritis, beeinflussende Faktoren sowie Zeichen und Symptome in Verbindung mit dem Krankheitsprozeß. Sprechen Sie über den progredienten Charakter der Krankheit, und erläutern Sie, daß sich die Auswirkungen der Arthritis täglich ändern können und daß der Patient gute und schlechte Tage erleben wird. Besprechen Sie, wie wichtig es ist, die verordnete Medikation und das Übungsprogramm einzuhalten, um ein Fortschreiten der Krankheit zu verlangsamen
- *Komplikationszeichen*
- Gehen Sie die Zeichen und Symptome durch, die einem Arzt oder einer Pflegeperson mitgeteilt werden sollten
  - Wiederaufflammen von Symptomen
  - Zunehmende Schmerzen
  - Müdigkeit
- *Besondere Hinweise*
- Besprechen Sie die Notwendigkeit einer sicheren häuslichen Umgebung.
  - Griffe in Dusche, Badewanne und Toilette
  - Erhöhter Toilettensitz

- Dreibeinstock, Gehstock oder Unterarmgehstütze(n) mit Gummistopfen an der Spitze
- Erhöhte Stühle
- Rollstuhl im Stillstand mit angezogenen Bremsen

- Besprechen Sie die Rolle von Emotionen wie Streß und Depression beim Fortschreiten der Krankheit. Ermutigen Sie ggf. zur Teilnahme an einer Selbsthilfegruppe, und vermitteln Sie die entsprechenden Telefonnummern
- Sprechen Sie über die Behandlung von Schmerzen: Wärme oder Kälte auf schmerzende Gelenke zur vorübergehenden Erleichterung; Temperaturextreme vermeiden, da die herabgesetzte Temperaturwahrnehmung zu Schädigungen führen kann; gute Körperhaltung zur Verringerung der Schmerzen:
  - Gelenke so weit wie möglich strecken
  - Außenrotation der Extremitäten vermeiden
  - Kein Kissen unter die Knie legen
  - Beugung des Nackens vermeiden
  - Langes Sitzen vermeiden

Medikamente

- Erläutern Sie Zweck, Dosierung, Einnahmezeitplan und Art der Verabreichung jedes verschriebenen Medikaments sowie die Nebenwirkungen, die einem Arzt oder einer Pflegeperson mitgeteilt werden sollten
  - Acetylsalicylsäure, nichtsteroidale Antiphlogistika: Übelkeit, Erbrechen, Brennen im Gastrointestinaltrakt, Blut im Stuhl oder Speichel, Zahnfleischbluten, Tinnitus

Aktivitäten

- Besprechen Sie, wie wichtig es ist, zwischen Phasen der Aktivität und der Ruhe zu wechseln und täglich 8–10 Stunden Schlaf zu bekommen
- Betonen Sie, daß der Patient einem fortlaufenden Übungsprogramm mit Gehen und Schwimmen folgen sollte, um die Elastizität des Körpers und die Gelenkbeweglichkeit zu fördern. Tägliches Üben lindert die durch steife, inaktive Muskeln verursachten Gelenkschmerzen und hilft, den Bewegungsumfang der Gelenke zu erhalten
- Unterstreichen Sie nachhaltig den Bedarf nach Übungen des Bewegungsumfangs, um ein Versteifen der Gelenke zu verhindern
- Besprechen Sie die Bedeutung von Schienen und Binden zur Unterstützung betroffener Gelenke
- Erklären Sie den Gebrauch von Gehhilfen, wie Unterarmgehstützen oder Stock, um die Gelenke zu entlasten. Unterstützen Sie den Patienten bei deren Beschaffung

- Besprechen Sie die Bedeutung der physikalischen Therapie für den Erhalt von Kraft und Funktion
- Ermutigen Sie den Patienten, über Einschränkungen und Grenzen im Beruf, bei Freizeitsportarten und sonstigen Aktivitäten zu sprechen
- Erinnern Sie den Patienten daran, sich bei feuchtkaltem Wetter warm anzuziehen und Handschuhe zu tragen

- *Ernährung/Diät*
  - Unterstützen Sie den Konsum eisenreicher Nahrungsmittel (getrocknete Früchte, grünes Gemüse) gegen die Anämie
  - Betonen Sie die Bedeutung einer ausgewogenen Ernährung
  - Weisen Sie den Patienten an, die Kalorien- und Fettaufnahme zu reduzieren, um sein Gewicht zu verringern, denn hohes Körpergewicht oder Übergewicht erhöhen die Gelenkbelastung

Nachsorge

- Betonen Sie die Bedeutung regelmäßiger Nachsorgeuntersuchungen einschließlich der Laboruntersuchungen und der physikalischen Therapie. Stellen Sie sicher, daß der Patient über die erforderlichen Namen und Telefonnummern verfügt

Hinweis

- Beraten Sie den Patienten über Möglichkeiten kommunaler Unterstützung und über Hilfsprogramme

Arthroskopie

Arthroskopie: Untersuchung des Gelenks mit einem flexiblen Endoskop (Arthroskop), das die direkte Darstellung des Gelenkinneren ermöglicht. Die Arthroskopie läßt sich an jedem Gelenk (Handgelenk, Schulter-, Knöchel-, Hüftgelenk) durchführen, wird jedoch meist zur Diagnose und Therapie von Verletzungen des Kniegelenks eingesetzt.

Diagnostische Arthroskopie: zeigt den Zustand des Gewebes in Inneren eines Gelenks, das Vorliegen freier Gelenkkörper, von Rissen im Knorpel oder in Bändern sowie den Zustand der Synovia.

A

Therapeutische Arthroskopie: Entfernen (Exzision), Behandlung oder Rekonstruktion von freien Gelenkkörpern und eingerissenem Knorpel; Entnahme von Gewebeproben zur Biopsie.

Indikationen

- Meniskusverletzungen: Entfernen oder Behandeln des Meniskus
- Bänderrisse: Rekonstruktion
- Schäden am Knorpel: Entfernen oder Abtragen von aufgerauhtem Knorpel
- Schäden der Patella: Einrichten oder Abtragen

Präoperative Schulung

- Gehen Sie die Erläuterungen des Arztes bezüglich des Eingriffs und seiner Gründe durch. Ermutigen Sie den Patienten, Fragen zu stellen und Sorgen und Ängste zu besprechen
- Erklären Sie, daß der Eingriff zwischen einer halben Stunde und mehreren Stunden dauern kann
- Besprechen Sie die Notwendigkeit einer schriftlichen Einverständniserklärung nach Aufklärung für die Operation und die Anästhesie
- Erläutern Sie, daß die Aufnahme in die Klinik am Tag des Eingriffs erfolgen kann, daß jedoch zuvor auch eine Übernachtung in der Klinik erforderlich werden kann

Besprechen der präoperativen Pflege

- Am Tag vor dem Eingriff darf der Patient ab Mitternacht nichts mehr zu sich nehmen
- Die Vorbereitung der Haut umfaßt Duschen mit bakterizider Seife und Rasieren des Operationsfeldes
- Die präoperativen Routineuntersuchungen an Blut- und Urinproben werden durchgeführt
- Beschreiben Sie das Vorgehen
  - Abhängig vom Gelenk wird der Eingriff unter Lokalanästhesie, Regionalanästhesie oder unter Vollnarkose durchgeführt
  - Sagen Sie dem Patienten, daß das Arthroskop u. U. an mehreren Stellen eingeführt wird, um alle Bereiche des Gelenks darzustellen und daß 2 oder 3 Einschnitte (Zugänge) erforderlich werden können

Besprechen der postoperativen Pflege

- Bei einem ambulant durchgeführten Eingriff wird der Patient am Abend entlassen
- Das Gelenk wird mit einem Kompressionsverband und Eisbeuteln hochgelagert, um die Schwellung und Schmerzen zu verringern
- In der ersten Stunde werden die Vitalzeichen und der neurovaskuläre Status alle 15 Minuten überprüft, danach mit abnehmender Häufigkeit
- Bis der Patient vollkommen wach ist, ist Bettruhe erforderlich, danach kann er aufstehen, soweit er dies toleriert
- Es ist wichtig, die Gliedmaße zu bewegen, um die Durchblutung zu fördern und das Gelenk beweglich zu halten, etwa durch Bewegen der Füße nach einer Arthroskopie des Kniegelenks
- Nach einer Arthroskopie des Kniegelenks benötigt der Patient eine Stützung des Gelenks durch eine elastische Binde oder einen Knieführungsapparat. Ggf. können Unterarmgehstützen verordnet werden

Nebenwirkungen/Komplikationen

- Infektion
- Blutung/Hämorrhagie
- Phlebitis/Thrombusbildung
- Posttraumatische Degeneration und Arthritis
- Instrumentenbruch im Inneren des Gelenks
- Auswirkungen der Anästhesie

Ambulante Pflege

- Geben Sie sowohl dem Patienten als auch der betreuenden Person mündliche und schriftliche Anleitungen sowie Namen und Telefonnummer eines Arztes oder einer Pflegeperson, die bei Fragen angesprochen werden können
- *Wundpflege*
  - Halten Sie den Verband sauber und trocken
  - Es sollte nur wenig serös-blutige Flüssigkeit austreten. Teilen Sie jede Zunahme oder Anzeichen einer erneuten Blutung dem Arzt oder einer Pflegeperson mit
  - Entfernen Sie den Verband nur auf Anordnung des Arztes

- Baden bzw. duschen Sie nicht, solange Sie nicht in der Lage sind, mindestens 10–15 Minuten zu stehen; danach kann Duschen gestattet sein, wobei die Gliedmaße in einem Plastikbeutel stecken. Stimmen Sie sich mit dem Arzt oder der Pflegeperson ab, bevor Sie wieder zu duschen beginnen

- *Komplikationszeichen*
- Gehen Sie die Zeichen und Symptome durch, die einem Arzt oder einer Pflegeperson mitgeteilt werden sollten
  - Starke Blutung
  - Infektion: anhaltender oder zunehmender Schmerz, Anschwellung, Verfärbung der Haut an der Stelle des Einschnitts, Fieber, Unbeweglichkeit des Gelenks, purulentes Wundsekret
  - Neurovaskuläre Schädigung des Gelenks und der Gliedmaße: kalte und verfärbte Finger und Zehen, zunehmender Schmerz bei Bewegungen, Taubheitsgefühl oder Kribbeln. Betonen Sie, daß es wichtig ist, diese Symptome sofort mitzuteilen
  - Phlebitis: geschwollene, schmerzhafte, gerötete und warme Gliedmaße

- *Besondere Hinweise*
- Besprechen Sie, daß es wichtig ist, die Gliedmaße auf festen Kissen über die Herzebene hinaus hochzulagern und daß Eisbeutel auf die Stelle des Einschnitts gelegt werden sollten, um die Schwellung unter Kontrolle zu halten und die Schmerzen zu lindern. Warnen Sie den Patienten, den Eisbeutel nicht direkt auf die Haut zu legen, sondern in ein kleines Handtuch zu wickeln. Heiße Bäder, Whirlpool und Heizkissen sollten vermieden werden
- Besprechen Sie, wie wichtig es ist, die Gliedmaße (Finger, Zehen, Füße) zu bewegen, um die Durchblutung zu fördern und Blutgerinnsel zu verhindern. Nach einer Arthroskopie des Kniegelenks beispielsweise sollte der Patient während der ersten Woche alle paar Minuten mit den Zehen wackeln

- *Medikamente*
- Erläutern Sie Zweck, Dosierung, Einnahmezeitplan und Art der Verabreichung der verordneten Medikamente sowie deren Nebenwirkungen, die einem Arzt oder einer Pflegeperson mitgeteilt werden sollten

- *Aktivitäten*
- Der Patient kann seiner Belastbarkeit entsprechend mit einer Gehhilfe umhergehen. Überweisen Sie ggf. zur physikalischen Therapie

- Unterweisen Sie den Patienten nach einer Arthroskopie des Kniegelenks im richtigen Gebrauch von Unterarmgehstützen. Gehen Sie die Übungen der physikalischen Therapie durch, die für eine allmähliche Steigerung der Kraft und Beweglichkeit erforderlich sind
- Ermutigen Sie den Patienten, über Einschränkungen und Grenzen im Beruf und über die Wiederaufnahme von Freizeitsport und -aktivitäten zu sprechen

- *Ernährung/Diät*
- Halten Sie den Patienten zu einer kalorienarmen Ernährung und Flüssigkeitsaufnahme an, die entsprechend der Verordnung allmählich in eine normale Ernährung übergeht

Nachsorge

- Betonen Sie die Bedeutung regelmäßiger Nachsorgeuntersuchungen. Stellen Sie sicher, daß der Patient über die erforderlichen Namen und Telefonnummern verfügt

Asthma bronchiale

Asthma bronchiale: eine chronische Atemwegserkrankung, charakterisiert durch plötzliche, kurze Anfälle von Dyspnö und pfeifender Atmung, verursacht durch eine Verengung der Atemwege (Bronchospasmus) sowie durch Anschwellen der Schleimhäute, die zur Produktion von Schleim führt. Ein Anfall dauert Minuten bis Stunden und kann spontan oder unter Medikamenten und Behandlung abklingen. Obwohl die genaue Ursache nicht bekannt ist, könnte die Verlegung der Atemwege als Folge von Spasmen der Bronchialmuskulatur auftreten, die durch Reizstoffe oder eine Entzündung der Atemwege hervorgerufen werden und ihrerseits wiederum ein Anschwellen der Schleimhäute verursachen.

Beeinflussende Faktoren

Reizstoffe mit Wirkung auf die Bronchien, die einen Asthmaanfall auslösen können, umfassen:

- *Allergene aus der Umgebung*
- Nahrungsmittel: Schalentiere, Eier, Nüsse, Schokolade
- Pollen: Bäume, Blüten, Ambrosiapflanze, Jakobskraut und Pilzsporen

- Federn: Kissen, Daunendecken, Wolle
- Tiere: Hunde, Katzen, Kaninchen, Hühner
- Staub: Teppiche, Besen, Staubwedel, verschmutzte Filter in Öfen und Klimaanlagen
- Chemikalien im Haushalt: Polituren, Haushaltsreiniger, Farbverdünner
- Wetter und Temperaturen: Luftverschmutzung, extreme Hitze oder Kälte, extreme Feuchte oder Trockenheit
- Verunreinigungen aus der Industrie: Holzdämpfe, Staub oder Abgase; Metalle, Baumwolle
- Sonstiges: Puder, Parfüme, Zigaretten-, Zigarren- oder Pfeifenrauch

■ *Intrinsische Faktoren*

- Atemwegsinfektionen: Erkältung, Grippe, Viren
- Ermüdung, Überlastung
- Emotionen: Angst, Streß

Kennzeichen/Symptome

- Pfeifende Atmung
- Verlängerte Ausatemzeit
- Dyspnö: das Gefühl, keine Luft zu bekommen
- Körperliche Erschöpfung
- Angst
- Dicker, zäher Schleim

Komplikationen

- Akuter schwerer Asthma-Anfall
- Pneumonie
- Atemstillstand

Diagnostik

- Beschreiben Sie jedes Verfahren, seinen Zweck und die Empfindungen und Wahrnehmungen, die normalerweise dabei auftreten, sowie die Pflege davor und danach
  - Serumuntersuchungen: Differentialblutbild zur Erkennung von Infektionen, arterielle Blutgasuntersuchung zur Bestimmung des Sauerstoffgehaltes im Blut und zur Beurteilung des Säure-Basen-Status (Elimination von CO_2), Theophyllin-Blutspiegel bis zum Erreichen therapeutischer Wirkspiegel

- Sputumuntersuchungen zur Beurteilung eines Anstiegs der Viskosität oder des Vorhandenseins von Schleimpfröpfen, Kultur und Empfindlichkeitstestung zum Nachweis einer Infektion
- Lungenfunktionsprüfung zur Einschätzung des Schweregrades der Atemwegsobstruktion und der Einengung der Atemwege
- Röntgen-Thorax

Behandlung

Konservativ

- *Therapie*
- Sauerstofftherapie
- Vernebler
- Nahrhafte, gut ausgewogene Ernährung
- Orale oder parenterale Substitution von Flüssigkeit zur Aufrechterhaltung eines ausreichenden Flüssigkeitsumsatzes
- *Medikamente*
- Bronchodilatatoren gegen den Bronchospasmus
- Steroide gegen die Entzündungsreaktion
- Theophyllin zur Entspannung der glatten Muskulatur
- Antibiotika gegen Infektionen

Ambulante Pflege

- Gehen Sie den Krankheitsprozeß durch. Geben Sie sowohl dem Patienten als auch der betreuenden Person mündliche und schriftliche Anleitungen sowie Namen und Telefonnummer eines Arztes oder einer Pflegeperson, die bei Fragen angesprochen werden können. Setzen Sie bei der Unterweisung visuelle Hilfen ein
- *Allgemeine Informationen*
- Helfen Sie dem Patienten, Reizstoffe herauszufinden, die einen Asthmaanfall auslösen können, und besprechen Sie, wie wichtig es ist, diese zu vermeiden oder aus der Umgebung des Patienten zu entfernen. Raten Sie dazu, ein Tagebuch über die Aktivitäten, Nahrungsmittel oder Reizstoffe zu führen, die vor einem Anfall gerade durchgeführt wurden bzw. präsent waren
- *Komplikationszeichen*
- Gehen Sie die Zeichen und Symptome durch, die einem Arzt oder einer Pflegeperson mitgeteilt werden sollten

A

- *Besondere Hinweise*
- Gehen Sie je nach Verordnung den Zweck und richtigen Gebrauch folgender Geräte durch: Dosieraerosole, Vernebler für den Hausgebrauch, Luftbefeuchter, Atemrohr
- Besprechen Sie, wie wichtig es ist, mit dem Rauchen aufzuhören und sich nicht in einem verräucherten Raum aufzuhalten. Verweisen Sie den Patienten bei Bedarf an Raucherentwöhnungskurse
- Sprechen Sie über die Bedeutung von Emotionen und ihre Rolle bei der Auslösung von Anfällen. Sprechen Sie darüber, daß der Patient lernen sollte, sein Verhalten bei belastenden Ereignissen zu verändern oder diese durch Übungen zur Tiefenentspannung der Muskulatur oder durch die Atemtechnik der Lippenbremse zu bewältigen, um einen Anfall zu verhindern
- Besprechen Sie, wie wichtig es ist, Atemwegserkrankungen zu verhindern, indem der Umgang mit infizierten Personen gemieden und mit dem Arzt über jährliche Impfungen gegen Grippe und Pneumokokken gesprochen wird
- *Medikamente*
- Erläutern Sie Zweck, Dosierung, Einnahmezeitplan und Art der Verabreichung der verordneten Medikamente sowie deren Nebenwirkungen, die einem Arzt oder einer Pflegeperson mitgeteilt werden sollten
- Warnen Sie davor, bei Besserung die Dosis herabzusetzen oder die Einnahme zu beenden, ohne dies mit einem Arzt besprochen zu haben
- Besprechen Sie, wie wichtig es ist, keine rezeptfreien Antiallergika neben den verordneten Medikamenten einzunehmen
- *Aktivitäten*
- Betonen Sie die Bedeutung regelmäßiger Übungen entsprechend der Belastbarkeit, und unterstreichen Sie, Tätigkeiten bei Ermüdung, unter extremen Witterungsbedingungen oder an Tagen mit starker Luftverschmutzung (Smog) einzuschränken bzw. zu unterlassen
- *Ernährung/Diät*
- Weisen Sie den Patienten an, einer gut ausgewogenen Ernährung zu folgen, während und nach Anfällen kleine, häufige Mahlzeiten zu sich zu nehmen und viel zu trinken (2–3 l/d), um den Schleim verdünnt zu halten

Nachsorge

- Betonen Sie die Bedeutung regelmäßiger Nachsorgeuntersuchungen. Stellen Sie sicher, daß der Patient die notwendigen Namen und Telefonnummern hat
- Helfen Sie dem Patienten bei der Beschaffung eines Notfallmedaillons (SOS-Kapsel) und eines Ausweises mit der Diagnose, der Medikation und der Behandlung im Notfall

Atelektase

Atelektase: Kollaps von Alveolen oder unbelüfteter Zustand einer Lunge.

Ätiologie/beeinflussende Faktoren

- Schleimpfröpfe
- Überschießende Sekretbildung
- Kompression von Lungengewebe durch Tumoren, Ergüsse, einen Pneumothorax oder flache Atmung

Kennzeichen/Symptome

- Erhöhte Körpertemperatur
- Mühsames Atmen
- Kurzatmigkeit
- Nasenflügelatmung
- Tachypnö
- Angst
- Unruhe
- Tachykardie
- Fehlende oder abgeschwächte Atemgeräusche über dem betroffenen Bereich

Komplikationen

- Pneumonie
- Pneumothorax

Diagnostik

- Beschreiben Sie jedes Verfahren, seinen Zweck und die Empfindungen und Wahrnehmungen, die normalerweise dabei auftreten, sowie die Pflege davor und danach
- Röntgen-Thorax zur Bestimung der kollabierten Lungenbereiche
- Arterielle Blutgase zur Feststellung einer Hypoxie
- Bronchoskopie: Einführen einer Faseroptik in die Atemwege zur direkte Darstellung und ggf. zur Probengewinnung

Behandlung

Konservativ

- *Therapie*
- Sauerstofftherapie
- Physiotherapie des Thorax
- Intermittierende Überdruckbeatmung, Atemrohr
- Bronchoskopie

Ambulante Pflege

- Gehen Sie den Krankheitsprozeß durch. Geben Sie sowohl dem Patienten als auch der betreuenden Person *mündliche* und *schriftliche* Anleitungen sowie Namen und Telefonnummer eines Arztes oder einer Pflegeperson, die bei Fragen angesprochen werden können
- *Allgemeine Informationen*
- Erläutern Sie die zugrundeliegende Ursache oder beeinflussende Faktoren
- *Komplikationszeichen*
- Gehen Sie die Zeichen und Symptome durch, die einem Arzt oder einer Pflegeperson mitgeteilt werden sollten
  - Infektion der oberen Atemwege
  - Grippe
  - Schwierigkeiten beim Atmen
  - Anhaltender Husten
  - Erhöhte Körpertemperatur
- *Besondere Hinweise*
- Besprechen Sie, wie wichtig es ist, Atemwegserkrankungen zu verhindern, indem infizierte Personen gemieden werden
- Zeigen Sie den Gebrauch eines Giebelrohrs, und sagen Sie dem Patienten, wie oft es eingesetzt werden sollte

- Vermitteln Sie dem Patienten Techniken des Abhustens und der Vollatmung. Zeigen Sie, wie man beim Husten mit den flachen Händen leichten Druck auf den Brustkorb ausübt
- *Medikamente*
- Erläutern Sie Zweck, Dosierung, Einnahmezeitplan und Art der Verabreichung der verordneten Medikamente sowie deren Nebenwirkungen, die einem Arzt oder einer Pflegeperson mitgeteilt werden sollten
  - Erklären Sie, daß keine rezeptfreien Medikamente eingenommen werden sollten, ohne zuvor einen Arzt konsultiert zu haben
  - Warnen Sie den Patienten vor Medikamenten, die eine Atemdepression auslösen
- *Aktivitäten*
- Betonen Sie die Bedeutung regelmäßiger Übungen entsprechend der Belastbarkeit. Betonen Sie, daß Ermüdung vermieden werden sollte und Ruhepausen eingelegt werden sollten
- *Ernährung/Diät*
- Normale Ernährung. Halten Sie den Patienten zur Flüssigkeitsaufnahme an, soweit die Grunderkrankung nicht dagegen spricht

Nachsorge

- Betonen Sie die Bedeutung regelmäßiger Nachsorgeuntersuchungen. Stellen Sie sicher, daß der Patient die notwendigen Namen und Telefonnummern hat
- Betonen Sie, wie wichtig es ist, nicht zu rauchen und keine Tabakerzeugnisse zu konsumieren. Rauchen erhöht das Risiko von Atemwegsinfektionen infolge seiner kumulativen Schädigung von Lungenstrukturen. Sorgen Sie für Informationen über Raucherentwöhnungskurse, und bieten Sie Kontakte an

Bauchaortenaneurysma

Bauchaortenaneurysma: ein sich vorwölbender Sack, der sich an einer schwachen Stelle der Aortenwand bildet. Die meisten Bauchaortenaneurysmen finden sich unterhalb der Bifurkation (Abzweigung) der Nierenarterien. Aneurysmen können sich vergrößern, sind jedoch asymptomatisch, bis sie auf eines der umgebenden Organe Druck ausüben oder sich Risse im Blutgefäß bilden (Dissektion).

Ätiologie/beeinflussende Faktoren/Risikofaktoren

- Erblicher Elastinmangel
- Gefäßwandverletzung
- Erblicher Defekt
- Verlust der Elastizität der Gefäßwand
- Arteriosklerose
- Ältere Männer mit Hypertonie, koronarer Herzkrankheit oder Erkrankung der peripheren Gefäße

Kennzeichen/Symptome

- Asymptomatisch
- Schmerzloses, pulsierendes Gefühl oder stark pulsierendes Abdomen
- Chronischer Schmerz im Bereich der oberen oder unteren Lendenwirbelsäule
- Bei Ausweitung oder Dissektion: plötzliches Einsetzen schwerster Schmerzen im Abdomen oder im Rücken

Komplikationen

- Dissektion
- Ruptur
- Verbluten
- Unzureichende Blutversorgung der Nieren, des Darms und/oder der unteren Extremitäten
- Embolisation (Blutgerinnsel in den unteren Extremitäten)
- Herzinfarkt (hohe Inzidenz bei älteren Männern)

Diagnostik

- Beschreiben Sie jedes Verfahren, seinen Zweck und die normalen Empfindungen oder Wahrnehmungen, die dabei wahrscheinlich vorkommen, sowie die Pflege davor und danach
- Ultraschalluntersuchung des Abdomens zur Bestimmung von Größe und Form des Aneurysmas
- Röntgen-Thorax zur Entdeckung von Verkalkungen und zur Abschätzung der Größe des Aneurysmas
- Computertomographie/Magnetresonanztomographie zur Lokalisierung von Arterienrissen und zur Abschätzung der Größe des Aneurysmas
- Aortographie zur Bestimmung des Gefäßzustands ober- und unterhalb des Aneurysmas

Behandlung

Konservativ

- *Indikationen*
  - Aneurysma < 6 cm. Ziel der konservativen Behandlung ist es, eine Vergrößerung des Aneurysmas zu verhindern und sein Wachstum zu überwachen.
- *Medikamente*
  - Antihypertensiva zur Senkung und/oder Kontrolle des Blutdrucks
  - Betablocker zur Verringerung der Kraft des Herzschlags und zur Abnahme des pulsierenden Gefühls durch das Aneurysma
  - Analgetika zur Schmerzlinderung

Chirurgisch

- *Indikationen*
  - Aneurysma > 4–6 cm; Auftreten von Symptomen (empfindlicher Unterleib oder Schmerzen); Notfalleingriff bei Dissektion und Ruptur
- Vorgehen
  - Resektion und Implantation eines autologen Transplantats (siehe abdominalchirurgischer Eingriff, S. 3)

Ambulante Pflege

- Geben Sie sowohl dem Patienten als auch der bzw. dem Betreuenden *mündliche* und *schriftliche* Instruktionen. Nennen Sie ihnen den Namen und die Telefonnummer eines Arztes oder einer Pflegeperson, die sie bei Fragen anrufen können

- *Allgemeine Informationen*
- Beschreiben und erläutern Sie „Dissektion" und „Ruptur"
- *Komplikationszeichen*
- Betonen Sie, wie wichtig es ist, den Notdienst zu verständigen, wenn folgendes eintritt:
  - Plötzlich einsetzender, sehr starker Schmerz (Zerren oder Reißen) im Unterleib, im Rücken oder in der Leiste
  - Blässe, Schweißausbruch und/oder plötzlicher Bewußtseinsverlust
- *Besondere Hinweise*
- Betonen Sie, wie wichtig es ist, einen Lebensstil anzunehmen, der ein beschleunigtes Wachstum des Aneurysmas verhindert
  - Überwachung des Körpergewichts, um dem Kreislaufsystem die Arbeit zu erleichtern
  - Einschränken der Fettaufnahme, um ein Fortschreiten der Arteriosklerose zu verhindern
  - Einstellen oder Reduzieren der Salzaufnahme, um den Blutdruck unter Kontrolle zu halten
- Lehren Sie den Patienten, seine Wunde zu versorgen (gehen Sie mit ihm die Zeichen einer Infektion, eines Thrombus oder einer Embolie durch); weisen Sie ihn bzw. sie an, sich bei Problemen an einen Arzt oder eine Pflegeperson zu wenden
- *Medikamente*
- Erläutern Sie Zweck, Dosierung, Zeitplan und Art der Einnahme der verschriebenen Medikamente sowie deren Nebenwirkungen, die einem Arzt oder einer Pflegeperson mitgeteilt werden sollten
- Betonen Sie, daß der Patient mit der Einnahme der Medikamente nicht aufhören sollte, ohne dies mit einem Arzt oder einer Pflegeperson abzuklären
- *Aktivitäten*
- Raten Sie dem Patienten, zwischen leichter bis mäßiger körperlicher Aktivität und Ruhephasen zu wechseln. Der Patient sollte starke körperliche Betätigung und das Heben schwerer Gegenstände vermeiden
- Ermutigen Sie den Patienten, über Zugeständnisse oder Einschränkungen im Beruf und über Lieblingssportarten und -betätigungen zu sprechen
- *Ernährung/Diät*
- Unterstützen Sie den Patienten darin, einer Ernährung mit niedrigem Fett- und Salzgehalt zu folgen

Nachsorge

- Betonen Sie die Bedeutung regelmäßiger Nachsorgeuntersuchungen. Stellen Sie sicher, daß der Patient die notwendigen Namen und Telefonnummern hat
- Bei konservativ behandelten Patienten: Ultraschalluntersuchungen zur Überwachung der Größe des Aneurysmas
- Bei chirurgischen Patienten: Überwachung des Transplantats und/oder Früherkennung eines neuen Aneurysmas

Blasenkarzinom

Blasenkarzinom: Die Blase ist das am häufigsten von Karzinomen der Harnwege betroffene Organ. Die Karzinomformen umfassen Übergangszellkarzinome, Plattenepithelkarzinome und Adenokarzinome. Das Karzinom breitet sich durch lokale Invasion in den Blasenmuskel, durch regionale Ausbreitung in die umgebenden Lymphknoten, in das Becken oder in Strukturen innerhalb des Beckens sowie über die Blutbahn in die Lungen, Knochen und die Leber aus. Die Blase kann auch von Karzinomen aus anderen Organen mitbetroffen werden, etwa durch Korpus-, Zervixkarzinome des Uterus, Prostatakarzinome und Sigma- oder Rektumkarzinome.

Risikofaktoren

- Berufsbedingte Exposition gegenüber Stäuben oder Dämpfen von Färbemitteln, Gummi, Leder und seinen Produkten, Farben und organischen Substanzen wie Benzidin
- Zigarettenrauchen

Kennzeichen/Symptome

- Hämaturie
- Deutlicher Harndrang, ausgeprägte Dysurie und häufiges Entleeren kleiner Harnmengen
- Kreuzschmerzen, die ein Zeichen für Metastasen im Kreuzbein- oder Lendenwirbelbereich sein können
- Beckenschmerzen oder Beinödem in Verbindung mit einer Verlegung der Venen und Lymphbahnen

Diagnostik

- Beschreiben Sie jedes Verfahren, seinen Zweck und die normalen Empfindungen oder Wahrnehmungen, die dabei wahrscheinlich vorkommen, sowie die Pflege davor und danach
  - Urinkultur zur Abklärung einer Infektion
  - Ausscheidungsurogramm zum Nachweis einer Verlegung der Harnleiter oder der Harnröhre
  - Zystoskopie mit Biopsie und Zytologie zur Darstellung des Tumors und zum Nachweis maligner Zellen
  - Zystoskopische retrograde Ureteropyelographie zur Darstellung des Tumors und zum Nachweis eines Abflußhindernisses
  - Nierenarteriographie und Ultraschalluntersuchung der Nieren zur Darstellung der Tumorausdehnung, der Gefäße und eines Abflußhindernisses
  - Computer- und Magnetresonanztomographie des Abdomens und des Beckens zur Darstellung der Lymphknotenbeteiligung
  - Röntgenaufnahmen des Thorax und des Skeletts, Knochenszintigraphie und Leberfunktionsuntersuchungen zur Bestimmung des Metastasierungsgrades

Behandlung

Konservativ

- *Therapie*
  - Perkutane (externe) Strahlentherapie als Palliativtherapie der Hämorrhagie und von Knochenmetastasen
  - Photoaktive Chemotherapie
  - Chemotherapie
    - Bei nichtinvasivem Blasenkarzinom: intravesikale Instillation von BCG, Thiotepa, Methotrexat, Doxorubicin, Mitomycin C, Interferon
    - Bei invasivem Blasenkarzinom: CMDV (Cisplatin, Methotrexat, Doxorubicin, Vinblastin), MVC (Methotrexat, Vinblastin, Cisplatin), einzelne Wirkstoffe (Methotrexat mit oder ohne Leucovorin, Doxorubicin, Vinblastin)

Chirurgisch

- Bei nichtinvasivem Blasenkarzinom: endoskopische Resektion und Fulguration, Lasertherapie

- Bei invasivem Blasenkarzinom: radikale Zystektomie mit künstlicher Harnableitung
- Komplikationen: ureterokutane Fistel, Wunddehiszenz, partieller Dünndarmverschluß, Wundinfektion, Dünndarmfistel

Ambulante Pflege

- Geben Sie sowohl dem Patienten als auch der bzw. dem Betreuenden *mündliche* und *schriftliche* Instruktionen. Nennen Sie ihnen den Namen und die Telefonnummer eines Arztes oder einer Pflegeperson, die sie bei Fragen anrufen können
- *Allgemeine Informationen*
- Besprechen Sie die Erkrankung, ihre Ursachen und die beeinflussenden Faktoren.
- *Komplikationszeichen*
- Gehen Sie die Zeichen und Symptome durch, die einem Arzt oder einer Pflegeperson mitgeteilt werden sollten
  - Infektion: wolkig getrübter, übelriechender Urin; häufiges Wasserlassen, Harndrang, Brennen beim Wasserlassen
  - Komplikationen bei Ileumconduit: Stenose des Stomas mit Schmerzen, Steinbildung; urethraler Reflux
  - Komplikationen eines Kock pouch: Leck am Stoma, Schwierigkeiten bei der Katheterisierung, Steinbildung
- *Besondere Hinweise*
- Helfen Sie dem Patienten bei der Beschaffung geeigneten und passenden Materials zur Pflege des Systems der künstlichen Harnableitung (siehe Anhang B, S. 787)
- Bringen Sie Patientinnen bei, wie man die Häufigkeit von Harnwegsinfektionen verringert, indem man nach dem Geschlechtsverkehr die Blase entleert, Schaumbäder vermeidet und baumwollene Unterwäsche trägt
- Sorgen Sie bei Bedarf für Informationen über die Schmerzbehandlung (s. Schmerzbekämpfung, S. 701)
- *Aktivitäten*
- Betonen Sie die Bedeutung körperlicher Betätigung und angemessener Ruhepausen
- *Ernährung/Diät*
- Betonen Sie die Bedeutung einer ausreichenden Flüssigkeitsaufnahme.
- Raten Sie dem Patienten zu Flüssigkeiten und Nahrungsmitteln, die zu alkalischem Urin führen, wie z. B. Früchte, Gemüse und Milch

- Raten Sie dem Patienten, Flüssigkeiten und Nahrungsmittel zu vermeiden, die die Blase reizen können, wie Alkohol, Tee und Gewürze

Nachsorge

- Betonen Sie die Bedeutung regelmäßiger Nachsorgeuntersuchungen. Stellen Sie sicher, daß der Patient die notwendigen Namen und Telefonnummern hat
- Raten Sie dem Patienten, Tabak zu vermeiden

Hinweis

- Helfen Sie dem Patienten bei der Suche nach weiterführender Beratung, wie Samenbanken und Sexualberatung sowie plastischer Chirurgie und der Möglichkeit von Implantaten

Bronchialkarzinom (Lungenkarzinom)

Bronchialkarzinom: Karzinom der Lunge und häufigste Todesursache unter den Krebserkrankungen. Etwa 80 % der Lungentumoren stehen in Zusammenhang mit Zigarettenrauchen. Weitere beeinflussende Faktoren sind karzinogene Substanzen und Luftschadstoffe aus industrieller Produktion, eine genetische Prädisposition sowie ein Vitamin-A-Mangel. Die Formen des Bronchialkarzinoms umfassen nichtkleinzellige Bronchialkarzinome, die gewöhnlich chirurgisch behandelt werden und zu denen das Plattenepithelkarzinom, Adenokarzinome und undifferenzierte großzellige Karzinome gehören, sowie kleinzellige oder oat cell Karzinome (=Haferzellkarzinome), die hochaggressiv, aber auch hochempfindlich gegen Chemo- und Strahlentherapie sind.

Kennzeichen/Symptome

- Chronischer Husten
- Volumen oder Geruchsveränderungen des Sputums
- Kurzatmigkeit
- Dumpfer Thoraxschmerz
- Infektion der oberen Atemwege

- Müdigkeit
- Engegefühl im Brustkorb
- Gelenkschmerzen
- Blut im Sputum
- Trommelschlegelfinger
- Gewichtsverlust
- Pleuraerguß
- Nacken- und Gesichtsödem
- Zwerchfellähmung
- Heiserkeit
- Schmerzen oder Taubheitsgefühl in Schultern und Armen

Komplikationen

- Vena-cava-superior-Syndrom
- Paraneoplastische Syndrome: Hyperkalzämie, Dermatomyositis, Trommelschlegelfinger, Cushing-Syndrom, Anämie, disseminierte intravaskuläre Gerinnung (DIC)

Diagnostik

- Beschreiben Sie jedes Verfahren, seinen Zweck sowie die Empfindungen und Wahrnehmungen, die dabei wahrscheinlich vorkommen sowie die Pflege davor und danach
- Bronchoskopie, Mediastinoskopie, Pleurapunktion und Sputumzytologie zum Nachweis maligner Zellen
- Röntgen-Thorax zur Bestimmung der Größe und Lokalisation des Tumors
- Computer-und Magnetresonanztoinographie zur genauen Bestimmung der Größe und Dichte des Tumors sowie von dessen Invasion in Blutgefäße
- Gewebsbiopsie (M. scalenus, supraklavikuläre Lymphknoten, Knochenmark) zum Nachweis maligner Zellen
- Lungenfunktionstests zur Bestimmung der Tumorwirkung auf die Vitalkapazität
- Computer-, Magnetresonanztomographie, Ultraschalluntersuchung, zum Nachweis von Metastasen

Behandlung

Konservativ

- *Therapie*
- Strahlentherapie
  - Perkutane (externe) Bestrahlung
  - Interstitielle bzw. endobronchiale Kontaktbestrahlung mit ^{192}Iridium
- Endobronchiale Lasertherapie (photoaktive Chemotherapie)
- Sklerose: Behandlung des Pleuraergusses
- Chemotherapie
  - Bei fortgeschrittenem nichtkleinzelligem Bronchialkarzinom
  - — VdP (Vindesin, Cisplatin)
  - — VbP (Vinblastin, Cisplatin)
  - — CAMP (Cyclophosphamid, Doxorubicin, Methotrexat, Procarbazin)
  - — MVbP (Mitomycin, Vinblastin, Cisplatin)
  - — PtVP-16 (Etoposid/VP-16, Cisplatin)
  - — CAP (Cyclophosphamid, Doxorubicin, Cisplatin)
  - — CBP (Cyclophosphamid, Bleomycin, Cisplatin)
  - — FOMi (5-Fluoruracil, Vincristin, Mitomycin-C)
  - Bei kleinzelligem Bronchialkarzinom
  - — CAV (Cyclophosphamid, Doxorubicin, Vincristin)
  - — CEA (Cyclophosphamid, Etoposid, Doxorubicin)
  - — CEV (Cyclophosphamid, Etoposid, Vincristin)
  - — EVAC (Etoposid, Vincristin, Doxorubicin, Cyclophosphamid)
  - Hansen-Therapie (Cyclophosphamid, Lomustin, Vincristin, Methotrexat)
  - Hansen-VP-Therapie (Cyclophosphamid, Lomustin, Vincristin, Etoposid)
  - VP-16+P (Etoposid, Cisplatin)
- Immunmodulatoren
- Monoklonale Antikörper KC 4 bei nicht kleinzelligem Bronchialkarzinom

Chirurgisch

- *Indikationen*
- Entfernen eines umschriebenen Primär- oder Sekundärtumors
- Ausgedehnte Resektion bei starker Ausbreitung des Tumors
- *Verfahren*
- Thorakotomie: chirurgisches Eröffnen der Brustwand, Gewinnung von Biopsieproben, begrenzte Lungenresektion (Segment- oder Keilresektion)
- Lobektomie: Entfernen eines Lungenlappens und Ausräumen der regionalen Lymphknoten

- Pneumektomie: Entfernen einer ganzen Lunge
- Erweiterte Resektion: En-bloc-Resektion von Anteilen der Thoraxwand, eines Wirbelkörpers, des linken Vorhofs und des Zwerchfells

Ambulante Pflege

- Geben Sie sowohl dem Patienten als auch der bzw. dem Betreuenden *mündliche* und *schriftliche* Instruktionen. Nennen Sie ihnen den Namen und die Telefonnummer eines Arztes oder einer Pflegeperson, die sie bei Fragen anrufen können
- Zur Operation siehe Thorakozentese, S. 724
- Zur Strahlentherapie siehe S. 714
- Zur Chemotherapie siehe S. 102
- *Allgemeine Informationen*
- Gehen Sie die Erläuterungen des Arztes hinsichtlich des Tumortyps und der verordneten Behandlung durch. Verwenden Sie Illustrationen zur Darstellung der Tumorlokalisation
- Ermutigen Sie den Patienten, Fragen zu stellen und seinen Gefühlen und Sorgen bezüglich der Prognose und der Änderungen in der Lebensführung Ausdruck zu verleihen
- Erläutern und umreißen Sie die vorgeschriebenen Behandlungszyklen, ihre Dauer sowie die erwarteten Resultate
- Betonen Sie, wie wichtig es ist, weder zu rauchen noch Tabakerzeugnisse zu konsumieren. Sorgen Sie ggf. für eine Überweisung an einen Raucherentwöhnungskurs
- *Komplikationszeichen*
- Gehen Sie die Zeichen und Symptome durch, die einem Arzt oder einer Pflegeperson mitgeteilt werden sollten
  - Schulter- oder Armschmerzen
  - Gedächtnisstörungen
  - Müdigkeit
  - Gewichtsverlust
  - Verstärkt Husten oder Hämoptö
- *Medikamente*
- Erläutern Sie Zweck, Dosierung, Einnahmezeitplan und Art der Verabreichung aller verordneten Medikamente sowie deren Nebenwirkungen, die einem Arzt oder einer Pflegeperson mitgeteilt werden sollten
- *Aktivitäten*
- Besprechen Sie alle erforderlichen Einschränkungen und Beschränkungen

- Besprechen Sie die Notwendigkeit täglicher Übungen entsprechend der Belastbarkeit; Wechsel zwischen Ruhe und Belastung
- *Ernährung/Diät*
- Halten Sie den Patienten zu einer eiweiß- und kalorienreichen Ernährung an

Nachsorge

- Betonen Sie die Bedeutung regelmäßiger Nachsorgeuntersuchungen. Stellen Sie sicher, daß der Patient über die erforderlichen Namen und Telefonnummern verfügt

Hinweis

- Helfen Sie dem Patienten bei der Kontaktaufnahme mit Selbsthilfegruppen und -organisationen, die Informationen und Material zur Verfügung stellen

Bronchitis

Bronchitis: Entzündung der großen Luftwege (Bronchien) und ihrer Verzweigungen (Tracheobronchialbaum), die zur Schleimproduktion führt. Eine chronische Bronchitis entsteht durch wiederholte Exposition gegenüber Reizstoffen, die eine Gewebsreizung, ein Anschwellen (Hypertrophie) der schleimproduzierenden Zellen in den Bronchien und eine Schleimsekretion verursachen. Langzeitexposition gegenüber Reizstoffen wie Zigarettenrauch, Schadstoffen in der Luft und toxischen Gasen und Dämpfen aus industrieller Produktion führt bekanntermaßen zu einer Hypertrophie der schleimproduzierenden Zellen.

Kennzeichen/Symptome

- Anhaltender produktiver Husten
- Klares und reichliches Sputum am Morgen; dickflüssiges, zähes und purulentes Sputum im akuten Anfall
- Pfeifende Atmung und Bronchospasmus
- Dunkle Hautfarbe oder Zyanose
- Fieber

Komplikationen

- Emphysem
- Atemwegsinfektionen
- Ateminsuffizienz

Diagnostik

- Beschreiben Sie jedes Verfahren, seinen Zweck sowie die Empfindungen und Wahrnehmungen, die dabei wahrscheinlich vorkommen sowie die Pflege davor und danach
  - Serumuntersuchungen: großes Blutbild zum Nachweis eines erhöhten Hämoglobins (Polyzythämie) oder von Infektionen mit erhöhten Leukozytenzahlen
  - Arterielle Blutgasuntersuchung zum Nachweis einer Hypoxämie und von Störungen des Säure-Basen-Haushalts
  - Röntgen-Thorax a. p. zum Nachweis von Veränderungen im Thoraxdurchmesser
  - Sputumkultur zum Nachweis einer Infektion
  - Lungenfunktionsprüfung zur Bestimmung des Beeinträchtigungsgrades der Lungenfunktion (verringerte Vitalkapazität, erhöhtes Residualvolumen infolge von Lufteinschlüssen)

Behandlung

Konservativ

- *Therapie*
  - Physiotherapie des Thorax, um einen Sekretstau zu lösen und zu mobilisieren
  - Sauerstofftherapie bei niedrigen Durchflußraten von 1–2 Liter zur Behandlung der Hypoxämie
  - Gut ausgewogene Ernährung, erhöhte Kalorienaufnahme, wenn der Patient infolge einer Anorexie an Gewicht zu verlieren beginnt
  - Orale oder intravenöse Flüssigkeitszufuhr zur Aufrechterhaltung einer ausreichenden Hydrierung
- *Medikamente*
  - Bronchodilatatoren gegen Bronchospasmus
  - Sympathomimetika
  - Antibiotika gegen Infektionen
  - Diuretika zur Reduktion der Flüssigkeitsretention bei Komplikationen wie Herzinsuffizienz

Ambulante Pflege

- Geben Sie sowohl dem Patienten als auch der betreuenden Person *schriftliche* und *mündliche* Instruktionen. Vermitteln Sie ihnen Namen und Telefonnummern eines Arztes oder einer Pflegeperson, die bei Fragen angerufen werden können. Setzen Sie visuelle Hilfen ein
- *Komplikationszeichen*
  - Gehen Sie die Zeichen und Symptome durch, die einem Arzt oder einer Pflegeperson mitgeteilt werden sollten
- *Besondere Hinweise*
  - Gehen Sie die Verwendung und den richtigen Gebrauch aller Ausrüstungsgegenstände für den Hausgebrauch durch, einschließlich des Inhalationsgerätes und des Gerätes für die Sauerstofftherapie. Besprechen Sie bei letzterem, wann es einzusetzen ist, daß es wichtig ist, die Durchflußrate nicht ohne Rücksprache mit einem Arzt oder einer Pflegeperson zu erhöhen und wie Ersatzflaschen zu beschaffen sind
- *Medikamente*
  - Erläutern Sie Zweck, Dosierung, Einnahmezeitplan und Art der Verabreichung aller verordneten Medikamente sowie deren Nebenwirkungen, die einem Arzt oder einer Pflegeperson mitgeteilt werden sollten
- *Aktivitäten*
  - Halten Sie den Patienten zu regelmäßigen Übungen entsprechend seiner Belastbarkeit an. Tätigkeiten sollten unterlassen oder abgekürzt werden bei Ermüdung, extremen Witterungsverhältnissen oder an Tagen mit Inversionslage und Smog
- *Ernährung/Diät*
  - Halten Sie den Patienten zu einer ausgewogenen Ernährung an. Mit zunehmender Dyspnö können häufig eingenommene, kleinere Mahlzeiten erforderlich werden, um eine ausreichende Kalorienaufnahme zu gewährleisten
  - Halten Sie den Patienten zur Flüssigkeitsaufnahme an (mindestens 1 L/d, soweit nicht kontraindiziert)

Bronchoskopie

Bronchoskopie: direkte visuelle Untersuchung der Trachea und des Tracheobronchialbaums mittels einer flexiblen Faseroptik.

Indikationen

- Zur Feststellung der Ursache von Atemsymptomen
- Zur Gewinnung von Gewebsproben zur Analyse bei Lungenkrankheiten, Infektionen und Bronchialkarzinom
- Zum Entfernen von Fremdkörpern, Schleimpfröpfen oder Sekret aus den Atemwegen
- Zur Verbeugung oder Behandlung von kollabiertem Lungengewebe

Präoperative Schulung

- Gehen Sie die Erläuterungen des Arztes bezüglich des Eingriffs und seiner Begründung durch. Ermutigen Sie den Patienten, Fragen zu stellen sowie Sorgen und Ängste zu besprechen
- Besprechen Sie die Notwendigkeit einer schriftlichen Einverständniserklärung nach Aufklärung

Besprechen der präoperativen Pflege

- Besprechen Sie, wer den Eingriff durchführen und wo er stattfinden wird.
- Weisen Sie den Patienten an, nach dem Eingriff nicht selbst mit dem Auto nach Hause zu fahren
- Weisen Sie den Patienten an, 6–12 Stunden vor der Untersuchung weder zu essen noch zu trinken
- Beschreiben Sie das Verfahren
  - Es wird gewöhnlich ambulant durchgeführt und dauert 45–60 Minuten
  - Vor dem Eingriff erhält der Patient Medikamente: Atropin zur Verringerung der Schleimbildung und ein Barbiturat oder Narkotikum zur Sedierung
  - Gewöhnlich liegt der Patient auf dem Rücken. Eine Alternative besteht in aufrechtem Sitzen. Der Nacken ist überstreckt. Der Patient wird aufgefordert, durch die Nase zu atmen
  - Der Arzt sprüht ein Lokalanästhetikum in den Nasen-Rachen-Raum zur Betäubung der Stimmbänder und zur Unterdrückung des Würgereflexes. Dies kann ein unangenehmes Kältegefühl hervorrufen

- Das mit einem Gleitmittel versehene Bronchoskop wird durch den Mund oder die Nase eingeführt. Erklären Sie, daß der Patient in der Lage sein wird, durch und um den Tubus herum zu atmen. Das Gerät wird in die Trachea und Bronchien vorgeschoben
- Nach Abschluß der Untersuchung und Probengewinnung wird das Bronchoskop entfernt

Besprechen der postoperativen Pflege

- Nach dem Eingriff wird der Patient in den Aufwachraum gebracht, wo die Vitalzeichen mehrfach gemessen werden. Der Patient darf erst wieder essen und trinken, wenn der Würgereflex zurückgekehrt ist
- Erläutern Sie, daß es vorübergehend zu Heiserkeit und einem rauhen Hals kommen kann. Nach dem Wiedereintreten des Würgereflexes können Halspastillen und Lösungen zum Gurgeln gegeben werden

Ambulante Pflege

- Geben Sie sowohl dem Patienten als auch der betreuenden Person *schriftliche* und *mündliche* Instruktionen. Vermitteln Sie ihnen Namen und Telefonnummern eines Arztes oder einer Pflegeperson, die bei Fragen angerufen werden können
- *Komplikationszeichen*
- Gehen Sie die Zeichen und Symptome durch, die einem Arzt oder einer Pflegeperson mitgeteilt werden sollten
  - Schwierigkeiten beim Atmen
  - Schmerzen in der Brust
  - Unfähigkeit zu schlucken
  - Blutiger Schleim
- *Medikamente*
- Erläutern Sie Zweck, Dosierung, Einnahmezeitplan und Art der Verabreichung aller verordneten Medikamente sowie deren Nebenwirkungen, die einem Arzt oder einer Pflegeperson mitgeteilt werden sollten
- *Ernährung/Diät*
- Informieren Sie den Patienten, daß am ersten Tag nach dem Eingriff oder bis zum Verschwinden der Halsschmerzen weiche oder flüssige Nahrung erforderlich ist
- Erklären Sie, daß sehr heiße Nahrung oder Flüssigkeit vermieden werden sollten
- Halten Sie den Patienten zur Flüssigkeitsaufnahme an, soweit dies nicht kontraindiziert ist

Nachsorge

- Betonen Sie die Bedeutung regelmäßiger Nachsorgeuntersuchungen. Stellen Sie sicher, daß der Patient über die erforderlichen Namen und Telefonnummern verfügt
- Sprechen Sie darüber, wie wichtig es ist, mit dem Rauchen aufzuhören

Charcot-Gelenk

Charcot-Gelenk: progressiv degenerative Erkrankung gewichttragender Gelenkanteile, verursacht durch eine Störung der sensiblen Innervation. Die dadurch entstandene Störung der Sensibilität ermöglicht eine weitere Zerstörung durch Traumen oder durch die Grunderkrankung, die wiederum zu einem Spannungsverlust des stützenden Bandapparates und zur Auflösung der betroffenen Gelenke führt. Am häufigsten sind Gelenke betroffen, die das Körpergewicht tragen: Knie, Hüften, Knöchel und Lendenwirbelsäule. Die Erkrankung tritt am häufigsten bei Männern über 40 Jahren auf.

C

Ätiologie/beeinflussende Faktoren

- Diabetes mellitus: Betroffen sind hier die Fußgelenke
- Tabes dorsalis: Degeneration von Wirbelkörpern mit Wirkung auf die großen, das Körpergewicht tragenden Gelenke (Knie, Hüften, Knöchel, Lendenwirbel)
- Syringomyelie: Betroffen sind die Schulter- und Armgelenke.
- Charcot-Marie-Tooth-Krankheit: progressive Paralyse des N. peroneus
- Intraartikuläre Injektion von Kortikosteroiden: Betroffen sind die Hüft- oder Kniegelenke
- Verletzungen der Wirbelsäule
- Paraplegie
- Verletzungen peripherer Nerven
- Meningomyelozele bei Kindern
- Lepra
- Perniziöse Anämie

Kennzeichen/Symptome

- *Neuropathie mit Verlust der Sensibilität im betroffenen Bereich, im betroffenen Gelenk:*
  - Schwellung
  - Wärme
  - Erhöhte Beweglichkeit
  - Instabilität
  - Deformität
  - Rückenschmerzen (bei betroffenen Wirbelgelenken)

Komplikationen

- Subluxation oder Dislokation des Gelenks
- Gelenkfrakturen
- Pathologische Frakturen
  - Amputation

Diagnostik

- Beschreiben Sie jedes Verfahren, seinen Zweck und die normalen Empfindungen oder Wahrnehmungen, die dabei wahrscheinlich vorkommen, sowie die Pflege davor und danach
  - Röntgenaufnahmen zur Bestätigung der Diagnose und zur Einschätzung des Schweregrades der Gelenkschädigung
  - Untersuchung der Wirbelsäule zum Nachweis einer Verringerung der Abstände zwischen den Wirbelkörpern und einer Verschlechterung des Zustands
  - Synovialbiopsie zum Nachweis von Knochenfragmenten und Anteilen von verkalktem Knorpel
  - Neuromuskuläre Untersuchung zur Feststellung neurologischer oder motorischer Defizite

Behandlung

Konservativ

- *Therapie*
  - Immobilisierung zum Schutz des Gelenks vor Überlastung und Verletzung
    - Unterarmgehstützen, Stützen, Schienen
    - Gewichtsentlastung
    - Rollstuhl
  - Schützendes Schuhwerk
- *Medikamente*
  - Analgetika

Chirurgisch

- Arthrodese (Gelenkversteifung) zur Immobilisierung
- Amputation

Ambulante Pflege

- Geben Sie sowohl dem Patienten als auch der betreuenden Person *mündliche* und *schriftliche* Instruktionen. Nennen Sie ihnen den Namen und die Telefonnummer eines Arztes oder einer Pflegeperson, die sie bei Fragen anrufen können
- *Allgemeine Informationen*
- Erläutern Sie die Ursachen oder beeinflussenden Faktoren der Erkrankung, und nennen Sie die betroffenen Gelenke
- Helfen Sie dem Patienten, mit dem individuellen Schmerzmuster und den Wahrnehmungen seines Sensoriums vertraut zu werden und so eine Ausgangsbasis zu schaffen, anhand derer sich Veränderungen und Reaktionen auf die Medikation und die Behandlung beurteilen lassen
- Warnen Sie den Patienten davor, daß es aufgrund des neuropathiebedingten Sensibilitätsverlustes zu Verletzungen kommen kann, ohne daß der Patient dies wahrnimmt
- *Komplikationszeichen*
- Gehen Sie Anzeichen und Symptome durch, die einem Arzt oder einer Pflegeperson mitgeteilt werden sollten
  - Zunehmende Schmerzen, Schwellung oder Instabilität des Gelenks
- *Besondere Hinweise*
- Erklären Sie, wie man warme Kompressen auflegt, um lokale Schmerzen und Schmerzempfindlichkeit zu lindern
- Weisen Sie den Patienten an, täglich die Haut über dem betroffenen Gelenk zu inspizieren und dabei auf Abschürfungen, Schnitte und Ulzera zu achten sowie alle nichtheilenden Wunden dem Arzt oder einer Pflegeperson mitzuteilen. Weisen Sie den Patienten besonders darauf hin, auf die Wassertemperatur zu achten, um Verbrennungen zu vermeiden
- Sorgen Sie für Informationen über den richtigen Umgang mit Unterarmgehstützen oder Hilfsmitteln zur Immobilisierung. Verweisen Sie den Patienten für deren Anpassung und zwischenzeitliche Wartung an die Abteilung für Physiotherapie
- Raten Sie dem Patienten, das verordnete schützende Schuhwerk zu tragen und enganliegende Schuhe sowie Absätze, mit über einem Zentimeter Höhe, zu vermeiden
- *Medikamente*
- Erläutern Sie Zweck, Dosierung, Zeitplan und Art der Einnahme der verschriebenen Medikamente sowie deren Nebenwirkungen, die einem Arzt oder einer Pflegeperson mitgeteilt werden sollten

- *Aktivitäten*
  - Erläutern Sie, wie wichtig es ist, einen Lebensstil zu entwickeln, der die Gelenke schont
    - Ermüdung vermeiden
    - Tätigkeiten im Alltag einteilen und regelmäßige Ruhepausen einplanen, auch wenn man sich nicht ermüdet fühlt
    - Körperliche Tätigkeiten wie Gehen oder Laufen, die zu pathologischen Frakturen führen könnten, vermeiden
    - Im häuslichen Bereich Sicherheitsvorkehrungen treffen, um Stürze oder Verletzungen zu verhindern: freiliegende Teppiche entfernen und die Wege im Wohnbereich von herumliegenden Gegenständen freihalten
  - Ermutigen Sie den Patienen, über Anpassungen und Einschränkungen in Bezug auf körperliche Betätigung, den Beruf oder die Freizeit zu sprechen

Nachsorge

- Betonen Sie die Bedeutung regelmäßiger medizinischer und labordiagnostischer Nachsorgeuntersuchungen. Stellen Sie sicher, daß der Patient die notwendigen Namen und Telefonnummern hat

Hinweis

- Verweisen Sie den Patienten bei Bedarf an einen ambulanten Pflegedienst

Chemotherapie

Chemotherapie: systemische Behandlung von Malignomen unter Verwendung zytotoxischer Substanzen zur Zerstörung bösartiger Zellen. Sie wird eingesetzt bei starker Ausbreitung oder einer hohen Rezidivrate des Malignoms. Chemotherapie kann isoliert als kurative Therapie oder als adjuvante Therapie bei Operationen oder Strahlentherapie eingesetzt werden. Als palliative Therapie dient sie der Erleichterung bei Verlegung eines Hohlorgans oder bei Schmerzen.

Chemotherapeutika

- Alkylanzien: Chlorambucil, Cyclophosphamid, Ifosfamid, Mechlorethamin, Melphalan
- Nitrosoharnstoffe: Carmustin, Lomustin, Streptozocin, Busulfan, Carboplatin, Thiotepa
- Antimetaboliten: Cytarabin, Floxuridin, Fluoruracil, Mercaptopurin, Methotrexat, Thioguanin
- Antibiotika: Bleomycin, Dactinomycin, Daunorubicin, Doxorubicin, Mitomycin, Plicamycin
- Pflanzenalkaloide: Etoposid, Vincristin, Vinblastin
- Verschiedene: Asparaginase, Dacarbazin, Levamisol, Procarbazin
- Hormone und Antihormone: Androgene, Östrogene, Progesterone, Kortikosteroide, Antiöstrogene
- Substanzen, die biologische Reaktionen verändern: Interferone, Interleukine, Erythropoetin, Koloniestimulierender Faktor

Kontraindikationen/Vorsichtsmaßnahmen

- Abhängig vom Zustand des Patienten vor der Erkrankung, vom Stadium der Erkrankung, dem Ansprechen auf die Therapie sowie von Allergien und Überempfindlichkeiten
- Der funktionelle Status des Patienten kann zur Überwachung der Therapie dienen

Arten der Verabreichung

- Oral
- Intravenös
- Vaskulär (Zentralvenenkatheter und Venenverweilkatheter s. Katheterpflege, S. 421), peripher eingeführter Katheter
- Intraarteriell
- Intrakavitär: intraperitoneal, intrapleural
- Intrathekal über ein Reservoir, das in einen Ventrikel des Gehirns implantiert wird
- Intramuskulär und subkutan (selten)

Laboruntersuchungen

- Abhängig von der Art des verwendeten Chemotherapeutikums
- Allgemein: großes Blutbild, Elektrolyte, Blutkultur, Leberfunktionstests, Urinanalyse, Hämoccult
- Knochenmarkbiopsie
- Lungenfunktionstests
- EKG

Präoperative Schulung

- Gehen Sie die Erklärungen des Arztes bezüglich der Art der Chemotherapie und deren Begründung durch. Besprechen Sie den Zeitplan, den Ort (stationär oder ambulant), die Art der Verabreichung, die Häufigkeit sowie die erforderliche Dauer bis zum Abschluß der Behandlung. Ermutigen Sie den Patienten, Fragen zu stellen sowie Besorgnisse und Ängste zu besprechen

Besprechen der Pflege nach der Chemotherapie

- Gehen Sie die Nebenwirkungen der jeweils verwendeten Substanzen durch, und besprechen Sie die Medikamente, die gegen diese Nebenwirkungen verabreicht werden
- Informieren Sie den Patienten über einen möglichen Haarausfall und die eventuelle Notwendigkeit einer Perücke, eines Hutes, von Schals oder Turbans. Frauen sollten sich vor dem Beginn der Behandlung die Haare kurz schneiden lassen, eine Perücke kaufen und den Haarschnitt der Perücke anpassen lassen

Nebenwirkungen/Toxizität

- Die toxischen Nebenwirkungen und Probleme hängen im einzelnen von der verwendeten Substanz ab
  - Störungen im Magen-Darm-Trakt: Anorexie, Übelkeit, Erbrechen, Durchfall
  - Knochenmarksuppression (s. S. 434)
  - Haarausfall, Hautrötung, Stomatitis
  - Störungen des Elektrolythaushalts
  - Störungen des Blutbildes
  - Hepatotoxizität
  - Störungen der Nierenfunktion
  - Störungen der Herz- und Lungenfunktion

Ambulante Pflege

- Geben Sie sowohl dem Patienten als auch der bzw. dem Betreuenden *mündliche* und *schriftliche* Instruktionen. Setzen Sie visuelle Hilfen ein. Nennen Sie ihnen den Namen und die Telefonnummer eines Arztes oder einer Pflegeperson, die sie bei Fragen anrufen können
- *Allgemeine Informationen*
- Erklären Sie, daß Müdigkeit und andere Nebenwirkungen während der 1. Woche einsetzen und über 1–2 Wochen nach dem Abschluß der Therapie verschwinden
- Bringen Sie dem Patienten die Bedeutung der Mundhygiene nahe (s. Tumore, allgemein, S. 745)
- Beraten Sie den Patienten hinsichtlich der Hautpflege. Weisen Sie ihn an, seine Haut zu inspizieren und jedes Anzeichen von Wundsein oder Hautschäden mitzuteilen. Die betroffenen Bereiche sollten mit Wasser und milder Seife gepflegt werden
- *Komplikationszeichen*
- Gehen Sie Anzeichen und Symptome durch, die einem Arzt oder einer Pflegeperson mitgeteilt werden sollten
  - Infektion: Schmerzen, Schwellung, Rötung, Absonderungen
  - Verstärkt Übelkeit, Erbrechen, Durchfall
  - Blutungen
  - Starke Müdigkeit
  - Kurzatmigkeit
  - Herzklopfen
  - Schleimhautentzündungen
  - Schwierigkeiten beim Wasserlassen
  - Parästhesien
  - Verwirrtheit, Gedächtnisverlust
  - Jucken, Brennen
- *Besondere Hinweise*
- Besprechen Sie die Immunsuppression und die Notwendigkeit einer Überwachung des Blutbildes. Bei niedriger Leukozytenzahl sollte der Patient Menschen mit Infektionen oder Erkältungen, große Menschenmengen sowie kürzlich geimpfte Kinder meiden
- Bezüglich spezieller Probleme siehe Knochenmarksuppression, S. 434, und Tumoren, allgemein, S. 745
- *Medikamente*
- Erläutern Sie Zweck, Dosierung, Zeitplan und Art der Einnahme der verschriebenen Medikamente sowie deren Nebenwirkungen, die einem Arzt oder einer Pflegeperson mitgeteilt werden sollten

C

- *Aktivitäten*
  - Ermutigen Sie den Patienten, entsprechend seiner Belastbarkeit in seinem Beruf und den Aktivitäten des Alltags einschließlich regelmäßiger körperlicher Übungen fortzufahren
  - Bringen Sie dem Patienten bei, wie er mit Ermüdung umgehen kann und wie er seine Beweglichkeit erhält, indem er beispielsweise wichtige Tätigkeiten vor der Therapie und Tätigkeiten nach der Therapie entsprechend seinen Energiereserven einplant
  - Betonen Sie, daß Verletzungen vermieden werden müssen. Kontaktsportarten sollten gemieden werden
- *Ernährung/Diät*
  - Lehren Sie den Patienten die Bedeutung einer eiweißreichen, hochkalorischen Ernährung. Halten Sie ihn bei Übelkeit zu kleinen, häufigen Mahlzeiten an, und raten Sie ihm zu einem Antiemetikum, das eine halbe Stunde vor der Mahlzeit einzunehmen ist
  - Halten Sie den Patienten an, täglich 3 Liter Flüssigkeit zu trinken

Nachsorge

- Betonen Sie die Bedeutung regelmäßiger medizinischer und labordiagnostischer Nachsorgeuntersuchungen. Stellen Sie sicher, daß der Patient die notwendigen Namen und Telefonnummern hat

Hinweis

- Verweisen Sie den Patienten bei Bedarf an eine Selbsthilfegruppe und an weitere Hilfsquellen in der Gemeinde

Chemotherapie, photoaktivierte

Photoaktivierte Chemotherapie: Behandlung von Malignomen mittels intravenöser Injektion einer photosensibilisierenden Substanz, wie z. B. Dihämatoporphyrinäther. Nach einer Wartezeit von 48–72 Stunden, in denen sich die Substanz in den malignen Zellen konzentriert, wird der karzinomatöse Bereich über eine Faseroptik, z. B. ein Zystoskop oder ein Bronchoskop mit Laserlicht bestrahlt.

Indikationen

- Mögliche Heilung in Frühstadien eines Haut- oder Blasenkrebses
- Palliativ bei fortgeschrittenen Lungen- oder Ösophaguskarzinomen oder bei Tumoren im Beckenraum
- Erleichterung der Symptomatik bei primär oder sekundär obstruktiven Karzinomen
- Tumorreduktion mit Rückgang einer Blutung oder Infektion, mit Schmerzerleichterung und Reduktion einer obstruktiven Symptomatik

Präoperative Schulung

- Gehen Sie die Erläuterungen des Arztes bezüglich des Eingriffs und seiner Gründe durch. Ermutigen Sie den Patienten, Fragen zu stellen und alle Sorgen und Ängste zu besprechen
- Erläutern Sie die Notwendigkeit einer schriftlichen Einverständniserklärung nach Aufklärung

Besprechen der präoperativen Pflege

- Versichern Sie dem Patienten, daß der Eingriff schmerzlos ist

Besprechen der postoperativen Pflege

- Weisen Sie den Patienten an, sich wegen der Photosensibilität des Gewebes bis zu 6 Wochen lang vor Sonnenlicht zu schützen
- Wird das Verfahren zur Behandlung eines Blasenkarzinoms eingesetzt, so informieren Sie den Patienten darüber, daß es zu schweren Formen von Polakisurie und Harndrang kommen kann und daß das Fassungsvermögen der Blase herabgesetzt sein kann. Sagen Sie ihm, daß sich das Blasenvolumen innerhalb von 3 Monaten wieder normalisiert und daß u. U. oral einzunehmende Analgetika, krampflösende Mittel sowie prophylaktisch Antibiotika verschrieben werden

Cholelithiasis, Cholezystitis

Cholelithiasis: abnorme Steinbildung in der Gallenblase.

Cholezystitis: akute oder chronische Entzündung der Gallenblase infolge einer Verlegung des Ausführungsganges durch Gallensteine.

Ätiologie/beeinflussende Faktoren

- Fett- und kalorienreiche Ernährung
- Übergewicht
- Diabetes mellitus
- Lebererkrankung
- Pankreatitis
- Bei Frauen: erhöhte Östrogenspiegel, orale Kontrazeptiva, Hormonsubstitutionstherapie, Schwangerschaft
- Clofibrat (Medikament gegen hohen Cholesterinspiegel)

Kennzeichen/Symptome

- Nach fettreichen Zwischenmahlzeiten oder Mahlzeiten: Verdauungsstörung, Aufstoßen, Blähungen, Übelkeit, Erbrechen
- Schmerzen: akut und kolikartig, im mittleren Epigastrium, kann bis in den Rücken und zwischen die Schulterblätter oder in die rechte Schulter hineinziehen
- Fieber: niedrig oder hoch mit Schüttelfrost
- Ikterus
- Dunkler, konzentrierter Urin
- Lehmfarbene Stühle

Komplikationen

- Ikterus
- Infektion
- Störungen des Elektrolythaushalts
- Darmverschluß
- Peritonitis
- Blutungsneigung (Vitamin-K-Mangel)
- Pankreatitis

Diagnostik

- Beschreiben Sie jedes Verfahren, seinen Zweck und die normalen Empfindungen oder Wahrnehmungen, die dabei wahrscheinlich vorkommen, sowie die Pflege davor und danach
- Radiologische Untersuchungen: Cholezystographie, Röntgenaufnahmen
- Ultraschalluntersuchung zur genauen Lokalisation und Feststellung der Steingröße
- Blutuntersuchungen zum Nachweis eines Anstiegs bestimmter Enzyme (Serumbilirubin, Serumamylase)
- Weißes Blutbild zum Nachweis einer Infektion
- Perkutane transhepatische Cholangiographie zur Bestätigung des Vorliegens von Steinen oder eines Abflußhindernisses

C

Behandlung

Konservativ

- *Therapie*
- Hydrierung (Flüssigkeit mit Elektrolyten parenteral)
- Medikamentöse Cholelitholyse (Gallensäurenbehandlung) zur Auflösung bestimmter Steinarten; vor allem bei kleinen Steinen indiziert
- Perkutane transhepatische Gallengangskatheterisierung zur Entfernung von Gallensteinen: Der Katheter wird unter Röntgendurchleuchtung durch einen kleinen Einschnitt im Abdomen eingeführt und kann eine Zeitlang verbleiben, wobei die Gallenflüssigkeit in einen kleinen Sammelbeutel außerhalb des Körpers abfließt. Der Eingriff wird ambulant unter Lokalanästhesie durchgeführt
- Endoskopische retrograde Sphinkterektomie: Ein flexibles Endoskop wird durch den Mund in den Magen und weiter bis zum Ductus hepaticus communis geführt, um Steinen den Durchtritt zu ermöglichen. Der Eingriff wird ambulant unter Lokalanästhesie des Rachens durchgeführt
- Endoskopische retrograde Cholangiopankreatikographie: Das flexible Endoskop wird wie oben beschrieben eingeführt, die Steine werden jedoch entfernt
- Extrakorporale Stoßwellen-Lithotripsie: Einsatz hochenergetischer Stoßwellen zur Zertrümmerung der Steine, ohne das umliegende Gewebe zu schädigen

- *Medikamente*
  - Analgetika
  - Antibiotika
  - Antiemetika
  - Anticholinergika
  - Vitamin K

Chirurgisch

- *Cholezystektomie: chirurgisches Entfernen der Gallenblase*

Ambulante Pflege

- Geben Sie sowohl dem Patienten als auch der bzw. dem Betreuenden *mündliche* und *schriftliche* Instruktionen. Nennen Sie ihnen den Namen und die Telefonnummer eines Arztes oder einer Pflegeperson, die sie bei Fragen anrufen können
- Erläutern Sie die Erkrankung, ihre Ätiologie sowie die beeinflussenden Faktoren
- *Komplikationszeichen*
  - Gehen Sie Anzeichen und Symptome durch, die einem Arzt oder einer Pflegeperson mitgeteilt werden sollten
    - Gallenkolik: schwere Schmerzen, Tachykardie, Blässe, Schwitzen
- *Besondere Hinweise*
  - Gehen Sie die Erläuterung der verordneten Behandlungen durch (s. o.).
    - Beschreiben Sie das Verfahren und seinen Zweck unter Berücksichtigung einer eventuellen besonderen Vorbereitung
    - Sorgen Sie nach dem Eingriff für eine Anleitung zur postoperativen Pflege
    - Ist ein Katheter vorhanden, gehen Sie dessen Pflege durch
    - — Erklären Sie, daß der Katheter gut mit Pflaster festgeklebt bleiben muß. Bringen Sie dem Patienten bei, wie man den Beutel entleert
    - — Gehen Sie die Zeichen und Symptome durch, die einem Arzt oder einer Pflegeperson mitgeteilt werden sollten: aus dem Katheter fließt nichts ab, Zeichen einer Infektion (Rötung, Schwellung, Schmerzen an der Austrittsstelle, Fieber, Schüttelfrost)
  - Gehen Sie bei Bedarf die Erklärungen hinsichtlich einer Operation durch
- *Medikamente*
  - Erläutern Sie Zweck, Dosierung, Zeitplan und Art der Einnahme der verschriebenen Medikamente sowie deren Nebenwirkungen, die einem Arzt oder einer Pflegeperson mitgeteilt werden sollten

- *Ernährung/Diät*
  - Erklären Sie dem Patienten, daß er eine fettarme Diät einhalten und Vitaminpräparate (A, D, E und K) nehmen sollte. Verweisen Sie ihn für genauere Instruktionen an eine Ernährungsberatung
  - Besprechen Sie die Notwendigkeit einer Reduktion von Fett und Cholesterin in der Ernährung. Erklären Sie die Rolle der Ernährung bei der Verhinderung einer Gallenkolik
  - Besprechen Sie die Notwendigkeit einer Gewichtskontrolle. Raten Sie ggf. zum Abnehmen

Nachsorge

- Betonen Sie die Bedeutung regelmäßiger medizinischer und labordiagnostischer Nachsorgeuntersuchungen. Stellen Sie sicher, daß der Patient die notwendigen Namen und Telefonnummern hat

Cholezystektomie

Cholezystektomie: Entfernen der Gallenblase aufgrund von Gallensteinen oder einer Infektion, zur Wiederherstellung des Gallenflusses aus der Leber in den Dünndarm. Die Operation kann als abdominalchirurgischer Eingriff (offene Cholezystektomie) oder laparoskopisch durchgeführt werden

Präoperative Schulung

- Gehen Sie die Erklärungen des Arztes bezüglich der Art der Therapie und deren Begründung durch. Ermutigen Sie den Patienten, Fragen zu stellen sowie Besorgnisse und Ängste zu besprechen
- Besprechen Sie die Notwendigkeit einer schriftlichen Einverständniserklärung nach Aufklärung

Besprechen der präoperativen Pflege

- Gehen Sie die Erläuterungen des Arztes hinsichtlich des Eingriffs durch.
- Informieren Sie den Patienten darüber, daß er gewöhnlich am Tag der Operation in die Klinik aufgenommen wird und daß der Eingriff unter Vollnarkose stattfindet
- Gehen Sie die Routineverfahren vor dem Eingriff durch: großes Blutbild, Urinanalyse, Röntgen-Thorax und EKG

- Sagen Sie dem Patenten, daß er am Tag vor der Operation ab Mitternacht weder essen noch trinken darf
- Gehen Sie die Vorbereitung der Haut durch: Der Patient sollte mit einer bakteriziden Seife duschen
- Informieren Sie den Patienten darüber, daß am Abend vor der Operation ein kleiner Reinigungseinlauf notwendig ist
- Bei offener Cholezystektomie:
  - Erklären Sie, daß unterhalb des rechten Rippenbogens ein kleiner Einschnitt angelegt wird
  - Erklären Sie, daß der Eingriff 2–4 Stunden dauern wird, falls unterdessen Röntgenaufnahmen angefertigt werden
- Bei Laparoskopie:
  - Sagen Sie dem Patenten, daß er am Tag vor der Operation ab Mitternacht weder essen noch trinken darf
  - Erklären Sie, daß der Eingriff gewöhnlich 2–3 Stunden dauert
  - Informieren Sie den Patienten darüber, daß der größte Einschnitt 5–10 Zentimeter unterhalb des Nabels liegt (zur Entfernung der Gallenblase) und daß 3 oder 4 weitere Einstichstellen im Abdomen angelegt werden, um weitere Endoskope zur Insufflation von Gas in die Bauchhöhle, welches die Sicht und das Bewegen der Instrumente erleichtert, sowie zum Halten und zum Schneiden einzuführen

Besprechen der postoperativen Pflege

- *Bei offener Cholezystektomie:*
  - Siehe abdominalchirurgischer Eingriff, S. 3
  - Informieren Sie den Patienten darüber, daß er etwa 4 Tage oder länger in der Klinik bleiben muß
  - Erklären Sie ihm, daß er einige Schläuche wahrnehmen wird: Magensonde, T-Drain zur Ableitung von Gallenflüssigeit sowie möglicherweise eine Penrose- oder Jackson-Pratt-Drainage
- *Bei Laparoskopie:*
  - Sagen Sie dem Patienten, daß eine Flüssigkeitsaufnahme am Abend vor dem Eingriff gestattet ist, falls keine Übelkeit vorliegt
  - Erklären Sie dem Patienten, daß man ihn bitten wird, aufzustehen und umherzugehen
  - Informieren Sie den Patienten darüber, daß das Abdomen durch Gas aufgetrieben sein wird

- Sagen Sie dem Patienten, welche Analgetika er gegen die Schmerzen erhalten wird
- Erklären Sie dem Patienten, daß er am Tag nach der Operation entlassen wird

Nebenwirkungen/Komplikationen

- Hämorrhagie
- Schock
- Paralytischer Ileus
- Peritonitis
- Störungen des Elektrolythaushalts
- Wundinfektion
- Störungen der Lungenfunktion
- Postcholezystektomiesyndrom (Fieber, Ikterus, Schmerzen)
- *Nach Laparoskopie:*
- Blutung
- Wundinfektion
- Bauchkrämpfe und Schulterschmerzen
- Sepsis
- Biliäre Peritonitis

Ambulante Pflege

- Geben Sie sowohl dem Patienten als auch der betreuenden Person *mündliche* und *schriftliche* Instruktionen. Nennen Sie ihnen den Namen und die Telefonnummer eines Arztes oder einer Pflegeperson, die sie bei Fragen anrufen können
- *Wundversorgung*
- Erklären Sie nach Bedarf jegliche spezielle Pflege der chirurgischen Einschnitte sowie den Verbandwechsel
- Bringen Sie dem Patienten die Pflege des T-Drains und des dazugehörigen Beutels bei
  - Rohr durch Festkleben am Körper sichern
  - Rohr und Beutel im Liegen auf gleicher Höhe mit dem Abdomen halten, um eine zu starke Drainage zu verhindern
  - Rohr nicht vom Drainagebeutel trennen
  - Abknicken des Rohrs vermeiden

- Entleeren des Beutels: Hände waschen, Verbindungsstück mit Alkohol säubern, Verbindung lösen und den Beutel in ein Gefäß entleeren, Verbindung wieder zusammenstecken und evtl. anhaftende Flüssigkeit abwischen, Flüssigkeitsmenge feststellen und aufschreiben, Flüssigkeit in die Toilette entleeren und Gefäß ausspülen
- Eintrittsstelle täglich auf Undichtigkeit, Rötung, Schwellung und Empfindlichkeit inspizieren. Mit Wasser und Seife waschen und Verband wieder anlegen
- T-Rohr eine Stunde vor und nach dem Essen abklemmen, soweit nicht anders verordnet

Komplikationszeichen

- Gehen Sie Anzeichen und Symptome durch, die einem Arzt oder einer Pflegeperson mitgeteilt werden sollten
  - Wundinfektion: Rötung, Schwellung und Empfindlichkeit
  - Gallengangsverschluß: anhaltender Schmerz, Ikterus, Jucken (Pruritus), ausbleibender Stuhlgang oder lehmfarbene Stühle, dunkler Urin
  - Fieber, Schüttelfrost
  - Übelkeit, Erbrechen

Medikamente

- Erläutern Sie Zweck, Dosierung, Zeitplan und Art der Einnahme der verschriebenen Medikamente sowie deren Nebenwirkungen, die einem Arzt oder einer Pflegeperson mitgeteilt werden sollten

Aktivitäten

- Nach Laparoskopie:
  - Ermutigen Sie den Patienten, sich zu bewegen, um das Aufgetriebensein des Abdomens zu reduzieren
  - Erklären Sie dem Patienten, daß der gewohnte Alltag normalerweise nach 1–2 Tagen wieder aufgenommen werden kann
  - Erklären Sie, daß der Patient das Heben schwerer Gegenstände über 5 Kilogramm Gewicht sowie anstrengende Arbeit oder Sportarten für eine Woche, entsprechend der Anweisung des Arztes auch länger meiden sollte

Ernährung/Diät

- Sagen Sie dem Patenten, daß 6 Wochen lang eine fettarme Ernährung erforderlich ist. Danach kann der Fettanteil allmählich erhöht werden. Ferner sollte die Ernährung reich an Kohlenhydraten und Eiweiß sein
- Informieren Sie den Patienten darüber, daß Alkohol für 2 Monate nach dem Eingriff gemieden werden sollte, um eine Beteiligung des Pankreas zu vermeiden

Nachsorge

- Betonen Sie die Bedeutung regelmäßiger medizinischer und labordiagnostischer Nachsorgeuntersuchungen. Stellen Sie sicher, daß der Patient die notwendigen Namen und Telefonnummern hat

Chronisch-obstruktive Lungenerkrankung (COPD)

Chronisch-obstruktive Lungenerkrankung (COPD): eine fortschreitende Erkrankung der Lungen und Atemwege, die den Gasaustausch von Sauerstoff und Kohlendioxid beeinträchtigt. Sie führt zur chronischen Entzündung und Verengung der kleinen Bronchien und behindert die Ausatmung. COPD umfaßt Erkrankungen wie das Emphysem und die chronische Bronchitis.

Emphysem: Zerstörung von Lungengewebe mit der Folge eines reduzierten exspiratorischen Atemstroms und überblähten Alveolen; eine progressive Erkrankung mit irreversiblen Folgen.

Chronische Bronchitis: Entzündung der Bronchialschleimhaut mit exzessiver Schleimabsonderung in den Bronchialbaum. Sie tritt als Folge einer Gewebsreizung auf, die ein Anschwellen und eine Hypertrophie der schleimproduzierenden Zellen verursacht.

Beeinflussende Faktoren

- Zigarettenrauchen
- Exposition gegenüber industriell bedingten Luftschadstoffen
- Chronische Atemwegsinfektionen

Kennzeichen/Symptome

- Belastungsdyspnö
- Kurzatmigkeit
- Giemen
- Produktion von zähem Schleim
- Unruhe
- Müdigkeit

- Anorexie, Gewichtsverlust
- Anhaltender Husten, produktiv oder unproduktiv
- Unwohlsein
- Schläfrigkeit
- Periphere Zyanose mit Bildung von Trommelschlegelfingern

Komplikationen

- Cor pulmonale
- Akute Ateminsuffizienz
- Peptischer und ösophagealer Reflux
- Pneumonie
- Polyzythämie
- Herzrhythmusstörungen
- Hepatomegalie

Diagnostik

- Beschreiben Sie jedes Verfahren, seinen Zweck und die normalen Empfindungen oder Wahrnehmungen, die dabei wahrscheinlich vorkommen, sowie die Pflege davor und danach.
  - Röntgen-Thorax
  - Lungenfunktionsprüfung zur Beurteilung des Vorliegens und des Schweregrades der Erkrankung in den großen und kleinen Bronchien
  - Untersuchung von Sputumproben
  - Laboruntersuchungen: großes Blutbild, Elektrolyte, arterielle Blutgase
  - EKG

Behandlung

Konservativ

- *Therapie*
  - Sauerstofftherapie
  - Physiotherapie des Thorax: Lagerungsdrainage und Abklopfen
  - Behandlung mit Ultraschallverneblern oder mechanischen Verneblern
  - Programm für das körperliche Training
- *Medikamente*
  - Bronchodilatatoren
  - Antibiotika
  - Kortikosteroide

Ambulante Pflege

- Geben Sie sowohl dem Patienten als auch der betreuenden Person *mündliche* und *schriftliche* Instruktionen. Nennen Sie ihnen den Namen und die Telefonnummer eines Arztes oder einer Pflegeperson, die sie bei Fragen anrufen können
- *Allgemeine Informationen*
- Erläutern Sie den Krankheitsprozeß und die zugrundeliegende Ätiologie. Helfen Sie dem Patienten, individuelle Faktoren zu erkennen, die zum Krankheitsgeschehen beitragen
- *Komplikationszeichen*
- Gehen Sie Anzeichen und Symptome durch, die einem Arzt oder einer Pflegeperson mitgeteilt werden sollten
  - Erhöhte Körpertemperatur
  - Angina
  - Zunahme des Sputums
  - Veränderung der Farbe des Sputums von klar-weiß nach gelbgrün
  - Infektion der oberen Atemwege
  - Erhöhte Schwierigkeit beim Atmen
  - Herabgesetzte körperliche Belastbarkeit
  - Abnehmender Appetit
- *Besondere Hinweise*
- Besprechen Sie, wie wichtig es ist, Reizstoffe für das Atmungssystem zu vermeiden
  - Zigarettenrauch
  - Gase und Dämpfe aus industrieller Produktion
  - Staub
  - Puder und Parfüms
  - Aerosole
  - Rauch
- Demonstrieren Sie den Gebrauch eines Inhalators für Bronchodilatatoren. Achten Sie auf Nebenwirkungen wie etwa erhöhten Puls. Vermeiden Sie einen übermäßigen Gebrauch
- Unterweisen Sie den Patienten und die betreuende Person in Techniken der Atemadaptation, wie Atemübungen, Techniken des Abhustens, Lippenbremse, Zwerchfellatmung sowie bei Bedarf in Haltungen für die Lagerungsdrainage. Demonstrieren Sie die Verfahren
- Erklären Sie dem Patienten, Personen mit Infektionen, vor allem der oberen Atemwege, zu meiden. Weisen Sie ihn darauf hin, den Arzt unbedingt zu Beginn einer Infektion aufzusuchen

- Erklären Sie dem Patienten, wie wichtig es ist, sich gegen Influenza und Pneumokokkenpneumonie impfen zu lassen
- Unterweisen Sie den Patienten und die betreuende Person in der Reinigung aller Atemhilfsgeräte zu Hause (s. Sauerstofftherapie, S. 682)
- Erläutern Sie die Bedeutung einer Umgebungskontrolle: trockene Luft vermeiden durch einen Luftbefeuchter, für eine warme Umgebung (23,8–26,6 °C) sorgen. Erklären Sie dem Patienten, daß er sich warmhalten muß und nicht frieren darf
- Erklären Sie dem Patienten, daß er bei niedrigen Außentemperaturen nicht ins Freie gehen sollte, da dies zu einem Bronchospasmus führen kann
- Betonen Sie, daß es wichtig ist, nicht zu rauchen und auch Passivrauchen zu vermeiden. Erklären Sie, daß Tabakrauch ein Reizstoff ist und das Risiko einer Atemwegsinfektion erhöhen kann. Sorgen Sie für Informationen über und Verweise zu Raucherentwöhnungskursen

Medikamente

- Erläutern Sie Zweck, Dosierung, Zeitplan und Art der Einnahme der verschriebenen Medikamente sowie deren Nebenwirkungen, die einem Arzt oder einer Pflegeperson mitgeteilt werden sollten
  - Bronchodilatatoren zur Weitung der Atemwege und zur Atemerleichterung
  - Antibiotika zur Vorbeugung oder Behandlung von Atemwegserkrankungen
  - Kortikosteroide zur Reduktion der Schwellung in Bronchien und Bronchiolen
- Erklären Sie, daß die Einnahme rezeptfreier Medikamente ohne Rücksprache mit dem Arzt vermieden werden sollte. Auch Sedativa und Narkotika, die atemdepressiv wirken können, sollten nicht eingenommen werden

- *Aktivitäten*
  - Raten Sie dem Patienten, sich entsprechend seiner Belastbarkeit körperlich zu betätigen und Ermüdung zu vermeiden, indem tagsüber Ruhepausen eingeplant werden
  - Erklären Sie, daß Tätigkeiten an Tagen mit hoher Luftverschmutzung eingeschränkt werden sollten
  - Weisen Sie den Patienten an, bei seinen Tätigkeiten tief und regelmäßig zu atmen
  - Besprechen Sie Techniken der Energieeinsparung, z. B. Baden und Rasieren im Sitzen
  - Bringen Sie dem Patienten und der betreuenden Person bei, tagsüber auf Zeichen extremer Ermüdung, Thoraxschmerzen oder Schwitzen zu achten
  - Weisen Sie den Patienten an, emotionale Belastungen zu vermeiden. Unterweisen Sie ihn in Techniken der Streßreduktion, und führen Sie diese Techniken vor
  - Erklären Sie, daß Verstopfung und Pressen beim Stuhlgang vermieden werden sollten
- *Ernährung/Diät*
  - Erklären Sie bei Bedarf die Notwendigkeit einer hochkalorischen Ernährung
  - Halten Sie den Patienten, soweit nicht kontraindiziert, zu einer Flüssigkeitsaufnahme von 2–3 Litern am Tag an, um den Schleim flüssig zu halten
  - Sollte es während des Essens zu Kurzatmigkeit kommen, empfehlen Sie dem Patienten, vor und nach den Mahlzeiten zu ruhen

Nachsorge

- Betonen Sie die Bedeutung regelmäßiger medizinischer und labordiagnostischer Nachsorgeuntersuchungen. Stellen Sie sicher, daß der Patient die notwendigen Namen und Telefonnummern hat
- Besprechen Sie die Notwendigkeit eines Notfallmedaillons (SOS-Kapsel)

Colitis ulcerosa (Morbus Crohn)

Colitis ulcerosa: eine chronisch-entzündliche Erkrankung des Darms, die durch Schübe und Remissionen charakterisiert ist. Die Colitis ulcerosa führt zu Stauung, Ödem und Ulzerationen der Mukosa. Die Erkrankung beginnt im Rektum und im Sigmoid, kann sich jedoch über das gesamte Kolon ausbreiten. Sie tritt vorwiegend im Alter zwischen 15 und 20 Jahren auf. Die Ursache ist nicht bekannt, es könnte sich jedoch um eine abnorme Immunreaktion handeln.

Ätiologie/beeinflussende Faktoren

- Bakterielle Infektionen
- Genetische Faktoren
- Allergische Reaktionen auf gewisse Nahrungsmittel
- Immunologischer Ursprung
- Emotionale Belastungen

Kennzeichen/Symptome

- Krampfartige Abdominalschmerzen im rechten unteren Quadranten
- Diarrhö (bis zu 20 oder mehr Stühle täglich)
- Flüssige Stühle mit Tenesmen: Blut, Schleim, Eiter, Fett
- Anorexie, Gewichtsverlust
- Fieber
- Übelkeit, Erbrechen
- Krankheitsgefühl, Schwäche

Komplikationen

- Elektrolytungleichgewicht
- Dehydratation
- Unter- bzw. Mangelernährung
- Anämie
- Darmverschluß, -perforation
- Fisteln
- Peritonitis
- Perianalabszeß, -fistel, -fissur
- Hämorrhagie, Schock

C

Diagnostik

- Beschreiben Sie jedes Verfahren, seinen Zweck und die normalen Empfindungen oder Wahrnehmungen, die dabei wahrscheinlich vorkommen, sowie die Pflege davor und danach
- Stuhluntersuchung
- Sigmoidoskopie
- Koloskopie
- Laboruntersuchungen
- Biopsie
- Bariumuntersuchungen
- Leberfunktionstests

Behandlung

Konservativ

- *Therapie*
- Flüssigkeitsersatz
- Zusatzernährung
- *Medikamente*
- Kortikosteroide
- Antidiarrhoika
- Antibiotika
- Immunsuppressiva

Chirurgisch

- *Totale abdominale Kolektomie*
- *Mukosa-Proktektomie mit ileoanaler Anastomose*
- *Totale Proktokolektomie mit permanentem Ileostoma*

Ambulante Pflege

- Geben Sie sowohl dem Patienten als auch der betreuenden Person *mündliche* und *schriftliche* Instruktionen. Nennen Sie ihnen den Namen und die Telefonnummer eines Arztes oder einer Pflegeperson, die sie bei Fragen anrufen können
- *Allgemeine Informationen*
- Erläutern Sie den Krankheitsprozeß, die zugrundeliegenden Ursachen und die Faktoren, die einen Schub auslösen können: Streß, gewisse Nahrungsmittel, Müdigkeit, Laxanzien, Antibiotika
- Zur Pflege eines Ileostomas siehe S. 199

- *Komplikationszeichen*
- Gehen Sie Anzeichen und Symptome durch, die einem Arzt oder einer Pflegeperson mitgeteilt werden sollten
  - Nicht nachlassender Abdominalschmerz
  - Winde
  - Blähungen
  - Erbrechen
  - Gespanntes Abdomen
  - Zunehmende Diarrhö
  - Blutige Stühle
- *Besondere Hinweise*
- Besprechen Sie die Notwendigkeit einer Pflege des Perianalbereichs täglich und nach jedem Stuhlgang
- Lehren Sie die Hautpflege des Perianalbereichs und des Perineums: vorsichtig mit Seife und warmem Wasser waschen und hautschützende Produkte auftragen, z. B. Salben und Gels
- Beraten Sie den Patienten, wie und wo man entsprechendes Material bekommt, z. B. in der Drogerie oder Apotheke oder im Sanitätshaus
- Weisen Sie den Patienten an, nicht nachlassende Reizerscheinungen, Blutungen oder Ausfluß mitzuteilen
- Besprechen Sie die Rolle von Streß als Auslöser. Unterstützen Sie den Patienten bei der Suche nach Techniken der Streßbewältigung, z. B. Vollatmung, Meditation, geleitete Imagination
- Sorgen Sie für individuelle Eckwerte des Körpergewichts. Weisen Sie den Patienten an, sich täglich zu wiegen und eine plötzliche Zunahme bzw. einen anhaltenden Gewichtsverlust mitzuteilen
- Weisen Sie den Patienten an, über seinen Stuhlgang Buch zu führen: Anzahl, Zeitpunkt, Farbe, Menge, Konsistenz, Geruch und das Vorhandensein von Schleim, Blut oder Eiter
- *Medikamente*
- Erläutern Sie Zweck, Dosierung, Zeitplan und Art der Einnahme der verschriebenen Medikamente sowie deren Nebenwirkungen, die einem Arzt oder einer Pflegeperson mitgeteilt werden sollten
  - Analgetika
  - Antiphlogistika
  - Antiemetika
  - Antidiarrhoika
  - Anticholinergika

- Erklären Sie, daß freiverkäufliche Medikamente nicht ohne Rücksprache mit einem Arzt eingenommen werden sollten
- Besprechen Sie, wie wichtig es ist, die Kortikosteroidtherapie nicht ohne Rücksprache mit dem Arzt abzusetzen, da abruptes Absetzen eine Addison-Krise auslösen kann. Gehen Sie die Entzugssymptomatik durch, die einem Arzt oder einer Pflegeperson mitgeteilt werden sollte: Schwäche, Lethargie, Unruhe, Anorexie, Übelkeit, Empfindlichkeit der Muskulatur

- *Aktivitäten*
- Raten Sie dem Patienten zu einem ausgewogenen Verhältnis zwischen Ruhe und Belastung, auch in der Remission, da ausreichende Ruhe für die Erhaltung der Remission notwendig ist

- *Ernährung/Diät*
- Informieren Sie den Patienten, daß eine blande, eiweiß- und kalorienreiche, ballaststoff- und rückstandsarme Diät eingehalten werden sollte
- Raten Sie dem Patienten, er möge stark gewürzte Speisen, rohes Obst und Gemüse, Nahrungsmittel mit grobkörnigem Getreide, Kleie, Keime, Nüsse, Milch, fette oder fritierte Speisen, Koffein, Alkohol sowie kohlensäurehaltige Getränke meiden
- Halten Sie den Patienten dazu an, häufig kleine Mahlzeiten zu sich zu nehmen, langsam und in kleinen Bissen zu essen und gründlich zu kauen
- Betonen Sie, wie wichtig es ist, sich stets ausreichend zu ernähren, um die Symptomatik zu lindern und Komplikationen zu verhindern. Verweisen Sie den Patienten und die betreuende Person an eine Ernährungsberatung zur Unterstützung bei der Modifikation der Mahlzeiten und für eine Übersicht der Möglichkeiten und Einschränkungen
- Besprechen Sie die Notwendigkeit eines Flüssigkeitsersatzes. Bringen Sie dem Patienten bei, wie man Ein- und Ausfuhr schätzt. Raten Sie dem Patienten, 8–10 Gläser Flüssigkeit täglich zu trinken, soweit nicht kontraindiziert. Raten Sie dem Patienten, sich diese Menge einzuteilen und zu heiße oder kalte Getränke zu meiden

Nachsorge

- Betonen Sie, wie wichtig es ist, die Termine für regelmäßige medizinische und labordiagnostische Nachsorgeuntersuchungen einzuhalten. Stellen Sie sicher, daß der Patient die notwendigen Namen und Telefonnummern hat

Hinweis

- Sorgen Sie für Telefonnummern entsprechender gemeindegestützer Hilfsorganisationen und Selbsthilfegruppen

Cushing-Syndrom und Cushing-Krankheit

Cushing-Syndrom und Cushing-Krankheit: Erkrankung infolge einer Überproduktion von Steroiden der Nebenniere, vor allem des Cortisols. Die hohen Spiegel zirkulierender Glukokortikoide beeinträchtigen den Eiweiß-, Kohlenhydrat- und Lipidstoffwechsel. Die Erkrankung kann als Primärerkrankung oder sekundär infolge eines Hypophysentumors auftreten. Sie trifft vor allem Frauen.

Ätiologie/beeinflussende Faktoren

Cushing-Syndrom

- ACTH-sezernierende Tumoren der Nebennieren
- Iatrogen, z. B. infolge exzessiver Dosen an Kortison oder ACTH

Cushing-Krankheit

- Hypersekretion der Hypophyse, die angesichts erhöhter Plasmacortisolspiegel zuviel Adrenokortikotropes Hormon (ACTH) abgibt.

Kennzeichen/Symptome

- *Körperliche Veränderungen*
  - Stammfettsucht (dicker Rumpf, dünne Arme und Beine)
  - „Büffelhöcker“ im Nacken
  - „Mondgesicht“
  - Supraklavikuläre Fettpolster
- *Weitere Veränderungen*
  - Gewichtszunahme
  - Muskelschwäche
  - Dünne, durchscheinende Haut
  - Blaue Flecken
  - Wundheilungsstörungen

- Anfälligkeit für Infektionen
- Hypertonie, Flüssigkeitsretention mit Ödem
- Seelische und mentale Störungen
- *Orthopädische Veränderungen*
- Kyphose und Rückenschmerzen
- Osteoporose
- *Bei Frauen*
- Maskulinisierung
- Zyklusveränderungen
- *Bei Männern*
- Feminisierung
- Impotenz
- Verringerte Libido

C

Komplikationen

- Pathologische Frakturen
- Dekompensierte Herzinsuffizienz
- Peptische Ulzera
- Diabetes insipidus bei Adrenalektomie (s. S. 6)
- Diabetes mellitus

Diagnostik

- Beschreiben Sie jedes Verfahren, seinen Zweck und die normalen Empfindungen oder Wahrnehmungen, die dabei wahrscheinlich vorkommen, sowie die Pflege davor und danach.
- Computer- oder Magnetresonanztomographie zum Nachweis eines auslösenden Hypophysentumors
- Blutuntersuchungen
  - Blutzucker: erhöht (Test nach den Mahlzeiten)
  - Kalium: erniedrigt
  - Dexamethason-Hemmtest über Nacht: Plasmacortisolwerte bis auf 50 % des Ausgangswertes erniedrigt
- Urinuntersuchungen
  - 24-Stunden-Urin auf freies Cortisol (17-Ketosteroid und 17-Hydroxycorticosteroid): Werte erhöht

Behandlung

Konservativ

- *Therapie*
  - Bestrahlung der Hypophyse in leichten Fällen oder bei hohem Operationsrisiko
- *Medikamente*
  - Hemmstoffe der Cortisolsynthese
    - Aminogluthetimid
    - Cyproheptadin

Chirurgisch

- *Transsphenoidale Hypophysen-OP*
- *Ein- oder beidseitige Adrenalektomie (s. S. 6)*

Ambulante Pflege

- Geben Sie sowohl dem Patienten als auch der betreuenden Person *mündliche* und *schriftliche* Instruktionen. Nennen Sie ihnen den Namen und die Telefonnummer eines Arztes oder einer Pflegeperson, die sie bei Fragen anrufen können.
- *Allgemeine Informationen*
  - Gehen Sie die Erläuterung des Arztes bezüglich des Cushing-Syndroms bzw. der Cushing-Krankheit, der Ätiologie und der beeinflussenden Faktoren durch.
  - Gehen Sie die Hautpflege durch, und erklären Sie, daß blaue Flecke und Schnittverletzungen vermieden werden sollten.
    - Raten Sie dem Patienten, die Haut nach geröteten Bezirken, Zeichen von Abschürfungen und Schädigungen abzusuchen.
    - Halten Sie die Haut sauber und trocken. Verwenden Sie Feuchtigkeitslotionen. Raten Sie dem Patienten davon ab, sich naß zu rasieren.
- *Komplikationszeichen*
  - Gehen Sie Anzeichen und Symptome durch, die einem Arzt oder einer Pflegeperson mitgeteilt werden sollten.
    - Zuviel Nebennierenhormon: Gewichtszunahme, Polydipsie, Polyurie, leichtes Auftreten blauer Flecke, Muskelschwäche
    - Zuwenig Nebennierenhormon: leichte Ermüdbarkeit, Gewichtsverlust, Abdominalschmerz
    - Infektionen
    - — der oberen Atemwege mit Fieber, Husten und übelriechendem Sputum

- der Harnwege mit Brennen beim Wasserlassen, Harndrang, übelriechendem Urin
- der Mundhöhle mit geröteter, geschwollener, blutender und schmerzhafter Mundschleimhaut und Zahnschmerzen

■ *Besondere Hinweise*

□ Bei Patienten mit beidseitiger Adrenalektomie: Versorgen Sie den Patienten mit einem Notfall-Set, Alkoholtupfer und vorbereiteten Spritzen mit Hydrokortison für den Fall einer schweren Nebenniereninsuffizienz (s. S. 564)

□ Weisen Sie den Patienten an, Laborwerte selbst zu überwachen und persönliche Ausgangswerte zu erkennen

□ Besprechen Sie, daß Verletzungen im Zusammenhang mit einer Osteoporose verhindert werden müssen
  - □ Räume freihalten von lose verlegten Teppichen und gefährlichen Möbelstücken, um Stürze zu verhindern
  - □ Bei Bedarf Gehhilfen verwenden, z. B. Rollator oder Gehstock

■ *Medikamente*

□ Erläutern Sie Zweck, Dosierung, Zeitplan und Art der Einnahme der verschriebenen Medikamente sowie deren Nebenwirkungen, die einem Arzt oder einer Pflegeperson mitgeteilt werden sollten

□ Unterrichten Sie die Patienten mit beidseitiger Adrenalektomie über die Notwendigkeit einer lebenslangen Hormonsubstitution

□ Besprechen Sie die Hormonsubstitution (s. Kortikosteroide, Therapie mit, S. 458)

□ Besprechen Sie, daß rezeptfreie Medikamente ohne Rücksprache mit dem Arzt oder einer Pflegeperson vermieden werden sollten

■ *Aktivitäten*

□ Ermutigen Sie den Patienten dazu, über Anpassungen und Einschränkungen im Beruf, in der Freizeit und bei Tätigkeiten zu sprechen

□ Ermutigen Sie den Patienten dazu, seine Tätigkeiten schrittweise auszuführen, sich häufig Ruhepausen zu gönnen und Überlastung zu vermeiden

□ Lehren Sie den Patienten, wie wichtig der Einsatz schützender Materialien, wie z. B. gegen das Wundliegen, gut sitzendes Schuhwerk sowie Schutzmaßnahmen wie z. B. ein häufiger Lagewechsel oder Übungen zum Bewegungsumfang sind, um Verletzungen zu verhindern

□ Sprechen Sie über den Zusammenhang zwischen Streß und Cortisolspiegel. Lehren Sie den Patienten Techniken des Streßabbaus: Imagination, progressive Relaxation, Atemübungen und Meditation

- *Ernährung/Diät*
  - Sprechen Sie über die Bedeutung einer ausgewogenen, kaliumreichen, natrium-, kalorien- und kohlehydratarmen Ernährung. Kaliumreiche Nahrungsmittel sind z. B. Avocados, Aprikosen, Bananen, Fleisch, Geflügel, Kartoffeln und Milch

Nachsorge

- Betonen Sie die Bedeutung regelmäßiger medizinischer und labordiagnostischer Nachsorgeuntersuchungen. Stellen Sie sicher, daß der Patient die notwendigen Namen und Telefonnummern hat
- Besprechen Sie die Notwendigkeit, ständig ein Notfallmedaillon bzw. eine SOS-Kapsel und einen Personalausweis bei sich zu tragen

Psychosoziale Betreuung

- Erläutern Sie die Auswirkungen von Hormonen auf die Gefühlslage
- Besprechen Sie Vorgehensweisen für den Umgang mit einer labilen Gefühlslage
- Ermutigen Sie zu offener Kommunikation zwischen Patient und Betreuern

Darmverschluß, Darmresektion mit Anastomose

Darmverschluß, Darmresektion mit Anastomose: chirurgische Resektion von erkranktem Darmgewebe und Anastomosierung der verbliebenen gesunden Darmanteile. Die Lokalisation des chirurgischen Einschnitts hängt von der Lage des erkrankten Darmabschnitts ab. Die Darmresektion kann eine End-zu-End- oder eine Seit-zu-Seit-Anastomose ergeben. Wird ein temporäres Stoma erforderlich, siehe unter künstliche Harnableitung, S. 304.

D

Indikationen

- Umschriebene obstruktive Darmerkrankungen, wie z. B. Divertikulitis, Darmpolypen, Adhäsionen, maligne oder benigne Darmerkrankungen
- Umschriebenes Darmkarzinom

Präoperative Schulung

- Gehen Sie die Erläuterungen des Arztes hinsichtlich des Eingriffs und seiner Begründung durch. Ermutigen Sie den Patienten, Fragen zu stellen und alle Sorgen oder Ängste zu besprechen
- Besprechen Sie die Notwendigkeit einer schriftlichen Einverständniserklärung nach Aufklärung

Besprechen der präoperativen Pflege

- Besprechen Sie die Verabreichung von Antibiotika, Laxanzien und Einläufen

Besprechen der postoperativen Pflege

- Besprechen Sie die Vorbereitungen für die postoperative Pflege einschließlich der Magensonde, intravenöser Zugänge für den Flüssigkeitsersatz, Abdominaldrainagen und das Gehen
- Warnen Sie den Patienten davor, an der Magensonde herumzuspielen
- Betonen Sie die Bedeutung von Lageveränderungen, des Abhustens und tiefen Einatmens sowie der Ruhigstellung der Wunde durch Gegenhalten, etwa beim Husten oder Niesen
- Besprechen Sie den Zweck des Giebelrohrs, und demonstrieren Sie dessen Gebrauch

Nebenwirkungen/Komplikationen

- Blutungen
- Anastomosenleckage
- Peritonitis
- Sepsis
- Postoperativer Ileus

Ambulante Pflege

- Geben Sie sowohl dem Patienten als auch der betreuenden Person *schriftliche* und *mündliche* Anweisungen. Sorgen Sie dafür, daß beide über die Telefonnummern eines Arztes bzw. einer Pflegeperson verfügen, die bei Fragen angerufen werden können
- *Allgemeine Informationen*
  - Gehen Sie die Erläuterungen bezüglich des Eingriffs und der postoperativen Pflege durch
  - Demonstrieren Sie das korrekte Vorgehen bei der Wundbehandlung und beim Verbandwechsel: Verfahren und Häufigkeit sowie die Inspektion der Schnittwunde bei jedem Verbandwechsel
  - Raten Sie dem Patienten, gewechselte Verbände in einem Plastikbeutel zu entsorgen und sich anschließend gründlich die Hände zu waschen
  - Weisen Sie den Patienten an, die Häufigkeit des Stuhlgangs sowie Menge und Aussehen des Stuhls zu registrieren
- *Komplikationszeichen*
  - Gehen Sie die Zeichen und Symptome durch, die einem Arzt oder einer Pflegeperson mitgeteilt werden sollten
    - Infektion: Fieber, Unwohlsein, Hervortreten von Darminhalt, eitriger Ausfluß, übler Geruch, Rötung und Schmerzen an der Schnittwunde
    - Geblähtes Abdomen, zunehmender Abdominalschmerz, blutige Stühle, Hervortreten von Darminhalt, Verhärtung des Abdomens
    - Veränderungen der Häufigkeit des Stuhlgangs sowie der Menge und im Aussehen des Stuhls
- *Besondere Hinweise*
  - Beraten Sie den Patienten bei der Beschaffung des entsprechenden Verbrauchsmaterials, z. B. von sterilem Verbandmaterial

- *Medikamente*
  - Erläutern Sie Zweck, Dosierung, Einnahmezeitplan und Art der Verabreichung von stuhlerweichenden Medikamenten und Analgetika sowie deren Nebenwirkungen, die einem Arzt oder einer Pflegeperson mitgeteilt werden sollten
  - Raten Sie dem Patienten von der Einnahme von Laxanzien ab, solange dies nicht mit dem Arzt besprochen wurde
- *Aktivitäten*
  - Ermutigen Sie den Patienten, über Erleichterungen und Beschränkungen am Arbeitsplatz, in der Freizeit oder bei bestimmten Tätigkeiten zu sprechen
  - Weisen Sie den Patienten an, Belastungen des Abdomens zu vermeiden, wie z. B. Pressen beim Stuhlgang oder beim Heben schwerer Gegenstände, bis die Nähte komplett verheilt sind oder der Arzt sein Einverständnis gibt
- *Ernährung/Diät*
  - Raten Sie dem Patienten zu einer eher leichten Diät, bis der Darm vollständig verheilt ist, gewöhnlich für 4–8 Wochen
  - Empfehlen Sie dem Patienten, reichlich Flüssigkeit zu sich zu nehmen
  - Raten Sie dem Patienten, kohlensäurehaltige Getränke und blähende Speisen zu meiden
  - Versorgen Sie den Patienten mit einer Liste blähender Nahrungsmittel

Nachsorge

- Betonen Sie die Bedeutung regelmäßiger Nachsorgeuntersuchungen. Stellen Sie sicher, daß der Patient über die erforderlichen Namen und Telefonnummern verfügt

Hinweis

- Verweisen Sie den Patienten, falls erforderlich und gewünscht, an die entsprechenden Selbsthilfegruppen

Dauerkatheter, transurethraler (Foley-Katheter, suprapubischer Katheter)

Transurethraler Dauerkatheter: ein Katheter, der durch die Harnröhre oder durch die Bauchwand (suprapubisch) in die Blase eingebracht wird, um den Harn in einen Beutel abzuleiten.

Indikationen

- Vollständige Inkontinenz
- Neurogene Blase
- Unfähigkeit zum Wasserlassen aufgrund einer vergrößerten Prostata

Präoperative Schulung

- Gehen Sie die Erläuterungen des Arztes hinsichtlich des Eingriffs und seiner Begründung durch. Ermutigen Sie den Patienten, Fragen zu stellen und alle Sorgen oder Ängste zu besprechen
- Gehen Sie das Einbringen des Katheters durch
- Über die Harnröhre: ein dünner, flexibler Katheter mit einem Ballon wird über die Harnröhre in die Blase eingeführt. Nach dem Einführen wird der Ballon aufgeblasen, um zu verhindern, daß der Katheter aus der Blase rutscht. Der Katheter wird an den Beutel angeschlossen. Um ein ziehen zu verhindern, wird der Beutel mit Pflaster am Oberschenkel befestigt
- Suprapubisch oder abdominal: Der Eingriff kann unter Lokalanästhesie oder in Vollnarkose durchgeführt werden und bedarf des schriftlichen Einverständnisses nach Aufklärung. Ein Harnblasenkatheter wird durch die Haut etwa 2,5 Zentimeter oberhalb der Symphyse eingeführt und mit der Bauchhaut vernäht

Besprechen der postoperativen Pflege

- Erklären Sie, daß der Katheter mit Pflaster sicher auf der Haut befestigt und daß diese Stelle täglich gewechselt wird
- Weisen Sie den Patienten an, den Beutel unterhalb der Blasenebene zu belassen
- Erklären Sie, daß der Verband auf der Bauchdecke täglich gewechselt wird. Der Bereich wird mit einer desinfizierenden Lösung gesäubert und mit steriler Gaze abgedeckt, die darübergeklebt wird

Nebenwirkungen/Komplikationen

- Harnwegsinfekt
- Katheterverschluß
- Pyelonephritis
- Steinbildung in den ableitenden Harnwegen
- Schwierigkeiten beim Wasserlassen nach dem Entfernen des Katheters
- Infektion an der Eintrittstelle eines suprapubischen Katheters

Ambulante Pflege

- Geben Sie sowohl dem Patienten als auch der betreuenden Person *schriftliche* und *mündliche* Anweisungen. Sorgen Sie dafür, daß beide über die Telefonnummern eines Arztes bzw. einer Pflegeperson verfügen, die bei Fragen angerufen werden können
- *Allgemeine Informationen*
  - Erläutern Sie den Grund für das Einlegen eines Katheters
- *Komplikationszeichen*
  - Gehen Sie die Zeichen und Symptome durch, die einem Arzt oder einer Pflegeperson mitgeteilt werden sollten
    - Kein Urinabgang seit mehr als 4 Stunden: auf Abknickung prüfen
    - Infektion: Kreuzbeinschmerzen oder Flankenschmerz, wolkig getrübter und übelriechender Urin, blutiger Urin, Fieber, Schüttelfrost, schlechter Appetit, fehlende Energie, Harnsediment
    - Anhaltender Flüssigkeitsaustritt um den Katheter herum
    - Schmerzen, Schmerzempfindlichkeit oder Anschwellung um den Katheter herum
    - Katheterbruch
    - Herausgleiten des Katheters
- *Besondere Hinweise*
  - Erklären Sie, daß ein Harnröhrenkatheter Harndrang auslösen kann. Betonen Sie, daß es wichtig ist, den Katheter nicht zu entfernen
  - Erklären Sie, daß der Ort der Befestigung für einen Harnröhrenkatheter täglich gewechselt werden sollte – bei Frauen die Innenseite des Oberschenkels, bei Männern der Oberschenkel oder die Bauchdecke – und daß der Beutel sicher festgeklebt werden sollte, um ein versehentliches Ziehen zu verhindern

- Weisen Sie den Patienten mit einem suprapubischen Katheter an, die Eintrittsstelle mit desinfizierender Lösung zu säubern und mit einem Gazeverband abzudecken. Verkrustungen können mit einem Wattestäbchen und Wasserstoffsuperoxid gesäubert und mit Wasser abgespült werden
- Erklären Sie, daß eine längere Zeit bestehende Eintrittsstelle eines suprapubischen Katheters mit unparfümierter Seife und Wasser gewaschen werden kann
- Informieren Sie den Patienten, daß ein suprapubischer Katheter mit Pflaster an die Bauchwand geklebt werden kann
- Weisen Sie den Patienten an, seine Urinausscheidung auf Menge, Farbe und Geruch hin zu kontrollieren und zu notieren
- Erklären Sie, daß der Katheter an den Urinbeutel angeschlossen sein und daß sich dieser unterhalb der Blasenebene befinden sollte, um einen Rückfluß in die Blase zu verhindern und zwar im Sitzen, Stehen und Liegen. Sagen Sie dem Patienten, daß er den Urinbeutel beim Gehen in einer Einkaufstasche tragen oder daß der Katheter an einen Beinbeutel angeschlossen werden kann
- Besprechen Sie die Arten von Urinbeuteln, und helfen Sie dem Patienten bei der Beschaffung
  - Beinbeutel: gewöhnlich tagsüber in Gebrauch. Die Schlauchverbindung besteht unmittelbar zum Katheter, und der Beutel faßt etwa 500 ml. Raten Sie dem Patienten zur Wahl eines Beutels, der nicht aufträgt, wenn er voll ist. Der Beinbeutel wird mittels einer Stoffmanschette oder mit einem Tuch am Bein befestigt. Er sollte unter der Kleidung nicht sichtbar sein. Gummibänder sollten nicht verwendet werden, da sie die Haut reizen. Das Ablaßventil sollte zugänglich sein und sich leicht öffnen lassen
- Zeigen Sie, wie man den Urinbeutel leert, und sagen Sie dem Patienten, er möge dies alle 8 Stunden oder bei vollem Beutel tun
  - Den Beutel über die Toilette halten
  - Die Spitze der Ablauftülle herausziehen, die Klemme öffnen und den Beutel in die Toilette oder das Sammelgefäß entleeren. Den Schlauch wieder verschließen und die Spitze des Rohres mit desinfizierender Lösung säubern
  - Die Spitze des Ablaufrohres sollte nicht berührt werden oder ihrerseits den Toilettenrand oder den Rand des Sammelgefäßes berühren

- Zeigen Sie, wie man Urinbeutel wechselt
  - Hände waschen
  - Das Verbindungsstück mit Alkohol abwischen
  - Die Enden des Katheters und des Schlauches beim Abklemmen und vor dem erneuten Anschließen an das Ableitungssystem mit einer sauberen Gazekompresse schützen
- Betonen Sie die Bedeutung der Intimpflege, und führen Sie diese vor
  - Den Bereich um den Harnröhrenkatheter waschen, um Verkrustungen zu verhindern. Zweimal täglich mit unparfümierter Seife und Wasser waschen und vorsichtig abtrocknen
  - Den Bereich um das Rektum zweimal täglich bzw. nach jedem Stuhlgang mit Wasser und Seife waschen

- *Medikamente*
- Erläutern Sie Zweck, Dosierung, Einnahmezeitplan und Art der verordneten Medikamente sowie deren Nebenwirkungen, die einem Arzt oder einer Pflegeperson mitgeteilt werden sollten
- *Aktivitäten*
- Ermutigen Sie den Patienten, über Erleichterungen und Beschränkungen am Arbeitsplatz, in der Freizeit oder bei bestimmten Tätigkeiten zu sprechen
- Erklären Sie, daß Duschen oder Baden von Anweisungen durch den Arzt abhängen können, je nach der Grunderkrankung, die zum Einlegen des Katheters geführt hat
- Informieren Sie den Patienten darüber, daß er sich normal ernährt oder entsprechend der Grunderkrankung den Vorschriften des Arztes folgt
- Betonen Sie, wie wichtig es ist, täglich 10–15 Gläser klarer Flüssigkeit und Säfte zu trinken, soweit dies durch die Grunderkrankung nicht eingeschränkt wird. Preiselbeer-, Zwetschgen-, Pflaumensaft und Bärentraubenblättertee helfen eine Harnwegsinfektion zu verhindern
- Sagen Sie dem Patienten, daß der Alkohol- und Kaffeekonsum auf ein Minimum beschränkt bleiben sollte

Nachsorge

- Betonen Sie die Bedeutung regelmäßiger Nachsorgeuntersuchungen. Stellen Sie sicher, daß der Patient über die erforderlichen Namen und Telefonnummern verfügt

Hinweis

- Verweisen Sie den Patienten bei Bedarf an eine Organisation der ambulanten Pflege

Defibrillator, implantierbarer

Defibrillator, implantierbarer: ein in sich geschlossenes Gerät, das die Herztätigkeit überwacht und bei ventrikulären Tachykardien und Kammerflimmern eingreift. Über Elektroden, die in das Herz implantiert wurden, liefert der implantierbare Defibrillator bei ventrikulären Tachykardien und Kammerflimmern elektrische Gegenimpulse.

Indikationen

- Patienten, die einen plötzlichen Herztod überlebt haben, der nicht auf einen akuten Myokardinfarkt zurückzuführen war
- Nicht beherrschbare Herzrhythmusstörungen
- Zahlreiche Herzstillstände in der Anamnese
- Bestehende ventrikuläre Tachykardie, die medikamentös nicht beherrschbar ist

Präoperative Schulung

- Gehen Sie die Erläuterungen des Arztes hinsichtlich des Eingriffs und seiner Begründung durch. Ermutigen Sie den Patienten, Fragen zu stellen und alle Sorgen oder Ängste zu besprechen. Besprechen Sie die Notwendigkeit einer schriftlichen Einverständniserklärung nach Aufklärung

Besprechen der präoperativen Pflege

- Gehen Sie das Verfahren der Implantation durch, den Gerätetyp und den empfohlenen chirurgischen Ansatz: Thorakotomie, Sternotomie, subxiphoidaler, subkostaler oder transvenöser Zugang
- Weisen Sie den Patienten an, am Tag vor der Operation ab Mitternacht nüchtern zu bleiben

- Gehen Sie die präoperativen Untersuchungen durch: EKG, elektrophysiologische Untersuchung und Laboruntersuchungen einschließlich Blutgruppenbestimmung und Kreuzprobe
- Erläutern Sie die Vorbereitung von Thorax und Abdomen

Besprechen der postoperativen Pflege
- Besprechen Sie den Einsatz des EKGs und der Überwachung der Kreislauffunktion nach dem Eingriff
- Besprechen Sie Befürchtungen und Ängste bezüglich des Gerätes, der Entladungen, möglicher Fehlfunktionen und der Grunderkrankung

Nebenwirkungen/Komplikationen

- Pneumothorax (Lungenkollaps)
- Blutung
- Verschieben oder Abriß der Elektroden
- Infektion
- Atelektase
- Perikarditis
- Funktionsstörung des Gerätes

Ambulante Pflege

- Geben Sie sowohl dem Patienten als auch der betreuenden Person *schriftliche* und *mündliche* Anweisungen. Sorgen Sie dafür, daß beide über die Telefonnummern eines Arztes bzw. einer Pflegeperson verfügen, die bei Fragen angerufen werden können
- *Allgemeine Informationen*
- Gehen Sie die Erläuterungen bezüglich des Eingriffs, des Gerätes und der speziellen Nachsorge durch
- *Komplikationszeichen*
- Gehen Sie die Zeichen und Symptome durch, die einem Arzt oder einer Pflegeperson mitgeteilt werden sollten
  - Infektion (der Wunde): Rötung, Schwellung, Austritt von Flüssigkeit oder Eiter, Hautreizung, Schmerzempfindlichkeit, Erwärmung, Fieber
  - Mehr als eine Schockauslösung in 24 Stunden
  - Symptome in Verbindung mit Herzrhythmusstörungen: Benommenheit, Palpitationen, Bewußtseinsverlust

Besondere Hinweise

- Gehen Sie das Vorgehen durch, wenn das Gerät regelwidrige Entladungen abgibt:
  - Symptome aufschreiben und den Notarzt rufen
  - Bei mehrfachen Entladungen oder wenn der Patient das Bewußtsein verliert: Rufen Sie den Notarzt, oder bringen Sie den Patienten in die Notaufnahme
- Beschreiben Sie die Gefühle und Wahrnehmungen, wenn das Gerät einen Gegenimpuls gibt: ein Schlag, ein dumpfers Geräusch oder einen Kick im Brustkorb, der etwa eine Sekunde dauert. Erklären Sie, daß der Patient bewußtlos sein kann, bevor er den Impuls erhält
- Erklären Sie, daß jemand, der den Patienten berührt, diesen Impuls nicht oder nur als Kribbeln spürt
- Weisen Sie den Patienten an, keine beengende Kleidung, wie z. B. Gürtel, zu tragen
- Betonen Sie, daß es wichtig ist, folgendes zu vermeiden:
  - Starke Magnete und Magnetfelder, wie etwa in der Nähe von Sendetürmen
  - Zündkerzen und laufende Motoren, etwa am Rasenmäher oder Auto
  - Metalldetektoren für den Handbetrieb an Flughäfen
  - Harter Körperkontakt oder gefahrengeneigte Sportarten
  - Große Stereolautsprecher
  - Fernsehgeräte, die mit abgenommener Rückwand betrieben werden
  - Direkter Kontakt über Generatoren, wie etwa die Lichtmaschine eines Autos mit laufendem Motor
  - Diathermie, Magnetresonanztomographie, Elektrokoagulation
- Sagen Sie dem Patienten, daß der Kontakt mit gut geerdeten Heimgeräten, wie etwa einem Mikrowellenofen oder Fön, nicht gefährlich ist

Aktivitäten

- Ermutigen Sie den Patienten, über Erleichterungen und Beschränkungen am Arbeitsplatz, in der Freizeit oder bei bestimmten Tätigkeiten zu sprechen. Sagen Sie ihm, er möge Sorgen hinsichtlich seines Arbeitsplatzes mit dem Arzt besprechen
- Sagen Sie dem Patienten, daß Autofahren für 6 Monate nach der Operation wegen eines möglichen Bewußtseinsverlustes in Zusammenhang mit Herzrhythmusstörungen nicht gestattet ist. Der Patient darf 6 Monate lang keine Entladung des Gerätes gehabt haben, bevor Autofahren wieder erlaubt ist

- Informieren Sie den Patienten, daß z. B. Arbeiten über dem Erdboden, allein zu schwimmen oder Tätigkeiten, bei denen der Patient oder andere Personen durch einen Bewußtseinsverlust des Patienten zu Schaden kommen könnten, vermieden werden sollten
- Weisen Sie den Patienten an, das Heben schwerer Gegenstände (> 5 kg) zu vermeiden
- Sagen Sie dem Patienten, daß das Sexualleben entsprechend seiner Belastbarkeit wieder aufgenommen werden kann
- Raten Sie dem Patienten, geplante Reisen oder einen Umzug mitzuteilen
- Ermutigen Sie den Patienten, sich an den Aktivitäten des täglichen Lebens und bei Tätigkeiten entsprechend seiner Belastbarkeit zu beteiligen
- Zeigen Sie den Patienten, bei seinen Tätigkeiten seinen Puls zu nehmen. Informieren Sie den Patienten über die Pulszahl, bei der das Gerät anspringt, und raten Sie ihm, diesen Wert nicht zu überschreiten
- Erklären Sie, daß die Lebensdauer des Gerätes von der verwendeten Batterie und der Anzahl der abgegebenen Impulse abhängt

Nachsorge

- Betonen Sie die Bedeutung regelmäßiger Nachsorgeuntersuchungen zur Überprüfung der Lebensdauer der Batterie und der Funktion des Gerätes. Stellen Sie sicher, daß der Patient über die erforderlichen Namen und Telefonnummern verfügt
- Halten Sie den Patienten dazu an, sich ein Notfallmedaillon (SOS-Kapsel) und einen Ausweis mit der Diagnose und dem Gerätetyp zu beschaffen
- Halten Sie die betreuenden Personen dazu an, kardiopulmonale Reanimation (CPR) zu erlernen. Sorgen Sie für eine Liste mit entsprechenden Möglichkeiten in der Gemeinde. Unterweisen Sie den Patienten in CPR (=Cardiopulmonale Reanimation)

Psychosoziale Betreuung

- Ermutigen Sie den Patienten und die betreuenden Personen, ihren Ängsten und Besorgnissen hinsichtlich der Funktion des Gerätes, möglicher Fehlfunktionen und der Grunderkrankung Ausdruck zu geben

Hinweise

- Verweisen Sie den Patienten an Selbsthilfegruppen von Patienten mit implantiertem Defibrillator
- Verweisen Sie den Patienten auf gemeindegestützte Übungsprogramme

Dekubitus

Dekubitus: ein Bereich der Gewebsnekrose, gewöhnlich über einem Knochenvorsprung, der durch eine kompressionsbedingte Gewebshypoxie verursacht wird. Risikopatienten sind ältere Menschen, Menschen mit Rückenmarkverletzungen und geschwächte Patienten mit zunehmender Bewegungseinschränkung.

Stadien eines Dekubitus

I. Nur Erythem, keine Schäden der Haut
II. Betrifft einen Teil der Hautschichten; Verlust der Epidermis, reicht oft bis in die Dermis
III. Betrifft die Haut in ihrer gesamten Dicke, d. h. die Epidermis bis in die Dermis und das subkutane Gewebe
IV. Tiefe Gewebszerstörung bis in die Subkutis, in Faszien, Muskeln und Knochen

Risikofaktoren

- Hohes Alter
- Unbeweglichkeit
- Gestörte Sensibilität
- Inkontinenz
- Unterernährung
- Abscheren der Haut

Kennzeichen/Symptome

- Rötung
- Erwärmung in der Druckzone
- Diskontinuität der Haut mit Schmerzen, Schwellung, Verhärtung, Absonderungen und Gewebsnekrose

Komplikationen

- Infektion: Bakteriämie, Septikämie
- Weitere Gewebsnekrose

Diagnostik

- Beschreiben Sie jedes Verfahren, seinen Zweck sowie die Empfindungen und Wahrnehmungen, die dabei wahrscheinlich auftreten, und erläutern Sie die Pflege davor und danach
  - Wundkulturen
  - Serumalbumin

Behandlung

Konservativ

- *Therapie*
  - Diät, zusätzlich Vitamine und Mineralien
  - Maßnahmen zur Druckreduktion: Polster, Matratzen, Betten
- *Medikamente*
  - Systemische und topische Antibiotika

Chirurgisch

- Chirurgisches oder chemisches (mechanisches) Débridement zur Entfernung von nekrotischem Gewebe
  - Chirurgische Korrektur und Transplantation

Ambulante Pflege

- Geben Sie sowohl dem Patienten als auch der betreuenden Person *schriftliche* und *mündliche* Anweisungen. Sorgen Sie dafür, daß beide über die Telefonnummern eines Arztes bzw. einer Pflegeperson verfügen, die bei Fragen angerufen werden können
- *Allgemeine Informationen*
  - Erläutern Sie die zugrundeliegende Ätiologie oder die beeinflussenden Faktoren, und gehen Sie die Stadien der Ulkusentwicklung beim Patienten durch, indem Sie spezielle Verfahren zur Verhinderung einer weiteren Verschlechterung besprechen
  - Erklären Sie, daß die Behandlung vom Stadium der Heilung abhängt. Unterweisen Sie die betreuende Person im Erkennen und Notieren von Kennzeichen der Heilung

- *Komplikationszeichen*
- Gehen Sie die Zeichen und Symptome durch, die einem Arzt oder einer Pflegeperson mitgeteilt werden sollten
  - Gewichtsverlust
  - Erhöhte Körpertemperatur
  - Zunehmende Absonderungen aus dem Ulkus
  - Fauliger Geruch aus dem Verband
  - Weitere Nekrose um das Ulkus herum und gerötete Bereiche an anderen Druckpunkten
- *Besondere Hinweise*
- Ulkuspflege, Stadien I und II
  - Auslösende Faktoren eliminieren
  - Die Haut alle 8 Stunden mit milder Seife säubern und trockentupfen.
  - Die Haut vorsichtig massieren, um die Durchblutung zu fördern. Heftiges Reiben vermeiden. Gerötete Bereiche nicht massieren
  - Die Hautoberfläche des betroffenen Bereichs nach Anweisung mit schützenden Hautgels, Salben und luftdurchlässigen Verbänden schützen. Vermeiden Sie es, Pflaster direkt auf die Haut zu kleben. Demonstrieren Sie korrekte Techniken des Anbringens von Pflaster. Falls doch erforderlich, verwenden Sie nur wenig Pflaster. Benutzen Sie ein Antidekubitusfell und spezielle Matratzen
  - Hat der Patient Bettruhe, drehen Sie ihn alle 1–2 Stunden. Zeigen Sie dem Patienten den Gebrauch einer Vliesauflage , und weisen Sie ihn an, nicht auf der Bettwäsche hin und her zu rutschen. Halten Sie die Bettwäsche faltenfrei. Bei schwitzenden oder inkontinenten Patienten häufig die Bettwäsche wechseln
  - Halten Sie den Patienten dazu an, sich selbst auf nichtbetroffene Partien zu lagern
  - Halten Sie inkontinente Patienten zu häufigem Gang zur Toilette an. Bitten Sie sie, dicke Spezialwindeln zu vermeiden, die zu verstärktem Schwitzen und damit zu Hautreizungen führen können
- Ulkuspflege, Stadien III und IV
  - Inspizieren Sie nach dem Débridement die Wunde auf Größe, Farbe, Geruch und Absonderungen, und legen Sie diese Informationen schriftlich nieder. Reinigen Sie diese Wunde nach dem vorgeschriebenen Verfahren. Versorgen Sie die betreuende Person mit einer schriftlichen Anleitung. Gehen Sie die Zeichen und Symptome durch, die mitgeteilt werden sollten: erhöhte Körpertemperatur, zunehmende Absonderung, fauliger Geruch

- Erläutern Sie bei Bedarf die Verfahren des Débridements und der Hauttransplantation
- Besprechen Sie mit der betreuenden Person die Bedeutung der täglichen Hygiene, um Infektionen und Schäden der Haut zu verhindern. Erklären Sie, wie wichtig es ist, die Knochenvorsprünge regelmäßig (mindestens 3mal täglich) zu inspizieren und die Unversehrtheit der Haut zu wahren, indem man sie sauber und trocken hält. Verwenden Sie milde Seifen und Wasser. Sorgen Sie nach dem Stuhlgang oder Urinieren für entsprechende Intimpflege
- Vermeiden Sie hautschädigende Produkte: scharfe Seifen, Lotionen auf Alkoholbasis, Hexachlorophen
- Weisen Sie den Patienten und die betreuende Person an, keine Wärmelampen zu verwenden, da diese den Gewebsmetabolismus erhöhen und damit zu erhöhtem Blutbedarf in einer Region mit eingeschränkter Blutversorung führen kann. Als Folge kann das Ulkus im Durchmesser und an Tiefe zunehmen
- Weisen Sie den Patienten und die betreuende Person an, den Bereich um den Knochenvorsprung (nicht darüber) sanft zu massieren, und verabreichen Sie sanfte Einreibungen des Rückens mit einem hautpflegenden Mittel; entfernen Sie jeglichen Überstand, und vermeiden Sie Alkohol
- Weisen Sie den Patienten und die betreuende Person an, Fersen, Ellenbogen, Hinterkopf, Beckenkamm sowie Kreuz- und Steißbein durch Schaumstoffpolster gegen Hautschäden zu schützen
- Demonstrieren Sie die Wundpflege einschließlich der Verfahren der Hautreinigung, der Verabreichung von Medikamenten und des Verbandwechsels
- Sorgen Sie für die Beschaffung von Ausrüstung für den Hausgebrauch, wie eine druckreduzierende Matratze, Fußbrett, einen Tunnel gegen den Druck der Bettdecke sowie Materialien zur Wundpflege. Erläutern Sie die Funktion der Gegenstände zur Druckreduktion sowie den richtigen Gebrauch des Materials. Beraten Sie den Patienten und die betreuende Person darüber, wo das Material erhältlich ist, z. B. in Drogerien und Sanitätshäusern
- Lassen Sie sich bei Bedarf von einem Stomatherapeuten in spezieller Wundversorgung beraten

Medikamente

- Erläutern Sie Zweck, Dosierung, Einnahmezeitplan und Art der Verabreichung von Medikamenten sowie deren Nebenwirkungen, die einem Arzt oder einer Pflegeperson mitgeteilt werden sollten

- *Aktivitäten*
  - Erläutern Sie die Bedeutung einer mit der Belastbarkeit zunehmenden Aktivität, des Positionswechsels alle 2–3 Stunden im Bett oder im Sessel und des Vermeidens von Druck im betroffenen Bereich
  - Unterweisen Sie die betreuende Person darin, wie man dem Patienten aus dem Bett und in einen Sessel transferiert
  - Zeigen Sie aktive und passive Übungen zum Bewegungsumfang für alle Extremitäten, und erklären Sie, daß diese alle 4 Stunden durchgeführt werden sollten
- *Ernährung/Diät*
  - Halten Sie den Patienten zu einer hochkalorischen, eiweißreichen Ernährung mit ausreichender Flüssigkeitsaufnahme an, soweit nicht kontraindiziert, um das Körpergewicht zu erhalten und die Heilung zu fördern
  - Weisen Sie geschwächte Patienten an, häufig kleine Mahlzeiten zu sich zu nehmen, die eiweiß- und kalorienreiche Zusatzstoffe enthalten

Nachsorge

- Betonen Sie die Bedeutung regelmäßiger medizinischer und labortechnischer Nachsorgeuntersuchungen. Stellen Sie sicher, daß der Patient über die erforderlichen Namen und Telefonnummern verfügt

Diabetes insipidus

Diabetes insipidus: eine vorübergehende oder dauerhafte Störung des Wasserhaushalts, die zur Ausscheidung großer Mengen an verdünntem Urin führt. Die Erkrankung kann hypophysär, renal oder psychogen bedingt sein.

Ätiologie/beeinflussende Faktoren

- Zentral (hypophysär)
- Renal
- Psychogen (Polydipsie)

Kennzeichen/Symptome

- Ausscheidung großer Mengen an verdünntem Urin (Polyurie: 4 L/d)
- Polydipsie, unstillbarer Durst, vorzugsweise nach kaltem oder eisgekühltem Wasser

- Geringes spezifisches Gewicht des Harns (1,001–1,005)
- Niedriger Hautturgor, trockene Haut, Gewichtsverlust
- Verstopfung

Diagnostik

- Beschreiben Sie jedes Verfahren, seinen Zweck sowie die Empfindungen und Wahrnehmungen, die dabei wahrscheinlich auftreten, und erläutern Sie die Pflege davor und danach
- Durstversuch
  - Zentral und nephrogen bedingter Diabetes: keine Veränderung der Urinkonzentration
  - Psychogen bedingter Diabetes: Urinkonzentration steigt
- ADH-Versuch
  - Zentral bedingter Diabetes: Urinkonzentration steigt
  - Nephrogen und psychogen bedingter Diabetes: keine Veränderung der Urinkonzentration
- Gesichtsfelduntersuchung: Ausfälle lassen eine hypothalamisch-hypophysäre Störung vermuten
- Computertomographie hilft beim Nachweis hypothalamisch-hypophysärer Läsionen

Behandlung

Konservativ

- *Medikamente*
- Hypophysenhormone
  - Kurz wirksames Vasopressin für den Notfall und in der Diagnostik
  - Langwirkendes Vasopressin für den Dauereinsatz und in der Diagnostik
  - Lypressin allein oder mit Vasopressin
  - Desmopressin als Mittel der Wahl zur Langzeittherapie

Ambulante Pflege

- Geben Sie sowohl dem Patienten als auch der betreuenden Person *schriftliche* und *mündliche* Anweisungen. Sorgen Sie dafür, daß beide über die Telefonnummern eines Arztes bzw. einer Pflegeperson verfügen, die bei Fragen angerufen werden können

- *Allgemeine Informationen*
  - Erläutern und besprechen Sie den Diabetes insipidus, seine Ursachen und die beeinflussenden Faktoren mit dem Patienten
- *Komplikationszeichen*
  - Gehen Sie die Zeichen und Symptome durch, die einem Arzt oder einer Pflegeperson mitgeteilt werden sollten
    - Polydipsie
    - Polyurie
    - Verdünnter Urin
    - Zunahme oder Abnahme des Körpergewichts
- *Besondere Hinweise*
  - Zeigen Sie dem Patienten, wie man die Ein- und Ausfuhr mißt und aufschreibt und daß die Einfuhr der Ausfuhr entsprechen sollte
  - Zeigen Sie, wie man das spezifische Gewicht des Urins bestimmt, und beraten Sie den Patienten darüber, wo man das notwendige Material erhält
  - Weisen Sie den Patienten an, sich täglich zur gleichen Zeit und in derselben Kleidung zu wiegen und das Resultat aufzuschreiben
  - Raten Sie dem Patienten, Flüssigkeiten mit diuretischer Wirkung zu meiden, z. B. Kaffee, Tee, Alkohol
- *Medikamente*
  - Erläutern Sie Zweck, Dosierung, Einnahmezeitplan und Art der Verabreichung von Medikamenten sowie deren Nebenwirkungen, die einem Arzt oder einer Pflegeperson mitgeteilt werden sollten
  - Demonstrieren Sie die Verabreichung von Vasopressin. Besprechen Sie die Nebenwirkungen oder toxischen Effekte, die einem Arzt mitgeteilt werden sollten. Sprechen Sie darüber, wie man das Urinvolumen und die Urincharakteristika heranzieht, um zu bestimmen, wann eine Verabreichung notwendig ist
- *Aktivitäten*
  - Ermutigen Sie den Patienten, über Anpassungen und Einschränkungen in Beruf und Freizeit sowie bei Tätigkeiten zu sprechen.
  - Besprechen Sie die Notwendigkeit von Ruhepausen und das Vermeiden von Überanstrengung

Nachsorge

- Betonen Sie die Bedeutung regelmäßiger medizinischer und labortechnischer Nachsorgeuntersuchungen. Stellen Sie sicher, daß der Patient über die erforderlichen Namen und Telefonnummern verfügt
- Besprechen Sie die Bedeutung eines Notfallmedaillons (SOS-Kapsel) und eines Patienenausweises mit der Diagnose

Diabetes mellitus

Diabetes mellitus: eine Stoffwechselerkrankung, die durch eine Glukoseintoleranz gekennzeichnet ist. Es handelt sich um eine systemische Erkrankung, die durch einen relativen oder absoluten Mangel an Insulin verursacht wird und den Kohlenhydrat-, Eiweiß- und Fettstoffwechsel beeinträchtigt.

Ätiologie/beeinflussende Faktoren

- *Primäre Ursachen*
  - Insulinabhängiger Diabetes mellitus (IDDM) (Typ I, juvenil, labil)
  - Nichtinsulinabhängiger Diabetes mellitus (NIDDM) (Typ II, Erwachsener)
- *Sekundäre Ursachen*
  - Gestörte Glukosetoleranz
  - Schwangerschaftsdiabetes

Risikofaktoren

- Familiäre Häufung (Erblichkeit)

Kennzeichen/Symptome

- Polyphagie
- Polydipsie
- Polyurie
- Gewichtsverlust oder -zunahme
- Verschwommensehen, Kopfschmerzen
- Lethargie
- Impotenz, Scheidenausfluß, vermehrt Scheideninfektionen
- Orthostatische Hypotonie, abgeschwächte Fußpulse
- Parästhesien, abnehmende Sensibilität an den Extremitäten

Komplikationen

- Diabetische Neuropathie (abnehmende Sensibilität an den Extremitäten)
- Charcot-Syndrom
- Retinopathie, Nierenversagen
- Arteriosklerose des Herzens und der großen Gefäße

Diagnostik

- Beschreiben Sie jedes Verfahren, seinen Zweck sowie die Empfindungen und Wahrnehmungen, die dabei wahrscheinlich auftreten, und erläutern Sie die Pflege davor und danach
- Serumuntersuchungen
  - Nüchternblutzucker
  - Glukosebelastungstest
  - Insulinspiegel
  - Proinsulin im Plasma
  - C-Peptid
  - Glykosyliertes Hämoglobin
- Urinuntersuchungen
  - Ketonkörper, Glukose, Eiweiß

Behandlung

Konservativ

- *Therapie*
- Diät
- Insulin-Injektor-Pen, Infusionspumpen ohne Glukosesensor, d. h. ohne Feedback-Kontrolle des Blutzuckerspiegels
- Photokoagulation
- *Medikamente*
- Humaninsulin, Schweineinsulin, Rinderinsulin
  - Kurzwirkend: regulär, Semilente
  - Mittlere Wirkungsdauer: NPH-Insulin, Lente
  - Langwirkend: Ultralente, Protamin-Zink
  - Mischinsuline
- Orale Antidiabetika: Sulfonylharnstoffe
- Erste Generation: Tolbutamid
- Zweite Generation: Glipizid

Ambulante Pflege

- Geben Sie sowohl dem Patienten als auch der betreuenden Person *schriftliche* und *mündliche* Anweisungen. Sorgen Sie dafür, daß beide über die Telefonnummern eines Arztes bzw. einer Pflegeperson verfügen, die bei Fragen angerufen werden können. Verwenden Sie auch visuelle Hilfen, und planen Sie vor der Entlassung des Patienten Zeit für eine erneute Demonstration ein
- *Allgemeine Informationen*
- Erläutern und besprechen Sie den jeweiligen Typ des Diabetes mellitus, seine Ursachen und die beeinflussenden Faktoren mit dem Patienten
- *Komplikationszeichen*
- Gehen Sie die Zeichen und Symptome durch, die einem Arzt oder einer Pflegeperson mitgeteilt werden sollten
  - Polydipsie
  - Polyurie
  - Lethargie
  - Gebrechlichkeit
  - Übelkeit
  - Blutzuckerspiegel < 200 mg/dl
- Besprechen Sie die mit einem Diabetes einhergehenden Komplikationen, ihre Kennzeichen und Symptome sowie Maßnahmen zu deren Prävention
- *Besondere Hinweise*
- Sprechen Sie über die Blutzuckerüberwachung und die Kontrolle des Urins auf Ketonkörper
  - Besprechen Sie den Zeitpunkt des Tests, die Technik, den wünschenswerten Blutzuckerspiegel, das Ablesen der Ergebnisse, was bei Ergebnissen außerhalb des Normbereichs zu tun ist, das Reinigen von Ausrüstung und Material sowie die Maßnahmen der Qualitätskontrolle (Verfallsdatum der Teststreifen, Eichung von Gerätschaften)
  - Besprechen Sie, wie wichtig es ist, sich vor dem Umgang mit Material und Ausrüstung die Hände zu waschen
- Ist der Patient krank, so besprechen Sie die Selbstpflege
  - Die Blutzuckerkontrolle wird jetzt alle 4 Stunden durchgeführt, da Verletzungen oder Erkrankungen den Glukosebedarf erhöhen. Gewöhnlich werden auch Veränderungen hinsichtlich der Ernährung

und der Medikation erforderlich

- Folgende Testergebnisse und Symptome sollten im allgemeinen einem Arzt mitgeteilt werden: Blutzuckerspiegel > 300 mg/dl, Ergebnisse der Urinuntersuchung von 1 % in zwei aufeinanderfolgenden Tests, Unfähigkeit zur oralen Aufnahme von Flüssigkeit oder fester Nahrung sowie Zeichen und Symptome einer Hyperglykämie
- Der Patient sollte die regelmäßigen Aufzeichnungen der Blut- und Urinwerte neben dem Telefon liegen haben, wenn er den Arzt anruft
- Die Flüssigkeitsaufnahme sollte in Form von Brühe, Tee, Mineralwasser, Trinkgelatine oder elektrolythaltigen Getränken geschehen
- Die Verabreichung von Insulin sollte auf der Grundlage der Testergebnisse und der Gespräche mit dem Arzt erfolgen

- Besprechen Sie Themen der Sicherheit und der persönlichen Hygiene unter besonderer Berücksichtigung der Zahn-, Fuß- und Hautpflege
  - Sehr sorgfältige Zahnpflege, um Infektionen zu verhindern
  - Stets Schuhe oder Sandalen tragen, um Infektionen zu verhindern
  - Täglich die Füße mit einem Spiegel auf Schnittverletzungen, Abschürfungen und Wunden inspizieren
  - Fußnägel, Verhornungen und Hühneraugen von einem Podologen schneiden bzw. behandeln lassen
  - Die Haut trocken und sauber halten, um Schäden und Infektionen zu verhindern. Jede nichtheilende Verletzung dem Arzt oder einer Pflegeperson zwecks Nachuntersuchung mitteilen
  - Bei der Gartenarbeit Handschuhe tragen
- Raten Sie Patientinnen, auf Scheideninfektionen (Pilzinfektionen) zu achten und dem Arzt oder einer Pflegeperson zur Nachuntersuchung mitzuteilen
  - Besprechen Sie mit dem Patienten, für den Notfall einer Hypoglykämie rasch wirkende Zuckerzubereitungen mit sich zu führen
- Raten Sie dem Patienten, sich das entsprechende Material für den verschiedenen speziellen Bedarf eines Diabetikers zu verschaffen (Blut- und Harnzuckerteststreifen, Notfallmedaillon, Patientenausweis, schützendes Schuhwerk)
- Besprechen Sie, wie man sich auf eine Reise vorbereitet
  - Den Arzt informieren
  - Impfungen vornehmen lassen. Für Rezepte sorgen (Medikamente, Spritzen, Nadeln); ein Schreiben mit der Beschreibung der Krankheit beschaffen; für ein Notfallmedaillon sorgen

  - Für spezielle Nahrung auf der Reise sorgen
  - Insulin und Zubehör im Handgepäck mitführen, um einen Verlust oder extreme Temperaturschwankungen zu vermeiden. Notfallmedikamente zur Behandlung von Reisezwischenfällen mitführen. Nahrungsmittel mitführen
  - Darauf achten, daß die Mahlzeiten und die Verabreichung von Medikamenten dem Wechsel der Zeitzone angeglichen werden müssen
  - Herausfinden, wo im Notfall Hilfe verfügbar ist
  - Wenn möglich, in Begleitung reisen
- Bei Frauen im gebährfähigen Alter
  - Betonen Sie die Bedeutung der Familienplanung. Legen Sie dar, daß eine Schwangerschaft ein erhebliches Risiko für Mutter und Kind bedeutet
  - Ermutigen Sie die Patientin, spezielle individuelle Risiken mit dem Arzt oder der Pflegeperson zu besprechen

Medikamente

- Erläutern Sie Zweck, Dosierung, Einnahmezeitplan und Art der Verabreichung von Medikamenten sowie deren Nebenwirkungen, die einem Arzt oder einer Pflegeperson mitgeteilt werden sollten
- Demonstrieren Sie die Verabreichung von Insulin (s. a. nachfolgende Beschreibung der subkutanen Injektion). Gehen Sie folgendes durch:
  - Zeiten überwiegender Aktivität
  - Lagerung von Insulin
  - Vorbereitung und Injektion
  - Auswahl und Rotation des Injektionsortes
  - Techniken der Autoinjektion
- Besprechen Sie den Gebrauch und die Nebenwirkungen oraler Antiabetika
- Sagen Sie dem Patienten, daß neues Verbrauchsmaterial und frische Medikamente 1–2 Wochen vor dem Auslaufen der vorhandenen Vorräte beschafft werden sollten
- Weisen Sie den Patienten an, tägliche Aufzeichnungen über die Blutzucker- und Ketonkörperspiegel im Urin sowie über die jeweilige Dosis an Insulin und oralen Antidiabetika zu führen
- Gehen Sie die subkutane Insulininjektion durch. Demonstrieren und erläutern Sie die folgenden Schritte des Verfahrens, und geben Sie dem Patienten und der betreuenden Person genügend Zeit zum Üben
  - Die Injektionsstelle wöchentlich wechseln, um eine Hypertrophie oder Lipoatrophie des Unterhautgewebes zu verhindern
  - Hände waschen und beim Halten von Spritze und Nadel aseptisch

vorgehen
- Insulin korrekt durchmischen (rollen, nicht schütteln)
- Die richtige Insulinmenge aufziehen
- Auswahl der Injektionsstelle: subkutanes Fettgewebe wählen und die Region im Umkreis von 2 Zentimetern um den Nabel meiden
- Haut mit Alkohol reinigen und trocknen lassen
- Die mit der korrekten Insulindosis gefüllte Spritze wie einen Dart-Pfeil halten
- Die Haut zusammenkneifen, so daß sie eine dicke Rolle zwischen den Fingern bildet
- Die Nadel mit einer wurfpfeilähnlichen Bewegung rasch im Winkel von 45 Grad bis zum Ansatz der Plastiktülle in das subkutane Fettgewebe einstechen
- Insulin injizieren; anschließend die Nadel rasch herausziehen und die Einstichstelle mit einem Tupfer bedecken. Für 5–8 Sekunden leichten Druck ausüben. *Nicht reiben.* Dies kann eine zu schnelle Aufnahme bewirken
- Datum, Uhrzeit, Stelle und Dosis jeder Injektion notieren
- Nadeln und scharfe Metallteile von Ampullen in einem stabilen Plastikkanister entsorgen, der bei Zwei-Drittel-Füllung verschlossen wird

- Sorgen Sie dafür, daß die entsprechende Ausrüstung zu Hause verfügbar ist

Aktivitäten

- Betonen Sie, wie wichtig regelmäßige körperliche Betätigung und Aktivität sind, um den Blutzucker und das Körpergewicht unter Kontrolle zu halten
- Sagen Sie dem Patienten, er möge bei körperlicher Betätigung für den Notfall einfache Kohlenhydrate wie Rosinen oder Traubenzucker mit sich führen
- Ermutigen Sie den Patienten, Anpassungen und Einschränkungen bezüglich seines Berufs, der Freizeit und hinsichtlich von Tätigkeiten zu besprechen
- Erklären Sie, daß Betätigung an frischer Luft, wie Gehen, Schwimmen, Laufen und Radfahren empfehlenswert sind, weil sie den Blutzuckerspiegel senken und dem Herz-Kreislauf-System guttun

- Verweisen Sie den Patienten an Sport- und Trainingskurse der Gemeinde
- *Ernährung/Diät*
- Sorgen Sie für eine Ernährungsberatung, und gehen Sie die verordnete Diät durch
- Besprechen Sie mit dem Patienten die Notwendigkeit, die Mahlzeiten über den Tag zu verteilen sowie Mahlzeiten und Zwischenmahlzeiten zu festgelegten Zeiten und in den verordneten Mengen zu sich zu nehmen. Die Deutsche Gesellschaft für Ernährung empfiehlt 55 % Kohlenhydrate, 30 % Fett, 15 % Eiweiß
- Unterweisen Sie den Patienten in der Anpassung der Diät an wechselnde körperliche Belastung – bei längerer oder anstrengenderer Arbeit ist eine höhere Kalorienzufuhr erforderlich, um eine Hypoglykämie zu verhindern

Nachsorge

- Betonen Sie die Bedeutung regelmäßiger medizinischer und labortechnischer Nachsorgeuntersuchungen. Stellen Sie sicher, daß der Patient über die erforderlichen Namen und Telefonnummern verfügt

Psychosoziale Betreuung

- Besprechen Sie mit dem Patienten und wichtigen Menschen aus dessen Umgebung die für die notwendigen Änderungen der Lebensführung erforderliche Unterstützung. Stellen Sie sicher, daß der Patient über die erforderlichen Namen und Telefonnummern verfügt

Hinweis

- Ermutigen Sie den Patienten zur Teilnahme an lokalen Selbsthilfegruppen, und sorgen Sie für die notwendigen Informationen

Dialyse (Hämodialyse, Peritonealdialyse)

Dialyse: ein vorübergehender oder dauernder Prozeß, der künstlich die Ausscheidungsfunktion der Nieren ersetzt. Dialyse wird eingesetzt, um exzessive Mengen an Medikamenten, Flüssigkeiten oder toxischen Abbauprodukten aus dem Körper zu entfernen und schwere Störungen des Elektrolyt- und Wasserhaushalts zu korrigieren.

Hämodialyse: Entfernen von Giftstoffen aus dem Körper über das Ableiten des Blutes durch eine Maschine zur Filtration und Diffusion mit anschließender Rückführung in den Kreislauf des Patienten. Die Hämodialyse erfordert den Zugang zum Kreislauf des Patienten über spezielle Katheter, die als „Shunt" bezeichnet werden. Ein externer Shunt besteht aus zwei Kanülen in jeweils einer Arterie und Vene, die außerhalb des Körpers, gewöhnlich am Arm, miteinander verbunden werden. Eine interne arteriovenöse Fistel ist eine Verbindung zwischen einer Arterie und Vene oder ein zwischen beiden eingebrachtes, künstliches Implantat. Dies geschieht am Arm oder am Bein. Die Hämodialyse kann eine vorübergehende Maßnahme darstellen, wie beim akuten Nierenversagen oder Leberkoma. Sie kann eine chronische Maßnahme sein, wie bei chronischem Nierenversagen oder einer Nierenerkrankung im Endstadium. Eine Dialyse dauert 3–5 Stunden und wird 3- bis 4mal wöchentlich durchgeführt.

Peritonealdialyse: Einbringen von Dialyselösung über einen Tenckhoff-Katheter aus Silikon unmittelbar in die Bauchhöhle. Das körpereigene Gewebe wirkt wie ein Filter beim Entfernen der Giftstoffe. Die Flüssigkeit wird für eine gewisse Zeit belassen und dann abgesaugt. Eine Peritonealdialyse kann maschinell oder manuell über die Schwerkraft durchgeführt werden. Es gibt drei Arten: intermittierende Peritonealdialyse sowie ambulante und maschinelle Dauerdialyse. Die intermittierende Peritonealdialyse wird in 8- bis 10stündigen Sitzungen 4- bis 5mal wöchentlich durchgeführt. Dies kann manuell oder maschinell geschehen. Der Patient muß während dieser Zeit im Bett liegen oder in einem Stuhl sitzen. Bei der kontinuierlichen ambulanten Peritonealdialyse findet der Austausch tagsüber alle 4 Stunden und nachts alle 8 Stunden statt. Der Patient kann aufstehen und seinen Tätigkeiten nachgehen. Nach dem Instillieren der Flüssigkeit bleibt der Beutel angeschlossen und wird unter die Kleidung gesteckt, bis es Zeit ist, ihn abzulassen und auszuwechseln. Die kontinuierliche maschinelle Peritonealdialyse ist eine Kombination beider Verfahren. Ausgetauscht wird nachts 3mal maschinell, und ein Zyklus findet am Tage statt. Der Patient kann tagsüber umhergehen und muß nachts im Bett liegen.

Indikationen

- Akute Vergiftung (Acetylsalicylsäure, Methanol, Phenobarbital)
- Akutes Nierenversagen
- Chronische Niereninsuffizienz
- Terminales Nierenversagen
- Leberkoma
- Hyperkaliämie
- Metabolische Azidose

Präoperative Schulung

- Gehen Sie die Erläuterungen des Arztes hinsichtlich der Art des Verfahrens und seiner Begründung durch. Sprechen Sie darüber, ob es sich um eine vorübergehende oder um eine dauerhafte Maßnahme handelt. Ermutigen Sie den Patienten, Fragen zu stellen und alle Sorgen oder Ängste zu besprechen

Besprechen der präoperativen Pflege

- Besprechen Sie die vorangehenden Untersuchungen
- Blutuntersuchungen zur Bestimmung von Arzneimittel- und Elektrolytspiegeln und der Nierenfunktion
  - Harn- und Stickstoff im Blut
  - Kreatinin
  - Eiweiß
  - Gerinnungsstatus
  - Thrombozyten
- Urinuntersuchungen
  - Analyse
  - Kultur und Resistenzbestimmung
- Besprechen Sie die jeweilige Form der *Hämodialyse*
- Bei vorübergehender Hämodialyse: schriftliche Einverständniserklärung nach Aufklärung zur Einführung des Katheters in eine große Vene im Schulter- oder Leistenbereich unter Lokalanästhesie

- Bei permanenter Hämodialyse: schriftliche Einverständniserklärung nach Aufklärung zum Legen des Shunt. Der Eingriff findet am Tag der Aufnahme unter Vollnarkose statt, und der Patient bleibt über Nacht oder auch länger in der Klinik. Ab Mitternacht des Tages vor dem Eingriff nüchtern bleiben
- *Peritonealdialyse:* schriftliche Einverständniserklärung nach Aufklärung für den Eingriff und die Lokalanästhesie erforderlich. Der Eingriff findet am Tag der Aufnahme statt, und der Patient bleibt über Nacht oder auch länger in der Klinik. Am Abdomen wird unterhalb des Nabels ein kleiner Einschnitt gelegt, um einen Silastikkatheter einzuführen. Unter gewissen Bedingungen kann dieser Eingriff im Bett des Patienten durchgeführt werden

Besprechen der postoperativen Pflege

- Betonen Sie, daß die operierte Partie vor Druck geschützt werden muß
- Erklären Sie im Falle der Hämodialyse, daß die Extremität hochgelagert wird und auf Pulse, starke Blutung und Erhöhung der Körpertemperatur überwacht wird
- Bezüglich der Peritonealdialyse siehe abdominalchirurgischer Eingriff, S. 3

Nebenwirkungen/Komplikationen

- *Nach dem Anlegen des Shunt*
  - Gerinnselbildung
  - Blutung
  - Anämie
  - Infektion am Ort der Operation: Rötung, Wärme bei Berührung, Schmerzhaftigkeit, eitrige Absonderung
- *Während oder nach Hämodialyse*
  - Hypotonie
  - Hypertonie
  - Herzrhythmusstörungen
  - Muskelkrämpfe (Störung des Kaliumhaushalts)
  - Luftembolie
  - Hämorrhagie aufgrund der Heparinisierung
  - Hepatitis B

- Zerebrales Dialysesyndrom
- Ekbom-Syndrom (Syndrom der unruhigen Beine)
- Mechanische Probleme
- *Während oder nach Peritonealdialyse*
- Peritonitis
- Verschiebung des Katheters
- Verstopfen des Katheters
- Kurzatmigkeit
- Hyperglykämie
- Hypoglykämie
- Darmadhäsionen
- Austritt und Extravasation von Dialysat
- Mechanische Probleme

Ambulante Pflege

- Geben Sie sowohl dem Patienten als auch der betreuenden Person *schriftliche* und *mündliche* Anweisungen. Sorgen Sie dafür, daß beide über die Telefonnummern eines Arztes bzw. einer Pflegeperson sowie des Dialysezentrums verfügen, die bei Fragen angerufen werden können. Verwenden Sie auch visuelle Hilfen bei der Unterweisung
- *Allgemeine Informationen*
- Erklären Sie dem Patienten und seiner Familie die Krankheit, die zugrundeliegende Ursache für die Dialyse sowie die Art der Dialyse

Hämodialyse

- *Komplikationszeichen*
- Gehen Sie die Zeichen und Symptome durch, die einem Arzt, einer Pflegeperson oder dem Dialysezentrum mitgeteilt werden sollten
  - Schwellung und Schmerzen über dem Zugang
  - Taubheitsgefühl oder Kribbeln in der Extremität
  - Kältegefühl in der Extremität distal des Zugangs
  - Abbrechen des Schwirrens bzw. Geräuschs
  - Bei Berührung kühles Blut im externen Shunt
  - Unterbrechen des externen Shunt
  - Infektion der Eintrittsstelle: Rötung, Schmerzhaftigkeit, Schwellung, Wärme bei Berührung, möglicherweise Absonderungen

Besondere Hinweise

- Besprechen Sie die Shunt-Pflege: Täglich mit verdünntem Wasserstoffperoxid oder je nach Verordnung mit einer anderen Lösung reinigen, bis die Heilung abgeschlossen ist und die Nähte entfernt wurden (10–14 Tage). Die Stelle sauber und trocken halten und zwischen den Dialysebehandlungen mit Wasser und milder Seife waschen; mit einem sterilen Verband abdecken
- Sagen Sie dem Patienten, er möge Infektionen vermeiden, indem er nach der Dialyse mehrere Stunden lang nicht duscht, badet oder schwimmt
- Weisen Sie den Patienten an, die Stelle des Zugangs nach dem Beginn der Dialyse auf subkutane Blutungen oder blaue Flecke zu beobachten. Zeigen Sie, wie man diese Stelle überwacht, einschließlich des täglichen oder nach entsprechender Anweisung häufigeren Palpierens auf Schwirren und des Auskultierens auf Strömungsgeräusche
- Gehen Sie den vorsichtigen Umgang mit dem Shunt durch: Liegen auf, klopfen oder ziehen an der betroffenen Extremität vermeiden; enganliegende Kleidung oder Schmuck über dem Zugang sowie das Heben schwerer Gegenstände oder Anstrengungen vermeiden; Blutentnahmen, das Messen des Blutdrucks und Injektionen an der betroffenen Extremität ablehnen
- Bei externem Shunt
  - Erklären Sie die Notwendigkeit einer lockeren Binde um den Zugang, um ein versehentliches Herausziehen oder ein Lösen der Verbindung zu verhindern
  - Betonen Sie, wie wichtig es ist, die Binde stets mit Klammern zu sichern. Besprechen Sie, was zu tun ist, wenn sich die Shunt-Verbindung lockert oder löst
- Bei internem Shunt
  - Zeigen Sie dem Patienten, wie man das Pulsieren prüft

Peritonealdialyse

Komplikationszeichen

- Gehen Sie die Zeichen und Symptome durch, die einem Arzt, einer Pflegeperson oder dem Dialysezentrum mitgeteilt werden sollten
  - Infektion an der Einstichstelle der Kanüle: Rötung, Schmerzhaftigkeit, Schwellung, Wärme bei Berührung, möglicherweise Absonderungen
  - Zunahme des Bauchumfangs, Blähung oder Schmerzen des Abdomens
  - Fehlen von Darmbewegungen oder Winden

- *Besondere Hinweise*
- Besprechen Sie die Notwendigkeit einer Peritonealdialyse, und erläutern Sie das Verfahren. Geben Sie dem Patienten Zeit zum Üben. Verweisen Sie den Patienten an eine Fachpflegeperson für Dialyse bezüglich spezieller Instruktionen
- Gehen Sie die Pflege der Haut und des Peritonealkatheters durch, und unterweisen Sie den Patienten in beidem
  - Verbände täglich oder wenn sie verschmutzt sind wechseln
  - Einstichstelle sorgfältig inspizieren
  - Den Bereich mit sterilen Tupfern und Wasserstoffsuperoxid oder einer sonstigen verordneten Lösung reinigen und trockentupfen
  - Sterilen Verband auflegen und allseits gut festkleben
  - Den Katheter vor Schaden schützen. Den sterilen Verschluß nicht entfernen
  - Betonen Sie die Bedeutung steriler Techniken beim Öffnen und Schließen von Katheterverbindungen
- Besprechen Sie das Vorgehen bei der Infusion der Dialyseflüssigkeit
  - Gehen Sie die Zeichen und Symptome durch, die einem Arzt oder einer Pflegeperson mitgeteilt werden sollten
  - — Kurzatmigkeit oder Atemstörungen
  - — Auch nach erneuter Lagerung langsam oder gar nicht abfließende Lösung
  - — Abdominalschmerz
  - — Austritt von Flüssigkeit um den Katheter herum
  - — Abfließende Lösung übelriechend, flockig getrübt, fäzesfarben oder blutig. Aus einem neu gelegten Zugang fließt am 1. oder 2. Tag nach dem Einführen des Katheters blutig gefärbte Lösung ab
  - — Fibrin (klare oder weiße Fäden) in der abfließenden Lösung
  - Gehen Sie die Techniken der Autodialyse durch. Verweisen Sie den Patienten an eine Fachpflegeperson für Dialyse
  - Sprechen Sie darüber, daß folgendes getan werden sollte:
  - — Vor der Dialyse Wasser lassen
  - — Hände waschen
  - — Die Lösung auf Klarheit und Durchsichtigkeit und den Beutel auf Schäden prüfen
  - — Bei Bedarf die Lösung mit einem Heizkissen auf niedrigster Stufe (niemals in der Mikrowelle) leicht erwärmen
  - — Mundschutz aufsetzen und sterile Handschuhe anziehen
  - — Alle für den Austausch erforderlichen Materialien vorbereiten
  - — Die Steckverbindungen vorschriftsmäßig reinigen und die Beutel mit den Lösungen anschließen

  - Gehen Sie die Menge der zu infundierenden Dialyselösung durch
  - Gehen Sie die bei der Infusion üblichen Symptome durch: Gefühl des gefüllten Abdomens und Rektums, Krämpfe, Schulterschmerzen; Schmerzen im Penis, Skrotum oder in der Vagina, besonders zu Anfang, die später nachlassen sollten

Allgemeine Pflege

- *Besondere Hinweise*
- Weisen Sie den Patienten an, folgende Werte zu überwachen und aufzuzeichnen:
  - Dialyseakte
  - Täglich wiegen, und zwar auf derselben Waage, in denselben Kleidungsstücken und zur gleichen Tageszeit
  - Blutdruck, Puls, Körpertemperatur
  - Ein- und Ausfuhr
- Verweisen Sie den Patienten an eine Fachpflegeperson für Dialyse zur Hilfe bei der Beschaffung der erforderlichen Ausrüstung und des Materials
- *Medikamente*
- Erläutern Sie Zweck, Dosierung, Einnahmezeitplan und Art der Verabreichung von Medikamenten sowie deren Nebenwirkungen, die einem Arzt oder einer Pflegeperson mitgeteilt werden sollten
- Weisen Sie den Patienten auf Aufforderung an, eventuell verordnete Antihypertonika vor der Dialyse abzusetzen
- Weisen Sie den Patienten an, rezeptfreie Medikamente nicht ohne Rücksprache mit dem Arzt oder einer Pflegeperson einzunehmen
- *Aktivitäten*
- Ermutigen Sie den Patienten, Anpassungen und Einschränkungen bezüglich seines Berufs, der Freizeit und hinsichtlich von Tätigkeiten zu besprechen
- Bitten Sie den Patienten, mit der Extremität, an der sich der Zugang befindet, keine schweren Gegenstände zu heben oder anstrengende Arbeiten zu verrichten sowie Kontaktsportarten (Fußball, Basketball) oder ungewöhnlich hohe Belastungen zu vermeiden
- Erklären Sie, daß häufig Ruhepausen notwendig sind, vor allem nach der Dialyse
- *Ernährung/Diät*
- Besprechen Sie die vom Arzt für die Grunderkrankung verordnete Diät

- Verweisen Sie den Patienten ggf. an eine Diätassistentin bzw. einen Diätassistenten
- Erklären Sie, daß die Flüssigkeitsaufnahme eingeschränkt werden muß, und legen Sie die Grenzwerte fest

Nachsorge

- Betonen Sie die Bedeutung regelmäßiger medizinischer und labortechnischer Nachsorgeuntersuchungen. Erinnern Sie den Patienten daran, bei diesen Gelegenheiten sein Dialysetagebuch mitzubringen. Stellen Sie sicher, daß der Patient über die erforderlichen Namen und Telefonnummern verfügt
- Halten Sie den Patienten dazu an, sich ein Notfallmedaillon (SOS-Kapsel) und einen Patientenausweis mit der Diagnose und der Medikation zu beschaffen, und helfen Sie ihm dabei

Psychosoziale Betreuung

- Helfen Sie dem Patienten, seiner Familie und anderen wichtigen Bezugspersonen bei der Suche nach Beratung

Hinweis

- Helfen Sie dem Patienten dabei, sich Beratung durch einen Sozialarbeiter zu beschaffen

Diarrhö

Diarrhö: häufiges Absetzen weicher Stühle (> 200g/d) mit einem Wassergehalt von 70–90 %. Die Stühle können Schleim, Eiter oder Blut enthalten. Diarrhö ist gewöhnlich ein Symptom einer Grunderkrankung oder Nebenwirkung einer Therapie, wie z. B. einer Chemo- oder Strahlentherapie.

Ätiologie/beeinflussende Faktoren

- *Akute Diarrhö*
  - Veränderte Ernährungsgewohnheiten
  - Falsche Zubereitung der Speisen
  - Verdorbene Nahrungsmittel

- Reaktion auf Medikamente
- Infektion
- Aufnahme von Giftstoffen
- *Chronische Diarrhö*
- Laktasemangel
- Laxanzienabusus
- Streß und Angst
- Reizkolon
- Entzündliche Darmerkrankung
- Kolonkarzinom
- Zytostatika
- Bestrahlung
- Operation am Gastrointestinaltrakt
- Mit Malabsorption einhergehende Erkrankung

Kennzeichen/Symptome

- Abdominalschmerz
- Krämpfe
- Häufiger Stuhlgang
- Weiche, flüssige Stühle
- Stuhldrang
- Veränderungen der Farbe des Stuhls

Komplikationen

- Dehydratation
- Störungen des Elektrolythaushalts

Ambulante Pflege

- Geben Sie sowohl dem Patienten als auch der betreuenden Person *mündliche* und *schriftliche* Instruktionen. Versorgen Sie sie mit Namen und Telefonnummer eines Arztes oder einer Pflegeperson, die bei Fragen zu Rate gezogen werden können
- *Allgemeine Informationen*
- Erläutern Sie die Erkrankung und die zugrundeliegende Ursache
- *Komplikationszeichen*
- Gehen Sie die Zeichen und Symptome durch, die einem Arzt oder einer Pflegeperson mitgeteilt werden sollten

- Nicht beherrschbare Diarrhö über mehr als 24 Stunden
- Blut, Schleim oder Eiter im Stuhl
- Zunehmende Müdigkeit oder Schwäche
- Abdominalschmerz oder schweres Unwohlsein, die mit der Diarrhö einhergehen und sich durch Absetzen von Stühlen oder Abgang von Winden nicht bessern
- Fieber über 38,3 °C oder darüber
- Schüttelfrost, Erbrechen oder Ohnmacht
- Starker Durst

Beondere Hinweise

- Weisen Sie den Patienten an, seine Stühle täglich zu notieren und dabei Häufigkeit, Uhrzeit, Farbe, Menge, Konsistenz, Geruch und das Vorkommen von Schleim, Blut oder Eiter zu vermerken
- Unterweisen Sie den Patienten in der Peritoneal- und Analpflege nach jedem Stuhlgang, einschließlich des vorsichtigen Waschens mit Wasser und milder Seife, des Trockentupfens mit einem weichen Handtuch und des Auftragens einer schützenden Salbe oder eines Gels. Bei Bedarf können Sitzbäder genommen werden
- Besprechen Sie die Notwendigkeit einer guten Hygiene: Hände waschen nach jedem Stuhlgang; Toilettenschüssel nach jedem Stuhlgang säubern, wenn das Bad mit anderen geteilt wird

Medikamente

- Erläutern Sie Zweck, Dosierung, Einnahmezeitplan und Art der Verabreichung der verordneten Medikamente sowie deren Nebenwirkungen, die einem Arzt oder einer Pflegeperson mitgeteilt werden sollten
- Erklären Sie, daß ohne Rücksprache mit dem Arzt keine Medikamente gegen Diarrhö eingenommen werden sollten, wenn diese die Folge einer Magen-Darm-Infektion ist, z. B. durch Shigellen
- Sagen Sie dem Patienten, er möge magnesiumhaltige Antazida vermeiden, da diese den Durchfall verstärken

Ernährung/Diät

- Sprechen Sie darüber, daß dem Magen Ruhe gegönnt werden muß und daß täglich mehr als 3 Liter Flüssigkeit getrunken werden müssen. Halten Sie den Patienten zum Trinken klarer Flüssigkeiten an: Wasser, verdünnte Brühe, Tee ohne Teein, Mineralwasser ohne Kohlensäure, Trinkgelatine oder Trinklösungen für Sportler, dies jeweils schluckweise, bis der Magen in der Lage ist, größere Mengen zu verkraften. Zu heiße oder zu kalte Flüssigkeiten sollten gemieden werden, da sie den Durchfall verstärken

- Sagen Sie dem Patienten, er möge Reizungen verursachende Nahrungsmittel meiden, bis alle Symptome verschwunden sind: scharf gewürzte, fettige oder fritierte Speisen, Koffein, rohes Obst und Gemüse, Alkohol
- Halten Sie den Patienten zu einer fett- und ballaststoffarmen Ernährung an: Bananen, Toastbrot, Apfelmus, Laugengebäck. Sobald sich der Stuhl wieder festigt, kann je nach Verträglichkeit die Nahrungsaufnahme erhöht werden: Huhn, Kartoffelpüree, Hüttenkäse

Diskushernie, Diskusprolaps

Diskushernie, Diskusprolaps: ein chronischer Zustand, der auftritt, wenn der Nucleus pulposus, d. h. der weiche, gelatinöse und stoßabsorbierende Kern des Knorpels zwischen zwei Wirbeln ganz oder teilweise durch den geschwächten oder rupturierten äußeren Ring der Bandscheibe (Annulus fibrosus) hindurchtritt. Dadurch kommt es zu Druck auf die Spinalnerven an ihrer Austrittsstelle aus dem Spinalkanal und damit zu Rückenschmerzen und anderen Zeichen einer Nervenwurzelreizung (Ischialgie). Eine Diskushernie bzw. ein Diskusprolaps treten typischerweise bei Männern unter 45 Jahren auf. Am häufigsten (95 %) sind die Lumbal- und die Lumbosakralregion betroffen. Auch Bandscheiben der Halsregion können rupturieren, gewöhnlich infolge degenerativer Veränderungen.

Ätiologie/beeinflussende Faktoren

- Schwere Verletzung oder Belastung
- Altersbedingte Degeneration von Zwischenwirbelgelenken

Kennzeichen/Symptome

- Ischialgie: schwere Kreuzschmerzen, ausstrahlend in das Gesäß, die Beine und Füße
- Plötzlicher Schmerz im Anschluß an Husten, Niesen, Bücken oder Heben
- Muskelkrämpfe und Verspannungen
- Verlust der Sensibilität und der motorischen Kontrolle über die Extremitäten

Komplikationen

- Parese
- Motorische Schwäche
- Veränderungen der Sensibilität
- Spitzfußstellung
- Verlust der Darm- und Blasenkontrolle

Diagnostik

- Beschreiben Sie jedes Verfahren, seinen Zweck sowie die Empfindungen und Wahrnehmungen, die dabei wahrscheinlich auftreten, und erläutern Sie die Pflege davor und danach
  - Lasègue-Zeichen: positives Untersuchungsergebnis, wenn der Patient beim Anheben über Schmerzen an der Rückseite des Beins (Ischias) im Gegensatz zu Rückenschmerzen klagt. Die Schmerzen nehmen bei Dorsoflexion des Fußes zu
  - Röntgenaufnahme der Wirbelsäule zum Nachweis eines verringerten Zwischenwirbelraums
  - Computertomographie zum Nachweis einer Diskushernie bzw. eines -prolaps
  - Magnetresonanztomographie zur Bestätigung einer Diskushernie bzw. eines -prolaps und zur Darstellung der Lokalisation einer Kompression von Spinalnerven
  - Myelographie zur Darstellung der Lokalisation
  - Diskographie zur Darstellung einer Degeneration und Hernie bzw. eines Prolaps der Bandscheibe

Behandlung

Konservativ

- *Therapie*
  - Manschettenextension mit Hilfe eines speziellen Lendenmieders
  - Bettruhe in bequemer Lage, d. h. auf der Seite oder auf dem Rücken, mit einem Kissen unter den Knien
  - Eismassage der Lumbosakralregion zur Verringerung des Ödems
  - Rückenstütze oder metallenes Stützkorsett
  - Ultraschalldiathermie mit Rückenmassage
  - Übungsprogramm im Anschluß an einen Rückgang der akuten Schmerzen und der Entzündung, zur Kräftigung der Rücken- und Bauchmuskulatur

- *Medikamente*
  - Nichtsteroidale Antiphlogistika
  - Analgetika und Antipyretika
  - Muskelrelaxanzien
  - Narkotika
  - Anxiolytika

Chirurgisch

- Perkutane Diskektomie: Entfernen der Bandscheibe durch Einführen einer Metallkanüle unter Durchleuchtung
- Mikrodiskektomie: mikrochirurgisches Entfernen der Bandscheibe über einen ca. 2,5 Zentimeter langen Schnitt
- Nukleäre Diskektomie
- Laminektomie mit partieller Exzision der Lamina und Entfernen der hervortretenden Bandscheibe
- Spondylodese zur Stabilisierung der Wirbelsäule; indiziert, wenn mehr als eine Bandscheibe betroffen ist
- Chemonukleolyse mit Injektion eines Enzyms (Chymopapain) unmittelbar in die Bandscheibe, um das prolabierte Gewebe aufzulösen

Ambulante Pflege

- Geben Sie sowohl dem Patienten als auch der betreuenden Person mündliche und schriftliche Instruktionen. Versorgen Sie sie mit Namen und Telefonnummer eines Arztes oder einer Pflegeperson, die bei Fragen zu Rate gezogen werden können
- *Allgemeine Informationen*
  - Erläutern Sie die Erkrankung und die beeinflussenden Faktoren.
- *Komplikationszeichen*
  - Gehen Sie die Zeichen und Symptome durch, die einem Arzt oder einer Pflegeperson mitgeteilt werden sollten
    - Weiter bestehende Schmerzen
    - Parästhesien (Taubheitsgefühl, Kribbeln in den Extremitäten)
    - Muskelkrämpfe
    - Veränderungen der Darm- und Blasenfunktion
- *Besondere Hinweise*
  - Erläutern Sie dem Patienten den Nutzen eines Stützkorsetts oder -mieders für den Rücken, und zeigen Sie ihm, wie man sie anlegt. Besprechen Sie die Verwendung einer Manschettenextension. Beraten und unterstützen Sie den Patienten bei der Beschaffung der notwendigen Ausrüstung für den Hausgebrauch

- *Medikamente*
  - Erläutern Sie Zweck, Dosierung, Einnahmezeitplan und Art der Verabreichung der verordneten Medikamente sowie deren Nebenwirkungen, die einem Arzt oder einer Pflegeperson mitgeteilt werden sollten
  - Besprechen Sie die nichtsteroidalen Antiphlogistika, und warnen Sie den Patienten vor der Einnahme freiverkäuflicher nichtsteroidaler Antiphlogistika oder von Muskelrelaxanzien ohne vorherige Abstimmung mit dem Arzt
- *Aktivitäten*
  - Erklären Sie, daß zu Beginn bis zu 2 Wochen lang vollständige Bettruhe eingehalten werden muß, um die Entzündungsreaktion abklingen zu lassen und den Druck im Rücken zu reduzieren, wodurch der Druck auf die gereizte Nervenwurzel und damit auch die Schmerzen abnehmen. Weisen Sie den Patienten an, eine möglichst bequeme Haltung und Lage einzunehmen: halbhohe Oberkörperhochlagerung oder Seitenlage, stets mit gebeugten Knien. Warnen Sie den Patienten vor der Bauchlage
  - Raten Sie dem Patienten, er möge ein Steckbecken oder die Bettpfanne bzw. einen stets neben dem Bett stehenden Toilettenstuhl benutzen, um das Umhergehen in der Phase der Bettruhe zu vermeiden. Helfen Sie dem Patienten bei der Beschaffung der Ausrüstung
  - Unterweisen Sie den Patienten in korrekten Bewegungsabläufen und den Grundlagen des Anhebens, Sich-Bewegens und Tragens (s. S. 674), sobald die akuten Schmerzen nachlassen
  - Zeigen Sie dem Patienten Rückenübungen zur Kräftigung der Muskulatur (s. S. 676)
- *Ernährung/Diät*
  - Erläutern Sie die Bedeutung einer reichlichen Flüssigkeitsaufnahme und ballaststoffreicher Kost, um in der Phase der Bettruhe eine Verstopfung zu verhindern
  - Besprechen Sie die Notwendigkeit, ein dem Alter, Geschlecht und der Körpergröße entsprechendes Gewicht einzuhalten. Erklären Sie einem übergewichtigen Patienten, daß dies seine Wirbelsäule zusätzlich belastet. Verweisen Sie den Patienten an eine Ernährungsberatung für eine entsprechende Diät

Nachsorge

- Betonen Sie die Bedeutung regelmäßiger Nachsorgeuntersuchungen beim Arzt und Physiotherapeuten bis zur vollständigen Heilung. Stellen Sie sicher, daß der Patient über die erforderlichen Namen und Telefonnummern verfügt

Divertikulose, Divertikulitis

Divertikulose: Entwicklung kleiner Taschen entlang der Mukosa des Kolons, gebildet durch Hernienbildung von Zellschichten der Mukosa und Submukosa durch die Muskelschichten des Dickdarms hindurch. Sie können überall im Darm auftreten, sind jedoch im Colon sigmoideum am häufigsten.

Divertikulitis: entzündlicher Prozeß, im dessen Verlauf ein Divertikel rupturiert oder Fäzes sich darin stauen.

Ätiologie/beeinflussende Faktoren

- Ballaststoffarme Ernährung
- Erhöhter Innendruck im Kolon
- Geschwächte Darmwand

Kennzeichen/Symptome

- Krampfartige Schmerzen und Empfindlichkeit im linken oberen Quadranten
- Anorexie
- Erbrechen und Übelkeit
- Fieber
- Veränderungen der Darmfunktion: Obstipation oder Diarrhö
- Zunehmende Blähungen
- Geblähtes Abdomen

Komplikationen

- Peritonitis
- Fistelbildung in die Blase, Vagina oder Bauchwand
- Hämorrhagie
- Intraabdominale Abszesse
- Darmverschluß oder -perforation

Diagnostik

- Beschreiben Sie jedes Verfahren, seinen Zweck sowie die Empfindungen und Wahrnehmungen, die dabei wahrscheinlich auftreten, und erläutern Sie die Pflege davor und danach
  - Einlauf mit wasserlöslichem Kontrastmittel zur Lokalisation der Abszeßhöhlen, Fisteln und des Sinus
  - Röntgenaufnahme des Abdomens zum Nachweis von freier Luft oder Flüssigkeit, einer Verlegung oder eines Ileus
  - Großes Blutbild und Differentialblutbild zum Nachweis einer Infektion, die sich in einer Linksverschiebung zeigt
  - Urinanalyse zum Ausschluß einer Blasenbeteiligung
  - Computertomographie zur Lokalisierung der Divertikel, Abszesse oder Fisteln
  - Stuhluntersuchung auf okkultes Blut
  - Sigmoidoskopie, Koloskopie oder Ultraschalluntersuchung zum Nachweis eines Divertikels

D

Behandlung

Konservativ

- *Therapie*
  - Intravenöse Flüssigkeits- und Elektrolytsubstitution
  - Bei akuter Divertikulitis weder essen noch trinken; nach dem Rückgang der Infektion ballaststoffreiche Ernährung
  - Absaugen über Magensonde zur Erleichterung bei Übelkeit, Erbrechen und geblähtem Abdomen
- *Medikamente*
  - Antibiotika
  - Analgetika
  - Hydrophile kolloidale Laxanzien

Chirurgisch

- *Darmresektion mit Anastomose*
- *Darmresektion mit temporärem Stoma*

Ambulante Pflege

- Geben Sie sowohl dem Patienten als auch der betreuenden Person *mündliche* und *schriftliche* Instruktionen. Versorgen Sie sie mit Namen und Telefonnummer eines Arztes oder einer Pflegeperson, die bei Fragen zu Rate gezogen werden können. Verwenden Sie zur Unterstützung visuelle Hilfen

- Bei temporärem Stoma s. a. Enterostoma, S. 199
- *Allgemeine Informationen*
- Besprechen Sie die Entwicklung der Divertikulitis und der Divertikulose. Gehen Sie die Ursachen und beeinflussenden Faktoren sowie die Pflege und Behandlung durch
- *Komplikationszeichen*
- Gehen Sie die Zeichen und Symptome durch, die einem Arzt oder einer Pflegeperson mitgeteilt werden sollten
  - Fieber
  - Übelkeit oder Erbrechen
  - Wolkig getrübter oder übelriechender Urin
  - Veränderungen der Darmtätigkeit: Obstipation oder Diarrhö
  - Wundinfektion: Fieber, schneidender Schmerz, Rötung, Absonderungen oder Schwellung
  - Bei temporärem Stoma: Veränderung der Farbe weg vom normalen hellrot oder Hautreizung um das Stoma herum
- *Besondere Hinweise*
- Helfen Sie dem Patienten ggf. bei der Beschaffung entsprechenden Materials, wie etwa sterilem Verbandmaterial oder Material zur Versorgung eines Stomas
- Zeigen Sie dem Patienten die richtige Wund- bzw. Stomapflege sowie den Verbandwechsel: Verfahren, Häufigkeit und Wund- bzw. Stomainspektion
- Raten Sie dem Patienten, Pressen beim Stuhlgang, Verstopfung, Einläufe und stark wirkende Laxanzien zu vermeiden
- Betonen Sie die Bedeutung regelmäßiger Stuhlgewohnheiten
- Besprechen Sie Techniken der Schmerztherapie bei chronischen Schmerzen: Visualisierung, gelenkte Imagination, Meditation, Relaxation, Biofeedback oder Rückenabreibungen
- *Medikamente*
- Erläutern Sie Zweck, Dosierung, Einnahmezeitplan und Art der Verabreichung der verordneten Medikamente sowie deren Nebenwirkungen, die einem Arzt oder einer Pflegeperson mitgeteilt werden sollten
- Weisen Sie den Patienten an, hydrophile kolloide Laxanzien zu nehmen, und raten Sie ihm von der Einnahme anderer Laxanzien ohne Rücksprache mit dem Arzt ab

- *Aktivitäten*
  - Ermutigen Sie den Patienten, Anpassungen und Einschränkungen bezüglich seines Berufs, der Freizeit oder hinsichtlich von Tätigkeiten zu besprechen
  - Weisen Sie den Patienten an, die allg. Tätigkeiten des Alltags allmählich wieder aufzunehmen, das Heben schwerer Gegenstände (> 5 kg), Schieben oder Ziehen jedoch während 6 Wochen zu vermeiden, um eine Hernienbildung zu verhindern
  - Weisen Sie den Patienten darauf hin, daß er baden und duschen kann, sobald Drainagen und Nähte gezogen wurden
- *Ernährung/Diät*
  - Erläutern Sie die Beziehung zwischen Ernährung und Divertikulose
  - Helfen Sie dem Patienten bei der Planung einer ballaststoffreichen Ernährung mit Früchten, Gemüse und Kleie. Sorgen Sie für eine Liste ballaststoffreicher Nahrungsmittel und Möglichkeiten, Kleie genießbarer zu machen
  - Weisen Sie den Patienten an, den Kleiezusatz allmählich zu steigern, da Kleie Blähungen und verstärkt Winde verursachen kann
  - Raten Sie dem Patienten, umfangreiche Mahlzeiten, Alkohol oder sehr kalte Speisen zu meiden
  - Raten Sie dem Patienten, reichlich, d. h. 2–3 Liter täglich zu trinken, soweit dies nicht kontraindiziert ist

Nachsorge

- Betonen Sie die Bedeutung regelmäßiger Nachsorgeuntersuchungen beim Arzt und ggf. bei einer in Stomapflege spezialisierten Pflegeperson. Stellen Sie sicher, daß der Patient über die erforderlichen Namen und Telefonnummern verfügt

Hinweis

- Helfen Sie dem Patienten dabei, Überweisungen an eine in Stomapflege spezialisierte Pflegeperson, an ambulante Pflegedienste und zur Ernährungsberatung zu bekommen

Durchblutungsstörungen, arterielle

Durchblutungsstörungen, arterielle: Einschränkung des arteriellen Blutstroms. Die Arterieninsuffizienz kann in jedem Teil des arteriellen Systems auftreten, betrifft jedoch im allgemeinen die unteren Extremitäten (Unterschenkel und Füße). Es gibt zwei Arten: die chronische und die akute Arterieninsuffizienz. Die akute Durchblutungsstörung besteht in einem plötzlichen Abfall der arteriellen Blutversorgung eines bestimmten Gebietes, die zu Thrombusbildung (Gerinnsel), Embolie und Trauma führt. Die chronische Durchblutungsstörung wird am häufigsten durch eine Arteriosklerose, d. h. durch eine Verkalkung der Arterien infolge zunehmender Verengung und Verdickung und steigenden Elastizitätsverlustes, oder durch eine Arteriosklerose, d. h. durch allmähliche Ansammlung von Plaques infolge einer altersbedingten Verhärtung der Arterien verursacht.

Beeinflussende Faktoren

- Atherosklerotische Plaques
- Thromben (Blutgerinnsel)
- Aneurysmen
- Trauma oder Fraktur
- Embolie

Risikofaktoren

- Familiäre Häufung
- Diabetes
- Erhöhte Cholesterinspiegel
- Ernährung mit viel tierischem Fett
- Hypertonie
- Sitzende Lebensweise
- Rauchen
- Alter über 50 Jahre
- Männliches Geschlecht

Kennzeichen/Symptome

- *Akute Zeichen*
  - Plötzlicher, schwerer Schmerz
  - Taubheitsgefühl, Lähmung

- Blasse, gelbe Hautfarbe
- Fehlende Pulse
- *Chronische Zeichen*
- Claudicatio intermittens: schwere Krämpfe oder brennendes Gefühl in den Waden, im Gesäß oder im Oberschenkel, die unter Belastung auftreten und in Ruhe nachlassen. Die Symptome sind konstant und reproduzierbar
- Langsames Heilen von Schürf- und Schnittwunden
- Verfärbung der Haut und herabgesetzte Sensibilität in den betroffenen Extemitäten
- Verdickte Nägel
- Durchscheinende Haut
- Herabgesetzte Körpertemperatur
- Fehlende Pulse

Komplikationen

- Unterschenkelgeschwüre
- Gangrän
- Thrombose
- Gliedmaßenamputation

Diagnostik

- Beschreiben Sie jedes Verfahren, seinen Zweck sowie die Empfindungen und Wahrnehmungen, die dabei wahrscheinlich auftreten, und erläutern Sie die Pflege davor und danach
- Doppler-Ultraschalluntersuchung zur Feststellung anomaler Strömungsverhältnisse proximal des Verschlusses
- Plethysmographie um eine Abnahme der Durchblutung distal des Verschlusses aufzuzeichnen
- Echokardiographie zur Feststellung, ob ein Embolus aus dem Herzen für den Verschluß verantwortlich ist
- Arteriographie zur Bestimmung von Ort, Art und Grad des Verschlusses; kann auch zur Beurteilung des Umfangs von Kollateralkreisläufen eingesetzt werden
- Duplex-Sonographie zur Darstellung der Bildung arterieller Plaques, mißt Strömung und Druck

- Digitale Subtraktionsangiographie zur radiologischen Darstellung der Arterien und zum Nachweis und zur Bestimmung der Ausdehnung eines Verschlusses
- Belastungstest zur Bestimmung des Belastungsgrades, der die Symptome einer Mangeldurchblutung hervorruft
- Oszillometrie unter Verwendung einer Blutdruckmanschette, verbunden mit einem Blutdruckmeßgerät, zur Feststellung der Lokalisation eines Verschlusses anhand des Druckabfalls

Behandlung

Chronischer Zustand

Konservativ

- *Therapie*
- Programm zur Risikominderung: Überwachung des Blutdrucks, aufhören zu rauchen, Gewicht reduzieren, senken der Cholesterin- und Lipidspiegel
- Täglicher Spaziergang
- *Medikamente*
- Gerinnungshemmung mittels Dipyridamol und Acetylsalicylsäure zur Verhinderung von Arterienverschlüssen
- Pentoxiphyllin zur Verbesserung der Kapillardurchblutung und zur Steigerung der Gehstrecke von Patienten mit Claudicatio intermittens
- Acetylsalicylsäure zur Schmerzlinderung und zur Verhinderung von Thromboembolien
- Kalziumantagonisten gegen Gefäßspasmen
- Thrombolytika (Urokinase, Streptokinase, Alteplase) zur Auflösung von Gerinnseln und zur Verringerung der durch den Thrombus verursachten Gefäßverlegung

Chirurgisch

- Amputation: chirurgisches Entfernen der Extremität bei Gangrän, nicht zu beherrschender Infektion oder therapieresistenten Schmerzen
- Atherektomie: Abtragen und Entfernen von Plaques aus einer Arterie mit Spezialkathetern

Akuter Zustand

Konservativ

- *Therapie*
- Perkutane transluminale Angioplastie: Kompression des Hindernisses mittels Ballonkatheter

- Laserangioplastie: Verdampfen (Auflösen) des Hindernisses mit einem Laser mit erhitzter Spitze
- Stents: Einbringen eines Maschendrahtgeflechtes, das sich dehnt und der Gafäßwand anpaßt und so einen Verschluß verhindert

Chirurgisch

- Embolektomie zum Entfernen von Blutgerinnseln aus der betroffenen Arterie
- Thrombektomie, d. h. chirurgisches Eröffnen der betroffenen Arterie, um den atheromatösen Plaque oder den Thrombus zu entfernen
- Patchgraft, d. h. Ersatz des betroffenen Arterienabschnitts durch ein Stück körpereigene Vene aus der V. saphena oder ein Dacron-Implantat
- Bypass durch ein Stück körpereigene Vene aus der V. saphena oder ein Dacron-Implantat, um den betroffenen Abschnitt der Arterie zu umgehen
- Lumbale Sympathektomie

Ambulante Pflege

- Geben Sie sowohl dem Patienten als auch der betreuenden Person mündliche und schriftliche Instruktionen. Versorgen Sie sie mit Namen und Telefonnummer eines Arztes oder einer Pflegeperson, die bei Fragen zu Rate gezogen werden können
- *Allgemeine Informationen*
- Besprechen Sie den arteriosklerotischen und atherosklerotischen Prozeß und seine Rolle bei der Entstehung der arteriellen Verschlußkrankheit. Gehen Sie die Ursachen und beeinflussenden Faktoren durch. Zeigen Sie dem Patienten die Lokalisation des vermuteten Verschlusses, und beschreiben Sie einen Kollateralkreislauf. Erläutern Sie die Claudicatio intermittens und ihre Entwicklung
- Zeigen Sie den Patienten, wie man die betroffene Extremität auf ihre Farbe, Wärme und das Vorhandensein der Pulse untersucht
- *Komplikationszeichen*
- Gehen Sie die Zeichen und Symptome durch, die einem Arzt oder einer Pflegeperson mitgeteilt werden sollten
- *Besondere Hinweise*
- Besprechen Sie die Hautpflege
- Untersuchen Sie die Haut täglich auf Rötung, Blasenbildung oder Schnittwunden, die nicht heilen wollen
- Verwenden Sie bei trockener Haut milde, unparfümierte Lotionen
- Benutzen Sie keine Heizkissen oder Wärmflaschen, an denen sich der Patient verbrennen könnte

- Vermeiden Sie enge Kleidung, die die Durchblutung in den betroffenen Bereichen behindern könnte
- Halten Sie die Haut warm und trocken. Setzen Sie sie nicht der Kälte aus. Vermeiden Sie extreme Temperaturen
- Kleben Sie Pflaster nicht direkt auf die Haut
- Demonstrieren Sie die richtige Pflege bei Hautulzera. Sagen Sie dem Patienten, wie und wo die erforderlichen Materialien erhältlich sind
- Besprechen Sie die Fußpflege
  - Untersuchen Sie Füße und Zehen täglich auf Schnittverletzungen, Schürfwunden, Hornschwielen und Hühneraugen
  - Waschen Sie die Füße mit milder Seife und warmem Wasser, spülen Sie sie gut ab, und tupfen Sie sie trocken. Prüfen Sie die Wassertemperatur, um Verbrennungen zu vermeiden. Trocknen Sie die Füße gut ab, vor allem zwischen den Zehen
  - Verwenden Sie bei trockener Haut milde, unparfümierte Lotionen, und lassen Sie den Fuß vor dem Anziehen der Socken und Schuhe vollständig trocknen
  - Schneiden Sie die Zehennägel mit einem Nagelclip grade. Werden die Nägel dick und brüchig, konsultieren Sie einen Podologen. Weisen Sie den Patienten an, Hornschwielen und Hühneraugen nicht abzuschneiden, sondern vorsichtig abzureiben oder einen Podologen aufzusuchen
  - Gehen Sie niemals barfuß, und tragen Sie bequeme, gutsitzende Schuhe
- Bieten Sie Techniken für den Umgang mit chronischen Schmerzen an, wie etwa Visualisierung, gelenkte Imagination, Meditation und Biofeedback

Medikamente

- Erläutern Sie Zweck, Dosierung, Einnahmezeitplan und Art der Verabreichung der verordneten Medikamente sowie deren Nebenwirkungen, die einem Arzt oder einer Pflegeperson mitgeteilt werden sollten

Aktivitäten

- Besprechen Sie das geplante Übungsprogramm
  - Erläutern Sie die Bedeutung täglicher Übungen, um einen weiteren Verschluß zu verhindern und die Entwicklung eines Kollateralkreislaufs zu fördern
  - Gehen Sie die gestatteten Übungen durch: Gehen, Schwimmen, Radfahren

  - Erklären Sie, daß anhaltendes Üben den Schweregrad der Claudicatio intermittens senken und die Gehstrecke des Patienten verlängern kann. Der Patient kann z. B. losgehen, bis die Folgen der Durchblutungsstörung einsetzen, dann stehenbleiben, ausruhen und wieder losgehen, sobald der Schmerz nachläßt. Allmählich läßt sich die Gehstrecke steigern
  - Betonen Sie, daß der Patient bei jeder Art von Belastung oder Aktivität innehalten sollte, sobald Schmerzen auftreten, und fortfahren, sobald der Schmerz nachläßt
- Weisen Sie den Patienten an, starke Belastung der betroffenen Gliedmaße zu vermeiden, da dies den Sauerstoffbedarf erhöhen und damit die Schmerzen verstärken kann
- Unterweisen Sie den Patienten in Techniken, die die Blutversorgung der unteren Extremitäten erhöhen können, etwa Schlafen mit erhöhtem Oberkörper oder im Sitzen und Herabhängenlassen der Beine über die Bettkante, um den Dauerschmerz zu lindern
- Weisen Sie den Patienten an, langes Sitzen oder Stehen zu vermeiden, die Beine im Sitzen hochzulagern und nicht übereinanderzuschlagen
- *Ernährung/Diät*
- Betonen Sie, wie wichtig es ist, einen Lebensstil anzunehmen, der das Risiko eines Fortschreitens der Erkrankung senkt: Gewichtsreduktion, fett- und cholesterinarme Diät

Nachsorge

- Betonen Sie die Bedeutung regelmäßiger Nachsorgeuntersuchungen. Stellen Sie sicher, daß der Patient über die erforderlichen Namen und Telefonnummern verfügt
- Betonen Sie, wie wichtig es ist, mit dem Rauchen aufzuhören. Sorgen Sie bei Bedarf für Informationen über Entwöhnungsprogramme für Raucher sowie für die Aufnahme in diese Kurse. Sorgen Sie für Literatur, und besprechen Sie die Wirkungen von Nikotin auf den Kreislauf

Eisenmangelanämie

Eisenmangelanämie: eine unzureichende Resorption oder ein starker Verlust von Eisen. Anämie ist eine häufige Störung der Hämatopoese, definiert als erniedrigtes Volumen oder reduzierter Hämoglobingehalt der Erythrozyten. Die allgemeinen Auswirkungen einer Anämie ergeben sich aus einem Defekt des Sauerstofftransportmechanismus, obwohl einige Effekte auf verschiedene andere pathogenetische Faktoren zurückzuführen sind.

Beeinflussende Faktoren/Risikofaktoren

- Verringerte Aufnahme mit der Nahrung
- Blutverlust (gastrointestinale Blutung)
- Chronische Diarrhö
- Menstruationsstörungen
- Schwangerschaft
- Chronische Erkrankungen, z. B. eine rheumatoide Arthritis

Kennzeichen/Symptome

- Sprödes Haar und brüchige Nägel
- Dysphagie
- Wunde Stellen im Mund und auf der Zunge
- Müdigkeit
- Herabgesetzte Konzentrationsfähigkeit
- Kälteempfindlichkeit
- Zyklusstörungen
- Libidoverlust
- Tachykardie
- Palpitationen
- Tachypnö
- Belastungsdyspnö
- Blasse Schleimhäute
- Blasse Nagelbetten
- Schwindel

Komplikationen

- Hämochromatose (Eisenüberdosierung)
- Infektion

Diagnostik

- Beschreiben Sie jedes Verfahren, seinen Zweck und die Empfindungen und Wahrnehmungen, die dabei wahrscheinlich vorkommen, sowie die Pflege davor und danach
  - Blutbild
  - Peripherer Blutausstrich
  - Totale Eisenbindungskapazität
  - Retikulozytenzahl

Behandlung

Konservativ

- *Therapie*
- Erhöhte Eisenaufnahme mit der Nahrung
- Eisensubstitution (Eisensulfat, -gluconat)
- Behandlung der Ursache

Ambulante Pflege

- Geben Sie sowohl dem Patienten als auch der betreuenden Person *mündliche* und *schriftliche* Instruktionen. Nennen Sie ihnen den Namen und die Telefonnummer eines Arztes oder einer Pflegeperson, die sie bei Fragen anrufen können
- *Allgemeine Informationen*
- Erläutern und besprechen Sie mit dem Patienten die Eisenmangelanämie, ihre Ätiologie und die beeinflussenden Faktoren
- *Komplikationszeichen*
- Gehen Sie die Zeichen und Symptome durch, die einem Arzt oder einer Pflegeperson mitgeteilt werden sollten
  - Dyspnö
  - Benommenheit
  - Palpitationen
  - Thoraxschmerz
  - Kopfschmerzen
  - Zyklusanomalien
  - Eisenüberdosierung: Diarrhö, Fieber, Magenschmerzen, Übelkeit und Erbrechen

- *Besondere Hinweise*
  - Informieren Sie den Patienten darüber, daß sich der Stuhl unter einer Eisensubstitutionstherapie dunkel bis schwarz färbt. Besprechen Sie die Bedeutung einer Überwachung auf Blut im Stuhl, falls der Patient zu Blutungen im Gastrointestinaltrakt neigt. Unterweisen Sie ihn in der korrekten Durchführung der Tests
- *Medikamente*
  - Erläutern Sie Zweck, Dosierung, Einnahmezeitplan und Art der Verabreichung aller verordneten Medikamente sowie deren Nebenwirkungen, die einem Arzt oder einer Pflegeperson mitgeteilt werden sollten
  - Klären Sie, daß freiverkäufliche Vitaminpräparate, die Eisen enthalten könnten, vermieden werden sollten. Sagen Sie dem Patienten, er möge die Etiketten lesen und mit dem Arzt Rücksprache halten
  - Raten Sie dem Patienten, orale Eisenpräparate zu den Mahlzeiten einzunehmen, um eine maximale Resorption zu erreichen. Raten Sie ihm, Eisenpräparate nicht zusammen mit Milch oder einem Antazidum einzunehmen, da dies die Resorption senken kann. Besprechen Sie die Notwendigkeit einer erhöhten Aufnahme von Vitamin C, wodurch die Eisenresorption erhöht wird
  - Sagen Sie dem Patienten, er möge flüssige Eisenpräparate mit einem Strohhalm zu sich nehmen und sich danach gut den Mund ausspülen, um die Zähne so wenig wie möglich zu verfärben
- *Aktivitäten*
  - Sprechen Sie mit dem Patienten über Anpassungen und Einschränkungen im Hinblick auf Übungen und Tätigkeiten
  - Besprechen Sie, daß Tätigkeiten häufig von Ruhepausen unterbrochen werden sollten
- *Ernährung/Diät*
  - Betonen Sie die Bedeutung einer gut ausgewogenen Ernährung, besonders hinsichtlich der Eisenaufnahme, etwa durch rotes Fleisch, grünes Gemüse und Rosinen
  - Besprechen Sie die Vorteile von 6 kleinen, über den Tag verteilten Mahlzeiten anstelle von 3 Mahlzeiten, in denen die gleiche Menge aufgenommen wird
  - Sprechen Sie darüber, daß mehr Flüssigkeit aufgenommen werden und der Anteil an Ballaststoffen in der Nahrung steigen muß, um eine Verstopfung zu verhindern, die bei Eisensubstitution häufig vorkommt

Nachsorge

- Betonen Sie die Bedeutung regelmäßiger Nachsorgeuntersuchungen. Stellen Sie sicher, daß der Patient die notwendigen Namen und Telefonnummern hat

Elektrokardiographie, intrakardiale (Intrakardiales Mapping)

Elektrokardiographie, intrakardiale: ein invasives Verfahren zum Nachweis, zur Auslösung und zur Behandlung von Arrhythmien. Über einen Elektrodenkatheter, der über eine periphere Vene in den rechten Vorhof oder Ventrikel eingeführt wird, kann das Herz stimuliert werden, damit es sich erholt und um den Ursprung von Rhythmusanomalien zu lokalisieren sowie ferner die Wirksamkeit einer antiarrhythmischen Behandlung zu bestimmen.

Kontraindikationen

- Akuter Myokardinfarkt

Präoperative Schulung

- Gehen Sie die Erläuterungen des Arztes bezüglich des Eingriffs und seiner Gründe durch, und ermutigen Sie den Patienten, Fragen zu stellen und jegliche Sorgen oder Ängste zu besprechen. Erklären Sie, daß der Eingriff ambulant vorgenommen werden kann
- Besprechen Sie die Notwendigkeit einer schriftlichen Einverständniserklärung nach Aufklärung

Besprechen der präoperativen Pflege

- Weisen Sie den Patienten an, 6–12 Stunden vor dem Eingriff nichts mehr zu essen. Flüssigkeiten können bis zu 3 Stunden davor gestattet sein
- Erläutern Sie, was während des Eingriffs geschieht
  - Zuvor werden Medikamente verabreicht
  - Eine periphere intravenöse Infusion wird angelegt und Sauerstoff kann verabreicht werden
  - Die Stelle, an der der Katheter eingeführt wird, wird gesäubert und rasiert

- Gebiß und Sehhilfen werden herausgenommen bzw. entfernt
- Der Patient wird in einen speziellen Untersuchungsraum gebracht und auf einem gepolsterten Operationstisch gelagert. Der Eingriff dauert etwa 2–4 Stunden
- Gehen Sie die Empfindungen durch, die während des Eingriffs zu erwarten sind
- Druck und Beschwerden in der Leistengegend beim Einführen des Katheters. Gegen die Schmerzen und Beschwerden wird eine Lokalanästhesie gegeben
- Beschwerden im Zusammenhang mit der elektrischen Kardioversion. Der Patient ist sediert und erinnert sich gewöhnlich nicht daran
- Erklären Sie dem Patienten, daß er schläfrig und sich seiner Umgebung nicht bewußt ist, jedoch geweckt werden kann und nötigenfalls in der Lage ist, mit dem Arzt zu kommunizieren
- Weisen Sie den Patienten an, jegliche Form von Schmerzen, Übelkeit, Schwindel oder Palpitationen während des Eingriffs oder danach mitzuteilen
- Gehen Sie das Verfahren durch
- EKG-Elektroden und -kabel werden zur kontinuierlichen Überwachung des Herzens angelegt
- Spezielle Abpolsterungen werden auf dem Brustkorb angebracht, um bei Bedarf zur Defibrillation genutzt zu werden
- Die Leistenregion wird gereinigt und abgedeckt
- Unter Röntgendurchleuchtung werden mehrere Katheter eingeführt, durch die Leistenvene oder -arterie vorgeschoben und im Herzen positioniert
- Der Patient wird stark sediert
- Durch Vorhof- und Kammerschrittmacher werden verschiedene Teile des Reizleitungssystems am Herzen stimuliert. Das Reizleitungssystem und seine Störungen werden nach ihren Lokalisationen aufgezeichnet und Herzrhythmusstörungen werden identifiziert
- Antiarrhythmika werden verabreicht, um festzustellen, ob sie bei der Behandlung der Rhythmusstörung wirksam sind. In diesem Fall läßt sich der anomale Rhythmus nicht mehr auslösen
- Herzrhythmusstörungen, die nicht spontan erlöschen, werden durch rasche atriale Überstimulation oder elektrische Kardioversion beendet
- Nachdem alle erforderlichen Informationen gewonnen wurden, werden die Katheter entfernt. Für 10 Minuten wird die Kathetereintrittsstelle abgedrückt, und der Patient wird auf Station zurückgebracht

Besprechen der postoperativen Pflege

- Erläutern Sie dem Patienten, daß er Bettruhe einhält und intensiv auf Blutungen oder Herzrhythmusstörungen überwacht wird. Das Bein wird für 3–6 Stunden gestreckt gehalten

Komplikationen

- Ventrikuläre Tachykardie oder Kammerflimmern
- Perforation des Myokards
- Katheterbedingte Embolien (zerebrovaskulärer Insult, Myokardinfarkt)
- Phlebitis, Thrombose an der Einstichstelle
- Hämorrhagie

Ambulante Pflege

- Geben Sie sowohl dem Patienten als auch der betreuenden Person *mündliche* und *schriftliche* Instruktionen. Nennen Sie ihnen den Namen und die Telefonnummer eines Arztes oder einer Pflegeperson, die sie bei Fragen anrufen können
- Zur speziellen ambulanten Betreuung siehe Herzkatheteruntersuchung (S. 335) und Herzrhythmusstörungen (S. 343)
- *Allgemeine Informationen*
  - Gehen Sie die Erläuterungen des Arztes hinsichtlich der Befunde der intrakardialen Elektrokardiographie durch, und erklären Sie die empfohlene Behandlung
- *Medikamente*
  - Erläutern Sie Zweck, Dosierung, Zeitplan und Art der Einnahme der verschriebenen Medikamente sowie deren Nebenwirkungen, die einem Arzt oder einer Pflegeperson mitgeteilt werden sollten

Psychosoziale Betreuung

- Ermutigen Sie den Patienten, jegliche Befürchtungen und Sorgen hinsichtlich der Herzrhythmusstörungen und der verordneten Behandlung mitzuteilen

Hinweis

- Versorgen Sie den Patienten und die betreuende Person mit Telefonnummern und Namen von Menschen, an die sie sich bei Fragen und Sorgen wenden können

Endangiitis obliterans

Endangiitis obliterans (syn. Thrombangiitis obliterans): eine seltene arterielle Gefäßkrankheit, charakterisiert durch akute entzündliche Läsionen und Thrombosierung kleiner und mittlerer Arterien und Venen. Am häufigsten sind die Beine, Füße, oberen Extremitäten und Eingeweide betroffen. Die am häufigsten beteiligten Arterien sind die Aa. tibialis anterior und posterior und die Aa. plantares, die A. radialis, A. ulnaris sowie die Arterien der Hohlhand und der Finger.

Ätiologie/beeinflussende Faktoren

- Überempfindlichkeit gegen Nikotin
- Autoimmunerkrankung
- Männliches Geschlecht, Alter 20–40 Jahre
- Starker Zigarettenkonsum
- Genetische Veranlagung
- Jüdische Vorfahren
- Menschen in Indien und anderen asiatischen Ländern

Kennzeichen/Symptome

- Schmerzen
- Claudicatio intermittens im Fußspann, Zyanose und Taubheitsgefühl in den Füssen bei Kälte, die sich später in Rötung, Hitzegefühl und Kribbeln umwandeln
- Ulzerierte, schmerzende Fingerspitzen mit begleitender Störung der peripheren Pulse und Thrombophlebitis
- Veränderungen im Aussehen der Nägel oder der Haut
- Beinödem
- Unterschenkelgangrän bei Diabetikern

Komplikationen

- Ulzera
- Gangrän
- Muskelatrophie
- Infektionen

Diagnostik

- Beschreiben Sie jedes Verfahren, seinen Zweck und die Empfindungen und Wahrnehmungen, die dabei wahrscheinlich vorkommen, sowie die Pflege davor und danach
  - Arteriographie zur Lokalisierung der Läsionen und zum Ausschluß einer Arteriosklerose
  - Messen der Hauttemperatur
  - Blutuntersuchungen
  - Röntgen-Thorax
  - Doppler-Ultraschalluntersuchung zum Nachweis einer herabgesetzten Durchblutung der peripheren Gefäße
  - Plethysmographie zum unterstützenden Nachweis einer herabgesetzten Durchblutung der peripheren Gefäße

Behandlung

Konservativ

- Ziel der konservativen Therapie ist es, ein Fortschreiten der Erkrankung zu verhindern
- *Medikamente*
  - Vasodilatatoren zur Durchblutungsförderung, Schmerzerleichterung und als psychologische Unterstützung

Chirurgisch

- Regionale Sympathektomie, um eine Erweiterung der Gefäße zu erreichen
- Amputation in Fällen schwerer Infektion oder Toxizität und zur Schmerzlinderung in Fällen schwerer Gangrän

Ambulante Pflege

- Geben Sie sowohl dem Patienten als auch der betreuenden Person *schriftliche* und *mündliche* Instruktionen. Vermitteln Sie ihnen Namen und Telefonnummern eines Arztes oder einer Pflegeperson, die bei Fragen angerufen werden können

- *Allgemeine Informationen*
- Gehen Sie die Erklärung der Krankheit, der zugrundeliegenden Ursachen und fördernden Faktoren durch
- Besprechen Sie die Rolle von Nikotin beim Fortschreiten der Erkrankung. Betonen Sie, wie wichtig es ist, weder zu rauchen noch Tabak in anderer Form zu konsumieren
- *Komplikationszeichen*
- Gehen Sie die Zeichen und Symptome durch, die einem Arzt oder einer Pflegeperson mitgeteilt werden sollten
  - Claudicatio intermittens
  - Kälte- und Taubheitsgefühl in den Gliedmaßen
  - Nicht oder schlecht heilende Wunden und Ulzera
- *Besondere Hinweise*
- Warnen Sie den Patienten vor Faktoren, die die Krankheit vorantreiben
  - Langanhaltende Temperaturextreme
  - Fußverletzungen
  - Emotionaler Streß
- Besprechen Sie Maßnahmen zur Vermeidung von Komplikationen
- Geben Sie Instruktionen für die tägliche Fußpflege
  - Gutsitzende Socken tragen, kein Barfußgehen
  - Füße täglich auf Schnittverletzungen, Abschürfungen und Wunden untersuchen und dem Arzt bzw. der Pflegeperson mitteilen
  - Füße sauber und trocken halten
- Weisen Sie den Patienten in die Behandlung von Ulzera und Gangrän ein
  - Bettruhe mit gepolstertem Fußbrett oder Bettbogen, um Druck durch die Bettwäsche zu vermeiden
  - Ulzera mit milder Seife und lauwarmem Wasser waschen, heftiges Reiben vermeiden; sorgfältig abspülen und gründlich trocknen
  - Nach Anleitung ein Baumwollpolster über dem betroffenen Bereich anbringen
  - Bei wunden Stellen zwischen den Zehen diese durch Baumwolltüchlein voneinander trennen, um die Heilung zu fördern
- Warnen Sie den Patienten vor dem Gebrauch von Heizkissen und Wärmflaschen
- *Medikamente*
- Erläutern Sie Zweck, Dosierung, Einnahmezeitplan und Art der Verabreichung aller verordneten Medikamente sowie deren Nebenwirkungen, die einem Arzt oder einer Pflegeperson mitgeteilt werden sollten

- *Aktivitäten*
  - Sprechen Sie mit dem Patienten über Anpassungen und Einschränkungen im Hinblick auf körperliche Übungen und Tätigkeiten

Nachsorge

- Betonen Sie die Bedeutung regelmäßiger Nachsorgeuntersuchungen. Stellen Sie sicher, daß der Patient die erforderlichen Rufnunmmern hat
- Sorgen Sie für Informationen über Raucherentwöhnungskurse

Endokarditis

Endokarditis: eine Entzündung des Endokards, d. h. der inneren zellulären Auskleidung des Herzens, die die Herzklappen einschließen kann. Sie entsteht durch eine Infektion, die zur Bakteriämie führt. Dies kann durch eine Reihe von Keimen geschehen, am häufigsten durch Staphylokokken, Streptokokken und durch *Escherichia coli.* Die üblichen Eintrittspforten für eine Bakteriämie sind die Mundhöhle, der Harntrakt und der Gastrointestinaltrakt. Während die infektiöse Endokarditis im allgemeinen bei Patienten mit vorbestehender Herzerkrankung vorkommt, kann sie auch bei Patienten mit gesunden Herzklappen auftreten.

Risikofaktoren

- *Vorbestehende Herzerkrankung*
  - Herzklappenerkrankung
  - Angeborene Herzerkrankung
- Invasive Diagnostik und therapeutische Verfahren
- Immunsuppression
- Hohes Alter

Kennzeichen/Symptome

- Müdigkeit
- Erhöhte Körpertemperatur
- Frösteln, Nachtschweiß
- Gelenkbeschwerden und -schmerzen

- Gewichtsverlust
- Appetitverlust
- Allgemeines Unwohlsein

Komplikationen

- *Am Herzen*
  - Abszesse
  - Herzklappenerkrankung
  - Herzversagen
  - Myokarditis
- *Systemische Embolien: Gehirn, Nieren, Milz, Koronarien*
- *Anderes*
  - Lungenembolie
  - Schlaganfall

Diagnostik

- Beschreiben Sie jedes Verfahren, seinen Zweck und die normalen Empfindungen oder Wahrnehmungen, die dabei wahrscheinlich vorkommen, sowie die Pflege davor und danach
  - Blutuntersuchungen zum Nachweis des verursachenden Erregers sowie zur Suche nach Schäden an anderen Organen, einschließlich des Herzens und der Nieren
    - Blutkultur zum Nachweis des verursachenden Erregers
    - Großes Blutbild zum Nachweis des Entzündungsprozesses und einer Anämie
    - Rheumafaktoren
    - Blutkörperchensenkungsgeschwindigkeit
  - Echokardiographie zur Erkennung von Vegetationen oder Abszessen an den Herzklappen sowie zur Beurteilung der Ventrikelfunktion
  - EKG zur Erkennung von Herzrhythmusstörungen, die sich aus Schäden am Herzen ergeben
  - Radionukliduntersuchungen zum Nachweis einer Schädigung der Struktur und Funktion des Herzens
  - Andere: chemische Tests, spezielle Blutuntersuchungen, z. B. an Serumproben; Röntgen-Thorax

Behandlung

Konservativ

- *Medikamente*
  - Antibiotika intravenös: Abhängig vom Erreger und dem Grad der Beteiligung des Herzens kann die Behandlung 4–6 Wochen dauern
  - Antipyretika (Acetylsalicylsäure)
  - Antikoagulanzien, wenn der Patient Vegetationen auf den Herzklappen hat und sich ein Vorhofflimmern entwickelt

Chirurgisch

- Im allgemeinen nicht indiziert, kann jedoch erwogen werden beim Vorliegen einer akuten Infektion mit Abszeß, die auf die intravenöse Behandlung nicht anspricht

Ambulante Pflege

- Geben Sie sowohl dem Patienten als auch der bzw. dem Betreuenden *mündliche* und *schriftliche* Instruktionen. Nennen Sie ihnen den Namen und die Telefonnummer eines Arztes oder einer Pflegeperson, die sie bei Fragen anrufen können
- *Allgemeine Informationen*
  - Gehen Sie die Erläuterungen des Arztes hinsichtlich der speziellen Erkrankung, ihrer Ursache und der beeinflussenden Faktoren durch
- *Komplikationszeichen*
  - Gehen Sie die Zeichen und Symptome der Hirnhautreizung durch, die einem Arzt oder einer Pflegeperson mitgeteilt werden sollten.
    - Anhaltend erhöhte Körpertemperatur
    - Abwechselnd Schüttelfrost und Schweißausbrüche
    - Müdigkeit
- *Besondere Hinweise*
  - Gehen Sie die Faktoren durch, die zur Bakteriämie und Reinfektion führen können: schlechte Mundhygiene, Arbeiten am Zahnapparat (Reinigen, Zahnfleischbehandlung, Zahnextraktion), Eingriffe am Gastrointestinal- oder Urogenitaltrakt, vaginale Entbindungen, Furunkel, Staphylokokkeninfektionen, Operationen
  - Erklären Sie, wie wichtig es ist, jeden Arzt und Zahnarzt vor einem Eingriff über das Risiko einer Endokarditis zu informieren
  - Erläutern Sie die Notwendigkeit einer guten Mundhygiene und regelmäßiger Untersuchungen des Gebisses. Betonen Sie, wie wichtig es ist, beim ersten Anzeichen einer Infektion in der Mundhöhle oder einer Erkrankung des Zahnfleischs den Zahnarzt zu informieren

- *Medikamente*
  - Erläutern Sie Zweck, Dosierung, Zeitplan und Art der Einnahme der verschriebenen Medikamente sowie deren Nebenwirkungen, die einem Arzt oder einer Pflegeperson mitgeteilt werden sollten
  - Erläutern Sie die Notwendigkeit einer Antibiotikaprophylaxe vor einem Eingriff, der zu einer Bakteriämie führen könnte
- *Aktivitäten*
- Erklären Sie die Notwendigkeit, Ermüdung zu vermeiden und regelmäßig Ruhepausen einzuplanen

Nachsorge

- Betonen Sie die Bedeutung regelmäßiger Nachsorgeuntersuchungen. Stellen Sie sicher, daß der Patient die notwendigen Namen und Telefonnummern hat

Endometriose

Endometriose: abnormes Wachstum von Endometriumgewebe außerhalb des Uterus, gewöhnlich auf den Ovarien oder im Douglas-Raum, auf den Uterosakralbändern und auf der peritonealen Oberfläche des Uterus. Auch das ektope Gewebe folgt den hormonalen Veränderungen des Menstruationszyklus. Es handelt sich um eine gutartige Erkrankung unbekannter Ursache mit der Fähigkeit zur Infiltration und Ausbreitung. Sie tritt gewöhnlich bei Nulliparae im Alter zwischen 30 und 40 Jahren sowie bei Frauen auf, die eine Schwangerschaft hinauszögern.

Ätiologie/beeinflussende Faktoren/Risikofaktoren

- Angeborene Verlegung der Vagina oder der Zervix mit retrograder Menstruation
- Hormonelle oder entzündliche Faktoren

Kennzeichen/Symptome

- Veränderungen des Menstruationszyklus: überschießende, verlängerte, häufige Regelblutung
- Dysmenorrhö: Schmerzen bei der Menstruation

- Schmerzen beim Stuhlgang während der Regelblutung
- Dyspareunie: Schmerzen beim Geschlechtsverkehr

Komplikationen

- Infertilität
- Herabgesetzte Fertilität
- Spontanabort

Diagnostik

- Beschreiben Sie jedes Verfahren, seinen Zweck und die normalen Empfindungen oder Wahrnehmungen, die dabei wahrscheinlich vorkommen, sowie die Pflege davor und danach
  - Laparoskopie zur Darstellung von Läsionen oder Adhäsionen sowie zu deren Biopsie

Behandlung

Konservativ

- *Therapie*
  - Schwangerschaft bei Frauen mit Kinderwunsch
- *Medikamente*
  - Gonadotropin-Releasing-Hormon-Agonisten
  - Antigonadotrope Substanzen

Chirurgisch

- Laparoskopisches Entfernen, Laserbehandlung oder Kauterisieren von Endometriuminseln und Adhäsiolyse
- Hysterektomie, erhält den normalen Homonhaushalt
- Totale abdominale Hysterektomie mit beidseitiger Entfernung der Parametrien, um die Organe zu entfernen, welche die Hormone produzieren, die die Erkrankung beeinflussen

Ambulante Pflege

- Geben Sie sowohl der Patientin als auch der bzw. dem Betreuenden *mündliche* und *schriftliche* Instruktionen. Nennen Sie ihnen den Namen und die Telefonnummer eines Arztes oder einer Pflegeperson, die sie bei Fragen anrufen können

- *Allgemeine Informationen*
  - Gehen Sie die Erläuterung des Arztes hinsichtlich der speziellen Erkrankung, ihrer Ursache und der beeinflussenden Faktoren sowie der Pflege und Behandlung durch
  - Bereiten Sie die Patientin auf die Hysterektomie vor (s. Hysterektomie, radikale, S. 397)
- *Komplikationszeichen*
  - Gehen Sie die Zeichen und Symptome der Hirnhautreizung durch, die einem Arzt oder einer Pflegeperson mitgeteilt werden sollten
    - Fieber
    - Vaginale Blutung und Ausfluß
    - Unterleibsschmerzen und -spannungen
- *Besondere Hinweise*
  - Sorgen Sie für eine Schmerztherapie, indem Sie alternative Methoden für den Umgang mit chronischen Schmerzen anbieten, z. B. Visualisierung, geleitete Imagination, Meditation, Biofeedback

Nachsorge

- Betonen Sie die Bedeutung regelmäßiger Nachsorgeuntersuchungen einschließlich des Beckenraums. Stellen Sie sicher, daß die Patientin die notwendigen Namen und Telefonnummern hat

Psychosoziale Betreuung

- Ermutigen Sie die Patientin und ihren Partner, Gefühle, Befürchtungen und Ängste hinsichtlich einer möglichen Infertilität, Veränderungen in der Körperwahrnehmung und den Sexualfunktionen auszuloten und gemeinsam zu tragen
- Raten Sie der Patientin, eine Schwangerschaft nicht zu verschieben, da Infertilität eine der Komplikationen darstellt

Hinweis

- Helfen Sie der Patientin bei der Suche nach Beratung innerhalb der Gemeinde oder nach einem Berater bzw. einer Beraterin zur weiteren Unterstützung
- Helfen Sie der Patientin und ihrem Partner bei Bedarf, eine Überweisung zu einem Spezialisten zu erhalten

Endometriumkarzinom (Uteruskarzinom)

Endometriumkarzinom: Karzinom des Uterus und häufigstes Malignom bei Frauen. Als langsam wachsender Tumor findet sich das Endometriumkarzinom vorwiegend bei Frauen nach der Menopause. Die meisten Endometriumkarzinome sind Adenokarzinome, andere sind Adenoakanthome, Klarzellentumore sowie Plattenepithelkarzinome. Letztere sind selten, aber aggressiv und betreffen v.a. jüngere Frauen. Die Metastasierung erfolgt gewöhnlich in den Beckenraum und die paraaortalen Lymphknoten. Hämatogene Metastasen finden sich am häufigsten in Lunge, Leber, Knochen und Gehirn.

Risikofaktoren

- Übergewicht von mehr als 15 % des Normalgewichts
- Nulliparität, d. h., die Patientin hat noch nicht geboren
- Endometriumhyperplasie
- Polyzystische Ovarien
- Späte Menopause (nach dem 52. Lebensjahr)
- Unregelmäßige Regelblutungen in der Anamnese
- Fehlende Ovulation
- Mamma, Kolon- oder Ovarialkarzinome in der Anamnese
- Diabetes mellitus
- Arterielle Hypertonie
- Langfristige Östrogensubstitution

Kennzeichen/Symptome

- Blutungen nach der Menopause
- Schmerzen im Lumbosakralbereich, Hypogastrium und Becken
- Fortgeschrittene Erkrankung: Darmverschluß, Ikterus, Aszites, Atembeschwerden

Diagnostik

- Beschreiben Sie jedes Verfahren, seinen Zweck und die normalen Empfindungen oder Wahrnehmungen, die dabei wahrscheinlich vorkommen, sowie die Pflege davor und danach

- Papanicolaou-Abstrich zum Nachweis maligner Zellen
- Endometriumbiopsie oder fraktionierte Dilatation und Curettage zum Nachweis maligner Zellen
- Laparotomie mit Probenentnahme der Peritonealflüssigkeit oder Peritoneallavage zum Nachweis maligner Zellen

Behandlung

Konservativ

- *Therapie*
- Strahlentherapie
  - Präoperativ: intrakavitäre Bestrahlung
  - Postoperativ: perkutane (externe) Bestrahlung
- Chemotherapie
  - Progesteron, Hydroxyprogesteron oder Medroxyprogesteronacetat
  - Chemotherapie mit einzelnen Wirkstoffen: Cisplatin, Doxorubicin, Cyclophosphamid

Chirurgisch

- *Tumore im Stadium I*
- Totale abdominale Hysterektomie mit beidseitiger Entfernung der Parametrien sowie Biopsien der Beckenlymphknoten und paraaortalen Lymphknoten
- *Tumore im Stadium II*
- *Radikale Hysterektomie*

Ambulante Pflege

- Geben Sie sowohl der Patientin als auch der bzw. dem Betreuenden *mündliche* und *schriftliche* Instruktionen. Nennen Sie ihnen den Namen und die Telefonnummer eines Arztes oder einer Pflegeperson, die sie bei Fragen anrufen können. Setzen Sie visuelle Hilfen ein
- *Allgemeine Informationen*
- Gehen Sie die Erläuterung des Arztes hinsichtlich der speziellen Erkrankung, ihrer Ursache und der beeinflussenden Faktoren durch
- Sorgen Sie für eine ausreichende Schmerztherapie (s. Schmerzbekämpfung, S. 701)
- Bereiten Sie die Patientin auf die intrakavitäre Strahlentherapie vor (s. Strahlentherapie, S. 714)
- Bereiten Sie die Patientin auf die Hysterektomie vor (s. Hysterektomie, radikale, S. 397)

- *Komplikationszeichen*
  - Gehen Sie die Zeichen und Symptome durch, die einem Arzt oder einer Pflegeperson mitgeteilt werden sollten
    - Infektion: Rötung, Ausfluß, Schmerzen, Erwärmung, Fieber
    - Blutung: vaginale Blutung oder Blutung an der Einschnittstelle
    - Flüssigkeitsmangel: abnehmende Harnmenge, konzentrierter Urin, Schwäche, Veränderung des Bewußtseinszustandes

Nachsorge

- Betonen Sie die Bedeutung regelmäßiger Nachsorgeuntersuchungen. Stellen Sie sicher, daß die Patientin die notwendigen Namen und Telefonnummern hat

Hinweis

- Helfen Sie der Patientin bei der Suche nach Beratungsdiensten zur Sexualberatung und Selbsthilfegruppen

Endoskopie

Endoskopie: Darstellung der inneren Zellauskleidung des Verdauungstraktes zum Auffinden von Blutungsquellen, zur Darstellung von Anomalien wie Ulzera, Tumoren, Polypen oder Entzündungen sowie zur Gewinnung von Gewebeproben (Biopsie) zur Laboranalyse. Die Arten der Endoskopie sowie die dargestellten Organe umfassen die Gastroskopie (Magen), Duodenoskopie (Dünndarm), Gastroduodenoskopie (Magen und Dünndarm) und die Ösophagogastroduodenoskopie (Speiseröhre, Magen und Dünndarm).

Indikationen

- Achalasie
- Karzinome der Mundhöhle oder des Ösophagus
- Ösophagitis und Ösophagusvarizen
- Mallory-Weiss-Syndrom
- Akute oder chronische Gastritis
- Magen- oder Duodenalulzera
- Magenkarzinom

Präoperative Schulung

- Gehen Sie die Erläuterungen des Arztes hinsichtlich des Eingriffs und seiner Gründe durch. Ermutigen Sie den Patienten, Fragen zu stellen und jegliche Befürchtungen und Ängste zu besprechen. Erklären Sie, daß der Eingriff gewöhnlich 15–30 Minuten dauert, im allgemeinen ambulant durchgeführt und darin besteht, daß ein langer, flexibler Schlauch mit einer Lichtquelle und einer Optik zur direkten Darstellung eingeführt wird
- Erklären Sie die Notwendigkeit einer schriftlichen Einverständniserklärung nach Aufklärung

Besprechen der präoperativen Pflege

- Ermöglichen Sie dem Patienten, Befürchtungen und Sorgen hinsichtlich des Eingriffs auszusprechen
- Erklären Sie, daß der Patient 6–12 Stunden vor dem Eingriff nüchtern bleiben muß
- Gehen Sie das Verfahren durch
  - Erfolgt der Eingriff notfallmäßig, wird eine Magensonde gelegt, um Mageninhalt abzusaugen
  - Ein intravenöser Zugang wird gelegt
  - Gebiß und Teilprothesen werden entfernt
  - Sedativa und Analgetika werden verabreicht
  - Zur Herabsetzung der Magenmotilität und um eine Aspiration zu verhindern, wird Atropin verabreicht
  - Ein Lokalanästhetikum wird in die Mundhöhle und den Rachenraum gesprüht, um die Passage des Endoskops zu erleichtern. Erklären Sie, daß sich Mundhöhle und Rachenraum geschwollen anfühlen werden. Weisen Sie den Patienten an, Speichel seitlich aus dem Mund in eine Nierenschale laufen zu lassen

Besprechen der postoperativen Pflege

- Erklären Sie, was nach dem Eingriff geschieht
  - Der Patient muß nüchtern bleiben, bis der Würgereflex zurückkehrt, d. h. etwa 2–4 Stunden
  - Gegen das Wundsein im Hals werden Halspastillen und Analgetika verschrieben
  - Der Patient wird auf Anzeichen und Symptome von Komplikationen überwacht
- Raten Sie dem Patienten aufgrund der Nachwirkungen der Sedierung, sich von jemandem nach Hause fahren zu lassen

Komplikationen

- Hämorrhagie
- Ösophagus- oder Magenperforation
- Schmerzen oder Beschwerden beim Schlucken
- Fieber
- Hämatemesis
- Atem- oder Kreislauflabilität

Ambulante Pflege

- Geben Sie sowohl dem Patienten als auch der bzw. dem Betreuenden *mündliche* und *schriftliche* Instruktionen. Nennen Sie ihnen den Namen und die Telefonnummer eines Arztes oder einer Pflegeperson, die sie bei Fragen anrufen können
- *Allgemeine Informationen*
- Gehen Sie die Erläuterung des Arztes hinsichtlich des Eingriffs, der Befunde sowie der speziellen Nachsorge durch
- *Komplikationszeichen*
- Gehen Sie die Zeichen und Symptome durch, die einem Arzt oder einer Pflegeperson mitgeteilt werden sollten
  - Anhaltende Schluckbeschwerden
  - Verstärkte Schmerzen
  - Blutung: Bluterbrechen, Teerstühle
  - Atemstörungen
- *Besondere Hinweise*
- Bereiten Sie den Patienten darauf vor, daß das Wundsein im Hals und Aufstoßen noch bis zu 3 Tagen nach dem Eingriff anhalten können
- Raten Sie ihm zu Halspastillen und Gurgeln mit warmer Salzlösung, um die Halsbeschwerden zu lindern
- *Ernährung/Diät*
- Weisen Sie den Patienten an, die normale Nahrungsaufnahme oder eine der Grunderkrankung entsprechende Diät wieder zu beginnen, nachdem Würge- und Schluckreflex zurückgekehrt sind, d. h. nach 2–4 Stunden
- Empfehlen Sie, mit weichen, ungewürzten Speisen zu beginnen, bis das Wundsein zurückgegangen ist

Nachsorge

- Betonen Sie die Bedeutung regelmäßiger Nachsorgeuntersuchungen. Stellen Sie sicher, daß der Patient die notwendigen Namen und Telefonnummern hat

Enterostoma (Ileostoma, Kolostoma)

Enterostoma: eine temporäre oder permanente Öffnung im Darm, die es ermöglicht, Fäzes an der Hautoberfläche auszustoßen, wird Stoma genannt.

Ileostoma: Ein permanentes Ileostoma bedeutet das Entfernen des Kolons und des Rektums und den Verschluß des Anus (Proktokolektomie). Das terminale Ileum wird durch die Bauchdecke geführt, und der Patient trägt einen nach außen liegenden Beutel. Ein kontinentes Ileostoma (Kock pouch) beinhaltet das chirurgische Entfernen von Rektum und Kolon mit Anlegen eines innenliegenden Ileumreservoirs, Knopfventil und Stoma. Fäzes sammelt sich in dem mittels Knopfventil verschlossenen Reservoir, bis der Patient sie mit einem Katheter durch das Stoma hindurch entleert. Es gibt keinen externen Beutel. Der innen liegende Beutel wird mehrmals am Tag entleert. Das Stoma liegt flach in der Ebene der Hautoberfläche. Der abgehende Darminhalt ist flüssig.

Kolostoma: Resektion des gesamten Rektums und betroffenen Kolons mit Verschluß des Anus. Bleibt das Rektum intakt, so kann das Kolostoma temporär sein. Die Lokalisation des Stomas und die Beschaffenheit des abgehenden Inhalts hängen von dem resezierten Kolonsegment ab: C. ascendens (flüssig), C. transversum (halbfest) oder Sigmoid (fast normal fest).

Indikationen

- *Ileostoma*
  - Colitis ulcerosa
  - Dünndarmverschluß
  - Polyposis
- *Kolostoma*
  - Kolonkarzinom
  - Divertikulitis
  - Fistel

Präoperative Schulung

- Gehen Sie die Erläuterung des Arztes hinsichtlich der Operation und der Art des Enterostomas durch. Beschreiben Sie, wie das Enterostoma funktioniert, wo es sich befindet sowie Geruch und Aussehen der Fäzes. Verwenden Sie einfache Beschreibungen und Illustrationen
- Beschreiben und zeigen Sie dem Patienten die Ausstattung und das verwendete Material, wie z. B. den Beutel
- Erläutern Sie den Vorgang der Auswahl des Stomas, und fragen Sie nach den Präferenzen des Patienten. Ermöglichen Sie dem Patienten das Tragen eines Stomabeutels über dem betroffenen Bereich, um sicherzugehen, das das Tragen an dieser Stelle bequem ist
- Arrangieren Sie ein Treffen mit einem Stomatherapeuten und einem betroffenen Patienten
- Besprechen Sie die Notwendigkeit einer schriftlichen Einverständniserklärung nach Aufklärung

Besprechen der präoperativen Pflege

- Gehen Sie die präoperativen Maßnahmen einschließlich der Darmvorbereitung durch (s. abdominalchirurgischer Eingriff, S. 3)
- Lassen Sie Zeit für Fragen. Ermutigen Sie den Patienten, Ängste und Gefühle bezüglich der Veränderung des Körperbildes, der Sexualität und der Rollenfunktion zu zeigen und zu verbalisieren

Nebenwirkungen/Komplikationen

- Undichtigkeit an der Haftstelle
- Zeichen einer Wundinfektion
- Störung des Elektrolytgleichgewichts
- Dehydratation
- Verschluß
- Prolaps
- Hämorrhagie
- Striktur
- Retraktion
- Nekrose

Ambulante Pflege

- Geben Sie sowohl dem Patienten als auch der bzw. dem Betreuenden *mündliche* und *schriftliche* Instruktionen. Nennen Sie ihnen Namen und Telefonnummer eines Arztes, einer Pflegeperson oder eines Stomatherapeuten, die sie bei Fragen anrufen können. Verwenden Sie bei der Unterweisung visuelle Hilfen, und planen Sie Zeit zum Üben und zu wiederholter Demonstration ein
- *Allgemeine Informationen*
  - Beschreiben Sie Art und Lokalisation des zukünftigen Stomas, indem Sie die Indikationen durchgehen. Erläutern Sie, daß der Ausfluß von der aufgenommenen Nahrung abhängt
  - Erklären Sie, daß ein Enterostoma spezieller Pflege bedarf. Dazu gehören Modifikationen und Einschränkungen bei der Ernährung und eine äußerst sorgfältige Hautpflege
- *Komplikationszeichen*
  - Gehen Sie die Zeichen und Symptome durch, die einem Arzt oder einer Pflegeperson mitgeteilt werden sollten
    - Infektion des Stomas: Rötung, eitriger Ausfluß, Schwellung, Schmerzen, Wärme beim Berühren, Fieber
    - Stomaprolaps: blutiger Ausfluß, anhaltende Diarrhö durch das Stoma, starke Blähungen, fehlende Fäzes oder Veränderung des üblichen Ausscheidungsmusters
    - Ileostoma: nicht intubierbares Stoma, gespanntes Abdomen, Übelkeit, Erbrechen, Bauchschmerzen, Fehlfunktion des Knopfventils, Stuhlinkontinenz, abgehende Winde
- *Besondere Hinweise*
  - Besprechen und demonstrieren Sie die Pflege der Haut um das Stoma herum. Geben Sie dem Patienten und der betreuenden Person Zeit zu wiederholten Demonstrationen und zum Üben
    - Tägliche Inspektion der Haut auf Anzeichen einer Reizung oder Infektion
    - Bei jedem Wechsel des Beutels die Haut mit Wasser und Seife reinigen. Vor Anbringen eines frischen Beutels einen Hautschutz auf die saubere und trockene Haut aufbringen
    - Ein Plättchen auf Pektinbasis in den Beutel einbringen
    - Bei Auftreten eines Hautausschlags die Haut mit einer Wärmelampe oder einem Föhn trocknen

  - Ein wenig Puder, z. B. Karaya-Puder, auf die Haut aufbringen, überschüssiges Puder abwischen, und das Puder mit einem Sprühverband auf der Haut festhalten
  - Die Haut nach Aufbringen des Beutels pudern
- Demonstrieren Sie das Entleeren eines Enterostomabeutels. Erläutern Sie, daß dies erfolgen sollte, wenn der Beutel zu etwa einem Drittel gefüllt ist. Sorgen Sie dafür, daß Patient und betreuende Person genügend Zeit zu wiederholten Demonstrationen und zum Üben haben
  - Lassen Sie den Patienten sich auf die Toilette setzen, den Beutel zwischen den Beinen, oder lassen Sie ihn auf einem Stuhl sitzen, wobei die Öffnung des Beutels in die Toilette zeigt
  - Den Beutel mit dem unteren Ende nach oben halten, die Klammer öffnen und den Inhalt in die Toilette entleeren. Etwas Toilettenpapier in der Schüssel hilft, Spritzen zu verhindern
  - Zurückbleibender Inhalt aus dem Beutel drücken
  - Ein Ende des Beutels nach oben halten und eine Tasse Wasser durch die Öffnung hineingießen. Das Wasser umherschwenken, um den Beutel von innen zu reinigen. Das Stoma oder den Klebeverschluß darum herum nicht naß werden lassen
  - Um die Öffnung des Beutels herum mit Toilettenpapier säubern und den Beutel wieder verschließen
- Demonstrieren Sie das Entfernen eines Enterostomabeutels. Geben Sie dem Patienten und der betreuenden Person Zeit zu wiederholten Demonstrationen und zum Üben
  - Weisen Sie den Patienten an, den Beutel alle 5–7 Tage auszuwechseln. Bevor Sie damit beginnen, holen Sie folgendes Materal und Instrumentarium zusammen: Lösungsmittel für Klebstoff, Gazekompressen, Puder (bei Bedarf), Handtuch, Schere
  - Halten Sie im Stehen die Haut um das Stoma herum gespannt, und beginnen Sie mit dem Abziehen der Klebefläche, die den Beutel auf der Haut festhält. Es funktioniert am besten, wenn Sie von oben nach unten ziehen. Läßt sich der Beutel nicht abziehen, verwenden Sie das Lösungsmittel, um die Ecken abzulösen
  - Ausfluß aus dem Stoma mit den Gazekompressen abwischen
  - Den Bereich um das Stoma mit Wasser und Seife waschen und gründlich abtrocknen. Gereizte Haut pudern. Bei Bedarf einen Hautschutz aufbringen
- Demonstrieren Sie das Anbringen eines Enterostomabeutels. Geben Sie dem Patienten und der betreuenden Person Zeit zu wiederholten Demonstrationen und zum Üben

- ☐ Papier von der Haftplatte abziehen
- ☐ Den Beutel über der Stomaöffnung zentrieren und rund um die Haftplatte andrücken, um sicherzugehen, daß sie fest auf der Haut sitzt
- ☐ Den Gurt befestigen, falls der Patient ihn zu tragen wünscht
- ☐ Luft aus dem Beutel drücken und diesen mit der Klemme verschließen

☐ Erläutern Sie das Entleeren eines kontinenten Ileostomas (Kock pouch)

- ☐ Mehrmals täglich einen großvolumigen Schlauch in das Stoma einführen, um Stuhl und Winde zu entleeren

■ *Medikamente*

☐ Erläutern Sie Zweck, Dosierung, Zeitplan und Art der Einnahme der verschriebenen Medikamente sowie deren Nebenwirkungen, die einem Arzt oder einer Pflegeperson mitgeteilt werden sollten

■ *Aktivitäten*

☐ Ermutigen Sie den Patienten zur baldmöglichen Wiederaufnahme seiner täglichen Verrichtungen

☐ Erklären Sie ihm, daß regelmäßige Betätigung seine körperlichen Kräfte stärken hilft. Informieren Sie den Patienten darüber, daß Tätigkeiten, die zur Anspannung der Bauchdecke führen, wie z. B. Heben, oder Kontaktsportarten, wie z. B. Fußball und Eishockey, vermieden werden sollten

☐ Ermutigen Sie zu Fragen bezüglich besonderer Anpassungen und Einschränkungen im Beruf, in der Freizeit und bei Tätigkeiten

☐ Versichern Sie dem Patienten, daß er seinen früheren Lebensstil nach dem Abheilen des Stomas wieder aufnehmen kann. Sorgen Sie für Beispiele und Richtlinien

☐ Erklären Sie ihm, daß Duschen und Baden erlaubt sind, da das Stoma durch Seife und unmittelbaren Kontakt mit Wasser nicht geschädigt wird. Falls der Patient einen Austritt von Fäzes befürchtet, kann er einen provisorischen Einmalbeutel tragen

☐ Raten Sie dem Patienten, über dem Stoma keine enganliegende, dichtsitzende Kleidung, wie z. B. Hüfthalter oder Gürtel, zu tragen

☐ Empfehlen Sie vor Antritt einer Reise einige Vorbereitungen

- ☐ Genügend Material für die Stomapflege einkaufen oder herausfinden, wo es unterwegs zu beschaffen ist
- ☐ Ist der verwendete Beutel für den Mehrfachgebrauch geeignet, Einmalbeutel für alle Fälle besorgen
- ☐ Material im Handgepäck mitführen, um Verlust zu vermeiden. Bei Interkontinentalflügen mit der Fluggesellschaft die Möglichkeit spezieller Mahlzeiten abklären

- Den Arzt über die bevorstehende Reise informieren und um Medikamente gegen Diarrhö und Obstipation bitten. Bei Reisen ins Ausland nur Trinkwasser trinken

- Besprechen Sie die Auswirkungen eines Enterostomas auf das Sexualleben des Patienten. Sorgen Sie für Informationen, und ermutigen Sie den Patienten zu einer Sexualberatung, falls der Partner oder die Partnerin nicht in der Lage sind, über Sexualität zu sprechen
  - Das Vorhandensein eines Enterostomas hat normalerweise keine Auswirkungen auf die Sexualität, ausgenommen bei Männern mit Rektum- oder Blasenkarzinom, bei denen eine vorübergehende oder dauerhafte Impotenz vorliegen kann
  - Eine Schwangerschaft ist möglich, sollte jedoch geplant werden. Die Patientin sollte vor einer Schwangerschaft mit dem Arzt oder einer Pflegeperson sprechen und über Schwangerschaftsverhütung informiert werden
  - Das Sexualleben kann wieder aufgenommen werden, nachdem das Stoma verheilt ist und die beiden Partner dazu bereit sind
  - Aussprache und Kommunikation zwischen den Partnern sind wichtig
  - Das Stoma kann durch engen körperlichen Kontakt nicht beschädigt werden
  - Vor dem Geschlechtsverkehr sollte der Beutel entleert werden. Möglicherweise wünscht der Patient eine Leibbinde zur Abdeckung

- *Ernährung/Diät*
- Gehen Sie die Beschränkungen bei der Ernährung (s. u.) durch, um einen Verschluß des Stomas und Diarrhö sowie Winde und Geruch zu verhindern. Sorgen Sie für schriftliche Informationen, und verweisen Sie den Patienten für zusätzliche Informationen und Beratung an eine Diätberatung
- Halten Sie den Patienten zur Flüssigkeitsaufnahme an, um den Wasser- und Elektrolythaushalt ausgewogen zu halten, vor allem an heißen Tagen oder bei Anfällen von Diarrhö. Raten Sie dem Patienten, Laxanzien und Diuretika zu meiden, die den Flüssigkeitsverlust erhöhen
- Weisen Sie den Patienten an, keine gaserzeugenden Speisen zu essen, wie z. B. Broccoli, Kohl, Bohnen, Zwiebeln und Radieschen. Sollte dies doch geschehen, so sollte der Patient ein Medikament gegen Blähungen einnehmen

- Empfehlen Sie, Geruchsbildung zu vermeiden, indem der Patient keine Eier, keinen Käse und keinen Alkohol zu sich nimmt
- Weisen Sie den Patienten mit einem Ileostoma an, geruchsabsorbierende Tabletten, die in den Beutel gesteckt werden, oder ein kommerzielles gasableitendes Ventil zu kaufen
- Erklären Sie, wie man einen Verschluß des Stomas verhindert, indem man ballaststoffreiche Nahrungsmittel wie Sellerie, Salat, Nüsse und Mais meidet
- Informieren Sie den Patienten darüber, wie sich eine Diarrhö verhindern läßt, indem man scharf gewürzte Speisen oder rohes Obst und Gemüse, wie z. B. grüne Bohnen und Broccoli, meidet
- Weisen Sie den Patienten an, die Mahlzeiten zu geregelten Zeiten und in mäßigen Portionen einzunehmen und neue Speisen für den Fall negativer Auswirkungen in kleinen Mengen zu versuchen
- Erklären Sie, daß eine Gasbildung durch den Gebrauch von Strohhalmen, durch Kaugummikauen oder Kauen mit offenem Mund sowie durch Rauchen verhindert werden kann

Nachsorge

- Betonen Sie die Bedeutung regelmäßiger Nachsorgeuntersuchungen. Stellen Sie sicher, daß der Patient die notwendigen Namen und Telefonnummern hat

Psychosoziale Betreuung

- Geben Sie dem Patienten Zeit zur emotionalen Verarbeitung und Anpassung. Ermutigen Sie ihn, Fragen zu stellen und seinen Gefühlen hinsichtlich der Veränderungen seines Körperbildes Ausdruck zu verleihen

Hinweis

- Sorgen Sie für die Überweisung an ambulante Pflegedienste und Selbsthilfegruppen

Enukleation

Enukleation: operatives Entfernen des Augapfels. Sie wird durchgeführt, wenn andere Formen der Behandlung nicht mehr ausreichen, um Schmerzen, Entstellung oder die Ausbreitung einer malignen Erkrankung zu verhindern.

Indikationen

- Schwere Infektionen
- Malignome (Melanom, Retinoblastom)
- Große, infiltrierend wachsende Tumoren
- Ausgedehntes Trauma
- Erblindung zusammen mit schweren Augenschmerzen
- Glaukom im Endstadium
- Prophylaxe bei sympathischer Ophthalmie

Präoperative Schulung

- Gehen Sie die Erläuterungen des Arztes hinsichtlich des Eingriffs und seiner Gründe durch. Ermutigen Sie den Patienten, Fragen zu stellen und jegliche Befürchtungen und Ängste zu besprechen
- Erklären Sie die Notwendigkeit einer schriftlichen Einverständniserklärung nach Aufklärung

Besprechen der präoperativen Pflege

- Gehen Sie die Untersuchungen vor der Operation durch
  - Blutuntersuchung zur Bestimmung des Elektrolythaushalts und zum Nachweis einer Infektion
  - Urinuntersuchung zum Nachweis einer Infektion
  - Röntgen-Thorax und EKG, falls durch das Alter indiziert, um Ausgangswerte zu schaffen und mögliche Störungen zu entdecken
- Informieren Sie den Patienten, daß er am Abend vor der Operation nüchtern bleiben muß
- Besprechen Sie die Notwendigkeit einer Dusche und Haarwäsche mit bakterizider Seife am Abend vor der Operation

Besprechen der postoperativen Pflege

- Erklären Sie, daß der Arzt einen temporären künstlichen Augapfel aus Teflon oder Plastik einsetzt, um die Augenhöhle zu erhalten, bis eine Dauerprothese eingesetzt werden kann, gewöhnlich 10–14 Tage nach der Enukleation
- Besprechen Sie, daß postoperativ für 2–3 Tage ein Druckverband erforderlich ist, um die Schwellung so gering wie möglich zu halten und Blutungen zu verhindern
- Erklären Sie, daß Ernährung und Aktivitäten vom ersten postoperativen Tag an entsprechend der Belastbarkeit fortgesetzt werden
- Erklären Sie, daß Reiben und Berühren der Augenhöhle sowie starkes Zukneifen des Augenlides vermieden werden müssen, da sie zu Verletzungen und Infektionen führen können
- Erklären Sie, daß Schmerzen nach der Operation bis zu einem gewissen Grad normal sind und durch Analgetika kontrolliert werden. Raten Sie dem Patienten jedoch, Kopfschmerzen oder einen stechenden Schmerz, die für eine Hämorrhagie, Infektion oder gerissene Nähte sprechen können, sofort mitzuteilen
- Sagen Sie dem Patienten, er möge nicht auf der operierten Seite, sondern lieber auf dem Rücken oder mit um 30 Grad erhöhtem Kopf liegen, um den intraorbitalen Druck auf ein Minimum zu reduzieren
- Raten Sie dem Patienten, sich nicht zu bücken oder herabzubeugen, das Heben schwerer Gegenstände und Pressen beim Stuhlgang sowie Husten oder Niesen bei geschlossenem Mund zu vermeiden, da dies zu Blutungen führen kann

Nebenwirkungen/Komplikationen

- Hämorrhagie
- Schock
- Infektion
- Abszeßbildung
- Meningitis

Ambulante Pflege

- Geben Sie sowohl dem Patienten als auch der bzw. dem Betreuenden *mündliche* und *schriftliche* Instruktionen. Nennen Sie ihnen den Namen und die Telefonnummer eines Arztes oder einer Pflegeperson, die sie bei Fragen anrufen können

- *Komplikationszeichen*
- Gehen Sie die Zeichen und Symptome durch, die einem Arzt oder einer Pflegeperson mitgeteilt werden sollten
  - Eitrige Sekretabsonderung oder Blutung
  - Anschwellen der Augenhöhle
  - Schmerzen
  - Anhaltende Rötung
  - Fieber
- *Besondere Hinweise*
- Erklären Sie, wie wichtig es ist, Reiben, Berühren oder Anstoßen der Orbita zu vermeiden bzw. ohne Abstimmung mit dem Arzt Make-up an den Augen zu verwenden
- Besprechen Sie die Notwendigkeit, das Augenlid zu reinigen, und zeigen Sie, wie man Sekret entfernt, indem man mit einem Wattetupfer vorsichtig von innen nach außen wischt, wobei bei jeder Wischbewegung ein neuer Tupfer verwendet wird. Nehmen Sie sich Zeit für eine Wiederholung der Demonstration
- Gehen Sie die Pflege der Augenhöhle durch. Besprechen Sie ggf., wie man ein Kunstauge pflegt und einsetzt
- Erklären Sie, daß eine Augenklappe getragen werden muß, um die Augenhöhle sauberzuhalten, bis das Kunstauge angepaßt ist. Führen Sie das Anlegen der Augenklappe vor
- Besprechen Sie, daß die Sehkraft des verbliebenen Auges geschützt werden muß. Raten Sie dem Patienten zum Tragen einer Schutzbrille und zu regelmäßigen Nachsorgeuntersuchungen
- Erklären Sie, daß sich die provisorische Prothese verschieben kann, daß dies jedoch kein Problem darstellt und sie nicht wieder eingesetzt werden muß
- *Medikamente*
- Erläutern Sie Zweck, Dosierung, Zeitplan und Art der Einnahme der verschriebenen Medikamente sowie deren Nebenwirkungen, die einem Arzt oder einer Pflegeperson mitgeteilt werden sollten
- Erklären Sie, wie wichtig es ist, sich vor dem Einbringen von Medikamenten in das Auge gründlich die Hände zu waschen
- *Aktivitäten*
- Erinnern Sie den Patienten daran, daß das Gesichtsfeld nach dem Verlust eines Auges eingeschränkt ist und das perspektivische Sehen verlorengeht. Besprechen Sie die Notwendigkeit ausgiebiger Bewegungen des Kopfes, um wieder ein volles Gesichtsfeld zu erlangen. Raten Sie zur Vorsicht bei Tätigkeiten, bis sich der Patient an den Verlust seines Auges gewöhnt hat

Nachsorge

- Betonen Sie die Bedeutung regelmäßiger Nachsorgeuntersuchungen. Stellen Sie sicher, daß der Patient die notwendigen Namen und Telefonnummern hat
- Besprechen Sie die Bedeutung eines Notfallmedaillons (SOS-Kapsel) und eines Ausweises, auf dem vermerkt ist, daß der Träger ein Kunstauge hat

Enzephalitis, Meningitis

Enzephalitis, Meningitis: Entzündung des Gewebes in Gehirn und Rückenmark, die zu Funktionsveränderungen dieser Gewebe führt. Die Enzephalitis wird häufig von Zeichen einer systemischen Infektion begleitet. Sie folgt gewöhnlich auf eine systemische Virusinfektion, nach Mückenstichen oder nach Schwimmen oder Tauchen in offenen Gewässern (Amöben). Eine Meningitis kann durch direktes Eindringen von Bakterien, Viren, Pilzen oder Parasiten oder iatrogen durch Einbringen von Reizstoffen entstehen. Eine Meningitis folgt gewöhnlich auf eine kurze Zeit zurückliegende Infektion der Atemwege oder der Ohren oder nach Kontakt mit infizierten Personen.

Ätiologie/beeinflussende Faktoren

- *Enzephalitis*
- Toxämie als Begleiterscheinung einer Infektionskrankheit
- Allergische Reaktion
- Primärinfektion
  - Durch Mücken übertragene virale Enzephalitiden
  - Amöbenmeningoenzephalitis
- Sekundärinfektion
  - Herpesvirus
- *Meningitis*
- Meningokokken (Neisseria meningitidis): akut, übertragbar
- Hämophilus (Hämophilus influenzae): akut, übertragbar
- Pneumokokken (Streptococcus pneumoniae): hohes Sterblichkeitsrisiko
- Viren (aseptisch oder serös): selbstlimitierend und gutartig

Kennzeichen/Symptome

- *Enzephalitis*
- Kopfschmerzen im Stirnbereich, Übelkeit, Erbrechen, Schwindel, Fieber und Schüttelfrost
- Tachypnö, Tachykardie
- Bewußtseinsgrad/Verhaltensänderungen
  - Leichte Lustlosigkeit, die sich allmählich bis zum Koma steigert
  - Reizbarkeit, ungewöhnliche Verhaltensweisen, Krämpfe
- Neurologisch: Aphasie, Geruchshalluzinationen, Nackensteife, Schwäche, verstärkte tiefe Sehnenreflexe, Strecksehnenreflex an der Fußsohle, Ataxie, Spastizität, Tremor
- Überschießende oder erniedrigte Sekretion an antidiuretischem Hormon
- *Meningitis*
- Klopfender Kopfschmerz
- Muskelschmerzen
- Nackensteife
- Rückenschmerzen
- Schüttelfrost
- Reizbarkeit
- Fieber (38–41 °C)
- Gerötete, heiße, trockene Haut
- Erhöhter Blutdruck mit erhöhtem Schädelinnendruck
- Delir, das sich zum tiefen Koma entwickelt
- Positives Brudzinski-Zeichen, das heißt, die Beugung des Nackens führt zur Beugung der Knie und der Hüften
- Positives Kernig-Zeichen, d. h. Schmerzen in der Wade nach Anheben des gestreckten Beins im Liegen

Komplikationen

- *Enzephalitis*
- Verschlechterung des Geisteszustandes
- Lähmungen
- Zerebrale Anfallsleiden
- *Meningitis*
- Bakteriell: Hydrozephalus, Hirnnervenbeteiligung (Blindheit und Taubheit), Arthritis, Myokarditis, Perikarditis
- Aseptisch: klinische Enzephalitis

Diagnostik

- Beschreiben Sie jedes Verfahren, seinen Zweck und die normalen Empfindungen oder Wahrnehmungen, die dabei wahrscheinlich vorkommen, sowie die Pflege davor und danach
- Neurologische Beurteilung und Augenuntersuchung
- Kultur und Gram-Färbung aus Blut, Liquor und Sekreten der Atemwege zum Nachweis des auslösenden Erregers
- Blutserologie zum Nachweis viraler Antikörper
- Lumbalpunktion zur Gewinnung von Liquor für die Kultur und zur mikroskopischen Untersuchung
- Immunfluoreszenzfärbung von Biopsieproben des Gehirns
- Geschabsel aus petechialer Haut zur Gram-Färbung

Behandlung

Konservativ

- *Therapie*
- Flüssigkeits- und Elektrolyttherapie
- Ernährung über Magensonde
- Atemunterstützung und Sauerstoffzusatz
- *Medikamente*
- Amöbenmeningoenzephalitis
  - Antibiotika (Amphotericin B, Sulfadiazin, Miconazol)
- Durch Mücken übertragene Enzephalitis
  - Keine spezielle Behandlung
- Infektiöse virale Enzephalitiden
  - Keine spezielle Behandlung, ausgenommen bei Herpesinfektionen: Vidarabin, Aciclovir
- Meningitis
  - Antibiotika: Ampicillin, Chloramphenicol
  - Immunologisch wirksame Stoffe, Meningokokken- und Pneumokokken-Polysaccharide, *Haemophilus influenzae* Typ B
- Enzephalitis und Meningitis
  - Sedativa
  - Antiepileptika
  - Glukokortikoide
  - Osmotische Diuretika
  - Analgetika
  - Stuhlerweichende Substanzen und Laxanzien
  - Antipyretika

Ambulante Pflege

- Geben Sie sowohl dem Patienten als auch der bzw. dem Betreuenden mündliche und schriftliche Instruktionen. Nennen Sie ihnen den Namen und die Telefonnummer eines Arztes oder einer Pflegeperson, die sie bei Fragen anrufen können
- *Allgemeine Informationen*
- Gehen Sie die Erläuterung des Arztes hinsichtlich der speziellen Erkrankung, ihrer Ursache und der beeinflussenden Faktoren durch
- *Komplikationszeichen*
- Gehen Sie die Zeichen und Symptome der Hirnhautreizung durch, die einem Arzt oder einer Pflegeperson mitgeteilt werden sollten. Betonen Sie, wie wichtig es ist, eine Verstärkung der Symptomatik sofort zu melden
  - Klopfender Kopfschmerz im Stirnbereich
  - Nackensteife
  - Jegliche Veränderungen des Geisteszustandes
  - Fieber
  - Übelkeit und Erbrechen
- *Besondere Hinweise*
- Fordern Sie den Patienten mit Enzephalitis auf, nur in gechlortem Wasser zu schwimmen, um eine Amöbeninfektion zu vermeiden
- Bei bakterieller Meningitis:
  - Halten Sie den Patienten an, alle Kontaktpersonen zu vermerken, um sie zu untersuchen und zu behandeln
  - Besprechen Sie prophylaktische Maßnahmen zur Verhinderung bakterieller Übertragung. Bei Kontaktpersonen aus der unmittelbaren Umgebung kann eine Impfung erforderlich werden
- *Medikamente*
- Erläutern Sie Zweck, Dosierung, Zeitplan und Art der Einnahme der verschriebenen Medikamente sowie deren Nebenwirkungen, die einem Arzt oder einer Pflegeperson mitgeteilt werden sollten
  - Aciclovir: Bringen Sie dem Patienten bei, auf Nebenwirkungen an den Nieren zu achten: Gewichtszunahme, Schwierigkeiten beim Atmen, Ungleichgewicht zwischen Flüssigkeitseinfuhr und -ausfuhr, Ödeme
- *Aktivitäten*
- Ermutigen Sie den Patienten, über Zugeständnisse oder Einschränkungen im Beruf, in der Freizeit und bei Tätigkeiten zu sprechen
- Erklären Sie dem Patienten und wichtigen Personen in seinem Umfeld, daß die Rekonvaleszenz von unterschiedlicher Dauer ist und vom Schweregrad der Erkrankung abhängt

- Sagen Sie dem Patienten, er möge für die Heilung ausreichend Zeit vorsehen, bevor er seine Tätigkeiten in vollem Umfang wieder aufnimmt
- Erklären Sie, daß Ruhe erforderlich ist, um die Reizung der Hirnhäute zu verringern

Nachsorge

- Betonen Sie die Bedeutung regelmäßiger Nachsorgeuntersuchungen. Stellen Sie sicher, daß der Patient die notwendigen Namen und Telefonnummern hat

Epididymitis

Epididymitis: Entzündung des Nebenhodens, die durch eine Infektion der Prostata, Chemikalien oder ein Trauma verursacht werden kann. Sie kann auch durch einen über lange Zeit liegenden Verweilkatheter oder einen chirurgischen Eingriff an der Prostata ausgelöst werden. Die Epididymitis betrifft gewöhnlich nur eine Seite des Skrotums, kann sich jedoch auf beide Seiten erstrecken. Sie wird bisweilen mit einer Hodentorsion verwechselt.

Ätiologie/beeinflussende Faktoren

- *Männer unter 35 Jahren*
- Sexuell übertragbare Krankheiten wie Gonorrhö, Syphilis, Chlamydieninfektionen
- *Männer über 35 Jahre*
- Anomalien des Harntraktes
- Pressen beim Wasserlassen
- Nach urologischen Eingriffen
- Anstrengende Tätigkeiten
- Mumps

Kennzeichen/Symptome

- *Frühstadium*
- Gefühl der Schwere im Skrotum
- Schmerzen beim Wasserlassen
- Schmerzen und Anschwellen des Skrotums

- *Akutes Stadium*
  - Ein- oder beidseitig gerötetes, sich warm anfühlendes und geschwollenes Skrotum
  - Sehr starke Schmerzen, die in die Leiste oder Flanke ausstrahlen können
  - Übelkeit, Erbrechen
  - Fieber
  - Mögliche Sekretionen aus der Harnröhre

Komplikationen

- Hydrozele
- Orchitis, Prostatitis, Urethritis, Zystitis
- Regionale Fibrosierung
- Sterilität

Diagnostik

- Beschreiben Sie jedes Verfahren, seinen Zweck und die normalen Empfindungen oder Wahrnehmungen, die dabei wahrscheinlich vorkommen, sowie die Pflege davor und danach
  - Blutuntersuchungen
    - Weißes Blutbild zum Nachweis der Infektion
  - Urinuntersuchungen
    - Urinanalyse zum Nachweis der Infektion
    - Kultur zur Identifizierung des Erregers
    - Kultur urethraler Sekretabsonderungen zur Überprüfung auf eine sexuell übertragbare Krankheit
  - Radionuklid-Szinzigraphie der Hoden zum Ausschluß einer Torsion
  - Doppler-Ultraschalluntersuchung zum Ausschluß einer Torsion

Behandlung

Konservativ

- *Therapie*
  - Bettruhe mit hochgelagertem Skrotum und Eispackungen zur Reduktion der Schwellung
- *Medikamente*
  - Antibiotika
  - Analgetika
  - Nervenblockade bei extremen Schmerzen

Ambulante Pflege

- Geben Sie sowohl dem Patienten als auch der bzw. dem Betreuenden *mündliche* und *schriftliche* Instruktionen. Nennen Sie ihnen den Namen und die Telefonnummer eines Arztes oder einer Pflegeperson, die sie bei Fragen anrufen können
- *Allgemeine Informationen*
- Gehen Sie die Erkrankung, ihre Ursache und die beeinflussenden Faktoren durch
- *Komplikationszeichen*
- Gehen Sie die Zeichen und Symptome durch, die einem Arzt oder einer Pflegeperson mitgeteilt werden sollten
  - Zunehmende Schmerzen
  - Schwellung
  - Sich heiß anfühlendes Skrotum
  - Ausfluß aus der Harnröhre
- *Besondere Hinweise*
- Raten Sie dem Patienten zu Maßnahmen, die Erleichterung verschaffen: Eispackungen, Hochlagern des Skrotums, leichte, lockere Kleidung, Hodenschutz beim Gehen
- Betonen Sie, wie wichtig es ist, alle Sexualpartner zu informieren, falls die Epididymitis auf eine sexuell übertragbare Erkrankung zurückzuführen ist
- *Medikamente*
- Erläutern Sie Zweck, Dosierung, Zeitplan und Art der Einnahme der verschriebenen Medikamente sowie deren Nebenwirkungen, die einem Arzt oder einer Pflegeperson mitgeteilt werden sollten
- *Aktivitäten*
- Besprechen Sie, daß der Patient ruhen und Belastungen, sexuelle Betätigung bzw. anstrengende Tätigkeiten für die Dauer der Entzündung und Schwellung vermeiden muß

Nachsorge

- Betonen Sie die Bedeutung regelmäßiger Nachsorgeuntersuchungen. Stellen Sie sicher, daß der Patient die notwendigen Namen und Telefonnummern hat

Hinweis

- Verweisen Sie den Patienten bei Verdacht auf Sterilität an eine entsprechende Beratung

Epilepsie (Krampfleiden, Krampfanfälle)

Epilepsie: eine chronische neurologische Erkrankung, charakterisiert durch periodisches Auftreten verschiedener Formen von Krampfanfällen. Manche Krampfleiden neigen zu familiärem Auftreten. Die Krämpfe oder Konvulsionen sind paroxysmale Episoden, in deren Verlauf eine plötzlich einsetzende anomale elektrische Hirnaktivität unkontrollierbare Muskelkontraktionen hervorruft und zu Störungen des Bewußtseins, des Verhaltens, der Sensibilität und autonomer Funktionen führt. In der Hälfte der berichteten Fälle ist keine spezifische Ursache bekannt.

Einteilung

- Fokal: Anfälle, die von bestimmten Bereichen des Gehirns ausgehen und spezifische Symptome auslösen
  - Motorisch (Jackson-Anfälle)
  - Sensorisch (einfacher fokaler Anfall)
  - Psychomotorisch
- Generalisiert: Anfälle, die zur allgemeinen Störung der elektrischen Hirnaktivität führen
  - Tonisch-klonisch (Grand mal)
  - Absencen (Petit mal)
  - Myoklonisch
  - Akinetisch
  - Atonisch

Ätiologie

- Idiopathisch (keine spezielle Ursache)
- Hirntumor
- Gefäßanomalien
- Trauma
- Infektionen: Enzephalitis, Meningitis
- Stoffwechselstörungen: Hypoglykämie, Hypokaliämie
- Fieber
- Toxine

Auslösende Faktoren

- Absetzen von Medikamenten/Noncompliance
- Ermüdung, Schlafmangel
- Blinkende Lichtquellen mit bestimmter Frequenz
- Bestimmte Geräusche, Lärm, Gerüche

Kennzeichen/Symptome

- *Allgemein*
  - Wiederholte unwillkürliche Muskelbewegungen
  - Zuckende, klopfende und reibende Bewegungen
  - Plötzliche Kontraktionen von Muskelgruppen
  - Flattern der Augenlider
  - Gesichtszuckungen
  - Schmatzende Lippenbewegungen
  - Auf eine Region beschränkte oder sich von einer Seite zur anderen ausbreitende Bewegungen
  - Kopf und Augen zur Seite gedreht
- *Besondere Kennzeichen*
  - Tonisch-klonisch
    - Tonische Phase: Versteifen des Körpers
    - Klonische Phase: Wechsel zwischen Muskelspasmus und -entspannung
    - Weitere Symptome
      - Zungenbiß
      - Inkontinenz
      - Dyspnö, Apnö
      - Zyanose
      - Nach dem Anfall postiktaler Schlaf
  - Petit mal: Dauer 5–30 Minuten
    - Veränderung des Bewußtseinszustands (Absence)
    - Zwinkern und Rollen der Augen; leerer, starrer Blick

Komplikationen

- Verletzung
- Aspiration
- Atemstörung
- Status epilepticus

E

Diagnostik

- Beschreiben Sie jedes Verfahren, seinen Zweck und die normalen Empfindungen oder Wahrnehmungen, die dabei wahrscheinlich vorkommen, sowie die Pflege davor und danach
- Computertomographie
- Magnetresonanztomographie
- Röntgen des Schädels
- Echoenzephalogramm
- Hirnangiographie
- EEG
- Urinuntersuchung
- Serumuntersuchungen bzw. Screening (Hypoglykämie, erhöhter Serumharnstoff oder -stickstoff; Alkohol)
- Anamnese und neurologische Untersuchung

Behandlung

Konservativ

- *Medikamente*
- Antikonvulsiva
  - Carbamazepin
  - Phenytoin
  - Phenobarbital
  - Primidon
  - Ethosuximid
  - Valproinsäure
  - Clonazepam
  - Diazepam

Chirurgisch

- *Exzision des auslösenden Herdes*
- *Exzision der zugrundeliegenden Ursache, z. B. eines Hirntumors*

Ambulante Pflege

- Geben Sie sowohl dem Patienten als auch der bzw. dem Betreuenden *mündliche* und *schriftliche* Instruktionen. Nennen Sie ihnen den Namen und die Telefonnummer eines Arztes oder einer Pflegeperson, die sie bei Fragen anrufen können

- *Allgemeine Informationen*
- Erläutern Sie die Art des Krampfleidens, seine Ursachen sowie mögliche auslösende Faktoren
- *Besondere Hinweise*
- Erläutern Sie das Vorgehen während eines Grand-mal-Anfalls und danach
  - Helfen Sie dem Patienten und der Familie dabei, Prodromalzeichen oder Auren zu erkennen und aufzuzeichnen. Verhindern oder mildern Sie einen Sturz ab, und lassen Sie den Patienten zu Boden gleiten
  - Bleiben Sie während des Anfalls beim Patienten
  - Schützen Sie seinen Kopf, indem Sie Gegenstände aus der Umgebung entfernen und den Boden abpolstern
  - Schreiben Sie Uhrzeit und Art des Anfalls auf
  - Behindern Sie die Bewegungen des Patienten nicht
  - Stecken Sie dem Patienten nichts in den Mund
  - Bringen Sie den Patienten nach dem Anfall in die stabile Seitenlage, um eine Aspiration zu verhindern. Lockern Sie eng anliegende Kleidung. Rufen Sie den Arzt, und berichten Sie über den Anfall
  - Beruhigen Sie den Patienten, und helfen Sie ihm bei der Orientierung
  - Sorgen Sie für den Erhalt einer ruhigen Umgebung
- Erläutern Sie das Vorgehen während eines Petit-mal-Anfalls und danach.
  - Bleiben Sie beim Patienten. Erschrecken Sie ihn nicht, und versuchen Sie nicht, ihn aufzuwecken
  - Seien Sie sich bewußt, daß es keine Prodromalzeichen gibt und daß der Patient nach dem Anfall seine normale Tätigkeit wieder aufnimmt
- Weisen Sie eine Patientin darauf hin, daß die Krampftätigkeit sich während der Menses oder einer Schwangerschaft erhöhen oder abnehmen kann. Betonen Sie, wie wichtig es ist, jede Schwangerschaft zu planen, und besprechen Sie die begleitenden Risiken: Die Anfälle können zum Tod des Feten führen, und Antikonvulsiva können Mißbildungen verursachen. Sorgen Sie für Informationen zur Geburtenkontrolle, und ermutigen Sie zu Fragen
- Helfen Sie dem Patienten beim Erkennen und Vermeiden anfallsauslösender Reize, wie z. B. blinkende Lichter und laute Musik
- Raten Sie dem Patienten, die Temperatur beim Duschen oder Baden zu verringern, um Verbrühungen zu vermeiden, falls ein Anfall auftreten sollte

- Lehren Sie den Patienten Streßbewältigung und Techniken der progressiven Muskelentspannung, um zu hohen Streß und Aufregung zu reduzieren, die einen Anfall auslösen könnten
- *Medikamente*
- Erläutern Sie Zweck, Dosierung, Zeitplan und Art der Einnahme der verschriebenen Medikamente sowie deren Nebenwirkungen, die einem Arzt oder einer Pflegeperson mitgeteilt werden sollten
- Betonen Sie, wie wichtig es ist, die verordneten Medikamente regelmäßig und nach Plan einzunehmen und nicht ohne Rücksprache mit einem Arzt abzusetzen. Erläutern Sie, daß das Auslassen einer Dosis noch viele Tage danach zu einem Anstieg der Krampfaktivität führen kann
- Erklären Sie, daß Medikamente nicht nach Bedarf genommen werden können und daß ein Ausbleiben der Anfälle nicht bedeutet, daß die Medikamente überflüssig sind
- Betonen Sie, daß abruptes Absetzen der Antiepileptika Anfälle auslösen kann und die häufigste Ursache eines Status epilepticus ist
- Besprechen Sie, daß die Medikamente u. U. lebenslang eingenommen werden müssen
- Besprechen Sie mit dem Patienten Methoden, sich an die Einnahme der Medikamente zu erinnern, die Versorgung mit Medikamenten zu überwachen und diese 2 Wochen vor dem Auslaufen neu zu bestellen
- Erläutern Sie die Nebenwirkungen der Medikamente, die einem Arzt oder einer Pflegeperson mitgeteilt werden sollten
  - Blaue Flecke, Blutungen, Ikterus
  - Übelkeit, Erbrechen
  - Ataxie
  - Diplopie (Doppeltsehen)
  - Nystagmus
  - Schwindel
- Weisen Sie den Patienten an, den Arzt oder die Pflegeperson über jede Abnahme oder Zunahme des Körpergewichts zu informieren, da u. U. die Dosierung der Medikamente verändert werden muß
- Betonen Sie, daß alkoholische Getränke und rezeptfreie Medikamente mit Alkohol, Acetylsalicylsäure oder Antihistaminika ohne vorherige Konsultation des Arztes vermieden werden sollten, da sie die Wirkung der Antikonvulsiva beeinträchtigen können

- *Aktivitäten*
  - Besprechen Sie mit dem Patienten die Notwendigkeit der Planung von Tätigkeiten hinsichtlich potentieller Risiken sowie einer Begleitperson bei hochriskanten Tätigkeiten, wie z. B. Bergsteigen, Radfahren und Schwimmen
  - Betonen Sie, daß die normale Arbeit und Freizeitbeschäftigungen so weit wie möglich fortgesetzt werden sollten. Versichern Sie dem Patienten, daß die Aktivitäten die Anfallstätigkeit verringern können
  - Verweisen Sie den Patienten auf die potentiellen Risiken des Autofahrens
  - Raten Sie dem Patienten, keine schweren oder gefährlichen Geräte oder Maschinen zu bedienen, bevor er nicht für eine vom Arzt oder von der Pflegeperson festgelegte Zeit anfallsfrei ist
- *Ernährung/Diät*
  - Betonen Sie die Bedeutung einer gut ausgewogenen Ernährung mit über den Tag verteilten Mahlzeiten, um eine Hypoglykämie zu vermeiden. Vermeiden Sie anregende oder beruhigende Substanzen (Kaffee, Alkohol), da deren Entzug Anfälle auslösen kann

Nachsorge

- Betonen Sie die Bedeutung regelmäßiger Nachsorgeuntersuchungen zur Sicherstellung einer adäquaten Begleitung des Krankheitsprozesses. Stellen Sie sicher, daß der Patient die notwendigen Namen und Telefonnummern hat
- Besprechen Sie mit dem Patienten die Notwendigkeit regelmäßiger Blutentnahmen zur Bestimmung der korrekten therapeutischen Spiegel der Antikonvulsiva
- Helfen Sie dem Patienten bei der Beschaffung eines Notfallmedaillons (SOS-Kapsel) und eines Ausweises mit der Diagnose und der Medikation

Psychosoziale Betreuung

- Besprechen Sie mit dem Patienten die Art des Krampfleidens und die Notwendigkeit einer positiven Grundhaltung
- Betonen Sie, daß es wichtig ist, Gefühle der Scham, Erniedrigung und Angst sowie Befürchtungen hinsichtlich des Krampfleidens zu verbalisieren
- Ermutigen Sie zu Fragen, um häufige Befürchtungen zu klären und falsche Vorstellungen über die Epilepsie gerade zu rücken
- Betonen Sie, daß es wichtig ist, eine übermäßige Schonung (Overprotection) zu vermeiden

Erblindung, Sehschwäche

Erblindung, Sehschwäche: herabgesetzte Sehschärfe, die bis zur völligen Erblindung reichen und eines oder beide Augen betreffen kann. Die Arten der Blindheit umfassen Farbenblindheit, d. h. die Unfähigkeit, verschiedene Farben zu erkennen und zu unterscheiden, die Blindheit im sozialversicherungsrechtlichen Sinne, d. h. eine maximale Sehschärfe von 20/200 bei optimaler Korrektur oder ein auf 20 Grad eingeschränktes Gesichtsfeld (normal sind 180 Grad), den Sehverlust in der Peripherie bzw. das Zentralskotom.

Ätiologie/beeinflussende Faktoren

- Netzhautablösung bzw. -degeneration
- Glaukom
- Katarakt
- Amblyopie
- Diabetes mellitus
- Apoplex
- Aneurysma
- Hirntumor
- Trachom (chronische Konjunktivitis)
- Lepra
- Onchozerkose (Flußblindheit)
- Xerophthalmie
- Hornhauterkrankungen
- Herpes-simplex-Virus
- Verletzungen

Kennzeichen/Symptome

Die folgenden Kennzeichen und Symptome bedürfen der Untersuchung, um einen dauerhaften Verlust der Sehfähigkeit zu verhindern:

- Verschwommensehen
- Doppelbilder
- Plötzlicher Sehverlust
- Abwechselnd verschwommenes und klares Sehen
- Augenschmerzen
- Seitlicher Gesichtsfeldausfall
- Halos (farbige Strahlen oder Kreise um Lichtquellen herum)

- Zucken oder Weggleiten des Auges
- Mouches volantes (punkt-, streifen- oder fadenförmige Glaskörpertrübungen)
- Drücken oder Ziehen im Auge
- Sekretionen, Krustenbildungen oder exzessiver Tränenfluß
- Schwellung im Auge
- Hervorquellen eines Auges oder beider Augen
- Unterschiedliche Pupillenweite

Ambulante Pflege

- Geben Sie sowohl dem Patienten als auch der bzw. dem Betreuenden *mündliche* und *schriftliche* Instruktionen. Nennen Sie ihnen den Namen und die Telefonnummer eines Arztes oder einer Pflegeperson, die sie bei Fragen anrufen können
- *Allgemeine Informationen*
- Bekräftigen Sie die Erläuterungen des Arztes hinsichtlich der Art und Ursache der Erblindung (Fortschreiten einer Grunderkrankung oder Trauma). Betonen Sie, wie wichtig es ist, den Arzt über jede Veränderung im Krankheitsbild zu informieren
- Verdeutlichen Sie die Prognose, indem Sie erklären, ob die Beeinträchtigung des Sehens vorübergehend oder fortschreitend ist
- *Komplikationszeichen*
- Gehen Sie die Zeichen und Symptome durch, die einem Arzt oder einer Pflegeperson mitgeteilt werden sollten
  - Jucken
  - Rötung
  - Anschwellen
  - Sekretabsonderung
- *Besondere Hinweise*
- Leiten Sie den Patienten an und unterstützen ihn bei der Entwicklung der erforderlichen Fertigkeiten zu weitestgehender Selbstpflege und Unabhängigkeit
  - Erforschen Sie mit dem Patienten Möbel, Treppen und Türen der häuslichen Umgebung durch Berühren und Umherführen, und helfen Sie ihm dadurch, eine „innere Karte" zu zeichnen
  - Verfolgen Sie mit ihm die Wand bzw. das Geländer mit der Hand, um sich beim Gehen an den Umrissen des Raumes zu orientieren
  - Verwenden Sie einen Stock, wenn Sie alleine gehen, um Hindernisse zu erkennen

    - Berühren Sie vor dem Essen die Nahrungsmittel, Behältnisse, Flüssigkeiten und das Besteck
    - Erfühlen Sie die Position von Sitzgelegenheiten und des Toilettensitzes, bevor Sie sich darauf niederlassen
    - Organisieren Sie Kleidung und Schuhe, um die Auswahl zu erleichtern
    - Legen Sie Gegenstände zur Hygiene und Körperpflege stets an denselben Ort
- Besprechen Sie die ambulante Pflege mit dem Patienten und der Pflegeperson unter besonderer Berücksichtigung des Unfallschutzes
    - Ist der Patient erst einmal mit der Position der Möbel und Haushaltsgegenstände vertraut, sollte diese Anordnung nicht mehr verändert werden
    - Halten Sie den Patienten an, sich bei der Erkundung einer belebten Umgebung langsam zu bewegen und Hilfe in Anspruch zu nehmen
    - Stellen Sie sicher, daß der Lebensbereich des Patienten von Fußangeln frei ist. Entfernen Sie freiliegende Teppiche, Gegenstände auf dem Boden oder auf Treppenstufen und elektrische Kabel
    - Halten Sie den Patienten an, sich im Freien langsam und mit Hilfe anderer zu bewegen, um Stürze auf unebenem Grund, Treppen, lockerem Kies und auf Glatteis zu verhindern
    - Halten Sie den Patienten dazu an, die weitere Umgebung langsam und mit Hilfe anderer zu erkunden
    - Ermutigen Sie den Patienten zur Selbstpflege, und besprechen Sie, daß eine überbeschützende Fürsorge vermieden werden sollte
- Geben Sie Anleitung zur Augenpflege
    - Gehen Sie die Verfahrensweise durch, nach der Augentropfen oder Salben verabreicht werden
    - Weisen Sie den Patienten darauf hin, wie wichtig es ist, die Augen vor Infektionen zu schützen: Fläschchen für Augentropfen sauber halten, Augen nur mit einem sauberen Tuch auswischen, Augen vom inneren zum äußeren Augenwinkel hin auswischen

■ *Medikamente*

- Erläutern Sie Zweck, Dosierung, Zeitplan und Art der Einnahme der verschriebenen Medikamente sowie deren Nebenwirkungen, die einem Arzt oder einer Pflegeperson mitgeteilt werden sollten
- Vermeiden Sie rezeptfreie Medikamente, Augentropfen oder Salben, bis deren Gebrauch mit einem Arzt besprochen wurde

Nachsorge

- Betonen Sie die Bedeutung regelmäßiger Nachsorgeuntersuchungen. Stellen Sie sicher, daß der Patient die notwendigen Namen und Telefonnummern hat
- Helfen Sie dem Patienten bei der Beschaffung eines Notfallmedaillons (SOS-Kapsel) und eines Ausweises mit der Diagnose und der Medikation

Hinweis

- Ermutigen Sie den Patienten und dessen Familie, zusätzliche Unterstützung bei der Gemeinde oder bei Interessenverbänden und Selbsthilfegruppen zu suchen, die frühzeitig beim computerunterstützten Lesen, „Ohrbüchern", Geräten zur Wahrnehmung der Zeit und der Temperatur, Rehabilitation im Sinne einer späteren beruflichen Tätigkeit oder beim Erwerb neuer Fertigkeiten helfen können

Erektionsstörung (Impotentia coeundi)

Erektionsstörung: Unfähigkeit zur Erektion des Penis von hinreichender Dauer und Stärke für einen Geschlechtsverkehr.

Beeinflussende Faktoren/Risikofaktoren

- Störungen des Endokriniums (Diabetes mellitus)
- Angeborene Erkrankungen, wie z. B. das Klinefelter-Syndrom
- Chronische Herzkrankheiten
- Medikamente (Immunsuppressiva, in Verbindung mit Transplantationen)
- Chronische Niereninsuffizienz
- Chronisches Nierenversagen
- Neurologische Erkrankungen oder Verletzungen (Multiple Sklerose, Trauma, Epilepsie)
- Arteriosklerose
- Operationen (Prostatektomie, Ileostomie, Kolostomie)
- Mechanische Störungen (Priapismus [schmerzhafte Erektion], abnorme Verkrümmung)
- Reversible Risikofaktoren

- Medikamente: Antihypertensiva, Antidepressiva, Alpha- und Betablocker, einige Herzmedikamente wie Digoxin, Diuretika, Immunsuppressiva, Appetitzügler, Anabolika
- Drogen: Kokain, Marihuana, Amphetamine, Opiate
- Alkohol

Kennzeichen/Symptome

- Unfähigkeit, eine Erektion auszulösen
- Unfähigkeit, eine Erektion zu erreichen
- Unfähigkeit, eine Erektion aufrechtzuerhalten

Komplikationen

- Psychosoziale Folgen (Depression, Probleme in der Partnerschaft)
- Nach Penisimplantaten
  - Infektion
  - Abstoßung des Implantats
  - Mechanisches Versagen
  - Bei hydraulischen Konstruktionen: Austritt von Flüssigkeit aus dem Reservoir in das umgebende Gewebe
  - Erosionen an Glans und Urethra
  - Anhaltender Penisschmerz (nach 4 Wochen)

Diagnostik

- Beschreiben Sie jedes Verfahren, seinen Zweck und die normalen Empfindungen oder Wahrnehmungen, die dabei wahrscheinlich vorkommen, sowie die Pflege davor und danach.
  - Blutuntersuchungen zum Nachweis von Hormonen oder Zucker
  - Messung nächtlicher Erektionen im Schlaf
  - Bestimmung des penilen Blutdrucks
  - Bestimmung des penilen Pulses
  - Kavernosometrie und -graphie zur Überprüfung des Blutstroms in den für die Erektion erforderlichen Gefäßen

Behandlung

Konservativ

- *Therapie*
  - Vakuumpumpe
- *Medikamente*
  - Hormone zur Stabilisierung der endokrinen Erkrankung
  - Injektion von Vasodilatatoren (Papaverin, Prostaglandin E, Phentolamin) zur Korrektur der vaskulär bedingten Impotenz

Chirurgisch

- Endoprothese
- Implantation einer starren oder halbflexiblen Penisprothese
- Aufblasbare Penisprothese
- Revaskularisierung von Blutgefäßen
- Operative Korrektur mechanischer Störungen

Präoperative Schulung

- Gehen Sie die Erläuterungen des Arztes hinsichtlich der Implantation einer Prothese und seiner Gründe durch. Ermutigen Sie den Patienten, Fragen zu stellen und jegliche Befürchtungen und Ängste zu besprechen
- Besprechen Sie die Notwendigkeit einer schriftlichen Einverständniserklärung nach Aufklärung
- Besprechen Sie die postoperative Pflege nach der Implantation einer Penisprothese
  - Erläutern Sie, daß möglicherweise eine künstliche Harnableitung und spezielle Verbände erforderlich werden
  - Sprechen Sie über die Gründe der Hochlagerung des Skrotums und des Aufbringens von Kältepackungen
  - Betonen Sie, daß Erektionen vermieden werden sollten

Ambulante Pflege

- Geben Sie sowohl dem Patienten als auch der bzw. dem Betreuenden *mündliche* und *schriftliche* Instruktionen. Nennen Sie ihnen den Namen und die Telefonnummer eines Arztes oder einer Pflegeperson, die sie bei Fragen anrufen können

- *Allgemeine Informationen*
- Erläutern Sie die spezielle Erkrankung des Patienten, die beeinflussenden Faktoren und die Art der verordneten Behandlung
- Gehen Sie die Arten der sexuellen Funktionsstörungen bei Prostata- oder Hodenkarzinom und nach beidseitiger Orchiektomie oder Chemo-, Strahlen- bzw. Hormontherapie durch: reduzierte Fertilität, Ejakulations- und Erektionsstörungen
- Besprechen Sie aktuelle oder mögliche Funktionsstörungen, die der Patient erleiden könnte. Erläutern Sie, daß einige Störungen reversibel sein können. So kann beispielsweise eine Hormonbehandlung bei Prostatakarzinom sich auf die Libido und die Erektion auswirken, die Veränderungen gehen jedoch nach Abschluß der Behandlung zurück. Oder die Spermienproduktion kann nach einer Chemotherapie über längere Zeit erniedrigt sein. Besprechen Sie mögliche Strategien im Umgang mit diesen Problemen: Bei dauerhafter Unfruchtbarkeit bedeutet dies z. B. das Einlagern von Sperma in einer Samenbank vor Beginn der Therapie oder den Einsatz alternativer Verfahren zur Fertilisation, wie die künstliche Insemination mit Spendersperma, Ejakulation nach elektrischer Stimulation und intrauterine Insemination oder die In-vitro-Fertilisation
- Besprechen Sie alternative Ausdrucksformen der Sexualität: körperliche Nähe, Umarmen, Küssen, Massage
- Gehen Sie die Anleitung für die verordnete Prothese oder Behandlung durch (Prothesenimplantation, Gefäßtherapie, mechanische Hilfe), entsprechend den Vorgaben der spezialisierten Pflegeperson oder des Arztes
- *Prothesenimplantation*
- Erläutern Sie Bezeichnung und Art der implantierten Prothese
- Gehen Sie Anzeichen und Symptome von Problemen im Zusammenhang mit der Prothese durch, die einem Arzt oder einer Pflegeperson mitgeteilt werden sollten
  - Infektion: Rötung, Schwellung, Wärme bei Berühren, Schmerzhaftigkeit, Ausfluß
  - Anhaltender Schmerz im Penis
  - Unfähigkeit zu urinieren
  - Jedes mechanische Versagen der Pumpe (ausbleibende Erektion nach dem Pumpen)
  - Schmerzen beim Geschlechtsverkehr
  - Harnwegsinfektion (s. Pyelonephritis, S. 654)
  - Erosionen an Glans oder Penis: Schmerzen beim Geschlechtsverkehr, Bereich über dem Implantat gerötet oder schmerzhaft, Dünnerwerden des Bereichs über dem Implantat oder Sichtbarwerden des Implantats

- Beraten Sie den Patienten, wo und wie er sich Verbrauchsmaterial beschaffen kann
- Erläutern Sie, daß die Inzisionsstelle sauber und trocken gehalten werden muß
- Erklären Sie die Zeit, ab der von einer Unfähigkeit zu urinieren gesprochen werden muß
- Sprechen Sie darüber, daß zu Anfang enganliegende oder behindernde Kleidung vermieden werden muß
- Raten Sie zum Tragen von Trainingshosen oder locker sitzenden Hosen, wenn sich der Patient an einem erigierten Penis stört

■ *Injektion von Vasodilatatoren*

- Besprechen Sie die Pflege in Verbindung mit einer Therapie mit vasoaktiven Substanzen
  - Betonen Sie die Bedeutung des Gebrauchs von Kondomen bei der Autoinjektion und bei häufig wechselnden Geschlechtspartnern. Besprechen Sie „Safer-Sex"-Praktiken, und sorgen Sie für entsprechendes Informationsmaterial
  - Demonstrieren und erläutern Sie Art und Ort der Injektion von Medikamenten wie Papaverin
  - Erklären Sie, daß ein Priapismus (schmerzhafte Dauererektion) dem Arzt oder der Pflegekraft mitgeteilt werden muß

■ *Mechanische Hilfen*

- Besprechen Sie die Pflege im Zusammenhang mit mechanischen Hilfen.
  - Unterstützen Sie die Erläuterungen des Arztes oder der spezialisierten Pflegekraft, und demonstrieren Sie den Gebrauch der externen Vakuumpumpe
  - Erklären Sie einem Patienten mit implantiertem Pumpmechanismus, wann mit dem Pumpen zu beginnen ist und wie lange die Erektion aufrechterhalten werden sollte. Betonen Sie, daß die Erektionshilfe nach Anweisung schon vor dem tatsächlichen Einsatz mehrfach betätigt werden sollte, um die Bildung von Bindegewebe um den Schaft herum zu fördern
  - Ermutigen Sie zu Fragen bezüglich der Erektionshilfen, und lassen Sie dem Patienten Zeit und Privatsphäre, um sich in deren Gebrauch zu üben

■ *Medikamente*

- Erläutern Sie Zweck, Dosierung, Zeitplan und Art der Einnahme der verschriebenen Medikamente sowie deren Nebenwirkungen, die einem Arzt oder einer Pflegeperson mitgeteilt werden sollten

    - Papaverin, an der Peniswurzel injiziert, um eine Erektion auszulösen
    - Betonen Sie die Bedeutung der verwendeten Menge und der Häufigkeit (wie vorgeschrieben). Erläutern Sie, daß bestimmte Medikamente, wie z. B. Herzmedikamente oder Antihypertensiva, nicht ohne Rücksprache mit einem Arzt abgesetzt werden können
- *Aktivitäten*
- Raten Sie dem Patienten, langes Sitzen über mehr als 2 Stunden zu vermeiden
- Erklären Sie, daß anstrende Tätigkeiten, Jogging oder Sport für etwa 3 Wochen oder entsprechend den Anweisungen vermieden werden müssen
- Sagen Sie dem Patienten, er möge keine Gegenstände mit einem Gewicht über 5 Kilogramm anheben
- Raten Sie dem Patienten, Geschlechtsverkehr zu vermeiden, bis Schmerzen und Schwellung vollständig abgeklungen und die Inzision komplett abgeheilt ist bzw. bis der Arzt seine Zustimmung gibt (nach ca. 6 Wochen)
- *Ernährung/Diät*
- Erklären Sie dem Patienten, er möge einer regelmäßigen Ernährung oder einer vom Arzt verschriebenen Diät folgen

Nachsorge

- Betonen Sie die Bedeutung regelmäßiger Nachsorgeuntersuchungen beim Arzt oder Physiotherapeuten und beim Reha-Spezialisten. Stellen Sie sicher, daß der Patient die notwendigen Namen und Telefonnummern hat

Psychosoziale Betreuung

- Ermutigen Sie den Patienten, Befürchtungen, Ängsten und Verlegenheiten Ausdruck zu verleihen. Halten Sie auch die Partnerin bzw. den Partner zu Fragen an

Hinweis

- Verweisen Sie den Patienten an eine Sexualberatung einschließlich Familienplanung und urologischer Beratung, falls erforderlich

Erfrierung

Erfrierung: eine umschriebene Schädigung von Gewebe und Blutgefäßen, hervorgerufen durch Kälteexposition oder Temperaturen unter dem Gefrierpunkt. Zum gefährdeten Personenkreis gehören ältere Menschen, Obdachlose, Kinder und Kleinkinder, geschwächte und in ihrer Bewegungsfreiheit eingeschränkte Patienten sowie Patienten mit chronischen Krankheiten, wie z. B. Herzkrankheiten, Diabetes oder Gefäßkrankheiten. Erfrierungen werden unterteilt in oberflächliche, vor allem die Haut und das Unterhautgewebe, besonders im Gesicht, an den Ohren und anderen exponierten Stellen des Körpers, betreffende Erfrierungen und in tiefe Erfrierungen, die die Haut und Unterhaut sowie Muskeln, Sehnen und neurovaskuläre Strukturen einbeziehen.

Ätiologie/beeinflussende Faktoren

- Fehlen von isolierendem Körperfett
- Fehlende Akklimatisierung an niedrige Umgebungstemperaturen
- Nasse oder ungenügende Kleidung
- Medikamenten- und Drogenmißbrauch
- Rauchen
- Hunger, Ermüdung
- Übermäßiger Alkoholkonsum

Kennzeichen/Symptome

- *Oberflächliche Erfrierung*
  - Brennen
  - Kribbeln
  - Taubheitsgefühl
  - Marmorierte Haut
  - Weiße oder gräuliche Hauttönung
  - Fehlende Kapillarfüllung
- *Beim Auftauen wird dieser Bereich:*
  - Stark durchblutet
  - Ödematös
  - Schmerzhaft
  - Lila
  - Blasenbildung innerhalb von 24 Stunden

- *Tiefe Erfrierung:*
  - Hart und fest
  - Kalt
  - Marmoriert
  - Blau oder grau nach dem Auftauen
  - Anschwellen der gesamten Gliedmaße
  - Blasenbildung nach mehreren Wochen

Komplikationen

- Vasospasmus
- Hyperästhesie
- Infektion
- Gangrän
- Amputation

Behandlung

Konservativ

- *Therapie*
  - Rasches Erwärmen durch Eintauchen in Wasser bei 28–45 °C
  - Schützende Isolierung
  - Dreimal täglich ein Bad im Whirlpool bei 32–37 °C
- *Medikamente*
  - Immunologisch wirksame Präparate (Tetanus)
  - Plasmaexpander
  - Antibiotika
  - Analgetika

Chirurgisch

- Escharotomie: Entfernen abgestorbenen Gewebes
- Sympathektomie bei schwerem Vasospasmus und Schmerzen
- Débridement nach Retraktion lebensfähigen Gewebes, durchgeführt 13 Wochen bis 4 Monate nach der Erfrierung
- Fasziotomie zur Erleichterung bei Anschwellen des Gewebes und damit gleichzeitig Steigerung der Durchblutung
- Amputation einer nicht lebensfähigen Extremität; kann mehrere Monate nach der Erfrierung durchgeführt werden

Ambulante Pflege

- Geben Sie sowohl dem Patienten als auch der bzw. dem Betreuenden *mündliche* und *schriftliche* Instruktionen. Nennen Sie ihnen den Namen und die Telefonnummer eines Arztes oder einer Pflegeperson, die sie bei Fragen anrufen können
- *Allgemeine Informationen*
- Erklären Sie die Störung und die Faktoren, die dazu beigetragen haben
- *Komplikationszeichen*
- Gehen Sie die Zeichen und Symptome durch, die einem Arzt oder einer Pflegeperson mitgeteilt werden sollten
  - Anhaltender und zunehmender Schmerz
  - Übelriechende Absonderungen
  - Fieber
  - Anschwellen des Bereichs
- *Besondere Hinweise*
- Sorgen Sie für Anleitung und Demonstration, wie trockene, sterile Verbände auf kleine, offene Bereiche aufzubringen sind
- Sprechen Sie darüber, wie wichtig es ist, die Gliedmaße vor Temperaturextremen und raschen Temperaturschwankungen zu schützen, da das Gewebe gegen Temperaturveränderungen sehr empfindlich ist und ein erneutes Erfrieren zu Gewebsverlust führt
- Weisen Sie den Patienten an, enganliegende, einschnürende Kleidung oder Druck in einem Bereich zu vermeiden, dessen Durchblutung beeinträchtigt werden könnte
- Besprechen Sie Maßnahmen der Vorsorge gegen zukünftige Erfrierungen bzw. ein erneutes Erfrieren des betroffenen Bereichs: schützende, mehrschichtige, warme, nicht beengende Kleidung, Vermeiden von niedrigen Temperaturen, Ermüdung und Hunger
- Betonen Sie, wie wichtig es ist, nicht zu rauchen oder Alkohol zu trinken, wenn man Kälte ausgesetzt ist
- Sagen Sie dem Patienten, daß es zu langfristigen Folgeerscheinungen kommen kann: verstärkte Kälteempfindlichkeit, Brennen und Kribbeln sowie verstärktes Schwitzen
- *Medikamente*
- Erläutern Sie Zweck, Dosierung, Zeitplan und Art der Einnahme der verschriebenen Medikamente sowie deren Nebenwirkungen, die einem Arzt oder einer Pflegeperson mitgeteilt werden sollten

- *Aktivitäten*
  - Sind die unteren Extemitäten betroffen, raten Sie dem Patienten, Belastung zu vermeiden, und sorgen Sie für eine Anleitung im Umgang mit Gehhilfen
  - Betonen Sie die Bedeutung des Hochlagerns der betroffenen Gliedmaße
  - Unterweisen Sie den Patienten in Übungen zum Bewegungsumfang, um Kontrakturen zu verhindern
- *Ernährung/Diät*
  - Koffeinhaltige Getränke wie Kaffee, Tee oder Cola vermeiden

Nachsorge

- Betonen Sie die Bedeutung regelmäßiger Nachsorgeuntersuchungen beim Arzt, Physiotherapeuten und Reha-Spezialisten. Stellen Sie sicher, daß der Patient die notwendigen Namen und Telefonnummern hat

Erworbenes Immunschwächesyndrom (Acquired Immune Deficiency Syndrome – AIDS)

Erworbenes Immunschwächesyndrom (Acquired Immune Deficiency Syndrome – AIDS): eine progressive, unheilbare Krankheit, hervorgerufen durch das menschliche Immunschwächevirus (Human immunodeficiency virus – HIV). AIDS zerstört die $CD\text{-}4^+$-Zellen, lähmt das Immunsystem und macht die Betroffenen für eine Reihe opportunistischer Infektionen und Karzinome anfällig. HIV wird übertragen durch Geschlechtsverkehr, den Gebrauch kontaminierter Nadeln und durch HIV-infiziertes Blut, Körperflüssigkeiten, die Blut enthalten und Blutprodukte. Es kann auch von der Mutter auf das Neugeborene übertragen werden.

CDC-Klassifikation der HIV-Infektion

Stadium I: akute Infektion; zum Zeitpunkt der Exposition entwickelt sich ein mononukleose-ähnliches Syndrom; die HIV-Antikörper-Serokonversion tritt etwa 3 Monate später ein

Stadium II: symptomlos; der HIV-Antikörpertest fällt jedoch positiv aus

Stadium III: Auftreten einer persistierenden generalisierten Lymphadenopathie; Abnahme der $CD\text{-}4^+$-T-Zellen

Stadium IV: Auftreten von Begleiterkrankungen

- Krankheitssymptome (anhaltendes Fieber, Gewichtsverlust, Durchfall)
- Neurologische Erkrankung
- Sekundärinfektionen
- Sekundärkarzinome
- Begleiterkrankungen

Risikofaktoren

- Homosexuelle/bisexuelle Männer
- Heterosexuelle mit Hochrisikoverhalten, z. B. intravenös applizierte Drogen, gemeinsamer Gebrauch von Injektionsnadeln und Spritzen; ungeschützter Geschlechtsverkehr mit verschiedenen Partnern
- Neugeborene von infizierten Frauen
- Säuglinge und Kinder, die HIV-kontaminierte Blutkonserven oder Blutprodukte erhalten, z. B. Hämophile

Kennzeichen/Symptome

- Prolongierte Phase der stummen Infektion, oft länger als 10 Jahre
- Virale Syndrome, die an Mononukleose oder Influenza erinnern, innerhalb weniger Tage oder Wochen nach der Infektion
- Anhaltende generalisierte Lymphknotenschwellung
- Störungen der Hautfunktion, z. B. Seborrhö
- *Opportunistische Infektionen*
  - Bakterien *(Mycobacterium avium)*
  - Pilze (Candidiasis, Kryptokokkose, Histoplasmose)
  - Protozoen (Kryptosporidiose, Pneumozystose, Toxoplasmose)
  - Viren (Zytomegalie, Herpes simplex)
- *Malignome*
  - Kaposi-Sarkom
  - Non-Hodgkin-Lymphom
  - Primäres Lymphom des ZNS
  - Zervixkarzinom
  - Analkarzinom
  - Malignes Melanom
  - Leberzellkarzinom

Metastasen im ZNS, in der Haut, in den Schleimhäuten sowie im Respirations- und Gastrointestinaltrakt. Erkrankung im Finalstadium: unerklärlicher Gewichtsverlust, anhaltendes Fieber, Durchfall oder nächtliche Schweißausbrüche

Diagnostik

- Beschreiben Sie jedes Verfahren, seinen Zweck und die normalen Empfindungen oder Wahrnehmungen, die dabei wahrscheinlich vorkommen, sowie die Pflege davor und danach
- Zur Bestätigung der HIV-Infektion
- Heterogener Enzym-Immunassay (Enzyme-linked immunosorbent assay – ELISA)
- Western blot
- Polymerase-Kettenreaktion
- Zur Bestimmung des Grades der Immunsuppression
- T-Zellzahl: < 400000 oder erniedrigt
- Leukozyten: erniedrigt
- Lymphozyten: erniedrigt
- Zur Beurteilung von Symptomen opportunistischer Infektionen oder von Malignomen

Behandlung

Konservativ

- *Medikamente*
- Antiretrovirale Substanzen zur Verlangsamung des Fortschreitens oder zur Inaktivierung von HIV
  - Azidothymidin
  - Zidovudin
- Antiinfektiosa zur Prophylaxe gegen opportunistische Infektionen sowie gegen solche Infektionen, sobald sie auftreten

Die Behandlung von AIDS richtet sich nach der Art der aufgetretenen Infektion oder des Malignoms und kann folgendes umfassen:

- Kaposi-Sarkom: Chemotherapie, chirurgische Exzision, Elektrodesikkation, Strahlentherapie
- Non-Hodgkin-Lymphom: Chemotherapie (mBACOD – Methotrexat, Bleomycin, Doxorubicin, Cyclophosphamid, Vincristin, Dexamethason, Folsäure); hämatopoetische Wachstumsfaktoren
- Primäres ZNS-Lymphom: Strahlentherapie, Kortikosteroide
- Zervixkarzinom: radikale Hysterektomie, Lymphadenektomie des Beckens; Chemotherapie, Strahlentherapie bei fortgeschrittener systemischer Erkrankung
- Analkarzinom: Elektrodesikkation, Kryotherapie; u. U. Strahlentherapie

Ambulante Pflege

- Geben Sie sowohl dem Patienten als auch der bzw. dem Betreuenden *mündliche* und *schriftliche* Instruktionen. Nennen Sie ihnen den Namen und die Telefonnummer eines Arztes oder einer Pflegeperson, die sie bei Fragen anrufen können
- *Allgemeine Informationen für HIV-positive Patienten*
- Erläutern Sie, wie HIV übertragen wird und wie die Krankheit fortschreitet
- *Komplikationszeichen*
- Gehen Sie die Zeichen und Symptome der Infektion (grippeähnliche Symptome, Nackensteife) und der Malignome durch, die einem Arzt oder einer Pflegeperson mitgeteilt werden sollten
- *Besondere Hinweise*
- Betonen Sie, wie wichtig es ist, die weitere Exposition gegenüber dem Virus bzw. dessen Übertragung zu verhindern, indem der Austausch von Körperflüssigkeiten, z. B. bei Vaginal-, Anal- oder Oralverkehr ohne Kondom, der gemeinsame Gebrauch von Injektionsnadeln oder Sex-Spielzeug und Blutkontakt jeder Art vermieden werden
- Sprechen Sie an, wie wichtig es ist, große Menschenmengen sowie Einzelpersonen, die ansteckend sein könnten oder vor kurzem geimpft wurden, zu meiden
- Unterweisen Sie den Patienten und die bzw. den Betreuende/n in den Vorsichtsmaßnahmen, die zu Hause gegen eine Übertragung von HIV zu treffen sind
  - Waschen Sie sich vor und nach der Pflege sorgfältig die Hände
  - Verwenden Sie Einmalhandschuhe, wann immer ein Kontakt mit dem Blut oder mit Körperflüssigkeiten des Patienten zu erwarten ist
  - Sortieren Sie alles Bettzeug und alle Kleidung aus, die mit Sekreten oder Exkreten des Patienten verunreinigt sind, und waschen Sie sie in 10%iger Chlorkalklösung (1/4 Tasse Chlorkalk auf 4 l Wasser)
  - Spülen Sie Geschirr und Besteck in heißem Seifenwasser (keine besondere Behandlung erforderlich)
  - Entsorgen Sie trockenen Müll, z. B. Taschentücher und Windeln, die mit Blut oder Blutflüssigkeiten kontaminiert sind, in einem gesonderten Beutel und Behälter
  - Stecken Sie alle Nadeln, die zur Verabreichung von Medikamenten benötigt wurden, vor dem Entsorgen in einen stabilen, geschlossenen Behälter
- Lesen Sie sich Beschreibungen der einzelnen Malignome für weitere Pflegerichtlinien durch

Nachsorge

- Betonen Sie die Bedeutung regelmäßiger Visiten zur medizinischen Versorgung und für Laboruntersuchungen. Stellen Sie sicher, daß der Patient die erforderlichen Namen und Telefonnummern hat
- Sprechen Sie darüber, wie wichtig es ist, Betreuende in der Gesundheitsfürsorge über die Diagnose HIV zu informieren
- Erklären Sie, daß es von Bedeutung ist, kein Blut und keinen Samen mehr zu spenden

Hinweis

- Sorgen Sie nach Bedarf für Hilfe und Unterstützung in finanziellen Angelegenheiten sowie bei der Beschaffung psychologischer und kommunaler Unterstützung (Selbsthilfegruppen, ambulante Pflegedienste, Hospizpflege)

Fixateur externe und interne

Fixateur externe und interne: Beide dienen der Immobilisierung und Wiederherstellung geschädigter Knochen und Gelenke sowie der Behandlung von Erkrankungen des Muskel- und Skelettsystems.

Fixateur externe: chirurgisches Verfahren zur Immobilisierung und Einrichtung komplizierter und schlecht heilender Frakturen. Der Fixateur externe wird ebenfalls angewandt zur Stabilisierung von Knochen bei der Verlängerung von Gliedmaßen, wie etwa dem Ilizarov-Verfahren sowie bei anderen Erkrankungen des Muskel- und Skelettsystems, wie etwa der Osteomyelitis. Stabilisierende Stifte und Drähte werden in den Knochen und durch diesen hindurchgeführt und an einem externen Metallrahmen befestigt. Ein Fixateur externe findet am Kiefer, an Armen, Beinen und Rippen, am Becken sowie an Fingern und Zehen Anwendung. Ein Fixateur externe wird auch eingesetzt, um einen verstärkten Gebrauch des Gelenks zu erreichen, während der Knochen immobilisiert bleibt. Auf diese Weise ermöglicht ein Fixateur externe eine frühere Entlassung des Patienten, da er eine Fraktur stabil hält und dem Patienten gleichzeitig Bewegungsfreiheit ermöglicht.

Fixateur interne: chirurgisches Einsetzen von Stiften, Nägeln, Schrauben, Platten, Stäben u. a. zur Immobilisierung oder Heilung verletzter oder geschädigter Knochen und Gelenke. Ein offenes Verkleinerungen mittels Fixateur interne kann an den meisten Knochen mit Ausnahme der Schädelkalotte und der Knochen des Gesichtsschädels vorgenommen werden. Die am häufigsten mit diesem Verfahren behandelten Knochen sind die Arm-, Bein-, Unterarm- und Hüftknochen sowie die Wirbelsäule. Ein Fixateur interne wird am häufigsten bei Knochenbrüchen eingesetzt. Ähnlich dem Fixateur externe ermöglicht er dem Patienten Bewegungsfreiheit, eine frühere Entlassung aus der Klinik und ein möglichst rasches Wiedererlangen seiner Unabhängigkeit.

Präoperative Schulung

- Gehen Sie die Erläuterungen des Arztes bezüglich der Operation und ihrer Begründung durch. Ermutigen Sie den Patienten, Fragen zu stellen und Sorgen und Ängste zu besprechen
- Sprechen Sie über die Notwendigkeit einer schriftlichen Einverständniserklärung nach Aufklärung für die Operation und die Anästhesie

Besprechen der präoperativen Pflege

- Gehen Sie die Pflege vor dem Einsatz des Fixateur externe durch
- Die Haut der betroffenen Extremität oder des Operationssitus wird mit bakterizider Seife gereinigt
- Röntgenaufnahmen werden angefertigt, um die zu fixierende Stelle zu lokalisieren
- Eine Antibiotikaprophylaxe wird verordnet
- Gehen Sie die Pflege vor dem Einsatz des Fixateur interne durch
- Der Arzt kann vor der Operation eine Haut- oder Skelettextension anordnen, um Muskelspasmen zu verringern
- Routinediagnostik wird angeordnet: großes Blutbild, Urinanalyse, Röntgen-Thorax, EKG sowie Röntgenaufnahmen zur Lokalisation der zu fixierenden Stelle
- Am Abend vor der Operation kann eine Darmvorbereitung mittels eines Einlaufs verordnet werden
- Die Haut wird mit bakterizider Seife gereinigt
- Ab Mitternacht des Tages vor der Operation darf der Patient nichts mehr essen oder trinken
- Vor der Operation kann ein Blasenverweilkatheter verordnet werden

Besprechen der postoperativen Pflege

- Gehen Sie die Pflege nach dem Einsatz des Fixateur externe durch
- Der Patient bleibt für 2–3 Tage in der Klinik
- Postoperative Routinemaßnahmen werden durchgeführt: häufiges Überprüfen des neurovaskulären Status und der peripheren Pulse mit abnehmender Häufigkeit; Kältepackungen an der Stelle des Einschnitts; Hochlagern der Extremität auf Kissen, die obere Extremität in einer Schlinge. Bei der unteren Extremität wird der Patient unterwiesen, Unterarmgehstützen ohne Gewichtsaufnahme zu verwenden. Die Muttern am Fixateur externe werden angezogen
- Betonen Sie die Notwendigkeit von Übungen des Bewegungsumfangs, des M. quadrizeps femoris sowie von Kontraktionen der Gesäßmuskulatur, je nach Lokalisation der Fraktur
- Erklären Sie, daß der Fixateur nur geringe Schmerzen verursacht und frühzeitiges Gehen ermöglicht
- Unterweisen Sie den Patienten im richtigen Gebrauch von Gehhilfen (Unterarmgehstützen, Gehstock, Gehwagen)
- Informieren Sie den Patienten darüber, daß der neurovaskuläre Status der betroffenen Extremität überwacht werden muß: Farbe, Sensibilität, Beweglichkeit, periphere Pulse, Körpertemperatur

- Unterweisen Sie den Patienten in der Pflege der Drahtstifte: um jeden Stift herum mit Wasserstoffsuperoxid säubern und mit Kochsalzlösung spülen, dann abtrocknen. Um jeden Stift ein antibakterielles Präparat aufbringen
- Gehen Sie die Pflege nach dem Einsatz des Fixateur interne durch
- Die Dauer der Hospitalisierung hängt von der jeweiligen Operation ab.
- Postoperative Routinemaßnahmen werden durchgeführt: häufiges Überprüfen der Vitalzeichen, des neurovaskulären Status und der peripheren Pulse in der ersten Stunde, danach mit abnehmender Häufigkeit; Überprüfen des Verbandes und der Wunde. Möglicherweise befindet sich ein Drainageschlauch in der Wunde
- Der Patient wird im korrekten Gebrauch eines Gehstocks, von Unterarmgehstützen oder eines Gehwagens bei vorgeschriebener Belastung unterwiesen
- Die Zeichen einer neurovaskulären Schädigung der betroffenen Extremität werden durchgegangen: anhaltende Veränderungen der Hautfarbe (Blässe, Zyanose, Rötung), Kühle, verzögerte Kapillarfüllung, Parästhesien (Taubheitsgefühl, Kribbeln), Bewegungsunfähigkeit distaler Bereiche
- Dem Patienten werden Übungen zum Bewegungsumfang der nichtbetroffenen Extremitäten beigebracht

Nebenwirkungen/Komplikationen

- *Fixateur externe*
- Infektion
- Verzögerte Heilung infolge von Verwindungen und Verdrehungen
- Erneute Fraktur nach Entfernen der Stifte
- Ausbleibende Heilung der Fraktur
- Schäden oder Verletzung an Muskeln und Nerven
- Kompartmentsyndrom
- *Fixateur interne*
- Infektion
- Hämorrhagie
- Verschieben der eingerichteten Fraktur oder Dislokation
- Pneumonie
- Thrombophlebitis
- Ausbleibende Heilung der Fraktur
- Erneute Fraktur

Ambulante Pflege

- Geben Sie sowohl dem Patienten als auch der betreuenden Person *schriftliche* und *mündliche* Instruktionen. Vermitteln Sie ihnen Namen und Telefonnummer eines Arztes oder einer Pflegeperson, die bei Fragen angerufen werden können
- *Allgemeine Informationen*
- Gehen Sie den jeweils verordneten Typ des Fixateurs und die besondere Pflege durch
- *Komplikationszeichen*
- Gehen Sie die Zeichen und Symptome für Probleme bei einem Fixateur externe durch, die einem Arzt oder einer Pflegeperson mitgeteilt werden sollten
  - Infektion
    - Fieber
    - Schüttelfrost
    - Rötung
    - Schwellung
    - Eitrige Absonderungen aus den Eintrittsstellen der Drahtstifte
  - Wandern der Drahtstifte: Vorwölbung der Haut über dem Stift, Zeichen einer Bewegung des Stiftes oder einer Infektion
  - Neurovaskuläre Beeinträchtigung: Blässe, Zyanose, Kühle, Kribbeln, Taubheitsgefühl
- Gehen Sie die Zeichen und Symptome für Probleme bei einem Fixateur interne durch, die einem Arzt oder einer Pflegeperson mitgeteilt werden sollten
  - Infektion: anhaltende Rötung, Schwellung, zunehmender Schmerz, Sekretabsonderungen aus der Wunde, örtliche Erwärmung, fauliger Geruch aus dem Gips, Fieber
  - Neurovaskuläre Beeinträchtigung: Blässe, Zyanose, Kühle, Kribbeln, Taubheitsgefühl
- *Besondere Hinweise*
- Fixateur externe
  - Sorgen Sie für Anleitung zur Pflege der Stifte und des Fixateurs: Fixateur mit sterilem Wasser säubern und den Kopf eines jeden Stiftes mit Kork oder einem Gummikäppchen abdecken, um Verletzungen zu verhindern
  - Fixateur interne

- Erklären Sie, daß das Vorhandensein des Fixateur interne ein Risiko für eine erneute Fraktur darstellt, und gehen Sie vorbeugende Maßnahmen durch: Sicherheit beim Gehen mit Unterarmgehstützen; keine Gewichtsaufnahme ohne ärztliche Verordnung
- Informieren Sie den Patienten, daß manche Nägel, Stäbe oder großen Platten im Laufe eines Jahres entfernt werden

- *Medikamente*
- Erläutern Sie Zweck, Dosierung, Einnahmezeitplan und Art der Verabreichung aller verordneten Medikamente sowie deren Nebenwirkungen, die einem Arzt oder einer Pflegeperson mitgeteilt werden sollten
- *Aktivitäten*
- Erinnern Sie den Patienten daran, häufig Ruhepausen einzuplanen
- Gehen Sie besondere Anweisungen für den Patienten mit Fixateur externe durch
  - Betonen Sie, daß Bewegungen und Belastung langsam gesteigert werden müssen, um die Schmerzempfindlichkeit zu reduzieren und es den Muskeln zu ermöglichen, langsam wieder kräftiger zu werden. Weisen Sie den Patienten an, den Fixateur externe nicht als Handgriff oder Stütze für die Gliedmaße zu benutzen, sondern diese mit Kissen, mit beiden Händen oder mit einer Schlinge abzustützen, um eine überhöhte Belastung der Stifte zu verhindern
  - Raten Sie dem Patienten, die Extremität im Sitzen oder Liegen hochzulagern
  - Betonen Sie, daß es wichtig ist, das Gestänge des Fixateurs nicht nachzuregulieren, da dies zu einer Fehlausrichtung führen kann
  - Erklären Sie, daß Duschen erlaubt ist, Schwimmen jedoch vermieden werden sollte, da Chlor und Salz zur Korrosion des Metalls führen können

Nachsorge

- Betonen Sie die Bedeutung regelmäßiger Nachsorgeuntersuchungen, um sicherzugehen, daß die Vorrichtung richtig sitzt und um – beim Fixateur externe – eine hinreichende Immobilisierung der Fraktur(en) zu gewährleisten. Nehmen Sie – beim Fixateur interne – die Termine beim Physiotherapeuten bis zur vollständigen Heilung wahr. Stellen Sie sicher, daß der Patient die erforderlichen Rufnummern hat

Frakturen

Frakturen: Unterbrechung der Kontinuität oder Bruch eines Knochens. Frakturen treten auf, wenn die Belastung, die auf einem Knochen liegt, dessen Belastbarkeit übersteigt. Die Mehrzahl der Frakturen tritt infolge von Verletzungen auf. Pathologische (spontane) Frakturen, die unter minimaler Belastung oder bei kleinsten Verletzungen auftreten, treffen Knochen, die durch Krankheit geschwächt sind, z. B. bei Osteoporose, Tumoren oder M. Paget. Frakturen werden anhand einer Reihe von Charakteristika einschließlich der Ausdehnung einer Weichteilbeteiligung beschrieben (s. u.).

Geschlossene Fraktur: Die Haut ist intakt.

Offene Fraktur: Die Haut ist durchstoßen.

Querbruch, Schrägbruch, Spiralbruch, gerader Bruch: beschreiben die Bruchlinie.

Kompressionsfraktur: beschreibt die Kraft, die zum Bruch geführt hat.

Komminutiv- oder Trümmerfraktur: beschreibt die Anzahl der Fragmente (mehr als 6).

Dislozierte Fraktur, Biegungsfraktur: beschreiben die anatomische Stellung des distalen Fragments.

Intra- bzw. extraartikuläre Fraktur: besagt, ob ein Gelenk beteiligt ist.

Kennzeichen/Symptome

■ *An der Fraktur*

- Schmerzen, Empfindlichkeit, Ödem
- Haut offen oder geschlossen
- Blässe und Kühle der umgebenden Gewebe
- Taubheitsgefühl, Kribbeln
- Eingeschränkte Mobilität, reduzierter Bewegungsumfang
- Abnorme Stellung der Extremität, Verformung
- Verkürzung der Gliedmaße
- Krepitation (Bewegung normalerweise unbeweglicher Teile)
- Blutung, Hämatom
- Bluterguß, Blasenbildung

Komplikationen

- Verheilen in Fehlstellung, verzögerte Heilung, Pseudarthrosenbildung
- Thrombophlebitis
- Fettembolie
- Kompartmentsyndrom
- Infektion
- Nervenkompression
- Pseudarthrose
- Avaskuläre Nekrose
- Unterschiedliche Länge der Extremitäten

Diagnostik

- Beschreiben Sie jedes Verfahren, seinen Zweck und die normalen Empfindungen oder Wahrnehmungen, die dabei wahrscheinlich vorkommen, sowie die Pflege davor und danach
  - Röntgenaufnahmen der Fraktur
  - Magnetresonanztomographie zur Beurteilung komplizierter Frakturen
  - Arthroskopie zum Nachweis intraartikulärer Frakturen
  - Knochen-Szintigraphie
  - Computertomographie
  - Blutuntersuchungen: großes Blutbild, Elektrolyte

Behandlung

Konservativ

- *Therapie*
  - Immobilisierung des Knochens
  - Geschlossenes Einrichten
  - Bettruhe
  - Keine Belastung des betroffenen Knochens (Verwenden von Unterarmgehstützen, eines Gehstocks und -wagens)
  - Kältepackungen
  - Kompressionsstrümpfe
  - Gips, Schienung, Extension, Schlinge
- *Medikamente*
  - Analgetika
  - Antibiotika bei offenen Frakturen
  - Muskelrelaxanzien
  - Sedativa

Chirurgisch

- Offenes Einrichten mit Fixateur interne
- Arthroplastik und Ersatz durch eine Prothese
- Amputation bei schweren Quetschungen
- Fixateur externe, z. B. nach Hoffman, Ilizarov oder Ace-Fischer
- Mikrogefäßchirurgischer Eingriff zur Replantation eines abgetrennten Körperteils und zur Wiederherstellung der Gefäßversorgung nach Quetschungs-, Abriß- oder anderen Weichteilverletzungen

Ambulante Pflege

- Geben Sie sowohl dem Patienten als auch der betreuenden Person *schriftliche* und *mündliche* Instruktionen. Vermitteln Sie ihnen Namen und Telefonnummer eines Arztes oder einer Pflegeperson, die bei Fragen angerufen werden können
- Sorgen Sie für Unterweisung bezüglich besonderer Behandlungen: Gipspflege (s. S. 268) und Fixateur externe und interne (s. S. 239)
- *Allgemeine Informationen*
- Besprechen und erklären Sie die Art der Fraktur, ihre Ursachen und beeinflussenden Faktoren sowie die verordnete Behandlung.
- Erläutern Sie den Prozeß der Knochenheilung
- *Komplikationszeichen*
- Gehen Sie die Zeichen und Symptome für Probleme bei einem Fixateur externe durch, die einem Arzt oder einer Pflegeperson mitgeteilt werden sollten
  - Neurovaskuläre Schädigung der betroffenen Extremität: Taubheitsgefühl, Kribbeln, eingeschränkte Bewegung, Kühle, Blässe, Rötung, bläuliche Verfärbung, verzögerte Kapillarfüllung
  - Infektion: Fieber, verstärkte Schmerzen, Schwellung an der Stelle der Fraktur, eitrige Absonderungen aus dem Gips oder Verband, fauliger Geruch aus dem Gips oder Verband
  - Fettembolie: Thoraxschmerz, Fieber, Hautausschlag am Abdomen, am Hals, an den Armen oder in den Achselhöhlen, Angst
- *Besondere Hinweise*
- Betonen Sie, wie wichtig es ist, sich öfters zu drehen und die Lage zu wechseln, um einen Zusammenbruch der Haut zu verhindern. Raten Sie dem Patienten zu vorsichtigem Umgang mit geschädigtem Gewebe durch Abstützen des Gelenks ober- und unterhalb der geschädigten Stelle
- Gehen Sie die Wundpflege durch, und demonstrieren Sie das Vorgehen

- *Medikamente*
  - Erläutern Sie Zweck, Dosierung, Einnahmezeitplan und Art der Verabreichung aller verordneten Medikamente sowie deren Nebenwirkungen, die einem Arzt oder einer Pflegeperson mitgeteilt werden sollten
- *Aktivitäten*
  - Erklären Sie, wie wichtig es ist, die verletzte Extremität bewegungslos zu halten und nicht zu belasten, wie vom Arzt angeordnet
  - Erklären Sie, daß die Heilung noch einmal so lange dauert, wie die Immobilisationsphase, d.h., wenn 6 Wochen im Gips verbracht werden, dauert es bis zur vollständigen Heilung noch einmal 6 Wochen
  - Weisen Sie den Patienten an, die Extremität hochzulagern und nach Anweisung Kältepackungen aufzulegen
  - Unterweisen Sie den Patienten im Gebrauch von Gehhilfen (Unterarmgehstützen, Gehstock, Gehwagen)
  - Erläutern Sie die Bedeutung von Übungen des Bewegungsumfangs, um die Funktion nichtbetroffener Gliedmaßen aufrechtzuerhalten. Bringen Sie dem Patienten Übungen zum Erhalt der Kraft und zur leichteren Auflösung von Entzündungen bei: Übungen des M. quadriceps femoris, der Gesäßmuskulatur und des M. triceps brachii
- *Ernährung/Diät*
  - Betonen Sie die Bedeutung einer gut ausgewogenen, vitamin-, eiweiß-, kohlenhydrat- und mineralstoffreichen Ernährung, um die Heilung zu fördern und einen Gewichtsverlust zu verhindern
  - Heben Sie die Notwendigkeit einer kalziumreichen und an den Vitaminen A, B, C und D reichen Ernährung hervor, um die Knochenheilung zu fördern und einer Hypokalzämie vorzubeugen
  - Halten Sie den Patienten zur Flüssigkeitsaufnahme (8–10 Gläser täglich) an, um Obstipation und einen Verlust des Hautturgors zu vermeiden

Nachsorge

- Betonen Sie die Bedeutung regelmäßiger Nachsorgeuntersuchungen beim Arzt, Physiotherapeuten oder Reha-Spezialisten. Stellen Sie sicher, daß der Patient über die erforderlichen Namen und Telefonnummern verfügt

Gangrän

Gangrän: Absterben oder Nekrose von Gewebe, gewöhnlich infolge reduzierter Blutversorgung (Ischämie), bakterieller Infektion und nachfolgender Eiterung. Die Extremitäten sind am häufigsten betroffen, eine Gangrän kann jedoch auch innerlich auftreten, z. B. im Darm oder in der Gallenblase. Die Gangrän kann eine Komplikation bei strangulierter Hernie, Appendizitis, Thrombose der Mesenterialarterien, Infektion oder Diabetes mellitus darstellen. Eine Gangrän kann auch auf eine Quetschung oder eine akute Unterbrechung der Durchblutung folgen, z. B. bei einer Gefäßkrankheit, einem Tourniquet oder einer Embolie. Gasgangrän ist eine Nekrose in Verbindung mit Gasblasen im Weichteilgewebe. Sie wird durch anaerobe, sporenbildende, gram-positive Stäbchen, *Clostridium perfringens,* oder andere Clostridien-Arten verursacht und tritt gewöhnlich nach Verletzungen oder Operationen auf.

Kennzeichen/Symptome

- *Trockene Gangrän*
  - Betroffene Extremität kalt, trocken, geschrumpft, schwarz
- *Feuchte Gangrän*
  - Betroffene Extremität oder Wunde nekrotisch, eitrig
- *Gasgangrän*
  - Krepitation, verursacht durch Kohlendioxid- und Wasserstoffansammlungen im nekrotischen Gewebe
  - Schwere lokale Schmerzen, Schwellung und Verfärbung
  - Nekrose und Aufbrechen des Gewebes
  - Übelriechende Absonderungen
  - Tachykardie, Tachypnö, Hypotonie
  - Fieber
  - Delir

Komplikationen

- Amputation
- Gasgangrän: rasch tödlich
- Feuchte Gangrän: führt unbehandelt zum Tode

Diagnostik

- Beschreiben Sie jedes Verfahren, seinen Zweck und die normalen Empfindungen oder Wahrnehmungen, die dabei wahrscheinlich vorkommen, sowie die Pflege davor und danach
- Laboruntersuchungen
  - Blutuntersuchungen: rotes und weißes Blutbild zur Darstellung des entzündlichen Prozesses und der Hämolyse
  - Anaerobe Kulturen aus der Wunde und Gram-Färbung von Wundsekreten zum Nachweis von *Clostridium perfringens*
- Röntgenaufnahmen, um das Vorliegen von Gas im Gewebe zu dokumentieren

Behandlung

Konservativ (bei Gasgangrän)

- *Therapie*
- Hyperbare Oxygenierung, um die Vermehrung von Anaerobiern zu verhindern
- *Medikamente*
- Antibiotika i. v., gewöhnlich Penicillin in hohen Dosen
- Entzündungshemmende Mittel
- Analgetika

Chirurgisch

- Débridement des betroffenen Gewebes und des nekrotischen Muskelgewebes
- Amputation

Ambulante Pflege

- Geben Sie sowohl dem Patienten als auch der betreuenden Person *mündliche* und *schriftliche* Instruktionen. Nennen Sie ihnen den Namen und die Telefonnummer eines Arztes oder einer Pflegeperson, die sie bei Fragen anrufen können
- *Allgemeine Informationen*
- Erläutern Sie die Störung und die Faktoren, die dazu beigetragen haben
- Bereiten Sie den Patienten ggf. auf eine Amputation vor (s. S. 18)

- *Komplikationszeichen*
- Gehen Sie die Zeichen und Symptome durch, die einem Arzt oder einer Pflegeperson mitgeteilt werden sollten
  - Erneutes Auftreten der Infektion
  - Störung der Gefäßversorgung (Ischämie) der Umgebung: kühle Haut, Blässe, bläuliche Haut, plötzliches Anschwellen oder schwerer Schmerz
- *Besondere Hinweise*
- Bereiten Sie den Patienten auf das Débridement vor, und besprechen Sie die Gründe für dieses Vorgehen
- Besprechen Sie nach dem Débridement die Wundpflege und den Verbandwechsel
  - Tägliche Inspektion der Wunde
  - Aseptische Technik
  - Sehr gründliche Wundreinigung
- *Medikamente*
- Erläutern Sie Zweck, Dosierung, Einnahmezeitplan und Art der Verabreichung von Medikamenten sowie deren Nebenwirkungen, die einem Arzt oder einer Pflegeperson mitgeteilt werden sollten
- *Aktivitäten*
- Erläutern Sie die Notwendigkeit von Ruhe, um die Energie zu erhalten, die Heilung zu fördern und die betroffenen Gewebe zu entlasten
- Betonen Sie, wie wichtig es ist, die betroffene Extremität zu immobilisieren, um die Ausbreitung eitriger Absonderungen einzudämmen
- Unterweisen Sie den Patienten in Übungen zum Bewegungsumfang, um die Kraft in Muskeln und Gelenken zu erhalten und eine Gewebsatrophie zu verhindern
- Lehren Sie dem Patienten den Gebrauch von Gehhilfen, sobald er das Bett verlassen darf

Nachsorge

- Betonen Sie die Bedeutung regelmäßiger Nachsorgeuntersuchungen beim Arzt, Physiotherapeuten oder Reha-Spezialisten. Stellen Sie sicher, daß der Patient über die erforderlichen Namen und Telefonnummern verfügt
- Betonen Sie, wie wichtig es ist, bei Kälte nicht zu rauchen und keinen Alkohol zu trinken

Gastrektomie, Gastrostomie

Gastrektomie: Resektion des gesamten Magens oder eines Teils mit Anastomose zum Dünndarm.

Gastrostomie: chirurgisch gebildetes Stoma des Magens zum Einführen eines Katheters zur Sondenernährung, Dekompression oder Ableitung von Flüssigkeiten.

Indikationen

- Hämorrhagie
- Unbehandelbare Ulzera
- Erkrankungen des Ösophagus: Karzinom, Striktur, Atresie, Trauma, Dysphagie
- Perforation

Präoperative Schulung

- Gehen Sie die Erläuterungen des Arztes bezüglich des Eingriffs und seiner Gründe durch, und ermutigen Sie den Patienten, Fragen zu stellen und jegliche Sorgen oder Ängste zu besprechen
- Erläutern Sie die Notwendigkeit einer schriftlichen Einverständniserklärung nach Aufklärung

Besprechen der präoperativen Pflege

- Erklären und sorgen Sie dafür, daß der Patient vor und nach dem Eingriff nüchtern bleibt

Besprechen der postoperativen Pflege

- Gehen Sie die vorgesehene postoperative Pflege durch, einschließlich der Magensonde, Inzisionen, intravenös verabreichter Flüssigkeiten und Elektrolyttherapie sowie des Dauerkatheters zur Harnableitung
- Besprechen Sie die postoperativen Veränderungen am Körper, das Gastrostoma und die Sonde
- Besprechen Sie die Veränderungen der Lebensweise: Eßverhalten, veränderte Ernährungsweisen, Diätmodifikationen und die symptomatische Erleichterung des Dumping-Syndroms
- Zeigen Sie, wie man hustet, tief einatmet und die Wunde beim Husten, Niesen oder Pressen mit den flachen Händen abstützt

- Besprechen Sie den Zweck des Giebelrohrs und anderer Atemhilfen, und demonstrieren Sie deren Gebrauch
- Ermutigen Sie den Patienten zu frühzeitigem Aufstehen
- Sorgen Sie für Erläuterungen zur Stoma- bzw. Katheterpflege, zum Beginn der Sondenernährung oder zu Diätmodifikationen

Komplikationen/Nebenwirkungen

- Dehydratation
- Elektrolytungleichgewicht
- Aspirationspneumonie
- Wundinfektion
- Hämorrhagie oder Schock
- Atelektase

Ambulante Pflege

- Geben Sie sowohl dem Patienten als auch der betreuenden Person *mündliche* und *schriftliche* Instruktionen. Nennen Sie ihnen den Namen und die Telefonnummer eines Arztes oder einer Pflegeperson, die sie bei Fragen anrufen können
- *Allgemeine Informationen*
- Gehen Sie die Erläuterung der Operation und die spezielle Nachsorge durch
- Erläutern und besprechen Sie die Beziehungen zwischen der Grunderkrankung, der Notwendigkeit einer Gastrostomie bzw. Gastrektomie, den beeinflussenden Faktoren (z. B. Rauchen, Alkohol, scharfe Speisen oder Reizungen verursachende Medikamente und Streß), Pflege und Behandlung. Betonen Sie, wie wichtig es ist, die auslösenden Faktoren zu beseitigen
- *Wundpflege*
- Besprechen und demonstrieren Sie die korrekte Wundpflege, Verbandwechsel und Stomapflege: Vorgehen, Häufigkeit und Inspektion auf Hautschäden und Schädigungen des Stomas
- *Komplikationszeichen*
- Gehen Sie die Zeichen und Symptome durch, die einem Arzt oder einer Pflegeperson mitgeteilt werden sollten
  - Retention von Darminhalt und -verschluß: Übelkeit, Erbrechen, geblähtes, schmerzhaftes und verhärtetes Abdomen

- Infektion: Fieber, Erythem, Schmerzen, Berührungsempfindlichkeit, eitrige Absonderungen, fauliger Geruch, Erwärmung im Bereich des Stomas
- Diarrhö
- Dumping-Syndrom: Völlegefühl, Krämpfe, Übelkeit, Erbrechen, Diarrhö, Schwitzen, Müdigkeit, Tachykardie, Schwindel, Palpitationen
- Bei Gastrostomie: Veränderung der Farbe des Stomas (normal: hellrot), Veränderungen in Farbe, Konsistenz oder Menge des Ausflusses aus dem Magen, Hautreizungen im Bereich um das Stoma

Besondere Hinweise

- Helfen Sie dem Patienten bei der Beschaffung des entsprechenden Materials: Material für das Stoma, steriles Verbandmaterial, Sondennahrung und eine Pumpe für die Nahrung
- Für Patienten nach Gastrektomie: Besprechen Sie die symptomatische Erleichterung bei Dumping-Syndrom
  - Helfen Sie dem Patienten bei der Planung einer kohlenhydratarmen, fett- und eiweißreichen Ernährung
  - Weisen Sie den Patienten an, häufig kleine Mahlzeiten zu sich zu nehmen und beim Essen nichts zu trinken
  - Weisen Sie den Patienten an, sich nach dem Essen hinzulegen
- Nach Gastrotomie: Besprechen und demonstrieren Sie die Zubereitung und Verabreichung von Sondennahrung – einschließlich Menge und Häufigkeit
  - Weisen Sie den Patienten an, während und bis eine Stunde nach Verabreichen der Nahrung aufrecht zu sitzen, um einen Reflux in den Ösophagus oder ein Zurückfließen in den Gastrostomietubus zu verhindern.
  - Zur Dauerernährung über Sonde siehe S. 712
- Unterweisen Sie den Patienten in der Pflege des Gastrostomietubus, und sorgen Sie für schriftliches Informationsmaterial
  - Den Bereich vorsichtig mit Wasser und Seife waschen
  - Gut abtrocknen und trocken tupfen
  - Bei Bedarf einen Hautschutz aufbringen
  - Verband und Material wieder anbringen
  - Gastrostomietubus gut mit Pflaster auf der Haut befestigen, um Belastungen und ein versehentliches Verrutschen zu verhindern
  - Den Tubus alle 2–3 Tage auswechseln
  - Erklären Sie bei einem permanenten Gastrostomietubus, daß er u. U. nur zu den Mahlzeiten eingesetzt und wieder herausgenommen wird. Sagen Sie dem Patienten, er möge das Stoma mit einer Gazekompresse schützen

- *Medikamente*
  - Erläutern Sie Zweck, Dosierung, Einnahmezeitplan und Art der Verabreichung von Medikamenten sowie deren Nebenwirkungen, die einem Arzt oder einer Pflegeperson mitgeteilt werden sollten
  - Betonen Sie die Bedeutung einer Eisensubstitution gemäß Verordnung zur Behandlung einer Eisenmangelanämie
  - Erläutern und demonstrieren Sie Vitamin-B_{12}-Injektionen zur Behandlung einer perniziösen Anämie, soweit verordnet. Demonstrieren Sie die Zubereitung des Medikaments und seine Verabreichung über den Gastrostomietubus
- *Aktivitäten*
  - Ermutigen Sie den Patienten, über Veränderungen und Einschränkungen in Beruf, Freizeit und bei Tätigkeiten zu sprechen
  - Weisen Sie den Patienten an, die Aktivitäten des täglichen Lebens allmählich wieder aufzunehmen, das Heben schwerer Gegenstände (> 5 kg), Ziehen oder Schieben jedoch zu vermeiden
  - Weisen Sie den Patienten an, sich alle 2–3 Tage zu wiegen und das Meßergebnis aufzuschreiben
- *Ernährung/Diät*
  - Verweisen Sie den Patienten an eine Ernährungsberatung
  - Versorgen Sie den Patienten mit einer Liste Reizungen verursachender Nahrungsmittel und zu vermeidender Medikamente einschließlich Kaffee, Koffein, scharfen Speisen, Acetylsalicylsäure und Ibuprofen
  - Betonen Sie, wie wichtig es ist, keinen Alkohol zu trinken und Speisen zu vermeiden, die den Magen reizen

Nachsorge

- Betonen Sie die Bedeutung regelmäßiger Nachsorgeuntersuchungen beim Arzt, in der Ernährungsberatung und beim Stoma-Spezialisten. Stellen Sie sicher, daß der Patient über die erforderlichen Namen und Telefonnummern verfügt
- Informieren Sie den Patienten über Strategien, um mit dem Rauchen aufzuhören, und verweisen Sie ihn ggf. auf konkrete Kurse und Programme

Psychosoziale Betreuung

- Ermutigen Sie den Patienten, Sorgen hinsichtlich des Körperbildes, der Unfähigkeit, Speisen und Getränke über den Mund zu sich zu nehmen, der sozialen Bedeutung des Essens, geänderter Ernährungsweisen sowie der Folgen für den Lebensstil zu stellen
- Unterstützen Sie den Patienten und die Familie bei der Integration seiner Ernährungsweisen in den sozialen Ablauf einer Mahlzeit, um eine Isolation zu verhindern
- Ermutigen Sie den Patienten zu Techniken des Streßabbaus

Hinweis

- Verweisen Sie den Patienten an eine/n Sozialarbeiter/in bezüglich psychosozialer Unterstützung, Hilfe bei finanziellen Angelegenheiten in Bezug auf eine langfristige Sondenernährung und Material zur Unterstützung bei der ambulanten Pflege

Gastroenteritis

Gastroenteritis: Entzündung des Magens und des Dünndarms, charakterisiert durch Erbrechen und schwere Diarrhö, die zur Abnahme des intrazellulären Flüssigkeitsvolumens führt. Eine Gastroenteritis kann Personen jeder Altersgruppe treffen, ist jedoch besonders gefährlich bei Kindern, älteren Menschen sowie bei geschwächten Patienten.

Ätiologie/beeinflussende Faktoren/Risikofaktoren

- Aufnahme von kontaminierten Speisen und Wasser: Bakterien (*Staphylococcus aureus*, Salmonellen, Shigellen), Viren oder Parasiten
- Allergie oder Unverträglichkeit bei bestimmten Speisen sowie als Reaktion auf Medikamente
- Direkte oder indirekte fäkale oder orale Übertragung von einer infizierten Person
- Schlechte sanitäre Konditionen
- Enge Wohnverhältnisse
- Auslandsreisen

Kennzeichen/Symptome

- Häufige Durchfälle, die schleimig oder blutig sein können
- Krämpfe oder Schmerzen im Abdomen
- Übelkeit und Erbrechen
- Gewichtsverlust oder fehlende Gewichtszunahme
- Anorexie
- Geblähtes Abdomen
- Fieber
- Reizbarkeit
- Lethargie
- Dehydratation: Veränderungen des Bewußtseinszustandes, Abnahme des Hautturgors, Oligurie, dunkler und konzentrierter Urin, trockene Schleimhäute, eingesunkene Augen, keine Tränen beim Weinen, eingesunkene vordere Fontanelle

Komplikationen

- Dehydratation
- Elektrolytungleichgewicht
- Hypovolämie oder septischer Schock
- Tod

Diagnostik

- Beschreiben Sie jedes Verfahren, seinen Zweck und die normalen Empfindungen oder Wahrnehmungen, die dabei wahrscheinlich vorkommen, sowie die Pflege davor und danach.
- Großes Blutbild und Differentialblutbild
- Stuhlkultur zum Nachweis pathogener Organismen, von okkultem Blut, Schleim oder einer reduzierenden Substanz
- Serumantikörpertiter
- Serumelektrolyte

Behandlung

Konservativ

- *Therapie*
  - Intravenöse Flüssigkeits- und Elektrolyttherapie
  - Keine orale Nahrungs- oder Flüssigkeitsaufnahme bis zur vollständigen Rehydrierung, dann kleine, häufig angebotene Mengen klarer Getränke
- *Medikamente*
  - Antibiotika

Ambulante Pflege

- Geben Sie sowohl dem Patienten als auch der betreuenden Person *mündliche* und *schriftliche* Instruktionen. Nennen Sie ihnen den Namen und die Telefonnummer eines Arztes oder einer Pflegeperson, die sie bei Fragen anrufen können
- *Allgemeine Informationen*
  - Erläutern und besprechen Sie die Gastroenteritis, ihre Ätiologie und die beeinflussenden Faktoren sowie Pflege, Behandlung und Prävention
- *Komplikationszeichen*
  - Gehen Sie die Zeichen und Symptome durch, die einem Arzt oder einer Pflegeperson mitgeteilt werden sollten
    - Dehydratation: Veränderungen des Bewußtseinszustandes, Abnahme des Hautturgors, Oligurie, dunkler und konzentrierter Urin, trockene Schleimhäute, eingesunkene Augen, keine Tränen beim Weinen, eingesunkene vordere Fontanelle
    - Anhaltende Diarrhö
    - Zunehmende Leibschmerzen
    - Fieber
- *Besondere Hinweise*
  - Helfen Sie dem Patienten oder der betreuenden Person bei der Beschaffung geeigneten Verbrauchsmaterials, wie z. B. oraler Glukose-Elektrolyt-Lösungen
  - Unterweisen Sie den Patienten in Maßnahmen der Prävention
    - Händewaschen vor dem Essen und nach dem Stuhlgang
    - Alles Fleisch, vor allem Schweinefleisch, gründlich kochen und danach eine erneute Kontamination über Küchengeräte vermeiden
    - Verderbliche Speisen einfrieren: Mayonnaise, Kartoffelsalat, Gebäck mit Sahnefüllung

  - Pasteurisierte Milch und gechlortes Wasser trinken. Auf Reisen in Gegenden ohne Trinkwasserhygiene das zum Kochen, Trinken oder für Eis benötigte Wasser abkochen
  - Nahrungsmittel bei den geeigneten höheren oder niedrigen Temperaturen lagern; gegen Kontamination durch Fliegen oder Schaben schützen
- Bringen Sie dem Patienten bei, daß eine Gastroenteritis übertragbar ist, solange sich der Erreger in den Fäzes befindet
- Sagen Sie dem Patienten und seiner Familie, daß Personen mit Shigellen-Infektionen nicht mit Nahrungsmitteln umgehen und sich nicht in der Kinderpflege betätigen sollten, bis zwei aufeinanderfolgende Stuhlproben erregerfrei sind. Weisen Sie den Patienten an, nach dem Gang zur Toilette ein Desinfektionsmittel zu verwenden
- Demonstrieren Sie die korrekte Entsorgung kontaminierten Materials
- Besprechen Sie die Hautpflege bei Analreizung
  - Den perianalen Bereich trocken und sauber halten
  - Die Haut nach jedem Stuhlgang mit milder Seife und Wasser waschen, gut abspülen und gründlich trocknen
  - Bei Bedarf lokal Salben auftragen
  - Stuhlproben von weiteren Familienmitgliedern gewinnen und diese entsprechend behandeln

■ *Medikamente*
- Erläutern Sie Zweck, Dosierung, Einnahmezeitplan und Art der Verabreichung von Medikamenten sowie deren Nebenwirkungen, die einem Arzt oder einer Pflegeperson mitgeteilt werden sollten

■ *Ernährung/Diät*
- Weisen Sie den Patienten an, klare Säfte, Gemüsebrühe, Tee und Fleischbrühe zu trinken, soweit er dies verträgt
- Raten Sie dem Patienten, von klaren Flüssigkeiten zu einer weichen, ungewürzten Ernährung mit Bananen, Reis, Apfelmus, Toastbrot, klarer Suppe, Laugengebäck und Getreideflocken und dann, nachdem sich der Stuhl zu verfestigen begonnen hat, zur normalen Ernährung überzugehen

Nachsorge

■ Betonen Sie die Bedeutung regelmäßiger Nachsorgeuntersuchungen. Stellen Sie sicher, daß der Patient über die erforderlichen Namen und Telefonnummern verfügt

Gastrointestinale Blutung (einschl. Ösophagusblutung)

Gastrointestinale Blutung: eine Komplikation verschiedener Erkrankungen des Magen-Darm-Traktes, bei der ein ulzerativer Prozeß der Mukosa bis auf die Gefäßversorgung durchgegriffen hat. Die Blutung kann akut oder chronisch sein.

Ätiologie/beeinflussende Faktoren/Risikofaktoren

- Peptisches Ulkus
- Erosive Gastritis
- Ösophagusvarizen
- Ösophagitis
- Divertikel
- Ösophagus-, Magen- oder Darmkarzinom
- Trauma
- Mallory-Weiss-Syndrom (schwere Magen-Darm-Blutung)
- Störungen der Blutzusammensetzung

Kennzeichen/Symptome

- Hämatemesis: Blutiges Erbrechen von roter, dunkelroter, brauner oder schwarzer Färbung, das auch wie Kaffeesatz aussehen kann
- Meläna: schwarze, teerfarbene Stühle
- Hämatochezie: Beimengung von rotem Blut im Stuhl
- Okkultes Blut im Stuhl
- Müdigkeit
- Blässe
- Übelkeit, Erbrechen
- Geblähtes Abdomen
- Bauchkrämpfe, Schmerzempfindlichkeit, Schmerzen
- Diarrhö
- Fieber, Schüttelfrost
- Dehydratation
- Bei akuter Hämorrhagie über 500 ml: Benommenheit, Synkope, Schwitzen, Tachykardie, Schock

Komplikationen

- Hypovolämischer Schock
- Anämie
- Elektrolytungleichgewicht
- Perforation
- Tod

Diagnostik

- Beschreiben Sie jedes Verfahren, seinen Zweck und die normalen Empfindungen oder Wahrnehmungen, die dabei wahrscheinlich vorkommen, sowie die Pflege davor und danach
- Hämoglobin und Hämatokrit zur Bestimmung zirkulierender roter Blutkörperchen und des Blutverlustes
- Blutharnstoff-Stickstoff zum Nachweis einer Verdauung und Resorption von Bluteiweiß im Gastrointestinaltrakt
- Elektrolyte
- Ösophagogastroduodenoskopie zur Darstellung der Ursache und Lokalisation der Blutung
- Bariumuntersuchung des oberen Gastrointestinaltraktes zur Darstellung der Ursache und Lokalisation der Blutung
- Stuhlproben auf okkultes Blut

Behandlung

Konservativ

- *Therapie*
- Vollbluttransfusion oder Erythrozytenkonzentrate
- Intravenöser Flüssigkeitsersatz mit normaler Kochsalzlösung und Plasmaexpandern
- Weder Essen noch Trinken, bis die Blutung steht
- Messung des Zentralvenendrucks oder Swan-Ganz-Katheter zur Überwachung des zirkulierenden Blutvolumens
- Magensonde zum Absaugen von Blut und Mageninhalt
- Magensonde und -lavage mit Eiswasser oder Kochsalzlösung, um die Blutung unter Kontrolle zu bringen
- Angiographie mit Vasopressininfusion zur Lokalisierung der Blutung und zur Unterstützung der Vasokonstriktion
- Ballonsonde zur Blockade des Ösophagus, um die Blutung unter Kontrolle zu bringen

- *Medikamente*
  - Antazida
  - Histamin-Rezeptorantagonisten
  - Medikamente gegen Ulkusbildung
  - Vasopressin
  - Analgetika

Chirurgisch

- *Bei Ösophagusblutung*
  - Endoskopische Sklerosierung
  - Portokavaler oder splenorenaler Shunt, um das Blut von der Leber abzuleiten und so den Druck zu reduzieren
  - Ösophagustamponade
- *Bei Magenblutung*
  - Partielle Gastrektomie
  - Vagotomie, Ulkusexzision, Pyloroplastik
- *Bei Darmblutung*
  - Darmresektion mit Anastomose
  - Darmresektion mit temporärem Kolostoma
  - Bei unbekannter Blutungsquelle: explorative Laparotomie

Ambulante Pflege

- Geben Sie sowohl dem Patienten als auch der betreuenden Person *mündliche* und *schriftliche* Instruktionen. Nennen Sie ihnen den Namen und die Telefonnummer eines Arztes oder einer Pflegeperson, die sie bei Fragen anrufen können
- *Allgemeine Informationen*
  - Erläutern und besprechen Sie die Art der Blutung, ihre Ätiologie und die beeinflussenden Faktoren, die Pflege und die Behandlung sowie die Prävention
  - Gehen Sie die Erläuterung des Arztes bezüglich der geplanten medizinischen Maßnahmen durch, und reservieren Sie Zeit, alle Fragen zu beantworten
  - Gehen Sie die Erläuterungen des Arztes entsprechend den Verordnungen durch: Gastrektomie (s. S. 252), Darmverschluß und -resektion mit Anastomose (s. S. 129) und abdominalchirurgischer Eingriff (s. S. 3)
- *Komplikationszeichen*
  - Gehen Sie die Zeichen und Symptome durch, die einem Arzt oder einer Pflegeperson mitgeteilt werden sollten
    - Unwohlsein im Epigastrium bei leerem Magen

- Schmerzen bei der Nahrungsaufnahme
- Anorexie, Übelkeit, Hämatemesis, geblähtes Abdomen und Völlegefühl
- Gewichtsverlust
- Schwarze oder blutige Stühle

Besondere Hinweise

- Bringen Sie dem Patienten bei, wie man Stuhl auf Blut untersucht, und demonstrieren Sie ggf. einen Test auf okkultes Blut
- Sorgen Sie für eine Schmerztherapie, indem Sie Alternativen zu Medikamenten anbieten: Visualisierung, gelenkte Imagination, Meditation, Relaxation und Biofeedback
- Betonen Sie, wie wichtig es ist, mit dem Rauchen aufzuhören und keinen Alkohol mehr zu trinken
- Raten Sie dem Patienten, Husten, Niesen, Heben, Pressen beim Stuhlgang oder Erbrechen zu vermeiden. Besprechen Sie den Einsatz stuhlerweichender Mittel, um eine Verstopfung zu verhindern

Medikamente

- Erläutern Sie Zweck, Dosierung, Einnahmezeitplan und Art der Verabreichung von Medikamenten sowie deren Nebenwirkungen, die einem Arzt oder einer Pflegeperson mitgeteilt werden sollten
- Stellen Sie gesondert dar, ob die Medikamente auf nüchternen Magen oder zu den Mahlzeiten eingenommen werden sollten
- Raten Sie dem Patienten, Präparate mit Acetylsalicylsäure und Ibuprofen zu meiden

Ernährung/Diät

- Helfen Sie dem Patienten bei der Planung einer an Vitamin K reichen Ernährung. Sorgen Sie für eine Liste mit entsprechenden Nahrungsmitteln
- In Verbindung mit einer fortgeschrittenen Lebererkrankung: Raten Sie dem Patienten, eine natriumarme, eiweißreiche und ammoniakarme Ernährung zu planen
- Weisen Sie den Patienten an, häufig kleine Mahlzeiten zu sich zu nehmen, die Speisen gut zu kauen und langsam zu essen
- Weisen Sie den Patienten an, zu den Mahlzeiten Wasser zu trinken
- Versorgen Sie den Patienten mit einer Liste von Reizungen verursachenden Nahrungsmitteln und Medikamenten, die vermieden werden sollten. Dazu gehören Kaffee, Tee, koffeinhaltige Nahrungsmittel, scharfe Speisen, harte Speisen, zitronensäurehaltige Säfte, sehr heiße Speisen und Getränke sowie Alkohol
- Raten Sie dem Patienten, Milch zu vermeiden, da sie bisweilen zu einer Erhöhung der Magensäuresekretion führt
- Verweisen Sie den Patienten an eine Diätberatung

Nachsorge

- Betonen Sie die Bedeutung regelmäßiger Nachsorgeuntersuchungen, auch ohne erkennbare Symptome. Stellen Sie sicher, daß der Patient über die erforderlichen Namen und Telefonnummern verfügt

Hinweis

- Verweisen Sie den Patienten bei Bedarf an die Anonymen Alkoholiker
- Verweisen Sie ihn ggf. auf konkrete Kurse und Programme, um mit dem Trinken und Rauchen aufzuhören

Gicht

Gicht: eine Stoffwechselkrankheit, bei der Harnsäuresalze in Gelenken und anderen Geweben wie im Ohr, in Knorpel und in den Nieren abgelagert werden. Die Harnsäurekristalle bilden Massen, die Tophi genannt werden, scharf und spitz sind und zu Reizerscheinungen und Entzündungen in den Gelenken führen. Obwohl jedes Gelenk betroffen sein kann, befällt die Gicht für gewöhnlich (90 %) das erste Metatarsalgelenk der Großzehe und verursacht dort äußerst heftige Schmerzen. Auch Fußgelenk, Mittelfuß und Handgelenk sind häufig betroffen.

Die primäre Gicht ist eine erbliche Krankheit, bei der eine Überproduktion oder eine verminderte Ausscheidung von Harnsäure und Harnsalzen zu hohen Harnsäurespiegeln im Blut führt. Die primäre Gicht tritt am häufigsten bei Männern über 30 Jahre auf.

Die sekundäre Gicht geht mit anderen Krankheiten einher, bei denen Harnsäure im Überschuß produziert oder vermindert ausgeschieden wird, wie z. B. bei Bleivergiftung, unter Thiaziddiuretika, bei chronischen Nierenerkrankungen, Psoriasis und unter einer Chemotherapie.

Kennzeichen/Symptome

- Entzündete, ödematöse, heiße und schmerzhafte Gelenke, bedeckt von durchscheinender Haut
- Krankheitsgefühl
- Kopfschmerzen
- Erhöhte Körpertemperatur
- Schüttelfrost

- Verstopfung
- Subkutane Tophi an Ohren, Gelenken und Fingerknöcheln

Komplikationen

- Nierensteine
- Gicht-Arthritis
- Hypertonie
- Infektion

Diagnostik

- Beschreiben Sie jedes Verfahren, seinen Zweck und die normalen Empfindungen oder Wahrnehmungen, die dabei wahrscheinlich vorkommen, sowie die Pflege davor und danach
- Laboruntersuchungen
  - Blutuntersuchungen: Harnsäure, weißes Blutbild, Blutkörperchensenkungsgeschwindigkeit
  - Urinuntersuchungen: Harnsäure zur Bestimmung, ob eine überhöhte oder zu niedrige Ausscheidung vorliegt
- Aspirationsbiopsien
  - Gelenkflüssigkeit zum Nachweis von Harnsäurekristallen
  - Material aus Tophi zum Nachweis von Harnsäurekristallen
- Röntgenuntersuchungen zum Nachweis röntgendichter Tophi

Behandlung

Konservativ

- *Therapie*
- In der akuten Phase
  - Ruhigstellen des Gelenks
  - Vollständige Bettruhe mit Hochlagern der betroffenen Extremität
  - Kältepackungen auf dem betroffenen Gelenk, um die Entzündung zu lindern
- Purinarme Ernährung
- Einschränken des Alkoholkonsums
- *Medikamente*
- Nichtsteroidale Antiphlogistika
- Urikosurika, z. B. Probenecid, zur Erhöhung der Harnsäureausscheidung
- Allopurinol zur Senkung des Harnsäurespiegels im Serum

G

- Antiphlogistika (Colchicin)
- Kortikosteroide, Analgetika, Antipyretika

Chirurgisch

- Exzision von Gichttophi, wenn sie erodierend durch die Haut stoßen oder zur mechanischen Beeinträchtigung führen
- Gelenkersatz

Ambulante Pflege

- Geben Sie sowohl dem Patienten als auch der betreuenden Person *mündliche* und *schriftliche* Instruktionen. Nennen Sie ihnen den Namen und die Telefonnummer eines Arztes oder einer Pflegeperson, die sie bei Fragen anrufen können
- *Allgemeine Informationen*
- Erläutern und besprechen Sie den Krankheitsprozeß, seine Ätiologie und die beeinflussenden Faktoren
- *Komplikationszeichen*
- Gehen Sie die Zeichen und Symptome durch, die einem Arzt oder einer Pflegeperson mitgeteilt werden sollten
  - Schwere Schmerzen in der Flanke, in der Seite, im unteren Rückenbereich, suprapubisch, in den Leisten, den Labien oder im Skrotum
  - Harnretention
  - Übelkeit
  - Erbrechen
- *Besondere Hinweise*
- Weisen Sie den Patienten an, den Harn-pH-Wert mit einem Teststreifen zu messen. Raten Sie ihm bei Werten unter 6,0, die Flüssigkeitsaufnahme zu erhöhen und purinreiche Nahrungsmittel zu meiden
- Beschreiben Sie die ambulante Pflege entzündeter Gelenke im akuten Anfall
  - Vollständige Bettruhe mit Hochlagern des betroffenen Gelenks auf Kissen
  - Eisanwendungen auf dem betroffenen Gelenk
  - Ruhepausen bei rückläufiger Entzündung, um Ermüdung zu vermeiden
  - Bettbogen, um das Bettzeug vom Gelenk fernzuhalten; beraten Sie den Patienten bei der Beschaffung
  - Belastung vermeiden
- Unterweisen Sie den Patienten in Übungen zum Bewegungsumfang, und sagen Sie ihm, er möge diese allmählich steigern, sowie die Entzündung zurückgeht, um ein Immobilitätssyndrom zu vermeiden

- Erklären Sie, daß Gicht nicht geheilt, aber medikamentös unter Kontrolle gehalten werden kann
- *Medikamente*
- Erläutern Sie Zweck, Dosierung, Einnahmezeitplan und Art der Verabreichung von Medikamenten sowie deren Nebenwirkungen, die einem Arzt oder einer Pflegeperson mitgeteilt werden sollten
- Gehen Sie die einzelnen Arzneimittelbehandlungen durch. Erklären Sie, daß diese davon abhängen, ob der Patient zuviel oder zuwenig Harnsäure ausscheidet
  - Colchicin: Weisen Sie den Patienten an, den Arzt oder eine Pflegeperson zu informieren, wenn Übelkeit, Erbrechen, Bauchkrämpfe oder Durchfall auftreten. Erläutern Sie, daß das Medikament beim Auftreten von Symptomen gewöhnlich abgesetzt wird
  - Urikosurika: Betonen Sie, wie wichtig es ist, 2–3 Liter täglich zu trinken, soweit nicht kontraindiziert, um die Bildung von Nierensteinen zu verhindern
  - Alkalisierende Substanzen (Natriumbicarbonat), um den pH-Wert des Urins über 6,0 zu halten und die Bildung von Nierensteinen zu verhindern
- Erklären Sie, daß Diuretika, niedrigdosierte Acetylsalicylsäure und Nicotinsäure vermieden werden müssen, da sie zu einer Erhöhung der Serumharnsäure führen können
- *Ernährung/Diät*
- Besprechen Sie, daß die Aufnahme von Purinen als Stoffwechselvorstufe der Harnsäure eingeschränkt werden muß. Beraten Sie den Patienten bezüglich purinreicher Nahrungsmittel: Sardellen, Leber, Sardinen, Nieren, Bries, Linsen
- Weisen Sie den Patienten an, alkoholische Getränke, vor allem Bier und Wein zu meiden
- Besprechen Sie die Notwendigkeit einer Gewichtsreduktion, falls der Patient übergewichtig ist. Verweisen Sie ihn zur Ausarbeitung eines kalorienarmen Ernährungsplans an eine Ernährungsberatung

Nachsorge

- Betonen Sie die Bedeutung regelmäßiger Nachsorgeuntersuchungen. Stellen Sie sicher, daß der Patient über die erforderlichen Namen und Telefonnummern verfügt

Gipspflege

Gipspflege: Beobachtung und Kontrolle eines Verbands aus Gips oder Synthetikmaterial, das in Streifen oder Rollen geliefert wird. Gipsverbände dienen der Immobilisierung des Muskel- und Skelett-Systems nach einer Verletzung oder Operation. Sie werden aus Gips, synthetischem Material wie Fiberglas oder Plastik oder aus Gipsbinden gefertigt. Fiberglas, Plastik und Gipsbinden haben gegenüber Gips den Vorteil, daß sie naß werden können, ohne ernsthaft Schaden zu nehmen, wenig wiegen und länger halten. Darüber hinaus können bei liegendem Gips Röntgenaufnahmen gemacht werden, um den Heilungsprozeß zu verfolgen, während Gips für Röntgenstrahlen nicht gut durchlässig ist. Der Gipsverband, in Streifen oder Rollen geliefert, wird in Wasser getaucht und um den verletzten Körperteil gewickelt. Er paßt sich dessen Konturen an und härtet beim Trocknen aus. Zu den Gipsarten gehören der Extremitätengips (Unterarm, Unterschenkel, ganzes Bein), das Gipskorsett (Thorax und Abdomen), Beckenhosengips, Beckenspreizgips (Hüften und ein Bein oder beide Beine), Becken-Bein-Fuß-Gipsverband (BBF-Gips), Gipskrawatte und Thoraxhals-Gipsverband, auch Minerva-Gips genannt (bedecken den Brustkorb, Hals und Hand).

Präoperative Schulung

- Gehen Sie die Erläuterungen des Arztes bezüglich des Eingriffs und seiner Gründe durch, und ermutigen Sie den Patienten, Fragen zu stellen und jegliche Sorgen oder Ängste zu besprechen

Besprechen der präoperativen Pflege

- Besprechen Sie die Notwendigkeit von Röntgenaufnahmen zur Feststellung der Ausdehnung der Verletzung und zur Beurteilung der Knochenstellung vor und nach dem Einrichten
- Beschreiben Sie, wie ein Gips angelegt wird
  - Unter Umständen wird vor dem Anlegen ein Sedativum, Narkotikum oder Anästhetikum verabreicht. Die Hautoberfläche wird auf offene Läsionen und Blasen untersucht, anschließend gereinigt und mit Alkohol zum Einreiben abgerieben, um die Haut zu trocknen
  - Weiche Polster werden auf die Haut gelegt, um sie und den darunterliegenden Knochen vor direktem Kontakt mit dem Gips und vor Druck zu schützen

- Der Gips wird gut anliegend anmodelliert, so daß die verletzten Knochen unbeweglich und in der richtigen Position gehalten werden. Erklären Sie, daß der Gips nach dem Rückgang der verletzungsbedingten Schwellung lockerer sitzt

Nebenwirkungen/Komplikationen

- Neurovaskuläre Schäden
- Fieber
- Infektion
- Hautschäden
- Kompartmentsyndrom
- Gipsverbandsyndrom bei Gipsverbänden des Rumpfes

Ambulante Pflege

- Geben Sie sowohl dem Patienten als auch der betreuenden Person *mündliche* und *schriftliche* Instruktionen. Nennen Sie ihnen den Namen und die Telefonnummer eines Arztes oder einer Pflegeperson, die sie bei Fragen anrufen können
- *Gipspflege*
- Weisen Sie den Patienten darauf hin, wie wichtig es ist, den Gips bis zum völligen Austrocknen zu schonen. Dies dauert bei Gips gewöhnlich 2–3 Tage, bei Kunststoffen weniger als einen Tag
  - Lagern Sie den Gips auf einem festen Kissen hoch, solange er noch feucht ist, damit er sich nicht verformt
  - Erklären Sie, daß sich die Haut unter dem Gips bis zum Austrocknen warm anfühlt. Nach dem Austrocknen dagegen können warme Bereiche ein Zeichen für eine Infektion sein, die dem Arzt oder einer Pflegeperson mitgeteilt werden sollte
  - Während der Gips trocknet, sollte man ihn so wenig wie möglich bewegen. Sollte dies nötig werden, so wird er mit beiden Handflächen unter jeweils einem Gelenk angehoben. Vermeiden Sie es dabei, mit den Fingern in den Gips hineinzudrücken, da dies zu Druck auf die darunterliegende Haut führt

  - Der Gips sollte nicht bedeckt werden, um das Trocknen zu erleichtern. Ausgenommen nach offener Reposition können im Abstand von 30-50 Zentimetern Ventilatoren aufgestellt werden, um das Trocknen zu beschleunigen. Wärmelampen sollten nicht verwendet werden, da sie zu Verbrennungen an der unter dem Gips befindlichen Haut führen können
- Gehen Sie die tägliche Gipspflege nach dem Austrocknen durch
  - Ein herkömmlicher Gips muß trocken gehalten werden. Beim Baden, beim Gang zur Toilette (Beckenhosengips) oder beim Spaziergang in Regen und Schnee muß der Gips mit Plastikbeuteln geschützt werden
  - Verschmutzte Stellen können mit einem feuchten Lappen und Scheuerpulver gesäubert werden
  - Bei einem Gips aus synthetischem Material wie Fiberglas kann der Kontakt mit Wasser gestattet sein, wenn sich darunter keine Wunde befindet. Der Gips sollte innen und außen gespült werden, um Schmutz und Chemikalien zu beseitigen. Anschließend sollten Gips und Strumpf gründlich getrocknet werden, um die Haut vor überschüssiger Feuchtigkeit zu schützen. Dazu kann ein Fön dienen, den man auf „Kaltluft" stellt
- Weisen Sie den Patienten darauf hin, wie wichtig eine gute Hautpflege unter dem Gips und darum herum ist
  - Keine Gegenstände wie Kleiderbügel unter den Gips bringen, da dies die Haut verletzen und zu Infektionen führen kann
  - Puder und Lotionen sollten nur außerhalb des Gipses benützt werden, so daß die Haut sauber und zart bleibt
  - Schmutz, Sand und Staub sollten in jedem Fall aus dem Gips herausgehalten werden, da sie zu Wundsein führen können
  - Die Haut distal des Gipses sollte massiert werden
  - Bei Reizerscheinungen der Haut, wie Rötung, Schwellung oder Rissen, den Arzt benachrichtigen
- Erklären Sie, was man gegen Schwellungen tut
  - Lagern Sie die verletzte Gliedmaße auf Kissen oder anderem Stützmaterial höher als die Herzebene. Legen Sie sich dazu hin, wenn sich der Gips am Bein befindet
  - Legen Sie über dem Bereich der Fraktur Eis in einem trockenen Plastikbeutel auf den Gips. Der Beutel sollte halb um den Gips herum reichen
  - Sagen Sie dem Patienten, daß Schwellung und Ödem an der verletzten Stelle zunächst normal sind und im Inneren des Gipses zu erhöhtem Druck führen. Der Gips wird daher während der ersten 48 Stunden nach dem Anlegen spannen

- Nach dem Rückgang der Schwellung und nachdem der Gips locker geworden ist, kann es notwenig werden, den Gips vom Arzt ersetzen zu lassen, damit sich die gebrochenen Knochen nicht gegeneinander bewegen oder verschieben

Komplikationszeichen

- Gehen Sie die Zeichen und Symptome durch, die einem Arzt oder einer Pflegeperson mitgeteilt werden sollten
  - Weiche Stellen, Risse oder das Gefühl, daß der Gips zu locker sitzt
  - Schmerzen oder Empfindlichkeit der Haut unter dem Gips, vor allem um hervorstehende Knochen wie das Hand- oder Fußgelenk herum, die sich nicht durch eine Lageänderung bessern
  - Rötliche, bläuliche oder weißliche Verfärbung der Haut; drückt man einen Finger oder eine Zehe, die unter dem Gips hervorschaut, bis er bzw. sie eine weiße Verfärbung zeigt. Nach 4-6 Sekunden sollte die rosa Färbung der Haut wiederkehren
  - Kühle Finger oder Zehen, die sich auch 20 Minuten nach dem Abdecken nicht erwärmen
  - Verstärkte Schwellung
  - Kribbeln oder Brennen
  - Unfähigkeit, die Muskeln um den Gips herum zu bewegen
  - Übler Geruch um die Enden des Gipses herum
  - Brüche oder Risse im Gips
  - Bei Spreizgips und Gipskorsett: Kurzatmigkeit, Übelkeit, Erbrechen, geblähtes Abdomen (Gipsverbandsyndrom), hervorgerufen durch das Verschlucken von Luft

Aktivitäten

- Raten Sie dem Patienten, auf dem Beingips während der ersten 48 Stunden nicht zu gehen, soweit vom Arzt nicht anders verordnet. Soald das Gehen erlaubt ist, sollte der Patient einen Gummistopfen unter dem Gips tragen, der das Gewicht aufnimmt, falls dies erlaubt ist
- Beschreiben und demonstrieren Sie den richtigen Gebrauch von Gehhilfen wie Unterarmgehstützen, einem Gehstock oder einem Gehwagen. Verweisen Sie den Patienten bei Bedarf an einen Physiotherapeuten
- Besprechen Sie die Notwendigkeit aktiver Übungen des Bewegungsumfangs nichtbetroffener Extremitäten, und zeigen Sie dem Patienten, wie sie durchgeführt werden

Ernährung/Diät

- Halten Sie den Patienten an, mindesten 3 Liter am Tag zu trinken, um den Hautturgor aufrechtzuerhalten

Glaukom

Glaukom: eine Erkrankung, die durch einen hohen Innendruck des Kammerwassers charakterisiert ist und zur Atrophie des N. opticus (Sehnervenpapille), Gesichtsfeldausfall, Degeneration von Nervenfasern und zu irreversiblem Visusverlust führt. Ein Glaukom entsteht durch Überproduktion oder unzureichende Ableitung von Kammerwasser. Bei dessen Zunahme erhöht sich der intraokuläre Druck. Dies blockiert die Blutversorgung des N. opticus und der Netzhaut und führt zur Ischämie dieser Gewebe.

Glaukomarten

- *Primäres Glaukom*
- Mit offenem Kammerwinkel
  - Glaukoma chronicum simplex
  - Häufigste Form, bei 90 % aller Patienten mit Glaukom
  - Kann familiär bedingt sein und trifft Erwachsene über 40 Jahre
  - Häufiger bei Personen mit Myopie, Diabetes mellitus und art. Hypertonie in der Anamnese
  - Schleichender und asymptomatischer Beginn
  - Langsames Fortschreiten
- Winkelblockglaukom
  - Akut: gewöhnlich dramatischer Beginn, rasche Entwicklung starker Schmerzen im Auge bzw. in den Augen
  - Chronisch: folgt auf einen unbehandelten akuten Anfall von Winkelblockglaukom, allmähliches Einsetzen und gewöhnlich asymptomatisch
- *Sekundäres Glaukom*
- Allmählich nachlassender Visus
- Entsteht als Folge einer Verletzung, eines Traumas, nach Operationen, einer Uveitis oder einer medikamentösen Behandlung, z. B. mit Kortikosteroiden
- *Angeborenes Glaukom*
- Rasch sich entwickelnde Myopie

Kennzeichen/Symptome

- *Mit offenem Kammerwinkel*
- Visusveränderungen: abnehmende Sehschärfe, vor allem nachts, Visusverlust in der Peripherie, Halos

- Leichter Schmerz in den Augen
- Dumpfer Kopfschmerz am Morgen
- *Winkelblockglaukom*
- Schwere Schmerzen
- Visusveränderungen: Verschwommensehen, Regenbogen um künstliche Lichtquellen, Halos um Lichtquellen
- Kopfschmerzen
- Übelkeit, Erbrechen
- Geweitete Pupille(n)
- *Angeborenes Glaukom*
- Reduzierte Sehschärfe
- Verstärkter Tränenfluß
- Photophobie

Komplikationen

- Erhöhter Augeninnendruck
- Fortschreitende Sehschwäche
- Erblindung
- Nach einer Operation
- Netzhautablösung
- Entstehen einer Katarakt
- Hämolytisches Glaukom
- Hämorrhagie
- Infektion
- Reduzierte Sehschärfe
- Lichtempfindlichkeit

Diagnostik

- Beschreiben Sie jedes Verfahren, seinen Zweck und die normalen Empfindungen oder Wahrnehmungen, die dabei wahrscheinlich vorkommen, sowie die Pflege davor und danach
- Tonometrie zur Bestimmung des Augeninnendrucks
- Gonioskopie zur Bestimmung der Größe der Zone, in der das Kammerwasser abgeleitet wird, zum Nachweis von Adhäsionen, eines Traumas oder von Tumoren; ebenso zur Differenzierung zwischen Glaukom mit offenem Kammerwinkel und Winkelblockglaukom
- Funduskopie: Erweiterung der Pupille zur Inspektion der Sehnervenpapille mit Nachweis einer Degeneration

- Ophthalmoskopische Untersuchung zum Nachweis einer zunehmenden Vertiefung der Papille (Excavatio papillae nervi optici)
- Gesichtsfelduntersuchungen zum Nachweis blinder Flecken mit entsprechender Degeneration
- Tonographie zur Bestimmung des Kammerwasserflusses

Behandlung

Glauom mit offenem Kammerwinkel
Konservativ

- Medikamente zur Senkung des intraokulären Drucks durch Senkung der Kammerwasserproduktion oder zur Senkung der Menge an intraokulärer Flüssigkeit:
- Miotika
- Synthetisches Adrenalin
- Betablocker

Chirurgisch

- Lasertrabekuloplastik zur Schaffung einer Öffnung und damit Erhöhung des Kammerwasserabflusses; ambulant und unter Lokalanästhesie durchgeführt
- Trabekulektomie: Herausschneiden eines Streifens der Sklera zusammen mit dem Schlemm-Kanal zur Schaffung eines neuen Kanals für das Kammerwasser; stationär und unter Allgemeinanästhesie durchgeführt

Winkelblockglaukom (akut)
Konservativ

- Medikamente zur Senkung und Kontrolle des Augeninnendrucks, so daß eine Operation vorgenommen werden kann
- Hyperosmotische Substanzen
- Carboanhydrasehemmer (Acetazolamid)
- Narkoanalgetika
- Miotika

Chirurgisch

Es handelt sich um einen medizinischen Notfall. Wird der Druck nicht innerhalb weniger Stunden gesenkt, kommt es zu Schäden am Auge. Die Operation erfolgt, nachdem sich der Augeninnendruck stabilisiert hat

- Laseriridotomie zur Schaffung eines Kanals für das Kammerwasser; ambulant durchgeführt
- Iridektomie zur Schaffung eines kleinen Lochs an der Peripherie der Iris, durch welches das Kammerwasser abfließen kann

Sekundäres Glaukom

- Medikation bzw. Operation abhängig vom Grundleiden

Angeborenes Glaukom
Chirurgisch

- Trabekulektomie
- Goniotomie, um die Durchgängigkeit der Abflußwege sicherzustellen

Ambulante Pflege

- Geben Sie sowohl dem Patienten als auch der betreuenden Person *mündliche* und *schriftliche* Instruktionen. Nennen Sie ihnen den Namen und die Telefonnummer eines Arztes oder einer Pflegeperson, die sie bei Fragen anrufen können
- *Allgemeine Informationen*
- Erläutern Sie die Art des Glaukoms, seine Ätiologie und beeinflussenden Faktoren sowie die verordnete Medikation bzw. den chirurgischen Eingriff
- *Komplikationszeichen*
- Gehen Sie die Zeichen und Symptome durch, die einem Arzt oder einer Pflegeperson mitgeteilt werden sollten
  - Starke Schmerzen im Auge bzw. in den Augen
  - Verschwommensehen
  - Kopfschmerzen
  - Halos oder Regenbögen
  - Tränenfluß
  - Übelkeit, Erbrechen
- *Besondere Hinweise*
- Gehen Sie die Faktoren durch, die zu einer Erhöhung des Augeninnendrucks führen und vermieden werden sollten
  - Einschnürende Kleidung am Hals oder Rumpf
  - Verstopfung und damit Pressen beim Stuhlgang
  - Anstrengung und Heben schwerer Gegenstände
  - Bücken aus der Taille heraus
  - Niesen oder Husten (Infektionen der oberen Atemwege)
  - Übelkeit, Erbrechen
- Gehen Sie die postoperative Pflege durch
  - Informieren Sie den Patienten, daß er eine Augenklappe oder Sonnenbrille tragen muß, um Beschwerden in Verbindung mit Sonnenlicht zu vermeiden

- Machen Sie dem Patienten die Bedeutung von Folgeuntersuchungen zur Messung des Augeninnendrucks klar, der postoperativ vorübergehend ansteigen kann
- Erklären Sie, wie wichtig es ist, die Augen nicht zu reiben, drücken oder berühren
- Besprechen Sie das Verfahren zur Reinigung der Augen
- Gehen Sie die Zeichen und Symptome durch, die für eine Infektion oder einen Anstieg des Augeninnendrucks sprechen und einem Arzt oder einer Pflegeperson mitgeteilt werden sollten: Schmerzen, Rötung, Fieber, Sekretabsonderungen, herabgesetzte Sehschärfe, übermäßiger Tränenfluß, ausgeprägte Lichtscheu, Halos, Blitze
- Erläutern Sie die Notwendigkeit einer Glaukommedikation auch am nichtbetroffenen Auge
- Sorgen Sie für eine ausführliche Erläuterung der medikamentösen Therapie, und betonen Sie die Bedeutung einer Mitarbeit des Patienten
- Besprechen Sie die Folgen mangelnder Kooperation des Patienten einschließlich der Schädigung des Sehnerven und der Erblindung

- Gehen Sie die Schutzmaßnahmen durch, die infolge der beeinträchtigten Sehschärfe zuhause nötig sind
  - Drehen des Kopfes, um nach beiden Seiten hin zu sehen
  - Kopfbewegungen von oben nach unten zur Einschätzung von Treppen und entgegenkommenden Objekten; langsam gehen
  - Herumliegende Gegenstände, z. B. frei verlegte Teppiche, Elektrokabel oder sonstige Gegenstände beseitigen und damit Stürze vermeiden
  - Sich bewußt sein, daß das Sehen bei Nacht, in der Dämmerung und bei schwacher Beleuchtung erschwert sein kann, da sich miotische Pupillen bei schwacher Beleuchtung nicht erweitern, um mehr Licht auf die Netzhaut gelangen zu lassen
  - In dunklen Bereichen für mehr Licht sorgen und nachts sehr vorsichtig fahren

- *Medikamente*
  - Erläutern Sie Zweck, Dosierung, Einnahmezeitplan und Art der Verabreichung von Medikamenten sowie deren Nebenwirkungen, die einem Arzt oder einer Pflegeperson mitgeteilt werden sollten
  - Betonen Sie, wie wichtig es ist, die Medikamente nach Plan einzunehmen
  - Bringen Sie dem Patienten bei, jede Flasche mit Augentropfen mit dem Etikett und dem Einnahmeplan zu versehen. Dies ist besonders wichtig bei Patienten mit stark eingeschränkter Sehfähigkeit, für die alle Flaschen gleich aussehen
  - Unterweisen Sie den Patienten im korrekten Einbringen von Augentropfen und -salben. Geben Sie ihm Zeit für eine wiederholte Demonstration und zum Üben
  - Heben Sie die Bedeutung guter Handwaschtechniken vor dem Applizieren von Augentropfen bzw. -salben hervor, um das Risiko einer Infektion zu minimieren
  - Erklären Sie, daß die Medikamente ein Glaukom nicht heilen, jedoch unter Kontrolle halten können
  - Gehen Sie die Nebenwirkungen durch, die mitgeteilt werden müssen.
    - Miotika: Verschwommensehen, Durchfall
    - Timolol: Müdigkeit, Schwäche, Depression
    - Acetazolamid: Taubheitsgefühl, Kribbeln in Extremitäten und Lippen, verringerter Appetit, Übelkeit, Impotenz

Nachsorge

- Betonen Sie die Bedeutung regelmäßiger Nachsorgeuntersuchungen, auch ohne erkennbare Symptome. Stellen Sie sicher, daß der Patient über die erforderlichen Namen und Telefonnummern verfügt

Glomerulonephritis, nephrotisches Syndrom

Glomerulonephritis: entzündlicher Prozeß des Glomerulums, der zu Störungen der Harnfiltration führt. Die Glomerulonephritis kann akut auftreten oder chronisch verlaufen.

Nephrotisches Syndrom: eine Erkrankung, die durch hohe Eiweißkonzentration im Urin gekennzeichnet ist und durch eine Filtrationsstörung in den Glomeruli verursacht wird. Das nephrotische Syndrom kann bei einer Reihe von Erkrankungen, wie z. B. Diabetes mellitus, als Reaktion auf Medikamente und Allergene oder während der Schwangerschaft auftreten. Die Mehrzahl der Fälle ergibt sich jedoch aus einer primären Glomerulonephritis.

Ätiologie/beeinflussende Faktoren

- *Reaktionen des Immunsystems*
  - Systemischer Lupus erythematodes
  - Sharp-Syndrom, auch Mischkollagenose genannt
  - Wegener-Granulomatose
  - Churg-Strauss-Syndrom
  - Polyarteriitis nodosa
  - Goodpasture-Syndrom (Autoimmunkrankheit)
- Diabetes mellitus
- Hepatitis B
- Polyzystische Nieren
- Essentielle Hypertonie
- Tuberkulose
- Gefäßkrankheit (betrifft die Nierenvene)
- *Infektionen und infektiöse Prozesse*
  - Bakteriell: Streptokokken, Staphylokokken
  - Syphilis
  - Malaria
  - Schistosomiasis
  - Mittelmeerfieber

Kennzeichen/Symptome

- Urin: rötlich-braun, schaumig
- Ödem: an den Extremitäten, periorbital, peritoneal, am äußeren Genitale
- Hypertonie, Belastungsdyspnö, Orthopnö
- Müdigkeit, Unwohlsein, Lethargie
- Gewichtszunahme

Komplikationen

- Nierenversagen
- Schwere Hypertonie
- Nierenvenenthrombose

Diagnostik

- Beschreiben Sie jedes Verfahren, seinen Zweck und die normalen Empfindungen oder Wahrnehmungen, die dabei wahrscheinlich vorkommen, sowie die Pflege davor und danach
- Blutuntersuchungen
  - Elektrolyte
  - Harnstoff/Stickstoff im Blut
  - Kreatinin
  - Eiweiß
  - Phosphat
  - Cholesterin
  - Albumin
- Urinuntersuchungen
  - Urinanalyse zum Nachweis von Eiweiß und Blut
  - Kultur und Resistenzbestimmung zum Nachweis von Erregern und des Erregertyps
  - 24-Stunden-Urin auf Kreatinin und Eiweiß
- Radiologische Untersuchungen: Abdomen-Leeraufnahme
- Ultraschalluntersuchung zur Bestimmung der Nierengröße
- Nierenbiopsie zur Diagnose der Grunderkrankung

Behandlung

Konservativ

- *Therapie*
  - Plasmapherese zur Elimination von Immunkomplexen oder Antikörpern
  - Peritonealdialyse oder Hämodialyse
  - Diät: natrium- und kaliumarm, eiweißarm (die Eiweißaufnahme beruht auf der glomerulären Filtrationsrate [GFR]), ist diese erniedrigt, wird auch die Eiweißaufnahme reduziert; bei normaler GFR wird die Eiweißaufnahme erhöht
- *Medikamente*
  - Diuretika
  - Antihypertonika
  - Kortikosteroide
  - Immunsuppressiva
  - Zytostatika
  - Plasmaexpander

Chirurgisch

- Beidseitige Nephrektomie
- Nierentransplantation

Ambulante Pflege

- Geben Sie sowohl dem Patienten als auch der betreuenden Person *mündliche* und *schriftliche* Instruktionen. Nennen Sie ihnen den Namen und die Telefonnummer eines Arztes oder einer Pflegeperson, die sie bei Fragen anrufen können
- *Allgemeine Informationen*
  - Erläutern Sie den Krankheitsprozeß und die zugrunde liegende Ursache.
- *Komplikationszeichen*
  - Gehen Sie die Zeichen und Symptome durch, die einem Arzt oder einer Pflegeperson mitgeteilt werden sollten
    - Gewichtszunahme über 1 kg/d
    - Veränderungen der Farbe und Menge des Urins sowie des Schaums im Urin
    - Erhöhung des Blutdrucks
    - Herzsensationen, Schwindel, Benommenheit
    - Zunehmende Ödeme: geschwollene Augen
    - Sinkende Urinproduktion (< 600 ml/24 h)

- *Besondere Hinweise*
- Erläutern Sie die Bedeutung des täglichen Wiegens zur gleichen Zeit, in derselben Kleidung, nach dem Wasserlassen und vor dem Essen
- Demonstrieren Sie das Messen des Blutdrucks, und besprechen Sie, wie oft dies zu geschehen hat. Beraten Sie den Patienten bei der Beschaffung eines Gerätes für den Hausgebrauch
- Weisen Sie den Patienten an, täglich Aufzeichnungen über das Gewicht, die Vitalzeichen sowie über Ein- und Ausfuhr zu führen
- Besprechen Sie die Notwendigkeit einer guten Hautpflege in ödematösen Bereichen, um eine Exkoriation (Hautabschürfung) und einen Zusammenbruch der Hautstrukturen zu verhindern (s. Dekubitus, S. 140)
- Raten Sie Frauen von einer Schwangerschaft ab, und sorgen Sie für Informationen zur Kontrazeption
- *Medikamente*
- Erläutern Sie Zweck, Dosierung, Einnahmezeitplan und Art der Verabreichung von Medikamenten sowie deren Nebenwirkungen, die einem Arzt oder einer Pflegeperson mitgeteilt werden sollten
- Falls der Patient Immunsuppressiva erhält, betonen Sie, wie wichtig es ist, Personen mit Infektionen und Erkrankungen der oberen Atemwege zu meiden. Sprechen Sie darüber, daß folgende Zeichen einer Infektion mitgeteilt werden sollten: Fieber, Müdigkeit, Unwohlsein
- *Aktivitäten*
- Ermutigen Sie den Patienten, über Veränderungen und Einschränkungen im Beruf, in der Freizeit und bei Tätigkeiten zu sprechen
- Besprechen Sie die Notwendigkeit, Ermüdung zu vermeiden, entsprechend der Belastbarkeit zu trainieren und häufig Ruhepausen einzuplanen
- *Ernährung/Diät*
- Verweisen Sie den Patienten zur Erstellung eines speziellen Diätplans an die Ernährungsberatung. Gehen Sie die Einschränkungen bei der Ernährung durch, und sorgen Sie für eine Liste mit zu vermeidenden Nahrungsmitteln
- Erklären Sie, wie man die Etiketten auf Dosen und Verpackungen auf Inhaltsstoffe und den Salzgehalt liest. Weisen Sie den Patienten an, Dosennahrung zu wässern, um überschüssiges Salz zu entfernen
- Besprechen Sie Einschränkungen der Flüssigkeitsaufnahme. Erläutern Sie, daß die Flüssigkeitsaufnahme von der Urinausscheidung abhängen kann

Nachsorge

- Betonen Sie die Bedeutung regelmäßiger Nachsorgeuntersuchungen, einschließlich Blutdruckmessen, falls der Patient nicht bereits ein entsprechendes Heimprogramm hat. Stellen Sie sicher, daß der Patient über die erforderlichen Namen und Telefonnummern verfügt

Guillain-Barré-Syndrom

Guillain-Barré-Syndrom: ein akutes Syndrom, das durch ausgedehnte Entzündung oder Demyelinisierung der peripheren Nerven gekennzeichnet ist. Das Guillain-Barré-Syndrom ist auch unter dem Namen idiopathische Polyradikuloneuropathie bzw. postinfektiöse Polyneuritis bekannt. Man nimmt an, daß es sich um eine Autoimmunerkrankung handelt, die durch eine kurze Zeit zurückliegende Infektion ausgelöst wird. Bei mehr als 50 % der Betroffenen findet sich ca. 10–14 Tage vor dem Einsetzen der Symptomatik eine unspezifische Infektion, z. B. der oberen Atemwege oder des Gastrointestinaltraktes. Die Erkrankung beginnt plötzlich, und die Symptome sind im allgemeinen reversibel.

Ätiologie/beeinflussende Faktoren

- Infektion der oberen Atemwege
- Infektiöse Mononukleose
- Zytomegalie-Virus-Infektion
- Herpes zoster
- Influenza A
- Mykoplasmeninfektion
- Mumps
- AIDS
- Lyme-Borreliose
- Lymphom, vor allem M. Hodgkin
- Serumkrankheit
- Postoperativ
- Impfung gegen Schweineinfluenza

Kennzeichen/Symptome

- Symmetrische Muskelschwäche, beginnend in den Beinen und rasch (innerhalb einiger Tage) zu den Armen aufsteigend
- Schwäche, begleitet von Parästhesien und Schmerzen
- Teilweise oder vollständige Lähmung der oberen Extremitäten; Tetraplegie
- Verlangsamte Reflexe, später Verlust tiefer Sehnenreflexe
- Beidseitige faziale und oropharyngeale Lähmung
- Schluckbeschwerden
- Harnretention
- Lähmung der Atemmuskulatur
- Schwankender Blutdruck

Komplikationen

- Aspiration, Atelektase
- Pneumonie
- Thrombophlebitis
- Lungenembolie
- Atemversagen
- Ileus, Magenüberdehnung
- Gastrointestinale Blutung
- Septikämie
- Störungen autonomer Funktionen, Arrhythmien, orthostatische Hypertonie
- Chronische entzündliche demyelinisierende Polyradikuloneuropathie

Diagnostik

- Beschreiben Sie jedes Verfahren, seinen Zweck und die normalen Empfindungen oder Wahrnehmungen, die dabei wahrscheinlich vorkommen, sowie die Pflege davor und danach
  - Liquor cerebrospinalis: Eiweiß zu Beginn erhöht (15–45 mg), dann vermehrt auf Werte bis 600 Milligramm
  - Elektromyographie: auf dem Höhepunkt der Erkrankung reduzierte Nervenleitgeschwindigkeit
  - Lungenfunktionstests zeigen reduzierte Werte

Behandlung

Konservativ

- *Therapie*
- Einweisung auf die Intensivstation
  - Herzüberwachung
  - Überwachung der arteriellen Blutgase
  - Assistierte Beatmung
- Plasmapherese (Blutaustausch)
- Physiotherapie des Thorax
- Aufrechterhalten der Ernährung (i. v. oder über Magensonde)

Chirurgisch

- Tracheostoma für assistierte Langzeitbeatmung, bei Bedarf

Ambulante Pflege

- Geben Sie sowohl dem Patienten als auch der betreuenden Person *mündliche* und *schriftliche* Instruktionen. Nennen Sie ihnen den Namen und die Telefonnummer eines Arztes oder einer Pflegeperson, die sie bei Fragen anrufen können
- *Allgemeine Informationen*
- Erläutern Sie den Krankheitsprozeß, die zugrundeliegende Ursache und neurologische Spätfolgen
- *Komplikationszeichen*
- Gehen Sie die Zeichen und Symptome durch, die einem Arzt oder einer Pflegeperson mitgeteilt werden sollten
  - Schwierigkeiten beim Atmen
  - Verstärkte Schwäche
  - Taubheitsgefühl
- *Besondere Hinweise*
- Weisen Sie die betreuende Person an, die Haut des Patienten täglich auf Reizungen oder einen Zusammenbruch zu inspizieren, falls der Patient Bettruhe halten muß (s. Dekubitus, S. 284)
- Ermutigen Sie zur offenen Aussprache von Ängsten hinsichtlich bleibender Schäden, von Veränderungen des Körperbildes, vorübergehender oder bleibender Funktionsverluste und des Todes
- Betonen Sie, wie wichtig es ist, infizierte Personen, vor allem mit Erkrankungen der oberen Atemwege, zu meiden

- Helfen Sie dem Patienten bei der Beschaffung von Hilfsgeräten und -materialien, wie z. B. Schienen, Rollstuhl oder Gehwagen, und sorgen Sie für Unterweisung in deren Gebrauch
- Demonstrieren Sie die korrekte Technik des Transfers vom Bett auf den Stuhl und vom Stuhl auf die Toilette

Medikamente

- Erläutern Sie Zweck, Dosierung, Einnahmezeitplan und Art der Verabreichung von Medikamenten sowie deren Nebenwirkungen, die einem Arzt oder einer Pflegeperson mitgeteilt werden sollten
- Betonen Sie die Notwendigkeit der Rücksprache mit dem Arzt bei Einnahme rezeptfreier Medikamente

Aktivitäten

- Ermutigen Sie den Patienten, über Veränderungen und Einschränkungen in Bezug auf die Wiederaufnahme der Arbeit, in der Freizeit und bei Tätigkeiten zu sprechen
- Erklären Sie, daß Tätigkeiten langsam wieder aufgenommen, bis zur Toleranzgrenze durchgeführt und dann beendet werden sollten
- Erklären Sie, wie wichtig es ist, geplante Ruhepausen einzuhalten
- Betonen Sie die Notwendigkeit von Unabhängigkeit und gesellschaftlichem Leben; raten Sie zur Selbstpflege und zu gemeinsamen Mahlzeiten mit der betreuenden Person
- Erläutern Sie die Notwendigkeit zertreuender Aktivitäten (Fernsehen, Lesen, Radio hören)
- Bringen Sie dem Patienten notwendige Übungen bei, und bitten Sie um eine Demonstration
  - Sprechübungen
  - Aktive oder passive Übungen zum Bewegungsumfang mit Massage aller Extremitäten
  - Übungen zur Kraft und Beweglichkeit der Finger (Drücken von Spielzeugen, Ton oder Bällen)
- Überweisen Sie den Patienten für spezielle, zu Hause durchzuführende Übungen
- Sprechen Sie über die Bedeutung warmer Bäder zur Linderung von Schmerzen und Steifigkeit

Ernährung/Diät

- Raten Sie zu einer hochkalorischen, eiweißreichen Ernährung, und warnen Sie den Patienten vor einem Übergang von weicher zu fester Nahrung, solange noch eine Schwäche im Gesicht besteht

- Erklären Sie, daß das Eßbesteck und die Nahrung entsprechend angepaßt werden müssen, so daß der Patient leicht damit umgehen kann
- Betonen Sie, wie wichtig es ist, eine Verstopfung zu vermeiden
  - Trinken, um eine Flüssigkeitsaufnahme von 2 Litern pro Tag aufrechtzuerhalten, soweit nicht kontraindiziert
  - Stuhlerweichende Substanzen (mit ärztlicher Zustimmung)
  - Ballaststoffreiche Nahrungsmittel und Früchte

Nachsorge

- Betonen Sie die Bedeutung regelmäßiger Nachsorgeuntersuchungen beim Arzt, Physiotherapeuten und Beschäftigungstherapeuten. Stellen Sie sicher, daß der Patient über die erforderlichen Namen und Telefonnummern verfügt

Hämolytische Anämie

Hämolytische Anämie: eine Erkrankung, bei der die Abbaurate der Erythrozyten normalerweise stark erhöht ist. Die hämolytische Anämie, die als Folge einer intrakorpuskulären (erblichen) Störung oder extrakorpuskulärer (erworbener) Faktoren auftritt, führt zu einer Verkürzung der Lebensdauer der Erythrozyten. Das Knochenmark ist nicht in der Lage, die zerstörten roten Blutkörperchen zu ersetzen.

Ätiologie/beeinflussende Faktoren

- *Intrakorpuskuläre Störungen*
  - Mangel an Glukose-6-Phosphat-Dehydrogenase
  - Hereditäre Sphärozytose („Kugelzellen"-Erkrankung)
- *Extrakorpuskuläre Faktoren*
  - Trauma (Verbrennungen, Herzklappenersatz)
  - Chemikalien, Medikamente
  - Immunreaktion
  - Infektionen
  - Systemerkrankungen
  - Hämolytische Reaktionen (Bluttransfusion)
  - Autoimmunkrankheiten

Kennzeichen/Symptome

- Verringerte Urinausscheidung
- Flüssigkeitsverlust oder -überlastung
- Übelkeit und Erbrechen
- Ikterus
- Fieber und Schüttelfrost
- Schwäche und Müdigkeit
- Rücken- oder Leibschmerzen
- Kopfschmerzen

Komplikationen

- Akute Niereninsuffizienz

Diagnostik

- Beschreiben Sie jedes Verfahren, seinen Zweck, die Empfindungen und Wahrnehmungen, die dabei wahrscheinlich auftreten, sowie die Pflege davor und danach
- Laboruntersuchungen
  - Kleines Blutbild
  - Retikulozytenzahl
  - Erythrozytenresistenztest
  - Erythrozytenlebensdauer
  - Urobilinogen in den Fäzes und im Urin
- Knochenmarkbiopsie
- Ultraschalluntersuchungen der Gallenblase

Behandlung

Konservativ

- *Therapie*
- Transfusion von Blutkomponenten
- *Medikamente*
- Kortikosteroide
  - Prednison
- Osmotische Diuretika
- Natriumbicarbonat oder -lactat

Chirurgisch

- Splenektomie, falls es durch Kortikosteroide nicht gelingt, den Erythrozytenabbau zù stoppen

Ambulante Pflege

- Geben Sie sowohl dem Patienten als auch der betreuenden Person *schriftliche* und *mündliche* Instruktionen. Vermitteln Sie ihnen Namen und Telefonnummern eines Arztes oder einer Pflegeperson, die bei Fragen angerufen werden können
- *Allgemeine Informationen*
- Erklären und besprechen Sie die Art der hämolytischen Störung, ihre Ätiologie und die beeinflussenden Faktoren. Erklären Sie die Grunderkrankung und die verordnete Therapie

- *Besondere Hinweise*
- Bringen Sie dem Patienten bei, den Schmerz auf einer Skala von 1 bis 10 einzuordnen und die Intensität seiner Schmerzen zu überwachen. Helfen Sie ihm beim Erkennen auslösender Faktoren. Besprechen Sie Methoden zur Erleichterung bei Schmerzen oder Unwohlsein
- *Komplikationszeichen*
- Gehen Sie die Zeichen und Symptome einer hämolytischen Krise durch, die einem Arzt oder einer Pflegeperson mitgeteilt werden sollten
  - Ikterus
  - Kurzatmigkeit
  - Gelenk- oder Abdominalschmerz
  - Kopfschmerz
  - Schwindel
- Betonen Sie, daß Faktoren vermieden werden müssen, die eine hämolytische Krise auslösen können: Infektion, Trauma, Chemikalien, toxische Arzneimittelreaktionen
- *Medikamente*
- Erläutern Sie Zweck, Dosierung, Einnahmezeitplan und Art der Verabreichung aller verordneten Medikamente sowie deren Nebenwirkungen, die einem Arzt oder einer Pflegeperson mitgeteilt werden sollten.
- Gehen Sie die Nebenwirkungen einer Therapie mit Kortikosteroiden (s. S. 458) durch
- *Aktivitäten*
- Ermutigen Sie den Patienten, über Anpassungen und Einschränkungen in Bezug auf Beruf, Freizeit und Tätigkeiten zu sprechen
- Sprechen Sie darüber, daß ein ausgewogenes Verhältnis zwischen Tätigsein und Ruhe gefunden werden muß und daß körperliche und seelische Belastungen minimal gehalten werden müssen
- Weisen Sie den Patienten an, seine Tätigkeiten während einer Krise oder beim Auftreten von Symptomen einzuschränken
- *Ernährung/Diät*
- Besprechen Sie die Notwendigkeit einer gut ausgewogenen, eisen- und eiweißreichen Ernährung
- Raten Sie dem Patienten, fette Speisen zu meiden
- Bringen Sie dem Patienten bei, häufig kleine Mahlzeiten zu sich zu nehmen
- Besprechen Sie Wege zur Aufrechterhaltung des Flüssigkeitshaushalts: Halten Sie den Patienten an, täglich etwas zu trinken, soweit nicht kontraindiziert. Weisen Sie ihn an, den Arzt oder eine Pflegeperson zu verständigen, sobald die Ausscheidung zurückgeht

Nachsorge

- Betonen Sie die Bedeutung regelmäßiger medizinischer und labortechnischer Nachsorgeuntersuchungen. Stellen Sie sicher, daß der Patient die notwendigen Namen und Telefonnummern hat
- Besprechen Sie die Notwendigkeit eines Notfallmedaillons (SOS-Kapsel) und eines Ausweises bei Langzeitmedikation

Hämophilie

Hämophilie: eine erbliche Krankheit, gekennzeichnet durch eine gestörte Blutgerinnung mit Blutungsneigung. Hämophilie A, die klassische Hämophilie, wird durch einen Mangel an Faktor VIII verursacht und macht 80 % der Fälle mit Hämophilie aus. Hämophilie B entsteht durch einen Mangel an Faktor IX und stellt 5 % der Fälle. Beide Formen der Hämophilie sind geschlechtsgebundene Erbkrankheiten. Die Erkrankung trifft Männer. Frauen sind Konduktorinnen, wobei bei einer Mutter eine 50%ige Wahrscheinlichkeit besteht, die Krankheit auf ihren Sohn zu übertragen.

Kennzeichen/Symptome

- Rasche Hämatombildung
- Blutung nach kleinsten Verletzungen
- Blutungen an Schleimhäuten, im Magen-Darm- und im Urogenitaltrakt
- Gelenkschmerzen, Anschwellen des Gelenks infolge intraartikulärer Blutung (Hämarthros)

Komplikationen

- Gelenkdeformationen
- Hämorrhagischer Schock
- Intrakranielle Blutung
- Periphere Neuropathie

Diagnostik

- Beschreiben Sie jedes Verfahren, seinen Zweck sowie die Empfindungen und Wahrnehmungen, die dabei wahrscheinlich vorkommen, und die Pflege davor und danach.
- Partielle Thromboplastinzeit

- Blutungszeit
- Thrombozytenzahl
- Gerinnungszeit
- Bestimmung von Faktor VIII und IX

Behandlung

Konservativ

- *Therapie*
- Faktor-VIII-Konzentrate bei Hämophilie A
- Transfusion von gefrohrenem Frischplasma
- Prothrombin + Prokonvertin + Stuart-Prower-Faktor (PPSB) bei Hämophilie B
- Behandlung gegen die Entwicklung von Antikörpern (Inhibitoren) gegen den spezifischen Gerinnungsfaktor
- Plasmapherese zur Eliminierung des Antikörpers (Inhibitors)
- Prothrombinkomplexe zur Umgehung des Antikörpers (Inhibitors)
- *Medikamente*
- Substanzen wie Desmopressin

Ambulante Pflege

- Geben Sie sowohl dem Patienten als auch der betreuenden Person *schriftliche* und *mündliche* Instruktionen. Vermitteln Sie ihnen Namen und Telefonnummern eines Arztes oder einer Pflegeperson, die bei Fragen angerufen werden können
- *Allgemeine Informationen*
- Erklären und besprechen Sie mit dem Patienten die jeweilige Form der Hämophilie, ihre Ätiologie und die beeinflussenden Faktoren
- *Besondere Hinweise*
- Gehen Sie das Vorgehen im Fall einer Blutung durch
  - Kalte Kompressen und vorsichtigen direkten Druck auf die blutende Stelle
  - Betroffenen Körperteil anheben, falls möglich
  - Sofort ärztliche Hilfe holen
- Gehen Sie die Vorsichtsmaßnahmen zur Verhinderung einer Butung durch, falls erforderlich
  - Elektrischen Rasierer verwenden
  - Verstopfung vermeiden
  - Weiche Zahnbürste verwenden und auf gute Mundhygiene achten

- Betonen Sie die Bedeutung einer häufigen Untersuchung der Gelenkfunktion, um ein rasches Erkennen und sofortige Behandlung einer hämophiliebedingten Arthritis zu ermöglichen
- Besprechen Sie die Notwendigkeit regelmäßiger Zahnuntersuchungen
- Betonen Sie, wie wichtig es ist, jeden Arzt und Zahnarzt über die Krankheit zu informieren
- Heben Sie hervor, wie wichtig es ist, den Arzt sofort über jede Verletzung des Kopfes oder Abdomens zu informieren, um eine innere Blutung zu erkennen und ggf. zu behandeln

- *Medikamente*

- Erläutern Sie Zweck, Dosierung, Einnahmezeitplan und Art der Verabreichung aller verordneten Medikamente sowie deren Nebenwirkungen, die einem Arzt oder einer Pflegeperson mitgeteilt werden sollten
- Warnen Sie den Patienten vor Medikamenten, die Ibuprofen und Acetylsalicylsäure enthalten
- Besprechen Sie die Notwendigkeit einer lebenslangen Substitution von Gerinnungsfaktoren
- Unterweisen Sie den Patienten und wichtige Bezugspersonen seiner Umgebung in der intravenösen Injektion von Blutgerinnungsfaktoren. Lassen Sie ihnen Zeit zu wiederholten Demonstrationen und zum Üben
- Weisen Sie den Patienten und betreuende Personen an, stets Gerinnungsfaktorenkonzentrate und Infusionsbesteck verfügbar zu haben, selbst im Urlaub
- Besprechen Sie die Lagerung von Flüssigkeiten und die sachgerechte Entsorgung von Verbrauchsmaterial
- Gehen Sie unerwünschte Raktionen durch, wie etwa durch Blut übertragbare Infektionen oder die Bildung von Antikörpern (Inhibitoren) gegen Gerinnungsfaktoren
- Besprechen Sie häufige Nebenwirkungen bei Infusionen von Gerinnungsfaktoren und Blutprodukten sowie die Behandlung möglicher Symptome
  - Hitzwallungen, Kopfschmerzen oder Ohrensausen bei der Substitution von Gerinnungsfaktoren läßt sich durch langsameres Infundieren verringern
  - Eine Urtikaria bei Kryopräzipitaten (Kälteausflockung) oder Plasma läßt sich durch Diphenhydramin lindern. Personen mit häufigeren Reaktionen sollten 4 Minuten vor der Verabreichung des Gerinnungsfaktors Antihistaminika erhalten
  - Fieber und Schüttelfrost unter einer Plasmainfusion lassen sich durch Acetaminophen verringern

- Gehen Sie die Symptome einer Anaphylaxie durch: beschleunigte oder erschwerte Atmung, pfeifende Atmung, Heiserkeit, Stridor und Beklemmungsgefühl in der Brust
- Bringen Sie dem Patienten oder der betreuenden Person bei, wie man Adrenalin injiziert. Danach muß sofort der Arzt gerufen werden

- *Aktivitäten*
  - Ermutigen Sie den Patienten, über Anpassungen und Einschränkungen in Bezug auf Beruf, Freizeit und Tätigkeiten zu sprechen
  - Betonen Sie die Notwendigkeit, Kontaktsportarten wie z. B. Hand- oder Fußball oder Tätigkeiten zu vermeiden, bei denen das Risiko von Stürzen oder Verletzungen besteht
  - Betonen Sie die Vorteile regelmäßiger Betätigung im Freien, wie Schwimmen, Spazierengehen und Radfahren

Nachsorge

- Betonen Sie die Bedeutung regelmäßiger medizinischer und labortechnischer Nachsorgeuntersuchungen. Stellen Sie sicher, daß der Patient die notwendigen Namen und Telefonnummern hat
- Besprechen Sie die Notwendigkeit eines Notfallmedaillons (SOS-Kapsel) und eines Ausweises, und helfen Sie dem Patienten bei deren Beschaffung

Hämorrhoidektomie

Hämorrhoidektomie: chirurgische Exzision von Hämorrhoiden, die auf eine andere Behandlung nicht mehr ansprechen.

Präoperative Schulung

- Gehen Sie die Erläuterungen des Arztes bezüglich des Eingriffs und seiner Begründung durch. Ermutigen Sie den Patienten, Fragen zu stellen und Sorgen und Ängste zu besprechen
- Erläutern Sie die Notwendigkeit einer schriftlichen Einverständniserklärung nach Aufklärung

Besprechen der präoperativen Pflege

- Erklären Sie, daß der Eingriff ambulant vorgenommen werden kann

Besprechen der postoperativen Pflege

- Besprechen Sie die postoperative Pflege einschließlich der Schmerzbekämpfung, der Rektumtamponade und der Ausscheidung über den Darm
- Informieren Sie den Patienten, daß man ihn zu frühzeitigem Aufstehen anhalten wird, um die Peristaltik zu fördern
- Erklären Sie dem Patienten, daß man ihn nach der Operation zum Stuhlgang anhalten wird, um Komplikationen wie z. B. Analstrikturen zu vermeiden. Sagen Sie ihm, daß der erste postoperative Stuhlgang durch ein stuhlerweichendes Medikament ausgelöst werden wird. Bereiten Sie den Patienten darauf vor, daß dieser Stuhlgang schmerzhaft sein wird und Schwindel verursachen kann

Nebenwirkungen/Komplikationen

- Hämorrhagie
- Infektion
- Analstrikturen oder -stenose

Ambulante Pflege

- Geben Sie sowohl dem Patienten als auch der betreuenden Person *schriftliche* und *mündliche* Instruktionen. Vermitteln Sie ihnen Namen und Telefonnummern eines Arztes oder einer Pflegeperson, die bei Fragen angerufen werden können
- *Allgemeine Informationen*
  - Gehen Sie alle Erläuterungen hinsichtlich des Verfahrens und der speziellen Nachsorge durch
  - Erläutern und besprechen Sie die Entstehung von Hämorrhoiden, ihre Ätiologie und die beeinflussenden Faktoren, die Behandlungspflege sowie die Möglichkeiten eines erneuten Auftretens
- *Komplikationszeichen*
  - Gehen Sie die Zeichen und Symptome durch, die einem Arzt oder einer Pflegeperson mitgeteilt werden sollten
    - Infektion: Fieber, eitriger Ausfluß, Rötung, Schwellung, Erwärmung, Schmerzempfindlichkeit
    - Verstärkte rektale Blutung (mehr als zwei vollgesogene Kompressen in 8 Stunden)

- Häufiger Stuhldrang ohne nachfolgenden Stuhlgang
- Harnverhaltung
- Verstopfung oder fehlende Darmbewegungen

■ *Besondere Hinweise*

- Besprechen und demonstrieren Sie die Analtamponade und perianale Verbände: Verfahren, Häufigkeit und Zeichen, die mitgeteilt werden sollten
- Helfen Sie dem Patienten bei der Beschaffung entsprechenden Materials, wie etwa Verbandmaterial und Binden für den Perianalbereich, um die Kleidung postoperativ vor Beschmutzung durch Sekretabsonderungen zu schützen
- Raten Sie dem Patienten, auf dicken Schaumstoffkissen oder -polstern anstelle von ringförmigen Luft- oder Gummikissen zu sitzen, da letztere die Gesäßbacken spreizen
- Betonen Sie die Bedeutung einer kontinuierlichen Perianalhygiene. Erklären Sie dem Patienten, daß eine gute Hygiene Infektionen verhindern hilft. Weisen Sie ihn an, sich nach dem Stuhlgang vorsichtig zu säubern. Empfehlen Sie ihm den Gebrauch von feuchtem Toilettenpapier
- Raten Sie dem Patienten bis zur vollständigen Heilung von Geschlechtsverkehr ab
- Weisen Sie den Patienten darauf hin, daß 8–12 Tage nach der Operation, wenn sich die Nähte aufzulösen beginnen, mit leichten Blutungen gerechnet werden muß

Nachsorge

■ Betonen Sie die Bedeutung regelmäßiger Nachsorgeuntersuchungen. Stellen Sie sicher, daß der Patient die notwendigen Namen und Telefonnummern hat

Hämorrhoiden

Hämorrhoiden: Varizen im Analkanal oder in der Anorektalregion. Hämorrhoiden können proximal (innerhalb) oder distal (außerhalb) des Analsphinkters auftreten. Anhaltend erhöhter Druck im Bauchraum führt zur Entstehung und Vergrößerung von Hämorrhoiden. Anhaltend hoher, abwärtsgerichteter Druck beim Stuhlgang führt bei Hämorrhoiden zur Stauung und Blutung, zum Prolaps und zur Thrombose.

Ätiologie/beeinflussende Faktoren

- Schwangerschaft
- Langes Sitzen oder Stehen
- Pressen beim Stuhlgang
- Leberzirrhose mit portaler Hypertension

Kennzeichen/Symptome

- Jucken im Analbereich
- Blutung im Analbereich
- Beschwerden im Rektal- oder Analbereich
- Verstopfung

Komplikationen

- Hämorrhagie
- Infektion

Diagnostik

- Beschreiben Sie jedes Verfahren, seinen Zweck sowie die Empfindungen und Wahrnehmungen, die dabei wahrscheinlich vorkommen, und die Pflege davor und danach
  - Rektale Untersuchung
  - Proktos- oder Sigmoidoskopie zur Bestätigung der Diagnose und zum Ausschluß eines Karzinoms oder einer entzündlichen Erkrankung

Behandlung

Konservativ

- *Therapie*
  - Wärmeanwendung
  - Sitzbäder
- *Medikamente*
  - Stuhlerweichende Medikamente
  - Topische Anästhetika
  - Steroide

Chirurgisch

- Sklerotherapie: Injektion einer sklerosierenden Substanz zwischen und um die Hämorrhoiden, um ein Schrumpfen des Gewebes zu erreichen.
- Gummibandligatur (innere Hämorrhoiden): zur Auslösung einer Gewebsnekrose und Verödung der Hämorrhoiden
- Kryochirurgie: Einfrieren der Hämorrhoiden
- Laserchirurgie
- Hämorrhoidektomie

Ambulante Pflege

- Geben Sie sowohl dem Patienten als auch der betreuenden Person *schriftliche* und *mündliche* Instruktionen. Vermitteln Sie ihnen Namen und Telefonnummern eines Arztes oder einer Pflegeperson, die bei Fragen angerufen werden können
- *Allgemeine Informationen*
  - Gehen Sie alle Erklärungen hinsichtlich der Behandlung und speziellen Nachsorge durch
  - Erläutern und besprechen Sie die Entstehung von Hämorrhoiden, ihre Ätiologie und die beeinflussenden Faktoren, die Behandlungspflege sowie die Möglichkeiten eines erneuten Auftretens
- *Komplikationszeichen*
  - Gehen Sie die Zeichen und Symptome durch, die einem Arzt oder einer Pflegeperson mitgeteilt werden sollten
    - Häufiger Stuhldrang ohne nachfolgenden Stuhlgang
    - Verstopfung oder fehlende Darmbewegungen

- *Besondere Hinweise*
- Besprechen Sie Maßnahmen, um ein Entstehen oder eine Vergrößerung von Hämorrhoiden zu verhindern
  - Ballaststoffreiche Ernährung zur Förderung eines geregelten Stuhlgangs und weicher Stühle
  - Reichlich trinken, bis zu 2–3 Litern pro Tag, soweit nicht kontraindiziert
  - Täglich leichte körperliche Betätigung zur Förderung der Peristaltik und der Ausscheidung
  - Aufkommendem Stuhldrang rasch nachgeben, um einen Druckaufbau im Rektum zu verhindern
  - Langes Sitzen (auch auf der Toilette), Hocken oder Stehen vermeiden
  - Pressen beim Stuhlgang vermeiden, da dies zu einer Zunahme der Beschwerden und des Drucks im betroffenen Bereich führen kann
- Raten Sie dem Patienten, auf dicken Schaumstoffkissen oder -polstern anstelle von ringförmigen Luft- oder Gummikissen zu sitzen, da letztere die Gesäßbacken spreizen
- Sprechen Sie über die Durchführung von Sitzbädern nach dem Stuhlgang, um die Beschwerden zu lindern und sich zu säubern
  - Warme Sitzbäder nur kurze Zeit nehmen, um eine Hypotonie infolge der Vasodilatation im Beckenbereich zu vermeiden
  - Sitzbad beenden, wenn man sich benommen oder schwach fühlt
- Betonen Sie die Bedeutung einer kontinuierlichen Perianalhygiene. Erklären Sie dem Patienten, daß eine gute Hygiene Infektionen verhindern hilft
- Weisen Sie den Patienten an, sich nach dem Stuhlgang vorsichtig zu säubern. Empfehlen Sie ihm den Gebrauch von feuchtem Toilettenpapier
- Besprechen und demonstrieren Sie den Einsatz kalter Kompressen bei entzündeten Hämorrhoiden, um die Stauung und das Ödem zu reduzieren
- Besprechen und demonstrieren Sie den Einsatz warmer Kompressen, um die Durchblutung zu fördern
- Raten Sie dem Patienten bis zur vollständigen Heilung von Geschlechtsverkehr ab
- *Medikamente*
- Erläutern Sie Zweck, Dosierung, Einnahmezeitplan und Art der Verabreichung aller verordneten Medikamente sowie deren Nebenwirkungen, die einem Arzt oder einer Pflegeperson mitgeteilt werden sollten
- Raten Sie dem Patienten zum Gebrauch von topischen Anästhetika, Adstringenzien und verordneten entzündungshemmenden Präparaten

Nachsorge

- Betonen Sie die Bedeutung regelmäßiger medizinischer und labortechnischer Nachsorgeuntersuchungen. Stellen Sie sicher, daß der Patient die notwendigen Namen und Telefonnummern hat

Hallux valgus (Chronisch entzündeter Großzehenballen, Hallux-valgus-Deformität)

Hallux valgus: Seitliches Abweichen der Großzehe von der Mittellinie nach außen.

Chronisch entzündeter Großzehenballen: knöcherner Fortsatz des 1. Metatarsalköpfchens und vergrößerter Schleimbeutel, die sich sekundär infolge einer Hallux-valgus-Deformität bilden. Sie entstehen durch Druck und Entzündung in beinahe jedem Fall von Halux valgus.

Hallux-valgus-Deformität: winkelförmiges Abweichen der Großzehe von der Mittellinie in Richtung auf die 2. und die übrigen Zehen. In manchen Fällen schiebt sich die Großzehe unter eine oder mehrere der übrigen Zehen. Dieser Zustand findet sich häufig bei Frauen in den 60ern und bei heranwachsenden Mädchen.

Ätiologie/beeinflussende Faktoren

- Anhaltender Druck, verstärkt durch das Tragen enger, schlechtsitzender, hochhackiger oder den Fuß ungenügend stützender Schuhe
- Degenerative Erkrankungen: rheumatoide Arthritis, Osteoarthritis, Diabetes mellitus
- Angeborener Hallux valgus

Kennzeichen/Symptome

- Valgus-Fehlstellung (abweichend von der Mittellinie) mit Veränderung des Gangs
- Bursitis: Rötung, Schwellung, Erwärmung, Empfindlichkeit, Schmerzen
- Große Schwierigkeiten beim Schuhe anziehen

- Deformität und Verdrängung der 2. Zehe
- Spreizfuß

Komplikationen

- Entwicklung eines chronisch entzündeten Großzehenballens
- Ermüdungsbruch
- Degenerative Gelenkerkrankung

Diagnostik

- Beschreiben Sie jedes Verfahren, seinen Zweck sowie die Empfindungen und Wahrnehmungen, die dabei wahrscheinlich vorkommen, und die Pflege davor und danach
  - Röntgenaufnahmen zum Nachweis einer Dislokation der Großzehe und degenerativer Gelenkveränderungen

Behandlung

Konservativ

- *Therapie*
  - Der Deformität entsprechend angepaßtes Schuhwerk
  - Hallux-valgus-Nachtschiene
  - Ringförmige Filzpolster oder eine Kappe um den entzündeten Großzehenballen, um den Druck zu reduzieren
  - Feuchte Kompressen auf den von Bursitis betroffenen Bereich
  - Eisauflagen auf den entzündeten Großzehenballen gegen Schmerzen und die Entzündung
  - Fußübungen gegen Spreizfuß

Chirurgisch

- *Operative Korrektur und Arthroplastik*

Ambulante Pflege

- Geben Sie sowohl dem Patienten als auch der betreuenden Person *schriftliche* und *mündliche* Instruktionen. Vermitteln Sie ihnen Namen und Telefonnummern eines Arztes oder einer Pflegeperson, die bei Fragen angerufen werden können

- *Allgemeine Informationen*
  - Gehen Sie die Erläuterung der Krankheit und der beeinflussenden Faktoren durch
- *Besondere Hinweise*
  - Besprechen Sie die Bedeutung korrekten Schuhwerks und seiner Rolle bei der Prävention eines chronisch entzündeten Großzehenballens. Besprechen Sie Beispiele
  - Geben Sie Anleitungen für das richtige Anlegen des Filzrings und anderer Orthesen zur Verhinderung einer Ausweitung der Deformitäten
- *Medikamente*
  - Erläutern Sie Zweck, Dosierung, Einnahmezeitplan und Art der Verabreichung aller verordneten Medikamente sowie deren Nebenwirkungen, die einem Arzt oder einer Pflegeperson mitgeteilt werden sollten
    - Analgetika
    - Antipyretika
    - Antiphlogistika
- *Aktivitäten*
  - Unterweisen Sie den Patienten in Übungen zur Kräftigung der Fußmuskeln, wie z. B. Stehen mit den Fersen auf der Kante einer Treppenstufe unter Heben und Senken der Fußspitzen

Hallux valgus, operative Korrektur

Hallux valgus, operative Korrektur: chirurgischer Eingriff zur Korrektur eines Hallux valgus, wenn der Patient deutlich Schmerzen und eine Einschränkung seiner Gehfähigkeit zeigt. Diese Operation umfaßt die Resektion des hervorstehenden Metatarsalköpfchens sowie des proximalen Anteils der proximalen Phalange. Abhängig von der Beteiligung des Gelenks und umgebenden Gewebes kann eine Reihe weiterer Verfahren in die Operation mit einbezogen werden. Dies wirkt sich auf die Dauer des Eingriffs und der Rehabilitation aus.

- Arthroplastik: Entfernen eines Teils des Knochens und Einrichten, um eine Rekonstruktion des Gelenks zu ermöglichen
- Osteotomie: Durchtrennen sowie Ausrichten und Fixieren des Knochens durch Drähte
- Weichteilrekonstruktion der Zehen, wo sich Gewebe, Sehnen und Muskeln des Fußes gedehnt oder kontrahiert haben
- Einsetzen einer Prothese: Entfernen eines Teils des Gelenks und Ersatz durch ein Implantat

Indikationen

- Schwere Deformität und Schmerzen bei Hallux valgus

Präoperative Schulung

- Gehen Sie die Erläuterungen des Arztes bezüglich der Operation und ihrer Begründung durch. Ermutigen Sie den Patienten, Fragen zu stellen und Sorgen und Ängste zu besprechen
- Besprechen Sie die Notwendigkeit einer schriftlichen Einverständniserklärung nach Aufklärung

Besprechen der präoperativen Pflege

- Erklären Sie, daß der Eingriff gewöhnlich ambulant vorgenommen wird
- Besprechen Sie die vorbereitenden Untersuchungen: Blutuntersuchungen, Röntgen-Thorax, EKG
- Besprechen Sie die Vorbereitung der Haut: Der Patient sollte am Abend vor dem Eingriff mit einer bakteriziden Seife duschen. Die Haut an der Stelle des Eingriffs wird rasiert
- Erklären Sie dem Patienten, daß er am Tag vor dem Eingriff ab Mitternacht weder essen noch trinken darf

Besprechen der postoperativen Pflege

- Sprechen Sie darüber, daß der betroffene Fuß in einem Unterschenkel- oder Fußgips oder in einer Hallux-valgus-Nachtschiene ruhig gestellt werden muß, um die Großzehe zu immobilisieren
- Sagen Sie dem Patienten, daß für 24–48 Stunden strikte Bettruhe gewahrt werden muß. Dann kann er mit Unterarmgehstützen ohne Belastung des Beines, wie vom Arzt angeordnet, aufstehen
- Erklären Sie, daß das Bein auf festen Kissen hochgelagert werden muß, um die Schwellung abklingen zu lassen
- Erklären Sie, daß für 24–72 Stunden Eisbeutel auf die operierte Stelle gelegt werden, um die Schwellung zu reduzieren
- Informieren Sie den Patienten darüber, daß während der ersten Stunde alle 15 Minuten, danach mit abnehmender Häufigkeit die Vitalzeichen gemessen werden

Nebenwirkungen/Komplikationen

- Starke Narbenbildung oder erneutes Auftreten eines chronisch entzündeten Großzehenballens
- Schwächung des Fußgelenks
- Infektion
- Schäden an Nerven und Gefäßen

Ambulante Pflege

- Geben Sie sowohl dem Patienten als auch der betreuenden Person *schriftliche* und *mündliche* Instruktionen. Vermitteln Sie ihnen Namen und Telefonnummern eines Arztes oder einer Pflegeperson, die bei Fragen angerufen werden können
- *Komplikationszeichen*
- Gehen Sie die Zeichen und Symptome durch, die einem Arzt oder einer Pflegeperson mitgeteilt werden sollten
  - Neurovaskuläre Schädigung der betroffenen Extremität: anhaltende Veränderungen der Farbe (Blässe, Zyanose, Rötung), kühle Extremität, Parästhesien (Taubheitsgefühl, Kribbeln)
  - Infektion: verstärkte Rötung, Anschwellen des Gewebes um den Einschnitt, purulente Absonderungen aus der Wunde, übler Geruch aus dem Verband oder Gips, Fieber, zunehmende Schmerzen
- *Besondere Hinweise*
- Besprechen Sie die Bedeutung einer Immobilisierung (Gips, Hallux-valgus-Nachtschiene) für 3–6 Wochen nach dem Eingriff
- Unterweisen Sie den Patienten in der Pflege eines Fußes in Gips oder in einem Verband (s. Gipspflege, S. 168)
- Raten Sie dem Patienten nach dem Entfernen des Verbandes oder Gipses zu weitem, flachem Schuhwerk
- Weisen Sie den Patienten an, den Fuß hochzulagern, sobald es zu Schmerzen oder einem Anschwellen kommt, und den Arzt zu benachrichtigen, wenn beides nicht zurückgeht
- *Medikamente*
- Erläutern Sie Zweck, Dosierung, Einnahmezeitplan und Art der Verabreichung aller verordneten Medikamente sowie deren Nebenwirkungen, die einem Arzt oder einer Pflegeperson mitgeteilt werden sollten

- *Aktivitäten*
  - Informieren Sie den Patienten darüber, daß es wichtig ist, seine Aktivität einzuschränken und öfters mit hochgelagertem Fuß auszuruhen
  - Besprechen Sie die Bedeutung des Gebrauchs von Unterarmgehstützen ohne Belastung entsprechend ärztlicher Verordnung. Verweisen Sie den Patienten zwecks Unterweisung an die physikalische Therapie
  - Gehen Sie die zu treffenden Sicherheitsvorkehrungen für das Gehen an Unterarmgehstützen durch

Nachsorge

- Betonen Sie die Bedeutung regelmäßiger Nachsorgeuntersuchungen. Stellen Sie sicher, daß der Patient die erforderlichen Rufnummern hat

Harnableitung, künstliche

Künstliche Harnableitung: ein chirurgisches Verfahren zur Schaffung eines alternativen Weges der Urinausscheidung. Es gibt eine Reihe von Vorgehensweisen, um den Urin durch eine neue Öffnung im Abdomen umzuleiten, darunter das Ileum-, Kolon- und Sigma-Conduit, die kontinente Harnableitung und die Schaffung einer Hemi-Kock-pouch. Bei der *Bricker-Blase* bzw. dem *Ileum-Conduit* sowie beim *Kolon-* und *Sigma-Conduit* wird ein kurzer Darmabschnitt aus der Darmkontinuität ausgeschaltet, am oralen Ende blind verschlossen und distal durch die Bauchwand hindurch nach außen geführt. Durch diese Öffnung fließt der Urin kontinuierlich in einen speziellen Beutel, der stets getragen werden muß. Bei der *kontinenten Harnableitung (Kock pouch)* wird ein Ileumabschnitt aus der Darmkontinuität ausgeschaltet und bildet ein Reservoir für den Urin, an das die Ureteren angeschlossen werden. Zwei natürliche Ventile oder „Knopfventile" werden geschaffen, eines, das den Reflux verhindert, und eines, das die Kontinenz erhält. Selbstkatheterisierung ist erforderlich. Die *Hemi-Kock-pouch* ist eine Neoblase aus einer Darmtasche (s. o.). Sie wird nur bei Männern angelegt, da die Harnröhre bei der Frau zu kurz ist und ein kräftiger Druck der Bauchmuskulatur gegen die Blase erforderlich ist, um durch den Penis zu urinieren.

Indikationen

- Zystektomie
- Neurologisch schwer geschädigte Blase
- Schwere interstitielle Zystitis

Präoperative Schulung

- Gehen Sie die Erläuterungen des Arztes bezüglich der Operation und ihrer Begründung durch. Ermutigen Sie den Patienten, Fragen zu stellen und Sorgen und Ängste zu besprechen
- Erläutern Sie die Notwendigkeit einer schriftlichen Einverständniserklärung nach Aufklärung

Besprechen der präoperativen Pflege

- Erklären Sie, daß der Patient einen Tag vor dem Eingriff in die Klinik aufgenommen wird
- Erklären Sie, daß eine spezialisierte Pflegeperson kommen wird, um den Patienten zu befragen, Handreichungen und Material zu demonstrieren und die Stelle des Stomas auf dem Abdomen zu markieren
- Besprechen Sie die Darmvorbereitung
  - Zwei Tage vor dem Eingriff sollte der Patient nur klare Flüssigkeiten und möglicherweise ein Laxativ zu sich nehmen
  - Am Tag vor dem Eingriff wird der Patient gebeten, innerhalb von 6 Stunden mindestens 4 Liter einer speziell vorbereiteten Flüssigkeit zu trinken. Zuvor werden ihm Antiemetika verabreicht
  - Nachdem der Stuhlgang aus klarer Flüssigkeit besteht, werden oral Antibiotika zur „Darmsterilisation“ verabreicht
- Sagen Sie dem Patienten, daß am Abend zuvor möglicherweise das Schamhaar abgeschnitten wird und er vom Nabel bis zur Hüfte sowie am Perineum rasiert wird
- Besprechen Sie die Notwendigkeit einer Dusche mit bakterizider Seife
- Erklären Sie, daß mit einer intravenösen Hydrierung und der Verabreichung von Antibiotika begonnen wird

Besprechen der postoperativen Pflege

- Zur allgemeinen Pflege siehe abdominalchirurgischer Eingriff, S. 3
- Sagen Sie dem Patienten, daß die Operation 3–4 Stunden oder länger dauert und in Vollnarkose durchgeführt wird

- Gehen Sie die möglicherweise verwendeten Drainagen durch: Blasenkatheter (wird gewöhnlich nach 2 Tagen oder später entfernt, ausgenommen bei Hemi-Kock-pouch), 2 Drainageschläuche aus dem neuen Reservoir, eine flache Penrose-Drainage und/oder eine Jackson-Pratt-Drainage nahe der Wunde, Ureter-Stents aus der Niere

Komplikationen

- Undichte Stellen an inneren Verbindungen mit Austritt von Urin
- Hämorrhagie
- Paralytischer Ileus
- Wundinfektion
- Impotenz (vorübergehend oder permanent)
- Verlegung an den Anschlußstellen der Ureteren
- Dyspareunie (Orgasmusstörungen)
- Peristomale Hernie
- Stomanekrose
- Tiefe Venenthrombose
- Lungenembolie
- Prolongierte Diarrhö und Fehlfunktion des Darms
- Fistel
- Metabolische Azidose

Ambulante Pflege

- Geben Sie sowohl dem Patienten als auch der betreuenden Person *schriftliche* und *mündliche* Instruktionen. Vermitteln Sie ihnen Namen und Telefonnummern eines Arztes oder einer Pflegeperson, die bei Fragen angerufen werden können
- *Wundversorgung*
  - Sorgen Sie für Informationen über Wundversorgung und Verbandwechsel
  - Besprechen Sie die Pflege der Drainageschläuche. Erklären Sie, daß die Drainagen etwa 4 Wochen lang im Stoma verbleiben und anschließend ein „Kockogramm" durchgeführt wird. Dabei wird Kontrastmittel in den Kock-pouch gegeben und Röntgenaufnahmen durchgeführt. Es dient der Kontrolle des Heilungsprozesses der Nähte vor dem Entfernen der Drainagen

- *Komplikationszeichen*
- Gehen Sie die Zeichen und Symptome durch, die einem Arzt oder einer Pflegeperson mitgeteilt werden sollten
  - Infektion: Rötung, Schwellung, Wärme bei Berühren, Schmerzempfindlichkeit, eitriger Ausfluß
  - Veränderungen im Aussehen des Stomas: Hervorquellen oder Zurücktreten, blutige Verfärbung, Exkoriation, Rötung
  - Akuter Abdominalschmerz oder Dauerschmerz
  - Veränderungen der Stuhlgewohnheiten: Verstopfung, Diarrhö, Flatulenz (Gas)
  - Harnwegsinfekt: wolkig getrübter Urin, Fieber, Krankheitsgefühl
  - Schwierigkeiten bei der Selbstkatheterisierung
  - Keine Ausscheidung nach 4 Stunden und einer Spülung
  - Hämaturie
- *Besondere Hinweise*
- Beraten und unterstützen Sie den Patienten bei der Beschaffung von Verbrauchsmaterial. Sorgen Sie für eine Liste der benötigten Gegenstände einschließlich der Größe und des Anwendungstyps
- Betonen Sie, wie wichtig es ist, genügend Vorräte zu haben und diese auch auf Reisen mit sich zu führen
- Betonen Sie, wie wichtig es ist, stets für einen ungehinderten Abfluß des Urins zu sorgen. Dabei wird immer Schleim im Urin sein, da der Darm normalerweise Schleim absondert. Auch gelegentliche Bluttröpfchen können vorkommen
- Demonstrieren Sie das Spülen des Katheters
  - Tragen Sie das Material zusammen: Kochsalzlösung und eine Kolbenspritze. Die Kochsalzlösung kann hergestellt werden, indem man einen Eßlöffel Salz auf einen Liter Wasser gibt, mischt und kühlt, oder indem man einen Liter Wasser in einer sauberen Pfanne auf dem Herd zum Kochen bringt und anschließend auf Raumtemperatur abkühlen läßt. Das Ganze in einen sauberen Behälter von etwa einem Liter Inhalt füllt, einen Eßlöffel Salz hinzugibt, mischt, verschließt und kühlt. Jegliche Reste der Lösung sollten nach 2 Tagen verworfen werden
  - Hände waschen
  - Ziehen Sie ca. 30 ml der Kochsalzlösung in der Spritze auf, und legen Sie diese zur Seite
  - Säubern Sie die Verbindung mit Wasser und Seife, und spülen Sie sie ab. Stöpseln Sie den Katheter vom Drainageschlauch ab
  - Führen Sie die Spitze der Spritze in den Katheter ein, und injizieren Sie die Flüssigkeit langsam und ohne Druck

  - Ziehen Sie den Kolben der Spritze zurück, um die Flüssigkeit und Schleim zu entfernen, und entleeren Sie sie in die Toilette
  - Fließt keine Flüssigkeit zurück, befestigen Sie den Katheter wieder am Drainageschlauch, und lassen Sie die Schwerkraft wirken. Erfolgt die Entleerung nicht innerhalb von 5 Minuten, wiederholen Sie den oben beschriebenen Vorgang mit 15 ml Kochsalzlösung
  - Fließt es im Katheter zwischen den Spülungen nicht gut ab, spülen Sie einmal extra
  - Nach dem Entfernen des Katheters wird ein Katheter für die täglichen Spülungen eingeführt (s. Dauerkatheter, transurethraler, S. 132)
  - Die 60 ml Spritze kann wiederverwendet werden. Nehmen Sie Kolben und Zylinder auseinander, waschen Sie beide mit unparfümierter Seife und Wasser, spülen und lassen Sie an der Luft trocknen. An einem trockenen, sauberen Ort aufbewahren
- Gehen Sie die Technik der Selbstkatheterisierung durch
  - Tragen Sie das Material zusammen: Papiertücher, Spezialkatheter, wasserlösliches Gleitmittel, Kolbenspritze und Kochsalzlösung
  - Hände waschen
  - Den Verband oder Beutel über dem Stoma entfernen
  - Die Spitze des Katheters mit Gleitmittel versehen
  - Den Katheter in das Stoma einführen, bis der Urin zu fließen beginnt. Stoppt der Urinfluß, so führen Sie den Katheter ein paar Zentimeter tiefer ein, bis kein Urin mehr austritt. Spülen Sie, wie oben beschrieben
  - Den Katheter entfernen, den Bereich säubern, und den Verband oder Stomabeutel wieder anlegen
  - Beim Ausgehen stets einen Katheter und entsprechendes Material mitnehmen
  - Betonen Sie, wie wichtig es ist, den Zeitplan der Selbstkatheterisierung auch nach dem Entfernen des Katheters aufrechtzuerhalten. Eventuell kann ein anderer Zeitplan angeraten werden

Woche	Tag	Nacht
1	Alle 2 Stunden	Alle 3 Stunden
2	Alle 3 Stunden	Alle 4 Stunden
3	Alle 4 Stunden	Alle 5 Stunden
4	Alle 5 Stunden	Alle 6 Stunden

Ziel ist es, 4–5 Entleerungen täglich zu erreichen, die wenigstens 7 Stunden ununterbrochenen Schlaf pro Nacht erlauben. Dies hängt von der Größe des Kock-pouch und der aufgenommenen Flüssigkeitsmenge ab. Erklären Sie, daß es bei fast allen Männern nach dem Entfernen des Katheters zu unfreiwilligem Austritt von Urin aus dem Penis kommt. Kegel-Übungen (s. Harninkontinenz, S. 312) helfen, dies nach einigen Wochen zu verringern, es kann jedoch nachts noch immer etwas Urin abgehen

- Bringen Sie dem Patienten bei, wie man unter Verwendung der Anleitung durch die Enterostomaberaterin den Beutel wechselt
  - Alles Material zusammentragen: Papiertücher, Gaze, Waschlappen oder Tupfer, den entsprechenden Beutel mit vorgeschnittener Öffnung, Puder (z. B. Karayapuder), Hautschutzmittel, Pflaster, Plastikbeutel für den Abfall
  - Hände waschen
  - Alten Beutel entfernen, ggf. unter Verwendung von Lösungsmittel, um den Kleber zu lösen. Da Lösungsmittel entflammbar ist, nicht rauchen und sich beim Entfernen des Beutels nicht in der Nähe von offenem Licht aufhalten
  - Das Stoma mit warmem Wasser waschen und trocknen lassen. Ein Papiertuch, Gaze, Waschlappen oder Tupfer kann als Verschluß über dem Stoma dienen, bis der neue Beutel angelegt wird
  - Die Haut und das Stoma auf verfärbte (bläuliche) Bereiche, Rötung, Reizung, Exkoriationen (oberflächliche Hautabschürfung), ausgeprägte Schwellung oder starken Haarwuchs inspizieren. Auf die leicht gereizte Haut etwas Karayapuder auftragen. Schwere Reizerscheinungen können einen Hautschutz, d. h. eine passend zugeschnittene Haftplatte um das Stoma erforderlich machen
  - Liegt keine Hautreizung vor und ist eine Rasur erforderlich, so führen Sie eine Trockenrasur über dem Karayapuder durch
  - Ein Hautschutzmittel über das Puder legen und trocknen lassen (ggf. den provisorischen Stomaverschluß wechseln)
  - Die Haftplatte auf der faltenfreien Haut um das Stoma herum zentriert in Position bringen. Das Papier entfernen
  - Den Beutel oder die Platte des Beutels über der Haftplatte oder, falls es keine Haftplatte gibt, direkt auf die Haut plazieren. Falten vermeiden
  - Den Beutel schließen

  - Alle Ränder des Beutels mit Pflaster versehen, um die Tragedauer zu erhöhen
  - Den Beutel mit einem am Bein getragenen Beutel verbinden oder in einen Stomabeutel entleeren, sobald er halbvoll ist, um den Hautschutz nicht zu schädigen
- Weisen Sie den Patienten an, das Harnableitungssystem nachts an ein kontinuierlich arbeitendes, geschlossenes, schwerkraftgetriebenes System anzuschließen, das tiefer als der Schlauch gelegen sein muß
- Betonen Sie, wie wichtig es ist, das Stoma täglich unter Berücksichtigung von Farbe und Größe zu inspizieren: Es sollte rosa sein; die Größe wird nach 6 Monaten abnehmen, das Stoma wird sich jedoch nicht in einer Ebene mit dem Abdomen befinden
- Besprechen Sie das Sexualleben. Erklären Sie, daß eine normale sexuelle Aktivität wieder aufgenommen werden kann, es sei denn, bei einem Patienten wurde eine Zystektomie durchgeführt. Besprechen Sie mit impotenten Männern andere Wege sexueller Betätigung und die möglichen Vorgehensweisen (s. Erektionsstörung, S. 225). Raten Sie Frauen zum zusätzlichen Gebrauch eines Gleitmittels
- Informieren Sie den Patienten, daß Duschen und Baden entsprechend den Empfehlungen des Arztes wieder aufgenommen werden dürfen

■ *Medikamente*

- Erläutern Sie Zweck, Dosierung, Einnahmezeitplan und Art der Verabreichung aller verordneten Medikamente sowie deren Nebenwirkungen, die einem Arzt oder einer Pflegeperson mitgeteilt werden sollten

■ *Aktivitäten*

- Ermutigen Sie den Patienten zu Fragen bezüglich Anpassungen und Einschränkungen in Beruf, Freizeit und Tätigkeiten (s. abdominalchirurgischer Eingriff, S. 3)

- *Ernährung/Diät*
  - Informieren Sie den Patienten darüber, daß eine normale Ernährung erfolgt oder eine vom Arzt für die Grunderkrankung verordnete Diät eingehalten werden sollte
  - Erklären Sie, daß einige Nahrungsmittel, wie z. B. Spargel, Eier, Fisch und scharf gewürzte Speisen, dem Urin einen starken Geruch verleihen, der sich jedoch durch Tabletten, die in den Beutel eingebracht werden, verhindern läßt
  - Halten Sie den Patienten dazu an, täglich 10–12 Gläser klare Flüssigkeit zu trinken. Sagen Sie dem Patienten, daß Preiselbeersaft den Schleim zu verringern hilft. Raten Sie zu einer geringeren Flüssigkeitsaufnahme am Abend, um einen ungestörten Schlaf zu gewährleisten

Nachsorge

- Betonen Sie die Bedeutung regelmäßiger Nachsorgeuntersuchungen. Stellen Sie sicher, daß der Patient die notwendigen Namen und Telefonnummern hat
- Helfen Sie dem Patienten bei der Beschaffung eines Notfallmedaillons (SOS-Kapsel) und eines Ausweises mit der Diagnose, Medikation und anderen Angaben

Psychosoziale Betreuung

- Ermutigen Sie zur Aussprache über Gefühle und Sorgen hinsichtlich der Veränderungen des Körperbildes und der Sexualfunktionen. Verhelfen Sie dem Patienten, seiner Familie und wichtigen Personen seiner Umgebung ggf. zu einer Beratung

Hinweis

- Helfen Sie dem Patienten bei der Kontaktaufnahme mit ambulanten Pflegediensten und Selbsthilfegruppen

Harninkontinenz

Harninkontinenz: häufiger oder anhaltender unfreiwilliger Abgang von Urin. Die Harninkontinenz wird in mehrere Gruppen unterteilt. Funktionelle Inkontinenz beinhaltet keine körperliche Beeinträchtigung, sondern emotionale Faktoren oder solche aus der Umgebung des Patienten, wie etwa Mangel an Privatsphäre, Analphabetismus, Schmerzen, Kopfverletzungen, Demenz oder Bewegungseinschränkungen. Bei der Streßinkontinenz führen ein plötzlicher Anstieg des intraabdominellen Drucks, etwa beim Husten, Niesen, Lachen, Vornüberbeugen oder Anheben von Gegenständen zum Abgang einer geringen Menge Urin aus der Blase. Bei der Reflexinkontinenz fehlt, gewöhnlich infolge einer Rückenmarkschädigung, der durch die Blasenfüllung ausgelöste Miktionsdrang. Bei der Urge-Inkontinenz besteht die Wahrnehmung einer vollen Blase, die Toilette kann jedoch nicht mehr rechtzeitig erreicht werden. Bei der kompletten Inkontinenz erfolgt ein konstanter Abgang von Urin.

Ätiologie/beeinflussende Faktoren

- Neurologische Faktoren
  - Rückenmarkverletzung und neurogene Blase
  - Demenz
  - Schlaganfall
  - Muskelsklerose
  - Parkinson-Krankheit
- Alter
- Weibliches Geschlecht
  - Anatomische Besonderheiten
  - Geburten und geschwächte Muskulatur
- Depression
- Extreme Fettsucht
- Operativer urologischer Eingriff
- Schmerzen
- Diabetische Neuropathie
- Harnwegsinfekt
- Harnwegsobstruktion
- Dehydratation
- Medikamente (Diuretika, Kardiologika, Schmerzmittel)
- Strahlentherapie

Kennzeichen/Symptome

- Unvollständige Blasenentleerung
- Inkontinenz
- Harnträufeln
- Häufiges Wasserlassen
- Unfreiwilliger Urinabgang
- Große Harnmengen
- Kreuz- oder Flankenschmerz
- Urinabgang bei erhöhtem intraabdominellen Druck
- Harndrang

Komplikationen

- Harnwegsinfekt
- Pyelonephritis
- Septischer Schock
- Wundinfektion
- Erosionen am Skrotum, an den Labien oder am Übergang zwischen Blase und Harnröhre (etwa durch einen Katheter)
- Mechanisches Versagen
- Dysreflexie (s. neurogene Blase, S. 559)

Diagnostik

- Beschreiben Sie jedes Verfahren, seinen Zweck sowie die Empfindungen und Wahrnehmungen, die dabei wahrscheinlich vorkommen, und die Pflege davor und danach
- Urinuntersuchungen
  - Urinanalyse zur Beurteilung der Nierenfunktion und einer eventuellen Stoffwechselerkrankung, z. B. eines Diabetes mellitus
  - Urinkultur und Resistenzbestimmung zum Nachweis von Bakterien
- Urodynamische Untersuchungen zur Diagnostik der Ursache und des Ausmaßes einer Inkontinenz
  - Zystomanometrie (s. Glomerulonephritis, S. 278)
  - Ausscheidungsurogramm und Messung des Drucks und der Strömungsverhältnisse in verschiedenen Bereichen
  - Messung des Uroflow zur Einschätzung der Kontraktionskraft der Blase und der Fähigkeit des Sphinkters, sich zu öffnen. Die Untersuchung wird ambulant durchgeführt und besteht im Einführen eines druckempfindlichen Gerätes

- Urethradruckprofil: Mit einem in die Harnröhre eingeführten Spezialkatheter wird deren Verschlußdruck beim Stoppen des Harnflusses gemessen.
- Elektromyographie des Sphinkters zu dessen Beurteilung und zum Vergleich der Ergebnisse mit denen der Zystomanometrie.

- I. v.-Pyelogramm bzw. -Urogramm (s. Urolithiasis, S. 751)
- Restharn: Der Patient entleert wie gewohnt die Blase und wird dann katheterisiert, um das in der Blase verbliebene Restharnvolumen zu bestimmen.
- Zystoskopie zur Bestimmung eines Verlustes an Muskelelastizität
- Blutuntersuchungen zur Einschätzung der Nierenfunktion (Blut-Harnstoff-Stickstoff, Kreatinin)

Behandlung

Konservativ

- *Therapie*
- Hydrierung, um Infekte und Steinbildung zu verhindern
- Vermehrt körperliche Aktivität zur Durchblutungsförderung und Verringerung einer Urostase
- Dauerkatheterisierung oder intermittierende Katheterisierung (s. Dauerkatheter, transurethraler, S. 132)
- Diättherapie (s. Urolithiasis, S. 751)
- Credé-Handgriff (erfordert Kraft in der Hand und im Arm)
- Übungen der Beckenmuskulatur (Kegel-Übungen)
- Für Frauen: Vaginalkegel zur Erhöhung des Beckenmuskeltonus (s. u., ambulante Pflege)
- Für Männer: Kondomurinal oder Penisklemme (s. u., ambulante Pflege)
- *Medikamente*
- Medikamentöse Behandlung entsprechend der neurologischen Erkrankung (zur Abschwächung oder Erhöhung des Blasentonus) bzw. gegen eine Streß- oder Dranginkontinenz

Chirurgisch

- Verfahren zur Wiederherstellung der Blasen-Harnröhren-Struktur
- Suspensionsmethoden (Zystourethropexie nach Marshall-Marchetti-Krantz)
- Schlingenoperationen (s. Harninkontinenz, operative Korrektur bei der Frau, S. 318)

- Implantation eines künstlichen Sphinkters, eines hydraulischen Mechanismus um den Blasenhals oder die Urethra, die eine Blasenentleerung erlaubt. Die Apparatur wird von Hand bedient, indem man auf die in die Labien oder das Skrotum implantierten Flüssigkeitsbehälter drückt
- Implantation eines Blasenschrittmachers: Einpflanzen von Elektroden in die Sakralnerven, um die Blase zur Entleerung zu stimulieren. Die Elektroden werden an ein Gerät unter der Haut angeschlossen, das der Patient über einen externen Sender kontrolliert

Ambulante Pflege

- Geben Sie sowohl dem Patienten als auch der betreuenden Person *schriftliche* und *mündliche* Instruktionen. Vermitteln Sie ihnen Namen und Telefonnummern eines Arztes oder einer Pflegeperson, die bei Fragen angerufen werden können
- *Allgemeine Informationen*
- Besprechen Sie die Pflege chirurgisch implantierter Geräte. Weisen Sie den Patienten an, den Arzt oder die Pflegeperson über Wundinfektionen, mechanisches Versagen des Gerätes oder einen Harnwegsinfekt zu informieren
- Halten Sie den Patienten dazu an, den Arzt oder eine Pflegeperson zu informieren, wenn der Behandlungsplan gegen die Inkontinenz nicht greift
- *Besondere Hinweise*
- Beraten Sie den Patienten über Materialien, die die Kleidung und Bettzeug vor Urin schützen, z. B. Windeln für Erwachsene, spezielle Vorlagen oder ein Tropfurinal für Männer. Helfen Sie dem Patienten bei der Auswahl und Beschaffung entsprechenden Materials aus der Apotheke, dem Sanitätshaus oder der Drogerie
- Unterweisen Sie den Patienten in der Bedeutung der Hautpflege.
  - Regelmäßiges Waschen mit Wasser und Seife, Haut vollständig abtrocknen und mit speziellen wasserabstoßenden, antiseptischen und heilenden Schutz- und Reinigungsmitteln einreiben
  - Schutzvorlagen entsprechend den Anweisungen des Herstellers auswechseln
  - Kleidung und Bettzeug wechseln, sobald sie feucht geworden sind, und den Perianalbereich waschen
  - Bei Verwendung von Plastikvorlagen direkten Hautkontakt mit dem Plastik vermeiden
  - Perianalbereich sauber halten und Vorlagen und Unterwäsche auswechseln, um Geruchsbildung zu verhindern

- Besprechen Sie, wie wichtig es ist, mit einem Blasentrainingsprogramm zu beginnen
  - Helfen Sie dem Patienten, seinen Rhythmus des Wasserlassens herauszuarbeiten. Sagen Sie ihm, er möge Aufzeichnungen darüber führen, wie oft er am Tage uriniert und welche Menge dabei ausgeschieden wird sowie ferner, ob dabei Inkontinenz bzw. Harnträufeln aufritt
  - Betonen Sie, wie wichtig es ist, auf der Grundlage der Aufzeichnungen einen regelmäßigen Zeitplan für das Wasserlassen, d. h. 2- bis 3mal täglich bzw. nach langem Sitzen, oder für die Selbstkatheterisierung zu entwickeln
  - Gehen Sie Maßnahmen durch, die das Wasserlassen zu den vorgesehenen Zeiten erleichtern: einen ungestörten Ort aufsuchen, eine bequeme Haltung einnehmen, auf laufendes Wasser lauschen, leicht am Schamhaar ziehen, leichtes Bestreichen der Innenseite des Oberschenkels mit einem Eiswürfel, warmes Wasser über das Perineum gießen oder die Hände in warmes Wasser legen
- Raten Sie dem Patienten, die Flüssigkeitsaufnahme zu den Mahlzeiten auf 230 ml zu begrenzen, die Flüssigkeitsaufnahme zwischen den Mahlzeiten zu verteilen und auf jeweils bis zu 85 ml zu begrenzen sowie eine Flüssigkeitsaufnahme von mehr als 85 ml 2 Stunden vor dem Schlafengehen zu vermeiden
- Besprechen Sie den Zweck von Übungen der Beckenbodenmuskulatur (Kegel-Übungen), und helfen Sie dem Patienten, mit dem Übungsprogramm zu beginnen
- Zeigen Sie dem Patienten die richtigen zu trainierenden Muskelgruppen um das Rektum und die Vagina herum. Hat eine Frau Schwierigkeiten, die entsprechenden Muskeln zu lokalisieren, so führen Sie eine Sonde oder einen Finger in die Scheide ein, und bitten Sie sie, ihre Muskulatur darum herum zu kontrahieren. Tun Sie dann das gleiche mit dem Rektum. Hat ein Mann Schwierigkeiten, die entsprechenden Muskeln zu lokalisieren, so führen Sie eine Sonde oder einen Finger in das Rektum ein, und bitten Sie ihn, seine Analmuskulatur zu kontrahieren. Um mit dem Übungsprogramm zu beginnen, bitten Sie die Patientin bzw. den Patienten um folgendes:
  - Zeiten festlegen und einen Ort aussuchen
  - Übungen im Sitzen, Stehen oder Liegen durchführen

- Sitzungen mit 10 kompletten Zyklen beginnen und bis auf 30–50 Zyklen erweitern, je nach Anordnung der Pflegeperson bzw. des Arztes. Ein kompletter Zyklus besteht aus dem Anspannen der Beckenmuskulatur für 10 Sekunden mit anschließendem Entspannen für 10 Sekunden. Die Sitzungen dauern etwa 15 Minuten
- Die Übungen jeden 2. Tag, etwa dreimal wöchentlich, als Teil eines Erhaltungsprogramms durchführen

- Erläutern Sie, daß die Beckenbodenübungen wegen möglicher Schäden an der Harnröhre nicht regelmäßig beim Wasserlassen durchgeführt werden sollten
- Informieren Sie den Patienten darüber, daß es zur Kontrolle einer korrekten Durchführung Biofeedback-Programme gibt. Dies geschieht durch Einführen einer Sonde in die Vagina (bei Frauen) bzw. ins Rektum (bei Männern). Es können auch selbstklebende Elektroden um das Rektum herum verwendet werden. Lämpchen und eine graphische Anzeige auf dem Rekorder geben optische Rückmeldung, ob der Patient die richtigen Muskelgruppen verwendet. Jede Sitzung dauert 20–30 Minuten und 4–6 Sitzungen sind erforderlich
- Besprechen Sie mit einer Patientin zusätzliche Verfahren zur Kräftigung der Beckenbodenmuskulatur. Zu Beginn wird ein Vaginalkonus mit dem breiten Ende voran in die Scheide eingeführt. Die Patientin wird angewiesen, ihn zweimal täglich für 15 Minuten dort zu halten. Dann erhält die Patientin schwerere Kegel. Zur Unterstützung der Blase können Pessare und Vaginalringe eingeführt werden
- Besprechen Sie mit einem Mann den Gebrauch eines Kondomurinals. Falls es verwendet wird, unterweisen Sie den Patienten darin, wie wichtig es ist, den Penis täglich zu inspizieren und auf gute Hygiene zu achten, um einen Zusammenbruch der Haut zu verhindern. Erläutern Sie, daß die Größe des Urinals sorgfältig ausgewählt, das Pflaster richtig angebracht und der Katheter täglich gewechselt werden muß

- *Medikamente*

- Erläutern Sie Zweck, Dosierung, Einnahmezeitplan und Art der Verabreichung aller gegen Streßinkontinenz verordneten Medikamente sowie deren Nebenwirkungen, die einem Arzt oder einer Pflegeperson mitgeteilt werden sollten

- *Ernährung/Diät*
  - Raten Sie dem Patienten, täglich bis zu 1,5 Liter Flüssigkeit zu trinken, um Infekte und Steinbildung zu verhindern, soweit dies nicht vom Arzt eingeschränkt wird. Sagen Sie dem Patienten, er möge die Flüssigkeitsaufnahme am Abend bzw. vor Reisen mit wenigen Möglichkeiten zum Wasserlassen einschränken
  - Sagen Sie dem Patienten, er möge kohlensäure- und koffeinhaltige Getränke, wie z. B. Cola, sowie Alkohol vermeiden

Hinweis

- Verweisen Sie den Patienten an Interessen- und Selbsthilfegruppen für Inkontinenz

Harninkontinenz, operative Korrektur bei der Frau

Harninkontinenz, operative Korrektur bei der Frau: Operationen zur Wiederherstellung der Kontinenz. Bei der Zysturethropexie nach Marshall-Marchetti-Krantz werden der Blasenhals und die Urethra unter Verwendung eines extraperitonealen abdominellen Zugangs an das Perichondrium der Symphyse oder an das Periost des oberen Schambeinastes angeheftet. Bei der urethrovesikalen Suspension nach Pereyra dienen zur Aufhängung eine vaginale und eine kleine suprapubische Inzision als Zugänge zur Blase und Harnröhre. Bei der Schlingenoperation mit Lyoduraband nach Raz wird die Blase angehoben und durch Gewebe und anorganisches Material abgestützt. Diese Operation wird transvaginal durchgeführt.

Indikationen

- Harninkontinenz

Präoperative Schulung

- Gehen Sie die Erläuterungen des Arztes bezüglich der Operation und ihrer Begründung durch. Ermutigen Sie die Patientin, Fragen zu stellen und Sorgen und Ängste zu besprechen
- Erläutern Sie die Notwendigkeit einer schriftlichen Einverständniserklärung nach Aufklärung

Besprechen der präoperativen Pflege

- Erklären Sie, daß die Aufnahme in die Klinik gewöhnlich am Tage des Eingriffs erfolgt, daß dieser 2–3 Stunden dauert und unter Vollnarkose oder Spinalanästhesie durchgeführt werden kann
- Besprechen Sie die diagnostischen Untersuchungen bei Harninkontinenz (s. S. 313)
- Informieren Sie die Patientin über die präoperativen Routineuntersuchungen: Blut- und Urinuntersuchungen, Röntgen-Thorax und EKG
- Sagen Sie der Patientin, daß 2 Tage vor der Operation gewöhnlich eine Diät mit klaren Flüssigkeiten notwendig ist
- Erklären Sie, daß 2 Nächte vor der Operation ein Abführmittel genommen und am Abend vor der Operation ein Einlauf gemacht werden sollte
- Sagen Sie der Patientin, daß am Abend vor dem Eingriff und am Morgen des Operationstages eine Vaginaldusche erforderlich ist
- Besprechen Sie die Notwendigkeit einer Dusche und Haarwäsche mit bakterizider Seife am Abend zuvor
- Informieren Sie die Patientin, daß vor der Operation möglicherweise das Schamhaar rasiert wird
- Besprechen Sie, daß die Patientin am Abend vor der Operation ab Mitternacht nichts mehr essen oder trinken darf

Besprechen der postoperativen Pflege

- Erklären Sie, daß die Patientin nach der Operation noch für 2 Tage oder länger in der Klinik bleibt
- Informieren Sie die Patientin, daß man sie am Tag der Operation bitten wird, sich zu bewegen, zu drehen und tief durchzuatmen, und daß sie möglicherweise am Tag nach der Operation aufstehen darf
- Gehen Sie die möglicherweise verwendeten Drainageschläuche durch: ein Blasenkatheter, der gewöhnlich am Tag nach der Operation entfernt wird, falls ein suprapubischer Katheter liegt, der jedoch bei einigen Operationen auch länger liegenbleiben kann; ein suprapubischer Katheter, der gewöhnlich am Tag nach der Operation gezogen wird
- Beschreiben Sie den Zweck der Scheidentamponade, die gewöhnlich am Morgen nach der Operation entfernt wird. Erklären Sie, daß es nach der Operation zu einer leichten Vaginalblutung kommen kann, die jedoch gewöhnlich nach wenigen Tagen zum Stehen kommt

- Erläutern Sie, daß die intravenöse Verabreichung von Flüssigkeit im allgemeinen am Tag nach der Operation eingestellt und die Aufnahme von Flüssigkeit auf etwa 5 Gläser klare Flüssigkeit am Tag beschränkt wird
- Beschreiben Sie die Technik der Restharnbestimmung (s. u., ambulante Pflege)

Komplikationen

- Harnwegsinfekt
- Pyelonephritis
- Septischer Schock
- Störungen der Lungenfunktion
- Tiefe Venenthrombose
- Wundinfektion
- Schwierigkeiten beim Wasserlassen

Ambulante Pflege

- Geben Sie sowohl der Patientin als auch der betreuenden Person *schriftliche* und *mündliche* Instruktionen. Vermitteln Sie ihnen Namen und Telefonnummern eines Arztes oder einer Pflegeperson, die bei Fragen angerufen werden können
- *Allgemeine Informationen*
- Gehen Sie den Typ der durchgeführten Operation sowie die angelegten Drainagen und Katheter durch
- *Komplikationszeichen*
- Gehen Sie die Zeichen und Symptome durch, die einem Arzt oder einer Pflegeperson mitgeteilt werden sollten
  - Verschluß des Katheters
  - Fieber, Schüttelfrost
  - Mehrere Tage anhaltend hellrotes Blut im Urin
  - Austreten von Urin am Katheter vorbei
  - Wundinfektion (Rötung, Schmerzempfindlichkeit, Wärme bei Berührung, möglicherweise eitriger Ausfluß)
  - Einsetzen eines verstärkten vaginalen Ausflusses bzw. einer Blutung

- *Besondere Hinweise*
- Gehen Sie die Katheterpflege durch: Blasenverweilkatheter oder suprapubischer Katheter (s. Dauerkatheter, transurethraler, S. 132)
- Erläutern Sie die Technik der Restharnbestimmung
  - Einen Zeitplan festsetzen – gewöhnlich alle 4 Stunden, bei Bedarf häufiger
  - Wenigstens 5 Minuten lang auf der Toilette sitzen und normal urinieren. Es kann 2 oder mehr Tage dauern, bis dies möglich ist
  - Den Restharn nach dem Urinieren messen, indem Sie den suprapubischen Katheter öffnen und in ein Gefäß entleeren
  - Mit steigender normaler Urinmenge sollte der Restharn abnehmen
  - Die beim normalen Urinieren und als Restharn entleerten Mengen notieren
- Bringen Sie der Patientin bei, wie man den suprapubischen Katheter abstöpselt
  - Hände waschen
  - Die Verbindung mit Alkohol abwischen
  - Das Verbindungsstück mit der einen und den Katheter mit der anderen Hand ergreifen
  - Das Verbindungsstück vorsichtig drehen, um es zu lockern und zu entfernen, während man den Katheter mit Daumen und Zeigefinger der anderen Hand zusammendrückt
  - Das Katheterende über das Gefäß halten und zum Ablaufen öffnen
  - Das Verbindungsstück wieder aufsetzen
- Besprechen Sie, wie wichtig es ist, das Perineum wenigstens zweimal täglich zu säubern
- Besprechen Sie, wie wichtig es ist, den Analbereich wenigstens zweimal täglich bzw. nach jedem Stuhlgang zu säubern
- *Medikamente*
- Erläutern Sie Zweck, Dosierung, Einnahmezeitplan und Art der Verabreichung aller verordneten Medikamente sowie deren Nebenwirkungen, die einem Arzt oder einer Pflegeperson mitgeteilt werden sollten

Nachsorge

- Betonen Sie die Bedeutung regelmäßiger Nachsorgeuntersuchungen. Stellen Sie sicher, daß der Patient die notwendigen Namen und Telefonnummern hat

Hepatitis A und B (Virushepatitis)

Hepatitis A und B: Entzündung der Leber, ausgelöst durch Hepatitisviren. Eine Virushepatitis kann zu einem Leberschaden, einer Leberzirrhose oder einem Leberversagen führen.

Ätiologie/beeinflussende Faktoren/Risikofaktoren

- *Hepatitis A (infektiös)*
  - Aufnahme über Nahrungsmittel, Wasser oder Muscheln, die mit dem Hepatitis-A-Virus kontaminiert sind
  - Direkte fäkal-orale Übertragung
  - Reisen in unterentwickelte Länder
  - Schlechte sanitäre Verhältnisse
- *Hepatitis B (Serum)*
  - Exposition gegenüber Blut, Körpersekreten oder -flüssigkeiten, die mit dem Hepatitis-B-Virus kontaminiert sind, auf dem Weg über einen direkten oder indirekten Kontakt mit der Infektionsquelle
  - I. v.-Drogenmißbrauch in der Anamnese
  - Zufällige Exposition gegenüber kontaminierten Nadeln oder Blut, Körperflüssigkeiten oder -sekreten in der Anamnese
  - Bluttransfusion in der Anamnese
  - Häufig wechselnde Sexualpartner oder homosexuelle Kontakte in der Anamnese
  - Kontakt mit einer im selben Haushalt lebenden infizierten Person in der Anamnese
  - Perinatale Übertragung

Kennzeichen/Symptome

- Anorexie
- Krankheitsgefühl
- Empfindlichkeit und Schmerzen im rechten oberen Quadranten
- Ikterus
- Lehmfarbene Stühle
- Dunkler Urin
- Übelkeit und Erbrechen
- Diarrhö

- Kopfschmerzen
- Ikterus der Skleren
- Fieber (Hepatitis A)
- Pruritus (Hepatitis B)
- Urtikaria (Hepatitis B)
- Muskel- oder Gelenkschmerzen (Hepatitis B)

Komplikationen

- Fulminante Hepatitis
- Chronische Hepatitis
- Hepatisches Koma

Diagnostik

- Beschreiben Sie jedes Verfahren, seinen Zweck sowie die Empfindungen und Wahrnehmungen, die dabei wahrscheinlich vorkommen, und die Pflege davor und danach
  - Serumantigen- oder -antikörpertests zum Nachweis des Antigens oder von Antikörpern und als Hinweis auf den Verlauf der Erkrankung und den Immunstatus
  - Serumenzyme und -bilirubin als Indikatoren einer Leberfunktionsstörung
  - Großes Blutbild zum Nachweis einer Infektion
  - Prothrombinzeit zur Beurteilung der Gerinnungsfunktion
  - Untersuchung von Stuhlproben zum Nachweis einer Hepatitis A
  - Urinanalyse zur Darstellung eines erhöhten Urobilinogens bei vorliegender Infektion
  - Leberbiopsie zur pathologischen Untersuchung von Lebergewebe

Behandlung

Konservativ

- *Therapie*
  - Bettruhe mit allmählicher Rückkehr zu normalen Tätigkeiten bei rückläufiger Symptomatik
  - Diättherapie
  - Ernährung, soweit sie vertragen wird
  - Häufig kleine, fettarme, kohlenhydratreiche Mahlzeiten

- Parenterale oder enterale Ernährung, falls die orale Aufnahme nicht vertragen wird
- Verbot alkoholischer Getränke
- Vitaminsubstitution
- *Medikamente*
- Antiinfektiosa
- Hepatitis A: Immunglobulin
- Hepatitis B: Hepatitis-B-Impfstoff
- H_2-Blocker
- Antihistaminika
- Vitamin K

Ambulante Pflege

- Geben Sie sowohl dem Patienten als auch der betreuenden Person *schriftliche* und *mündliche* Instruktionen. Vermitteln Sie ihnen Namen und Telefonnummern eines Arztes oder einer Pflegeperson, die bei Fragen angerufen werden können
- *Allgemeine Informationen*
- Erläutern und besprechen Sie die Hepatitis, ihre Übertragung, Ätiologie und beeinflussenden Faktoren, die Pflege, Behandlung und Prävention
- Erklären Sie, daß sowohl der symptomatisch erkrankte Patient als auch der Ausscheider infektiös sind
- *Komplikationszeichen*
- Gehen Sie die Zeichen und Symptome durch, die einem Arzt oder einer Pflegeperson mitgeteilt werden sollten
  - Veränderter Bewußtseinszustand: Lethargie, Somnolenz, Stupor, Koma
  - Verwirrtheit und Persönlichkeitsveränderungen
  - Asterixis
  - Rasch auftretende Hämatome, verlängerte Blutung, Blut im Erbrochenen, Urin oder Stuhl
  - Ödem der Extremitäten oder des Abdomens
  - Gewichtszunahme unklarer Ursache
- *Besondere Hinweise*
- Besprechen Sie die infektiöse Natur der Hepatitis A und B
  - Sagen Sie dem Patienten, er möge sich nach dem Gang zur Toilette sorgfältig die Hände waschen
  - Weisen Sie die Familie oder die betreuende Person an, Handschuhe zu tragen, falls ein Kontakt mit Fäzes möglich ist, und kotverschmutzte Gegenstände, wie z. B. Bettwäsche oder Kleidung, auszukochen

- Weisen Sie den Patienten an, währen der infektiösen Phase keine Speisen für andere zuzubereiten
- Weisen Sie den Patienten an, keine Gegenstände gemeinsam mit anderen zu benutzen, z. B. Eßbesteck, Zahnbürste oder Spielzeug
- Überweisen Sie nahe Familienangehörige zur Injektion von Gammaglobulin

- Gehen Sie die notwendigen Vorsichtsmaßnahmen bei Hepatitis B durch.
  - Unterweisen Sie den Patienten und die betreuende Person in Vorsichtsmaßnahmen gegenüber Blut und Körperflüssigkeiten, bis der Patient frei von HBsAg ist
  - Raten Sie dem Patienten, Rasierer und Zahnbürste nicht mit anderen zu teilen
  - Sagen Sie dem Patienten, er möge einen elektrischen Rasierer und eine weiche Zahnbürste benutzen, um Blutungen vermeiden zu helfen
  - Raten Sie dem Patienten, Schnittverletzungen und Hautabschürfungen vorsichtig zu behandeln
  - Bieten Sie den Personen aus der nächsten Umgebung des Patienten die Hepatitis-B-Impfung an. Raten Sie dem Patienten, Geschlechtsverkehr während des akuten Stadiums der Erkrankung und idealerweise, bis die HBsAg-Tests negativ sind bzw. der Partner eine Hepatitis-B-Impfung erhalten hat, zu vermeiden
  - Erklären Sie dem Patienten, daß er nicht länger Blut spenden darf
  - Betonen Sie, wie wichtig es ist, andere Ärzte, Zahnärzte und in der Gesundheitsversorgung Tätige über die Diagnose Hepatitis B zu informieren
  - Halten Sie die betreuenden Personen an, dem Patienten ein getrenntes Bett zu geben, falls dies möglich ist
- Besprechen Sie die Hautpflege
  - Raten Sie dem Patienten, alkalische Seifen zu meiden und milde Seifen zu verwenden
  - Raten Sie dem Patienten, die Haut mit hauterweichenden Lotionen feucht zu halten
  - Halten Sie den Patienten an, sich nicht zu kratzen, sondern auf den betroffenen Bereich zu drücken
  - Halten Sie ihn dazu an, die Nägel kurzgeschnitten und glatt zu halten und zur Erleichterung des Juckreizes die Fingerknöchel zu nehmen
  - Empfehlen Sie kühle Duschen oder kalte Kompressen gegen den Juckreiz
  - Halten Sie den Patienten an, lockere, weiche Kleidung zu tragen, wie etwa Baumwolle

- Erklären Sie, daß es zum Ikterus kommt, sobald sich die Erkrankung aufzulösen beginnt
- Empfehlen Sie hellrote oder blaue Kleidung zum Ausgleich des Ikterus
- *Medikamente*
- Erläutern Sie Zweck, Dosierung, Einnahmezeitplan und Art der Verabreichung aller verordneten Medikamente sowie deren Nebenwirkungen, die einem Arzt oder einer Pflegeperson mitgeteilt werden sollten
- Sagen Sie dem Patienten, er möge freiverkäufliche Medikamente, vor allem solche mit Acetylsalicylsäure, meiden
- *Aktivitäten*
- Ermutigen Sie den Patienten zu Fragen bezüglich Anpassungen und Einschränkungen in Beruf, Freizeit und Tätigkeiten
- Sagen Sie dem Patienten, er möge während der symptomatischen Phase zwischen Aktivität und geplanten Ruhepausen abwechseln
- Sorgen Sie für Ablenkung und Gruppenleben, um soziale Interaktion während der therapeutischen Isolation zu fördern
- *Ernährung/Diät*
- Raten Sie dem Patienten, Alkohol noch bis ein Jahr nach der Erkrankung zu meiden
- Bieten Sie häufig kleine, fettarme, kohlenhydratreiche Mahlzeiten an
- Halten Sie den Patienten an, bis zu 2 Litern täglich zu trinken, soweit nicht kontraindiziert. Bieten Sie ihm Fruchtsäfte und kohlensäurehaltige Getränke an
- Weisen Sie den Patienten an, sich täglich zu wiegen, sein Gewicht aufzuschreiben und eine plötzliche oder anhaltende Abnahme mitzuteilen

Nachsorge

- Betonen Sie die Bedeutung regelmäßiger Nachsorgeuntersuchungen und Leberfunktionstests. Stellen Sie sicher, daß der Patient die notwendigen Namen und Telefonnummern hat
- Weisen Sie einen Patienten mit Hepatitis B an, 1–2 Monate später zur serologischen Nachsorgeuntersuchung wiederzukommen, um zu prüfen, ob HBsAg vorliegt
- Helfen Sie dem Patienten bei der Beschaffung eines Notfallmedaillons (SOS-Kapsel) und eines Ausweises mit der Diagnose, Medikation und Behandlung

Psychosoziale Betreuung

- Ermutigen Sie die betreuenden Personen, Gefühle und Sorgen hinsichtlich der Vorsichtsmaßnahmen und der Anpassungen an den Krankheitsprozeß zu verbalisieren
- Ermutigen Sie den Patienten, seiner Besorgnis im Hinblick auf sein Körperbild und den Ikterus Ausdruck zu verleihen

Hinweis

- Verweisen Sie den Patienten ggf. an ein Alkohol- oder Drogenentzugsprogramm

Hernie, Hernienoperation

Hernie: der Vorfall eines Organs, gewöhnlich des Darms, durch eine anomale Öffnung in der Bauchwand. Eine Hernie kann sekundär als Folge einer angeborenen Öffnung, durch eine Schwäche der Bauchwand, erhöhten intraabdominellen Druck oder eine Verletzung entstehen. Hernien können in jedem Lebensalter und sowohl bei Männern als auch bei Frauen vorkommen. Die meisten Hernien treten in der Leiste auf. Einige Beispiele für Hernien sind die indirekte und direkte Leistenhernie, die Femoral- und Umbilikalhernie. Eine Hernie kann reponierbar, d. h. spontan oder manuell in die ursprüngliche Lage zurückverlagerbar, inkarzeriert, d. h. durch die enge Öffnung festgehalten oder stranguliert sein, das heißt, sie wird gangränös.

Hernienoperation: chirurgische Korrektur einer inkarzierierten oder strangulierten Hernie.

Indikationen

- Inkarzerierte Hernie
- Strangulierte Hernie

Präoperative Schulung

- Siehe auch abdominalchirurgischer Eingriff, S. 3
- Gehen Sie die Erläuterungen des Arztes bezüglich der Operation und ihrer Begründung durch. Ermutigen Sie den Patienten, Fragen zu stellen und Sorgen und Ängste zu besprechen
- Erläutern Sie die Notwendigkeit einer schriftlichen Einverständniserklärung nach Aufklärung

Besprechen der präoperativen Pflege

- Erklären Sie, daß ein elektiver Eingriff ambulant duchgeführt werden kann. Die Korrektur einer inkarzierten oder strangulierten Hernie erfordert einen stationären Aufenthalt

Besprechen der postoperativen Pflege

- Besprechen Sie die zu erwartende postoperative Pflege einschließlich der Schmerztherapie und der Schnittführung
- Besprechen und demonstrieren Sie, wie man die Wunde beim Husten bzw. Niesen mit den flachen Händen abstützt
- Besprechen und demonstrieren Sie den Gebrauch eines Giebelrohrs und anderer Atemhilfsgeräte
- Ermutigen Sie den Patienten zu frühem Aufstehen
- Erklären Sie ihm, daß er gegen Schmerzen Analgetika erhält

Nebenwirkungen/Komplikationen

- Infektion
- Hämorrhagie
- Eingeschränkte Durchblutung des Vas deferens

Ambulante Pflege

- Geben Sie sowohl dem Patienten als auch der betreuenden Person *schriftliche* und *mündliche* Instruktionen. Vermitteln Sie ihnen Namen und Telefonnummern eines Arztes oder einer Pflegeperson, die bei Fragen angerufen werden können
- *Allgemeine Informationen*
  - Gehen Sie die Erläuterungen für das Verfahren und die spezielle Nachsorge durch
  - Erläutern und besprechen Sie das Entstehen von Hernien, ihre Ursachen und beeinflussenden Faktoren, Pflege und Behandlung sowie die Prävention

- *Wundversorgung*
  - Besprechen und demonstrieren Sie die korrekte Wundversorgung und den richtigen Verbandwechsel: Vorgehen, Häufigkeit und Anzeichen, die mitgeteilt werden sollten
- *Komplikationszeichen*
  - Gehen Sie die Zeichen und Symptome durch, die einem Arzt oder einer Pflegeperson mitgeteilt werden sollten
    - Infektion: Fieber, Schmerzen, Ödem, Rötung, Erwärmung, eitriger Ausfluß, fauliger Geruch aus der Wunde
    - Geblähtes Abdomen, Übelkeit, Erbrechen
    - Erneutes Auftreten der Hernie: feste und weiche, rundliche, nicht wegdrückbare Schwellung in der Leistenbeuge
- *Besondere Hinweise*
  - Zeigen Sie bei Männern den Gebrauch des Hodenschutzes und von Kältepackungen zur Verringerung des Skrotalödems und zur Linderung der Beschwerden
  - Helfen Sie dem Patienten bei der Beschaffung geeigneten Materials, wie etwa sterilen Verbänden
- *Medikamente*
  - Erläutern Sie Zweck, Dosierung, Einnahmezeitplan und Art der Verabreichung aller verordneten Medikamente sowie deren Nebenwirkungen, die einem Arzt oder einer Pflegeperson mitgeteilt werden sollten
    - Analgetika
    - Stuhlerweichende Medikamente
    - Laxanzien
- *Aktivitäten*
  - Ermutigen Sie den Patienten zu Fragen bezüglich Anpassungen und Einschränkungen in Beruf, Freizeit und bei Tätigkeiten
  - Weisen Sie den Patienten an, Husten, Pressen, Strecken, Verstopfung, Heben schwerer Gegenstände (> 5 kg), anstrengende Tätigkeiten und Sport für 6 Wochen zu vermeiden
  - Zeigen Sie, wie man die Wunde beim Husten, Niesen oder Schluckauf mit den flachen Händen oder mit einem Kissen abstützt
  - Betonen Sie, wie wichtig es ist, während der ersten 6 Wochen nach der Operation seine Aktivität einzuschränken und die Wunde mit einem Bruchband zu schützen
  - Demonstrieren Sie den korrekten Ablauf von Bewegungen und beim Heben

- Raten Sie Patienten mit sitzender Tätigkeit nach 2 Wochen und körperlich schwer arbeitenden erst nach 6 Wochen an den Arbeitsplatz zurückzukehren
- Raten Sie dem Patienten, den Geschlechtsverkehr für einige Wochen zu unterlassen, um Belastungen der Wunde und Beschwerden im möglicherweise ödematösen Skrotum zu vermeiden

- *Ernährung/Diät*
  - Raten Sie dem Patienten zu einer ballaststoffreichen Ernährung, um eine Verstopfung zu vermeiden, und versorgen Sie ihn mit einer Liste entsprechender Nahrungsmittel
  - Raten Sie dem Patienten zu reichlicher Flüssigkeitsaufnahme, 2–3 Liter täglich, soweit nicht kontraindiziert
  - Betonen Sie bei Übergewichtigen die Bedeutung einer Gewichtsreduktion

Nachsorge

- Betonen Sie die Bedeutung regelmäßiger Nachsorgeuntersuchungen. Stellen Sie sicher, daß der Patient die notwendigen Namen und Telefonnummern hat
- Betonen Sie, wie wichtig es ist, mit dem Rauchen aufzuhören, um Raucherhusten als Mitverursacher einer Hernie zu vermeiden

Psychosoziale Betreuung

- Ermutigen Sie den Patienten, Gefühle und Sorgen hinsichtlich veränderter Sexualfunktionen aufgrund der Mangeldurchblutung des Vas deferens zu verbalisieren

Hinweis

- Versorgen Sie den Patienten bei Bedarf mit Informationen über gemeindegestützte Programme zur Gewichtsreduktion bzw. Raucherentwöhnung

Herzinsuffizienz

Herzinsuffizienz: Unfähigkeit des Herzmuskels, mit ausreichender Kraft zu pumpen, um den Stoffwechselanforderungen des Organismus gerecht zu werden. Bei diesem chronisch-progressiven Syndrom kann sich die Beeinträchtigung der Herzfunktion oder die Herzinsuffizienz auf den linken oder den rechten Ventrikel oder auf beide Ventrikel erstrecken. Die Symptome richten sich nach der betroffenen Seite. Auf eine Linksherzinsuffizienz folgt gewöhnlich die Rechtsherzinsuffizienz.

Ätiologie/beeinflussende Faktoren

- Koronare Herzkrankheit
- Myokardinfarkt
- Herzklappenerkrankung
- Angeborene Herzfehler
- Hoher Blutdruck
- Kardiomyopathie
- Entzündliche Herzerkrankung

Kennzeichen/Symptome

- *Linksherzinsuffizienz*
  - Belastungs- oder Ruhedyspnö oder nächtliche Dyspnö
  - Orthopnö
  - Unruhe
  - Müdigkeit, Schwäche
  - Nykturie
- *Rechtsherzinsuffizienz*
  - Trockener Husten
  - Ödeme prätibial und an den Knöcheln
  - Schwellung des Abdomens (Aszites)
  - Abdominalschmerzen
  - Anorexie
  - Plötzliche Gewichtszunahme

Komplikationen

- Lungenödem
- Herzrhythmusstörungen
- Thromboembolien
- Venöse Stase

Diagnostik

- Informieren Sie den Patienten, daß zur Unterstützung der Diagnose dieser Erkrankung verschiedene Verfahren angewandt werden. Beschreiben Sie jedes Verfahren, seinen Zweck, die Empfindungen und Wahrnehmungen, die dabei wahrscheinlich auftreten, sowie die Pflege davor und danach
  - Blutuntersuchungen: Elektrolyte, Profil der Blutchemie
  - Röntgen-Thorax zum Nachweis einer Lungenstauung und einer Zunahme des Herzvolumens
  - EKG
  - Echokardiographie
  - Radionuklidventrikulographie (RVG)

Behandlung

Konservativ

- *Medikamente*
  - Digitalis
  - Diuretika
  - Inotrope Substanzen
  - Vasodilatatoren
  - Kaliumsubstitution

Chirurgisch

- *Herztransplantation bei Herzinsuffizienz im Endstadium*

Ambulante Pflege

- Geben Sie sowohl dem Patienten als auch der betreuenden Person *schriftliche* und *mündliche* Instruktionen. Vermitteln Sie ihnen Namen und Telefonnummern eines Arztes oder einer Pflegeperson, die bei Fragen angerufen werden können

- *Allgemeine Informationen*
- Erläutern Sie den Krankheitsprozeß, seine Ätiologie und die beeinflussenden Faktoren
- *Komplikationszeichen*
- Gehen Sie die Zeichen und Symptome durch, die einem Arzt oder einer Pflegeperson mitgeteilt werden sollten
  - Herabgesetzte Belastbarkeit
  - Kurzatmigkeit
  - Belastungsdyspnö
  - Paroxysmale nächtliche Dyspnö
  - Anschwellen der Extremitäten
- *Besondere Hinweise*
- Weisen Sie den Patienten an, den Puls zu messen und aufzuzeichnen. Sorgen Sie für eine Anleitung, und nennen Sie Werte, die mitgeteilt werden sollten
- Weisen Sie den Patienten an, sich täglich zu wiegen, und zwar zur gleichen Zeit, auf derselben Waage, in derselben Kleidung, und eine Gewichtszunahme von 1–1,5 Kilogramm täglich oder 2,5 Kilogramm in einer Woche mitzuteilen
- *Medikamente*
- Erläutern Sie Zweck, Dosierung, Einnahmezeitplan und Art der Verabreichung aller Medikamente sowie deren Nebenwirkungen, die einem Arzt oder einer Pflegeperson mitgeteilt werden sollten
- Besprechen Sie die Notwendigkeit einer Kaliumsubstitution, falls keine kaliumsparenden Diuretika (Thiazide, Furosemid) verordnet wurden
- Sprechen Sie darüber, daß freiverkäufliche Medikamente wie Laxanzien oder Hustenmittel, die Natrium enthalten können, vermieden werden sollten
- *Aktivitäten*
- Helfen Sie dem Patienten beim Erkennen von Tätigkeiten, die Symptome, Müdigkeit oder Kurzatmigkeit hervorrufen
- Ermutigen Sie zu Beschäftigung entsprechend der Belastbarkeit, raten Sie dem Patienten jedoch, anstrengende Tätigkeiten zu vermeiden, die das Herz in unangemessener Weise belasten würden, z. B. das Heben schwerer Gegenstände, langes Gehen, Tragen schwerer Koffer, Schneeräumen, Wechseln eines Autoreifens und Rasenmähen
- Empfehlen Sie energiesparende Einrichtungen und Techniken für die Aktivitäten des täglichen Lebens
- Sagen Sie dem Patienten, er möge Tätigkeiten durch Ruhepausen unterbrechen und bei Ermüdung ausruhen

- Ermutigen Sie ihn zu Fragen bezüglich des Berufs und der Freizeit.
- Erklären Sie dem Patienten, er möge Temperatur- und Belastungsextreme an Tagen mit hoher Luftverschmutzung vermeiden
- Sagen Sie dem Patienten, er möge Situationen vermeiden, die zu Erkältungen, Grippe oder anderen Infektionen führen können
- *Ernährung/Diät*
  - Erklären Sie, wie wichtig es ist, die vorgeschriebenen Einschränkungen bei der Ernährung und Flüssigkeitsaufnahme einzuhalten
  - Besprechen Sie die Notwendigkeit, natriumreiche Nahrungsmittel zu meiden. Es kann eine 3g-Natriumdiät oder, in schweren Fällen, eine 2g-Natriumdiät verschrieben werden. Erklären Sie, daß es notwendig ist, Etiketten auf Nahrungsmittel- und Getränkepackungen auf ihren Natriumgehalt hin zu lesen, kommerziell zubereitete Nahrung zu meiden, Dosengemüse zu waschen, um das Salz zu entfernen und kaliumreiche Nahrungsmittel (Bananen, Orangensaft) zu sich zu nehmen, um den Kaliumverlust durch die Diuretika auszugleichen

Nachsorge

- Betonen Sie die Bedeutung regelmäßiger medizinischer und labortechnischer Nachsorgeuntersuchungen. Stellen Sie sicher, daß der Patient die notwendigen Namen und Telefonnummern hat
- Betonen Sie, wie wichtig es ist, weder zu rauchen noch Tabakerzeugnisse zu konsumieren oder Alkohol zu trinken

Hinweis

- Verweisen Sie den Patienten bei Bedarf an ambulante Pflegedienste oder Selbsthilfegruppen

Herzkatheteruntersuchung

Herzkatheteruntersuchung: ein invasives Verfahren zur Darstellung der Ventrikel, Herzklappen, großen Gefäße und Koronarien.

Indikationen

- Untersuchung und Beurteilung des Herzmuskels und der Herzklappenfunktion
- Untersuchung und Beurteilung der Koronargefäße
- Diagnostik von Anomalien der Herzklappen
- Erkennung und Diagnostik angeborener Fehlbildungen des Herzens
- Bei diagnostischen und therapeutischen Verfahren: elektrophysiologische Untersuchungen, Überwachung der Hämodynamik, perkutane transluminale Angioplastik (PTA), palliative Eingriffe bei angeborenen Herzfehlbildungen

Verfahren

Das Verfahren, bei dem ein flexibler, strahlendichter Katheter eingesetzt wird, kann einen oder alle der folgenden Teilschritte beinhalten:

- Rechtsherzkatheter zur Beurteilung der Funktion des rechten Ventrikels einschließlich der Drücke und des Auswurfvolumens. Diese Technik kommt auch bei der kontinuierlichen Überwachung der Hämodynamik am Patienten zum Einsatz. Der Katheter wird über den Arm oder den Hals (V. basilica oder V. subclavia) oder durch das Bein (V. femoralis) eingeführt und dann in den rechten Vorhof, den rechten Ventrikel und die A. pulmonalis vorgeschoben
- Linksherzkatheter zur Beurteilung der Funktion und der Druckverhältnisse in der Aorta und im linken Vorhof bzw. Ventrikel. So lassen sich Informationen über den Herzmuskel sowie über die Funktion der Mitral- und der Aortenklappe gewinnen. Der Katheter wird gewöhnlich perkutan über eine Arterie des Arms (A. brachialis) oder des Beins (A. femoralis) eingeführt und in die Aorta und über die Aortenklappe in den linken Ventrikel vorgeschoben. Der Zugang sowohl für die Rechts- als auch die Linksherzkatheterisierung erfolgt überwiegend perkutan

- Angiographie: Sie wird während einer Linksherzkatheteruntersuchung durchgeführt und besteht in der Injektion eines röntgendichten Kontrastmittels durch einen Herzkatheter zur Aufnahme von Bildsequenzen, welche selektiv die Koronargefäße oder die Herzkammern darstellen. Es gibt zwei Aufnahmeverfahren: die Kinekardiographie, bei der anhand der Durchleuchtungsbilder ein Bewegungsablauf gefilmt wird, und die serielle Angiographie, bei der eine Reihe von Röntgenbildern entsteht

Weitere Techniken zur Beurteilung der Herzfunktion sind:

- Koronarangiographie zur Darstellung von Veränderungen der Herzkranzgefäße
- Ventrikulographie des linken oder rechten Ventrikels. Sie zeigt das Kammervolumen sowie die Wanddicke und -bewegung und erfaßt Anomalien der Herzaktion sowie einen Reflux der Bi- bzw. Trikuspidalklappe

Präoperative Schulung

- Gehen Sie die Erläuterungen des Arztes bezüglich des Eingriffs und seiner Begründung durch. Ermutigen Sie den Patienten, Fragen zu stellen und Sorgen und Ängste zu besprechen
- Erklären Sie, daß eine schriftliche Einverständniserklärung nach Aufklärung erforderlich ist

Besprechen der präoperativen Pflege

- Stellen Sie fest, ob der Patient gegen Schalentiere oder Jod allergisch ist
- Erklären Sie, daß der Eingriff gewöhnlich ambulant vorgenommen wird und daß der Patient 6–12 Stunden vorher weder essen noch trinken darf
- Informieren Sie den Patienten, daß eine laufende Medikation nach Anweisung des Arztes ausgesetzt werden muß
- Erklären Sie, daß die Haut an der Einstichstelle rasiert und gereinigt wird
- Beschreiben Sie das Verfahren
  - Der Patient wird in einen speziellen Raum gebracht und auf einen gepolsterten Operationstisch gelegt
  - Abhängig vom Untersuchungsgang dauert der Eingriff 1–3 Stunden
  - Die Stelle, an der der Katheter eingeführt werden soll, wird abermals gereinigt und sterilisiert

  - An der Stelle, an der der Katheter eingeführt werden soll (Leisten- oder Armbeuge, rechte Seite des Halses), wird ein Lokalanästhetikum injiziert
  - Ein Katheter wird eingeführt und über die Vene oder Arterie nach oben in Richtung des Kopfes vorgeschoben. Nach Erreichen der richtigen Position injiziert der Arzt ein Kontrastmittel
- Gehen Sie die Empfindungen durch, die während des Eingriffs auftreten können: Hitzewallungen; Übelkeit oder Schmerzen im Brustraum während der Injektion des Kontrastmittels. Versichern Sie dem Patienten, daß diese Empfindungen rasch vorübergehen. Bitten Sie ihn, den Anweisungen zum Husten bzw. tief durchzuatmen, Folge zu leisten

Besprechen der postoperativen Pflege

- Erklären Sie, daß der Katheter nach Abschluß des Eingriffs entfernt und ein Druckverband angelegt wird, um Blutungen zu verhindern. Bei manchen Verfahren, wie z. B. der PTA, kann der Katheter zunächst belassen werden. Wird der Eingriff aus diagnostischen Gründen vorgenommen, so wird der Patient danach in den Aufwachraum gebracht, dient er der Therapie, so kann es sein, daß der Patient auf eine für bestimmte Erkrankungen spezialisierte Station überwiesen wird
- Besprechen Sie die möglicherweise auftretenden Empfindungen: Wundsein am Einstichort, Rückenschmerzen vom langen Liegen auf dem Operationstisch
- Informieren Sie den Patienten, daß komplette Bettruhe einzuhalten ist, bei der der Kopf leicht um 20–30 Grad angehoben ist
- Betonen Sie, wie wichtig es ist, die Extremität für 2–4 Stunden nach dem Eingriff bzw. entsprechend der Anweisung des Arztes gestreckt zu halten und nicht zu bewegen
- Informieren Sie den Patienten darüber, daß während der ersten Stunde nach dem Eingriff die Vitalzeichen einschließlich der peripheren Pulse alle 15 Minuten, danach in immer größeren Abständen überprüft werden
- Sagen Sie dem Patienten, daß er nach der Rückkehr in den Aufwachraum wieder essen und trinken kann. Getränke sind zu bevorzugen

Nebenwirkungen/Komplikationen

- Ventrikuläre Herzrhythmusstörungen
- Allergische Reaktionen auf das Kontrastmittel
- Übelkeit und Erbrechen

- Hypotonie
- Thrombose (Schmerzen) an der Stelle des Einstichs
- Lokale Infektion
- Perforation des Herzens
- Myokardischämie
- Herztamponade

Ambulante Pflege

- Geben Sie sowohl dem Patienten als auch der betreuenden Person *schriftliche* und *mündliche* Instruktionen. Vermitteln Sie ihnen Namen und Telefonnummern eines Arztes oder einer Pflegeperson, die bei Fragen angerufen werden können
- *Allgemeine Informationen*
- Gehen Sie das Verfahren durch, und beantworten Sie alle Fragen nach dessen Zweck und bezüglich der Erläuterungen des Arztes zu den Befunden
- *Wundversorgung*
- Geben Sie Anleitung zur Pflege der Einstichstelle
- *Komplikationszeichen*
- Gehen Sie die Zeichen und Symptome durch, die einem Arzt oder einer Pflegeperson mitgeteilt werden sollten
  - Schmerzen, Schwellung oder Verfärbung an der Einstichstelle
  - Thoraxschmerzen
  - Erhöhte Körpertemperatur
- *Aktivitäten*
- Soweit nicht anders verordnet, kann der Patient innerhalb von einer Woche wieder seinen gewohnten Tätigkeiten nachgehen. Anstrengende Tätigkeiten wie Laufen, Fahrradfahren, oder das Heben schwerer Gegenstände sollten für 5–7 Tage nach dem Eingriff vermieden werden

Nachsorge

- Betonen Sie die Bedeutung regelmäßiger Nachsorgeuntersuchungen. Stellen Sie sicher, daß der Patient die erforderlichen Rufnummern hat

Herzklappenersatz

Herzklappenersatz: operativer Ersatz einer erkrankten Herzklappe, gewöhnlich der Aorten- oder Mitralklappe, durch eine mechanische oder organische Herzklappe

Indikationen

- Stenose der Herzklappe
- Regurgitation

Präoperative Schulung

- Siehe präoperative Schulung bei aortokoronarem Bypass, S. 51
- Gehen Sie die Erläuterungen des Arztes bezüglich der geplanten Operation, der Art der einzusetzenden Herzklappe sowie der begleitenden Risiken und Vorteile durch. Beantworten Sie jegliche Fragen
- Besprechen Sie die Notwendigkeit einer schriftlichen Einverständniserklärung nach Aufklärung

Besprechen der präoperativen Pflege

- Gehen Sie das Verfahren der Blutspende durch den Patienten selbst (Eigenblutspende) oder durch Familienmitglieder durch
- Sagen Sie dem Patienten, er möge sich 10–14 Tage vor der Operation zahnmedizinisch untersuchen lassen
- Erklären Sie, daß der Patient am Tag der Operation stationär aufgenommen werden kann
- Weisen Sie den Patienten an, am Tag vor der Operation ab Mitternacht nichts mehr zu essen oder zu trinken
- Gehen Sie die Laboruntersuchungen, das EKG und die Röntgenaufnahmen des Thorax durch, prüfen Sie die Blutgruppe des Patienten, und stellen Sie sicher, daß eine Kreuzprobe gemacht wird
- Erklären Sie, daß die Haut des Patienten gereinigt und das Haar geschnitten wird
- Unterweisen Sie den Patienten im Gebrauch des Giebelrohrs und anderer Atemhilfsgeräte, und betonen Sie die Bedeutung des Abhustens und tiefen Einatmens

Besprechen der postoperativen Pflege

- Besprechen Sie die postoperative Pflege einschließlich der Routinen auf der Intensivstation, der intravenösen Zugänge, Katheter, Thoraxdrainagen und Beatmung sowie der Flüssigkeitstherapie und -restriktionen und Schmerzbekämpfung
- Betonen Sie die Bedeutung des Lagewechsels und Abhustens, der Vollatmung und des frühzeitigen Umhergehens
- Besprechen Sie den Zweck des Giebelrohrs, und gehen Sie nochmals dessen Gebrauch durch
- Sprechen Sie die vorhersehbaren Veränderungen des Körperbildes, wie die mediastinale Operationsnarbe, Einschränkungen der Aktivität und die Pflege der Herzklappe durch

Nebenwirkungen/Komplikationen

- Lecks um die Herzklappe herum
- Überleitungs- und Herzrhythmusstörungen
- Low-cardiac-output-Syndrom
- Endokarditis
- Hämolyse
- Fehlfunktion oder Zerfall der Herzklappenprothese

Ambulante Pflege

- Geben Sie sowohl dem Patienten als auch der betreuenden Person *schriftliche* und *mündliche* Instruktionen. Vermitteln Sie ihnen Namen und Telefonnummern eines Arztes oder einer Pflegeperson, die bei Fragen angerufen werden können
- *Allgemeine Informationen*
  - Besprechen Sie die zugrundeliegende Herzklappenerkrankung, ihre Ätiologie und beeinflussenden Faktoren sowie die Pflege der neuen Herzklappe
- *Wundversorgung*
  - Gehen Sie die korrekte Wundversorgung durch
- *Komplikationszeichen*
  - Gehen Sie die Zeichen und Symptome durch, die einem Arzt oder einer Pflegeperson mitgeteilt werden sollten
    - Fieber, Schüttelfrost, Schwitzen
    - Rötung, Wärme, Schmerzen, Schwellung, eitriger Ausfluß aus der Wunde

- Kurzatmigkeit, Müdigkeit, Palpitationen, Hämoptyse, Orthopnö, fehlende Belastbarkeit, Synkope, Benommenheit, plötzliche Gewichtszunahme
- Bei Antikoagulanzientherapie: ausgeprägte Hämatombildung, Nasenbluten, Hämoptyse, Hämaturie, Meläna

Besondere Hinweise

- Besprechen Sie den Typ der Herzklappenprothese. Erläutern und betonen Sie bei Patienten mit mechanischer Herzklappe die Bedeutung einer lebenslangen Antikoagulanzientherapie zur Prävention systemischer Emboli und einer Verlegung der Herzklappe
- Erläutern Sie das Risiko einer Endokarditis, und besprechen Sie Maßnahmen der Prävention
- Besprechen Sie alternative Maßnahmen im Umgang mit Schmerzen: Visualisierung, geleitete Imagination, Meditation, Relaxation und Biofeedback

Medikamente

- Erläutern Sie Zweck, Dosierung, Einnahmezeitplan und Art der Verabreichung aller Medikamente sowie deren Nebenwirkungen, die einem Arzt oder einer Pflegeperson mitgeteilt werden sollten
- Unterweisen Sie den Patienten in der Antikoagulanzientherapie (s. Antikoagulanzien, Therapie mit, S. 36)
- Betonen Sie, daß ohne Rücksprache mit dem Arzt keine rezeptfreien Medikamente eingenommen werden sollten

Aktivitäten

- Ermutigen Sie den Patienten zum Gespräch über Anpassungen und Einschränkungen im Beruf, in der Freizeit und bei Tätigkeiten
- Gehen Sie Beschränkungen der Aktivitäten durch
  - Heben schwerer Gegenstände (< 5 kg), Drücken, Ziehen, das Valsalva-Manöver (Preßdruckversuch) sowie isometrische Übungen 6 Wochen lang unterlassen
  - 4–6 Wochen lang nicht Auto fahren
  - Langes Sitzen oder Fahren vermeiden
  - Rasches Aufrichten vermeiden
  - Aktivität entsprechend der Belastbarkeit allmählich steigern. Häufig Ruhepausen einplanen, um Ermüdung zu vermeiden
  - Sexuelle Betätigung 6–8 Wochen lang vermeiden, danach entprechend der Belastbarkeit wieder aufnehmen. Bequeme Stellungen einnehmen und Belastung der Wunde vermeiden

- Helfen Sie dem Patienten beim Erkennen von Veränderungen und Adaptationen, die im häuslichen Bereich erforderlich werden, etwa beim Treppensteigen oder bei Arbeiten im Haushalt
- Helfen Sie dem Patienten, Unterstützung durch einen ambulanten Pflegedienst zu erhalten
- Besprechen Sie die Bedeutung einer guten Mundhygiene mit täglichem Zähneputzen und regelmäßigen Besuchen beim Zahnarzt. Sagen Sie dem Patienten, er möge bis zum nächsten Besuch beim Zahnarzt 6 Wochen verstreichen lassen
- Weisen Sie Patienten unter Antikoagulanzien an, weiche Zahnbürsten und einen elektrischen Rasierer zu verwenden
- Betonen Sie die Bedeutung einer Antibiotikaprophylaxe vor Eingriffen, die zu einer Bakteriämie führen können
- Sorgen Sie bei Frauen für Informationen über Schwangerschaft und Kontrazeption. Heben Sie hervor, wie wichtig es ist, jede Schwangerschaft zu planen und vorher mit dem Arzt oder einer Pflegeperson zu besprechen

- *Ernährung/Diät*
  - Unterstützen Sie den Patienten bei der Planung einer natrium-, fett- und cholesterinarmen Ernährung
  - Beraten Sie den Patienten hinsichtlich der Effekte vitamin-k-reicher Nahrungsmittel, falls Antikoagulanzien eingenommen werden

Nachsorge

- Betonen Sie die Bedeutung regelmäßiger medizinischer und labortechnischer Nachsorgeuntersuchungen. Stellen Sie sicher, daß der Patient die notwendigen Namen und Telefonnummern hat
- Nimmt der Patient Antikoagulanzien, so betonen Sie die Notwendigkeit einer genauen Einhaltung des Dosierungsschemas und der Termine für die Bestimmung der Prothrombinzeit
- Helfen Sie dem Patienten unter Antikoagulanzien und mit einer künstlichen Herzklappe bei der Beschaffung eines Notfallmedaillons (SOS-Kapsel) und eines Ausweises
- Weisen Sie den Patienten an, jeden Arzt oder Zahnarzt vor einer Behandlung über den Herzklappenersatz zu informieren. Dies gilt vor allem für Geburten sowie für urologische, dermatologische, gynäkologische und zahnmedizinische Maßnahmen

- Betonen Sie, wie wichtig es ist, nicht zu rauchen. Verweisen Sie den Patienten an gemeindegestützte Ressourcen in Bezug auf Raucherentwöhnungskurse

Psychosoziale Betreuung

- Ermutigen Sie den Patienten, seinen Befürchtungen und Sorgen in Bezug auf die Operation, deren Ergebnis sowie auf die Einschränkungen und Veränderungen im Körperbild Ausdruck zu verleihen. Verweisen Sie den Patienten ggf. an einen Sozialarbeiter bzw. eine Sozialarbeiterin zur weiteren Beratung

Herzrhythmusstörungen (Arrhythmien)

Herzrhythmusstörungen: Störungen des normalen Herzrhythmus. Der normale Herzschlag beginnt am Sinusknoten und folgt einer bestimmten Bahn durch das elektrische Reizleitungssystem des Herzens. Die normale Herzfrequenz beträgt 60–100 Schläge pro Minute. Ein zu langsamer (Bradykardie) oder zu schneller Herzschlag (Tachykardie) kann die normale Herzfunktion beeinträchtigen und geringere, aber auch lebensbedrohliche Auswirkungen haben. Die Unterbrechung des elektrischen Impulses wird Herzblock genannt. Die Herzfrequenz wird gesteuert durch Emotionen (Nervensystem), Aktivitäten, Belastung oder Ruhe, Medikamente und andere Stimulanzien wie Koffein, Tabak und Elektrolyte (körpereigene chemische Stoffe). Herzrhythmusstörungen lassen sich anhand des Bereichs, in dem sie auftreten, einordnen.

- Atriale Herzrhythmusstörungen (rechter und linker Vorhof): oberhalb des Atrioventrikularknotens (AV-Knoten), der z. T. in die oberen Herzkammern hineinragt
- Supraventrikuläre Herzrhythmusstörungen: umfassen den oberen Teil der Ventrikel und den AV-Knoten
- Ventrikuläre Herzrhythmusstörungen: umfassen primär den unteren Teil des linken und rechten Ventrikels

Sinusbradykardie

Sinusbradykardie bedeutet eine Frequenz von weniger als 60 Schlägen pro Minute. Der Rhythmus ist regelmäßig. Eine Sinusbradykardie kann bei gut trainierten Sportlern normal sein. Sie kann als Reaktion auf Medikamente oder einen erhöhten Vagotonus auftreten. Abnehmende Herzfrequenzen lassen sich oft bei älteren Menschen feststellen.

Ätiologie/beeinflussende Faktoren

- Erhöhter Schädelinnendruck
- Erhöhter Vagotonus (Pressen beim Stuhlgang oder Erbrechen)
- Hypothyreose
- Sick-Sinus-Syndrom (Syndrom des kranken Sinusknotens)
- Medikamente (Betablocker und Kalziumantagonisten: Digoxin, Chinidin, Propanolol, Procainamid)
- Herabgesetzte Durchblutung des Sinuatrialknotens (SA-Knoten)

Kennzeichen/Symptome

- Gewöhnlich asymptomatisch
- Benommenheit
- Schwäche
- Veränderung des Bewußtseinszustandes
- Niedriger Blutdruck
- Brustschmerz
- Müdigkeit
- Kurzatmigkeit

Komplikationen

- Synkope

Behandlung

Konservativ (nur bei Symptomen)

- *Therapie*
  - Beseitigung der auslösenden Ursache
  - Temporärer oder permanenter Schrittmacher
- *Medikamente*
  - Atropin als Notfallmaßnahme zur Erhöhung der Herzfrequenz

Herzblock

Ein Herzblock I., II. oder III. Grades ist eine Unterbrechung des Erregungsleitungssystems, die zu einer verlangsamten Herzfrequenz mit teilweiser oder vollständiger Entkoppelung zwischen den Vorhöfen und den Ventrikeln führt. Bei einem kompletten Herzblock bzw. einem Herzblock III. Grades funktionieren die Ventrikel unabhängig. Dies führt zu einer Abnahme der Herzleistung.

Ätiologie/beeinflussende Faktoren

- Mangelnde Blutversorgung des Reizleitungssystems am Herzen
- Ischämische Herzkrankheit
- Myokardinfarkt
- Hypothyreose
- Kongenitale Erkrankungen des Herzens
- Digitalisintoxikation

Kennzeichen/Symptome

- Schwindel
- Benommenheit
- Bewußtlosigkeit
- Niedriger Blutdruck
- Schwäche
- Schwierigkeiten beim Atmen (Zeichen einer dekompensierten Herzinsuffizienz)

Komplikationen

- Synkope (Bewußtlosigkeit)
- Herzversagen
- Asystolie, das heißt, das Herz hört auf zu schlagen

Behandlung

Konservativ (nur bei Symptomen)

- *Therapie*
  - Beobachten: Ein Herzblock in Verbindung mit einem Myokardinfarkt korrigiert sich gewöhnlich mit der Zeit selbst
  - Temporärer oder permanenter Schrittmacher
- *Medikamente*
  - Absetzen des auslösenden Medikaments
  - Atropin
  - Isoproterenol

AV-Knotenrhythmus

Der Übergangsrhythmus entsteht im AV-Knoten oder in der Übergangszone und beträgt gewöhnlich 40–60 Schläge pro Minute. Die Vorhofaktion, entsprechend der P-Welle im EKG, fehlt entweder oder tritt gleichzeitig mit oder nach der Ventrikelaktion auf, die dem QRS-Komplex im EKG entspricht.

Ätiologie/beeinflussende Faktoren

- Digitalisintoxikation
- Infarkt an der Herzunterseite oder Ischämie (ungenügende Blutversorgung des Sinusknotens)
- Hypoxie
- Vagusreizung
- Akutes rheumatisches Fieber
- Herzklappenoperation

Kennzeichen/Symptome

- Asymptomatisch
- Schwindel
- Schwäche
- Veränderter Bewußtseinszustand

Behandlung

Konservativ (nur bei Symptomen)

- *Therapie*
  - Beobachten: Das Phänomen ist gewöhnlich nicht von Dauer
  - Therapie der zugrundeliegenden Ursache
  - Permanenter Herzschrittmacher
- *Medikamente*
  - Atropin gegen die Effekte der Vagusreizung
  - Isoproterenol

Sinustachykardie

Die Sinustachykardie besteht in einem Sinusrhythmus mit einer Frequenz von mehr als 100 Schlägen pro Minute. Der Ausgangspunkt des Herzschlags und die Übertragung des elektrischen Impulses sind normal. Der Rhythmus ist regelmäßig.

Ätiologie/beeinflussende Faktoren

- Fieber
- Belastung
- Angst
- Schmerz
- Dehydratation
- Herzerkrankung
- Hyperthyreose
- Hypovolämie

Kennzeichen/Symptome

- Kurzatmigkeit, abhängig von der zugrundeliegenden Ursache
- Herzklopfen
- Müdigkeit

Komplikationen

- Hypotonie
- Schwindel
- Synkope

Behandlung

Konservativ

- *Therapie*
  - Behandlung der zugrundeliegenden Ursache

Vorhofflattern

Vorhofflattern ist eine hochfrequente, regelmäßige Rhythmusstörung, die im rechten Vorhof beginnt. Die Vorhöfe schlagen mit einer Frequenz von 200–300 Schlägen pro Minute. Die elektrischen Impulse werden auf den AV-Knoten übertragen. Gewöhnlich ist der Knoten blockiert, so daß nicht alle elektrischen Impulse bis zu den Ventrikeln gelangen. Die Schlagfrequenz der Ventrikel beträgt 100–150 Schläge pro Minute.

Ätiologie/beeinflussende Faktoren

- Herzversagen
- Herzklappenerkrankung
- Angeborene Herzkrankheit
- Lungenembolie

- Digitalisintoxikation
- Bypass-Operation

Komplikationen
- Herzversagen (Kurzatmigkeit)
- Geringes Auswurfvolumen
- Koronarinsuffizienz
- Embolie

Behandlung

Konservativ
- *Therapie*
  - Behandlung der zugrundeliegenden Ursache
  - Synchronisierte Kardioversion zur Wiederherstellung eines normalen Sinusrhythmus
  - Vorhofschrittmacher zur Wiederherstellung des Herzrhythmus
  - Vagusstimulation zur Senkung der Herzfrequenz
- *Medikamente*
  - Herzglykoside, es sei denn, die Rhythmusstörung ist durch eine Digitalisintoxikation verursacht
  - Propanolol zur Senkung der Herzfrequenz (blockiert die Katecholamine)
  - Chinidin zur Senkung der Herzfrequenz mittels Blockierung der Überleitung durch den AV-Knoten
  - Procainamid zur Blockade abnormer Reizbildung aus ektopen Reizbildungszentren im Herzmuskel
  - Verapamil zur Verlangsamung der Überleitung durch den AV-Knoten und Senkung der Herzfrequenz infolge von dessen Eigenschaft als Vasodilatator
  - Antiarrhythmika
    - Amiodaron zur Verlängerung der Herzaktion

Vorhofflimmern

Vorhofflimmern ist eine hochfrequente, unregelmäßige Rhythmusstörung mit Ursprung im Vorhof. Die Vorhoffrequenz liegt über 400 Schlägen pro Minute und ist unregelmäßig und ungeordnet. Die elektrischen Vorhofimpulse werden an den AV-Knoten weitergegeben. Dieser ist blockiert, so daß nicht alle elektrischen Impulse zu den Ventrikeln gelangen. Die Ventrikelfrequenz variiert (90–100/min) und P-Wellen fehlen im EKG. Die Störung kommt häufig bei älteren Menschen vor.

Ätiologie/beeinflussende Faktoren

- Herzinsuffizienz
- Chronisch-obstruktive Lungenerkrankung
- Hyperthyreose
- Sepsis
- Lungenembolie
- Mitralstenose
- Vorhofreizung
- Bypass-Operation
- Operation an den Herzklappen

Komplikationen

- Embolie
- Herzinsuffizienz
- Niedriges Auswurfvolumen

Behandlung

Konservativ

- *Therapie*
  - Behandlung der zugrundeliegenden Ursache
  - Kardioversion
- *Medikamente*
  - Antiarrhythmika
  - Antikoagulanzien
  - Betablocker, Kalziumantagonisten und Digitalis zur Kontrolle der Herzfrequenz

Ventrikuläre Tachykardie

Eine ventrikuläre Arrhythmie ist ein abnorm schneller, gewöhnlich regelmäßiger Herzschlag, der von den Ventrikeln ausgeht. Die Vorhofaktion steht während einer ventrikulären Tachykardie gewöhnlich in keinem Zusammenhang mit der Ventrikelaktion (Entkoppelung). Die Herzfrequenz kann zwischen 120 und 250 Schlägen pro Minute schwanken. Eine ventrikuläre Tachykardie tritt gewöhnlich bei Patienten mit einer kardiologischen Grunderkrankung auf, ist jedoch bei Herzgesunden selten und steht dann üblicherweise mit einem Medikament in Zusammenhang. Da die ventrikuläre Tachykardie üblicherweise einem Kammerflimmern vorausgeht, wird sie als schwerwiegende Rhythmusstörung behandelt.

Ätiologie/beeinflussende Faktoren

- *Herzerkrankung*
  - Myokardischämie
  - Myokardinfarkt
  - Angeborene Herzkrankheit
  - Ventrikelaneurysma
  - Funktionelle Schäden am linken Ventrikel
- Digitalis- oder Chinidinintoxikation
- Niedrige Kaliumspiegel
- Hohe Kalziumspiegel

Kennzeichen/Symptome

- Brustschmerz
- Angst
- Herzklopfen
- Dyspnö
- Niedriger Blutdruck
- Bewußtlosigkeit

Komplikationen/beeinflussende Faktoren

- Kammerflimmern/Herzstillstand
- Schock

Behandlung

Konservativ

- *Therapie*
  - Behandlung der Grunderkrankung
  - Katheterablation
  - Kardioversion
- *Medikamente*
  - Antiarrhythmika

Kammerflimmern

Kammerflimmern ist ein abnorm schneller, unregelmäßiger Herzrhythmus, der von den Ventrikeln ausgeht. Der Herzschlag wird so schnell und unregelmäßig, daß das Herz als Pumpe gänzlich ineffizient wird. Das Blut fließt nicht länger vorwärts, es gibt keinen Blutdruck, und der Patient verliert das Bewußtsein. Wird das Kammerflimmern nicht behandelt, stirbt der Patient innerhalb von Minuten.

Ätiologie/beeinflussende Faktoren

- Akute oder chronische Herzkrankheit
- Unbehandelte ventrikuläre Tachykardie
- Elektrolytungleichgewicht, z. B. bei Natrium, Kalium, Kalzium
- Digitalis- oder Chinidinintoxikation
- Stromschlag
- Hypothermie

Kennzeichen/Symptome

- Bewußtseinsverlust
- Möglicherweise Krämpfe
- Plötzlicher Tod

Behandlung

Konservativ

- *Therapie*
- Notfallmaßnahmen
  - Kardiopulmonale Reanimation zur Aufrechterhaltung des Kreislaufs
  - Elektrische Defibrillation
- Weiterführende Behandlung zur Verhinderung eines erneuten Auftretens
  - Katheterabtragung
  - Implantierbarer Defibrillator
- *Medikamente*
- Notfallmaßnahmen
  - Adrenalin
  - Isoproterenol

Diagnostik

- Beschreiben Sie jedes Verfahren, seinen Zweck, die Empfindungen und Wahrnehmungen, die dabei wahrscheinlich auftreten, sowie die Pflege davor und danach
- Informieren Sie den Patienten, daß zur Diagnostik der Herzrhythmusstörungen eine Reihe diagnostischer Verfahren durchgeführt wird
- 12-Kanal-EKG zum Nachweis von Herzrhythmusstörungen und möglicher Ursachen
- Serumelektrolytspiegel zur Bestimmung der Natrium-, Kalium-, Kalzium- und Magnesiumspiegel, die abnorm erhöht oder erniedrigt sein können
- Medikamentenkonzentrationen zur Erkennung toxischer Zustände

- Ambulante Überwachung mit dem 24-Stunden-Holter-EKG zur Erkennung von Herzrhythmusstörungen und zu deren Zuordnung zur Symptomatik des Patienten
- Signal-averaging-EKG, ein Computer-EKG zur Erkennung von Bereichen verlangsamter Leitungsgeschwindigkeit, die mit bestimmten Herzrhythmusstörungen einhergehen
- 30-Tage-EKG mit einem Gerät, das nur bei kardiologischen Besonderheiten einschaltet, um diese Symptome mit den Rhythmusveränderungen im EKG in Beziehung zu setzen
- Elektrophysiologische Untersuchung zur Bestimmung des Ursprungs der Herzrhythmusstörungen, der Leitfähigkeit sowie der Effizienz der medikamentösen Therapie hinsichtlich der Unterdrückung von Herzrhythmusstörungen
- Belastungstest zur Bestimmung der Herzreaktion auf eine steigende Belastung, die Herzrhythmusstörungen auslösen kann, wie z. B. frühzeitige Ventrikelkontrationen infolge mangelnder Blutversorgung des Herzmuskels, sowie zur Orientierung der Behandlung
- Arterielle Blutgase zum Nachweis eines Sauerstoffmangels im Blut, verursacht durch eine Beeinträchtigung der Herzfunktion und des Kreislaufs bei Vorliegen von Herzrhythmusstörungen

Ambulante Pflege

- Geben Sie sowohl dem Patienten als auch der betreuenden Person *schriftliche* und *mündliche* Anweisungen. Sorgen Sie dafür, daß beide über die Telefonnummern eines Arztes bzw. einer Pflegeperson verfügen, die bei Fragen angerufen werden können. Setzen Sie zur Unterstützung des Unterrichts Modelle des Herzens, Abbildungen des Reizleitungssystems und andere visuelle Hilfen ein
- *Allgemeine Informationen*
- Erläutern Sie die jeweilige Rhythmusstörung und die zugrundeliegende Ursache
- Betonen Sie, wie wichtig es ist, weder zu rauchen noch Tabakerzeugnisse zu konsumieren. Besprechen Sie, wie Nikotin zu Herzrhythmusstörungen führen kann
- Für Patienten mit implantierbarem Defibrillator siehe S. 136

- *Komplikationszeichen*
- Gehen Sie die Zeichen und Symptome durch, die einem Arzt oder einer Pflegeperson mitgeteilt werden sollten
  - Herzklopfen
  - Brustschmerz
  - Kurzatmigkeit
  - Rascher Puls
  - Schwindel
  - Synkope
- *Besondere Hinweise*
- Bringen Sie dem Patienten bei, den Puls über eine volle Minute zu zählen (s. Pulsmessen, S. 653)
- Erklären Sie, daß es wichtig ist, im gegenwärtigen Zustand ein normales Leben zu führen
- Helfen Sie dem Patienten, die Vorsichtsmaßnahmen bei der Arbeit, zu Hause und bei den Vorbereitungen auf den Urlaub zu verstehen
- Raten Sie dem Patienten zu Entspannungstechniken, um Streß abzubauen und Herzrhythmusstörungen zu verhindern, indem die Freisetzung von Hormonen wie Adrenalin verhindert wird, das die Herzfrequenz erhöht
- *Medikamente*
- Erläutern Sie Zweck, Dosierung, Einnahmezeitplan und Art der Verabreichung aller Medikamente sowie deren Nebenwirkungen, die einem Arzt oder einer Pflegeperson mitgeteilt werden sollten
- Weisen Sie den Patienten an, die Einnahme eines Medikamentes nicht wegen Nebenwirkungen abrupt abzusetzen, sondern den Arzt zu verständigen, so daß ein Plan für einen Wechsel des Medikamentes ausgearbeitet werden kann
- Erklären Sie die Notwendigkeit kontinuierlicher Nachsorgeuntersuchungen zur Kontrolle der Effizienz der Medikation und ggf. zu deren Umstellung
- Betonen Sie, wie wichtig es ist, Medikamente rechtzeitig vor deren Auslaufen nachzubestellen sowie genug zu bestellen, falls ein Urlaub oder eine Reise geplant ist
- Betonen Sie, daß keine rezeptfreien Medikamente eingenommen werden sollten

- *Aktivitäten*
  - Raten Sie dem Patienten, anstrengende Tätigkeiten zu unterlassen und Überanstrengung zu vermeiden. Warnen Sie ihn, eine Übung oder Tätigkeit sofort abzubrechen, sobald Schwindel, Benommenheit oder Brustschmerz auftreten
  - Ermutigen Sie ihn zu Fragen bezüglich Anpassungen und Einschränkungen im Beruf, in der Freizeit und bei Tätigkeiten
- *Ernährung/Diät*
  - Raten Sie dem Patienten, den Verzehr koffeinhaltiger Produkte wie Kaffee, Schokolade, Tee und koffeinhaltige Limonaden sowie von Alkohol einzuschränken bzw. aufzugeben

Nachsorge

- Betonen Sie die Bedeutung regelmäßiger Nachsorgeuntersuchungen. Stellen Sie sicher, daß der Patient die notwendigen Namen und Telefonnummern hat
- Helfen Sie dem Patienten bei der Beschaffung eines Notfallmedaillons (SOS-Kapsel) und eines Ausweises mit der Medikation

Psychosoziale Betreuung

- Erläutern Sie die psychologischen Implikationen einer Herzerkrankung und lebensbedrohender Arrhythmien: Verlust der Kontrolle über die Lebensweise, Angst und Furcht in Bezug auf den Tod, möglicherweise Alpträume oder Schlafstörungen, Verleugnung, Depression und Wut.

Herzschrittmacherpflege

Herzschrittmacherpflege: Einsatz und Wartung eines elektronischen Gerätes zur Stimulation des Myokards und damit zur Überwachung und Aufrechterhaltung des Herzrhythmus. Ein Schrittmacher kann eine temporäre oder permanente Form der Therapie darstellen. Der batteriebetriebene Impulsgenerator und das System der Verkabelung registrieren die Herzfunktion und stimulieren die Myokardkontraktion

Indikationen

- Funktionsstörung des Sinusknotens
- Leitungsblocks
- Bradyarrhythmien
- Tachyarrhythmien

Präoperative Schulung

- Gehen Sie die Erläuterungen des Arztes bezüglich der Implantation des Herzschrittmachers und der Gründe dafür durch. Ermutigen Sie den Patienten, Fragen zu stellen und alle Sorgen und Ängste zu besprechen
- Erläutern Sie, daß eine schriftliche Einverständniserklärung nach Aufklärung erforderlich ist

Besprechen der präoperativen Pflege

- Weisen Sie den Patienten an, 6–8 Stunden vor dem Eingriff nichts mehr zu essen bzw. zu trinken
- Erläutern Sie, daß der Eingriff unter Lokalanästhesie und Sedierung durchgeführt wird und ca. 1–3 Stunden dauert
- Erklären Sie, daß der Kopf des Patienten zur Seite gedreht und abgedeckt wird
- Informieren Sie den Patienten darüber, daß er während des Eingriffs möglicherweise ein Druckgefühl wahrnimmt
- Erklären Sie, daß die Kabel unter Röntgendurchleuchtung über die V. subclavia in den rechten Vorhof geführt werden
- Sagen Sie dem Patienten, daß unterhalb des Schlüsselbeins ein Schnitt gelegt wird
- Erklären Sie, daß der Patient während des Eingriffs und danach kontinuierlich überwacht wird

Besprechen der postoperativen Pflege

- Sagen Sie dem Patienten, daß für die ersten 4–6 Stunden Bettruhe eingehalten werden muß, um ein Verschieben der Elektroden zu verhindern
- Erklären Sie, daß an der Stelle der Implantation Steifigkeit und Wundsein zu spüren sein wird
- Informieren Sie den Patienten darüber, daß der Arm auf der Seite der Inzision möglicherweise in einer Schlinge immobilisiert wird
- Erklären Sie, daß postoperativ noch für 24 Stunden eine EKG-Überwachung stattfindet

Nebenwirkungen/Komplikationen

- Funktionsstörung des Schrittmachers
- Verschieben der Elektroden
- Adam-Stokes-Syndrom
- Herzrhythmusstörungen
- Infektion
- Blutung
- Perforation
- Herztamponade

Ambulante Pflege

- Geben Sie sowohl dem Patienten als auch der betreuenden Person *mündliche* und *schriftliche* Instruktionen. Nennen Sie ihnen den Namen und die Telefonnummer eines Arztes oder einer Pflegeperson, die sie bei Fragen anrufen können
- *Allgemeine Informationen*
- Erläutern Sie die zugrundeliegende Rhythmusstörung, den Schrittmachertyp (temporär oder permanent) und die Pflege
- *Komplikationszeichen*
- Gehen Sie die Zeichen und Symptome durch, die einem Arzt oder einer Pflegeperson mitgeteilt werden sollten
  - Funktionsstörung des Schrittmachers: Synkope, Blässe, Müdigkeit, Kurzatmigkeit, Palpitationen oder unregelmäßiger Puls, Puls außerhalb der programmierten Grenzwerte, Thoraxschmerz
  - Verschieben der Elektroden: Schluckauf, Zuckungen der Thorax- und Abdominalmuskulatur
  - Adam-Stokes-Syndrom: Schwindel, Synkope, Krämpfe, Koma
  - Fieber, Rötung, Wärme, Schmerzen, Schwellung, Verfärbung, Blutung oder Sekretabsonderung aus der Wunde
- *Besondere Hinweise*
- Unterweisen Sie den Patienten im Zählen des Radialispulses, und erklären Sie ihm, daß dieser täglich und in Ruhe gemessen werden sollte
- Weisen Sie den Patienten an, Zahnärzte und Ärzte vor jeder Maßnahme über den Schrittmacher zu informieren
- Weisen Sie den Patienten an, den Sicherheitsdienst an Flughäfen über den Schrittmacher zu informieren, bevor er sich auf metallische Gegenstände durchsuchen läßt

- Versichern Sie einer Patientin, daß eine Schwangerschaft nicht kontraindiziert ist. Weisen Sie sie an, ihren Arzt darüber zu informieren, daß eine Schwangerschaft geplant ist, damit der Schrittmacher auf die entsprechende Frequenz umgestellt werden kann
- Sprechen Sie über Sicherheit im Zusammenhang mit Elektrizität
  - Sagen Sie dem Patienten, er möge Arbeiten mit Radargeräten oder elektrischen Geräten wie Diathermiegeräten oder Elektrokautern, Elektroschweißgeräten, elektrischen Schmelzöfen, großen Generatoren, CB-Funkgeräten mit Hochleistungslinearverstärkern, Radio- oder Fernsehgeräten in Betrieb sowie Magnetresonanztomographen vermeiden
  - Weisen Sie den Patienten an, seine Geräte zu Hause zu erden
  - Betonen Sie die Notwendigkeit zur Vorsicht bei starken Magnetfeldern, etwa bei Mikrowellengeräten oder Föns
  - Weisen Sie den Patienten an, sich von jeglichen Feldern zu entfernen, die die Schrittmacherfunktion beeinträchtigen; dieser nimmt dann seine normale, programmierte Funktion wieder auf
  - Versorgen Sie den Patienten und die betreuende Person mit schriftlichen Informationen über das Schrittmachermodell, das Datum der Implantation, den Sitz des Generators und das Schrittmacherprogramm
  - Erläutern Sie, daß die Batterie eines Schrittmachers je nach Batterietyp eine Lebenserwartung von 5–10 Jahren hat
  - Erläutern Sie, daß ein Teil des Schrittmachers, der möglicherweise ausgewechselt werden muß, der Generator ist

Medikamente

- Erläutern Sie Zweck, Dosierung, Einnahmezeitplan und Art der Verabreichung von Medikamenten sowie deren Nebenwirkungen, die einem Arzt oder einer Pflegeperson mitgeteilt werden sollten
- Betonen Sie, wie wichtig es ist, die Einnahme rezeptfreier Medikamente ohne Rücksprache mit dem Arzt zu vermeiden

Aktivitäten

- Ermutigen Sie den Patienten, über Anpassungen und Einschränkungen bezüglich der Wiederaufnahme der Arbeit sowie von Freizeit- und anderen Tätigkeiten zu sprechen
- Erläutern Sie Einschränkungen der Aktivität entsprechend den Anweisungen des Arztes. Raten Sie dem Patienten, das Heben schwerer Gegenstände (> 5 kg) sowie heftige Armbewegungen zu vermeiden. Erklären Sie, daß das Sexualleben entsprechend der Belastbarkeit wieder aufgenommen werden kann

- Demonstrieren Sie Übungen zum Bewegungsumfang der betroffenen Schulter, und sagen Sie dem Patienten, nach den ersten 24 Stunden nach dem Eingriff damit zu beginnen
- Sagen Sie dem Patienten, in den ersten 4 Wochen nach dem Eingriff nicht Auto zu fahren
- Betonen Sie, wie wichtig es ist, Kontaktsportarten zu vermeiden
- Weisen Sie den Patienten an, innerhalb von 3 Monaten nach der Schrittmacherimplantation nicht zu verreisen
- Raten Sie dem Patienten, keine beengende Kleidung über dem Schrittmacher zu tragen
- Sagen Sie dem Patienten, er möge direkte Berührung oder Schläge auf die Stelle mit dem Schrittmacher vermeiden

Nachsorge

- Betonen Sie die Bedeutung regelmäßiger Nachsorgeuntersuchungen. Stellen Sie sicher, daß der Patient über die erforderlichen Namen und Telefonnummern verfügt. Sollte eine telefonische Beratung möglich sein, so besprechen Sie dies mit dem Patienten
- Weisen Sie den Patienten an, rechtzeitig vor dem Ablaufen der Batterie einen Termin auszumachen
- Halten Sie den Patienten an, sich ein Notfallmedaillon bzw. eine SOS-Kapsel und einen Notfallausweis zu beschaffen, in denen der Schrittmachertyp, die eingestellte Frequenz, das Implantationsdatum und der Name des Arztes verzeichnet sind

Psychosoziale Betreuung

- Ermutigen Sie den Patienten, Befürchtungen und Sorgen hinsichtlich der zugrundeliegenden Rhythmusstörung, der Notwendigkeit eines Schrittmachers, der Veränderungen in der Lebenführung und der Schrittmacherwartung zu verbalisieren

Hirntumore

Hirntumore: raumfordernde Läsionen, die das umgebende Hirngewebe und neurale Strukturen komprimieren, invasiv wachsen oder Strukturen zerstören. Hirntumoren können in jedem Alter auftreten. Die höchste Inzidenz bei Erwachsenen liegt im Alter zwischen 40 und 60 Jahren. Bei Kindern treten die meisten Hirntumore vor dem Ende des 1. Lebensjahres oder zwischen 2 und 12 Jahren auf. Tumoren werden anhand der histologischen Merkmale und ihres Malignitätsgrades eingeteilt. Sie können primären oder metastatischen Ursprungs oder entwicklungsbedingt sein.

Ätiologie/beeinflussende Faktoren

- Die Ursache von Hirntumoren ist unbekannt. Die entsprechenden Theorien umfassen genetische, hormonelle oder angiogenetische Faktoren, chemische Substanzen, Strahlung, Traumen, Viren und Ursachen im Bereich der Ernährung

Kennzeichen/Symptome

- Zeichen und Symptome beginnen schleichend. Die Befunde sind jeweils für die Art des Tumors, seine Lokalisation und den Grad der Invasivität spezifisch
- Kopfschmerzen, lokal oder generalisiert
- Krämpfe
- Veränderungen der geistigen Leistungsfähigkeit, des Verhaltens und der Persönlichkeit: Desorientiertheit, Unfähigkeit zur Ausführung von Anweisungen, Reizbarkeit, Vergeßlichkeit, Gedächtnisverlust, Beeinträchtigung des Urteilsvermögens
- Abnehmender Bewußtseinsgrad, Stupor oder Koma
- Erbrechen mit oder ohne Übelkeit
- Benommenheit in Verbindung mit Veränderungen der Körperhaltung, Schwindel
- Störungen des Sehens: Doppelbilder, abnehmende Sehschärfe, Gesichtsfeldausfälle
- Abnehmende motorische Kraft, Hemiparese, Hemiplegie
- Aphasie
- Gang-und Gleichgewichtsstörungen, Unkoordiniertheit
- Hörstörungen

- Störungen des Sensoriums: Hyperästhesie, Parästhesie, Astereognosie, Agnosie
- Apraxie (Störung von Bewegungsabläufen), Agraphie (Verlust der Schreibfähigkeit)
- Störungen der Hirnnervenfunktion

Komplikationen

- Hirnödem
- Kompression des Gehirns, der Hirnnerven und der Hirngefäße
- Erhöhter Schädelinnendruck
- Krampfanfälle
- Milde bis schwere neurologische Ausfälle
- Hydrozephalus
- Veränderungen im Hormonhaushalt
- Veränderter Bewußtseinszustand
- Veränderungen der Atemfunktion
- Einklemmungserscheinungen des Gehirns

Diagnostik

- Beschreiben Sie jedes Verfahren, seinen Zweck, die Empfindungen und Wahrnehmungen, die dabei wahrscheinlich auftreten, sowie die Pflege davor und danach
- ☐ Röntgenaufnahmen des Schädels zur Lokalisierung des Tumors und verkalkter Bereiche
- ☐ Computertomographie/Gehirn-Sonographie zur Lokalisierung des Tumors und seiner Größenbestimmung sowie zum Nachweis eines Hirnödems
- ☐ Angiographie des Gehirns zur Beurteilung des Vaskularisierungsgrades des Tumors sowie der umgebenden Gefäße
- ☐ Magnetresonanztomographie zur Beurteilung der Lokalisation, Größe und Vaskularisierung des Tumors sowie des Hirnödems
- ☐ Tumorbiopsie zur Bestimmung des histologischen Typs und zur Stadieneinteilung
- ☐ Kontrolle des Schädelinnendrucks

Behandlung

- Die spezielle Behandlung ist abhängig vom histologischen Typ des Tumors sowie von seiner Lokalisation und Strahlenempfindlichkeit

Konservativ

- *Therapie*
  - Strahlentherapie
  - Chemotherapie
- *Medikamente*
  - Kortikosteroide wie Dexamethason zur Kontrolle des Hirnödems und zur Senkung des Schädelinnendrucks
  - Osmotisch wirksame Diuretika gegen das Hirnödem
  - Antikonvulsiva wie Phenytoin zur Verhinderung von Krämpfen
  - H_2-Blocker wie Cimetidin oder Ranitidin zur Verhinderung von Streßulzera
  - Antazida
  - Analgetika gegen Kopfschmerzen
  - Antiemetika, um Übelkeit und Erbrechen auf ein Minimum zu reduzieren

Chirurgisch

- Chirurgische Resektion
- Laserchirurgie
- Mikrochirurgie
- Ventrikuloatrialer oder ventrikuloperitonealer Shunt zur Ableitung des Liquors

Ambulante Pflege

- Geben Sie sowohl dem Patienten als auch der betreuenden Person *schriftliche* und *mündliche* Anweisungen. Sorgen Sie dafür, daß beide über die Telefonnummern eines Arztes bzw. einer Pflegeperson verfügen, die bei Fragen angerufen werden können
- *Allgemeine Informationen*
  - Gehen Sie die Erläuterungen hinsichtlich des Tumortyps, seiner Ätiologie und der beeinflussenden Faktoren nochmals durch
- Die Patientenschulung verläuft individuell, entsprechend der Art des Tumors und seiner Malignität
- *Komplikationszeichen*
  - Gehen Sie die Zeichen und Symptome durch, die einem Arzt oder einer Pflegeperson mitgeteilt werden sollten
    - Krampfanfälle
    - Veränderungen des Verhaltens oder des neurologischen Status
    - Veränderungen des Bewußtseinsgrades
    - Veränderungen der Atmung

- Infektionen, einschließlich erhöhter Körpertemperatur
- Blutungen
- Streßulzera: geblähtes Abdomen, Schmerzen, Erbrechen, Teerstühle

- *Besondere Hinweise*
- Helfen Sie dem Patienten bei der Beschaffung der erforderlichen Hilfsmittel zur Selbstpflege, Rehabilitation, Mobilisierung sowie zur Unterstützung des Sensoriums, wie z. B. eines Hörgerätes oder einer Brille
- Entwickelt der Patient Ausfallerscheinungen, helfen Sie der betreuenden Person beim Erkennen und Beseitigen potentieller Unfallursachen
- Lehren Sie den Patienten und die betreuende Person Vorsichtsmaßnahmen gegen Krampfanfälle
- *Medikamente*
- Erläutern Sie Zweck, Dosierung, Einnahmezeitplan und Art der Verabreichung aller Medikamente sowie deren Nebenwirkungen, die einem Arzt oder einer Pflegeperson mitgeteilt werden sollten
- Erläutern Sie erforderlichenfalls die unerwünschten Wirkungen der Chemo- und Strahlentherapie. Erklären Sie, was der Patient tun kann, um sie zu lindern
- *Aktivitäten*
- Arbeiten Sie Einschränkungen heraus, die sich aus den neurologischen Veränderungen ergeben, und besprechen Sie diese
- *Ernährung/Diät*
- Erklären Sie, daß die Ernährung normal bzw. entsprechend den Anweisungen eines Arztes erfolgen sollte

Nachsorge

- Betonen Sie die Bedeutung regelmäßiger Nachsorgeuntersuchungen. Stellen Sie sicher, daß der Patient über die erforderlichen Namen und Telefonnummern verfügt

Psychosoziale Betreuung

- Ermutigen Sie den Patienten, sich auch weiterhin so weit wie möglich in seiner gewohnten sozialen Rolle zu bewegen und eine Reizdeprivation und soziale Isolation zu vermeiden
- Ermutigen Sie den Patienten, Hilfe in Anspruch zu nehmen, um seine Tätigkeiten wahrzunehmen

Hinweis

- Verweisen Sie den Patienten an Beschäftigungs- und Physiotherapeuten, um mit einem Rehabilitationsprogramm zu beginnen. Verweisen Sie ihn erforderlichenfalls an einen Logopäden
- Verweisen Sie den Patienten an eine Ernährungsberatung, um während der Chemo- oder Strahlentherapie eine adäquate Ernährung sicherzustellen
- Verweisen Sie den Patienten an Selbsthilfegruppen oder an Hauspflegedienste

Hodenkarzinom

Hodenkarzinom: häufigste Krebserkrankung bei Männern im Alter zwischen 15 und 35 Jahren. Hodenkarzinome treten häufiger bei Weißen und in besseren sozioökonomischen Verhältnissen auf. Die Prognose hängt vom Zelltyp und Stadium ab. Bei einem Seminom im Stadium I liegt die Heilungsrate über 90 %. Hodenkarzinome sind meistens Seminome oder Teratome, die aus den Keimzellen hervorgehen. Es kann sich aber auch um heterogene, aus anderem Hodengewebe hervorgegangene Keimzelltumoren handeln.

Ätiologie/beeinflussende Faktoren

- Kryptorchismus (nicht abgelaufener Deszensus)
- Atrophische Hoden
- Exposition in utero gegenüber Diethylstilböstrol oder anderen exogen zugeführten Hormonen
- Hodenkrebs in der Familienanamnese
- Trauma, Mumps oder Orchitis (Hodenentzündung) in der Anamnese

Kennzeichen/Symptome

- Kleiner, harter, schmerzloser Knoten im Hoden (erstes Zeichen)
- Schweregefühl im Hoden
- Plötzlich entstehende Flüssigkeitsansammlung im Skrotum
- Schmerzen oder Beschwerden im Perineum
- Zeitweilig auftretender Hodenschmerz
- Ziehende Schmerzen im Kreuz, in der Leiste oder im Abdomen
- Vergrößerung und Schmerzempfindlichkeit der Brüste (Gynäkomastie)

- *Zeichen eines fortgeschrittenen Hodenkarzinoms*
- Husten
- Dyspnö
- Hämoptyse
- Rückenschmerzen

Komplikationen

- *Metastasen*
- Obstruktion der Ureteren
- Lungenmetastasen

Diagnostik

- Beschreiben Sie jedes Verfahren, seinen Zweck, die Empfindungen und Wahrnehmungen, die dabei wahrscheinlich auftreten, sowie die Pflege davor und danach
- Palpation und Diaphanoskopie der Hoden zur Feststellung des Tumors
- Biopsie zum Nachweis maligner Zellen
- Ausscheidungsurographie zur Bestimmung von Lageveränderungen der Harnleiter und Nieren
- Computertomographie des Abdomens, Ultraschall und Lymphangiographie zum Nachweis einer extratestikulären Beteiligung
- Röntgen-Thorax, Computertomographie des Thorax und der gesamten Lunge zum Nachweis von Lungenmetastasen
- Alpha-Fetoprotein (AFP) im Serum, menschliches Choriongonadotropin (HCG), Tumormarker, die bei Vorliegen eines Hodenkarzinoms erhöht sind.

Behandlung

Konservativ

- *Therapie*
- Strahlentherapie
  - Extrakorporale Bestrahlung; Komplikationen: Müdigkeit, Knochenmarksuppression, Durchfall, erniedrigte Spermienzahl
- Chemotherapie
  - Bei Seminom: Cyclophosphamid
  - Bei Nichtseminomen: PVB (Cisplatin, Vinblastin, Bleomycin)

- Alternative zur Chemotherapie bei Nichtseminomen: 12monatiges Überwachungsprogramm mit monatlichen Untersuchungen (körperliche Untersuchung, Tumormarker, Röntgen-Thorax)

Chirurgisch

- Inguinale Exploration und Orchiektomie: Entfernen des Hodens und Nebenhodens, eines Teils des Vas deferens und der Lymphgefäße sowie der Blutversorgung
- Beidseitige retroperitoneale Lymphknotendissektion: Entfernen allen perivaskulären Gewebes aus einem Bereich, der nach oben durch die Nierenarterien und -venen, nach innen durch die Aa. iliacae communis bis zur Bifurkation und seitlich durch die Ureteren begrenzt wird

Präoperative Schulung

- Gehen Sie die Erläuterungen des Arztes bezüglich der Operation und der Gründe dafür durch. Ermutigen Sie den Patienten, Fragen zu stellen und alle Sorgen und Ängste zu besprechen
- Erläutern Sie, daß eine schriftliche Einverständniserklärung nach Aufklärung erforderlich ist

Besprechen der präoperativen Pflege

- Informieren Sie den Patienten darüber, daß die Haut mit bakterizider Seife oder antiseptischer Lösung gesäubert wird, um Bakterien zu entfernen
- Erklären Sie dem Patienten, daß ein großes Blutbild und eine Urinanalyse gemacht werden, um eine Infektion oder Blutung festzustellen
- Besprechen Sie, daß der Patient am Tag vor der Operation ab Mitternacht weder essen noch trinken darf

Besprechen der postoperativen Pflege

- Informieren Sie den Patienten darüber, daß die Orchiektomie einen hohen Leistenschnitt, eine retroperitoneale Lymphadenektomie und gewöhnlich eine transabdominale Inzision erfordert
- Besprechen Sie die Notwendigkeit einer Magensonde zum Absaugen, bis die Darmgeräusche wiederkehren, und eines Foley-Katheters zur Unterstützung der Harnableitung
- Erklären Sie, daß die Vitalzeichen auf Frühzeichen einer Hämorrhagie und eines Schocks überwacht werden

- Sagen Sie dem Patienten, daß der Verband auf Menge und Art des Wundsekrets überprüft wird
- Sagen Sie dem Patienten, daß er auf eine mögliche verminderte Fähigkeit zur Ejakulation vorbereitet sein sollte

Ambulante Pflege

- Geben Sie sowohl dem Patienten als auch der betreuenden Person *schriftliche* und *mündliche* Anweisungen. Sorgen Sie dafür, daß beide über die Telefonnummern eines Arztes bzw. einer Pflegeperson verfügen, die bei Fragen angerufen werden können
- *Allgemeine Informationen*
- Gehen Sie die Erläuterungen des Arztes hinsichtlich des Krankheitsprozesses, möglicher Ursachen und beeinflussender Faktoren sowie der Art und des Stadiums und der verordneten Therapie durch
- *Besondere Hinweise*
- Betonen Sie bei noch nicht fortgeschrittenen Tumoren, wie wichtig es ist, die Hoden monatlich selbst zu untersuchen, um neue oder erneut auftretende Tumoren zu erkennen. Informieren Sie den Patienten, daß dies am besten nach einer warmen Dusche oder einem Bad geschieht, wenn das Skrotum entspannt ist. Demonstrieren Sie das Vorgehen, und geben Sie dem Patienten Zeit zum Üben
  - Untersuchung im Stehen durchführen
  - Mittel- und Zeigefinger unter einen Hoden legen, mit dem Daumen darüber
  - Den Hoden vorsichtig zwischen den Fingern hin- und herrollen und auf eine gummiartige, schwammige Konsistenz hin palpieren. Der Hoden sollte glatt und frei von Verhärtungen sein
  - Je einen Hoden in einer Handfläche halten und auf Gewichtsunterschiede achten
  - Teilen Sie jede schmerzlose Verhärtung (gewöhnlich an der Seite oder auf der vorderen Fläche) mit

Nachsorge

- Betonen Sie die Bedeutung regelmäßiger medizinischer und labortechnischer Nachsorgeuntersuchungen. Stellen Sie sicher, daß der Patient über die erforderlichen Namen und Telefonnummern verfügt

- Erklären Sie, daß Nachsorgeuntersuchungen, falls der Patient während des 1. Jahres karzinomfrei bleibt, im 2. Jahr alle 2 Monate und danach lebenslang alle 6 Monate durchgeführt werden können. Patienten mit einem Rezidiv erhalten eine Kombinationschemotherapie

Psychosoziale Betreuung

- Erklären Sie dem Patienten, daß ein gesunder Hoden den Funktionsverlust des anderen Hodens kompensieren kann, so daß die Zeichen der Männlichkeit nicht negativ beeinflußt werden
- Besprechen Sie eine aktuelle oder mögliche Störung der Sexulfunktionen in Zusammenhang mit der verordneten Therapie
- Ermutigen Sie zum Gespräch über Gefühle hinsichtlich des Körperbildes, der Selbstachtung und der Sexualität
- Sorgen Sie für Informationen und unterstützende Beratung hinsichtlich der Sexualfunktionen

Hodgkin-Krankheit (Hodgkin-Lymphom)

Hodgkin-Krankheit: eine maligne Erkrankung, die durch schmerzlose, fortschreitende Vergößerung der Lymphknoten, des Lymphgewebes und der Milz gekennzeichnet ist. Das Hodgkin-Lymphom unterscheidet sich von malignen Lymphomen durch das Vorhandensein von Sternberg-Riesenzellen, welche proliferieren und sich in normalem Lymphgewebe im gesamten Organismus ausbreiten. Die Hodgkin-Krankheit tritt bei jungen Erwachsenen zwischen 15 und 38 Jahren und bei Männern gehäuft auf. Wird sie in den Stadien I und II diagnostiziert, ist sie potentiell heilbar.

Risikofaktoren

- Männliches Geschlecht, Weiße
- Infektiöse Mononukleose oder Immunschwächesyndrom in der Anamnese

Stadieneinteilung

I. Einzelne Lymphknotenregion
II. Zwei oder mehr Lymphknoten auf derselben Seite des Diaphragmas
III. Krankheitsprozeß auf beiden Seiten des Diaphragmas, jedoch auf Lymphknoten und die Milz beschränkt
IV. Beteiligung von Knochen, Knochenmark, Lungenparenchym, Pleura, Leber, Haut, Gastrointestinaltrakt und Gehirn

Alle Stadien werden in A und B unterteilt, um das Fehlen (A) bzw. Vorliegen (B) systemischer Symptome anzuzeigen.

Kennzeichen/Symptome

- Schmerzlose, geschwollene Lymphknoten (Lymphadenopathie), gewöhnlich die zervikalen oder supraklavikulären Lymphknoten (Frühzeichen)
- Fieber, nächtliche Schweißausbrüche, Gewichtsverlust, Lethargie, Unwohlsein, Anorexie, Ikterus
- Ödem oder Schmerzen distal der geschwollenen Lymphknoten
- Splenomegalie
- Hepatomegalie

Komplikationen

- Vergrößerung der Halslymphknoten: Venenverschluß, Ödem, Verlegung der Atemwege
- Vergrößerung mediastinaler Lymphknoten mit Dyspnö und Husten
- Vergrößerung der inguinalen Lymphknoten mit Dysurie; häufigem, schmerzhaftem Wasserlassen und Schmerzen im Steißbein
- Infektion
- Frakturen

Diagnostik

- Beschreiben Sie jedes Verfahren, seinen Zweck, die Empfindungen und Wahrnehmungen, die dabei wahrscheinlich auftreten, sowie die Pflege davor und danach
- Staging-Verfahren
  - Lymphknotenbiopsie zum Nachweis von Sternberg-Riesenzellen
  - Röntgen-Thorax zum Nachweis einer Lymphadenopathie des Mediastinums bzw. des Hilus
  - Knochenmarkbiopsie

  - Computertomographie-Scans von Leber, Milz und Knochen
  - Laparotomie
  - Lymphangiographie
- Laboruntersuchungen
  - Untersuchung auf normozytäre, normochrome Anämie
  - Weißes Blutbild und Differentialblutbild
  - Alkalische Phosphatase: Ein Anstieg spricht für eine Knochenbeteiligung.

Behandlung

Konservativ

- *Therapie*
- Chemotherapie in Verbindung mit Strahlentherapie für die Stadien III und IV
- Strahlentherapie für die Stadien I und II
- *Medikamente*
- Interferon, monoklonale Antikörper: Untersuchungen zu deren Wirksamkeit laufen

Chirurgisch

- Laparotomie
- Splenektomie
- Autologe Knochenmarktransplantation: Untersuchungen zu deren Wirksamkeit laufen.

Ambulante Pflege

- Geben Sie sowohl dem Patienten als auch der betreuenden Person *schriftliche* und *mündliche* Anweisungen. Sorgen Sie dafür, daß beide über die Telefonnummern eines Arztes bzw. einer Pflegeperson verfügen, die bei Fragen angerufen werden können
- *Allgemeine Informationen*
- Gehen Sie die Erläuterungen hinsichtlich der Hodgkin-Krankheit bzw. des Lymphoms, ihrer bzw. seiner Ätiologie und der beeinflussenden Faktoren durch
- Besprechen Sie die Stadieneinteilung und die Auswirkungen, die das jeweilige Stadium auf das tägliche Leben hat

- *Komplikationszeichen*
- Gehen Sie die Zeichen und Symptome durch, die einem Arzt oder einer Pflegeperson mitgeteilt werden sollten
  - Anhaltendes Fieber
  - Gewichtsverlust
  - Vergrößerte Lymphknoten
  - Unwohlsein
  - Verringerte körperliche Belastbarkeit
  - Infektion: Husten, übelriechendes Sputum, Schmerzen und Brennen beim Wasserlassen, häufiges Wasserlassen und Harndrang, Hämaturie, Rötung, Schwellung an der Wunde, Ausfluß (übelriechend, eiterhaltig, verfärbt)
- *Besondere Hinweise*
- Besprechen Sie, wie wichtig es ist, große Menschenansammlungen und Menschen mit Verdacht auf eine aktive Infektion zu meiden, da die Chemotherapie die Widerstandsfähigkeit des Organismus gegen Infektionen verringert
- Betonen Sie, wie wichtig es ist, Verletzungen zu vermeiden, die zu Hämatomen und Blutungen führen können. Die Chemotherapie führt im allgemeinen zu einer Thrombozytopenie
- *Medikamente*
- Erläutern Sie Zweck, Dosierung, Einnahmezeitplan und Art der Verabreichung aller Medikamente sowie deren Nebenwirkungen, die einem Arzt oder einer Pflegeperson mitgeteilt werden sollten
- Betonen Sie, wie wichtig es ist, den Chemotherapieplan einzuhalten und Nebenwirkungen der Behandlung einem Arzt oder einer Pflegeperson mitzuteilen: wunde Stellen im Mund oder auf der Zunge, Anorexie, Übelkeit, Erbrechen, Unwohlsein
- *Aktivitäten*
- Ermutigen Sie den Patienten, über Zugeständnisse oder Einschränkungen im Beruf, in der Freizeit und bei Tätigkeiten zu sprechen
- Besprechen Sie die Notwendigkeit geplanter Ruhepausen. Betonen Sie, wie wichtig es ist, Überlastung zu vermeiden. Lehren Sie Techniken des Streßabbaus
- *Ernährung/Diät*
- Heben Sie die Bedeutung einer ausgewogenen Ernährung hervor, um den Ernährungszustand zu halten
- Halten Sie den Patienten zu häufigen, kleinen Mahlzeiten an

- Besprechen Sie Methoden, wie man den Wasserhaushalt und die Ernährung in Zeiten der Stomatitis, bei Übelkeit, Erbrechen und Anorexie unter der Therapie aufrecht erhalten kann: den ganzen Tag über Flüssigkeiten zu sich nehmen, Säfte nur verdünnt trinken, gewürzte, scharfe und saure Speisen meiden

Nachsorge

- Betonen Sie die Bedeutung regelmäßiger Nachsorgeuntersuchungen. Stellen Sie sicher, daß der Patient die notwendigen Namen und Telefonnummern hat
- Betonen Sie die Bedeutung einer Planung der Strahlen- und Chemotherapie und der Einhaltung von Terminen

Hinweis

- Verweisen Sie den Patienten bei Bedarf an entsprechende Selbsthilfegruppen

Hüftgelenkersatz

Hüftgelenkersatz: totaler Hüftgelenkersatz (Arthroplastik) bedeutet das Entfernen des Hüftgelenks einschließlich des Femurkopfes und Azetabulums und den Ersatz durch eine Prothese. Ein totaler Hüftgelenkersatz wird durchgeführt, wenn das Gelenk in erheblichem Umfang durch Krankheiten geschädigt wurde, die ausgeprägte Schmerzzustände und Funktionseinbußen bewirken. Ein partieller Hüftgelenkersatz umfaßt lediglich den Ersatz des Femurkopfes durch eine Prothese.

Indikationen

- *Totaler Hüftgelenkersatz*
  - Osteoarthrose
  - Rheumatoide Arthritis
  - Spondylitis ankylosans (chronisch-entzündlich-rheumatische Erkrankung des Achsenskeletts)
  - Perthes-Krankheit (aseptische Knochennekrose der Femurkopfepiphyse)
  - Schwere Hüftverletzung

- *Partieller Hüftgelenkersatz*
  - Avaskuläre Nekrose des Hüftkopfes, ausgelöst durch eine systemische Kortikosteroidtherapie, Sichelzellanämie und Alkoholabusus
  - Frakturen des Femurkopfes

Komplikationen

- Infektion
- Neurovaskuläre Störung
- Tiefe Venenthrombose
- Dislokation der Prothese
- Atelektase
- Pneumonie
- Hämorrhagie

Präoperative Schulung

- Gehen Sie die Erläuterungen des Arztes bezüglich der Operation und ihrer Begründung durch. Ermutigen Sie den Patienten, Fragen zu stellen und Sorgen und Ängste zu besprechen
- Besprechen Sie die Notwendigkeit einer schriftlichen Einverständniserklärung nach Aufklärung

Besprechen der präoperativen Pflege

- Erklären Sie, daß der Patient am Tag der Operation oder am Abend davor in die Klinik aufgenommen wird und dort für 3–5 Tage bleibt
- Gehen Sie die Maßnahmen der präoperativen Routine durch
  - Blut- und Urinuntersuchungen, Blutgruppe und Kreuzprobe, Röntgen-Thorax, EKG
  - Nüchtern ab Mitternacht des Tages vor der Operation
  - Darmvorbereitung durch Einlauf am Abend zuvor
  - Duschen und Haarewaschen am Abend zuvor
  - Hautvorbereitung mit bakterizider Seife und Rasieren des zu operierenden Bereichs
- Erklären Sie, daß die Hüfte vermessen und geröntgt wird, um die Größe der Prothese zu bestimmen

Besprechen der postoperativen Pflege

- Besprechen Sie die Bedeutung von Übungen, und unterweisen Sie den Patienten darin
  - Husten und tiefes Durchatmen
  - Fußübungen (Dorsal- und Plantarflexion)
  - Übungen der Gesäß- und Bauchmuskulatur sowie des M. quadriceps femoris
  - Übungen zum Bewegungsumfang nichtbetroffener Extremitäten
- Sorgen Sie für eine Unterweisung im Gebrauch von Gehhilfen wie Unterarmgehstützen, Gehstock bzw. -wagen
- Sagen Sie dem Patienten, daß er für die ersten 24 Stunden postoperativ nüchtern bleiben muß und danach allmählich wieder normale Nahrung erhält, soweit er dies verträgt
- Erklären Sie, daß eine Drainage in die Wunde eingebracht wird, um Blut und Flüssigkeit aus der Wunde und der Umgebung abzuleiten
- Sagen Sie dem Patienten, daß er Stützstrümpfe zur Thromboseprophylaxe erhält
- Informieren Sie den Patienten, daß er für 24–48 Stunden Bettruhe einhalten muß und danach entsprechend ärztlicher Verordnung mit den erwähnten Gehhilfen aufstehen kann
- Besprechen Sie die Bedeutung der postoperativen Körperhaltung und Maßnahmen, die verhindern sollen, daß die Hüfte über 90 Grad hinaus gebeugt und die Prothese disloziert wird
  - Einsatz eines Gerätes zur kontinuierlichen passiven Bewegung
  - Schiene zur Immobilisierung des Kniegelenks, um eine Knie-Hüft-Beugung zu verhindern
  - Abduktionskissen, um die Beine auseinanderzuhalten und sie an der Innenrotation zu hindern
- Erklären Sie, daß mit einer Bewegungstherapie begonnen wird, um die Muskeln um das neue Hüftgelenk zu stärken, den Bewegungsumfang der Hüfte wieder zu erlangen und das Gehen zu ermöglichen

Ambulante Pflege

- Geben Sie sowohl dem Patienten als auch der bzw. dem Betreuenden *mündliche* und *schriftliche* Instruktionen. Nennen Sie ihnen den Namen und die Telefonnummer eines Arztes oder einer Pflegeperson, die sie bei Fragen anrufen können

- *Allgemeine Informationen*
  - Gehen Sie die Erläuterungen hinsichtlich der Operation und der speziellen Nachsorge durch
- *Wundversorgung*
  - Besprechen und demonstrieren Sie die korrekte Wundversorgung
- *Komplikationszeichen*
  - Gehen Sie Anzeichen und Symptome durch, die der Patient einem Arzt oder einer Pflegeperson mitteilen sollte
    - Infektion: Fieber, Schüttelfrost, Rötung, Schwellung, Ausfluß aus der Wunde; tiefer, dumpfer, ziehender Schmerz im Operationsbereich
    - Tiefe Venenthrombose: Schmerzen oder Empfindlichkeit in der Wade, Rötung, Schwellung entlang der Venen
    - Neurovaskuläre Schäden: Verlust der Sensibilität oder Bewegungsfähigkeit des betroffenen Fußes oder der Gliedmaße; Kühle, Blässe, Taubheitsgefühl, Kribbeln in der betroffenen Gliedmaße
- *Besondere Hinweise*
  - Raten Sie dem Patienten, sich Materialien und Gerätschaften zur Selbsthilfe zu besorgen, um eine Hüftbeugung zu verhindern, z. B. einen erhöhten Toilettensitz, einen Sitz für die Dusche bzw. Badewanne und Greifinstrumente mit Griffverlängerung. Verweisen Sie den Patienten an ein Sanitätshaus, wo man diese kaufen oder mieten kann
  - Erklären Sie, daß der Patient eine Überbelastung der Hüfte vermeiden und zunächst einen Gehwagen, dann Unterarmgehstützen und schließlich einen Gehstock benützen sollte, bis er vollständig geheilt ist
  - Erklären Sie, wie wichtig es ist, an der Bewegungstherapie teilzunehmen, um die Muskeln wieder zu stärken und eine ausreichende Kraft in den Armen für den Gebrauch des Gehwagens, der Unterarmgehstützen bzw. des Gehstocks sicherzustellen
- *Medikamente*
  - Erläutern Sie Zweck, Dosierung, Zeitplan und Art der Einnahme der verschriebenen Medikamente sowie deren Nebenwirkungen, die einem Arzt oder einer Pflegeperson mitgeteilt werden sollten

- *Aktivitäten*
  - Ermutigen Sie den Patienten, über Zugeständnisse oder Einschränkungen im Beruf und in der Freizeit sowie bei Tätigkeiten zu sprechen. Tennis und Skifahren sind z. B. nicht empfehlenswert, Golf und Schwimmen können dagegen erlaubt sein
  - Besprechen Sie Einschränkungen und Maßnahmen, um ein Lockern oder Verschieben der Prothese zu vermeiden
    - Beine bzw. Knöchel nicht übereinanderschlagen, weder im Stehen noch im Sitzen oder Liegen
    - Im Sitzen die Füße 15 Zentimeter auseinander stellen
    - Knie im Sitzen unterhalb der Hüftebene halten; auf einem Kissen sitzen, um die Hüften höher zu lagern
    - Beugen in der Taille vermeiden. Schuhanzieher mit langem Griff und für Socken eine Anziehhilfe verwenden
    - Etwa 3 Monate oder entsprechend den Anweisungen des Arztes nicht autofahren
  - Besprechen Sie Sicherheitsmaßnahmen für zu Hause
    - Sich auf Treppen am Geländer festhalten
    - Schuhe mit niedrigen Absätzen tragen
    - Sichergehen, daß nichts am Boden herumliegt, das einen Sturz verursachen könnte, wie z. B. frei verlegte Teppiche, Elektrokabel und sonstige Gegenstände. Nasse oder gewachste Böden meiden
- *Ernährung/Diät*
  - Halten Sie den Patienten zu einer eiweiß-, ballaststoff- und vitaminreichen Ernährung an, um die Heilung zu fördern und eine Verstopfung zu verhindern

Nachsorge

- Betonen Sie die Bedeutung regelmäßiger Nachsorgeuntersuchungen. Stellen Sie sicher, daß der Patient die notwendigen Namen und Telefonnummern hat

Hyperaldosteronismus (Primärer Aldosteronismus, Conn-Syndrom)

Primärer Aldosteronismus: Überproduktion von Aldosteron durch die Nebennieren mit der Folge stark erhöhter Mineralokortikoidspiegel und entsprechend erhöhter Natriumreabsorption und erhöhtem Gesamtkörpernatrium. Häufigste Ursache ist ein Nebennierenadenom (60 % der Fälle), die Erkrankung kann jedoch auch durch eine Nebennierenhyperplasie oder ein Nebennierenkarzinom verursacht werden.

Kennzeichen/Symptome

- Hypertonie
- Orthostatische Hypotonie
- Polydipsie, Polyurie (vor allem nachts)
- Muskelschwäche, Müdigkeit
- Tetanie

Komplikationen

- Herzinsuffizienz
- Nierenversagen

Diagnostik

- Beschreiben Sie jedes Verfahren, seinen Zweck und die normalen Empfindungen oder Wahrnehmungen, die dabei wahrscheinlich vorkommen, sowie die Pflege davor und danach
- Serumuntersuchungen: Elektrolyte (Natrium, Kalium), Aldosteron, Plasmareninaktivität, Kortisol
- Urinuntersuchungen: Aldosteronspiegel im 24-Stunden-Urin
- Computertomographie: Nebennieren-Sonographien
- Venöse Katheterisierung der Nebennieren

Behandlung

Konservativ

- *Therapie*
  - Natriumarme, kaliumreiche Diät
- *Medikamente*
  - Spironolacton (synth. Steroidverbindung) zur Kontrolle des Blutdrucks

Chirurgisch

- Adrenektomie: einseitig bei Adenom, beidseitig bei Hyperplasie

Ambulante Pflege

- Geben Sie sowohl dem Patienten als auch der bzw. dem Betreuenden *mündliche* und *schriftliche* Instruktionen. Nennen Sie ihnen den Namen und die Telefonnummer eines Arztes oder einer Pflegeperson, die sie bei Fragen anrufen können
- *Allgemeine Informationen*
  - Gehen Sie die Erläuterungen des Arztes durch, die dieser über die Erkrankung und die zugrundeliegenden Ursachen gegeben hat. Erklären Sie die Adrenektomie, falls dieser Eingriff geplant ist
- *Komplikationszeichen*
  - Gehen Sie Anzeichen und Symptome durch, die der Patient einem Arzt oder einer Pflegeperson mitteilen sollte
    - Hyperaldosteronismus: Kopfschmerzen, Müdigkeit, Muskelschwäche
    - Hypokaliämie: Schwäche, Parästhesie, Tetanie, Palpitationen
- *Medikamente*
  - Erläutern Sie Zweck, Dosierung, Zeitplan und Art der Einnahme der verschriebenen Medikamente sowie deren Nebenwirkungen, die einem Arzt oder einer Pflegeperson mitgeteilt werden sollten
  - Betonen Sie, daß der Patient die Medikamente nicht absetzen sollte, ohne dies zuerst mit einem Arzt oder einer Pflegeperson besprochen zu haben
- *Aktivitäten*
  - Ermutigen Sie den Patienten, über Zugeständnisse oder Einschränkungen im Beruf und über Lieblingssportarten und -betätigungen zu sprechen
  - Raten Sie dem Patienten, zwischen leichter bis mäßiger körperlicher Aktivität und Ruhephasen zu wechseln

- *Ernährung/Diät*
  - Unterstreichen Sie die Bedeutung einer natriumarmen, kaliumreichen Diät. Der Patient sollte salzreiche Nahrung vermeiden (die meisten bearbeiteten Nahrungsmittel, Frühstücksfleisch, Speck, Schinken und Fast Food)
  - Ermutigen Sie den Patienten, hoch kaliumhaltige Nahrungsmittel zu sich zu nehmen (Bananen, Zitrusfrüchte, Tomaten, Datteln)
  - Weisen Sie den Patienten an, Etiketten an Lebensmitteln auf den Natriumgehalt hin zu prüfen. Schlagen Sie als Würzmittel Kräuter, Gewürze und natriumfreien Salzersatz vor

Nachsorge

- Betonen Sie die Bedeutung regelmäßiger Nachsorgeuntersuchungen. Stellen Sie sicher, daß der Patient die notwendigen Namen und Telefonnummern hat
- Helfen Sie dem Patienten bei der Beschaffung eines Notfallmedaillons (SOS-Kapsel) und eines Ausweises mit der Diagnose, der Medikation und der Behandlung im Notfall

Hyperparathyreoidismus

Hyperparathyreoidismus: Überaktivität einer oder mehrerer Nebenschilddrüsen. Überschießende Sekretion von Parathormon führt zu einem Anstieg des Kalziums, der durch renale Ausscheidung oder Aufnahme in Gewebe oder Knochen nicht reguliert werden kann. Ein Hyperparathyreoidismus ist bei Frauen in der Menopause häufig, und man unterscheidet eine primäre und eine sekundäre Form.

Ätiologie/beeinflussende Faktoren

- *Primärer Hyperparathyreoidismus*
  - Adenom der Nebenschilddrüse
  - Zellhyperplasie
- *Sekundärer Hyperparathyreoidismus*
  - Rachitis
  - Chronische Niereninsuffizienz
  - Osteomalazie
  - Überhöhter Arzneimittelkonsum: Thiaziddiuretika, Kalziumsubstitution

Kennzeichen/Symptome

- Polyurie, Polydipsie, Nierensteine
- Abdominalschmerz, Verstopfung, Übelkeit, Anorexie
- Rippen- und Wirbelfrakturen
- Gelenk- oder Rückenschmerzen
- Depression, Paranoia, Stimmungsschwankungen
- Muskelschwäche und -atrophie

Komplikationen

- *Magenulzera*
- *Störungen des Skeletts*
- Pathologische Frakturen
- *Störungen der Nierenfunktion*
- Nierensteine
- Harnwegsinfektionen
- Nierenversagen
- *Pankreatitis*
- *Stupor/Koma*

Diagnostik

- Beschreiben Sie jedes Verfahren, seinen Zweck, die Empfindungen und Wahrnehmungen, die dabei wahrscheinlich auftreten, sowie die Pflege davor und danach
- Laboruntersuchungen
    - Gesamtkalzium im Serum: > 11 mg/dl
    - Ionisiertes Kalzium: erhöht
    - Parathormon: erhöht
    - Funktionstüchtiges Parathormon

Behandlung

Konservativ

- *Therapie*
- Flüssigkeitsaufnahme 2–3 l/d
- Kalziumarme Ernährung

- *Medikamente*
  - Schleifendiuretika zur Senkung des Kalziumspiegels
  - Phosphate, Kalzitonin, Mithramycin zur Hemmung der Knochenreabsorption

Chirurgisch

- *Parathyreoidektomie*

Ambulante Pflege

- Geben Sie sowohl dem Patienten als auch der bzw. dem Betreuenden *mündliche* und *schriftliche* Instruktionen. Nennen Sie ihnen den Namen und die Telefonnummer eines Arztes oder einer Pflegeperson, die sie bei Fragen anrufen können
- *Allgemeine Informationen*
  - Erläutern Sie den Hyperparathyreoidismus einschließlich seiner speziellen Ursachen, der beeinflussenden Faktoren und des erneuten Auftretens von Symptomen einer Hyperkalzämie
- *Komplikationszeichen*
  - Gehen Sie Anzeichen und Symptome durch, die der Patient einem Arzt oder einer Pflegeperson mitteilen sollte
    - Magenprobleme: Übelkeit, Erbrechen, Leibschmerzen
    - Störungen des Muskel- und Skelettsystems: Tetanie, Schmerzempfindlichkeit der Knochen, Schmerzen
    - Nierenstörungen: verminderte Ausscheidung, Hämaturie, Dysurie, Flankenschmerz, Nierensteine
- *Besondere Hinweise*
  - Raten Sie dem Patienten zum Gebrauch von Hilfsmitteln wie z. B. einem Gehwagen oder einem Stock beim Umhergehen
  - Besprechen Sie bei Bedarf die Schmerzbekämpfung
    - Bringen Sie dem Patienten bei, seinen Schmerz auf einer Skala selbst einzuschätzen und zu beschreiben, um Schmerzen und die Effizienz ihrer Behandlung besser überwachen zu können
    - Halten Sie den Patienten dazu an, seine Medikamente gegen Schmerzen eher nach einem festgelegten Plan als nach Bedarf einzunehmen
    - Helfen Sie dem Patienten bei der Erstellung eines Plans für den Einsatz alternativer Methoden der Schmerzbekämpfung, statt sich auf Analgetika zu verlassen

- *Medikamente*
  - Erläutern Sie Zweck, Dosierung, Zeitplan und Art der Einnahme der verschriebenen Medikamente sowie deren Nebenwirkungen, die einem Arzt oder einer Pflegeperson mitgeteilt werden sollten
  - Erklären Sie, daß freiverkäufliche kalziumhaltige Medikamente, wie z. B. Antazida, vermieden werden sollten
  - Raten Sie dem Patienten, keine Einläufe durchzuführen und Laxanzien zu nehmen
- *Aktivitäten*
  - Ermutigen Sie den Patienten, über Zugeständnisse oder Einschränkungen im Beruf und in der Freizeit bzw. bei Tätigkeiten zu sprechen
  - Besprechen Sie die Bedeutung einer guten Körperhaltung und eines ausgewogenen Bewegungsablaufs sowie die Notwendigkeit einer allmählichen Steigerung der Betätigung entsprechend der individuellen Belastbarkeit. Lagen bei dem Patienten pathologische Frakturen vor, so raten Sie der betreuenden Person, dem Patienten beim Wechsel zwischen Bett und Stuhl sowie beim Umhergehen zu helfen
  - Besprechen Sie Sicherheitsmaßnahmen, um Stürze und Verletzungen zu verhindern
  - Sagen Sie dem Patienten, er möge die Rippen beim Husten und Drehen mit den flachen Händen abstützen, um die Schmerzen zu verringern und weitere Verletzungen (pathologische Frakturen) zu verhindern
  - Weisen Sie den Patienten an, seine Urinausscheidung zu überwachen und den Urin bei Bedarf auf Nierensteine zu filtern (s. Urolithiasis, S. 751)
- *Ernährung/Diät*
  - Erklären Sie die Bedeutung einer ausreichenden Flüssigkeitsaufnahme (3 l/d), soweit nicht kontraindiziert, um das Serumkalzium zu senken
  - Sorgen Sie für eine Anleitung zu einer kalziumarmen, ballaststoffreichen und Vitamin D armen Ernährung

Nachsorge

- Betonen Sie die Bedeutung regelmäßiger Nachsorgeuntersuchungen. Stellen Sie sicher, daß der Patient die notwendigen Namen und Telefonnummern hat

Hyperthyreose (Basedow-Krankheit)

Hyperthyreose: ein klinisches Syndrom, bei dem das Gewebe einer Überproduktion an Schilddrüsenhormon ausgesetzt ist. Die überschießende Produktion von Schilddrüsenhormonen ruft einen Zustand des Hypermetabolismus hervor, der den Symptomen zugrunde liegt. Es gibt verschiedene Arten der Hyperthyreose, deren Ausprägung von leicht bis schwer reicht. Die Basedow-Krankheit (diffuse toxische Struma) als häufigste Form tritt vor allem bei Frauen im 3. und 4. Lebensjahrzehnt auf. Ihre genaue Ursache ist nicht bekannt, man nimmt jedoch eine Autoimmunerkrankung auf der Basis schilddrüsenstimulierender Immunglobuline an. Die thyreotoxische Krise ist das akute Auftreten eines Hyperthreoidismus und akut lebensbedrohend. Zu den auslösenden Faktoren gehören belastende Ereignisse, wie z. B. eine Operation, eine Verletzung und Infektionen.

Kennzeichen/Symptome

- Lidretraktion und erschwerter Lidschluß
- Hervortreten des Augapfels
- Bindehautreizung, Tränenfluß
- Charakteristischer strahlender, furchtsamer oder erschreckter Blick
- Erhöhter systolischer Blutdruck, verstärkte Pulse
- Erhöhte Körpertemperatur und Schwitzen
- Tachykardie
- Palpitationen
- Gewichtsverlust
- Verstärkter Appetit
- Diarrhö
- Generalisierter Muskelschwund und Schwäche
- Verstärkt auslösbare tiefe Sehnenreflexe
- Tremor
- Unruhe, Reizbarkeit
- Herabgesetzte Konzentrationsfähigkeit, nachlassendes Gedächtnis
- Schlaflosigkeit
- Emotionale Labilität und manisches Verhalten

Komplikationen

- *Thyreotoxische Krise*
- Extreme Unruhe
- Verwirrtheit, Delir, Desorientiertheit
- Stupor, Koma
- Ausgeprägte Tachykardie
- Erbrechen
- *Herzrhythmusstörungen*
- *Lungenödem*
- *Schock*

Diagnostik

- Beschreiben Sie jedes Verfahren, seinen Zweck, die Empfindungen und Wahrnehmungen, die dabei wahrscheinlich auftreten, sowie die Pflege davor und danach
- Laboruntersuchungen
  - T_3 und T_4 sowie freies T_3 und T_4 im Serum: alle erhöht
  - Radiojodaufnahme in die Schilddrüse und Sonographie: erhöhte Aufnahme bei den meisten Patienten mit Hyperthyreose
  - Thyreoideastimulierendes Hormon (TSH): supprimiert, reagiert nicht auf Thyreotropin-Releasing-Hormon (TRSH)
  - Schilddrüsenstimulierende Immunglobuline: vorhanden bei Basedow-Krankheit

Behandlung

Konservativ

- *Medikamente*
- Thioamide zur Hemmung der Synthese von Schilddrüsenhormon
  - Propycil
  - Methimazol
  - Orale Verabreichung von Substanzen zur Cholezystographie
  - Betaadrenerge Substanzen gegen die Symptome der Hyperthyreose
  - Iodide zur kurzfristigen Hemmung der Schilddrüsenhormonsynthese
  - — Kalium- oder Natriumjodid (gesättigte Kaliumjodidlösung, Lugol-Lösung)

- Radioaktives Jod (^{131}INaI oder ^{125}INaI) zur Zerstörung des Schilddrüsengewebes
- Glukokortikoide zur Hemmung der Schilddrüsenhormonsynthese

Chirurgisch

- *Thyreoidektomie*

Basedow-Ophthalmopathie
Konservativ

- *Therapie*
- Bestrahlung der Orbita
- 0,5%ige Methylzellulose-Tropfen gegen Reizung der Augen und Schmerzen
- *Medikamente*
- Kortikosteroide

Chirurgisch

- Dekompression der Orbita
- Korrektur eines muskulären Ungleichgewichts

Störungen der Haut bei Basedow-Krankheit
Konservativ

- *Medikamente*
- 0,2%ige Fluocortoloncreme oder eine andere Creme zur palliativen Behandlung ausgedehnter bulböser oder ulzerierter Läsionen

Ambulante Pflege

- Geben Sie sowohl dem Patienten als auch der betreuenden Person *schriftliche* und *mündliche* Anweisungen. Sorgen Sie dafür, daß beide über die Telefonnummern eines Arztes bzw. einer Pflegeperson verfügen, die bei Fragen angerufen werden können
- Bereiten Sie den Patienten auf Anweisung auf die Thyreoidektomie (s. S. 736) vor
- *Allgemeine Informationen*
- Erläutern Sie die Hyperthyreose und die Auswirkungen einer überschießenden Produktion von Schilddrüsenhormon auf die Körpergewebe. Gehen Sie die Ursachen oder beeinflussenden Faktoren und die verordnete Behandlung durch
- Erläutern Sie die thyreotoxische Krise, und gehen Sie die auslösenden Faktoren, Symptome und Maßnahmen durch, die bei Verdacht auf eine Krise zu ergreifen sind

- *Komplikationszeichen*
- Gehen Sie die Zeichen und rezidivierenden Symptome einer Hyperthyreose (s. o.) durch, die einem Arzt oder einer Pflegeperson mitgeteilt werden sollten. Erklären Sie, daß manche Symptome, z. B. die Nervosität, zurückgehen, wenn die Therapie eingehalten wird
- *Besondere Hinweise*
- Besprechen Sie Maßnahmen zur Behandlung der Ophthalmopathie bzw. des Exophthalmus
  - Sagen Sie dem Patienten, er möge sich vor hellem Licht, Hornhautulzera und Infektionen schützen. Sonnenbrille oder Augenklappen tragen
  - Raten Sie dem Patienten, gereizte Augen mit kühlen Kompressen abzudecken
  - Empfehlen Sie dem Patienten das Einbringen verordneter Gleitmittel, um die Kornea zu schützen
  - Sagen Sie dem Patienten, er möge bei zunehmenden Sehstörungen den Arzt oder eine Pflegeperson benachrichtigen
- *Medikamente*
- Erläutern Sie Zweck, Dosierung, Zeitplan und Art der Einnahme der verschriebenen Medikamente sowie deren Nebenwirkungen, die einem Arzt oder einer Pflegeperson mitgeteilt werden sollten
  - Propycil zu den Mahlzeiten einnehmen, um Störungen im Gastrointestinaltrakt zu vermeiden
  - Radioaktives ^{131}Jod: Gehen Sie Anzeichen und Symptome einer Hypothyreose durch. Sagen Sie dem Patienen, er möge für eine Woche nach der Behandlung den Umgang mit Schwangeren, Kleinkindern und Kindern meiden
- Betonen Sie, wie wichtig es ist, keine freiverkäuflichen Medikamente ohne Rücksprache mit dem Arzt oder einer Pflegeperson einzunehmen
- Sagen Sie dem Patienten, er möge die Etiketten eines jeden Medikamentes daraufhin prüfen, ob es Iod enthält
- *Aktivitäten*
- Ermutigen Sie den Patienten, über Zugeständnisse oder Einschränkungen im Beruf und in der Freizeit bzw. bei Tätigkeiten zu sprechen
- Besprechen Sie die Bedeutung geplanter Ruhepausen und daß Überbelastung vermieden werden muß
- Besprechen Sie Maßnahmen zur Verbesserung des Schlafverhaltens: Stimuli (Nahrung, Tätigkeiten) vor dem Schlafengehen vermeiden, nicht während des Tages schlafen, ein regelmäßiges Schlafverhalten entwickeln

- *Ernährung/Diät*
- Besprechen Sie mit dem Patienten die Notwendigkeit einer hochkalorischen, eiweiß- und kohlenhydratreichen Ernährung bis zur Stabilisierung seines Gewichtes

Nachsorge

- Betonen Sie die Bedeutung regelmäßiger Nachsorgeuntersuchungen. Stellen Sie sicher, daß der Patient die notwendigen Namen und Telefonnummern hat
- Weisen Sie den Patienten an, die jeweiligen Mitarbeiter der Gesundheitsversorgung über seine Krankheit zu informieren
- Besprechen Sie die Notwendigkeit eines Notfallmedaillons (SOS-Kapsel)
- Informieren Sie Frauen darüber, daß bei Unregelmäßigkeiten des Zyklus oder bei Verdacht auf eine Schwangerschaft der Arzt informiert werden muß. Raten Sie zur Kontrazeption, und sorgen Sie für entsprechende Informationen

Psychosoziale Betreuung

- Erklären Sie, daß emotionale Ausbrüche Teil des Krankheitsbildes sind. Erhalten Sie eine reizfreie Umgebung, indem Sie Fremdlärm unter Kontrolle halten

Hypertonie

Hypertonie: ein Blutdruck über 160/90 mm Hg. Der Blutdruck entspricht der Kraft, mit der das Herz gegen den Widerstand der Blutgefäße anpumpt. Der normale Blutdruck beträgt 120/80 mm Hg, 140/90 mm Hg sind grenzwertig. Die primäre oder essentielle Hypertonie ist die häufigste Form und macht 90 % aller Fälle aus. Ihre Ursache ist unbekannt, es gibt jedoch einige Faktoren, die dazu beitragen. Eine sekundäre Hypertonie ist ein hoher Blutdruck in Verbindung mit einer Grunderkrankung, wie etwa einer Nierenerkrankung, einer Krankheit des Endokriniums oder des Gehirns.

Risikofaktoren

- Familienanamnese
- Alter über 50 Jahre

- Afroamerikaner haben eine höhere Inzidenz.
- Übergewicht
- Streß
- Tabak: Zigaretten und Kautabak
- Ernährung mit hohem Salzgehalt und reich an gesättigten Fettsäuren

Kennzeichen/Symptome

- Benommenheit
- Müdigkeit
- Schwindel
- Herzsensationen
- Klopfender Kopfschmerz
- Nasenbluten

Komplikationen

- Maligne Hypertonie
- Schlaganfall
- Myokardinfarkt
- Niereninsuffizienz
- Herzinsuffizienz

Diagnostik

- Beschreiben Sie jedes Verfahren, seinen Zweck, die Empfindungen und Wahrnehmungen, die dabei wahrscheinlich auftreten, sowie die Pflege davor und danach
- Serielle Blutdruckmessungen
- Körperliche Untersuchung
- Laboruntersuchungen
  - Blutuntersuchungen: Kalium, Blutharnstoff-Stickstoff und Kreatinin zur Beurteilung der Nierenfunktion
  - Urinuntersuchungen zur Einschätzung einer Nierenbeteiligung
- EKG
- Röntgen-Thorax
- I. v.-Pyelographie zum Nachweis einer Nierenerkrankung

Behandlung

Konservativ

- *Therapie*
- An hochungesättigten Fettsäuren reiche, salzarme, bei Übergewicht darüber hinaus noch kalorienarme Diät
- *Medikamente*
- Diuretika
- Betablocker
- Kalziumantagonisten
- Angiotensin-Converting-Enzym (ACE)
- Antihypertonika

Ambulante Pflege

- Geben Sie sowohl dem Patienten als auch der betreuenden Person *schriftliche* und *mündliche* Anweisungen. Sorgen Sie dafür, daß beide über die Telefonnummern eines Arztes bzw. einer Pflegeperson verfügen, die bei Fragen angerufen werden können
- *Allgemeine Informationen*
- Erläutern Sie den Krankheitsprozeß, seine Ätiologie und die beeinflussenden Faktoren. Helfen Sie dem Patienten beim Erkennen individueller Risikofaktoren
- Erläutern Sie, was Blutdruck bedeutet, seine Komponenten, den systolischen und den diastolischen Blutdruck, sowie die Interpretation von Blutdruckwerten
- *Komplikationszeichen*
- Gehen Sie die Zeichen und Symptome durch, die einem Arzt oder einer Pflegeperson mitgeteilt werden sollten
  - Kopfschmerzen (am Morgen, hinterhauptsbetont)
  - Benommenheit
  - Müdigkeit
  - Epistaxis (Nasenbluten)
  - Palpitationen
- *Besondere Hinweise*
- Erläutern Sie, daß das Ziel einer Behandlung der Hypertonie eine Veränderung des Lebensstils darstellt, welche die Ernährung, körperliche Betätigung, Streßbewältigung, selbständige Überwachung des Blutdrucks und regelmäßige medizinische Nachsorge beinhaltet

- Bringen Sie dem Patienten bei, wie und wann mit einem Heimmeßgerät, soweit vorhanden, der Blutdruck gemessen wird. Weisen Sie den Patienten an, jeden Tag zur gleichen Zeit zu messen, die Ergebnisse aufzuschreiben, jede Änderung der Diät oder Aktivität festzuhalten, die zu Veränderungen des Blutdrucks geführt haben kann, und einen erhöhten Blutdruck dem Arzt oder der Pflegeperson mitzuteilen. Geben Sie Zeit für eine wiederholte Demonstration
- Besprechen Sie, wie Streß zur Hypertonie beiträgt. Helfen Sie dem Patienten beim Erkennen streßauslösender Faktoren. Besprechen Sie Techniken der Streßbewältigung: Relaxationstechniken, geleitete Imagination, Biofeedback
- Besprechen Sie, wie wichtig es ist, jegliche Tabakerzeugnisse zu meiden. Erklären Sie, daß Nikotin die Herzfrequenz erhöht und zur Gefäßkontraktion führt, was zu einer Erhöhung des Blutdrucks führen kann
- Sprechen Sie darüber, daß Übergewicht vermieden werden sollte. Erklären Sie übergewichtigen Patienten, daß eine Gewichtsreduktion von 10–20 % den Blutdruck senken kann

Medikamente

- Erläutern Sie Zweck, Dosierung, Zeitplan und Art der Einnahme der verschriebenen Medikamente sowie deren Nebenwirkungen, die einem Arzt oder einer Pflegeperson mitgeteilt werden sollten
- Betonen Sie, wie wichtig es ist, die Medikamente rechtzeitig zu nehmen und Nebenwirkungen mitzuteilen
- Weisen Sie den Patienten an, die Medikamente bei Nebenwirkungen nicht ohne Rücksprache mit dem Arzt abzusetzen

Aktivitäten

- Ermutigen Sie den Patienten, über Zugeständnisse oder Einschränkungen im Beruf und in der Freizeit bzw. bei Tätigkeiten zu sprechen. Erklären Sie, daß isometrische Übungen, Gehen, Jogging, Schwimmen, Radfahren und Betätigung an frischer Luft gestattet sind, daß jedoch Gewichtheben bzw. jede Sportart, bei der es zu Muskelkontraktionen kommt, vermieden werden sollte, da sie die Herzarbeit erhöhen und den Blutdruck steigern
- Besprechen Sie den Nutzen regelmäßiger körperlicher Betätigung: Sie reduziert die Herzarbeit, baut Streß ab, kräftigt den Herzmuskel, hilft das Gewicht zu reduzieren oder unter Kontrolle zu halten und senkt den Cholesterinspiegel. Erklären Sie, daß der systolische Blutdruck nach atmungsfördernden Übungen um 25 % gesenkt sein kann und daß sich der diastolische Ruhedruck durch ein entsprechendes Programm dauerhaft senken läßt

- *Ernährung/Diät*
  - Erklären Sie, daß Salz eine Flüssigkeitsretention bewirkt, die zu einer Erhöhung des intravaskulären Drucks führt. Sagen Sie dem Patienten, er möge stark salzhaltige Nahrungsmittel meiden, wie z. B. fast food oder Dosennahrung, die Etiketten auf den Verpackungen auf Angaben zum Salzgehalt prüfen und den Speisen beim Kochen und bei Tisch kein Salz hinzufügen
  - Besprechen Sie, daß Nahrungsmittel, die viel gesättigte Fettsäuren enthalten, wie z. B. Butter, Sahne, tierisches Fett (rotes Fleisch, Speck, Innereien) gemieden werden müssen
  - Verweisen Sie den Patienten zur Unterstützung an eine Diätberatung
  - Erklären Sie, daß der Alkoholkonsum einzuschränken ist, da Alkohol den Blutdruck erhöht

Nachsorge

- Betonen Sie die Bedeutung regelmäßiger Nachsorgeuntersuchungen. Stellen Sie sicher, daß der Patient die notwendigen Namen und Telefonnummern hat

Hinweis

- Besorgen Sie dem Patienten eine Liste klinik- oder gemeindegestützter Einrichtungen mit Programmen für ein Verhaltenstraining
- Geben Sie dem Patienten Literatur über den Umgang mit Hypertonie

Hypoparathyreoidismus

Hypoparathyreoidismus: ein Mangel an Parathormon. Parathormon ist für die Aufrechterhaltung normaler Serumkalziumspiegel erforderlich. Als seltene Erkrankung kann ein Hyperparathyreoidismus durch Entfernen oder infolge einer Schädigung der Nebenschilddrüsen, etwa durch Bestrahlung oder Behandlung mit ^{131}Iod, auftreten.

Kennzeichen/Symptome

- Persönlichkeitsstörungen: Angst, Depression, Reizbarkeit
- Parästhesien, Tetanie, Hyperreflexie
- Übelkeit, Erbrechen, Durchfall, Leibschmerzen
- Trockene, schuppige Haut, brüchige Nägel, dünnes, fleckiges Haar

Komplikationen

- Herzrhythmusstörungen
- Krämpfe
- Herzstillstand

Diagnostik

- Beschreiben Sie jedes Verfahren, seinen Zweck, die Empfindungen und Wahrnehmungen, die dabei wahrscheinlich auftreten, sowie die Pflege davor und danach
- Serumuntersuchungen
  - Kalzium: erniedrigt
  - Parathormon: erniedrigt oder fehlend
  - Bikarbonat: erniedrigt
  - Phosphat: erhöht
- Urinuntersuchungen
  - Kalzium: erniedrigt
  - Phosphat: erniedrigt

Behandlung

Konservativ

- *Therapie*
- Kalziumsubstitution mit der Nahrung
- *Medikamente*
- Vitamine
- Kalziumsubstitution
- Phosphatbindende Substanzen

Ambulante Pflege

- Geben Sie sowohl dem Patienten als auch der betreuenden Person *schriftliche* und *mündliche* Anweisungen. Sorgen Sie dafür, daß beide über die Telefonnummern eines Arztes bzw. einer Pflegeperson verfügen, die bei Fragen angerufen werden können
- *Allgemeine Informationen*
- Erläutern Sie den Hypoparathyreoidismus, seine Ätiologie und die beeinflussenden Faktoren
- *Komplikationszeichen*
- Gehen Sie die Zeichen und Symptome durch, die einem Arzt oder einer Pflegeperson mitgeteilt werden sollten
  - Hypokalzämie: Kribbeln, emotionale Reizbarkeit, Muskelsteifigkeit, Müdigkeit, Palpitationen, Übelkeit und Erbrechen, Leibschmerzen
  - Akuter Hypoparathyreoidismus: Tetanie (schmerzhafte Muskelspasmen), Reizbarkeit, Kribbeln in den Fingern und um den Mund herum
  - Krampfaktivität: Tremor, Bewußtseinsverlust, unwillkürliche Muskelkontraktionen
- *Besondere Hinweise*
- Besprechen Sie die bei Krämpfen zu treffenden Maßnahmen
  - Bei der bzw. dem Betroffenen bleiben
  - Kein Festhalten; keinen Versuch machen, den Krampf zu unterbrechen
  - Den Kopf der bzw. des Betroffenen schützen und die Umgebung räumen
  - Nach dem Krampf Kopf seitwärts drehen, um eine Aspiration zu verhindern
  - Den Krampf und seine Dauer notieren
  - Sofort den Notarzt rufen
- *Medikamente*
- Erläutern Sie Zweck, Dosierung, Zeitplan und Art der Einnahme der verschriebenen Medikamente sowie deren Nebenwirkungen, die einem Arzt oder einer Pflegeperson mitgeteilt werden sollten
- Betonen Sie, wie wichtig eine fortlaufende Substitution von Kalzium und Vitamin D und die Gründe der Therapie sind
- Weisen Sie den Patienten an, die Medikamente für die Kalziumsubstitution nach Plan einzunehmen, um die Kalziumaufnahme mit der Nahrung zu verstärken

- *Aktivitäten*
  - Besprechen Sie die Notwendigkeit einer Belastung, soweit sie toleriert wird. Belastungen sollten von Ruhepausen unterbrochen, und zunehmende Muskelschwäche und Müdigkeit sollten mitgeteilt werden
  - Ermutigen Sie den Patienten, über Zugeständnisse oder Einschränkungen im Beruf und in der Freizeit bzw. bei Tätigkeiten zu sprechen
  - Besprechen Sie die Möglichkeit von Stürzen infolge des gestörten Gleichgewichts in der akuten Phase. Informieren Sie den Patienten, daß er eine sichere häusliche Umgebung benötigt, und helfen Sie ihm ggf. bei der Beschaffung von Hilfsmitteln zur Fortbewegung
- *Ernährung/Diät*
  - Halten Sie den Patienten zu einer an Kalzium und Vitamin D reichen, phosphatarmen Ernährung an
  - Besprechen Sie mit dem Patienten die Notwendigkeit eines ausgewogenen Flüssigkeitshaushalts, vor allem bei Übelkeit, Erbrechen und Durchfall

Nachsorge

- Betonen Sie die Bedeutung regelmäßiger Nachsorgeuntersuchungen. Stellen Sie sicher, daß der Patient die notwendigen Namen und Telefonnummern hat

Psychosoziale Betreuung

- Besprechen Sie mit dem Patienten und den betreuenden Personen die Notwendigkeit einer Streßreduktion
- Besprechen Sie mit den betreuenden Personen die Symptome eines Stimmungsumschwungs oder von Veränderungen im Denkprozeß, die ärztliches Eingreifen erforderlich machen könnten

Hypothyreose (Myxödem)

Hypothyreose: ein klinisches Syndrom, das durch einen Mangel an Schilddrüsenhormonen verursacht wird. Hypothyreose tritt am häufigsten bei Frauen im Alter zwischen 30 und 60 Jahren auf. Das Myxödemkoma ist eine schwere, oft tödliche Form der Hypothyreose. Zu den auslösenden Faktoren gehören das Absetzen von Schilddrüsenmedikamenten, schwerer Streß oder eine Infektion. Die chronische Autoimmunthyreoiditis (idiopathische Hypothyreose, Hashimoto-Thyreoiditis), die häufigste Form der Hypothyreose, gilt allgemein als Autoimmunkrankheit. Die transiente Autoimmunthyreoiditis geht mit Schwangerschaften einher und tritt 3–6 Monate post partum auf. Eine Hypothyreose kann auch auf eine Radiojodtherapie, eine Strahlentherapie im Halsbereich oder postoperativ auf eine Thyreoidektomie folgen.

Kennzeichen/Symptome

- Herabgesetzte Körpertemperatur
- Trockene, rauhe, schuppige Haut
- Gedunsenes Gesicht, geschwollene Hände und Füße, periorbitales Ödem
- Erniedrigter Blutdruck
- Bradykardie
- Herabgesetzte körperliche Belastbarkeit
- Gewichtszunahme, Verstopfung
- Anorexie
- Geblähtes Abdomen, Myxödem-Ileus
- Unspezifische Müdigkeit, Schwäche
- Verzögerte tiefe Sehnenreflexe
- Muskelschmerzen und Gelenksteifigkeit
- Kälteintoleranz
- Verlangsamte, verwaschene, monotone Sprache
- Somnolenz, Lethargie
- Gestörtes Gedächtnis, Unaufmerksamkeit, verlangsamte Wahrnehmung
- Verlust der Initiative
- Paranoia, Depression, Agitiertheit
- Herabgesetzte Libido

Komplikationen

- *Myxödemkoma*
  - Hypothermie
  - Atemdepression
  - Stupor, fortschreitend zum Koma
  - Zusammenbruch des Herz-Kreislauf-Systems
  - Stoffwechselstörungen
- *Ischämische Herzkrankheit: Angina, Myokardinfarkt*
- *Herzversagen*
- *Herzrhythmusstörungen*
- *Darmverschluß*
- *Anämie*

Diagnostik

- Beschreiben Sie jedes Verfahren, seinen Zweck, die Empfindungen und Wahrnehmungen, die dabei wahrscheinlich auftreten, sowie die Pflege davor und danach
  - T_3 und T_4 sowie freies T_3 und T_4 im Serum: erniedrigt
  - Thyreoideastimulierendes Hormon (TSH) im Serum: erhöht
  - Radiojodaufnahme in die Schilddrüse: unterhalb der Norm

Behandlung

Konservativ

- *Therapie*
  - Albumin und Flüssigkeiten intravenös
- *Medikamente*
  - Synthetische Schilddrüsenhormone
    - Levothyroxin-Natrium
    - Liothyronin
  - Diagnostika
    - Thyreoideastimulierendes Hormon (TSH)
    - Protirelin (Thyreotropin-Releasing-Hormon)

Ambulante Pflege

- Geben Sie sowohl dem Patienten als auch der betreuenden Person *schriftliche* und *mündliche* Anweisungen. Sorgen Sie dafür, daß beide über die Telefonnummern eines Arztes bzw. einer Pflegeperson verfügen, die bei Fragen angerufen werden können
- *Allgemeine Informationen*
- Erläutern Sie die Hypothyreose, einschließlich der Auswirkungen eines Mangels an Schilddrüsenhormon auf die Gewebe des Körpers und die Persönlichkeit. Gehen Sie die Ursachen und beeinflussenden Faktoren durch, und sagen Sie dem Patienten, daß sich die Symptome unter der Behandlung zurückbilden
- Erläutern Sie das Myxödemkoma, seine auslösenden Faktoren sowie die Notfallmaßnahmen bei Verdacht darauf
- *Komplikationszeichen*
- Gehen Sie die Zeichen und Symptome durch, die einem Arzt oder einer Pflegeperson mitgeteilt werden sollten
  - Hypothyreose: gedunsenes, maskenartiges Gesicht, periorbitales Ödem
  - Myxödemkoma: herabgesetzte körperliche Belastbarkeit, Benommenheit, verlangsamter Puls, Schwierigkeiten beim Atmen, sinkende Körpertemperatur
  - Lungeninfektion: Körpertemperatur oberhalb des für den Patienten Normalen, Symptome einer Erkältung oder Grippe
  - Harnwegsinfektion: Brennen, Harndrang und häufiges Wasserlassen
- *Besondere Hinweise*
- Erläutern Sie, wie wichtig es ist, Infektionen zu vermeiden
- *Medikamente*
- Erläutern Sie Zweck, Dosierung, Zeitplan und Art der Einnahme der verschriebenen Medikamente sowie deren Nebenwirkungen, die einem Arzt oder einer Pflegeperson mitgeteilt werden sollten
- Heben Sie hervor, wie wichtig es ist, die Schilddrüsenmedikamente nicht abzusetzen, da sie lebenswichtig sind und die Therapie lebenslang erforderlich ist
- *Aktivitäten*
- Ermutigen Sie den Patienten, über Zugeständnisse oder Einschränkungen im Beruf und in der Freizeit bzw. bei Tätigkeiten zu sprechen
- Besprechen Sie die Bedeutung ausreichender Ruhephasen und daß sich Zeiten der Tätigkeit mit Ruhepausen abwechseln sollten
- Raten Sie dazu, extreme Kälte zu meiden, bis die Krankheit in einen stabilen Zustand übergegangen ist

- *Ernährung/Diät*
  - Besprechen Sie mit dem Patienten die Notwendigkeit einer ballaststoffreichen, kalorienarmen Ernährung und ausreichender Flüssigkeitsaufnahme, um eine Verstopfung zu verhindern und eine Gewichtsreduktion zu fördern.

Nachsorge

- Betonen Sie die Bedeutung regelmäßiger Nachsorgeuntersuchungen. Stellen Sie sicher, daß der Patient die notwendigen Namen und Telefonnummern hat
- Raten Sie dem Patienten, die jeweiligen Ärzte, z. B. Gynäkologen oder Urologen, über die Grunderkrankung zu informieren
- Besprechen Sie die Notwendigkeit eines Notfallmedaillons (SOS-Kapsel)

Psychosoziale Betreuung

- Besprechen Sie Persönlichkeitsveränderungen, und erklären Sie, daß die Langsamkeit und Lethargie nach Beginn der Behandlung zurückgehen. Verweisen Sie den Patienten ggf. an eine Beratung

Hysterektomie, radikale

Hysterektomie, radikale: Resektion der Ovarien, der Tuben, des Uterus mit der Zervix sowie der Parametrien in Verbindung mit einer Lymphknotendissektion. Bei prämenopausalen Patientinnen werden oft die Ovarien erhalten. Die sehr komplexe Operation macht einen abdominalen Zugang erforderlich.

Indikationen

- Chronische Endometriose
- Maligne Neoplasie
- Leiomyome (benignes Myom)

Präoperative Schulung

- Siehe abdominalchirurgischer Eingriff (S. 3) hinsichtlich der prä- und postoperativen Anweisungen
- Gehen Sie die Erläuterungen des Arztes bezüglich der Operation und ihrer Begründung durch. Ermutigen Sie die Patientin, Fragen zu stellen und Sorgen und Ängste zu besprechen
- Erläutern Sie die Notwendigkeit einer schriftlichen Einverständniserklärung nach Aufklärung

Besprechen der postoperativen Pflege

- Erläutern Sie, daß die Patientin nach der Operation in Rückenlage bzw. Fowler-Lagerung (halbsitzend, mit Rückenlehne) gelagert wird, um Stauungen im Beckenbereich zu verhindern
- Besprechen Sie die Pflege des Perineums: Sitzbäder, Wärmelampen, Kältepackungen
- Informieren Sie die Patientin darüber, daß ein Dauerkatheter oder eine suprapubische Harnableitung erforderlich sind, um eine Harnverhaltung zu verhindern
- Erklären Sie, daß eine Magensonde oder ein Darmrohr gelegt werden können, um Blähungen zu verhindern
- Erklären Sie, daß leichte Bauchkrämpfe mit einem gewissen Ausfluß zu erwarten sind und daß die Patientin eine Binde erhält

Nebenwirkungen/Komplikationen

- Wundinfektion und -dehiszenz
- Hämorrhagie
- Harnverhaltung
- Harnwegsinfektion
- Paralytischer Ileus
- Pneumonie
- Thrombophlebitis
- Obstipation
- Lungenembolie
- Ureterfistel oder -ligatur

Ambulante Pflege

- Geben Sie sowohl der Patientin als auch der betreuenden Person *schriftliche* und *mündliche* Anweisungen. Sorgen Sie dafür, daß beide über die Telefonnummern eines Arztes bzw. einer Pflegeperson verfügen, die bei Fragen angerufen werden können
- *Allgemeine Informationen*
- Bestärken Sie die korrekten Informationen der Patientin bezüglich der Hysterektomie, und sorgen Sie für sachliche Informationen, um jegliche falsche Vorstellung zu berichtigen. Zu den häufigen falschen Auffassungen von Hysterektomie gehört, daß die Frau nach diesem Eingriff dick und schlaff wird, daß ihr Haare im Gesicht wachsen, sie runzlig und alt wird und vermännlicht, ihren Verstand verliert oder deprimiert und nervös wird. Die üblichen Sorgen, die besprochen werden sollten, beinhalten auch Sterben, Verstümmelung, Krebs sowie den Verlust der Weiblichkeit und der Fähigkeit, Kinder zu bekommen, ferner Schmerzen und Veränderungen der Sexualität. Ermutigen Sie die Patientin, ihre Besorgnisse mit anderen für sie wichtigen Menschen zu besprechen
- *Wundversorgung*
- Weisen Sie die Patientin an, die Wunde durch allgemeine Sauberkeit und tägliches Waschen zu pflegen
- *Komplikationszeichen*
- Gehen Sie die Zeichen und Symptome durch, die einem Arzt oder einer Pflegeperson mitgeteilt werden sollten
  - Erhöhte Körpertemperatur (37,8 °C)
  - Anschwellen der Wunde
  - Rötung
  - Eitriger Ausfluß
  - Fauliger Geruch
  - Vaginalblutung, mehr als nur leicht
  - Leibschmerzen
  - Veränderung der Stuhlgewohnheiten
  - Schwierigkeiten beim Wasserlassen
- *Besondere Hinweise*
- Sagen Sie der Patientin, sie möge eine Verstopfung bei Bedarf durch milde Laxanzien und stuhlerweichende Medikamente angehen. Demonstrieren Sie die Pflege eines suprapubischen Katheters, falls die Patientin mit einem solchen entlassen wird. Unterweisen Sie sie ggf. in sauberer, intermittierender Selbstkatheterisierung

- Erklären Sie, daß 4–6 Wochen lang weder Geschlechtsverkehr, noch Tampons, Duschen oder Wannenbäder erlaubt sind, bis dies vom Arzt wieder gestattet wird
- Erklären Sie der Patientin, daß sie keine Regelblutung mehr haben wird

- *Medikamente*
- Erläutern Sie Zweck, Dosierung, Zeitplan und Art der Einnahme der verschriebenen Medikamente sowie deren Nebenwirkungen, die einem Arzt oder einer Pflegeperson mitgeteilt werden sollten
  - Östrogentherapie, falls verordnet
  - Analgetika

- *Aktivitäten*
- Machen Sie der Patientin die Bedeutung von Übungen und Tätigkeiten entsprechend ihrer Belastbarkeit klar
- Sagen Sie der Patientin, sie möge Ermüdung vermeiden und Ruhepausen einplanen
- Erklären Sie, daß belastende Tätigkeiten, Autofahren und das Heben schwerer Gegenstände (> 5 kg) für 4–6 Wochen oder entsprechend ärztlicher Verordnung vermieden werden sollten
- Raten Sie der Patientin, Tätigkeiten zu meiden, die zu Stauungen im Beckenbereich führen können, wie z. B. Tanzen, Reiten, langes Sitzen, bis ein Arzt die Wiederaufnahme gestattet hat

Nachsorge

- Betonen Sie die Bedeutung regelmäßiger gynäkologischer Nachsorgeuntersuchungen. Stellen Sie sicher, daß die Patientin die notwendigen Namen und Telefonnummern hat

Psychosoziale Betreuung

- Erforschen Sie die Befürchtungen und Ängste bezüglich der Veränderungen des Körperbildes und der Sexualität: Verlust des Uterus, der Fruchtbarkeit, der Weiblichkeit oder von Sexualfunktionen. Informieren Sie die Patientin darüber, daß es für eine sexuell aktive Frau und ihren Partner eine Beratung gibt und daß sie die Möglichkeiten mit ihrem Arzt oder der Pflegeperson besprechen sollte

Kardiomyopathie, hypertrophische

Kardiomyopathie, hypertrophische: eine Herzmuskelerkrankung, die zu einer Beeinträchtigung der Pumpfunktion des Herzens führt. Andere Begriffe sind: idiopathische hypertrophische Subaortenstenose, asymmetrische Septumhypertrophie und hypertrophische obstruktive Kardiomyopathie. Als primäre Erkrankung des Herzmuskels ist die hypertrophische Kardiomyopathie gekennzeichnet durch eine Verdickung des Ventrikelseptums, eine Hypertrophie des linken Ventrikels und durch kleine, ventrikuläre Kavitäten (Hohlräume). Die Zunahme des Muskelgewebes kann auch die Mitralklappe in Mitleidenschaft ziehen. Bei der hypertrophischen Kardiomyopathie kann das Auswurfvolumen erniedrigt, normal oder erhöht sein. Ein erniedrigtes Auswurfvolumen kann zu einem tödlichen Herzversagen führen.

Ätiologie

- Autosomal-dominantes Merkmal mit der Folge einer anomalen Herzstruktur

Kennzeichen/Symptome

- Dyspnö
- Thoraxschmerzen
- Synkope
- Benommenheit

Komplikationen

- Linksherzversagen
- Plötzlicher Herztod
- Vorhof- und Ventrikelarrhythmien

Diagnostik

- Informieren Sie den Patienten darüber, daß verschiedene diagnostische Verfahren durchgeführt werden können, um bei der Diagnose der Krankheit zu helfen. Beschreiben Sie jedes Verfahren, seinen Zweck und die normalen Empfindungen oder Wahrnehmungen, die dabei wahrscheinlich vorkommen, sowie die Pflege davor und danach

- Röntgen-Thorax zur Bestimmung der Herzgröße und zum Nachweis von Zeichen einer Lungenstauung
- EKG zum Nachweis ventrikulärer Herzrhythmusstörungen und einer Herzvergrößerung
- Echokardiogramm zum Nachweis einer Dickenzunahme des Septums, von Bewegungsanomalien der Aorten- und Mitralklappe sowie des ventrikulären Auswurfvolumens
- Radionukliduntersuchungen (Thallium und Technetium) zum Nachweis einer Verdickung des Herzmuskels und zur Bestimmung des Fassungsvermögens des linken Ventrikels
- Herzkatheter und Angiographie zum Nachweis abnormer Ventrikeldrücke und einer Mitralinsuffizienz
- Biopsie zur Bestimmung der Struktur des Herzmuskels

Behandlung

Konservativ

- *Therapie*
- Kardioversion bei Vorhofflimmern
- *Medikamente*
- Betablocker zur Verringerung der Herzarbeit durch Senkung der Menge an Adrenalin, die zum Herzmuskel gelangt, zur Senkung der Herzfrequenz und zur Entspannung des Herzmuskels
- Digitalis: nur indiziert bei Vorhofflimmern, um den Herzrhythmus zu stärken und zu regulieren
- Kalziumantagonisten zur Entspannung der Arterien, um damit die Kraft zu senken, mit der das Herz gegen den Widerstand dieser Arterien anpumpen muß
- Antikoagulanzien, bei Vorhofflimmern

Chirurgisch

- Ventrikelmyotomie: Resektion des hypertrophen Septums mit Mitralklappenersatz

Ambulante Pflege

- Geben Sie sowohl dem Patienten als auch der betreuenden Person *mündliche* und *schriftliche* Instruktionen. Nennen Sie ihnen den Namen und die Telefonnummer eines Arztes oder einer Pflegeperson, die sie bei Fragen anrufen können

- *Allgemeine Informationen*
  - Beschreiben Sie die Art der hypertrophischen Kardiomyopathie, indem Sie die Einschränkungen dieser Erkrankung für die Lebensweise und die Prognose erläutern
- *Komplikationszeichen*
  - Gehen Sie Anzeichen und Symptome durch, die einem Arzt oder einer Pflegeperson mitgeteilt werden sollten
    - Dyspnö
    - Ungewöhnliche Müdigkeit
    - Angina
- *Besondere Hinweise*
  - Erklären Sie, daß sich der Patient täglich wiegen muß, um eine Flüssigkeitsretention zu entdecken. Sagen Sie ihm, er möge eine plötzliche Gewichtszunahme um 1–1,5 kg an einem Tag oder 2,5 kg in einer Woche mitteilen
- *Medikamente*
  - Erläutern Sie Zweck, Dosierung, Zeitplan und Art der Einnahme der verschriebenen Medikamente sowie deren Nebenwirkungen, die einem Arzt oder einer Pflegeperson mitgeteilt werden sollten
  - Warnen Sie den Patienten davor, die Einnahme von Betablockern ohne Rücksprache mit dem Patienten zu unterbrechen. Abruptes Absetzen eines Betablockers kann zu einem Herzanfall und plötzlichem Tod führen
- *Aktivitäten*
  - Betonen Sie, wie wichtig es ist, isometrische Übungen und anstrengende Tätigkeiten, z. B. Wettkampfsport wie Fußball, Jogging und Gewichtheben, zu vermeiden. Raten Sie dem Patienten, bei Ermüdung und nach schweren Aufgaben auszuruhen
  - Ermutigen Sie zu Gesprächen und Fragen hinsichtlich des Berufslebens, der Freizeit und einzelner Tätigkeiten
- *Ernährung/Diät*
  - Besprechen Sie die Notwendigkeit einer salzarmen Ernährung

Nachsorge

- Betonen Sie die Bedeutung regelmäßiger Nachsorgeuntersuchungen. Stellen Sie sicher, daß der Patient die notwendigen Namen und Telefonnummern hat
- Halten Sie die betreuenden Personen dazu an, wegen des Risikos des plötzlichen Herztodes die kardiopulmonale Reanimation zu erlernen. Helfen Sie ihnen dabei, indem Sie sie an klinik- oder gemeindegestützte Kurse verweisen

Kardiomyopathie, kongestive

Kardiomyopathie, kongestive: eine Herzmuskelerkrankung, die zur Einschränkung der Herzleistung führt. Die kongestive Kardiomyopathie als häufigste Form der Kardiomyopathie entsteht durch Schädigung der Myokardfasern. Das Herz nimmt kugelförmige Gestalt an und kontrahiert sich in der Systole nur schwach.

Ätiologie/beeinflussende Faktoren

- *Primär: idiopathisch*
- *Sekundär*
  - Infektion, z. B. durch Viren oder Streptokokken
  - Immunologische Erkrankungen, z. B. rheumatische Herzerkrankung, systemischer Lupus erythematodes, Sklerodermie
  - Stoffwechselkrankheiten, z. B. Thyreotoxikose, Myxödem
  - Toxische Substanzen: Alkohol, Zytostatika
  - Verschiedene Faktoren: in der Schwangerschaft oder post partum, Bestrahlung

Komplikationen

- Dekompensierte Herzinsuffizienz
- Arrhythmien
- Embolien

Diagnostik

- Beschreiben Sie jedes Verfahren, seinen Zweck und die normalen Empfindungen oder Wahrnehmungen, die dabei wahrscheinlich vorkommen, sowie die Pflege davor und danach
  - Röntgen-Thorax zum Nachweis einer Herzvergrößerung
  - Echokardiogramm zur Beurteilung von Größe und Funktion der Herzkammern und der Klappenfunktion
  - Radionukliduntersuchungen zur Einschätzung der ineffektiven Wandbewegung und des herabgesetzten Auswurfvolumens
  - Herzkatheter zum Nachweis einer geschädigten Herzfunktion, wie z. B. infolge einer koronaren Herzkrankheit oder von Anomalien der Herzklappen. Zu den Befunden können gehören: eingeschränkte Herzbewegungen, herabgesetztes Auswurfvolumen und erhöhte Ventrikeldrücke

- EKG zum Nachweis eines vergrößerten Herzmuskels, von Herzrhythmusstörungen, Reizleitungsstörungen sowie einer vorangegangenen Herzmuskelschädigung

Behandlung

Konservativ

- *Therapie*
- Bettruhe zur Senkung der Herzlast
- Sauerstoff zur Hebung der Sauerstoffsättigung im Gewebe
- *Medikamente*
- Digitalis zur Erhöhung der Kontraktionskraft des Herzmuskels und zur Regulierung von Herzrhythmusstörungen
- Diuretika zur Unterstützung der Niere bei der Ausscheidung von Salz und Flüssigkeit
- Antikoagulanzien bei längerer Bettruhe zur Verhinderung von Blutgerinnseln

Chirurgisch

- *Herztransplantation*

Ambulante Pflege

- Geben Sie sowohl dem Patienten als auch der betreuenden Person *mündliche* und *schriftliche* Instruktionen. Nennen Sie ihnen den Namen und die Telefonnummer eines Arztes oder einer Pflegeperson, die sie bei Fragen anrufen können
- *Allgemeine Informationen*
- Beschreiben Sie die Art der Kardiomyopathie und die zugrundeliegenden Ursachen
- Gehen Sie die Prognose durch: In einigen Fälle ist die Prognose ausgezeichnet, wenn die auslösende Ursache beseitigt wird, wenn z. B. der Patient keinen Alkohol mehr trinkt, wenn die Patientin ihr Baby zur Welt gebracht hat, oder nachdem toxische Substanzen eliminiert wurden
- Zur speziellen ambulanten Pflege siehe Herzinsuffizienz, S. 331
- *Aktivitäten*
- Erläutern Sie die erforderlichen Einschränkungen in der Lebensweise des Patienten

Kardiomyopathie, restriktive

Kardiomyopathie, restriktive: eine Kardiomyopathie ist eine Erkrankung des Herzmuskels, die zu einer Beeinträchtigung der Pumpfunktion des Herzens führt. Die restriktive Kardiomyopathie, eine seltenere Form, tritt auf, wenn das Herz an Elastizität verliert und sich nicht mehr vollständig füllen und effizient kontrahieren kann. Dies tritt ein, wenn fibroelastisches Gewebe das Herzmuskelgewebe infiltriert und zu einem verdickten, starren Herzen führt.

Ätiologie

- Endomyokardiale Fibroelastose

Kennzeichen/Symptome

- Verminderte Belastbarkeit
- Müdigkeit
- Dyspnö
- Orthopnö
- Thoraxschmerz
- Peripheres Ödem

Komplikationen

- Herzinsuffizienz und -versagen
- Plötzlicher Herztod
- Arrhythmien
- Systemische Embolien

Diagnostik

- Informieren Sie den Patienten darüber, daß verschiedene diagnostische Verfahren durchgeführt werden können, um bei der Diagnose der Krankheit zu helfen. Beschreiben Sie jedes Verfahren, seinen Zweck und die normalen Empfindungen oder Wahrnehmungen, die dabei wahrscheinlich vorkommen, sowie die Pflege davor und danach
- Röntgen-Thorax zum Nachweis eines vergrößerten Herzens und eines erhöhten Pulmonalarteriendrucks
- EKG zur Bestimmung der Ausdehnung und Lokalisation einer Herzmuskelbeteiligung sowie zum Nachweis einer Niedervoltage und von Überleitungsstörungen

K

- Echokardiogramm zum Nachweis einer Herzmuskelverdickung oder von Flüssigkeit im Herzbeutel sowie der Bewegungsfähigkeit oder -unfähigkeit des Herzmuskels
- Radionuklidunteresuchungen zum Nachweis einer Infiltration des Herzmuskels und zur Bestimmung seiner Pumpfähigkeit
- Herzkatheter zum Nachweis einer Abnahme des Herzmuskels, erhöhter Werte für den Füllungsdruck und der Ursache für die Restriktion
- Endomyokardbiopsie zur Bestimmung der Ätiologie

Behandlung

Konservativ

- *Medikamente*
  - Digitalis zur Kräftigung und Regulierung des Herzschlags
  - Diuretika zur Unterstützung der Nieren bei der Ausscheidung von Salzen und Flüssigkeit
  - Orale Vasodilatatoren zur Senkung des venösen Rückstroms und damit der Arbeitsbelastung des Herzens sowie zur Entspannung der Muskulatur, gegen deren Widerstand das Herz anpumpt
  - Antikoagulanzien gegen eine Gerinnselbildung

Ambulante Pflege

- Zur ambulanten Pflege siehe Herzinsuffizienz, S. 331

Karotisendarteriektomie

Karotisendarteriektomie: Resektion von atherosklerotischen Plaques oder Thromben aus der A. carotis zur Erhöhung der Durchblutung des Gefäßes und damit des Gehirns.

Indikationen

- Transitorische ischämische Attacken (TIA)
- Synkopen
- Benommenheit
- Asymptomatische, hochgradige Schädigung der A. carotis

Präoperative Schulung

- Gehen Sie die Erläuterungen des Arztes bezüglich des Eingriffs und seiner Gründe durch, und ermutigen Sie den Patienten, Fragen zu stellen und jegliche Sorgen oder Ängste zu besprechen. Sprechen Sie über die Lokalisation der Schädigung
- Erklären Sie die Notwendigkeit einer schriftlichen Einverständniserklärung nach Aufklärung

Besprechen der präoperativen Pflege

- Erklären Sie, daß der Eingriff unter Vollnarkose vorgenommen wird. An der Seite des Halses, auf der sich die geschädigte Arterie befindet, wird ein Schnitt gelegt, der sich vom Unterkiefer bis zum Halsansatz erstreckt. Erklären Sie, daß es nach dem Eingriff zu vorübergehendem Taubheitsgefühl im Ohrläppchen kommen kann
- Gehen Sie die Untersuchungen durch, die zur Bestätigung der Diagnose durchgeführt werden: Angiographie des Gehirns, Ultraschalluntersuchung der A. carotis und Angiographie
- Besprechen Sie präoperative Laboruntersuchungen: Blut- und Urinuntersuchungen, Röntgen-Thorax, EKG
- Erklären Sie dem Patienten, daß 12–24 Stunden vor dem Eingriff weder gegessen noch getrunken werden darf
- Erklären Sie dem Patienten, daß er am Tag des Eingriffs in die Klinik aufgenommen wird
- Sagen Sie dem Patienten, daß er im Operationsfeld gewaschen und rasiert wird

Besprechen der postoperativen Pflege

- Sagen Sie dem Patienten, daß er nach dem Eingriff noch am gleichen Tag aufstehen darf, falls es keine Komplikationen gegeben hat
- Erklären Sie dem Patienten, daß er zur Überwachung möglicherweise noch für 24 Stunden auf der Intensivstation verbleibt und dann auf Station verlegt wird

Nebenwirkungen/Komplikationen

- Schlaganfall
- Herzinfarkt
- Vorübergehende Episoden postoperativer Hypertonie und Hypotonie
- Verletzungen der Hirnnerven

- Hämatom im Wundbereich
- Infektion
- Schock
- Krämpfe

Ambulante Pflege

- Geben Sie sowohl dem Patienten als auch der betreuenden Person *mündliche* und *schriftliche* Instruktionen. Nennen Sie ihnen den Namen und die Telefonnummer eines Arztes oder einer Pflegeperson, die sie bei Fragen anrufen können
- *Wundversorgung*
- Geben Sie dem Patienten Instruktionen bezüglich der täglichen Pflege des Operationssitus und des Verbandwechsels
- *Komplikationszeichen*
- Gehen Sie Anzeichen und Symptome durch, die der Patient einem Arzt oder einer Pflegeperson mitteilen sollte
  - Ungewöhnliche Schmerzen oder Schwellung im Operationsbereich
  - Zeichen einer Infektion: Rötung, Schmerzen, Schwellung, Wundsein, Schmerzempfindlichkeit, Sekretabsonderungen
  - Plötzliche Veränderungen der Sehfähigkeit, Gangstörungen und Veränderungen der Muskelkraft
- *Besondere Hinweise*
- Beschreiben Sie den arteriosklerotischen Prozeß, und sprechen Sie über Veränderungen hinsichtlich der Risikofaktoren, um das Risiko einer zukünftigen Plaquebildung in den Karotiden und anderen Gefäßen zu senken (s. koronare Herzkrankheit, S. 450)
- Bezüglich neurologischer Ausfälle oder Komplikationen eines Schlaganfalls siehe S. 693
- *Medikamente*
- Erläutern Sie Zweck, Dosierung, Zeitplan und Art der Einnahme der verschriebenen Medikamente sowie deren Nebenwirkungen, die einem Arzt oder einer Pflegeperson mitgeteilt werden sollten
- *Aktivitäten*
- Fordern Sie den Patienten entsprechend seiner Belastbarkeit zu Übungen auf, bei denen jedoch Beugen in der Taille sowie Heben und Pressen vermieden werden sollten

Nachsorge

- Betonen Sie die Bedeutung regelmäßiger medizinischer und labordiagnostischer Nachsorgeuntersuchungen. Stellen Sie sicher, daß der Patient die notwendigen Namen und Telefonnummern hat

Karpaltunneldekompression

Karpaltunneldekompression: chirurgische Dekompression des N. medianus durch Dekompression des Karpalbands zur Wiederherstellung der Sensibilität und Mobilität der Hand

Indikationen

- Persistierende oder progressive Zeichen und Symptome eines Karpaltunnelsyndroms, die sich unter konservativer Behandlung nicht bessern

Präoperative Schulung

- Gehen Sie die Erläuterungen des Arztes bezüglich des Eingriffs und seiner Gründe durch, und ermutigen Sie den Patienten, Fragen zu stellen und jegliche Sorgen oder Ängste zu besprechen
- Erklären Sie die Notwendigkeit einer schriftlichen Einverständniserklärung nach Aufklärung für den Eingriff und die Anästhesie

Besprechen der präoperativen Pflege

- Erklären Sie, daß am Tag vor dem Eingriff ab Mitternacht weder gegessen noch getrunken werden darf
- Besprechen Sie die präoperativen Blut- und Urinuntersuchungen
- Informieren Sie den Patienten über die Vorbereitung der Haut: Arm, Handgelenk und Hand werden rasiert und mit bakterizider Seife gewaschen
- Erklären Sie, daß die Aufnahme in die Klinik am Tag des Eingriffs erfolgen kann
- Erklären Sie, daß der Eingriff etwa 45 Minuten dauert und unter Lokalanästhesie stattfindet

Besprechen der postoperativen Pflege

- Erklären Sie, daß die Hand verbunden und der Arm in einem Gips oder einer Schiene hochgelagert wird

- Informieren Sie den Patienten darüber, daß die Vitalzeichen und der neurovaskuläre Status während der ersten Stunde alle 15 Minuten, später in immer größeren Abständen überprüft werden
- Besprechen Sie, daß alle Finger der betroffenen Hand häufig bewegt werden müssen, um die Durchblutung zu steigern

Nebenwirkungen/Komplikationen

- Infektion
- Neurovaskuläre Schäden
- Keloidbildung

Ambulante Pflege

- Geben Sie sowohl dem Patienten als auch der betreuenden Person *mündliche* und *schriftliche* Instruktionen. Nennen Sie ihnen den Namen und die Telefonnummer eines Arztes oder einer Pflegeperson, die sie bei Fragen anrufen können
- *Allgemeine Informationen*
  - Gehen Sie die Erläuterungen zum Verfahren und zur speziellen Nachsorge durch
- *Wundversorgung*
  - Unterweisen Sie den Patienten in der Pflege der Hand und des Verbands: Arm und Hand über der Herzebene halten, um die Schwellung zu reduzieren und die Heilung zu fördern
  - Bitten Sie den Patienten, den Verband täglich auf Zeichen einer verstärkten Blutung oder erhöhten Sekretabsonderung zu untersuchen. Besprechen Sie, daß der Verband sauber, trocken und intakt gehalten werden muß. Erklären Sie dem Patienten, daß das Baden gestattet ist (gewöhnlich sobald er sich kräftig genug fühlt). Beim Duschen sollte der Arm mit einer Plastikhülle geschützt werden
- *Komplikationszeichen*
  - Gehen Sie Anzeichen und Symptome durch, die einem Arzt oder einer Pflegeperson mitgeteilt werden sollten
    - Neurovaskuläre Schäden: Brennen und Kribbeln in den Fingern; verstärkt Schmerzen oder Klopfen in den Fingern, das sich unter Analgetika nicht bessert; Unfähigkeit, die Finger zu bewegen; Verfärbung der Finger; kühle Finger, die sich nach Bedecken nicht erwärmen
    - Infektion: Fieber über 38,3 °C, Unwohlsein, erhöhter Schmerz, übler Geruch aus dem Verband

- *Medikamente*
  - Erläutern Sie Zweck, Dosierung, Zeitplan und Art der Einnahme der verschriebenen Medikamente sowie deren Nebenwirkungen, die einem Arzt oder einer Pflegeperson mitgeteilt werden sollten
- *Aktivitäten*
  - Gehen Sie Veränderungen und Einschränkungen durch. Ermutigen Sie den Patienten, über die Rückkehr an den Arbeitsplatz, Freizeitsport und Beschäftigungen zu sprechen
  - Besprechen Sie verschriebene Übungen zur Aufrechterhaltung der Durchblutung und zur Verbesserung des Bewegungsumfangs, wie z. B. das Zusammenpressen eines Schaumstoffballs

Nachsorge

- Betonen Sie die Bedeutung regelmäßiger medizinischer und labordiagnostischer Nachsorgeuntersuchungen. Stellen Sie sicher, daß der Patient die notwendigen Namen und Telefonnummern hat

Karpaltunnelsyndrom

Karpaltunnelsyndrom: eine Kombination von Symptomen, die die Funktion des Handgelenks, der Hand und der Finger beeinträchtigen. Das Karpaltunnelsyndrom tritt auf, wenn Entzündung und Fibrose der Sehnenscheiden, die durch den Karpaltunnel hindurchziehen, im Handgelenk zu Schwellung und Kompression des N. medianus mit Schmerzen und Taubheitsgefühl führen. Das Karpaltunnelsyndrom ist eines der am häufigsten durch Arbeiten in der Industrie verursachten Leiden. Es tritt meist bei Frauen im Alter zwischen 30 und 60 Jahren auf.

Ätiologie/beeinflussende Faktoren

- Trauma, Schädigung: Frakturen des Handgelenks, Dislokationen, Verstauchungen und Zerrungen. Es kann jedoch auch ohne ein Trauma in der Anamnese auftreten
- Häufig und regelmäßig wiederholte Bewegungen der Hand und des Handgelenks, wie Aufwärts-, Abwärts- und Seitwärtsbewegungen sowie klopfende und schlagende Bewegungen, wie beim Arbeiten an der Tastatur oder mit dem Preßlufthammer

- Chronische Krankheiten: rheumatoide Arthritis, Niereninsuffizienz, M. Raynaud
- Schwangerschaft im letzten Trimenon aufgrund der Flüssigkeitsretention und des Ödems
- Menopause

Kennzeichen/Symptome

Die Kennzeichen und Symptome können eine Hand oder beide Hände betreffen und verschlimmern sich am Morgen und während der Nacht, wodurch der Patient erwachen kann. Sie können auftreten, während der Patient die Hand in einer bestimmten Position hält, wie etwa beim Autofahren oder Schreibmaschineschreiben.

- Schmerzen, Taubheitsgefühl oder Kribbeln
- Verlust der Kraft, Unfähigkeit zum Faustschluß
- Muskelschwäche
- Anschwellen des Handgelenks
- Brennen
- Atrophie des Daumenballens
- Vergleichbarer Sensibilitätsverlust am Daumenballen, Zeige- und Mittelfinger sowie an der radialen Seite des Ringfingers

Komplikationen

- Langfristige Muskelschwäche und -atrophie
- Ruptur der Sehnenscheide durch versehentliche Injektion von Kortikosteroiden

Diagnostik

- Beschreiben Sie jedes Verfahren, seinen Zweck und die normalen Empfindungen oder Wahrnehmungen, die dabei wahrscheinlich vorkommen, sowie die Pflege davor und danach
- Kompressionstests des N. medianus
  - Positives Tinel-Hoffmann-Klopfzeichen: Kribbeln über dem N. medianus nach leichtem Beklopfen der Sehnenscheide über der Innenseite des Handgelenks
  - Positiver Phalen-Test: Auftreten von Symptomen bei einem über eine Minute vertikal gehaltenem Unterarm und maximal gebeugtem Handgelenk

- Positiver Kompressionstest: Schmerzen, Taubheitsgefühl und Kribbeln, hervorgerufen durch die Manschette eines Blutdruckmeßgerätes am Unterarm, die für 1–2 Minuten über den systolischen Druck hinaus aufgeblasen wird
- Tests der elektrischen Leitfähigkeit
  - Elektromyogramm zum Nachweis einer Denervierung der Daumenballenmuskulatur
  - Untersuchung der Nervenleitgeschwindigkeit kann eine verzögerte Reizantwort anzeigen.
- Röntgenaufnahmen können knöcherne Strukturen im Bereich des Karpaltunnels zeigen und dienen dem Ausschluß von Frakturen und einer Arthritis

Behandlung

Konservativ

- *Therapie*
- Die konservative Behandlung wird gewöhnlich zuerst versucht, wenn die Symptome noch nicht länger als 2 Monate bestehen
- Immobilisierung des Handgelenks
  - Schiene zur Druckentlastung und Einschränkung der Handgelenkbeugung
  - Eis auf die Volarseite des Handgelenks
  - Hochlagern zur Verringerung des Ödems
  - Einschränken der Drehung und Beugung des Handgelenks
- *Medikamente*
- Lokale Injektion von Hydrokortison (in die Sehnenscheide) gegen die Entzündung
- Entzündungshemmende Medikamente

Chirurgisch

- *Karpaltunneldekompression*

Ambulante Pflege

- Geben Sie sowohl dem Patienten als auch der betreuenden Person *mündliche* und *schriftliche* Instruktionen. Nennen Sie ihnen den Namen und die Telefonnummer eines Arztes oder einer Pflegeperson, die sie bei Fragen anrufen können

- *Allgemeine Informationen*
  - Beschreiben Sie die Erkrankung, ihre Ursachen und die beeinflussenden Faktoren
- *Komplikationszeichen*
  - Gehen Sie Anzeichen und Symptome durch, die einem Arzt oder einer Pflegeperson mitgeteilt werden sollten. Eine veränderte Sensibilität deutet auf eine verstärkte Kompression des N. medianus hin
    - Verstärktes Brennen und Kribbeln in den Fingern
    - Erhöhte Schmerzen
    - Taubheitsgefühl
    - Verfärbung der Finger, die eher rötlich, bläulich oder weiß aussehen
- *Medikamente*
  - Erläutern Sie Zweck, Dosierung, Zeitplan und Art der Einnahme der verschriebenen Medikamente sowie deren Nebenwirkungen, die einem Arzt oder einer Pflegeperson mitgeteilt werden sollten
- *Aktivitäten*
  - Weisen Sie den Patienten an, Tätigkeiten zu vermeiden, die die Belastung des entzündeten Gewebes erhöhen, wie z. B. greifende und packende Bewegungen mit der Hand und/oder dem Handgelenk. Das Handgelenk sollte in Neutralstellung gehalten und nicht in gebeugter oder gedrehter Haltung eingesetzt werden. Ferner sind wiederholte Bewegungen und langes Halten eines Gegenstandes auf ein Minimum zu reduzieren. Raten Sie dem Patienten zum Tragen einer Schiene, die das Handgelenk in Neutralstellung hält
  - Besprechen Sie die Rolle der Prävention beim Karpaltunnelsyndrom, und gehen Sie präventive Maßnahmen durch
    - Bewegungen des Handgelenks einschränken, da Beugungen die Kompression verstärken und die Dehnung des entzündeten Nerven erhöhen
    - Bringen Sie dem Patienten bei, wann und wie eine Schiene nachts oder tagsüber zu tragen ist. Machen Sie deutlich, daß ihr Zweck darin liegt, Beugungen und Bewegungen des Handgelenks zu verringern, vor allem nachts oder bei wiederholten Bewegungen. Sagen Sie dem Patienten, wo diese Schienen erhältlich sind
  - Hand über die Herzebene anheben, um die Schwellung zu verringern
  - Eis auf das Handgelenk legen, um die Schwellung zu verringern
  - Bringen Sie dem Patienten Übungen zum Bewegungsumfang bei, und erklären Sie ihm deren Bedeutung für die Aufrechterhaltung der Muskelkraft. Trägt der Patient eine Schiene, so bitten Sie ihn, diese bei den täglichen Übungen abzulegen

Nachsorge

- Betonen Sie die Bedeutung regelmäßiger medizinischer und labordiagnostischer Nachsorgeuntersuchungen. Stellen Sie sicher, daß der Patient die notwendigen Namen und Telefonnummern hat

Katarakt, Staroperation

Katarakt: zunehmende Trübung der Linse und der Linsenkapsel, gewöhnlich mit dem Alter, obwohl sie auch angeboren oder durch Traumen, Hitze, Toxine, Erkrankungen des Augeninneren oder eine chronische Krankheit verursacht werden kann.

Risikofaktoren

- Weibliches Geschlecht, Alter über 65 Jahre
- Wohnen in warmem, sonnigen Klima
- Bestrahlung mit hoher Dosis
- Langzeiteinnahme von Medikamenten wie Kortikosteroiden, Phenothiazin und Zytostatika
- Diabetes mellitus
- Hypertonie
- Stumpfes Trauma
- Röteln der Mutter im 1. Trimenon
- Down-Syndrom

Kennzeichen/Symptome

- Schmerzloses, allmähliches Verschwommensehen
- Abnehmendes Sehvermögen in der Peripherie
- Lichtscheu; Blendungsgefühl, vor allem nachts
- Milchigweißes Erscheinungsbild der Pupille
- Stark eingeschränkte Lesefähigkeit

Diagnostik

- Ophthalmoskopie unter Pupillenerweiterung
- Untersuchung mit der Spaltlampe

Behandlung

- Staroperation, wenn die Sehfähigkeit des Patienten stark eingeschränkt ist oder bei Katarakten, die zu Schäden am Auge führen können
- Kataraktextraktion: chirurgische Extraktion der geschädigten Linse
- Intrakapsulär: das am häufigsten angewandte Verfahren, bestehend im Entfernen der gesamten Linse einschließlich der umgebenden Kapsel
- Extrakapsulär: Entfernen des vorderen Anteils der Kapsel und der Linse unter Belassen des hinteren Anteils; bei Kindern und Erwachsenen durchgeführt
- Phakoemulsifikation: Zertrümmerung der Linse mittels Ultraschall und Absaugen; bei Patienten unter 30 Jahren durchgeführt
- Linsenimplantation: Einsetzen einer intraokularen Linse nach Kataraktextraktion, um postoperativ das Tragen einer Starbrille oder von Kontaktlinsen zu vermeiden; wird bei folgenden Indikationen durchgeführt:
  - Unfähigkeit zur Selbstpflege sowie zum Einsetzen und Herausnehmen von Kontaktlinsen, z. B. bei geistig Behinderten oder Patienten mit Beeinträchtigung manueller Fertigkeiten
  - Andere Augenkrankheiten, bei denen das Tragen von Kontaktlinsen kontraindiziert ist, z. B. trockene Augen, schwere Allergien, schwerer Astigmatismus
  - Ungeeignete Arbeitsumgebung, z. B. mit Staub oder Dämpfen
  - Nur ein Auge betroffen

Präoperative Schulung

- Gehen Sie die Erläuterungen des Arztes bezüglich des Eingriffs und seiner Gründe durch, und ermutigen Sie den Patienten, Fragen zu stellen und jegliche Sorgen oder Ängste zu besprechen
- Besprechen Sie die Notwendigkeit einer schriftlichen Einverständniserklärung nach Aufklärung

Besprechen der präoperativen Pflege

- Erklären Sie, daß der Patient noch am Tag des Eingriffs wieder entlassen wird
- Erklären Sie dem Patienten, daß er am Tag vor dem Eingriff ab Mitternacht weder essen noch trinken darf
- Besprechen Sie die routinemäßigen Laboruntersuchungen an Blut und Urin

- *Besprechen Sie die präoperative Medikation*
  - Topische Antiinfektiosa, die gewöhnlich eine Woche vorher verschrieben werden
  - Mydriatika, gewöhnlich 2 Stunden vor dem Eingriff gegeben
  - Hyperosmotische Substanzen
  - Sedativa/Hypnotika

Besprechen der postoperativen Pflege

- Sprechen Sie darüber, daß für 24–72 Stunden nach dem Eingriff eine Augenklappe getragen werden muß
- Sprechen Sie darüber, daß nachts ein Augenschutz getragen werden muß
- *Besprechen Sie die postoperative Medikation*
  - Mydriatika
  - Antiinfektiöse Augentropfen und -salben
  - Kortikosteroide
  - Antiemetika
  - Analgetika
- Erläutern Sie, daß Medikamente gegeben werden, um Übelkeit und Erbrechen sowie Pressen beim Stuhlgang und damit einen Anstieg des Augeninnendrucks zu verhindern

Nebenwirkungen/Komplikationen

- *Katarakt*
  - Glaukom
  - Erblindung
- *Staroperation*
  - Wunddehiszenz durch Lockern der Nähte
  - Bluterguß in die vordere Augenkammer (Hyphäma)
  - Hämorrhagie
  - Irisprolaps in die vordere Augenkammer
  - Verlust an Glaskörperinhalt
  - Adhäsionen
  - Infektion
  - Netzhautablösung
  - Hornhautödem
  - Linsenluxation (bei Linsenimplantaten)

Ambulante Pflege

- Geben Sie sowohl dem Patienten als auch der bzw. dem Betreuenden *mündliche* und *schriftliche* Instruktionen. Nennen Sie ihnen den Namen und die Telefonnummer eines Arztes oder einer Pflegeperson, die sie bei Fragen anrufen können
- Raten Sie dem Patienten, die Augen nach dem Eingriff nicht zuzukneifen oder zu berühren. Halten Sie ältere Patienten dazu an, tagsüber eine Brille zu tragen und sich nicht die Augen zu reiben
- *Komplikationszeichen*
- Gehen Sie Anzeichen und Symptome durch, die der Patient einem Arzt oder einer Pflegeperson mitteilen sollte
  - Erhöhter Augeninnendruck: plötzlich einsetzender Schmerz im Auge, Lichtscheu, plötzliche Abnahme der Sehfähigkeit
  - Infektion: Rötung und Tränen der Augen, Schwellung, Verschwommensehen und Schmerzen
- *Besondere Hinweise*
- Sprechen Sie über die Notwendigkeit, für 2–6 Wochen nachts eine Augenklappe zu tragen, um Verletzungen am Auge zu vermeiden
- Warnen Sie den Patienten davor, daß durch die Augenklappe das perspektivische Sehen und damit die Einschätzung von Entfernungen sowie 50 % des peripheren Sehens verlorengehen. Gehen Sie die Sicherheitsvorkehrungen durch
  - Stürze vermeiden, indem man sich Gegenständen auf der verletzten Seite voll zuwendet
  - Bewegungen langsam ausführen; den Kopf auf und ab bewegen, um Treppen und entgegenkommende Objekte einzuschätzen
  - Tagsüber eine dunkle Brille tragen, um eine Pupillenverengung und Blendung zu vermeiden, da das Auge nach dem Eingriff lichtempfindlich ist
- Weisen Sie den Patienten nach einer Staroperation ohne Linsenimplantat darauf hin, daß das Sehvermögen bis zur Verschreibung einer Brille oder von Kontaktlinsen (nach 4–8 Wochen) reduziert ist
- Wenn der Patient eine Brille erhält, erklären Sie ihm, daß das Bild um 30 % vergrößert erscheint, das periphere Sehen verzerrt und beeinträchtigt ist und daß es sich bei der Brille um Bi- bis Trifokalgläser handeln wird. Gehen Sie Sicherheitsvorkehrungen durch
  - Den Kopf hin und her wenden, um in der Peripherie sehen zu können.
  - Beim Treppensteigen und bei entgegenkommenden Objekten jeweils die Entfernung einschätzen

- Wenn der Patient Kontaktlinsen erhält, erklären Sie ihm, daß das Bild um 7–10 % vergrößert erscheint, das periphere Sehen nicht beeinträchtigt ist, und es kann auch eine Lesebrille verschrieben werden
- Gehen Sie die Pflege, das Einsetzen und das Herausnehmen der Kontaktlinsen durch. Machen Sie dem Patienten die Bedeutung regelmäßiger Termine beim Arzt klar, um Linsen mit höherer Tragedauer zu entfernen, zu reinigen und wieder einzusetzen
- Erhält der Patient ein Linsenimplantat, so erklären Sie ihm, daß die Linse beim Fokussieren hilft, daß jedoch für das Nahsehen in 8–12 Wochen eine Brille verschrieben werden wird. Das perspektivische Sehen ist nicht gestört

- *Medikamente*
- Erläutern Sie Zweck, Dosierung, Zeitplan und Art der Einnahme der verschriebenen Medikamente sowie deren Nebenwirkungen, die einem Arzt oder einer Pflegeperson mitgeteilt werden sollten
- Gehen Sie die korrekte Vorgehensweise für das Einträufeln von Augentropfen und -salben sowie für das Anlegen der Augenklappe durch, um Selbstverletzung zu vermeiden
- Raten Sie dem Patienten, keine rezeptfreien Medikamente, Augentropfen oder -salben zu nehmen, ohne dies zuvor mit seinem Arzt besprochen zu haben

- *Aktivitäten*
- Erklären Sie, daß Tätigkeiten vermieden werden müssen, die zu einem Anstieg des Augeninnendrucks führen: Heben schwerer Gegenstände, Pressen beim Stuhlgang oder Urinieren, Vorbeugen aus der Taille heraus, Husten, Erbrechen
- Weisen Sie den Patienten an, entsprechend ärztlicher Verordnung Medikamente gegen Übelkeit und Erbrechen einzunehmen
- Weisen Sie den Patienten an, nicht auf der operierten Seite zu schlafen
- Erklären Sie dem Patienten, daß anstrengende Tätigkeiten für 6 Wochen vermieden werden müssen, und bitten Sie ihn, vor der Wiederaufnahme seiner beruflichen Tätigkeit und von Freizeitaktivitäten mit seinem Arzt Rücksprache zu halten
- Erklären Sie dem Patienten, daß er sich im Alltag an eine leichte optische Vergrößerung der Gegenstände gewöhnen muß

Nachsorge

- Betonen Sie die Bedeutung regelmäßiger medizinischer und labordiagnostischer Nachsorgeuntersuchungen. Stellen Sie sicher, daß der Patient die notwendigen Namen und Telefonnummern hat

Katheterpflege – Venenverweilkatheter, Zentralvenenkatheter

K

Katheterpflege - Venenverweilkatheter, Zentralvenenkatheter: praktische Form der Verabreichung von Medikamenten und der Gewinnung von Blutproben, ohne bei dem Patienten eine Vene punktieren zu müssen. Ein Katheter ist ein weicher Plastikschlauch. Ein Ende des Schlauchs wird in eine große Vene eingebracht, das andere Ende bleibt außerhalb des Körpers. Der Katheter hat eine Verschlußkappe mit Gummidichtung, die sich entfernen läßt, wenn Blutproben erforderlich sind oder Medikamente verabreicht werden müssen. Der Venenkatheter wird perkutan über die V. subclavia oder die V. jugularis externa in die V. cava superior vorgeschoben.

Indikationen

- Verabreichung von Medikamenten zur Behandlung von Karzinomen
- Häufige Entnahme von Blutproben

Nebenwirkungen/Komplikationen

- Infektion an der Einstichstelle
- Venenthrombose
- Lageveränderungen des Katheters
- Verschluß des Katheters

Ambulante Pflege

- Geben Sie sowohl dem Patienten als auch der bzw. dem Betreuenden *mündliche* und *schriftliche* Instruktionen. Nennen Sie ihnen den Namen und die Telefonnummer eines Arztes oder einer Pflegeperson, die sie bei Fragen anrufen können. Setzen Sie visuelle Hilfen ein, und nehmen Sie sich vor der Entlassung des Patienten Zeit für eine wiederholte Demonstration der Verfahrensweisen
- *Komplikationszeichen*
- Gehen Sie Anzeichen und Symptome durch, die der Patient einem Arzt oder einer Pflegeperson mitteilen sollte
  - Schmerzen, Rötung und leichte Schwellung um die Einstichstelle herum
  - Austritt von Flüssigkeit an der Einstichstelle

- Körpertemperatur über 37,8 °C
- Lageveränderung des Katheters
- Blut im Katheter
- Nicht mehr zu durchspülender Katheter
- Schwierigkeiten beim Atmen
- Plötzlicher Thoraxschmerz an der Einstichstelle

Besondere Hinweise

- Gehen Sie den Zweck des Einlegens eines Katheters durch. Dient er der Infusion von Medikamenten, so besprechen Sie folgendes:
  - Art und Menge der zu infundierenden Lösung
  - Korrekte Lagerung der Medikamente; Präparate aus dem Kühlschrank sollten sich vor dem Infundieren auf Raumtemperatur erwärmen
  - Beraten und helfen Sie dem Patienten dabei, sich die Medikamente und das zur Infusion erforderliche Besteck zu beschaffen
- Gehen Sie den Verbandwechsel und die Maßnahmen zur Katheterpflege durch (s. u.)
  - Weisen Sie den Patienten an, die Eintrittsstelle des Katheters täglich zu inspizieren
  - Bringen Sie dem Patienten korrekte Handwaschtechniken bei, und weisen Sie ihn an, sich vor dem Verbandwechsel die Hände zu waschen
  - Der Verband über dem Katheter muß häufig, wenigstens jedoch einmal täglich gewechselt werden, bis die Wunde verheilt ist
  - Nachdem die Wunde verheilt ist, kann man dem Patienten gestatten, die Haut um die Eintrittsstelle beim Duschen mit Wasser und Seife zu reinigen, danach abzutrocknen und eine kleine, trockene Wundversorgung mit einer kleinen Kompresse vorzunehmen, die mit einem Klebevlies oder einer kleinen, selbstklebenden elastischen Mullbinde über der Wunde fixiert wird
  - Beschaffen Sie sich vor dem Verbandwechsel folgendes Material: Wasserstoffperoxid und ein kleines Gefäß, um es hineinzugießen, Alkoholtupfer, Antibiotikasalbe, Verband, Heftpflaster, Wattestäbchen
  - Waschen Sie sich die Hände
  - Entfernen Sie den alten Verband, und waschen Sie sich erneut die Hände
  - Gießen Sie Wasserstoffperoxid in das Gefäß, und tauchen Sie ein Wattestäbchen hinein. Beginnen Sie an der Eintrittsstelle, und fahren Sie in kreisförmigen Bewegungen nach außen fort, die Haut um die Wunde herum zu reinigen. Wird mehr Wasserstoffperoxid benötigt, nehmen Sie ein neues Wattestäbchen

- ☐ Säubern Sie den Katheter mit einem Alkoholtupfer
- ☐ Bringen Sie mit einem Wattestäbchen Antibiotikasalbe auf die Eintrittsstelle des Katheters
- ☐ Kleben Sie den neuen Verband über die Wunde

☐ Gehen Sie die Schritte für einen Wechsel der Verschlußkappe durch

- ☐ Die Kappe sollte alle 7 Tage gewechselt werden
- ☐ Beschaffen Sie sich folgendes Material: Verschlußkappe, Katheterklemme, Alkoholtupfer
- ☐ Waschen Sie sich die Hände
- ☐ Klemmen Sie den Katheter ab
- ☐ Schrauben Sie die alte Kappe ab, und wischen Sie mit Alkoholtupfern um das Ansatzstück des Katheters
- ☐ Schrauben Sie die neue Kappe auf, und öffnen Sie die Katheterklemme

☐ Gehen Sie die Schritte des Katheterspülens durch

- ☐ Der Katheter wird entsprechend den Gepflogenheiten der Institution (bisweilen einmal täglich) durchgespült, um Blutgerinnsel darin zu verhindern
- ☐ Beschaffen Sie sich folgendes Material: ein Fläschchen mit Heparin-Kochsalz-Lösung, Einmalspritze und -injektionsnadel, Alkoholtupfer
- ☐ Waschen Sie sich die Hände
- ☐ Öffnen Sie das Fläschchen mit Heparin-Kochsalz-Lösung, und wischen Sie dessen Rand mit einem Alkoholtupfer ab
- ☐ Nehmen Sie die Einmalspritze und die Injektionsnadel aus der Verpackung, und setzen Sie sie zusammen. Entfernen Sie die Schutzkappe von der Injektionsnadel, stechen diese in das Fläschchen, und drehen Sie es mit der Oberseite nach unten. Ziehen Sie dann den Kolben der Spritze zurück und füllen diese mit der Lösung. Klopfen Sie nach dem Zurückziehen der Nadel an die Spritze, damit Luftblasen sich oben sammeln und ausgestoßen werden können
- ☐ Säubern Sie die Katheterkappe mit einem Alkoholtupfer, und stechen Sie die Nadel in die Kappe ein. Drücken Sie dann den Kolben der Spritze herunter, um die Lösung in den Katheter zu injizieren
- ☐ Ziehen Sie die Nadel zurück, und entsorgen Sie Spritze und Injektionsnadel sorgfältig

☐ Gehen Sie die Maßnahmen zur Pflege des Katheters durch

- ☐ Halten Sie ein Reparatur-Set bereit, falls ein Leck im Katheter auftritt
- ☐ Informieren Sie Arzt oder Pflegeperson, wenn der Katheter auch nach der Reparatur noch leckt

- *Medikamente*
  - Erläutern Sie Zweck, Dosierung, Zeitplan und Art der Einnahme der verschriebenen Medikamente sowie deren Nebenwirkungen, die einem Arzt oder einer Pflegeperson mitgeteilt werden sollten

Nachsorge

- Betonen Sie die Bedeutung regelmäßiger medizinischer und labordiagnostischer Nachsorgeuntersuchungen. Stellen Sie sicher, daß der Patient die notwendigen Namen und Telefonnummern hat

Katheterpflege – implantierter Infusionsport

Katheterpflege – implantierter Infusionsport: Katheter und Zugang liegen unter der Haut und bilden einen venösen Zugang bei Patienten, die wiederholt Infusionen von Medikamenten, Lösungen oder Blutprodukten benötigen oder bei denen die wiederholte Entnahme von Blutproben erforderlich ist ohne Venen zu schädigen. Der Zugang besteht aus einem weichen Plastikkatheter und einem Verschluß mit Metallplatte und Gummispitze, durch die hindurch Medikamente verabreicht und Blutproben entnommen werden. Es gibt keine außenliegenden Anteile. Der Zugang wird chirurgisch in den Thorax oder das Abdomen implantiert. Der Katheter wird wird über die V. subclavia oder die V. jugularis interna in die V. cava superior oder den rechten Vorhof geschoben.

Indikationen

- *Verabreichen von:*
  - Medikamenten zur Behandlung von Karzinomen
  - einer totalen parenteralen Ernährung
  - Blut und Blutprodukten
- *Häufige Entnahme von Blutproben*

Ambulante Pflege

- Geben Sie sowohl dem Patienten als auch der bzw. dem Betreuenden *mündliche* und *schriftliche* Instruktionen. Nennen Sie ihnen den Namen und die Telefonnummer eines Arztes oder einer Pflegeperson, die sie bei Fragen anrufen können. Setzen Sie visuelle Hilfen ein, und nehmen Sie sich vor der Entlassung des Patienten Zeit für eine wiederholte Demonstration der Verfahrensweisen
- *Komplikationszeichen*
- Gehen Sie Anzeichen und Symptome durch, die der Patient einem Arzt oder einer Pflegeperson mitteilen sollte
  - Schmerzen, Rötung und leichte Schwellung um die Einstichstelle herum
  - Austritt von Flüssigkeit an der Einstichstelle
  - Körpertemperatur über 37,8 °C
  - Schwierigkeiten beim Atmen
  - Thoraxschmerz an der Einstichstelle
- *Besondere Hinweise*
- Gehen Sie den Zweck des Einlegens eines Katheters, die Verweildauer und die Häufigkeit des Austauschs durch
- Besprechen Sie den Schutz der Haut über dem Port
  - Weisen Sie Patentinnen an, keinen BH über dem Zugang zu tragen. Allgemein sollte Kleidung vermieden werden, die Reibung verursacht. Der Sicherheitsgurt im Auto sollte ggf. entsprechend eingestellt werden
  - Der Patient kann problemlos duschen, baden oder schwimmen, außer: während einer Infusion
  - Während einer Infusion sollte der Patient die Haut um den Port trocken und geschützt halten
- Gehen Sie den Vorgang für einen Wechsel des Infusionsbeutels bzw. der -flasche durch
  - Die Anleitung für den Wechsel hängt von der Art der verwendeten Pumpe ab
  - Versorgen Sie den Patienten mit einer Zeichnung und einer vollständigen Anleitung
  - Beraten Sie den Patienten, und helfen Sie ihm bei der Beschaffung des erforderlichen medizinischen Materials. Erklären Sie ihm, wie man die Arzneimittel und die Lösungen zur parenteralen Ernährung bestellt. Erinnern Sie ihn daran, ein neues Rezept anzufordern, bevor die Vorräte zur Neige gehen

- Gehen Sie die Verfahren zur Verabreichung von Medikamenten und Lösungen durch
  - Ist eine Behandlung über einen längeren Zeitraum erforderlich, wird eine gebogene Nadel (Huber-Nadel) in den Port eingeführt und mit einer tragbaren Infusionspumpe verbunden. Sie verbleibt bis zum Abschluß der Behandlung
  - Die Pumpe wird mit einem Gürtel oder in einer Tasche am Körper befestigt und für die Dauer der Behandlung getragen
  - Über der Nadel wird ein Verband angelegt und muß überprüft werden, um sicherzugehen, daß das Heftpflaster den Verband noch hält und die Nadel nicht verrutscht ist. Der Verband muß u. U. in regelmäßigen Abständen gewechselt werden
- Gehen Sie die Infusion von Medikamenten durch
  - Besprechen Sie Art, Menge und Vorbereitung der zu infundierenden Lösung
  - Unterweisen Sie den Patienten ggf. im Gebrauch der Infusionspumpe
  - Gehen Sie die Nebenwirkungen durch, die der Patient berichten sollte
- Gehen Sie die Verabreichung einer totalen parenteralen Ernährung durch
  - Gehen Sie nach Bedarf die Vorbereitung, den Infusionsplan und den Gebrauch der Infusionspumpe durch
  - Unterweisen Sie den Patienten in der Lagerung von Lösungen zur parenteralen Ernährung sowie darin, diese auf Kontamination zu prüfen
  - Unterweisen Sie den Patienten darin, Ein- und Ausfuhr aufzuzeichnen und den Urin wie verordnet auf Glukose und Aceton zu prüfen
  - Gehen Sie die Zeichen und Symptome durch, die der Patient mitteilen sollte: rasche Zu- oder Abnahme des Körpergewichts, Glukose im Urin

Nachsorge

- Betonen Sie die Bedeutung regelmäßiger medizinischer und labordiagnostischer Nachsorgeuntersuchungen. Stellen Sie sicher, daß der Patient die notwendigen Namen und Telefonnummern hat

Knie- oder Schultergelenkersatz

Kniegelenkersatz: Ersatz des Kniegelenks durch eine Prothese, um dem Gelenk Stabilität und Beweglichkeit zu verleihen. Der Kondylenknorpel des Femurs und die kondylären Gelenkoberflächen der Tibia werden prothetisch ersetzt.

Schultergelenkersatz: Nach Resektion des Humeruskopfes wird eine Prothese in den Humerusschaft eingesetzt.

Indikationen

- Degenerative Erkrankungen: rheumatoide Arthritis, Osteoarthritis

Präoperative Schulung

- Gehen Sie die Erläuterungen des Arztes bezüglich des Eingriffs und seiner Gründe durch, und ermutigen Sie den Patienten, Fragen zu stellen und jegliche Sorgen oder Ängste zu besprechen. Sprechen Sie über die Lokalisation der Schädigung
- Erklären Sie die Notwendigkeit einer schriftlichen Einverständniserklärung nach Aufklärung zur Operation und Anästhesie

Besprechen der präoperativen Pflege

- Gehen Sie die präoperativen Untersuchungen durch: Röntgenaufnahmen, serologische und urologische Untersuchungen zum Nachweis einer Infektion oder Anämie sowie zur Bestimmung des Elektrolytstatus
- Erläutern Sie, daß der Patient ab Mitternacht vor der Operation nichts mehr essen oder trinken darf
- Informieren Sie den Patienten über die Notwendigkeit einer Dusche mit bakterizider Seife
- Besprechen Sie, daß das Operationsfeld möglicherweise rasiert wird
- Erklären Sie, daß beim Kniegelenkersatz u. U. vor der Operation Eispackungen aufgelegt werden, um das Ödem gering zu halten

Besprechen der postoperativen Pflege

- Erklären Sie, daß der Patient 4–5 Tage in der Klinik bleiben wird
- Informieren Sie den Patienten darüber, daß 24–48 Stunden lang Bettruhe eingehalten werden muß. Nach einem Kniegelenkersatz wird das operierte Bein auf einem Kissen hochgelagert

- Besprechen Sie die möglicherweise verwendeten Drainagen (Redon) und daß die abfließende Sekretmenge gering ist und abnimmt
- Sagen Sie dem Patienten, daß eine normale Ernährung nach 2–3 Tagen wieder aufgenommen werden kann
- Besprechen Sie die Häufigkeit einer Überprüfung der Vitalzeichen und peripheren Pulse sowie des neurovaskulären Status
- Erklären Sie, daß nach einem Schultergelenkersatz eine Schlinge und Binde zur Immobilisierung des Gelenks oder ein Abduktionsgips bzw. eine Abduktionsschiene verwendet werden können, wobei der Arm angehoben auf einem Kissen ruht
- Gehen Sie die postoperativen Übungen durch: Bewegungsumfang der nichtbetroffenen Extremitätn, isometrische Übungen, Übungen des M. quadriceps femoris, Kontraktionen der Glutäalmuskulatur sowie Beuge- und Streckübungen (bei Kniegelenkersatz), Übungen der Finger sowie des Hand- und Ellenbogengelenks (bei Schultergelenkersatz)
- Machen Sie den Patienten nach einem Kniegelenkersatz mit dem Gebrauch eines Gerätes zur kontinuierlichen passiven Bewegung bekannt. Erklären Sie, daß die operierte Extremität in einer Schlinge gelagert und das Bein innerhalb vorher eingestellter Grenzen des Bewegungsumfangs bewegt wird
- Gehen Sie die Aktivitätsgrade durch. Nach einem Kniegelenkersatz ist das Umhergehen ohne Gewichtsaufnahme nach 3–5 Tagen, mit Gewichtsaufnahme nach 10–14 Tagen gestattet. Nach einem Schultergelenkersatz ist das Umhergehen mit immobilisierter Schulter entsprechend der Belastbarkeit des Patienten nach 48 Stunden erlaubt

Komplikationen

- Hämorrhagie/Hämatombildung
- Infektion
- Thrombophlebitis
- Fettembolie
- Kompartmentsyndrom (nach Kniegelenkersatz)
- Atelektase
- Pneumonie
- Dislokation der Prothese

Ambulante Pflege

- Geben Sie sowohl dem Patienten als auch der bzw. dem Betreuenden *mündliche* und *schriftliche* Instruktionen. Nennen Sie ihnen den Namen und die Telefonnummer eines Arztes oder einer Pflegeperson, die sie bei Fragen anrufen können
- *Allgemeine Informationen*
- Gehen Sie die Art der durchgeführten Operation sowie deren jeweils spezielle Einschränkungen durch
- *Komplikationszeichen*
- Gehen Sie Anzeichen und Symptome durch, die der Patient einem Arzt oder einer Pflegeperson mitteilen sollte
  - Zunehmende Schmerzen im Knie oder in der Schulter
  - Rötung, Schwellung, einseitige Rötung einer Wade
  - Fieber
  - Kurzatmigkeit oder Thoraxschmerz
  - Herabgesetzte Beweglichkeit in der Schulter, in einem Arm oder im Kniegelenk
- *Besondere Hinweise*
- Unterweisen Sie den Patienten mit Kniegelenkersatz im korrekten Umgang mit Gehhilfen (Gehstock, Gehwagen oder Unterarmgehstützen)
- *Medikamente*
- Erläutern Sie Zweck, Dosierung, Zeitplan und Art der Einnahme der verschriebenen Medikamente sowie deren Nebenwirkungen, die einem Arzt oder einer Pflegeperson mitgeteilt werden sollten
  - Antibiotika
  - Analgetika
  - Antikoagulanzien
- Betonen Sie, wie wichtig es ist, bei Patienten unter Antikoagulanzien (s. S. 36) die Prothrombinzeit zu überwachen und auf Blutungen zu achten
- *Aktivitäten*
- Sagen Sie dem Patienten, daß es nach einem Gelenkersatz 3–6 Monate dauert, bis die volle Beweglichkeit des Gelenks wiederkehrt. Gehen Sie die Übungen zum Bewegungsumfang und zur Kräftigung durch, um die Muskeln zu stärken und die Beweglichkeit und Flexibilität des Gelenks wiederzuerlangen

Nachsorge

- Betonen Sie die Bedeutung regelmäßiger Nachsorgeuntersuchungen beim Arzt und beim Bewegungstherapeuten, bis zur vollständigen Heilung. Stellen Sie sicher, daß der Patient die notwendigen Namen und Telefonnummern hat

Knochenkrebs

Knochenkrebs: Primärer Knochenkrebs ist ungewöhnlich und macht nur 0,2 % aller Malignome in den USA aus. Seine größte Häufigkeit liegt im Alter zwischen 15 und 19 Jahren und nach dem 65. Lebensjahr. Man unterscheidet ossäre (klassisches oder periostales Osteosarkom), kartilaginöse (primäres oder sekundäres Chondrosarkom), fibröse (Fibrosarkom, malignes fibröses Histiozytom) und retikuloendotheliale Formen (Ewing-Sarkom, multiples Myelom).

Risikofaktoren

- Morbus Paget
- Fibröse Dysplasie
- Enchondromatose (Knorpelgeschwulst)
- Knocheninfarkt
- Radioaktive Strahlung

Kennzeichen/Symptome

- Osteosarkom: Klagen über Schmerzen und Schwellung in der betroffenen Extremität, die gewöhnlich nachts und mit dem Tumorwachstum zunehmen; schwerer Dauerschmerz und pathologische Frakturen bei Morbus Paget
- Chondrosarkom: anhaltender, dumpfer, ziehender Schmerz, feste Schwellung über dem Tumor
- Fibrosarkom: Schmerzen und Schwellung des betroffenen Bereichs
- Ewing-Sarkom: Schmerzen und Schwellung des betroffenen Bereichs, Anämie, Leukozytose, erhöhte Blutkörperchensenkungsgeschwindigkeit

Diagnostik

- Beschreiben Sie jedes Verfahren, seinen Zweck und die normalen Empfindungen oder Wahrnehmungen, die dabei wahrscheinlich vorkommen, sowie die Pflege davor und danach
  - Computertomographie und Magnetresonanztomographie zur Bestimmung der Lokalisation und Ausdehnung des Tumors
  - Röntgenaufnahmen zur Bestimmung der Lokalisation und Ausdehnung des Tumors sowie des Umfangs der reaktiven Knochenneubildung
  - Knochen-Scan zur Feststellung der verschiedenen betroffenen Bereiche, zur Bestimmung der Ausdehnung des lokalen Befalls und der Tumoraktivität sowie zum Nachweis von Skelettmetastasen
  - Biopsie zur Bestimmung des Tumortyps und zu dessen Stadieneinteilung
  - Röntgen-Thorax zum Nachweis von Lungenmetastasen

Behandlung

Konservativ

- *Therapie*
  - Perkutane (externe) Strahlentherapie
  - Chemotherapie
    - Bei Osteosarkom:
      - Doxorubicin
      - Cisplatin
      - Methothrexat, hochdosiert
      - Ifosfamid
      - Dactinomycin
      - Cyclophosphamid
    - Bei Ewing-Sarkom:
      - Kombinationen von Vincristin, Actinomycin D, Doxorubicin und Cyclophosphamid; Ifosfamid und Etoposid

Chirurgisch

- Großzügige Exzision bei Erhalt der Extremität
- En-bloc-Resektion: großzügige Exzision gesunden Gewebes um den Tumor herum, Entfernen ganzer Muskelbündel an ihrem Ansatz und Ursprung, Resektion des betroffenen Knochens sowie der Gefäßstrukturen
  - Komplikationen: lange Operationszeiten, lange Anästhesie, hoher Blutverlust
- Amputation (s. S. 18)
- Rekonstruktion mittels Allo- oder Autotransplantat oder durch gestielten Lappen
- Prothese

Ambulante Pflege

- Geben Sie sowohl dem Patienten als auch der bzw. dem Betreuenden *mündliche* und *schriftliche* Instruktionen. Nennen Sie ihnen den Namen und die Telefonnummer eines Arztes oder einer Pflegeperson, die sie bei Fragen anrufen können
- *Allgemeine Informationen*
  - Erläutern Sie dem Patienten nach einer Operation mit Erhalt der Extremität, daß die Gehfähigkeit, wie sie vor der Operation bestand, nicht wiedererlangt wird und eine teilweise Behinderung zurückbleibt
  - Verdeutlichen Sie die Erläuterungen des Arztes hinsichtlich der Art des Krebses und der verordneten Behandlung (s. Chemotherapie, S. 102; Strahlentherapie, S. 714; Amputation, S. 18)

Knochenmarkentnahme

Knochenmarkentnahme: Gewinnung von Knochenmark bei einem Spender zur Transplantation bei einem Empfänger.

Präoperative Schulung

- Gehen Sie die Erläuterungen des Arztes bezüglich des Eingriffs und seiner Gründe durch, und ermutigen Sie den Patienten, Fragen zu stellen und jegliche Sorgen oder Ängste zu besprechen
- Besprechen Sie die Notwendigkeit einer schriftlichen Einverständniserklärung nach Aufklärung

Besprechen der präoperativen Pflege

- Besprechen Sie, daß der Klinikaufenthalt 1–3 Tage dauern wird
- Gehen Sie die vorbereitenden Untersuchungen durch: Blutuntersuchungen, um sicherzugehen, daß das Knochenmark des Spenders zu dem des Empfängers paßt, körperliche Untersuchung, Röntgen-Thorax, EKG, Urinuntersuchung
- Erläutern Sie, daß der Spender am Abend vor der Entnahme mit einer antiseptischen Lösung duscht und ab Mitternacht weder essen noch trinken darf
- Beschreiben Sie, was am Tag des Eingriffs geschieht
  - Eine Pflegeperson legt einen intravenösen Zugang und verabreicht Sedativa und Analgetika, die den Spender entspannt und schläfrig machen

  - Das Knochenmark wird aus der Hüfte des Spenders entnommen. Der Arzt führt eine Nadel mehrmals in den rückwärtigen Anteil der Hüftknochen ein und entnimmt insgesamt etwa einen halben Liter Knochenmark und Blut
  - Über dem Ort der Entnahme wird ein Druckverband angelegt, um Blutungen zu verhindern
  - Der Eingriff dauert etwa 2–3 Stunden

Besprechen der postoperativen Pflege

- Nach dem Abklingen der Anästhesie wird der Patient im Aufwachraum erwachen
- Eine Pflegeperson überprüft alle 15 Minuten die Vitalzeichen des Spenders (Puls, Blutdruck, Körpertemperatur und Atemfrequenz) und achtet darauf, daß am Entnahmeort keine Blutung auftritt. Ein Blutverlust wird ggf. durch Bluttransfusionen ersetzt
- Erläutern Sie, daß das Knochenmark eingefroren wird, falls es zur späteren Verwendung beim Spender selbst vorgesehen ist. Ist der Empfänger eine andere Person, so wird es dieser unmittelbar über eine intravenöse Transfusion verabreicht
- Innerhalb eines Tages kann der Spender wieder feste Nahrung zu sich nehmen und umhergehen. Der Druckverband wird durch eine Binde ersetzt. Bei Schmerzen kann der Arzt ein Analgetikum verschreiben
- Nach 1–2 Tagen kann der Spender die Klinik verlassen und bald darauf seinen gewohnten Tätigkeiten nachgehen

Ambulante Pflege

- Geben Sie sowohl dem Patienten als auch der bzw. dem Betreuenden *mündliche* und *schriftliche* Instruktionen. Nennen Sie ihnen den Namen und die Telefonnummer eines Arztes oder einer Pflegeperson, die sie bei Fragen anrufen können
- *Allgemeine Informationen*
  - Erklären Sie, daß die Entnahmestellen saubergehalten werden und 3 Tage lang unter einem Verband bleiben müssen
- *Komplikationszeichen*
  - Gehen Sie Anzeichen und Symptome durch, die der Patient einem Arzt oder einer Pflegeperson mitteilen sollte
    - Blutung
    - Schmerzen
    - Schwellung am Ort der Entnahme

Knochenmarksuppression

Knochenmarksuppression: Suppression des Immunsystems infolge eines Karzinoms oder dessen Behandlung. Als Folge davon ist der Patient in höherem Maße anfällig für Infektionen, Blutungen und eine Anämie.

Infektionen

- Die in Verbindung mit einer Knochenmarksuppression am häufigsten von einer Infektion betroffenen Organe und Systeme sind die Blase und die Harnwege, Haut, Lungen und das Blut

Kennzeichen/Symptome

- Fieber über 38 °C
- Rötung, Schwellung oder Schmerzen um oder in einer Wunde
- Husten, rauher Hals, verstopfte oder laufende Nase
- Übelkeit, Erbrechen oder Durchfall
- Schmerzen in der Brust oder Kurzatmigkeit
- Brennen beim Wasserlassen oder häufiger Harndrang, Veränderungen in der Farbe oder im Geruch des Urins
- Offene Stellen oder weiße Flecken im Mund

Prävention

- Beraten Sie den Patienten hinsichtlich der Prävention von Krankheiten.
  - Nehmen Sie gesunde Mahlzeiten zu sich, trinken Sie viel, ruhen Sie sich aus, und vermeiden Sie Streß soweit wie möglich
  - Halten Sie den Mund, die Zähne und das Zahnfleisch rein. Verwenden Sie eine Zahnbürste mit weichen Borsten, und spülen Sie den Mund mit Salzwasser aus
  - Waschen Sie sich häufig die Hände mit Wasser und Seife, besonders vor dem Essen und nach dem Gang zur Toilette
  - Duschen Sie eher, als zu baden
  - Reinigen Sie nach jedem Stuhlgang den Perianalbereich
  - Frauen sollten Schaumbäder und Intimpflegeartikel, wie z. B. Tampons, vermeiden. Binden häufiger wechseln
  - Verwenden Sie beim Geschlechtsverkehr ein handelsübliches Gleitmittel.
  - Urinieren Sie vor und nach dem Geschlechtsverkehr

- Vermeiden Sie folgendes:
  - Umgang mit Kranken
  - Kürzlich mit Lebendvakzine Geimpfte
  - Menschenansammlungen (Wartesäle, Einkaufspassagen)
  - Rohes Obst und Gemüse, rohe Eier und Frischmilch; nur gekochte Nahrung und pasteurisierte Milch und deren Produkte zu sich nehmen
  - Stehendes Wasser (Blumenvasen, Krüge, Zahnputzgläser, Luftbefeuchter, Atemhilfsgerät); das Wasser in diesen Behältern sollte täglich gewechselt werden; und vor allem diese Dinge sollten sich nicht im Zimmer des Patienten befinden
  - Ausscheidungen von Hunden, Katzen und Vögeln; Vogelkäfige oder Mülleimer sollten sich nicht im Raum des Patienten befinden bzw. von anderen gereinigt werden

Blutungen

Blutungen, besonders der Haut, Schleimhäute oder innere Blutungen treten auf, weil das Knochenmark nicht genügend Thrombozyten produziert bzw. die vorhandenen in Auflösung begriffen sind. Das Karzinom selbst, allergische Reaktionen auf die Medikamente, eine Strahlen- oder Chemotherapie können Blutungen auslösen.

Prävention

- Untersuchen Sie die Haut täglich auf Prellungen, und wenden Sie sich an den Arzt, wenn diese sich in der Folge vergrößern
- Teilen Sie dem Arzt jede Blutung mit, die nicht nach 5 Minuten zum Stehen kommt
- Hautblutungen
- Vermeiden Sie körperliche Tätigkeiten, die zu Verletzungen führen können, wie z. B. Kontaktsportarten
- Rasieren Sie sich mit einem Elektrorasierer
- Halten Sie die Nägel kurz, und feilen Sie hervorstehende Ecken ab
- Ziehen Sie mit dem Stift einen Kreis um jede Prellung, um eine Größenzunahme feststellen zu können
- Blutungen aus den Schleimhäuten des Mundes, der Nase, des Gastrointestinal- und des Urogenitaltraktes

- Verwenden Sie eine weiche Zahnbürste. Bei fortgesetztem Zahnfleischbluten nehmen Sie Schwämmchen oder eine Mundduschе, keine Zahnseide. Pflegen Sie die Lippen mit Vaseline. Sprechen Sie vor einer zahnmedizinischen Maßnahme mit Ihrem Arzt
- Vermeiden Sie heiße Nahrung, an der Sie sich den Mund verbrennen könnten
- Schneuzen Sie sich vorsichtig. Befeuchten Sie zu trockene Luft. Drücken Sie bei Nasenbluten die Nasenflügel für ein paar Minuten zusammen. Hilft dies nicht, legen Sie sich einen Eisbeutel in den Nacken
- Verwenden Sie stuhlerweichende Mittel, und trinken Sie bei Verstopfung reichlich Wasser. Machen Sie keine Einläufe, und nehmen Sie keine Zäpfchen. Nehmen Sie statt Acetylsalicylsäure, die zu Magenblutungen führen kann, lieber Acetaminophen oder Ibuprofen. Vermeiden Sie Vaginalduschen und -zäpfchen. Verwenden Sie ein Gleitgel beim Geschlechtsverkehr

- Innere Blutungen
  - Stellen Sie Möbel so, daß Sie nicht anschlagen können. Entfernen Sie lose am Boden herumliegende Gegenstände und freiliegende Teppiche
  - Vermeiden Sie enganliegende Kleidung und jegliche Art von Knöpfen oder Schmuck, die zu Quetschungen oder Abschürfungen der Haut führen könnten
  - Heben Sie keine schweren Gegenstände

Anämie

Anämie entsteht durch einen Mangel an roten Blutkörperchen, die den Sauerstoff zu den Zellen hin und das Kohlendioxid abtransportieren. Die Patienten ermüden leicht und benötigen des öfteren Ruhe.

Kennzeichen/Symptome, die mitgeteilt werden müssen

- Blässe
- Benommenheit
- Ohrensausen
- Schmerzen in der Brust
- Kurzatmigkeit

Besondere Hinweise

- Planen Sie häufig Ruhepausen bei Ihren Tätigkeiten
- Folgen Sie einer eiweißreichen Ernährung
- Nehmen Sie ein Multivitamin- und Mineralstoffpräparat

Knochenmarktransplantation

Knochenmarktransplantation: Zerstörung des Knochenmarks des Patienten durch hohe Zytostatikadosen oder Bestrahlung und Ersatz durch gesundes Knochenmark. Innerhalb von 10–14 Tagen nach der Transplantation beginnt das transplantierte Knochenmark mit der Bildung neuer Blutzellen. Die Knochenmarktransplantation ist eine Therapie bei bestimmten Krebserkrankungen. Das Verfahren beinhaltet die intravenöse Infusion von Knochenmark, um das gestörte hämatopoietische System durch gesunde Stammzellen zu ersetzen. Formen der Knochenmarktransplantation umfassen die autologe Transplantation, bei der nach zytoreduktiver Therapie und bisweilen nach Zytostatikatherapie Knochenmark vom Patienten selbst entnommen wird, die syngene Transplantation von einem eineiigen Zwilling, und die allogene Transplantation von einem Familienmitglied, gewöhnlich einem Geschwisterteil oder von einem nichtverwandten HLA- und MLC-kompatiblen Spender. Die gewählte Form hängt von der Erkrankung bzw. Störung sowie von der Verfügbarkeit und dem Gesundheitszustand potentieller Spender ab.

Indikationen

- Leukämien
- Non-Hodgkin-Lymphom
- Burkitt-Lymphom (Lymphosarkom)
- Multiples Myelom
- Osteosarkom
- Mammakarzinom

Präoperative Schulung

- Gehen Sie die Erläuterungen des Arztes bezüglich des Eingriffs und seiner Gründe durch, und ermutigen Sie den Patienten, Fragen zu stellen und jegliche Sorgen oder Ängste zu besprechen
- Besprechen Sie die Notwendigkeit einer schriftlichen Einverständniserklärung nach Aufklärung

Besprechen der präoperativen Pflege

- Zur Spenderauswahl und Knochenmarkgewinnung siehe S. 432
- Erklären Sie, daß der Klinikaufenthalt 1,5–2 Monate dauern wird, sofern keine Komplikationen auftreten
- Besprechen Sie den Einsatz einer hochdosierten Chemotherapie, ggf. in Verbindung mit einer Ganzkörperbestrahlung zur Vorbereitung der Operation
  - Dieser Prozeß kann 10 Tage dauern
  - Häufige Nebenwirkungen: Übelkeit, Erbrechen, Anorexie, Schleimhautentzündung, Parotitis, Xerostomie, exzessiver Speichelfluß, Diarrhö, schwaches Fieber, Alopezie, Elektrolytungleichgewicht, Aplasie
  - Lebensbedrohliche Auswirkungen: schwere Thrombozytopenie, Syndrom der inadäquaten ADH-Sekretion (Schwartz-Bartter-Syndrom), Nierenversagen, Sepsis, Venenverschlußkrankheit
- Beschreiben Sie das Verfahren einer Knochenmarktransplantation
  - Der Patient befindet sich allein in einem Raum unter konstanter Überwachung
  - Der Patient wird mit einer Bikarbonatlösung versorgt, um einen reichlichen alkalischen Harnfluß zur Verhinderung einer Hämolyse zu gewährleisten
  - Notfallmedikamente gegen anaphylaktische Reaktionen befinden sich neben dem Bett
  - Während 1–4 Stunden wird Knochenmark über einen Zentralvenenkatheter infundiert

Besprechen der postoperativen Pflege

- Erläutern Sie, daß der Empfänger nach einer Knochenmarktransplantation Stadien der Aplasie, der Nebenwirkungen der vorbereitenden Behandlung und schließlich des Angehens des Transplantats durchläuft
- Gehen Sie Verfahren der Selbstpflege durch, die der Patient während seines Klinikaufenthalts benötigt: Techniken des Händewaschens, der Mund- und Hautpflege, Messen der Ein- und Ausfuhr, den Gebrauch des Giebelrohrs und anderer Atemhilfsgeräte

- Besprechen Sie Möglichkeiten und Einschränkungen der Tätigkeiten und den Gebrauch eines Fahrradergometers
- Erklären Sie das diätetische Vorgehen, die parenterale Ernährung sowie Einschränkungen und Möglichkeiten der Ernährung
- Erläutern Sie die postoperative Medikation, ihre zu erwartenden Nebenwirkungen sowie die Verwendung eines Dauerkatheters zu deren Verabreichung
- Besprechen Sie die Komplikationen sowie Maßnahmen, die zu ihrer Verhinderung bzw. Behandlung ergriffen werden
  - Infektion: Der Patient wird in Schutzisolation oder unter einen laminaren Luftstrom genommen. Er erhält prophylaktisch systemische Antibiotika und Virustatika. Routinemäßig werden Blut, Urin und Stuhl untersucht und Rachenabstriche genommen
  - Eine akute Graft-versus-host-Reaktion (Abstoßungsreaktion) tritt gewöhnlich 2 Wochen bis 3 Monate nach der Knochenmarktransplantation auf. Es kann zu Erythem, makulopapulösem Ausschlag, Blasenbildung und Desquamation (Abschuppung), Leberversagen, Diarrhö, Leibschmerzen, Denudation (Verlust des Schleimhautepithels) des Gastrointestinaltraktes kommen. Leichte Fälle verlaufen gewöhnlich selbstlimitierend. Schwere Fälle erfordern den Einsatz von hochdosierten Steroiden, Antithymozytenglobulin, monoklonalen Antikörpern und OKT-3
  - Eine chronische Graft-versus-host-Reaktion tritt gewöhnlich 3 Monate bis ein Jahr nach der Knochenmarktransplantation auf und zeigt sich in Form sklerodermieähnlicher Veränderungen der Haut, des Gastrointestinaltrakts und der Leber sowie in einer Immunschwäche und Knochenmarksuppression und in Funktionsveränderungen des Muskel- und Skelettsystems und der Atmung. Behandelt wird mit Prednison und Azathioprin
  - Mögliche langfristige Probleme: neurologische Schäden, Kataraktbildung, endokrine Störungen, Veränderungen an Haut, Augen, Mund und Gastrointestinaltrakt

Nebenwirkungen/Komplikationen

- *Akut*
  - Mukositis
  - Virusinfektion
  - Bakterielle und fungale Sepsis
  - Nierenversagen
  - Interstitielle Pneumonie

- Venenverschlußkrankheit
- Graft-versus-host-Reaktion
- *Häufig*
- Anämie
- Blutende Stomatitis
- Hautveränderungen
- Übelkeit
- Erbrechen
- Diarrhö

Ambulante Pflege

- Geben Sie sowohl dem Patienten als auch der bzw. dem Betreuenden *mündliche* und *schriftliche* Instruktionen. Nennen Sie ihnen den Namen und die Telefonnummer eines Arztes oder einer Pflegeperson, die sie bei Fragen anrufen können
- *Allgemeine Informationen*
- Erläutern Sie Maßnahmen zur Verhinderung von Komplikationen (s. a. Knochenmarksuppression, S. 434)
  - Infektionen
  - Während der ersten 3 Monate nach der Knochenmarktransplantation sind die Vorsichtsmaßnahmen strenger, lockern sich jedoch im Laufe des Jahres
  - Tragen Sie in der Öffentlichkeit außerhalb des Hauses eine Gesichtsmaske
  - Vermeiden Sie den Kontakt mit potentiell infektiösen Personen, Schulkindern jüngeren Alters oder kürzlich geimpften Personen
  - Vermeiden Sie Menschenansammlungen und Gänge zum Supermarkt, ins Theater und in Restaurants
  - Vermeiden Sie häufig wechselnden Geschlechtsverkehr
  - Waschen Sie sich vor dem Essen und nach dem Gang zur Toilette die Hände
  - Vermeiden Sie während der ersten 3 Monate nach der Knochenmarktransplantation Kontakt zu Haustieren, leeren Sie keine Mülleimer aus, und vermeiden Sie den Kontakt mit Tierkot
  - Vermeiden Sie das Berühren von Pflanzen und Blumen
  - Schwimmen Sie nicht in privaten oder öffentlichen Schwimmbädern

- Blutungen
  - Besprechen Sie Notfallmaßnahmen bei spontanen Hämorrhagien. Der Patient bzw. die betreuende Person sollte die Notfallrufnummern zur Hand haben. Bringen Sie allen Beteiligten bei, wie man die blutende Stelle abdrückt
  - Gehen Sie die Maßnahmen zur Verhinderung einer Blutung durch: für eine sichere, von herumliegenden Gegenständen freie Umgebung sorgen, keine unbefestigt liegenden Teppiche, den Umgang mit scharfen Gegenständen vermeiden, Elektrorasierer verwenden, Schutzhandschuhe bei der Gartenarbeit, Barfußgehen vermeiden, eine weiche Zahnbürste verwenden, bei empfindlichem und blutendem Zahnfleisch ein weiches Schwämmchen und Mundwasser zum Reinigen verwenden
  - Informieren Sie vor jeder Maßnahme den Zahnarzt bzw. anderes daran beteiligtes medizinisches Personal
- Stomatitis
  - Besprechen Sie die Bedeutung einer regelmäßigen Mundhygiene morgens, nach den Mahlzeiten und vor dem Zubettgehen
  - Sprechen Sie darüber, daß keine Gegenstände in den Mund genommen werden dürfen
  - Weisen Sie den Patienten an, alkoholhaltiges Mundwasser zu meiden
  - Sprechen Sie darüber, reizauslösende Nahrungsmittel wie Zitrusfrüchte und pikante oder harte Früchte und Gemüsesorten
  - Unterweisen Sie den Patienten im Gebrauch der verordneten Mundwässer, Sprays oder Anästhetika
  - Planen Sie mit dem Patienten und der betreuenden Person notwendige Veränderungen in den Tätigkeiten des täglichen Lebens (s. Knochenmarksuppression, S. 434)

Komplikationszeichen

- Gehen Sie Anzeichen und Symptome durch, die der Patient einem Arzt oder einer Pflegeperson mitteilen sollte
  - Fieber
  - Ausschlag
  - Veränderungen in Farbe und Konsistenz von Stuhl und Urin
  - Übelkeit und Erbrechen
  - Schmerzen
  - Mundtrockenheit, Schluckbeschwerden
  - Veränderungen der Hautfarbe
  - Husten oder Kurzatmigkeit

- *Besondere Hinweise*
- Vermitteln Sie nach Bedarf Selbstpflegeverfahren
  - Zentralvenöser Zugang (s. Venenverweilkatheter, S. 421)
  - Totale parenterale Ernährung
  - Gebrauch der Meßpumpe
  - Gebrauch des Giebelrohrs und anderer Atemhilfsgeräte
  - Messen und Aufzeichnen der Körpertemperatur, Ein- und Ausfuhr, Urin- und Stuhluntersuchung auf Blut
- Besprechen Sie die Vorbereitung der häuslichen Umgebung
  - Beraten Sie den Patienten bei der Beschaffung der nötigen Ausrüstung und des Materials
  - Bitten Sie die betreuende Person, Haus bzw. Wohnung des Patienten zu reinigen und Staub zu wischen, alle Pflanzen und Blumen zu entfernen und Haustiere für die ersten 100 Tage an einem anderen Ort unterzubringen
- *Medikamente*
- Erläutern Sie Zweck, Dosierung, Zeitplan und Art der Einnahme der verschriebenen Medikamente sowie deren Nebenwirkungen, die einem Arzt oder einer Pflegeperson mitgeteilt werden sollten
- Betonen Sie, wie wichtig es ist, keine rezeptfreien Medikamente ohne Rücksprache mit einem Arzt oder einer Pflegeperson einzunehmen
- *Ernährung/Diät*
- Erklären Sie, daß die verordnete Diät eingehalten werden muß
- Empfehlen Sie eine hochkalorische, eiweißreiche Ernährung
- Halten Sie den Patienten zu häufigen, kleinen, leichten Mahlzeiten an

Nachsorge

- Betonen Sie die Bedeutung regelmäßiger medizinischer und labordiagnostischer Nachsorgeuntersuchungen. Stellen Sie sicher, daß der Patient die notwendigen Namen und Telefonnummern hat

Hinweis

- Helfen sie dem Patienten bei der Suche nach psychologischer Unterstützung

Kolorektales Karzinom

K

Kolorektales Karzinom: Karzinom des Kolons und des Rektums. Es tritt häufiger bei älteren Menschen auf; bei jüngeren hat es eine sehr schlechte Prognose. 95 % der Tumoren beginnen mit einem gutartigen, adenomatösen Polypen im Dickdarm oder Rektum. Die meisten kolorektalen Karzinome sind Adenokarzinome, andere sind Karzinoide, Leiomyosarkome und Lymphome.

Risikofaktoren

- Alter über 40 Jahre
- Fett- und kohlenhydratreiche Ernährung
- Kolorektale Karzinome in der Familienanamnese
- Adenokarzinome oder Karzinome des Kolons oder Rektums, Mamma- oder Endometriumkarzinome in der Anamnese
- Colitis ulcerosa
- Familiäre Polyposis
- Asbestexposition
- Höherer sozioökonomischer Status und Lebensschwerpunkt in der Stadt

Kennzeichen/Symptome

- Rektumblutung
- Veränderungen der Stuhlgewohnheiten (Verstopfung oder Durchfall)
- Starke Blähungen
- Aufgetriebensein
- Krämpfe
- Anämie unbekannter Genese
- Veränderte Stuhlgewohnheiten durch linksseitige Läsionen: abnehmende Dicke des Stuhls (Bleistiftstuhl), Stuhldrang, unbestimmter Abdominalschmerz, Hämorrhoiden
- Eisenmangel, Anämie und Blutungen des Gastrointestinaltrakts unbekannter Genese infolge rechtsseitiger Läsionen
- Starke Rektumblutung und Tenesmen mit dem Gefühl unvollständiger Entleerung infolge von Rektumtumoren

Komplikationen

- Infektionen
- Paralytischer Ileus
- Anastomosenleck mit potentieller Fistelbildung

Diagnostik

- Beschreiben Sie jedes Verfahren, seinen Zweck und die normalen Empfindungen oder Wahrnehmungen, die dabei wahrscheinlich vorkommen, sowie die Pflege davor und danach
- Hämatokrit zum Nachweis eines Blutverlustes
- Test auf okkultes Blut im Stuhl zum Nachweis eines Blutverlustes
- Digitale rektale Untersuchung zum Nachweis einer Läsion
- Darstellung des Kolons (Bariumeinlauf, Koloskopie) zur Bestimmung von Größe, Umfang und Lokalisation des Tumors
- Bestimmung des karzinoembryonalen Antigens (CEA), eines unspezifischen Tumormarkers, der bei kolorektalem Karzinom erhöht ist

Behandlung

Konservativ

- *Therapie*
- Strahlentherapie
  - Intraoperativ
  - Umschlossene Radionuklide (Seeds)
  - Perkutane (externe) Bestrahlung bei inoperablen, stenosierenden Rektumtumoren
  - Transanale Bestrahlung
- Postoperative adjuvante Therapie mit Substanzen, die die Strahlenempfindlichkeit des Tumors erhöhen, bei Tumoren, die die Darmwand überschreiten oder bei Lymphknotenmetastasen
- Endoskopische Laserabtragung bei inoperablen, stenosierenden Rektumtumoren
- Chemotherapie
  - Adjuvant: 5-Fluorouracil mit Levamisol
  - Strahlensensibilisierende Substanzen zusammen mit 5-Fluorouracil und Metronidazol

K

Chirurgisch

- Lokale Exzision umschriebener Rektumtumoren
- Resektion eines primär befallenen Kolonabschnitts mit Mesenterium, welches möglicherweise betroffene Lymphnoten enthält, und End-zu-End-Anastomose
- En-bloc-Resektion von Kolon, Dünndarm, Blase, Uterus und Ovarien
- Chirurgischer Bypass bei inoperablen, stenosierenden Tumoren und Anlegen eines künstlichen Darmausgangs

Präoperative Schulung (nur OP)

- Gehen Sie die Erläuterungen des Arztes bezüglich des Eingriffs und seiner Gründe durch, und ermutigen Sie den Patienten, Fragen zu stellen und jegliche Sorgen oder Ängste zu besprechen
- Besprechen Sie die Notwendigkeit einer schriftlichen Einverständniserklärung nach Aufklärung
- Bezüglich der allgemeinen prä- und postoperativen Schulung siehe abdominalchirurgischer Eingriff, S. 3
- Gehen Sie die Darmvorbereitung durch: flüssige Ernährung 2–3 Tage vor der Operation, Laxanzien, Einläufe und Antibiotika zur Reinigung und Sterilisierung des Darms
- Ist ein künstlicher Darmausgang zu erwarten, sorgen Sie vor der Operation für ein Treffen mit einem Stomaspezialisten, um die Austrittsstelle des Stomas festzulegen. Es sollte nicht in der Taille oder in Hautfalten liegen und so angelegt sein, daß der Patient den Beutel sehen und leicht erreichen kann
- Sorgen Sie für emotionale Unterstützung. Ermutigen Sie den Patienten, Fragen zu stellen, sich auszusprechen, und berichtigen Sie falsche Vorstellungen. Besänftigen Sie Befürchtungen und Besorgnisse hinsichtlich von Veränderungen des Körperbildes und der Lebensweise

Ambulante Pflege

- Geben Sie sowohl dem Patienten als auch der bzw. dem Betreuenden *mündliche* und *schriftliche* Instruktionen. Nennen Sie ihnen den Namen und die Telefonnummer eines Arztes oder einer Pflegeperson, die sie bei Fragen anrufen können

- *Allgemeine Informationen*
- Gehen Sie den Krankheitsprozeß und die Art der durchgeführten oder geplanten Operation durch. Besprechen Sie die Nachsorge
- *Komplikationszeichen*
- Gehen Sie Anzeichen und Symptome durch, die der Patient einem Arzt oder einer Pflegeperson mitteilen sollte
  - Infektion: eitrige Absonderungen, Schmerzen, Einschnitt fühlt sich warm an, Fieber, Rötung
  - Paralytischer Ileus: Unfähigkeit zum Stuhlgang, Aufgetriebensein, Abdominalschmerz, Schwellung
  - Anastomosenleck: zunehmender Ausfluß an der Stelle des Einschnitts
  - Retraktion oder Prolaps des Stomas
  - Rektumblutung
- *Besondere Hinweise*
- Gehen Sie die Pflege des Verbands durch, und erklären Sie, wie man die Einschnittstelle inspiziert
- Bei Patienten mit künstlichem Darmausgang: Erläutern Sie die Stomapflege (s. Enterostoma, S. 199)
- Gehen Sie die Prävention und die Methoden einer Erkennung von Rezidiven durch, um diese zu verhindern
  - Regelmäßige Stuhlgewohnheiten wahren: ballaststoffreiche, fettarme Ernährung; soweit nicht kontraindiziert, täglich bis zu 8 Gläser Flüssigkeit zu sich nehmen; Verstopfung vermeiden; den Gebrauch von Laxanzien und Einläufen mit dem Arzt oder einer Pflegeperson absprechen
  - Regelmäßige Inspektion des Stuhls, und jedes Anzeichen einer Blutung mitteilen. Zeigen Sie dem Patienten, wie man einen Test auf okkultes Blut im Stuhl durchführt

Nachsorge

- Betonen Sie die Bedeutung regelmäßiger medizinischer und labordiagnostischer Nachsorgeuntersuchungen. Sprechen Sie aufgrund der hohen Rezidivrate darüber, wie wichtig jährliche Screening-Untersuchungen (rektale Untersuchung, Stuhluntersuchung auf Blut) sind. Stellen Sie sicher, daß der Patient die notwendigen Namen und Telefonnummern hat

Kompartmentsyndrom

K

Kompartmentsyndrom: erhöhter Druck im Inneren anatomischer Kompartments, verursacht durch Einschnürung ödematösen Gewebes, die zu allmählicher Muskeldegeneration, Durchblutungsstörung, Nervenschädigung und Gewebsnekrose führt. Am häufigsten betroffen sind Ellenbogen, Handgelenk, Knie und Fußgelenk. Die Ursache für die Einengung liegt in der Unnachgiebigkeit der die Muskeln umhüllenden Faszien. Entwickelt sich infolge einer Verletzung, wie z. B. eines Knochenbruchs, einer Erfrierung oder einer Verbrennung, eine Schwellung, so kann innerhalb der Muskelgruppe oder des Kompartments der Raum zu knapp werden. Die Durchblutung wird gestört. Dies führt zu Schäden an den Blutgefäßen, Nerven und Muskeln auf diesem engen Raum.

Ätiologie/beeinflussende Faktoren

- Trauma oder Operation
- Gerinnungsstörungen, z. B. Hämophilie
- Umfangreiche Gefäßoperation
- Wärme- und Kälteschäden: Verbrennungen, Erfrierungen
- Schlangenbisse
- Intravenöse Infiltration
- Engsitzender Gips oder Verband

Kennzeichen/Symptome

- Schmerzen: im Kompartment, zunehmend, anhaltend und nicht durch Analgetika zu beeinflussen
- Parästhesien: an Hand oder Fuß, Taubheitsgefühl, abnehmende Sensibilität oder Brennen
- Blässe, verursacht durch die abnehmende Durchblutung im Kompartment
- Kühle infolge der herabgesetzten Durchblutung
- Schwellung und lokale Rötung
- Allmählicher Verlust der motorischen Funktion
- Lähmung
- Pulslosigkeit: fehlende Pulse distal des Kompartments

Komplikationen

- Neurovaskuläre Ausfälle der Extremität
- Muskelschwäche
- Gewebsnekrosen
- Chronische Infektion, Osteomyelitis
- Amputation
- Schock

Diagnostik

- Beschreiben Sie jedes Verfahren, seinen Zweck und die normalen Empfindungen oder Wahrnehmungen, die dabei wahrscheinlich vorkommen, sowie die Pflege davor und danach
  - Druck im Kompartment: Messung über verschiedene Verfahren, bei denen verschieden geformte Katheter in das Kompartment eingeführt und mit einer Übertragungseinheit gekoppelt werden, die mit Kochsalzlösung gefüllt ist
  - Arterio-/Venogramm zum Ausschluß eines Gefäßverschlusses oder -schadens
  - Magnetresonanztomographie zur Darstellung der Muskelschädigung
  - Blutuntersuchungen: großes Blutbild, Prothrombinzeit

Behandlung

Konservativ

- *Therapie*
  - Verband entfernen; Gips entfernen, aufschneiden oder fenstern, um die Schwellung zu begrenzen
  - Bei Frakturen Immobilisierung mittels Gipsschale oder Schiene
  - *Vorsicht:* Die Extremität sollte *nicht* mit Eis behandelt oder hochgelagert werden, da dies zu einer Abnahme der Durchblutung im betroffenen Bereich beiträgt
  - Kontinuierliche Messung des Fasziendrucks: normal 0–30 mm Hg; dauerhaft über 30 mm Hg erhöhter Druck kann zu Schäden an Blutgefäßen, Nerven und Muskeln führen
- *Medikamente*
  - Analgetika: Oft sind höhere Dosen als üblich erforderlich, um die Schmerzen zu beherrschen
  - Antibiotika

K

Chirurgisch

- Fasziotomie: chirurgische Spaltung der Faszie des betroffenen Kompartments auf der gesamten Länge, um die Einschnürung oder Schwellung zu beseitigen. Erklären Sie vor der Operation, daß es notwendig ist, die fortschreitende Symptomatik einer neurovaskulären Beteiligung unter Kontrolle zu halten und daß die Operationswunde nach einigen Tagen geschlossen oder ein Hauttransplantat erforderlich wird
- Bei Verletzung einer Arterie: chirurgischer Verschluß
- Amputation bei schwerer Gewebsnekrose oder Infektion

Ambulante Pflege

- Geben Sie sowohl dem Patienten als auch der bzw. dem Betreuenden *mündliche* und *schriftliche* Instruktionen. Nennen Sie ihnen den Namen und die Telefonnummer eines Arztes oder einer Pflegeperson, die sie bei Fragen anrufen können
- *Allgemeine Informationen*
- Beschreiben Sie die Erkrankung, indem Sie die Ursachen und beeinflussenden Faktoren erklären
- *Komplikationszeichen*
- Gehen Sie Anzeichen und Symptome eines erneuten Auftretens des Syndroms durch, die der Patient einem Arzt oder einer Pflegeperson mitteilen sollte
  - Zunehmende Schmerzen
  - Taubheitsgefühl, Kribbeln
  - Lähmung
  - Veränderungen der Hautfarbe: Blässe, Rötung, Zyanose
  - Kühle Haut
- *Besondere Hinweise*
- Nach Fasziotomie:
  - Erklären Sie, daß eine erhöhte Infektionsgefahr besteht
  - Gehen Sie die Anzeichen einer Infektion durch, die sofort einem Arzt oder einer Pflegeperson mitgeteilt werden müssen: erhöhte Körpertemperatur, zunehmende Schmerzen, fauliger Geruch aus der Wunde
  - Unterweisen Sie den Patienten in den richtigen Techniken der Pflege der Operationswunde und des aseptischen Verbandwechsels. Zeigen Sie ihm, wie man gebrauchtes Verbandmaterial entsorgt
  - Weisen Sie den Patienten an, die Wunde täglich zu inspizieren und auf verstärkte Absonderungen hin zu untersuchen

- Nach einem gefäßchirurgischen Eingriff:
  - Gehen Sie die Anzeichen einer Gefäßveränderung durch, auf die geachtet werden muß: Blässe, Zyanose, Pulslosigkeit, reduziertes oder fehlendes Wiederauffüllen der Kapillaren (die zusammengedrückte Extremität wird weiß, die rosa Färbung kehrt nach 4–6 Sekunden zurück)
- *Medikamente*
- Erläutern Sie Zweck, Dosierung, Zeitplan und Art der Einnahme der verschriebenen Medikamente sowie deren Nebenwirkungen, die einem Arzt oder einer Pflegeperson mitgeteilt werden sollten
- *Aktivitäten*
- Erklären Sie, daß die Extremität nach der Operation ruhig gehalten und hochgelagert werden muß
- Gehen Sie entsprechend den ärztlichen Verordnungen den Gebrauch von Hilfsgerät und Gehhilfen durch

Nachsorge

- Betonen Sie die Bedeutung regelmäßiger Nachsorgeuntersuchungen. Stellen Sie sicher, daß der Patient die notwendigen Namen und Telefonnummern hat

Koronare Herzkrankheit

Koronare Herzkrankheit: ein fortschreitender Krankheitsprozeß, charakterisiert durch Verengung oder Verschluß der Herzkranzgefäße, der zur Verminderung der Herzmuskeldurchblutung führt. Die koronare Herzkrankheit (KHK) entsteht durch Arteriosklerose, durch Anlagerung fetthaltiger Plaques, bestehend aus Cholesterin, und von Lipiden an der Innenseite der Arterienwand. Die Einschränkung der Durchblutung führt zur Unterversorgung des Herzmuskels mit Sauerstoff und Nährstoffen und damit zu Gewebsschäden. Steigt der Sauerstoffbedarf über die Versorgungskapazität der Blutgefäße hinaus an, so kommt es zu Brustschmerzen. Die KHK kann sich in Form einer Angina pectoris oder als Myokardinfarkt manifestieren. Bei symptomatischer KHK spricht man auch von ischämischer Herzkrankheit.

Ätiologie/beeinflussende Faktoren bei Arteriosklerose

- Familienanamnese
- Geschlecht und Alter: Männer zwischen 35 und 55, Frauen über 50 oder nach der Menopause
- Hyperlipidämie
- Hypertonie
- Diabetes
- Zigarettenrauchen
- Geringe körperliche Betätigung, sitzende Tätigkeit
- *Persönlichkeitsmerkmale*
  - Feindseligkeit
  - Ehrgeiz
  - Aggressivität
  - Wut
- *Bei Frauen vor der Menopause*
  - Schwere Hypertonie
  - Östrogenhaltige orale Kontrazeptiva
  - Zigarettenrauchen in der Anamnese

Angina pectoris

Angina beinhaltet einen Brustschmerz, der typischerweise unter Belastung oder emotionaler Erregung auftritt und sich in Ruhe und unter Nitroglycerin bessert. Er wird verursacht durch ein Ungleichgewicht zwischen der Versorgung und dem Bedarf des Herzmuskels an sauerstoffhaltigem Blut, das durch die verengten Koronararterien entsteht. Sie sind gewöhnlich zu über 70 % verengt. Es gibt mehrere Arten der Angina: Die stabile Angina entsteht unter Belastung und bessert sich in Ruhe sowie unter Nitroglycerin. Die instabile Angina kann an Häufigkeit, Dauer und Schwere auch bei geringer körperlicher Belastung zunehmen. Die Prinzmetal- oder auch Variantangina entsteht gewöhnlich unabhängig von der körperlichen Belastung und hat Gefäßspasmen der Koronararterien als Ursache. Die unbehandelbare Angina bedeutet einen häufig auftretenden und anhaltenden Schmerz, der auf die Therapie nicht anspricht. Zu den Komplikationen der Angina gehören Myokardinfarkt (Herzanfall), Arrhythmien, plötzlicher Tod und Herzversagen.

Myokardinfarkt

Der Myokardinfarkt oder Herzanfall bedeutet das Absterben von Myokardgewebe aufgrund eines Sauerstoffmangels, der durch einen erheblichen oder kompletten Verschluß einer Koronararterie entsteht. Der Bereich des abgestorbenen Gewebes wird allmählich durch Narbengewebe ersetzt. Die Infarkttypen und betroffenen Arterien sind: Vorderwandinfarkt (A. coronaria sinistra, Ramus interventricularis anterior); anteroseptaler Infarkt (A. coronaria sinistra, Ramus interventriculares septales); anterolateraler Infarkt (A. coronaria sinistra, Ramus lateralis); Infarkt an der Unterseite des Herzens (A. coronaria dextra in 90 %, Ramus circumflexus in 10 % der Fälle); Seitenwandinfarkt (A. coronaria sinistra, Ramus circumflexus).

Kennzeichen/Symptome

- Schmerzen und Beschwerden wie Spannung, Druck und Ziehen im Brustkorb
- Verdauungsstörung oberhalb der Gürtellinie
- Schmerzen im Nacken, im Kiefer, in der Kehle und in Schulter oder Rücken (zwischen den Schulterblättern)
- Atemnot, Schwäche, Schwitzen, Benommenheit
- Schwitzen oder Übelkeit in Verbindung mit den oben genannten Symptomen

Komplikationen

- Arrhythmien
- Herzversagen
- Kardiogener Schock
- Arterielle Embolie
- Phlebothrombose und Lungenembolie
- Perikarditis
- Aneurysma des linken Ventrikels
- Herzruptur
- Ventrikelseptumdefekt
- Postmyokardinfarktsyndrom (Dressler-Syndrom)
- Störungen der Herzklappenfunktion

K

Diagnostik

- Beschreiben Sie jedes Verfahren, seinen Zweck und die normalen Empfindungen oder Wahrnehmungen, die dabei wahrscheinlich vorkommen, sowie die Pflege davor und danach
- EKG zur Darstellung des ischämischen oder infarzierten Bereichs
- Röntgen-Thorax zur Darstellung einer Herzvergrößerung und von Zeichen eines Herzversagens
- Echokardiographie zur Feststellung von Bewegungsanomalien in der linken Herzwand und von mechanischen Defekten
- Koronararteriographie
- Blutuntersuchungen
  - Serumlipide: Lactat-Dehydrogenase, High-density-Lipoproteine (HDL), Cholesterin
  - Herzenzyme zur Bestimmung des Grades der Herzmuskelschädigung
  - Großes Blutbild, Blutkörperchensenkungsgeschwindigkeit (BSG) und weißes Blutbild zum Nachweis eines entzündlichen Prozesses
- ^{111}Indium-Antimycin-Test zum Nachweis infarzierter Zellen oder betroffenen Gewebes
- Belastungs-EKG zur Bestimmung des Belastungsgrades, der eine Angina auslöst, zum Nachweis einer mangelnden Blutversorgung des Gewebes unter Belastung und zur Einschätzung des Risikos für den Herzmuskel
- Untersuchungen mit Radionukliden
  - Myokardszintigraphie unter Belastung zur Feststellung, ob Bereiche des Herzmuskels unter Belastung unzureichend durchblutet werden
  - Technetium-Sonographie zur Feststellung des Schadenumfangs
- Radionuklidventrikulographie zur Beurteilung der Ventrikelfunktion und zum Nachweis von Aneurysmen und Bewegungsanomalien der Herzwand

Behandlung

Allgemein

Konservativ

- *Therapie*
- Kontrolle einer Hypertonie und eines Diabetes
- Streßbekämpfung
- Senkung der Cholesterin- und Lipidspiegel
- Gewichtsreduktion
- Körperliche Betätigung
- Einstellen des Zigarettenrauchens

Angina

Konservativ

- *Medikamente*
  - Nitrate zur Verbesserung der Herzdurchblutung
  - Betablocker zur Senkung von Herzfrequenz, Blutdruck und Kontraktionskraft des Herzmuskels und zur Verhinderung von Arrhythmien
  - Kalziumantagonisten wie Nifedipin, Verapamil und Diltiazem
  - Thrombozytenaggregationshemmer (Acetylsalicylsäure) zur Senkung des Risikos einer Gerinnselbildung

Chirurgisch

- Perkutane Angioplastik mittels Ballonkatheter
- Koronaratherektomie

Myokardinfarkt

Konservativ

- *Medikamente*
  - Nitrate zur Verbesserung der Herzdurchblutung
  - Betablocker zur Senkung von Herzfrequenz, Blutdruck und Kontraktionskraft des Herzmuskels und zur Verhinderung von Arrhythmien
  - Thrombozytenaggregationshemmer (Acetylsalicylsäure) zur Senkung des Risikos einer Gerinnselbildung
  - ACE-Hemmer zur Heilungsförderung des Herzmuskels, indem dessen Belastung reduziert wird
  - Thrombolyse zur Wiederherstellung der Durchblutung und zur Verhinderung weiterer Schäden, die innerhalb von 4–6 Stunden nach dem Auftreten der Thoraxschmerzen einsetzen

Chirurgisch

- *Koronarer Bypass*

Ambulante Pflege

- Geben Sie sowohl dem Patienten als auch der bzw. dem Betreuenden *mündliche* und *schriftliche* Instruktionen. Nennen Sie ihnen den Namen und die Telefonnummer eines Arztes oder einer Pflegeperson, die sie bei Fragen anrufen können

- Verwenden Sie ein Modell des Herzens oder andere visuelle Hilfen, um dem Patienten die Anatomie der Koronargefäße zu vermitteln. Besprechen Sie den Prozeß der Arteriosklerose, der Plaquebildung, die Rolle der Lipide (High-density- versus Low-density-Lipoproteine) und des Cholesterins bei der Plaquebildung sowie die verschiedenen Erscheinungsformen der koronaren Herzkrankheit

Koronare Herzkrankheit

- *Allgemeine Informationen*
  - Gehen Sie die ischämische Herzkrankheit durch, und besprechen Sie die Unterschiede zwischen Angina und Myokardinfarkt. Angina bedeutet eine vorübergehende Unterversorgung mit Blut, während der Myokardinfarkt eine vollständige Unterbrechung der Blutversorgung darstellt, die zu Schäden am Herzmuskel führt. Das geschädigte Gewebe heilt innerhalb von 6–8 Wochen unter Bildung von Narbengewebe ab
  - Gehen Sie die Erläuterung des Arztes bezüglich der Art der koronaren Herzkrankheit, die beim Patienten vorliegt, sowie die empfohlene Behandlung durch. Zeigen Sie den individuellen Ort der Koronarläsion des Patienten
  - Besprechen Sie, wie wichtig es ist, alle Begleiterkrankungen unter Kontrolle zu halten, z. B. Hypertonie, Diabetes oder eine Hyperlipidämie
  - Besprechen Sie Risikofaktoren. Helfen Sie dem Patienten beim Erkennen der individuellen Risikofaktoren, und entwerfen Sie einen Plan zu deren Veränderung
- *Medikamente*
  - Erläutern Sie Zweck, Dosierung, Zeitplan und Art der Einnahme der verschriebenen Medikamente sowie deren Nebenwirkungen, die einem Arzt oder einer Pflegeperson mitgeteilt werden sollten
- *Besondere Hinweise*
  - Betonen Sie, wie wichtig es ist, nicht zu rauchen und keine Tabakerzeugnisse zu konsumieren. Erläutern Sie die Wirkung des Nikotins auf das Herz: Erhöhung der Herzfrequenz, Verengung der Blutgefäße, Senkung der Sauerstoffversorgung des Herzens und, bei Vorliegen einer koronaren Herzkrankheit, Erhöhung der Wahrscheinlichkeit von Thoraxschmerzen. Verweisen Sie den Patienten an einen Raucherentwöhnungskurs der Gemeinde

- Besprechen Sie die Rolle von Streß bei der Verschlimmerung einer koronaren Herzkrankheit. Helfen Sie dem Patienten beim Erkennen streßerzeugender Faktoren, und besprechen Sie Methoden der Streßbekämpfung. Besprechen Sie die Notwendigkeit, Gefühle von Verleugnung, Ärger und Depression zu erkennen und damit umzugehen. Versorgen Sie den Patienten bei Bedarf mit Informationen über psychologische Unterstützung und Selbsthilfegruppen, die man kontaktieren kann

■ *Aktivitäten*

- Besprechen Sie den Nutzen körperlicher Betätigung: Abnahme der High-density-Lipoproteine, wodurch der Blutdruck sinkt; Gewichtsreduktion, Verbesserung des kardiovaskulären Zustands
- Ermutigen Sie den Patienten zu einem regelmäßigen Heimübungsprogramm mit Übungen an der frischen Luft: Gehen, Laufen, Schwimmen, Rad fahren. Verweisen Sie den Patienten an spezielle Fitneß-Programme der Gemeinde

■ *Ernährung/Diät*

- Erklären Sie, wie sich unter entsprechender Ernährung die Cholesterin- und Lipidspiegel ändern
- Besprechen Sie Veränderungen der Ernährungsweise: eingeschränkter Verzehr von Eiern, gesättigten Fetten (z. B. Butter und Sahne), tierischem Fett (z. B. Schinken, rotes Fleisch, Frühstücksfleisch); Verwendung mehrfach ungesättigter Fette (z. B. Pflanzenöl) zum Kochen; eingeschränkter Kochsalzkonsum
- Erklären Sie die Bedeutung der Gewichtskontrolle und des Vermeidens von Übergewicht. Informieren Sie den Patienten über das Gewicht, das seinem Alter, Geschlecht und Körperbau entspricht

Angina pectoris

■ *Aktivitäten*

- Helfen Sie dem Patienten beim Erkennen und Vermeiden körperlicher und emotionaler Faktoren, die Schmerzen fördern
- Sagen Sie dem Patienten, er möge körperliche Belastungen bei Witterungsextremen (heiße oder kalte Tage), nach reichhaltigen Mahlzeiten, bei Aufregung und an Tagen mit Smog vermeiden
- Weisen Sie den Patienten darauf hin, Intensität und Einsatz bei Tätigkeiten wie etwa dem Schneeschippen herabzusetzen; bitten Sie ihn, langsamer und so locker wie möglich zu arbeiten

- Informieren Sie den Patienten darüber, daß sexuelle Betätigung bei Ermüdung vermieden werden sollte. Sollten bei diesen Gelegenheiten Schmerzen auftreten, sollte der Patient unterbrechen und je nach Verordnung Nitrate einnehmen. Bleiben die Schmerzen bestehen, oder tritt extreme Müdigkeit ein, sollte der Patient einen Arzt oder eine Pflegeperson verständigen
- Besprechen Sie die Selbstpflege in Phasen des Thoraxschmerzes: Tätigkeit abbrechen und ruhen; nach Verordnung Nitrate einnehmen, z. B. indem man eine Nitroglycerintablette unter die Zunge legt und abwartet: Der Schmerz läßt innerhalb von 20 Sekunden nach. Ärztliche Hilfe aufsuchen, wenn der Schmerz länger als 20 Minuten bestehen bleibt oder wenn Schweißausbrüche und Kurzatmigkeit auftreten

- *Ernährung/Diät*
- Sagen Sie dem Patienten, er möge schwere Mahlzeiten und körperliche Betätigung nach dem Essen vermeiden
- Erklären Sie, daß Koffein und starker Alkoholkonsum vermieden werden sollten

Myokardinfarkt

- *Allgemeine Informationen*
- Gehen Sie die Erklärung des Arztes bezüglich des Infarktes und der begleitenden Komplikationen durch
- *Komplikationszeichen*

Gehen Sie die Kennzeichen und Symptome einer Verstärkung der Angina bis zum Myokardinfarkt durch, die einem Arzt mitgeteilt werden sollten. Angina ist ein Druck oder Schmerz in der Brust, der mit körperlicher oder emotionaler Belastung in Zusammenhang steht und gewöhnlich durch Ruhe oder unter Vasodilatatoren abnimmt. Ein Myokardinfarkt zeigt sich durch Schmerz oder Unbehagen in der Brust, die nicht notwendigerweise mit körperlicher Betätigung einhergehen und sich in Ruhe und unter Medikamenten nicht bessern. Betonen Sie, wie wichtig es ist, ärztliche Hilfe zu suchen, wenn der Schmerz länger als 20 Minuten anhält oder mit weiteren Symptomen einhergeht

- *Aktivitäten*
- Besprechen Sie die Einschränkungen der Betätigung während der Rekonvaleszenz
  - Der Patient sollte für 1–2 Wochen relative Ruhe, unterbrochen von kurzen Phasen der Aktivität einhalten. Darauf folgen 2–3 Wochen mit langsam zunehmender Aktivität, wie Treppensteigen oder Gehen, und dann mehrere Wochen weiter zunehmende Aktivität bis zum Wiedereintritt ins Arbeitsleben. Verweisen Sie den Patienten bei Bedarf an ein Rehabilitationsprogramm für Herzkranke

  - Mit dem Arzt sollten spezielle Belastungsbeschränkungen besprochen werden. Ermutigen Sie den Patienten, Fragen hinsichtlich der Wiederaufnahme der Arbeit sowie von Freizeitaktivitäten und Sport zu stellen
  - Der Patient sollte nach opulenten Mahlzeiten, starkem Alkoholkonsum, unter emotionaler Belastung sowie bei Temperaturextremen Belastungen vermeiden oder reduzieren
- Besprechen Sie die langfristige Anpassung der Aktivität
  - Der Patient sollte mit einem lebenslangen Übungsprogramm an frischer Luft beginnen
  - Das Sexualleben kann wieder aufgenommen werden, wenn der Patient in der Lage ist, zwei Stockwerke, ohne außer Atem zu geraten, hochzugehen
  - Beim Auftreten von Symptomen sollte der Patient Nitroglycerin nehmen. Tritt nach 15 Minuten keine Besserung ein, sollte sich der Patient an einen Arzt wenden
  - Erklären Sie, wie wichtig es ist, in den Angelegenheiten der Selbstpflege unabhängig zu bleiben

Psychosoziale Betreuung

- Fördern Sie das Gespräch über die Notwendigkeit, mit Gefühlen hinsichtlich eines möglichen Rollenwandels umzugehen. Besprechen Sie, wie wichtig es ist, die Kommunikation zwischen Patient und Pflegeperson bzw. wichtigen anderen Menschen aufrechtzuerhalten

Kortikosteroide, Therapie mit

Kortikosteroide, Therapie mit: Einsatz von Kortikosteroiden als Substitutionstherapie bei Nebenniereninsuffizienz, zur Unterdrückung von Entzündungsreaktionen, Beherrschung allergischer Reaktionen und Senkung des Risikos einer Abstoßungsreaktion nach Transplantation. Die Dauer der Therapie hängt von der Grunderkrankung ab und kann vorübergehend oder lebenslang sein. Kortikosteroide werden nach ihrer biologischen Wirksamkeit unterteilt: Glukokortikoide (Kohlenhydrat- und Eiweißstoffwechsel), Mineralokortikoide (Elektrolyt- und Wasserhaushalt) und Androgene (anabolisch und maskulinisierend). Sie werden systemisch (parenteral und oral) oder topisch (Haut) verabreicht.

K

Warnhinweise

- Hypertonie und Diabetes mellitus können verstärkt werden
- Begleitinfektionen können maskiert werden
- Die Behandlung sollte mit Vorsicht erfolgen bei Patienten, die zu peptischen Ulzera, Thrombophlebitis, Unterfunktion der Nebennieren und Stimmungslabilität neigen
- Um eine Nebenniereninsuffizienz zu vermeiden, ist ein allmähliches Ausschleichen extern zugeführter Kortikosteroide erforderlich

Komplikationen

- Steroidinduzierter Diabetes
- Hypertonie
- Osteoporose
- Peptisches Ulkus
- Thromboembolie
- Hypokaliämie
- Pseudotumor cerebri
- Entwicklung eines Cushing-Syndroms

Ambulante Pflege

- Geben Sie sowohl dem Patienten als auch der bzw. dem Betreuenden *mündliche* und *schriftliche* Instruktionen. Nennen Sie ihnen den Namen und die Telefonnummer eines Arztes oder einer Pflegeperson, die sie bei Fragen anrufen können
- Beginnen Sie mit dem Lehrplan, sobald bekannt ist, daß der Patient unter einer Kortikosteroidtherapie entlassen wird
- *Allgemeine Informationen*
- Gehen Sie die Erläuterung der Erkrankung durch, die eine Kortikosteroidtherapie erfordert, ferner die Art der verordneten Behandlung (systemisch oder topisch), Nutzen, Dosierung, Dauer der Einnahme, Nebenwirkungen. Besprechen Sie, wie wichtig es ist, die Medikamente zur vorgeschriebenen Zeit einzunehmen, keine Dosis auszulassen und was zu tun ist, wenn dies geschieht
- *Komplikationszeichen*
- Gehen Sie Anzeichen und Symptome durch, die einem Arzt oder einer Pflegeperson mitgeteilt werden sollten
  - Euphorie
  - Schmerzen oder Blutung im Gastrointestinaltrakt

  - Hämatombildung
  - Thrombophlebitis
  - Hypertonie
  - Cushing-Gesicht: Mondgesicht, Akne
  - Hirsutismus
  - Osteoporose
  - Stimmungsschwankungen
- *Besondere Hinweise*
- Sagen Sie dem Patienten, er möge sich 1–2 Wochen vor dem Auslaufen der Medikation neue Medikamente besorgen und diese unter Vermeiden von Temperaturextremen an einem kühlen Ort lagern
- Erläutern Sie, daß normale Anzeichen einer Infektion durch die Kortikoidtherapie maskiert werden können und daß bei Einsetzen von Symptomen der Arzt oder eine Pflegekraft konsultiert werden sollte
- Weisen Sie den Patienten an, oral verabreichte Kortikosteroide zusammen mit Milch oder Antazida einzunehmen, um die Magenreizung zu verringern
- Erklären Sie, daß die orale Verabreichung in unterschiedlichen Dosen erfolgt und daß der Patient sicher sein muß, die richtige Dosis zur richtigen Zeit einzunehmen
- Besprechen Sie die Notwendigkeit und den Ablauf eines allmählichen Absetzens der oralen Verabreichung. Weisen Sie den Patienten an, in dieser Zeit auf das Wiederauftreten von Symptomen zu achten und dies mitzuteilen
- Besprechen Sie bei topischer Medikation die Dosis und die korrekte Applikation. Warnen Sie den Patienten vor einem von der Verordnung abweichenden Gebrauch
- *Aktivitäten*
- Ermutigen Sie den Patienten, über Zugeständnisse und Einschränkungen hinsichtlich seines Berufs, der Freizeit oder bei Tätigkeiten zu sprechen
- *Ernährung/Diät*
- Weisen Sie den Patienten an, seine Eiweißaufnahme zu erhöhen, um die Osteoporose zu bekämpfen

Nachsorge

- Betonen Sie die Bedeutung regelmäßiger Nachsorgeuntersuchungen. Stellen Sie sicher, daß der Patient die notwendigen Namen und Telefonnummern hat
- Helfen Sie dem Patienten bei der Beschaffung eines Notfallmedaillons (SOS-Kapsel) sowie eines Ausweises mit seinem Namen und der Dosierung

Laminektomie (Spondylodese, Diskektomie)

Laminektomie: Entfernen eines flachen, knöchernen Anteils der Wirbel, der als Lamina bezeichnet wird, um Zugang zum Zwischenwirbelraum zu gewinnen und prolabierte Bandscheibensegmente oder die gesamte Zwischenwirbelscheibe (Diskektomie) zu entfernen. Die Inzision kann anterior oder posterior in der Zervikal-, Thorakal- oder Lumbalregion vorgenommen werden. Die Laminektomie wird zur Dekompression einer Nervenwurzel oder des Rückenmarks durchgeführt, nachdem konservative Maßnahmen keine Wirkung mehr gezeigt haben.

Spondylodese: ein Eingriff, der zusammen mit einer Laminektomie ausgeführt wird und der Versteifung der Wirbelsäule dient. Das Verfahren besteht im Einbringen von Knochenspänen aus dem Beckenkamm oder von einer Knochenbank über dem instabilen Anteil der Wirbelsäule.

Indikationen

- Diskusruptur (-hernie)
- Trauma
- Dislozierte Fraktur
- Inkomplette Wirbelverschiebung bei rheumatoider Arthritis oder Osteoporose

Präoperative Schulung

- Gehen Sie die Erläuterungen des Arztes hinsichtlich des Eingriffs und seiner Begründung durch. Ermutigen Sie den Patienten, Fragen zu stellen und alle Sorgen oder Ängste zu besprechen
- Erklären Sie die Notwendigkeit einer schriftlichen Einverständniserklärung nach Aufklärung für die Operation und die Anästhesie

Besprechen der präoperativen Pflege

- Erklären Sie, daß der Schnitt 2,5–7,5 cm lang ist
- Erklären Sie, daß der Krankenhausaufenthalt etwa 3–5 Tage dauert
- Informieren Sie den Patienten darüber, daß er am Tag vor der Operation ab Mitternacht nüchtern bleiben muß

- Besprechen Sie die routinemäßig durchgeführten Blut- und Urinuntersuchungen zum Nachweis einer Störung des Elektrolytgleichgewichtes oder einer Infektion
- Besprechen Sie die Röntgenaufnahmen des Thorax und das EKG zum Nachweis von Zeichen einer chronischen Erkrankung
- Informieren Sie den Patienten über die Vorbereitung der Haut: am Abend zuvor Säubern der Haut mit bakterizider Seife und Rasieren der Haut über dem Einschnitt
- Sagen Sie dem Patienten, daß am Abend zuvor eine Darmvorbereitung mittels eines Einlaufs verordnet werden kann

Besprechen der postoperativen Pflege

- Erläutern Sie, daß der Patient bis zum Morgen nach der Operation nüchtern bleibt, dann klare Flüssigkeiten und danach allmählich wieder normale Nahrung erhält
- Informieren Sie den Patienten darüber, daß bis zum Abend vor der Operation komplette Bettruhe eingehalten wird, wobei sich der Patient alle 2 Stunden auf die andere Seite dreht. Am Abend der Operation und danach bis zu dreimal täglich darf sich der Patient auf die Bettkante setzen
- Sagen Sie dem Patienten, daß der neurovaskuläre Status, die peripheren Pulse und die Vitalzeichen häufig überprüft werden
- Informieren Sie den Patienten darüber, daß der erste Verbandwechsel nach 24 Stunden stattfindet
- Besprechen Sie, daß alle 2 Stunden tief durchgeatmet und abgehustet werden muß
- Informieren Sie den Patienten über die Möglichkeit einer Harnverhaltung. Männer dürfen im Stehen urinieren
- Erklären Sie einem Patienten mit zervikaler Laminektomie, daß er eine Halskrause und eine Magensonde bekommen kann. Letztere wird nach 1–2 Tagen wieder entfernt
- Sagen Sie dem Patienten, daß der Wundschmerz leicht bis mittelschwer sein kann und bei zervikaler Laminektomie etwas in den Schulter- und Hinterhauptbereich, bei lumbarer Laminektomie in die Hüften und ins Gesäß ausstrahlen kann. Sagen Sie ihm ferner, daß Nervenschmerzen unmittelbar nach der Operation nicht unterdrückt werden dürfen

Nebenwirkungen/Komplikationen

- Weiterhin anhaltender Nervenkompressionsschmerz
- Heiserkeit (bei zervikaler Laminektomie)

- Blutung, Hämorrhagie
- Neurovaskuläre Schädigung des Rückenmarks
- Wundinfektion
- Harnwegsinfektion, Harnverhaltung
- Auswirkungen der Anästhesie

Ambulante Pflege

- Geben Sie sowohl dem Patienten als auch der betreuenden Person *mündliche* und *schriftliche* Instruktionen. Nennen Sie ihnen den Namen und die Telefonnummer eines Arztes oder einer Pflegeperson, die sie bei Fragen anrufen können
- *Allgemeine Informationen*
- Gehen Sie alle Erklärungen bezüglich der Operation und der speziellen Nachsorge durch
- *Wundversorgung*
- Weisen Sie den Patienten an, die Wunde sauber und trocken zu halten, bis die Nähte und Klammern entfernt worden sind, was gewöhnlich innerhalb von 10 Tagen nach der Entlassung geschieht
- *Komplikationszeichen*
- Gehen Sie die Zeichen und Symptome durch, die einem Arzt oder einer Pflegeperson mitgeteilt werden sollten
  - Wundinfektion: Fieber, Schüttelfrost, Rötung, Schwellung, Sekretabsonderungen aus der Wunde
  - Neurovaskuläre Beeinträchtigungen: Zunehmen oder Auftreten eines Taubheitsgefühls (erklären Sie, daß ein gewisses Taubheitsgefühl als Zeichen eines früher bestehenden Drucks auf den Nerven zurückbleiben kann); Kribbeln in den Extremitäten, Kühle, Blässe der Extremitäten, verstärkter Schmerz
- *Aktivitäten*
- Informieren Sie den Patienten, daß Duschen im allgemeinen nicht gestattet ist, bis die Klammern oder Nähte entfernt wurden oder der Arzt es gestattet hat
- Sorgen Sie für Informationen über eine gute Bewegungsmechanik
  - Beim Aufstehen und Zubettgehen den Rücken nicht belasten oder verdrehen
  - Plötzliches Umwenden oder Drehen vermeiden
  - Stühle mit grader Lehne wählen, weiche Sessel vermeiden
- Sagen Sie dem Patienten, er möge für 6 Wochen, auf Anordnung des Arztes auch länger, nicht Auto fahren oder heben

- Raten Sie dem Patienten zu einer harten Matratze oder einer Sperrholzplatte zwischen Federkern und Matratze
- Weisen Sie den Patienten an, seine Tätigkeiten allmählich wieder aufzunehmen. Empfehlen Sie ihm, mit einem Gang ums Haus zu beginnen und die Spaziergänge im Freien allmählich auszudehnen. Raten Sie ihm zu Schuhwerk mit guter Fuß- und Knöchelstütze
- Erläutern Sie einem Patienten nach zervikaler Laminektomie bei Bedarf die Notwendigkeit einer Halskrause
- Ermutigen Sie zum Gespräch mit dem Arzt hinsichtlich von Einschränkungen bei bestimmten Tätigkeiten, bei der Wiederaufnahme des Berufs und von Freizeitaktivitäten
- Besprechen Sie die Notwendigkeit einer Fortführung der Rückenübungen (s. S. 676) entsprechend den Anordnungen und nach Verschreibung, um die Muskeln weiter zu kräftigen

- *Erährung/Diät*
  - Raten Sie dem Patienten, daß eine eiweiß- und vitaminreiche Ernährung, soweit nicht kontraindiziert, den Heilungsprozeß fördert
  - Erläutern Sie, wie wichtig es ist, eine Gewichtszunahme zu verhindern. Verweisen Sie den Patienten an eine Diätberatung

Nachsorge

- Betonen Sie die Bedeutung regelmäßiger Nachsorgeuntersuchungen. Stellen Sie sicher, daß der Patient die notwendigen Namen und Telefonnummern hat

Laryngektomie

Laryngektomie: Resektion des Larynx mit oder ohne Halsausräumung zur Behandlung von Malignomen.

Formen der Laryngektomie

- Partielle Laryngektomie: Entfernen des halben Larynx oder mehr
  - Horizontale supraglottische Teilresektion nach Alonso bei Epiglottiskarzinom
  - Frontolaterale Teilresektion nach Leroux-Robert bei Stimmlippenkarzinom mit Ausbreitung auf die vordere Kommissur
  - Frontale Teilresektion nach Huet bei Epiglottiskarzinom

- Hemilaryngektomie nach Gluck-Soerensen bei einseitigem Stimmlippenkarzinom
- Horizontale glottische Teilresektion nach Moser, Form der erweiterten frontolateralen Kehlkopfresektion
- Totale Laryngektomie: Entfernt werden Larynx, Os hyoideum, Epiglottis, Stimmbänder und Taschenbänder, Krikoidknorpel, 2–3 Trachealknorpel. Als Folge der Tracheolaryngektomie erleidet der Patient einen Stimmverlust. Das Schlucken ist normal. Die Operation kann unter vollständiger Halsausräumung erfolgen

Präoperative Schulung

- Gehen Sie die Erläuterungen des Arztes hinsichtlich des Eingriffs und seiner Begründung durch. Ermutigen Sie den Patienten, Fragen zu stellen und alle Sorgen oder Ängste zu besprechen
- Erklären Sie die Notwendigkeit einer schriftlichen Einverständniserklärung nach Aufklärung für die Operation und die Anästhesie

Besprechen der präoperativen Pflege

- Informieren Sie den Patienten darüber, daß die Haut mit bakterizider Seife oder antiseptischen Lösungen gereinigt wird, um Bakterien zu beseitigen
- Besprechen Sie die präoperativen Untersuchungen: großes Blutbild und Urinuntersuchung auf Infektionen bzw. Blutungen
- Sagen Sie dem Patienten, daß er von Mitternacht des Tages vor der Operation an nüchtern bleiben muß
- Sorgen Sie für vorbereitende Anweisungen bezüglich oraler und trachealer Drainagen und der Wundpflege
- Bringen Sie dem Patienten bei, sich Sondennahrung selbst zu verabreichen
- Gehen Sie die Verwendung eines Schreibbretts oder von Papier und Bleistift, von Wort- und/oder Bildkarten oder einer Kommunikationstafel durch
- Bereiten Sie den Patienten auf einen vollständigen Stimmverlust vor, falls eine totale Laryngektomie geplant ist
- Sorgen Sie dafür, daß der Patient Besuch eines Sprach- und Sprechtherapeuten erhält, um alternative Formen der Verständigung zu besprechen und planen

Besprechen der postoperativen Pflege

- Erklären Sie, daß der Patient in der hohen Fowler-Lagerung (halbsitzend mit Rückenlehne) gelagert wird, um das Ödem zu verringern, Abhusten und tiefes Einatmen zu verstärken, das Absaugen zu erleichtern und eine bequeme Lage zu bieten
- Erklären Sie, daß der Patient über ein Tracheostoma künstlich beatmet wird und daß er häufig abgesaugt wird, um die Atemwege für die Atmung freizuhalten
- Besprechen Sie, wie wichtig es ist, häufig tief durchzuatmen und abzuhusten
- Demonstrieren Sie den Einsatz von Geräten zur intermittierenden Überdruckbeatmung und die Behandlung mit Ultraschallverneblern
- Erklären Sie das Vorhandensein von Druckverbänden und Drainageschläuchen am Hals. Besprechen Sie die Verwendung einer Magensonde zur Unterstützung der Ernährung – im Bolus oder als Dauertropf, je nach Belastbarkeit des Patienten
- Erklären Sie, daß die Schluck- und Sprechrehabilitation schon bald nach der Operation beginnt, wobei deren Umfang sich nach Art und Umfang der Operation richtet

Nebenwirkungen/Komplikationen

- Hämorrhagie
- Verlegung der Atemwege
- Infektion
- Flüssigkeitsaustritt aus dem Ductus thoracicus
- Nervenverletzung

Ambulante Pflege

- Geben Sie sowohl dem Patienten als auch der betreuenden Person *mündliche* und *schriftliche* Instruktionen. Nennen Sie ihnen den Namen und die Telefonnummer eines Arztes oder einer Pflegeperson, die sie bei Fragen anrufen können. Setzen Sie bei der Unterweisung visuelle Hilfen ein
- *Allgemeine Informationen*
  - Gehen Sie alle Erklärungen bezüglich der Operation und der speziellen Nachsorge durch

- *Wundversorgung*
  - Weisen Sie den Patienten und die betreuende Person an, die Wunde täglich zu inspizieren und täglich den Verband zu wechseln, wobei er entsprechend den Anweisungen der Pflegeperson steriles Material verwenden sollte
- *Komplikationszeichen*
  - Gehen Sie die Zeichen und Symptome durch, die einem Arzt oder einer Pflegeperson mitgeteilt werden sollten
    - Stoma- oder Wundinfektion: Rötung, Sekretabsonderungen aus der Wunde, Schmerzen, Wärme bei Berührung, Fieber
    - Dyspnö ohne Belastung
    - Schwierigkeiten beim Schlucken
- *Besondere Hinweise*
  - Bringen Sie dem Patienten bei, eine Überlastung der Stimme zu vermeiden und zu flüstern oder andere Formen der Kommunikation zu verwenden, wenn die Stimme Ruhe benötigt. Ist die Stimme vollständig abhanden gekommen (totale Laryngektomie), sorgen Sie dafür, daß der Patient mit einem Sprach- und Sprechtherapeuten arbeitet, um eine alternative Form der Kommunikation zu entwickeln
- *Medikamente*
  - Sorgen sie für eine medikamentöse Behandlung der Schmerzen, und halten Sie den Patienten dazu an, möglichst leichte Analgetika zu nehmen (s. Schmerzbekämpfung, S. 701)
- *Aktivitäten*
  - Erinnern Sie den Patienten daran, häufig Ruhepausen einzuplanen, um Kurzatmigkeit zu verhindern
  - Helfen Sie dem Patienten bei einem möglichst frühen Beginn der Selbstpflege einschließlich der Tracheostomapflege (s. S. 738) sowie bei der oralen Nahrungs- und Flüssigkeitsaufnahme
- *Ernährung/Diät*
  - Planen Sie mit dem Patienten und der betreuenden Person eine Ernährung, bei der sich Verschlucken und Aspirieren vermeiden lassen. So kann der Patient zu Anfang Sondennahrung und dann, mit zurückkehrendem Schluckreflex, allmählich weiche Nahrung und Flüssigkeiten erhalten

Nachsorge

- Betonen Sie die Bedeutung regelmäßiger Nachsorgeuntersuchungen. Stellen Sie sicher, daß der Patient die notwendigen Namen und Telefonnummern hat

Psychosoziale Betreuung

- Ermutigen Sie zu Fragen und zur Formulierung von Befürchtungen und Ängsten hinsichtlich eines möglichen Stimmverlustes

Hinweis

- Helfen Sie dem Patienten, offizielle Unterstützung, Material und Informationen über Selbsthilfegruppen zu bekommen
- Arrangieren Sie ggf. einen Beratungstermin bei einem plastischen Chirurgen

Larynxkarzinom

Larynxkarzinom: Karzinom des Larynx. Es tritt am häufigsten (60 %) in der Glottis (echte Stimmbänder) auf. Das Karzinom der Epiglottis (Taschenbänder) hat eine niedrigere Inzidenz. Neunzig Prozent der Fälle von Larynxkarzinom treten bei Männern auf, wobei die höchste Inzidenz zwischen 60 und 70 Jahren liegt. Die Mortalitätsrate bei Larynxkarzinom ist unter der schwarzen Bevölkerung höher als unter der weißen. Das Plattenepithelkarzinom der Glottis ist der klassische Raucherkrebs und tritt im allgemeinen nach jahrzehntelangem Zigarettenrauchen auf. Ein Carcinoma in situ kann für sich allein oder auch zusammen mit einem invasiven Geschehen vorliegen. Malignome oberhalb der Glottis befinden sich zum Zeitpunkt der Diagnose gewöhnlich bereits in einem fortgeschrittenen Stadium. Das Karzinom entwickelt sich im allgemeinen selten in den Bereich unterhalb der Glottis.

Risikofaktoren

- Zigarettenrauchen
- Alkoholabusus

Kennzeichen/Symptome

- Anhaltende Heiserkeit und andere Stimmbeschwerden
- Aspirieren beim Schlucken
- Dysphagie
- Fremdkörpergefühl
- Einseitig wunde Kehle
- Ohrenschmerzen
- (Supraglottische) Masse im Hals
- Dyspnö

Diagnostik

- Beschreiben Sie jedes Verfahren, seinen Zweck und die normalen Empfindungen oder Wahrnehmungen, die dabei wahrscheinlich vorkommen, sowie die Pflege davor und danach
  - Indirekte Spiegelung zur Darstellung der Läsion am Larynx
  - Direkte Laryngoskopie und Biopsie zur Darstellung der Läsion am Larynx und zum Nachweis maligner Zellen
  - Tomographie des vorderen Larynx zur Darstellung der subglottischen Ausdehnung des Tumors
  - Lungenfunktionstests zur präoperativen Beurteilung des Atemstatus
  - Röntgen-Thorax zum Nachweis einer anderen Lungenerkrankung, wie etwa eines Lungenkarzinoms

Behandlung

Konservativ

- *Therapie*
  - Strahlentherapie: perkutane (externe) Bestrahlung
  - Chemotherapie
    - Cisplatin
    - 5-Fluorouracil
    - Adjuvante Chemotherapie mit Methotrexat und 5-Fluorouracil

Chirurgisch

- Endoskopische Laserexzision bei kleinen Tumoren
- Partielle Laryngektomie: Entfernen des halben Kehlkopfes oder mehr
  - Supraglottische Laryngektomie
  - Epiglottidektomie
  - Chordektomie (Entfernung eines Stimmbandes)
  - Resektion der vorderen Kommissur
  - Vertikale Hemilaryngektomie
  - Frontolaterale und erweiterte frontolaterale partielle Laryngektomie
  - Fast vollständige Laryngektomie
- Totale Laryngektomie: Entfernen des Larynx, dauerhafter Verlust der Stimme, Anlegen eines Tracheostomas
- Totale Laryngektomie mit radikaler Halsausräumung: Entfernen des Larynx und der umgebenden Lymphknoten sowie von Gewebe, Muskeln und Blutgefäßen
- Rekonstruktion mittels Hautlappen

Ambulante Pflege

- Geben Sie sowohl dem Patienten als auch der betreuenden Person *mündliche* und *schriftliche* Instruktionen. Nennen Sie ihnen den Namen und die Telefonnummer eines Arztes oder einer Pflegeperson, die sie bei Fragen anrufen können. Setzen Sie visuelle Hilfen ein, und nehmen Sie sich vor der Entlassung des Patienten Zeit für eine erneute Demonstration
- Für Patienten nach Laryngektomie siehe S. 464. Besprechen Sie die Ausdehnung der geplanten Operation, und beseitigen Sie alle falschen Vorstellungen in dieser Hinsicht
- Zur Strahlentherapie siehe S. 714, zur Chemotherapie siehe S. 102
- *Allgemeine Informationen*
- Gehen Sie die Erläuterungen des Arztes hinsichtlich der Erkrankung und der Art der verordneten Therapie – Strahlentherapie oder Operation – durch. Erklären Sie, daß die Behandlung vom Stadium und von der Lokalisation des Tumors abhängt

Nachsorge

- Betonen Sie die Bedeutung regelmäßiger Nachsorgeuntersuchungen. Stellen Sie sicher, daß der Patient die notwendigen Namen und Telefonnummern hat

Hinweis

- Falls bei dem Patienten eine Laryngektomie vorgenommen wird, organisieren Sie ein Treffen mit einem Patienten, der diese Operation bereits erfahren hat

Leberbiopsie

Leberbiopsie: perkutanes Einführen einer Nadel in die Leber zur Gewinnung einer Gewebsprobe für die pathologische Untersuchung und Diagnose von Leberkrankheiten.

Indikationen

- Leberfunktionsstörungen
- Leberzirrhose

- Hepatitis
- Hepatomegalie oder Hepatosplenomegalie unklarer Genese
- Verdacht auf ein Malignom der Leber
- Verdacht auf ein systemisches infiltratives Geschehen, etwa eine Sarkoidose
- Routineuntersuchung auf eine Abstoßung nach Lebertransplantation

Präoperative Schulung

- Gehen Sie die Erläuterungen des Arztes hinsichtlich des Eingriffs und seiner Begründung durch. Ermutigen Sie den Patienten, Fragen zu stellen und alle Sorgen oder Ängste zu besprechen
- Erklären Sie die Notwendigkeit einer schriftlichen Einverständniserklärung nach Aufklärung

Besprechen der präoperativen Pflege

- Besprechen Sie die Laboruntersuchungen: Blutgruppe und Kreuzprobe, Prothrombinzeit, Hämoglobin, Hämatokrit und Thrombozyten
- Informieren Sie den Patienten darüber, daß er 4–8 Stunden vor der Biopsie nüchtern bleiben muß
- Erklären Sie dem Patienten, daß man ihn bitten wird, vor der Biopsie die Blase zu entleeren
- Besprechen Sie die Anweisungen, die der Patient während der Biopsie erhält
  - Weisen Sie den Patienten an, während der Biopsie stillzuliegen; ein Anästhetikum wird verabreicht
  - Weisen Sie den Patienten an, und beraten Sie ihn dabei, wie man am Ende der Exspiration den Atem anhält, um die Leber maximal anzuheben
  - Betonen Sie, wie wichtig es ist, den Zustand der Exspiration einzuhalten, da es ansonsten zu einer Punktion der Lunge kommen kann

Besprechen der postoperativen Pflege

- Erklären Sie, daß die Vitalzeichen überwacht werden. Die Atemgeräusche werden für 6–8 Stunden auskultiert, und der Patient wird auf das Auftreten von Komplikationen hin überwacht
- Informieren Sie den Patienten darüber, daß nach Verordnung Analgetika und Sedativa verabreicht werden

- Sagen Sie dem Patienten, daß er für die ersten 6 Stunden auf der rechten Seite liegen muß, um die Punktionsstelle unter Druck zu halten, und für 8–12 Stunden Bettruhe einhalten muß, um das Risiko einer Hämorrhagie zu minimieren
- Besprechen Sie die Wiederaufnahme einer normalen Ernährung

Nebenwirkungen/Komplikationen

- Hämorrhagie
- Pneumothorax
- Peritonitis

Ambulante Pflege

- Geben Sie sowohl dem Patienten als auch der betreuenden Person mündliche und schriftliche Instruktionen. Nennen Sie ihnen den Namen und die Telefonnummer eines Arztes oder einer Pflegeperson, die sie bei Fragen anrufen können
- *Allgemeine Informationen*
  - Gehen Sie alle Erklärungen bezüglich der Operation und der speziellen Nachsorge durch
- *Komplikationszeichen*
  - Gehen Sie die Zeichen und Symptome durch, die einem Arzt oder einer Pflegeperson mitgeteilt werden sollten
    - Schwerer Abdominalschmerz
    - Geblähtes und verhärtetes Abdomen
    - Loslaßschmerz
    - Übelkeit und Erbrechen
    - Blässe
    - Atembeschwerden
    - Fieber
- *Medikamente*
  - Sorgen Sie für eine Schmerzbekämpfung, und halten Sie den Patienten dazu an, wenn möglich schwache Analgetika zu nehmen (s. Schmerzbekämpfung, S. 701)
  - Raten Sie dem Patienten, nichtsteroidale Antiphlogistika (NSAIDs) und hepatotoxische Substanzen zu meiden
  - Sorgen Sie für eine Liste der nichtsteroidalen Antiphlogistika (NSAIDs) und hepatotoxischen Substanzen

- *Aktivitäten*
  - Weisen Sie den Patienten an, anstrengende Tätigkeiten und das Heben schwerer Gegenstände am ersten Tag oder wie angewiesen zu vermeiden
- *Ernährung/Diät*
  - Raten Sie der Familie bzw. der betreuenden Person, bei Bedarf während der ersten 24 Stunden bei den Mahlzeiten zu assistieren
  - Erklären Sie, daß eine normale Ernährung entsprechend der ärztlichen Verordnungen für die Grunderkrankung wieder aufgenommen werden kann

Nachsorge

- Betonen Sie die Bedeutung regelmäßiger Nachsorgeuntersuchungen. Stellen Sie sicher, daß der Patient die notwendigen Namen und Telefonnummern hat

Leberzirrhose

Leberzirrhose: chronisch progressive Lebererkrankung, charakterisiert durch diffuse Zerstörung von Leberzellen und Ersatz durch Bindegewebe, die zu Veränderungen in der Leberstruktur und im Pfortaderkreislauf führen.

Ätiologie/beeinflussende Faktoren/Risikofaktoren

- Chronischer Alkoholabusus
- Virushepatitis
- Toxine in der Industrie, wie z. B. Arsen, Tetrachlorkohlenstoff oder Phosphor
- Entzündung oder Verschluß der Gallenwege
- Rechtsherzversagen
- Genetische Faktoren

Kennzeichen/Symptome

- Müdigkeit
- Schwäche
- Anorexie

- Zu- oder Abnahme des Körpergewichts
- Schmerzen oder Empfindlichkeit im Abdomen
- Durchfall oder Verstopfung
- Übelkeit und Erbrechen
- Dyspepsie
- Pruritus
- Petechien, Ekchymosen, Blutungsneigung
- Palmarerythem
- Spider-Naevi
- Extremitätenödeme
- Aszites
- Ikterus
- Nabelhernie
- Gedehnte Abdominalvenen
- Foetor hepaticus: fruchtiger, fader Mundgeruch
- Asterixis: grober Tremor der Hände
- Veränderungen der Fortpflanzungsfunktionen: Amenorrhö, Hodenatrophie, Gynäkomastie, Impotenz

Komplikationen

- Portale Hypertension
- Blutungen, Ösophagusvarizen
- Hepatische Enzephalopathie
- Hepatorenales Syndrom
- Tod

Diagnostik

- Beschreiben Sie jedes Verfahren, seinen Zweck und die normalen Empfindungen oder Wahrnehmungen, die dabei wahrscheinlich vorkommen, sowie die Pflege davor und danach
  - Blutuntersuchungen: Leberenzyme, Bilirubinspiegel, Gesamtalbumin im Serum, Serumeiweiß, Prothrombinzeit, großes Blutbild, Serumelektrolyte
  - Urin- und Stuhluntersuchungen zur Bestimmung des Urobilinogenspiegels
  - Röntgenaufnahmen des Abdomens zur Bestimmung der Lebergröße sowie von Zysten, Verkalkungen und Aszites
  - Leberbiopsie zum Nachweis einer Zerstörung von Lebergewebe und einer Fibrose

- Computertomographie der Leber zur Bestimmung der Lebergröße, zur Erkennung von Gewebsmassen sowie zur Darstellung der Durchblutung
- Ösophagogastroduodenoskopie zum Nachweis von Ösophagusvarizen, sowie von Blutungen, Reizungen und Ulzera im Dünndarm

Behandlung

Die Ziele der Behandlung bestehen darin, die Grunderkrankung zu lindern, einen weiteren Leberschaden zu verhindern sowie Komplikationen zu verhindern oder zu behandeln

Konservativ

- *Therapie*
  - Magensonde zur Kontrolle der Blutung
  - Ballonsonde (Linton-Nachlas-Sonde, Sengstaken-Blakemore-Sonde) zur Beherrschung der Ösophagusvarizenblutung
  - Sklerotherapie zur Beherrschung von Blutungen durch Induktion von Vernarbungsprozessen im blutenden Gewebe
  - Natriumarme Diät
  - Flüssigkeitsrestriktion
  - Vitaminsubstitution
  - Totale parenterale Ernährung
- *Medikamente*
  - Antazida
  - Diuretika
  - Vasopressin

Chirurgisch

- Peritoneovenöser Shunt zur Ableitung von Aszitesflüssigkeit in den venösen Kreislauf und Senkung des Pfortaderhochdrucks
- Portosystemischer Shunt zur Umleitung des Blutstroms in der V. portae und Senkung des Pfortaderhochdrucks
  - Parazentese (Durchstechung) zur Druckentlastung des Abdomens
- Lebertransplantation

Ambulante Pflege

- Geben Sie sowohl dem Patienten als auch der betreuenden Person mündliche und schriftliche Instruktionen. Nennen Sie ihnen den Namen und die Telefonnummer eines Arztes oder einer Pflegeperson, die sie bei Fragen anrufen können

- *Allgemeine Informationen*
  - Erläutern Sie den Begriff Leberzirrhose, ihre Ätiologie und die beeinflussenden Faktoren. Die Patientenschulung ist individuell, entsprechend der Krankheitsursache
- *Komplikationszeichen*
  - Gehen Sie die Zeichen und Symptome durch, die einem Arzt oder einer Pflegeperson mitgeteilt werden sollten
    - Veränderungen des Gewichts, des Ödems und des Bauchumfangs
    - Änderungen des Verhaltens oder neurologische Veränderungen: Stupor, Lethargie, Unruhe, Halluzinationen, neuromuskuläre Störungen
    - Exzessive Blutung, blutiges Erbrechen oder blutige Stühle
- *Besondere Hinweise*
  - Raten Sie dem Patienten, keine Seife zu verwenden. Empfehlen Sie ihm ein Emolliens oder antipruriginöse Lotionen. Betonen Sie, wie wichtig es ist, die Haut intakt zu halten
  - Weisen Sie den Patienten an, sich täglich zu wiegen und sein Gewicht sowie die Messungen des Bauchumfangs zu notieren
  - Weisen Sie den Patienten an, das Risiko von Blutungen zu minimieren, indem er beim Stuhlgang Pressen vermeidet, sich nicht heftig schneuzt und Rasierklingen und Zahnbürsten mit harten Borsten vermeidet
- *Medikamente*
  - Erläutern Sie Zweck, Dosierung, Einnahmezeitplan und Art der Verabreichung aller verordneten Medikamente sowie deren Nebenwirkungen, die einem Arzt oder einer Pflegeperson mitgeteilt werden sollten
  - Betonen Sie, wie wichtig es ist, keine rezeptfreien Medikamente einzunehmen
- *Aktivitäten*
  - Ermutigen Sie den Patienten, über Anpassungen und Einschränkungen bezüglich seines Berufs, seiner Freizeit und sonstiger Tätigkeiten zu sprechen
  - Weisen Sie den Patienten an, Phasen der Tätigkeit durch Ruhepausen zu unterbrechen
  - Unterweisen Sie den Patienten in Techniken der Energieeinsparung bei seinen Tätigkeiten im Alltag

- *Ernährung/Diät*
  - Betonen Sie die Bedeutung der Alkoholabstinenz
  - Raten Sie dem Patienten zu kleinen, häufigen Mahlzeiten
  - Helfen Sie dem Patienten bei der Planung einer kochsalzarmen, kalorien-, eiweiß-, vitamin- und kohlenhydratreichen Ernährung. Bei fortgeschrittener Erkrankung oder Enzephalopathie bitten Sie den Patienten, die Eiweißaufnahme einzuschränken
  - Unterweisen Sie den Patienten und die betreuende Person ggf. in totaler parenteraler Ernährung

Nachsorge

- Betonen Sie die Bedeutung regelmäßiger Nachsorgeuntersuchungen. Stellen Sie sicher, daß der Patient die notwendigen Namen und Telefonnummern hat
- Helfen Sie dem Patienten bei der Beschaffung eines Notfallmedaillons (SOS-Kapsel) und eines Ausweises mit der Diagnose, Medikation und Behandlung

Hinweis

- Helfen Sie dem Patienten bei der Übernahme durch einen Hauspflegedienst
- Unterstützen Sie den Patienten und die betreuende Person bei der Aufnahme in Organisationen wie „Anonyme Alkoholiker"

Leukämie

Leukämie: eine maligne Proliferation abnorm unreifer weißer Blutkörperchen. Diese anomalen Zellen, die sich im Knochenmark ansammeln, infiltrieren die Gewebe des Körpers und die Blutgefäße und führen dort zu Funktionsstörungen infolge von Funktionsbeeinträchtigungen, Hämorrhagien oder Infektionen. Die akute Leukämie als häufigste Form betrifft Kinder unter 5 Jahren und ältere Erwachsene. Es gibt zwei Formen: die akute lymphozytäre Leukämie (ALL), die die Lymphozyten und die lymphatischen Organe betrifft, und die akute meyloische Leukämie (AML), die Erwachsene über 65 Jahre trifft und die Zellen der Hämatopoese (Granulozyten, Erythrozyten und Thrombozyten) befällt. Bei der chronischen Leukämie sind die produzierten weißen Blutkörperchen reifer und akkumulieren langsamer. Die chronische Leukämie tritt bei Erwachsenen ab einem Alter von 20 Jahren auf und wird in die chronisch-lymphatische Leukämie (CLL) und die chronisch-myeloische Leukämie (CML) unterteilt.

Ätiologie/Risikofaktoren

- Idiopathisch
- Chromosomenanomalie
- Verstärkte Exposition gegenüber Strahlung, Chemikalien, Medikamenten oder Viren

Kennzeichen/Symptome

- Schwaches Fieber
- Blässe
- Frösteln
- Müdigkeit und Schwäche
- Gingivitis
- Leichte Bildung von Hämatomen
- Nasenbluten
- Verlängerte Menstruation
- *Akute Zeichen (Krise)*
  - Hohes Fieber
  - Diffuse Petechien
  - Blaue Flecken
  - Nasenbluten
  - Anorexie

- Übelkeit und Erbrechen
- Kopfschmerzen
- Sehstörungen
- Schwäche
- Lethargie
- Krämpfe

Komplikationen

- Hämorrhagie
- Schlaganfall, Krämpfe
- Myokardinfarkt
- Infektion
- Organversagen (Niere, Leber)

Diagnostik

- Beschreiben Sie jedes Verfahren, seinen Zweck und die normalen Empfindungen oder Wahrnehmungen, die dabei wahrscheinlich vorkommen, sowie die Pflege davor und danach
- Weiße Zellkomponenten erhöht
  - T-Zellen (ALL)
  - Blasten
  - Lymphozyten (ALL)
  - Auer-Stäbchen (AML)
  - Philadelphia-Chromosom (AML)
- Retikulozytopenie
  - Normochrom (AML)
  - Normozytär
- Anämie
- Thrombozytopenie
- Prothrombinzeit und partielle Thromboplastinzeit: verlängert
- Serumkupfer: erhöht
- Zink: erniedrigt
- Hypergammaglobulinämie (AML)
- Harnsäure im Urin: erhöht
- Knochenmarkaspiration: Blastenproliferation

Behandlung

Konservativ

- *Therapie*
- Strahlentherapie
  - CLL: lokale Bestrahlung der Milzlymphknoten
  - CML: Bestrahlung des gesamten Gehirns oder Leukopherese
- Transfusion von Blut und Blutprodukten
- Flüssigkeitstherapie
- Chemotherapie
  - ALL: Vincristin, Prednison und Daunorubicin mit oder ohne L-Asparaginase und Methotrexat
  - AML: Daunorubicin, Cytarabin und Thioguanin
  - CLL: Chlorambucil oder Cyclophosphamid und Prednison zur Induktion einer Remission
  - CML: Busulfan und Hydroxyharnstoff (während der stabilen chronischen Phase); Daunorubicin, Cytarabin, Vincristin, Prednison und Thioguanin (in der akuten Phase)
- Analgetika

Chirurgisch

- CML: Splenektomie, falls Thrombozyten zerstört werden; Knochenmarktransplantation

Ambulante Pflege

- Geben Sie sowohl dem Patienten als auch der betreuenden Person *mündliche* und *schriftliche* Instruktionen. Nennen Sie ihnen den Namen und die Telefonnummer eines Arztes oder einer Pflegeperson, die sie bei Fragen anrufen können
- *Allgemeine Informationen*
- Erläutern Sie die jeweilige Form der Leukämie, ihre möglichen Ursachen und auslösenden Faktoren
- Besprechen Sie das Fortschreiten der Krankheit und die Möglichkeit von Exazerbationen, aber auch von Remissionen
- *Komplikationszeichen*
- Gehen Sie die Zeichen und Symptome durch, die einem Arzt oder einer Pflegeperson mitgeteilt werden sollten
  - Akute Krise: hohes Fieber, rasch auftretende Hämatome, Blutung, Lethargie, Kopfschmerzen, Verschwommensehen

  - Infektion: hohes Fieber, Husten, Schüttelfrost
  - Blutung: Sickerblutung aus dem Zahnfleisch und den Schleimhäuten, Ohren und Nase; Hämatome, Petechien

- *Besondere Hinweise*
- Besprechen Sie Maßnahmen der Infektionsprophylaxe
  - Personen mit Verdacht auf eine Infektion meiden
  - Große Menschenmengen meiden
  - Luftfilter in Öfen und Klimaanlagen regelmäßig wechseln
  - Gute Körperhygiene
  - Gute Mundhygiene, d. h. regelmäßig Zähne putzen und Zahnseide verwenden, bei wunden Stellen im Mund regelmäßig spülen. Bürsten und Zahnseide meiden
- Besprechen Sie die Maßnahmen bei einer Blutung
  - Direkter Druck und Eisauflagen auf die betroffene Stelle
  - Ärztliche Hilfe rufen, falls sich die Blutung nicht zum Stehen bringen läßt
- *Medikamente*
- Erläutern Sie Zweck, Dosierung, Einnahmezeitplan und Art der Verabreichung aller verordneten Medikamente sowie deren Nebenwirkungen, die einem Arzt oder einer Pflegeperson mitgeteilt werden sollten
- Besprechen Sie die Nebenwirkungen einzelner Zytostatika und ihre Behandlung (s. Chemotherapie, S. 102)
- *Aktivitäten*
- Ermutigen Sie den Patienten, über Anpassungen und Einschränkungen bezüglich seines Berufs, seiner Freizeit und sonstiger Tätigkeiten zu sprechen
- Sprechen Sie darüber, die Tätigkeiten soweit wie möglich aufrechtzuerhalten, um eine Depression und körperlichen Verfall zu verhindern
- Besprechen Sie Vorsichtsmaßnahmen bei Blutungen: elektrischen Rasierer und weiche Zahnbürste verwenden, Tätigkeiten mit dem Risiko eines Traumas oder von Verletzungen vermeiden, etwa Kontaktsportarten und das Arbeiten mit scharfen Werkzeugen und Instrumenten
- Halten Sie den Patienten an, sich die Arbeit einzuteilen und eine Überlastung zu vermeiden
- *Ernährung/Diät*
- Erläutern Sie die Notwendigkeit gehaltvoller Nahrung und Flüssigkeit bis zu 2,5 Litern täglich
- Halten Sie den Patienten an, seinen Ernährungsgewohnheiten auch weiterhin zu folgen, um den Appetit zu fördern

- Besprechen Sie bei Bedarf alternative Möglichkeiten einer Lieferung von Mahlzeiten ins Haus, z. B. „Essen auf Rädern“
- Bringen Sie dem Patienten Verfahren bei, wie man auch in Zeiten der Anorexie und Übelkeit sowie bei Erbrechen, Stomatitis und anderen Symptomen die Ernährung aufrecht erhält

Nachsorge

- Betonen Sie die Bedeutung regelmäßiger Nachsorgeuntersuchungen. Stellen Sie sicher, daß der Patient die notwendigen Namen und Telefonnummern hat
- Besprechen Sie, wie wichtig es ist, vor jedem Eingriff medizinisches und zahnmedizinisches Personal über die Blutungsneigung zu informieren, z. B. bei Zahnreinigungen und Injektionen
- Weisen Sie den Patienten an, stets ein Notfallmedaillon bzw. eine SOS-Kapsel und einen Ausweis mit der Medikation bei sich zu tragen

Psychosoziale Betreuung

- Ermutigen Sie zur Aussprache über Befürchtungen und Gefühle in Bezug auf die Diagnose
- Besprechen Sie die Notwendigkeit einer offenen Kommunikation mit der Familie, Freunden, dem Arzt und der Pflegeperson, um Bedürfnisse zu besprechen und zu befriedigen

Hinweis

- Unterstützen Sie den Patienten bei der Kontaktaufnahme mit Selbsthilfeorganisationen

Lungenembolie

Lungenembolie: Verschluß eines Blutgefäßes der Lunge durch einen Embolus. Ein Embolus ist eine Ansammlung aus Blut, Fett, Luft oder Amnionflüssigkeit. Die Emboli verursachen eine verminderte Lungenperfusion, die zu einer verringerten Oxygenierung (Hypoxämie) führt. Die Schäden für die Lunge hängen von der Anzahl der Emboli und dem Ausmaß der Behinderung des Lungenkreislaufs ab. Die häufigste Quelle für eine Lungenemboli bildet eine venöse Thrombose der Unter- bzw. Oberschenkel und im Beckenraum.

Beeinflussende Faktoren

- Venostase, z. B. durch lange Bettruhe, Adipositas, hohes Alter, Schwangerschaft und nach einer Geburt
- Verletzungen und Frakturen des Beckens
- Erhöhte Gerinnungsfähigkeit des Blutes, z. B. bei Einnahme oraler Kontrazeptiva mit hohem Estrogengehalt (> 100 mg pro Pille)
- Systemerkrankung: chronische Lungenerkrankung, Rechtsherzinsuffizienz, Vorhofflimmern, Thromboembolie, Thrombophlebitis oder gefäßchirurgischer Eingriff, Diabetes mellitus

Kennzeichen/Symptome

- Kurzatmigkeit
- Klagen über Schmerzen beim Atmen
- Ruhelosigkeit
- Apprehension (Erfassung eines Gegenstandes durch die Sinne), Vorahnung
- Schweißsekretion
- Zyanose, Blässe
- Tachypnö
- Tachykardie
- Blutiges Sputum (selten)
- Husten

Komplikationen

- Ausgedehnte oder rezidivierende Lungenembolie
- Lungeninfarkt
- Atelektase
- Pulmonale Hypertension
- Rechtsherzversagen
- Verringertes kardiales Auswurfvolumen
- Schock
- Herz- und Atemstillstand

Diagnostik

- Beschreiben Sie jedes Verfahren, seinen Zweck und die normalen Empfindungen oder Wahrnehmungen, die dabei wahrscheinlich vorkommen, sowie die Pflege davor und danach
- Röntgen-Thorax zur Beurteilung von Herz und Lunge

- Lungen-Sonographie (Ventilation/Perfusion) zum Nachweis nicht durchbluteter Lungenanteile
- Lungenangiogramm: die entscheidende Untersuchung bei Lungenembolie
- EKG zur Unterscheidung zwischen Lungenembolie und Myokardinfarkt
- Arterielle Blutgase zur Bestimmung des Säure-Basen-Gleichgewichts und des Sauerstoffbedarfs
- Serumuntersuchungen: Laktatdehydrogenase, Bilirubin, Fibrinspaltprodukte und Fibrinabbau erhöht

Behandlung

Konservativ

- *Therapie*
  - Bettruhe
  - Sauerstofftherapie
  - Herzmonitor
- *Medikamente*
  - Antikoagulanzien: Heparin, Kumarin
  - Thrombolyse – Streptokinase, Urokinase zur beschleunigten Auflösung des/der Gerinnsel(s)

Chirurgisch

- Einbringen eines Schirmfilters bei multiplen Emboli

Ambulante Pflege

- Geben Sie sowohl dem Patienten als auch der betreuenden Person *mündliche* und *schriftliche* Instruktionen. Nennen Sie ihnen den Namen und die Telefonnummer eines Arztes oder einer Pflegeperson, die sie bei Fragen anrufen können
- *Allgemeine Informationen*
  - Erläutern Sie den Krankheitsprozeß, seine Ätiologie und die beeinflussenden Faktoren
  - Sorgen Sie bei Patienten mit erhöhtem Risiko einer Lungenembolie für Informationen zur Prävention
  - Betonen Sie, wie wichtig es ist, nicht zu rauchen und keine Tabakerzeugnisse zu konsumieren. Erklären Sie dem Patienten, daß Nikotin zu einer Konstriktion und zu Schäden an den Intimazellen führt

- *Komplikationszeichen*
  - Gehen Sie die Zeichen und Symptome durch, die einem Arzt oder einer Pflegeperson mitgeteilt werden sollten
    - Plötzlicher, stechender Thoraxschmerz
    - Blutiges Sputum
    - Erhöhte Körpertemperatur
- *Medikamente*
  - Erläutern Sie Zweck, Dosierung, Einnahmezeitplan und Art der Verabreichung von Antikoagulanzien sowie deren Nebenwirkungen, die einem Arzt oder einer Pflegeperson mitgeteilt werden sollten (s. Antikoagulanzien, Therapie mit, S. 36)
  - Sagen Sie dem Patienten, er möge Medikamente meiden, die die Wirkung von Kumarinen verstärken, wie z. B. Acetylsalicylsäure, nichtsteroidale Antiphlogistika (Ibuprofen) und Cimetidin. Medikamente, die die Wirkung von Kumarinen abschwächen, umfassen Antazida, Diuretika, orale Kontrazeptiva und Barbiturate
  - Erklären Sie, daß es notwendig ist, Urin, Stuhl und Sputum auf Blut zu untersuchen, wenn der Patient mit einem Rezept für Antikoagulanzien nach Hause entlassen wird
- *Aktivitäten*
  - Besprechen Sie, wie wichtig es ist, sich körperlich entsprechend der Toleranzgrenze zu belasten, unter Einplanen von Ruhepausen. Sagen Sie dem Patienten, er möge sich regelmäßig körperlich betätigen, etwa durch Spazierengehen
  - Unterweisen Sie den Patienten in Techniken zur Verhinderung einer venösen Stauung: langes Sitzen oder Stehen vermeiden, Beine im Sitzen hochlegen und nicht übereinanderschlagen. Demonstrieren Sie bei Bedarf das korrekte Anziehen von Kompressionsstrümpfen

Nachsorge

- Betonen Sie die Bedeutung regelmäßiger Nachsorgeuntersuchungen. Stellen Sie sicher, daß der Patient die notwendigen Namen und Telefonnummern hat
- Sorgen Sie ggf. für Informationen und Kontakte zu Raucherentwöhnungskursen

Lungentuberkulose

Lungentuberkulose: eine chronische, akute oder subakute infektiöse Lungenerkrankung, bei der durch den Tuberkelbazillus (Mycobakterium tuberculosis) eine Fibrose und Kavernen entstehen. Die Erreger werden aus der Luft über Schleimtröpfchen aus dem Sputum aktiv Erkrankter übertragen. Weniger häufig werden sie oral oder über Schäden der Haut aufgenommen. Anfällig sind Kinder unter 3 Jahren und Erwachsene über 65 Jahren, chronisch Kranke, mit Silikon und Asbest Arbeitende sowie Unterernährte und Immunsupprimierte. Die Inzidenz ist hoch bei Menschen, die in beengten, schlecht belüfteten, unhygienischen Verhältnissen leben, wie z. B. in Obdachlosenheimen oder Mietskasernen.

Kennzeichen/Symptome

- Anhaltend leicht erhöhte Körpertemperatur
- Nächtliche Schweißausbrüche
- Anorexie, Gewichtsverlust
- Müdigkeit, Krankheitsgefühl
- Pleuritischer Thoraxschmerz oder Engegefühl in der Brust
- Husten mit blutig tingiertem Auswurf oder mukopurulentes Sputum

Komplikationen

- Atelektase
- Hämoptyse
- Pneumothorax
- Perikarditis, Peritonitis, Meningitis, Lymphadenitis

Diagnostik

- Beschreiben Sie jedes Verfahren, seinen Zweck und die normalen Empfindungen oder Wahrnehmungen, die dabei wahrscheinlich vorkommen, sowie die Pflege davor und danach
- [ ] Tuberkulin-Hauttest
- [ ] Sputumkultur
- [ ] Röntgen-Thorax
- [ ] Magenspülungen
- [ ] Faseroptische Bronchoskopie
- [ ] Feinnadelbiopise der Pleura

Behandlung

Konservativ

- *Therapie*
  - Bei Bedarf Isolation
  - Eiweiß- und kohlenhydratreiche Ernährung
- *Medikamente*
  - Isoniazid (INH)
  - Ethambutol
  - Rifampicin
  - Streptomycin
  - Paraaminosalicylsäure
  - Pyrazinamid
  - Analgetika

Chirurgisch

- Resektion dauerhaft bestehender Kavernen
- Chirurgischer Eingriff bei massiver Hämoptyse, Spontanpneumothorax, zur Drainage von Abszessen, bei Darmverschluß oder Harnwegsstrikturen

Ambulante Pflege

- Geben Sie sowohl dem Patienten als auch der betreuenden Person *mündliche* und *schriftliche* Instruktionen. Nennen Sie ihnen den Namen und die Telefonnummer eines Arztes oder einer Pflegeperson, die sie bei Fragen anrufen können
- *Allgemeine Informationen*
  - Erläutern Sie den Krankheitsprozeß, seine Ätiologie, die beeinflussenden Faktoren sowie die Kontagiosität und Übertragung
- *Komplikationszeichen*
  - Gehen Sie die Zeichen und Symptome durch, die einem Arzt oder einer Pflegeperson mitgeteilt werden sollten
    - Blutiges Sputum
    - Thoraxschmerz
    - Schwierigkeiten beim Atmen
    - Fieber
    - Verstärkter Husten
    - Nächtliche Schweißausbrüche
- *Besondere Hinweise*
  - Raten Sie dem Patienten, wie und wo man Verbrauchsmaterial erhält, z. B. in der Drogerie oder in einem Sanitätshaus

- Erklären Sie die Bedeutung einer guten Hygiene und wie wichtig es ist, sich nach dem Umgang mit Sekret, Masken oder verunreinigten Stoffen gründlich die Hände zu waschen, um eine Übertragung der Erkrankung zu verhindern. Weisen Sie den Patienten an, in ein Tuch zu husten, dabei das Gesicht abzuwenden und direkten Kontakt mit Sputum zu vermeiden. Erklären Sie, wie man die Tücher entsorgt. Sagen Sie dem Patienten, er möge eine Maske tragen, wenn er mit diesen Anweisungen nicht zurechtkommt
- Gehen Sie bei Bedarf die Maßnahmen einer häuslichen Isolation durch: in einem gut gelüfteten Raum schlafen, zur Versorgung Einmalartikel verwenden und diese in wasserdichten Plastikbeuteln entsorgen
- Erklären Sie, daß Menschenansammlungen und Personen mit Infekten der oberen Atemwege gemieden werden müssen
- Besprechen Sie, wie wichtig es ist, engen Kontakt mit anderen Menschen zu vermeiden, bis der Arzt dies gestattet

■ *Medikamente*

- Erläutern Sie Zweck, Dosierung, Einnahmezeitplan und Art der Verabreichung aller verordneten Medikamente sowie deren Nebenwirkungen, die einem Arzt oder einer Pflegeperson mitgeteilt werden sollten
- Informieren Sie den Patienten, daß er 6–12 Monate lang antiinfektiöse Wirkstoffe, am häufigsten Isoniazid und Rifampicin, erhält. Erklären Sie ihm, daß die Ausscheidungen des Körpers (Fäzes, Speichel, Tränen) unter Rifampicin rot bis orange erscheinen können
- Warnen Sie eine Patientin vor möglichen Wechselwirkungen der Medikation mit oralen Kontrazeptiva
- Erklären Sie, daß die Einnahme freiverkäuflicher Medikamente ohne Rücksprache mit einem Arzt vermieden werden sollte
- Betonen Sie, wie wichtig es ist, die Medikation nicht ohne Einverständnis eines Arztes abzusetzen

■ *Aktivitäten*

- Raten Sie dem Patienten, seine körperliche Belastung und Aktivität entsprechend seiner Belastbarkeit einzuschränken und häufig Ruhepausen einzuplanen

■ *Ernährung/Diät*

- Besprechen Sie die Notwendigkeit einer eiweiß- und kohlenhydratreichen Ernährung. Hat der Patient einen schlechten Appetit, so empfehlen Sie häufige, kleine Mahlzeiten
- Weisen Sie den Patienten an, täglich 2–3 Liter oder mehr zu trinken, soweit nicht kontraindiziert

Nachsorge

- Betonen Sie die Bedeutung regelmäßiger Nachsorgeuntersuchungen. Stellen Sie sicher, daß der Patient die notwendigen Namen und Telefonnummern hat
- Besprechen Sie, daß der Patient die betreuende Person, Freunde und jede Kontaktperson darüber informieren muß, sich beim örtlichen Gesundheitsamt einem Hauttest zu unterziehen

Lupus erythematodes, systemischer

Systemischer Lupus erythematodes (SLE): eine chronisch-entzündliche Autoimmunerkrankung des Bindegewebes, die zu biochemischen und strukturellen Veränderungen an Haut, Gelenken und Muskeln führt. Es gibt kein charakteristisches klinisches Erscheinungsbild. SLE erfaßt gewöhnlich mehrere Organe und ist durch Phasen der Remission und der Exazerbation gekennzeichnet. Frauen sind 8mal und im fortpflanzungsfähigen Alter sogar 15mal häufiger als Männer betroffen. SLE tritt am häufigsten bei Asiaten und Afroamerikanern auf. Der diskoide Lupus erythematodes (DLE) befällt nur die Haut.

Risikofaktoren

- Streß
- Streptokokken- oder Vireninfektionen
- Exposition gegenüber Sonnen- oder UV-Licht
- Immunisierung
- Schwangerschaft
- Gestörter Östrogenstoffwechsel

Kennzeichen/Symptome

- Kutane Läsionen: erhabener, roter, schuppender Ausschlag auf Hautbezirken, die dem Sonnenlicht ausgesetzt sind
- Gesichtserythem (Schmetterlingserythem)
- Fieber
- Arthritis
- Wunde Stellen im Mund
- Lichtempfindlichkeit
- Serositis (entzündete seröse Schleimhäute)

- Anorexie
- Gewichtsverlust
- Unwohlsein
- Müdigkeit
- Abdominalschmerzen
- Unregelmäßige Menstruation oder Amenorrhö

Komplikationen

- Schlaganfall
- Herzstillstand
- Nierenversagen
- Krämpfe
- Gangrän (Finger, Zehen)

Diagnostik

- Beschreiben Sie jedes Verfahren, seinen Zweck und die normalen Empfindungen oder Wahrnehmungen, die dabei wahrscheinlich vorkommen, sowie die Pflege davor und danach
- Röntgen-Thorax zum Nachweis einer Pleuritis oder Lupus-Pneumonie
- EKG zum Nachweis einer Überleitungsstörung oder Perikarditis
- EEG, Gehirn-Sonographie, Magnetresonanztomographie zum Nachweis einer Gehirnbeteiligung
- Nierenbiopsie: positiver Befund bei Nierenbeteiligung
- Laborbefunde
  - Serumkomplement C 3 und C 4: erniedrigt
  - Großes Blutbild mit Differentialblutbild: erniedrigte Erythrozyten-, Leukozyten und Thrombozytenzahl
  - Blutkörperchensenkungsgeschwindigkeit: erhöht
  - Elektrophorese: Hypergammaglobulinämie
  - Urinuntersuchungen: positiv für Erythrozyten, Leukozyten, Harnzylinder und -sediment sowie für einen Eiweißverlust
  - Lupusspezifische Blutuntersuchungen
  - — Antinukleäre Antikörper (Anti-DNS, Anti-Smith): positiv
  - — Anti-Desoxyribonukleinsäure: positiv
  - — Test auf LE-Zellen: positiv

Behandlung

Konservativ

- *Therapie*
- Leichte Erkrankung
  - Nichtsteroidale Antiphlogistika: Acetylsalicylsäure bei Arthritis
  - Kortikosteroide bei Hautläsionen
  - Antimalariamittel
- Akute Exazerbationen
  - Kortikosteroide (Prednison)
  - Zytostatika (Azathioprin, Cyclophosphamid, Methotrexat), um eine Verschlechterung des Nierenzustandes zu verlangsamen bzw. zu verhindern
  - Antihypertonika
  - Warfarin, um eine Blutgerinnung, verursacht durch Antiphospholipid-Antikörper, zu verhindern

Ambulante Pflege

- Geben Sie sowohl dem Patienten als auch der betreuenden Person *mündliche* und *schriftliche* Instruktionen. Nennen Sie ihnen den Namen und die Telefonnummer eines Arztes oder einer Pflegeperson, die sie bei Fragen anrufen können
- *Allgemeine Informationen*
- Erläutern Sie den Krankheitsprozeß, seine Ätiologie und die auslösenden Faktoren. Betonen Sie, wie wichtig es ist, Faktoren zu vermeiden, die eine Exazerbation auslösen können
- *Komplikationszeichen*
- Gehen Sie die Zeichen und Symptome durch, die einem Arzt oder einer Pflegeperson mitgeteilt werden sollten
  - Fieber
  - Husten
  - Erythem
  - Zunahme der Schmerzen in Thorax, Abdomen, Muskeln oder Gelenken
- *Besondere Hinweise*
- Erklären Sie, daß eine Frau mit SLE eine Schwangerschaft austragen kann, daß diese jedoch geplant werden sollte. Sorgen Sie für Informationen und für Hinweise auf mehr Informationen bezüglich der Kontrazeption

- Raten Sie einer Patientin, Zyklusanomalien mitzuteilen
- Bringen Sie dem Patienten bei, sich auf Organmanifestationen hin zu überwachen
  - Renale Anzeichen: Gewichtszunahme, Hypertonie
  - Neurologische Zeichen: Persönlichkeitsveränderungen, Depression, Ptose (Herabsinken) der Augenlider, Doppelbilder
  - Hämatologische Zeichen: Blutung (Urin, Stuhl, Sputum)
  - Hauterscheinungen: Haarausfall, Petechien, wunde Stellen, Blässe, Hämatome
  - Immunologische Zeichen: Infektion (Fieber, Husten)
- Unterweisen Sie den Patienten in der Hautpflege
  - Nur nichtallergene Produkte zur Haut- und Haarpflege benutzen
  - Sonnenlicht vermeiden, schützende Kleidung tragen (Hut, langärmelige Hemden und Blusen, Hosen) und einen Sonnenschutz mit Faktor 15 verwenden
  - Haarfärbemittel vermeiden
  - Fluoreszierendes Licht und UV-Licht vermeiden
- Sagen Sie dem Patienten, er möge Infektionen vermeiden, indem er sich von großen Menschenansammlungen und Personen mit bekannter Infektion fernhält
- Besprechen Sie die Notwendigkeit einer sehr sorgfältigen Mundhygiene, um Infektionen zu verhindern

Medikamente

- Erläutern Sie Zweck, Dosierung, Einnahmezeitplan und Art der Verabreichung aller verordneten Medikamente sowie deren Nebenwirkungen, die einem Arzt oder einer Pflegeperson mitgeteilt werden sollten
  - Kortikosteroide siehe S. 458
  - Warfarin siehe Therapie mit Antikoagulanzien, S. 36
- Raten Sie dem Patienten, Penicillin, Sulfonamide, Phenytoin und orale Kontrazeptiva zu vermeiden
- Warnen Sie den Patienten vor der Einnahme von Wunderdrogen gegen Arthritis ohne Rücksprache mit dem Arzt

Aktivitäten

- Ermutigen Sie den Patienten, über Anpassungen und Einschränkungen bezüglich seines Berufs, seiner Freizeit und sonstiger Tätigkeiten zu sprechen

- Ermutigen Sie den Patienten zu regelmäßigen Übungen, um den Bewegungsumfang zu erhalten und Kontrakturen vorzubeugen. Unterweisen Sie ihn im Gebrauch von Wärmepackungen gegen Gelenkschmerzen und -steifigkeit
- Betonen Sie, wie wichtig es ist, körperliche Überanstrengung zu vermeiden. Besprechen Sie die Notwendigkeit, regelmäßige Ruhepausen einzuplanen und Tätigkeiten in Einzelschritte zu unterteilen
- Halten Sie den Patienten zum Gebrauch von Hilfsmitteln wie Schienen, Gehwagen oder Gehstock an

- *Ernährung/Diät*
  - Halten Sie den Patienten zu einer ausgewogenen Ernährung mit eiweiß, vitamin- und eisenreichen Nahrungsmitteln an, um den Ernährungszustand aufrechtzuerhalten und einer Anämie vorzubeugen
  - Empfehlen Sie kleine, häufige Mahlzeiten

Nachsorge

- Betonen Sie die Bedeutung regelmäßiger Nachsorgeuntersuchungen. Stellen Sie sicher, daß der Patient die notwendigen Namen und Telefonnummern hat
- Weisen Sie den Patienten an, stets ein Notfallmedaillon bzw. eine SOS-Kapsel und einen Ausweis bei sich zu tragen

Psychosoziale Betreuung

- Betonen Sie, wie wichtig es ist, Streß zu vermeiden, und besprechen Sie Verfahren des Streßabbaus: Imagination, Meditation, Relaxation

Hinweis

- Unterstützen Sie den Patienten bei der Kontaktaufnahme mit Selbsthilfeorganisationen und -gruppen

Lyme-Borreliose

Lyme-Borreliose: eine akute entzündliche Erkrankung, die durch eine von Zecken auf dem Weg über tierische Vektoren, wie etwa Schalenwild, übertragene Spirochäte ausgelöst wird. Zuerst in dem amerikanischen Städtchen Lyme im Bundesstaat Connecticut beschrieben, wurde die Erkrankung vor allem in New York, New Jersey und Connecticut, aber auch in anderen US-Bundesstaaten sowie sporadisch auch in anderen Ländern beobachtet. Sie kann in allen Altersgruppen auftreten. Über einen Zeitraum von 2–3 Jahren kommt es zu wiederkehrenden Episoden grippeähnlicher Symptome, die etwa eine Woche anhalten und in Abständen von einer bis zu mehreren Wochen auftreten.

Kennzeichen/Symptome

- *Frühstadium*
  - Sich ausbreitendes rotes, kreisförmiges Erythem (Erythema migrans) an der Stelle des Zeckenbisses (Achseln, Schenkel, Leistengegend)
  - Grippeähnliche Symptome
    - Kopfschmerzen
    - Nackensteife
    - Ziehen, Schmerzen
    - Schmerzempfindlichkeit und Anschwellen der Gelenke
    - Fieber, Schüttelfrost
    - Übelkeit, Erbrechen
- *Späteres Stadium*
  - Palpitationen, leichte Kurzatmigkeit
  - Gedächtnisverlust, Verwirrtheit
  - Gliedmaßenschwäche, Sensibilitätsverlust
  - Bell-Lähmung (Drehung des Augapfels beim Lidschluß nach oben zur Schläfe hin)
  - Arthritische Symptome
    - Gelenkschwellungen
    - Rötung
    - Eingeschränkte Beweglichkeit

Komplikationen

- Arthritis
- Meningitis

- Enzephalitis
- Zerebelläre Ataxie
- Neuropathien der Hirnnerven oder peripherer Nerven
- Herzblock, Myokarditis, Perikarditis

Diagnostik

- Beschreiben Sie jedes Verfahren, seinen Zweck und die normalen Empfindungen oder Wahrnehmungen, die dabei wahrscheinlich vorkommen, sowie die Pflege davor und danach
- Serologische Untersuchungen
  - Enzyme-linked-immunosorbent-Assay (ELISA): positiv
  - Indirekter Immunfluoreszenztest: positiv
  - Blutkörperchensenkungsgeschwindigkeit: bisweilen erhöht
  - Rheumafaktor: negativ

Behandlung

Konservativ

- *Therapie*
- Bettruhe, um dem entzündeten Gewebe Ruhe zu gönnen und wieder Kraft zu gewinnen, vor allem bei Beteiligung des Herzens und des Nervensystems
- Bewegungstherapie gegen Muskelschwäche, Lähmung und Arthritis
- *Medikamente*
- Antibiotika, im frühen Stadium oral, später intravenös
- Tetracyclin in Penicillin
- Erythromycin
- Analgetika, Antipyretika gegen Schmerzen und Fieber

Ambulante Pflege

- Geben Sie sowohl dem Patienten als auch der betreuenden Person *mündliche* und *schriftliche* Instruktionen. Nennen Sie ihnen den Namen und die Telefonnummer eines Arztes oder einer Pflegeperson, die sie bei Fragen anrufen können
- *Allgemeine Informationen*
- Erläutern Sie den Krankheitsprozeß und seine Ätiologie. Helfen sie dem Patienten, den Zeckenbiß zu lokalisieren

- *Komplikationszeichen*
- Gehen Sie die Zeichen und Symptome durch, die einem Arzt oder einer Pflegeperson mitgeteilt werden sollten
  - Muskelschwäche
  - Veränderungen des Geisteszustandes
  - Ausgeprägte Schläfrigkeit und Benommenheit
  - Grippeähnliche Symptome
- *Besondere Hinweise*
- Bestärken Sie den Patienten in Vorgehensweisen, die ein erneutes Auftreten vermeiden helfen
  - Gegenden mit Zecken meiden
  - Im Wald bzw. in Gehölzen das Hemd in die Hose und die lange Hose in die Stiefel stecken
  - Repellenzien (z. B. Räuchermittel) auftragen, bevor man in den Wald geht
  - Nach einem Aufenthalt im Wald bzw. in einer Gegend mit Zecken den Körper und die Kleidung alle 3–4 Stunden nach Zecken absuchen
  - Die Zecke sofort mit einer Pinzette unter kräftigem, anhaltendem Zug entfernen. Den Arzt bzw. eine Pflegeperson über den Zeckenbiß informieren
  - Hunde regelmäßig gegen Zecken behandeln, um die Zeckenpopulation am Wohnort so gering wie möglich zu halten
- *Medikamente*
- Erläutern Sie Zweck, Dosierung, Einnahmezeitplan und Art der Verabreichung aller verordneten Medikamente sowie deren Nebenwirkungen, die einem Arzt oder einer Pflegeperson mitgeteilt werden sollten
- Erklären Sie, daß die Antibiotikatherapie bis zu 20 Tagen weitergeführt wird, falls die Symptome anhalten
- Betonen Sie, wie wichtig es ist, die Medikamente wie verordnet weiter einzunehmen
- *Aktivitäten*
- Erläutern Sie, daß es notwendig ist, Ermüdung zu vermeiden, regelmäßige Ruhepausen einzuplanen und die verordnete Bettruhe einzuhalten
- Unterweisen Sie den Patienten in Übungen zum Bewegungsumfang der nichtbetroffenen Gelenke, um die Kraft zu erhalten, warnen Sie den Patienten jedoch vor einer Überlastung

Nachsorge

- Betonen Sie die Bedeutung regelmäßiger Nachsorgeuntersuchungen bis zur vollständigen Ausheilung. Stellen Sie sicher, daß der Patient die notwendigen Namen und Telefonnummern hat

Lymphom, malignes

Malignes Lymphom: Neoplasmen des lymphatischen Gewebes, die nach Grad und Differenzierung des zellulären Anteils unterteilt werden. Non-Hodgkin-Lymphome sind gekennzeichnet durch ihre Ausbreitung in angrenzende Lymphknoten und eine mögliche Beteiligung anderer Organe. Ein Non-Hodgkin-Lymphom hat sich vor der Diagnose oft weit ausgebreitet. Es trifft Erwachsene im Alter von 50 Jahren und darüber hinaus; ist aber häufiger als das Hodgkin-Lymphom. Seine Ätiologie ist weitgehend unbekannt.

Risikofaktoren

- Männliches Geschlecht, jüdische Vorfahren
- Autoimmunerkrankungen in der Anamnese
- Immunsuppressive Therapie, z. B. nach Organtransplantationen

Staging – Stadieneinteilung

I Eine einzelne Lymphknotenregion
II Zwei oder mehr Lymphknotenregionen, auf eine Seite des Diaphragmas beschränkt
III Erkrankung auf beiden Seiten des Diaphragmas, jedoch auf die Lymphknoten und die Milz beschränkt
IV Beteiligung der Knochen, des Knochenmarks, des Lungenparenchyms und der Pleura, von Leber, Haut, Gastrointestinaltrakt, Gehirn u. a.

Alle Stadien werden jeweils in A und B unterteilt, um das Fehlen (A) bzw. das Vorhandensein (B) systemischer Symptome anzuzeigen.

Kennzeichen/Symptome

- Schmerzlose, geschwollene Lymphknoten (Lymphadenopathie); variierende Schwellung und Größe (Frühzeichen)
- Vergrößerte Tonsillen
- Fieber

- Nachtschweiß
- Gewichtsverlust
- Unwohlsein
- Anorexie
- Ödem oder Schmerzen distal der geschwollenen Lymphknoten

Komplikationen

- Vergrößerung der Halslymphknoten: Venenverschluß, Nackenödem, Verlegung der Atemwege
- Vergrößerung der mediastinalen Lymphknoten: Dyspnö, Husten
- Vergrößerung der inguinalen Lymphknoten: Dysurie, häufiges Wasserlassen, Schmerzen beim Wasserlassen, Schmerzen im Iliosakralbereich
- Infektionen
- Frakturen

Diagnostik

- Beschreiben Sie jedes Verfahren, seinen Zweck und die normalen Empfindungen oder Wahrnehmungen, die dabei wahrscheinlich vorkommen, sowie die Pflege davor und danach
- Verfahren zur Stadieneinteilung
  - Lymphknotenbiopsie
  - Röntgen-Thorax
  - Knochenmarkbiopsie
  - Leber- und Milzbiopsie, Scans
  - Laparoskopie zur Darstellung der peritonealen Organe
  - Computertomographie-Scans zur Beurteilung einer Lymphknotenbeteiligung im Abdomen und im Beckenraum
- Laboruntersuchungen
  - Normozytäre, normochrome Anämie
  - Weißes Blutbild mit Differentialblutbild
  - Blutkörperchensenkungsgeschwindigkeit
  - Hyperkalzämie
  - Alkalische Phosphatase: erhöht (Zeichen einer Knochenbeteiligung)
  - Kupfer: erhöht
  - Lactatdehydrogenase: erhöht
  - Coombs-Test: positiv
  - Hypoalbuminämie oder Hypergammaglobulinämie
  - Monoklonale Immunglobulin-Spikes

Behandlung

Konservativ

- *Therapie*
  - Strahlentherapie in den Stadien I bis III
  - Autologe Knochenmarktransplantation: Wirksamkeit wird z. Z. erforscht
- *Medikamente*
  - Chemotherapie in Kombination mit Strahlentherapie in den Stadien III und IV
  - Intrathekale Chemotherapie bei Beteiligung des Gehirns
  - Interferon, monoklonale Antikörper: Wirksamkeit wird z. Z. erforscht

Chirurgisch

- *Laparotomie*
- *Splenektomie*

Ambulante Pflege

- Geben Sie sowohl dem Patienten als auch der betreuenden Person *mündliche* und *schriftliche* Instruktionen. Nennen Sie ihnen den Namen und die Telefonnummer eines Arztes oder einer Pflegeperson, die sie bei Fragen anrufen können
- *Allgemeine Informationen*
  - Besprechen Sie das Non-Hodgkin-Lymphom, seine möglichen Ursachen und die beeinflussenden Faktoren
  - Besprechen Sie die Stadieneinteilung und die Auswirkungen, die das jeweilige Stadium auf den Alltag haben kann
  - Besprechen Sie die verordnete Behandlung (s. Chemotherapie, S. 102, und Strahlentherapie, S. 714)
- *Komplikationszeichen*
  - Gehen Sie die Zeichen und Symptome durch, die einem Arzt oder einer Pflegeperson mitgeteilt werden sollten
    - Anhaltendes Fieber
    - Gewichtsverlust
    - Vergrößerte Lymphknoten
    - Unwohlsein
    - Herabgesetzte körperliche Belastbarkeit
    - Infektion (Harntrakt, obere Atemwege): Husten, übelriechendes Sputum, Schmerzen und Brennen beim Wasserlassen, häufiges Wasserlassen, Harndrang, Hämaturie, Rötung

- *Besondere Hinweise*
  - Besprechen Sie, wie wichtig es ist, Verletzungen und Traumata zu vermeiden, die zu Hämatomen und Blutungen führen können
  - Besprechen Sie, wie wichtig es ist, große Menschenansammlungen und Personen mit Verdacht auf eine Infektion zu meiden
- *Medikamente*
  - Erläutern Sie Zweck, Dosierung, Einnahmezeitplan und Art der Verabreichung aller verordneten Medikamente sowie deren Nebenwirkungen, die einem Arzt oder einer Pflegeperson mitgeteilt werden sollten
  - Erklären Sie, wie wichtig es ist, den Behandlungsplan der Chemotherapie einzuhalten und Nebenwirkungen der Behandlung dem Arzt oder der Pflegeperson mitzuteilen, wie z. B. wunde Stellen im Mund und auf der Zunge, Anorexie, Übelkeit, Erbrechen, Unwohlsein
- *Aktivitäten*
  - Ermutigen Sie den Patienten, über Anpassungen und Einschränkungen bezüglich seines Berufs, seiner Freizeit und sonstiger Tätigkeiten zu sprechen
  - Erläutern Sie, daß es notwendig ist, regelmäßige Ruhepausen einzuplanen und Überlastungen zu vermeiden
  - Unterweisen Sie den Patienten in Techniken des Streßabbaus
- *Ernährung/Diät*
  - Betonen Sie die Bedeutung einer ausgewogenen, hochkalorischen, eiweißreichen Ernährung, um den Ernährungszustand aufrechtzuerhalten
  - Halten Sie den Patienten zu häufigen, kleinen Mahlzeiten an
  - Besprechen Sie Methoden, um die Flüssigkeitsaufnahme und Ernährung auch in Phasen von Stomatitis, Übelkeit, Erbrechen und Anorexie aufrechtzuerhalten: den ganzen Tag über an Flüssigkeiten nippen, verdünnte Fruchtsäfte trinken; gewürzte, scharfe und mit Zitronensäure versetzte Speisen meiden

Nachsorge

- Betonen Sie die Bedeutung regelmäßiger Nachsorgeuntersuchungen. Stellen Sie sicher, daß der Patient die notwendigen Namen und Telefonnummern hat
- Besprechen Sie, daß Chemo- und Strahlentherapie geplant und Termine eingehalten werden müssen

Hinweis

- Unterstützen Sie den Patienten bei der Kontaktaufnahme mit Selbsthilfeorganisationen

Mammachirurgie

Mammachirurgie: chirurgische Behandlung bei Brustkrebs, abhängig von der Größe des Tumors, seiner Ausbreitung, dem Alter und dem körperlichen Zustand der Frau sowie von deren Vorstellungen. Die Vorgehensweisen der Mammachirurgie umfassen die Quadrantenresektion, d. h. das Entfernen eines Quadranten und eines Randsaums an gesundem Gewebe, sowie die Mastektomie, vom Entfernen des Brustgewebes unter Erhalt der Haut und der Brustwarze und der Areola bis hin zur radikalen Entfernung der inneren Lymphbahnen zusammen mit der Brust, den Brustmuskeln und den axillären Lymphknoten.

Präoperative Schulung

- Gehen Sie die Erläuterungen des Arztes bezüglich der Operation und ihrer Ursache durch. Ermutigen Sie die Patientin, Fragen zu stellen und Sorgen und Ängste zu besprechen
- Besprechen Sie die Notwendigkeit einer schriftlichen Einverständniserklärung nach Aufklärung

Besprechen der präoperativen Pflege

- Erklären Sie, daß die Haut mit einer bakteriziden Seife oder antiseptischen Lösung gewaschen wird, um Bakterien abzutöten und zu entfernen
- Besprechen Sie das komplette Blutbild und die Urinanalyse zur Suche nach einer Infektion und Blutung
- Erläutern Sie, daß die Patientin am Tag (ab Mitternacht) vor der Operation weder essen noch trinken darf
- Beschreiben Sie die Arten der Verbände, Geräte und Ausrüstungsgegenstände, die nach der Operation zum Einsatz kommen
- Unterweisen Sie die Patientin in Übungen, in der Hand- und Armpflege sowie im Umgang mit den Drainageschläuchen
- Ermutigen Sie zu Fragen und zur Verbalisierung von Ängsten, Sorgen und Trauer in Zusammenhang mit der Veränderung des Körperbildes
- Versuchen Sie, der Patientin vor der Operation psychische Unterstützung zu verschaffen, wenn dies möglich ist

Besprechen der postoperativen Pflege

- Weisen Sie die Patientin an, jeden ungewöhnlichen Schmerz und jede Schwellung im Bereich der Operationswunde sowie Zeichen einer Infektion (Rötung, Schmerzen, Schwellung, Empfindlichkeit, Fieber, nichtseröse Absonderungen oder Geruch) mitzuteilen
- Erklären Sie, daß die Patientin nach modifizierter radikaler oder partieller Mastektomie mit Dissektion der axillären Lymphknoten u. U. mit einigen Drainagen entlassen wird
- Gehen Sie die Instruktionen zur Hand- und Armpflege durch (s. Kasten, S. 506)
- Bringen Sie ihr die Armübungen wie vorgeschrieben bei
- Warnen Sie die Patientin bezüglich eines möglichen Phantomschmerzes in der Brust vor. Er besteht gewöhnlich in stechenden Schmerzen oder Jucken der gesamten Brust oder der Brustwarze

Nebenwirkungen/Komplikationen

- Nebenwirkungen sind unüblich, ausgenommen bei radikalen Eingriffen, die seltener durchgeführt werden
  - Infektion an der Einschnittstelle
  - Serom
  - Lymphödem
  - Beeinträchtigung der Schulterbeweglichkeit
  - Verletzung von Nerven

Ambulante Pflege

- Geben Sie sowohl der Patientin als auch der betreuenden Person schriftliche und mündliche Instruktionen. Vermitteln Sie ihnen Namen und Telefonnummern eines Arztes oder einer Pflegeperson, die bei Fragen angerufen werden können
- *Allgemeine Informationen*
  - Gehen Sie die Erläuterung der Krankheit, der verordneten Operation und der adjuvanten Therapie durch
  - Erklären Sie, daß der Arm nach Entfernen der axillären Lymphknoten anschwellen kann und gegen Infektionen weniger widerstandsfähig ist
- *Wundversorgung*
  - Bringen Sie der Patientin die Pflege der Haut an der Stelle des Einschnitts und des Arms der betroffenen Seite bei

- Bei modifizierter radikaler oder partieller Mastektomie
  - Bringen Sie der Patientin bei, den Verband zu wechseln, den Zustand des Einschnitts und der Drainage einzuschätzen, das Drainagegefäß zu leeren sowie Menge und Beschaffenheit der Drainageflüssigkeit aufzuschreiben
  - Warnen Sie die Patientin davor, den betroffenen Arm zu abduzieren oder über die Schulterebene hinaus anzuheben, bevor die Drainagen entfernt wurden
  - Weisen Sie die Patientin an, jegliche Rötung oder Flüssigkeitsabsonderung um die Drainage herum mitzuteilen
- Weisen Sie die Patientin an, kein Deodorant oder Antiperspirans zu verwenden, ehe nicht die Fäden und Drainagen aus der Achselhöhle entfernt wurden und die Wunde verheilt ist. Liegt keine Drainage, darf die Patientin duschen
- Weisen Sie die Patientin darauf hin, Injektionen, intravenöse Dauerkatheter, Blutabnahmen oder Blutdruckmessen am betroffenen Arm abzulehnen
- Weisen Sie die Patientin an, beengende Kleidung und Schmuck am betroffenen Arm zu vermeiden und die Handtasche am gesunden Arm zu tragen
- Besprechen Sie die Arten der verfügbaren vorübergehend bzw. dauerhaft zu tragenden Prothesen, und helfen Sie ggf. mit Hinweisen zu deren Beschaffung. Raten Sie der Patientin vom Einsatz einer externen Prothese bzw. BH-Einlage ab, bis die Schwellung zurückgegangen und die Wunde komplett verheilt ist. Bitten Sie sie, den Einsatz einer Prothese mit dem Arzt oder einer Pflegeperson zu besprechen
- Besprechen Sie die verfügbaren Verfahren der Mammaplastik
- Betonen Sie, wie wichtig es ist, die gesunde Brust auch weiterhin abzutasten und Mammographien durchführen zu lassen

Komplikationszeichen

- Gehen Sie die Zeichen und Symptome durch, die einem Arzt oder einer Pflegeperson mitgeteilt werden sollten
  - Anschwellen des Arms
  - Absonderungen aus der Wunde, große Mengen an Drainageflüssigkeit oder Blut im Drainagebehälter
  - An der Stelle des Einschnitts: Rötung, eitrige Absonderungen, Schmerzen, Wärme beim Berühren

- *Medikamente*
  - Erläutern Sie Zweck, Dosierung, Einnahmezeitplan und Art der Verabreichung aller verordneten Medikamente sowie deren Nebenwirkungen, die einem Arzt oder einer Pflegeperson mitgeteilt werden sollten
  - Sorgen Sie für Schmerzbekämpfung, indem Sie alternative Methoden gegen postoperative Schmerzen anbieten: Visualisierung, geleitete Imagination, Meditation, progressive Muskelrelaxation und Biofeedback
- *Aktivitäten*
  - Besprechen Sie die Notwendigkeit fortgesetzter Übungen nach der Mastektomie, um den vollen Bewegungsumfang wieder zu erreichen
  - Fördern Sie das Gespräch über Anpassungen und Einschränkungen im Hinblick auf den Beruf, Freizeitsport oder andere Tätigkeiten
  - Ermutigen Sie je nach Belastbarkeit zur Wiederaufnahme von Selbstpflegeaktivitäten (Essen, Haare kämmen) und der Aktivitäten des täglichen Lebens
  - Erklären Sie, daß auch das Geschlechtsleben wieder aufgenommen werden kann, falls dies gewünscht wird. Der Partner sollte dabei eine Position wählen, die keinen Druck auf die Brustwand ausübt

Nachsorge

- Betonen Sie die Bedeutung regelmäßiger Nachsorgeuntersuchungen. Stellen Sie sicher, daß die Patientin die erforderlichen Rufnummern hat
- Bereiten Sie die Patientin auf die adjuvante Behandlung wie Hormontherapie, Chemotherapie und Strahlentherapie vor

Anleitung zur Hand- und Armpflege

- Legen Sie, solange die Patientin bettlägerig ist, den betroffenen Arm auf ein kleines und ein großes Kissen, so daß das Handgelenk etwas höher als der Ellenbogen und dieser wiederum etwas höher als die Schulter liegt
- Die Patientin sollte mit der gesunden Seite voran aufstehen
- Ermuntern Sie die Patientin, nach Anweisung des Physiotherapeuten Handübungen mit einem Schaumstoffball sowie Übungen zur Erweiterung des Bewegungsumfangs zu machen
- Die Patientin sollte kein Deodorant oder Mittel gegen Schweißbildung verwenden, bis die Fäden aus der Achselhöhle entfernt wurden und die Wunde völlig verheilt ist
- Halten Sie die Patientin an, Aktivitäten des täglichen Lebens entsprechend ihrer Belastbarkeit unter folgenden Vorsichtsmaßnahmen durchzuführen:

- Bei Gartenarbeit Arbeitshandschuhe tragen
- Bei Arbeiten am Backofen einen langen, wärmeisolierten Handschuh am betroffenen Arm tragen
- Beim Nähen einen Fingerhut tragen
- Beim Umgang mit hautreizenden Detergenzien oder Stahlwolle Gummihandschuhe tragen
- Handlotion, um ein Austrocknen der Haut zu verhindern
- Elektrorasierer zum Ausrasieren der Achselhöhlen, um Verletzungen der Haut zu verhindern
- Keine Injektionen, intravenösen Verweilkatheter, Blutabnahmen oder Blutdruckmessungen am betroffenen Arm
- Repellenzien (z. B. Räuchermittel) zur Vermeidung von Insektenstichen
- Keine beengende Kleidung oder Schmuck am betroffenen Arm
- Sonnenschutzmittel, Faktor 15 oder mehr, gegen Sonnenbrand
- Nagelhautentferner und eine Nagelfeile zum Nagelschneiden
- Bei Verbrennungen am betroffenen Arm Eis auflegen und die Stelle an der frischen Luft belassen, bis die Blase aufgeht. Den Arm dann mit Wasser und Seife waschen, eine antiseptische Lösung auftragen, und den Bereich mit einer Binde bedecken. Den Arzt oder eine Pflegeperson informieren, wenn die Wunde nicht heilt
- Bei Schnittverletzungen den Arm dann mit Wasser und Seife waschen, eine antiseptische Lösung auftragen und den Bereich mit einer Binde bedecken. Den Arzt oder eine Pflegeperson informieren, wenn die Wunde nicht heilt
- Den Arzt oder eine Pflegeperson informieren, wenn sich eine Rötung, Schwellung und Schmerzen entwickeln

Aus Brown, M. et al.: Standards of oncology nursing practice. John Wiley & Sons, New York 1986

Hinweis

- Helfen Sie der Patientin, Kontakte zu Organisationen der Sekundärversorgung und zu Selbsthilfegruppen zu knüpfen

Mammakarzinom

Mammakarzinom: das häufigste Malignom bei amerikanischen Frauen. Bei einer von 9 Frauen wird irgendwann im Leben Brustkrebs diagnostiziert. Er gilt als systemische Krankheit, bei der u. U. schon frühzeitig unerkannte Fernmetastasen mit oder ohne Lymphknotenbeteiligung auftreten.

Risikofaktoren

- Brustkrebs in der Familienanamnese: Schwester, Mutter, Großmutter, Tante
- Menarche vor dem 12. Lebensjahr
- Menopause nach dem 55. Lebensjahr
- Keine Kinder oder das 1. Kind nach dem 30. Lebensjahr
- Hohe Strahlenexposition, besonders vor dem 35. Lebensjahr
- Fibrös-zystische Veränderungen (atypische Epithelhyperplasie)
- Brustkrebs in der Anamnese
- Weitere Karzinome in der Anamnese (Endometrium-, Ovarial-, Kolon-, Schilddrüsenkarzinom)

Kennzeichen/Symptome

- Schmerzlose Verdichtung oder Schwellung in der Brust (am häufigsten)
- Sekretionen aus der Brustwarze: spontan, einseitig, aus einem einzelnen Ausführungsgang, wäßrig und klar, serös-blutig, blutfarben
- Fortgeschrittenes Stadium: Grübchenbildung auf der Haut oder an der Brustwarze, Fältelung oder Retraktion der Brustwarze, Veränderungen im Umriß sowie in Form und Größe der Brust, Hautödem, Verfärbung, Erweiterung der oberflächlichen Hautgefäße, offene Hautulzera, harte, nicht verschiebliche Masse in der Achselhöhle

Komplikationen

- Metastasen, meist in Lunge, Leber und Knochen
- Hyperkalzämie
- Kompression des Rückenmarks
- Beteiligung des Armplexus
- Pleuraerguß
- Pathologische Frakturen

Diagnostik

- Beschreiben Sie jedes Verfahren, seinen Zweck sowie die Empfindungen und Wahrnehmungen, die dabei wahrscheinlich vorkommen, und die Pflege davor und danach
  - Klinische Untersuchung mit Palpation der Brüste und Achselhöhlen
  - Mammographie zur Bestimmung der Form, Größe und Lokalisation des Tumors
  - Biopsie zur Bestimmung des Zelltyps
  - Östrogen- und Progesteronrezeptoren zur Bestimmung der Ansprechbarkeit des Tumors auf Hormone

M

Behandlung

Konservativ

- *Therapie*
  - Strahlentherapie
  - Kontaktbestrahlung, Spickung mit Radionukliden
  - Perkutane (externe) Strahlentherapie
  - Regionale Lymphknotenbestrahlung
- *Medikamente (als adjuvante Therapie der Strahlentherapie)*
  - Kombinationschemotherapie: CMF (Cyclophosphamid, Methotrexat, 5-Fluorouracil), CMFVP (CMF mit Vincristin und Prednison), CA (Cyclophosphamid und Doxorubicin), CAF (Cyclophosphamid, Doxorubicin, 5-Fluorouracil)
  - Antiöstrogene (ablativ): Tamoxifenzitrat
  - Östrogene (additiv): Diäthylstilböstrol, Ethinylestradiol
  - Androgene (additiv): Fluoxymesteron, Testosteron, Methyltestosteron
  - Progesterone: Megestrolacetat, Medroxyprogesteron

Chirurgisch

- Segment-/Quadrantenresektion: großzügige Resektion und Entfernen des Tumors und eines Randsaums aus gesundem Gewebe
- Partielle Mastektomie: einfache Exzision des Tumors und eines Randsaums aus gesundem Gewebe
- Quadrantenresektion: Entfernen eines Viertels der Brust
- *Mastektomie*
  - Subkutan: Entfernen des gesamten Brustgewebes unter Belassen der Haut mit Mamma und Areola
  - Einfache totale Mastektomie: vollständiges Entfernen des Brustgewebes und der Haut vom Schlüsselbein bis zum Rippenbogen und von der Mittellinie bis zum M. latissimus dorsi bei Erhalt der axillären Lymphknoten

- Modifizierte radikale Mastektomie: Entfernen der Brust und der axillären Lymphknoten
- Radikale Mastektomie: Entfernen der Brustmuskeln und der axillären Lymphknoten
- Erweiterte Mastektomie: Entfernen der inneren Lymphbahnen der Brust zusammen mit der Brust, den Brustmuskeln und axillären Lymphknoten
- Mammaplastik, Rekonstruktion der Brust
- Knochenmarktransplantation (s. S. 437)

Ambulante Pflege

- Geben Sie sowohl der Patientin als auch der betreuenden Person *schriftliche* und *mündliche* Instruktionen. Vermitteln Sie ihnen Namen und Telefonnummern eines Arztes oder einer Pflegeperson, die bei Fragen angerufen werden können. Setzen Sie visuelle Hilfen ein
- *Allgemeine Informationen*
- Gehen Sie die Erklärungen zur Krankheit, der verordneten Operation und der adjuvanten Therapie durch. Erklären Sie, daß die Entscheidung auf dem Stadium des Karzinoms, dem Alter, dem Menopausenstatus, dem Status der Hormonrezeptoren sowie den Vorstellungen der Patientin beruht
- *Besondere Hinweise*
- Ermutigen Sie die Patientin, über ihre Gefühle hinsichtlich der kommenden Operation, der adjuvanten Therapie und der Prognose zu sprechen. Klären sie falsche Vorstellungen jeder Art

Nachsorge

- Betonen Sie die Bedeutung regelmäßiger Nachsorgeuntersuchungen. Stellen Sie sicher, daß die Patientin die erforderlichen Rufnummern hat

Psychosoziale Betreuung

- Betonen Sie, wie wichtig es ist, Gefühle hinsichtlich der einschneidenden Bedeutung des Verlustes eines Körperteils für die Lebensweise, die Sexualität und Beziehungen auch auszusprechen

Hinweis

- Ermutigen Sie die Patientin, mit anderen Frauen zu sprechen, die ähnliches erfahren haben

Meniskusriß, Meniskektomie

Meniskektomie: Entfernen eines Meniskus, d. h einer der c-förmigen Knorpelspangen, die das Schienbein am Kniegelenk bedecken. Diese Knorpel erleichtern die Bewegung im Gelenk und absorbieren gleichzeitig Stöße und Druck. Sie sind dem Verschleiß durch Verletzungen und sekundär durch Arthritis ausgesetzt. Da Knorpel keine eigene Blutversorgung hat, heilt er selten ohne die Bildung von Narbengewebe mit unzureichender Funktion. Dies macht chirurgische Eingriffe notwendig, bei denen der geschädigte oder degenerierte Knorpel aus dem Kniegelenk entfernt wird. Die Meniskektomie wird bei eingerissenem Meniskus durchgeführt. Unbehandelt führen Risse zu weiterer Gelenkdegeneration und zu chronischer Arthritis des Kniegelenks. Die Mehrzahl der Meniskusrisse geht auf Sport, insbesondere Basketball und Fußball, zurück. Risse des Innenmeniskus, die infolge einer Innenrotation des Kniegelenks entstehen, sind am häufigsten. Risse des Außenmeniskus gehen auf eine Außenrotation zurück.

Kennzeichen/Symptome

- *Chronische (degenerativ-osteoarthritische) Zeichen*
  - Steifheit und Schwäche im Gelenk
  - Gelenkschmerzen, die bei Aktivität zu- und in Ruhe abnehmen
  - Schwellung und Flüssigkeit im Gelenk
  - Schwaches, „nachgiebiges“ Gelenk
- *Akute Symptome (nach einer Knieverletzung)*
  - Gelenkerguß (Aufdehnung mit Flüssigkeit)
  - Eingeschränkter Bewegungsumfang
  - Gelenksperre (vollständige Streckung unmöglich)
  - Gelenkschmerz

Komplikationen

- Chronische Arthritis des Kniegelenks bei unbehandeltem Riß
- Schwäche, Inaktivitätsatrophie des M. quadriceps femoris infolge der Schmerzen
- Gelenkinstabilität und -degeneration
- Postoperative Infektion, Hämorrhagie
- Narbenbildung, die zu weiteren Rissen führt
- Kompartmentsyndrom
- Hämatom- oder Thrombenbildung

Diagnostik

- Beschreiben Sie jedes Verfahren, seinen Zweck sowie die Empfindungen und Wahrnehmungen, die dabei wahrscheinlich vorkommen, und die Pflege davor und danach
- McMurray-Zeichen: Klicken oder Knacken, begleitet von Schmerzen bei Streckung des Beins aus der Beugung heraus
- Apley-Zeichen: Knirschen oder Krepitationen bei Druck des gebeugten Fußes und Unterschenkels auf den Oberschenkel
- Arthrographie: Injektion eines röntgendichten Farbstoffs und von Luft in das Gelenk, um das Ausmaß der Schädigung festzustellen
- Arthrozentese: Entnahme von Synovia zum Nachweis von Blut als Hinweis auf einen Meniskusriß
- Radiologische Untersuchungen
  - Röntgenaufnahmen zur Dokumentation der Verletzung
  - Magnetresonanztomographie zur Darstellung spezieller Gewebe und des Ausmaßes der Verletzung
  - Diagnostische Arthroskopie zur Darstellung der Verletzung am Meniskus und an den Bändern

Behandlung

Konservativ

- *Therapie*
- Analgetika zur Schmerzlinderung
- Nichtsteroidale Antiphlogistika zur Abschwächung des Entzündungsprozesses

Chirurgisch

- Meniskektomie oder Arthroskopie: Die Korrektur der gerissenen Meniskusanteile geschieht gewöhlich arthroskopisch, abhängig vom Schweregrad der Schädigung kann jedoch ein größeres Operationsfeld bzw. ein umfangreicherer Eingriff, d. h. eine klassische Meniskektomie erforderlich werden. Der Eingriff kann ambulant oder stationär vorgenommen werden und geschieht üblicherweise unter Lokalanästhesie

Präoperative Schulung

- Gehen Sie die Erläuterungen des Arztes bezüglich der Operation und ihrer Ursache durch. Ermutigen Sie den Patienten, Fragen zu stellen und jegliche Sorgen und Ängste zu besprechen

- Besprechen Sie die Notwendigkeit einer schriftlichen Einverständniserklärung nach Aufklärung für die Operation und die Anästhesie

Besprechen der präoperativen Pflege

- Gehen Sie die präoperativen Untersuchungen durch
  - Blutuntersuchungen zur Erhebung des Elektrolytstatus und zum Nachweis einer Infektion
  - Urinuntersuchungen zum Nachweis einer Infektion
  - Röntgen-Thorax und EKG (altersabhängig) zur Bestimmung von Ausgangswerten bei bestehenden Störungen
- Erklären Sie, daß am Abend vor dem Eingriff eine Dusche mit bakterizider Seife erforderlich ist
- Besprechen Sie, daß der Patient am Abend vor der Operation ab Mitternacht weder essen noch trinken darf
- Informieren Sie den Patienten, daß eine Belastung des betroffenen Knies vor der Operation gestattet ist, soweit sie toleriert wird. Unterweisen Sie den Patienten im Umgang mit Unterarmgehstützen zum Gebrauch nach der Operation

Besprechen der postoperativen Pflege

- Erklären Sie, daß diese Operation am Knie gewöhnlich ambulant durchgeführt wird, ein komplizierterer Eingriff jedoch eine Hospitalisierung für 1–2 Tage erforderlich machen kann
- Besprechen Sie die Notwendigkeit einer Bandage und einer Kniekappe um das Kniegelenk
- Informieren Sie den Patienten darüber, wie wichtig es ist, das operierte Bein anzuheben und Kältepackungen auf die Operationswunde zu legen, um die Schwellung zu reduzieren
- Besprechen Sie die Notwendigkeit und Häufigkeit einer Überprüfung des neurovaskulären Status, der Vitalzeichen und der peripheren Pulse
- Sagen Sie dem Patienten, daß entsprechend der Anweisung 8–24 Stunden lang Bettruhe eingehalten wird, daß eine Belastung des Beins 24 Stunden lang nicht gestattet ist und daß ein Umhergehen mit Unterarmgehstützen 24–48 Stunden nach der Operation erlaubt ist
- Besprechen Sie, wie wichtig es ist, das gestreckte Bein am zweiten oder dritten postoperativen Tag anzuheben und in der Abteilung für Physiotherapie aktive und passive Übungen zum Bewegungsumfang durchzuführen

Ambulante Pflege

- Geben Sie sowohl der Patientin als auch der betreuenden Person *schriftliche* und *mündliche* Instruktionen. Vermitteln Sie ihnen Namen und Telefonnummern eines Arztes oder einer Pflegeperson, die bei Fragen angerufen werden können
- *Allgemeine Informationen*
- Besprechen Sie den Eingriff, die Art der Verletzung sowie die beeinflussenden Faktoren
- *Komplikationszeichen*
- Gehen Sie die Zeichen und Symptome einer neurovaskulären Schädigung durch, die einem Arzt oder einer Pflegeperson mitgeteilt werden sollten
  - Blässe und Kühle der Extremität
  - Taubheitsgefühl und Kribbeln in den Zehen
  - Unfähigkeit, das Bein anzuheben oder zu benutzen
  - Zunehmende Schmerzen und Schwellung
  - Verringerte kapilläre Füllung der Zehen am betroffenen Bein
- Gehen Sie die Zeichen einer Infektion durch, die sofort mitgeteilt werden sollten
  - Fieber, Schmerzen
  - Schwellung an der Wunde
  - Eitriger Ausfluß aus der Wunde
- *Besondere Hinweise*
- Besprechen Sie Wege einer Reduktion der Schwellung: Hochlagern der Extremität, Auflegen von Kältepackungen auf die Wunde
- *Medikamente*
- Erläutern Sie Zweck, Dosierung, Einnahmezeitplan und Art der Verabreichung aller verordneten Medikamente sowie deren Nebenwirkungen, die einem Arzt oder einer Pflegeperson mitgeteilt werden sollten
- *Aktivitäten*
- Unterweisen Sie den Patienten im richtigen Gebrauch von Unterarmgehstützen und in der korrekten Technik des Treppensteigens
- Machen Sie die Notwendigkeit deutlich, von sportlichen Aktivitäten Abstand zu nehmen, die zu einer erneuten Schädigung nicht verheilten Gewebes führen könnten, bis der Arzt diese sportlichen Aktivitäten wieder gestattet

Nachsorge

- Betonen Sie die Bedeutung regelmäßiger Nachsorgeuntersuchungen
- Stellen Sie sicher, daß der Patient die erforderlichen Rufnummern hat

Mitralinsuffizienz

Mitralinsuffizienz: unvollständiger Klappenschluß, der sich ergibt, wenn eine Erstarrung, Verkalkungen und Verwachsungen der Klappensegel mit den Chordae tendineae zu einer Verkürzung und Retraktion der Klappensegel führen.

Ätiologie/beeinflussende Faktoren/Risikofaktoren

- Myokardinfarkt
- Koronare Herzkrankheit
- Funktionsstörung des Papillarmuskels
- Kardiomyopathie
- Entzündliche Herzkrankheiten
- Rheumatisches Fieber
- Mitralklappenprolaps
- Riß der Chordae tendineae oder eines Papillarmuskels

Kennzeichen/Symptome

- Lungenödem
- Müdigkeit
- Angina
- Palpitationen
- Kurzatmigkeit
- Angst

Komplikationen

- Herzinsuffizienz
- Pulmonale Hypertonie
- Endokarditis
- Systemische Embolien
- Lungenödem

Diagnostik

- Beschreiben Sie jedes Verfahren, seinen Zweck sowie die Empfindungen und Wahrnehmungen, die dabei wahrscheinlich vorkommen, und die Pflege davor und danach
  - Herzkatheter zur Bestimmung des Schweregrades der Insuffizienz sowie zur Messung des pulmonalen und intrakardialen Drucks
  - Echokardiographie zur optischen Darstellung der Klappen und zur Bestimmung des Schweregrades der Insuffizienz
  - EKG zum Nachweis eines früheren Infarktes sowie einer Hypertrophie des linken Ventrikels und von Herzrhythmusstörungen
  - Röntgen-Thorax zur Darstellung einer Herzvergrößerung

Behandlung

Konservativ

- *Medikamente*
  - Antibiotika
  - Digitalis
  - Orale Antikoagulanzien
  - Vasodilatatoren
  - Diuretika

Chirurgisch

- *Kommissurotomie*
- *Valvuloplastik*
- *Valvotomie*
- *Mitralklappenersatz*

Ambulante Pflege

- Geben Sie sowohl der Patientin als auch der betreuenden Person *schriftliche* und *mündliche* Instruktionen. Vermitteln Sie ihnen Namen und Telefonnummern eines Arztes oder einer Pflegeperson, die bei Fragen angerufen werden können
- Setzen Sie Herzmodelle oder Zeichnungen als visuelle Hilfen ein
- Unterweisen Sie den Patienten, und bereiten Sie ihn ggf. auf einen Herzklappenersatz vor (s. S. 339)
- *Allgemeine Informationen*
  - Besprechen Sie den Krankheitsprozeß sowie die zugrundeliegenden und beeinflussenden Faktoren. Zeigen Sie dem Patienten die Lage der betroffenen Herzklappe

- *Komplikationszeichen*
  - Gehen Sie die Zeichen und Symptome eines Fortschreitens der Erkrankung durch, die einem Arzt oder einer Pflegeperson mitgeteilt werden sollten
    - Belastungsdyspnö
    - Orthopnö
    - Paroxysmale nächtliche Dyspnö
    - Müdigkeit
    - Palpitationen
- *Besondere Hinweise*
  - Erläutern Sie das Risiko einer Endokarditis, und besprechen Sie die Ursachen und Möglichkeiten der Prävention. Sagen Sie dem Patienten bzw. der Patientin, er/sie möge den Zahnarzt und anderes medizinisches Personal (Urologen, Gynäkologen) über die Herzklappenerkrankung informieren
  - Erläutern Sie die Bedeutung einer guten Mundhygiene und regelmäßiger Zahnpflege. Erklären Sie, daß vor einer zahnmedizinischen Maßnahme oder einem sonstigen Eingriff (Dilatation und Curettage, Zystoskopie) eine Antibiotkaprophylaxe erforderlich ist
  - Versorgen Sie Patientinnen mit Informationen zur Kontrazeption und zum Risiko einer Schwangerschaft. Betonen Sie die Bedeutung der Familienplanung
- *Medikamente*
  - Erläutern Sie Zweck, Dosierung, Einnahmezeitplan und Art der Verabreichung aller verordneten Medikamente sowie deren Nebenwirkungen, die einem Arzt oder einer Pflegeperson mitgeteilt werden sollten
- *Aktivitäten*
  - Betonen Sie, wie wichtig es ist, anstrengende Tätigkeiten zu vermeiden
  - Fördern Sie das Gespräch über Anpassungen und Einschränkungen im Hinblick auf den Beruf, die Freizeit oder andere Tätigkeiten
  - Erläutern Sie die Notwendigkeit einer leichten Betätigung
  - Raten Sie zu häufigen Ruhepausen und dazu, Ermüdung zu vermeiden
- *Ernährung/Diät*
  - Besprechen Sie die Notwendigkeit einer Salzrestriktion. Erläutern Sie, daß bei Vorliegen einer Herzinsuffizienz weitere Einschränkungen der Natriumaufnahme erforderlich werden können

Nachsorge

- Betonen Sie die Bedeutung regelmäßiger Nachsorgeuntersuchungen. Stellen Sie sicher, daß der Patient die erforderlichen Rufnummern hat

Mitralprolaps

Mitralprolaps: eine gewöhnlich gutartige Erkrankung, die bei Gesunden diagnostiziert wird. Eines der beiden Mitralsegel ist während der Systole in den Vorhof verlagert (prolabiert). In der Mehrzahl der Fälle wird der Klappenschluß dadurch nicht behindert. In seltenen Fällen kommt es zu einem mitralen Reflux. Man schätzt, daß etwa 2–3 % der Bevölkerung einen Mitralprolaps haben. Die meisten Menschen zeigen keine Symptome, obwohl manche über eine leichte Symptomatik klagen. Die Erkrankung tritt bei Männern und Frauen im Alter zwischen 20 und 40 Jahren auf und ist bei Frauen häufiger.

Ätiologie

- Primäre Bindegewebsanomalie
- Normale oder abnorme Variante

Kennzeichen/Symptome

- Primär asymptomatisch
- Müdigkeit
- Palpitationen
- Kurzatmigkeit
- Panikattacken
- Angst
- Migräne (Kopfschmerzen)
- Thoraxschmerz

Komplikationen

- Arrhythmien
- Regurgitation
- Endokarditis
- Plötzlicher Tod (selten)

Diagnostik

- Beschreiben Sie jedes Verfahren, seinen Zweck sowie die Empfindungen und Wahrnehmungen, die dabei wahrscheinlich vorkommen, und die Pflege davor und danach

- Echokardiogramm zur Darstellung der Herzaktion und der Größe der Herzkammern sowie von Klappendeformitäten
- EKG zur Beurteilung der Funktion des Reizleitungssystems am Herzen, zum Nachweis von Rhythmusanomalien sowie zur Darstellung einer Herzhypertrophie
- Holter-EKG zur Aufzeichnung der Herzaktivität während der täglichen Routine des Patienten; es setzt Symptome mit tatsächlichen Herzereignissen und den Tätigkeiten des Patienten in einen Zusammenhang
- Belastungs-EKG zur Darstellung der Reaktion des Herzens auf Belastung, zur Diagnostik der Ursache von Thoraxschmerzen und zum Nachweis von Arrhythmien
- Kipptischversuch zur Untersuchung des Blutdrucks und der Herzfrequenz im Liegen und im Stehen, um eine neurogene Ursache der Synkope herauszufinden

Behandlung

Konservativ

- *Medikamente*
- Betablocker, um die Herzfrequenz zu senken und um Kopfschmerzen zu verhindern
- Kalziumantagonisten, um die Arbeitslast des Herzens zu senken

Ambulante Pflege

- Geben Sie sowohl der Patientin als auch der betreuenden Person schriftliche und mündliche Instruktionen. Vermitteln Sie ihnen Namen und Telefonnummern eines Arztes oder einer Pflegeperson, die bei Fragen angerufen werden können
- Setzen Sie Herzmodelle oder Zeichnungen als visuelle Hilfen ein, um dem Patienten das Verstehen der Lage der Mitralklappe und ihrer Rolle bei der Herzfunktion zu erleichtern
- *Komplikationszeichen*
- Gehen Sie die Zeichen und Symptome in Verbindung mit dieser Erkrankung durch, die einem Arzt oder einer Pflegeperson mitgeteilt werden sollten

- *Besondere Hinweise*
  - Beschreiben Sie die Erkrankung, und erklären Sie, daß die Diagnose in der Mehrzahl der Fälle auf einem klickenden Geräusch beruht, das während einer Routineuntersuchung zu hören ist. Sagen Sie dem Patienten, daß der Klick allein bei einer ansonsten asymptomatischen Person gewöhnlich gutartig ist und keine Behandlung erfordert. Versichern Sie dem Patienten, daß er ein völlig normales Leben führen kann
  - Vermitteln Sie einem asymptomatischen Patienten, daß die Erkrankung nicht lebensbedrohend ist und die Symptome normalerweise mit Betablockern behandelt werden
  - Sorgen Sie für spezifische Informationen bei einem Patienten mit mitralem Reflux
  - Helfen Sie dem Patienten bei der Identifizierung von Faktoren, die Palpitationen, Angst oder Panikattacken auslösen
  - Empfehlen Sie Wege des Streßabbaus, und praktizieren Sie Relaxation, um das Auftreten von Symptomen zu verhindern
- *Aktivitäten*
  - Informieren Sie den Patienten, daß er ohne Einschränkungen in vollem Umfang aktiv sein kann, solange er sich wohlfühlt und kein signifikanter mitraler Reflux vorliegt
- *Ernährung/Diät*
  - Erklären Sie, daß sich der Patient normal ernähren kann, daß jedoch Patienten mit Palpitationen koffeinhaltige Getränke und Tabakerzeugnisse meiden sollten

Nachsorge

- Erklären Sie dem Patienten bzw. der Patientin, daß der Mitralprolaps einem Zahnarzt, Urologen oder Gynäkologen nur mitgeteilt werden muß, wenn der Arzt dies angeordnet hat. Im allgemeinen sind Patienten mit einem einfachen Prolaps ausgenommen, betonen Sie jedoch, daß der Patient bzw. die Patientin dies mit ihrem Arzt im Hinblick auf besondere Anweisungen besprechen sollten. Stellen Sie sicher, daß der Patient die erforderlichen Rufnummern hat

Mitralstenose

Mitralstenose: Verengung der Mitralklappe infolge von Verkalkungen, einer Fibrose oder eines Zusammenwachsens der Klappensegel.

Ätiologie/beeinflussende Faktoren/Risikofaktoren

- Rheumatisches Fieber
- Weibliches Geschlecht

Kennzeichen/Symptome

- Belastungsdyspnö
- Schwäche
- Müdigkeit
- Palpitationen
- Angina
- Rechtsherzinsuffizienz (s. Herzinsuffizienz, S. 331)
- Lungenödem

Komplikationen

- Vorhofflimmern
- Systemische Embolie
- Bronchitis
- Lungenembolie
- Endokarditis
- Pulmonale Hypertonie

Diagnostik

- Beschreiben Sie jedes Verfahren, seinen Zweck sowie die Empfindungen und Wahrnehmungen, die dabei wahrscheinlich vorkommen, und die Pflege davor und danach
- Herzkatheter zur Bestimmung des pulmonalen und intrakardialen Drucks sowie zur Beurteilung des Stenosierungsgrades
- Röntgen-Thorax zur Darstellung einer Herzvergrößerung oder eines Lungenödems

- Echokardiographie zur Diagnosestellung und zur Bestimmung des Schweregrades, zum Nachweis einer anomalen Bewegung der Klappensegel sowie einer Vergrößerung des linken Vorhofs
- EKG zur Darstellung einer Hypertrophie oder Rhythmusstörung des rechten Ventrikels

Behandlung

Konservativ

- *Medikamente*
  - Antibiotika
  - Diuretika
  - Digoxin
  - Betablocker
  - Kalziumantagonisten
  - Orale Antikoagulanzien

Chirurgisch

- *Kommissurotomie der Mitralklappe*
- *Perkutane Ballonvalvuloplastik der Mitralklappe*
- *Klappenspaltung der Mitralklappe*
- *Mitralklappenersatz*

Ambulante Pflege

- Geben Sie sowohl der Patientin als auch der betreuenden Person *schriftliche* und *mündliche* Instruktionen. Vermitteln Sie ihnen Namen und Telefonnummern eines Arztes oder einer Pflegeperson, die bei Fragen angerufen werden können. Setzen Sie Herzmodelle oder Abbildungen als Hilfsmittel ein
- *Allgemeine Informationen*
  - Besprechen Sie den Krankheitsprozeß, die beeinflussenden Faktoren sowie die Kennzeichen und Symptome eines Fortschreitens der Erkrankung. Zeigen Sie dem Patienten die Lage der betroffenen Herzklappe, und erläutern Sie deren Funktion im arteriellen Kreislauf
  - Besprechen Sie mit dem Patienten bei Bedarf die Ballonangioplastik oder die Operation (s. Herzklappenersatz, S. 339)

- *Komplikationszeichen*
- Gehen Sie die Zeichen und Symptome durch, die einem Arzt oder einer Pflegeperson mitgeteilt werden sollten
  - Palpitationen
  - Thoraxschmerz
  - Kurzatmigkeit
  - Belastungsdyspnö
  - Geschwollene Knöchel und Füße
  - Zeichen einer Embolie: Synkope (Ohnmacht, Muskelschwäche, Parästhesien, Verwirrtheit)
- *Besondere Hinweise*
- Erläutern Sie das Risiko einer Endokarditis, und besprechen Sie die Ursachen und Möglichkeiten der Prävention. Sagen Sie dem/der Patienten bzw. Patientin, er/sie möge den Zahnarzt und anderes medizinisches Personal (Urologen, Gynäkologen) über die Herzklappenerkrankung informieren
- Erläutern Sie die Bedeutung einer guten Mundhygiene und regelmäßiger Zahnpflege. Erklären Sie, daß vor einer zahnmedizinischen Maßnahme oder einem sonstigen Eingriff (Dilatation und Curettage, Zystoskopie) eine Antibiotkaprophylaxe erforderlich ist
- Versorgen Sie Patientinnen mit Informationen zur Kontrazeption und zum Risiko einer Schwangerschaft. Betonen Sie die Bedeutung der Familienplanung. Sagen Sie der Patientin, sie möge Kontrazeptiva auf Estrogenbasis und Intrauterinpessare vermeiden
- *Medikamente*
- Erläutern Sie Zweck, Dosierung, Einnahmezeitplan und Art der Verabreichung aller verordneten Medikamente sowie deren Nebenwirkungen, die einem Arzt oder einer Pflegeperson mitgeteilt werden sollten
- Geben Sie einem Patienten, der unter Antikoagulanzien entlassen wird, spezielle Anweisungen (s. S. 36)
- *Aktivitäten*
- Betonen Sie, wie wichtig es ist, anstrengende Tätigkeiten zu vermeiden, z. B. das Heben schwerer Gegenstände, das Anschieben eines Autos oder einen Reifenwechsel sowie Wettkampfsport
- Fördern Sie das Gespräch über Anpassungen und Einschränkungen im Hinblick auf den Beruf, die Freizeit oder andere Tätigkeiten
- Erläutern Sie die Notwendigkeit einer leichten Betätigung wie Spazierengehen, um fit zu bleiben
- Raten Sie zu häufigen Ruhepausen und dazu, Ermüdung zu vermeiden

- *Ernährung/Diät*
- Besprechen Sie die Notwendigkeit einer Salzrestriktion auf 3 Gramm täglich. Erläutern Sie, daß bei Vorliegen einer Herzinsuffizienz weitere Einschränkungen der Natriumaufnahme erforderlich werden können

Nachsorge

- Betonen Sie die Bedeutung regelmäßiger ärztlicher und labortechnischer Nachsorgeuntersuchungen. Stellen Sie sicher, daß der Patient die erforderlichen Rufnummern hat
- Betonen Sie, wie wichtig es ist, nicht zu rauchen und keine Tabakerzeugnisse zu konsumieren. Sorgen Sie für Informationen und ggf. für eine Überweisung in einen Raucherentwöhnungskurs

Multiple Sklerose

Multiple Sklerose: eine chronisch-progrediente neurologische Erkrankung, die durch eine disseminierte Demyelinisierung von Nervenbahnen im Gehirn und Rückenmark gekennzeichnet ist. Die Multiple Sklerose trifft Männer etwas häufiger als Frauen. Die Symptome beginnen gewöhnlich im Alter zwischen 20 und 40 Jahren und variieren hinsichtlich des Schweregrades, der Dauer und der Prognose. Es kommt zu Remissionen und Schüben. Die genaue Ursache der Multiplen Sklerose ist unbekannt.

Ätiologie/beeinflussende Faktoren/Risikofaktoren

- Autoimmungeschehen
- Virusinfektion
- Allergische Reaktion auf Infektionen
- Familiäre Disposition
- Kühl-gemäßigtes Klima

Kennzeichen/Symptome

- Sensibilitätsstörungen: Taubheitsgefühl und Kribbeln
- Verlust der Eigenwahrnehmung von Gelenken und der Tiefensensibilität
- Verlust des Lagesinnes
- Müdigkeit, vor allem nach einem heißen Bad oder einer Dusche
- Gesichtslähmung

- Schwäche der unteren Extremitäten
- Schlechte Koordination: schwankender Gang, Tremor, Spastizität der Extremitäten, Ataxie (fehlende Koordination der Muskulatur)
- Benommenheit
- Sehstörungen: Doppelbilder, Verschwommensehen, Optikusneuritis (Schmerzen beim Bewegen der Augen), eingeschränktes Gesichtsfeld, Nystagmus, Schleierbildung
- Verwaschene Sprache
- Muskelspasmen
- Schwierigkeiten beim Kauen und Schlucken
- Mentale Veränderungen: Stimmungsschwankungen, Depression, Euphorie, Reizbarkeit, Unaufmerksamkeit, Apathie, eingeschränktes Urteilsvermögen
- Stuhl- oder Harninkontinenz oder -retention
- Impotenz

Komplikationen

- Ateminsuffizienz
- Neurologische Ausfälle: Lähmung
- Harnwegsinfektionen
- Störungen der Sexualfunktion
- Kontrakturen

Diagnostik

- Beschreiben Sie jedes Verfahren, seinen Zweck sowie die Empfindungen und Wahrnehmungen, die dabei wahrscheinlich vorkommen, und die Pflege davor und danach
- ☐ Untersuchung des Liquor cerebrospinalis zur Bestimmung des Eiweißgehaltes, oligoklonaler Banden von Immunglobulin G, Gammaglobulin und Lymphozyten
- ☐ Magnetresonanztomographie zum Nachweis von Plaques und einer Demyelinisierung; Verfahren der Wahl bei Verdacht auf Multiple Sklerose
- ☐ Computertomographie-Sonographie zum Nachweis von Plaques und einer Demyelinisierung
- ☐ Positronenemissionstomographie zur Darstellung von Bereichen eines alterierten Glukosestoffwechsels im Gehirn
- ☐ Evozierte Potentiale zur Untersuchung der Integrität gewisser Nervenbahnen
- ☐ EEG zum Nachweis einer anomalen Verlangsamung der Hirntätigkeit

Behandlung

Konservativ

- *Therapie*
  - Bewegungstherapie
  - Beschäftigungstherapie
  - Rehabilitation
  - Darm- und Blasentraining
  - Sprechtherapie
  - Ernährungsberatung
  - Beratung einschließlich Sexualberatung
  - Im Schub: Bettruhe
  - Hilfsgeräte: Orthesen, Gehwagen, Rollstuhl, Schienen
  - Plasmapherese zur Entfernung von Antimyelinantikörpern (nur kurze Zeit wirksam)
- *Medikamente*
  - Antiphlogistika
  - Hypophysenhormone
  - Kortikosteroide
  - Muskelrelaxanzien
  - Relaxanzien oder Stimulanzien der glatten Muskulatur
  - Betablocker
  - Anxiolytika und Antidepressiva
  - Immunsuppressiva

Chirurgisch

- Periphere Nervenblockade durch Radikulotomie oder kontralaterale Thalamotomie (gekreuzte op. Ausschaltung der sensiblen Kerne des Thalamus)

Ambulante Pflege

- Geben Sie sowohl der Patientin als auch der betreuenden Person *schriftliche* und *mündliche* Instruktionen. Vermitteln Sie ihnen Namen und Telefonnummern eines Arztes oder einer Pflegeperson, die bei Fragen angerufen werden können. Setzen Sie visuelle Hilfen ein
- *Allgemeine Informationen*
  - Erläutern und besprechen Sie die Entwicklung der Multiplen Sklerose, die Ursachen oder beeinflussenden Faktoren sowie die Pflege und die Behandlung

- Besprechen Sie Faktoren, die die Symptome einer Multiplen Sklerose verstärken, und betonen Sie, wie wichtig es ist, sie zu vermeiden
  - Körperliche Überlastung
  - Extrem hohe und niedrige Temperaturen, etwa beim Baden oder entsprechend den Witterungsverhältnissen
  - Fieber
  - Emotionale Belastungen
  - Hohe Luftfeuchtigkeit
  - Schwangerschaft
  - Infektionen

Komplikationszeichen

- Gehen Sie die Zeichen und Symptome durch, die einem Arzt oder einer Pflegeperson mitgeteilt werden sollten
  - Fortschreiten der Erkrankung: Gedächtnisausfälle, Verwirrtheit, Desorientiertheit, skandierende Sprache (langsames Sprechen mit Pausen zwischen den Silben)
  - Harnwegsinfektion: häufiges Wasserlassen, Harndrang und -retention oder Inkontinenz, suprapubische Aufdehnung, Schmerzen beim Wasserlassen, übelriechender Urin, wolkig getrübter oder blutiger Urin, Fieber, Schüttelfrost, Flankenschmerz
  - Grippe- oder Erkältungssysmptomatik: Fieber, Schüttelfrost, Müdigkeit

Besondere Hinweise

- Raten Sie dem Patienten, wegen des Verlustes der Temperaturwahrnehmung die Temperatur des Badewassers zu regulieren
- Betonen Sie, wie wichtig es ist, Menschen mit Infektionen der oberen Atemwege zu meiden
- Helfen Sie dem Patienten bei der Beschaffung geeigneter Hilfsgeräte, wie etwa Gehhilfen und Gerätschaften zur Selbstpflege. Unterstützen Sie den Patienten beim Erkennen und Beseitigen häuslicher Gefahrenquellen: Entfernen Sie kleine, lose herumliegende Teppiche. Stellen Sie das Mobiliar um, um die Wege freizumachen. Sorgen Sie für stützende Geländer und Rampen für Rollstühle
- Verweisen Sie den Patienten an einen Blasentrainingskurs. Zeigen Sie ihm die intermittierende Selbstkatheterisierung und den Credé-Handgriff
- Empfehlen Sie spezielle Windeln und Kleidungsschutz bei Inkontinenz. Raten Sie dem Patienten, regelmäßige Stuhlgewohnheiten zu entwickeln
- Raten Sie dem Patienten, Verstopfung zu vermeiden

- *Medikamente*
  - Erläutern Sie Zweck, Dosierung, Einnahmezeitplan und Art der Verabreichung aller verordneten Medikamente sowie deren Nebenwirkungen, die einem Arzt oder einer Pflegeperson mitgeteilt werden sollten
    - Bei Kortikosteroiden und Kortikotropin: tägliches Wiegen und Notieren des Gewichts. Medikamente mit der Nahrung, Milch oder puffernden Substanzen einnehmen. Acetylsalicylsäure oder Koffein unter dieser Medikation vermeiden. Medikamente nicht abrupt absetzen. Helfen Sie dem Patienten bei der Planung einer kaliumreichen und natriumarmen Ernährung. Sorgen Sie für eine Liste entsprechender Nahrungsmittel. Teilen Sie Anorexie, Übelkeit, Muskelschwäche (Zeichen eines Kaliummangels), rasche Gewichtszunahme und schwarze Teerstühle dem Arzt oder einer Pflegeperson mit
    - Bei Baclofen und Dantrolen (Muskelrelaxanzien): Medikamente mit Milch oder puffernden Substanzen einnehmen. Tätigkeiten meiden, die Aufmerksamkeit erfordern. Für Patienten mit Diabetes: Blutzuckerspiegel überwachen und Insulindosis bei Bedarf anpassen. Raten Sie der Familie, dem Patienten zu Beginn der Medikamenteneinnahme beim Gehen zu helfen. Raten Sie dem Patienten, direkte Sonneneinstrahlung zu vermeiden und, falls dies nicht möglich sein sollte, Sonnenschutzmittel zu verwenden. Fieber, Ikterus, dunklen Urin, lehmfarbene Stühle und Pruritus (Kennzeichen und Symptome einer Hepatitis) dem Arzt oder einer Pflegeperson mitteilen
    - Für Cholinergika und Anticholinergika: Empfehlen Sie zuckerfreien Kaugummi oder harte Bonbons gegen die Mundtrockenheit. Raten Sie zu langsamem Wechsel der Körperhaltung, um Schwindel und Ohnmacht zu verhindern
  - Betonen Sie, wie wichtig es ist, keine frei verkäuflichen Medikamente ohne Rücksprache mit dem Arzt einzunehmen
- *Aktivitäten*
  - Fördern Sie das Gespräch über Anpassungen und Einschränkungen im Hinblick auf den Beruf, die Freizeit oder andere Tätigkeiten
  - Ermutigen Sie den Patienten zur Wiederaufnahme von Tätigkeiten des Alltags, bei der Arbeit, im Haushalt und in der Freizeit, soweit er dies verträgt, und raten Sie ihm zu regelmäßigen Ruhepausen
  - Betonen Sie, wie wichtig es ist, Ermüdung und Überlastung zu vermeiden
  - Sorgen Sie für entspannende Tätigkeiten mit eingeplanten Ruhepausen

- Raten Sie der Familie bzw. der betreuenden Person, bei den alltäglichen Verrichtungen zu assistieren, dem Patienten jedoch größtmögliche Unabhängigkeit zu lassen
- Bringen Sie der Familie bzw. der betreuenden Person bei, den Patienten beim Gehen zu unterstützen
- Bringen Sie dem Patienten breitbeiniges Gehen bei
- Weisen Sie den Patienten an, Dehnungsübungen und Übungen des Bewegungsumfangs zu machen, um Spasmen und Verspannungen der Muskulatur zu lockern
- Unterweisen Sie den Patienten bzw. die betreuenden Personen in der richtigen Hautpflege und Lagerungstechnik, falls der Patient ans Bett oder an den Rollstuhl gebunden ist
- Sagen Sie dem Patienten, daß das Schlafen auf dem Rücken helfen kann, die Spasmen in der Hüfte und den Knien zu verringern

- *Ernährung/Diät*
- Helfen Sie dem Patienten bei der Planung einer ballaststoffreichen oder, soweit verordnet, einer weichen, halbfesten Ernährung
- Halten Sie den Patienten dazu an, reichlich (bis zu 3 L/d) zu trinken, soweit nicht kontraindiziert

Nachsorge

- Heben Sie die Bedeutung regelmäßiger Nachsorgeuntersuchungen beim Arzt, Bewegungstherapeuten und Reha-Spezialisten hervor. Stellen Sie sicher, daß der Patient über die notwendigen Telefonnummern verfügt
- Helfen Sie dem Patienten bei der Beschaffung eines Notfallmedaillons (SOS-Kapsel) und eines Ausweises mit der Diagnose, Medikation und Behandlung

Psychosoziale Betreuung

- Ermutigen Sie den Patienten, den Kontakt mit für ihn wichtigen Menschen aufrecht zu erhalten
- Ermutigen Sie den Patienten, sich über Ängste und Sorgen hinsichtlich der Erkrankung, Behinderung, Veränderungen des Körperbildes und von Gefühlen der Ohnmacht, Trauer und des Verlustes auszusprechen
- Ermutigen Sie betreuende Personen, ihren Sorgen bezüglich der Erkrankung, Behinderung und der Auswirkungen auf die Lebensweise Ausdruck zu verleihen

Hinweis

- Verweisen Sie den Patienten an einen Sozialarbeiter bzw. eine Sozialarbeiterin zur weiteren Unterstützung und Beratung
- Verweisen Sie den Patienten in eine Psychotherapie
- Männer: Störungen der Sexualfunktion, primäre Impotenz, hervorgerufen durch Multiple Sklerose
- Frauen: zur Geburtenkontrolle und Schwangerschaftsberatung, da Schwangerschaft zu einer Verstärkung der Symptomatik führen kann
- Verweisen Sie bei Bedarf auf ambulante Pflegedienste oder betreutes Wohnen
- Helfen Sie dem Patienten bzw. den betreuenden Personen bei der Kontaktaufnahme mit gemeindegestützten Hilfsorganisationen oder lokalen Hilfsgruppen

Muskeldystrophie

Muskeldystrophie: eine erbliche, degenerative neuromuskluäre Erkrankung, die durch chronisch-progredienten Muskelschwund und Muskelschwäche willkürlicher Muskeln gekennzeichnet ist. Bei der Muskeldystrophie verlieren Muskelzellen Proteine und andere Moleküle. Die Muskelfasern durchlaufen degenerative Veränderungen und werden durch Binde- und Fettgewebe ersetzt, das die Muskeln hypertroph oder pseudohypertroph (in der Größe variierend) erscheinen läßt. Die verschiedenen Typen der Muskeldystrophie unterscheiden sich hinsichtlich des Lebensalters, zu dem sie auftreten, und der Geschwindigkeit, mit der sich ihre Symptomatik entwickelt, sowie bezüglich des klinischen Bildes. Sie umfassen folgende Typen: Duchenne (pseudohypertroph), Becker-Kiener (gutartige Beckengürtelform), Emery-Dreifuss (humeroperoneale Form), die Gliedergürteldystrophie, den sehr seltenen distalen juvenilen Typ, den fazio-skapulo-humeralen Typ (Landouzy-Déjerine-Syndrom), den distalen Typ Welander sowie den okulären Typ. Die verschiedenen Typen unterscheiden sich in der Form ihrer Vererbung. Eine Muskeldystrophie tritt häufiger bei Männern als bei Frauen auf und trifft sowohl Kinder als auch junge Erwachsene.

Kennzeichen/Symptome

- Hypertrophe Muskeln
- Fortschreitende beidseitige Schwäche der willkürlichen Muskulatur
- Schwierigkeiten beim Gehen, Rennen bzw. Treppensteigen

- Schwankender Gang
- Schwierigkeiten beim Aufstehen aus dem Liegen
- Lordose
- Schwäche der Muskulatur von Gesicht, Hals, Oropharynx, Schulter oder Beckengürtel
- Geistige Retardierung

Komplikationen

- Neuromuskuläre Ausfälle
- Herzinsuffizienz
- Ateminsuffizienz

Diagnostik

- Beschreiben Sie jedes Verfahren, seinen Zweck sowie die Empfindungen und Wahrnehmungen, die dabei wahrscheinlich vorkommen, und die Pflege davor und danach
    - Serumkreatinkinase zum Nachweis einer deutlichen Erhöhung
    - Elektromyographie zum Nachweis myopathischer Veränderungen
    - Muskelbiopsie zum Nachweis degenerativer und myopathischer Veränderungen
    - EKG zum Nachweis von Veränderungen des Herzmuskels als Ausdruck eines Fortschreitens der Erkrankung

Behandlung

Konservativ

- *Therapie*
    - Bewegungstherapie
    - Hilfsgeräte, wie z. B. Gehhilfen
    - Dehnungs- und Widerstandsübungen der Muskulatur

Ambulante Pflege

- Geben Sie sowohl dem Patienten als auch der betreuenden Person *schriftliche* und *mündliche* Instruktionen. Vermitteln Sie ihnen Namen und Telefonnummern eines Arztes oder einer Pflegeperson, die bei Fragen angerufen werden können. Setzen Sie visuelle Hilfen ein

- *Allgemeine Informationen*
  - Erläutern und besprechen Sie das Fortschreiten einer Muskeldystrophie, ihre Ursachen, die Behandlung der zunehmenden Behinderungen sowie Schritte zu deren Prävention. Erklären Sie, daß es bei Muskeldystrophie keine Heilung gibt; Interventionen sind unterstützender Art
- *Komplikationszeichen*
  - Gehen Sie die Zeichen und Symptome durch, die einem Arzt oder einer Pflegeperson mitgeteilt werden sollten
    - Schwierigkeiten beim Kauen oder Schlucken
    - Herz- oder Atembeschwerden
- *Besondere Hinweise*
  - Unterstützen Sie den Patienten bei der Beschaffung entsprechender Hilfsmittel, etwa zur Fortbewegung und für die Selbstpflege
  - Helfen Sie dem Patienten dabei, erforderliche Anpassungen der häuslichen Umgebung zu erkennen, z. B. Bettgalgen, Geländer, erhöhte Toilettensitze sowie verbreiterte Türen und Rampen für den Rollstuhl
  - Unterweisen Sie den Patienten und seine Familie in der korrekten Hautpflege, falls der Patient ans Bett oder an den Rollstuhl gebunden ist
  - Sorgen Sie für Unterweisung in Techniken der Schmerzbekämpfung, um chronischen Schmerzen zu begegnen: Visualisierung, geleitete Imagination, Meditation, Relaxation und Biofeedback
- *Medikamente*
  - Erläutern Sie Zweck, Dosierung, Einnahmezeitplan und Art der Verabreichung aller verordneten Medikamente sowie deren Nebenwirkungen, die einem Arzt oder einer Pflegeperson mitgeteilt werden sollten
- *Aktivitäten*
  - Fördern Sie das Gespräch über Anpassungen und Einschränkungen im Hinblick auf den Beruf, die Freizeit oder andere Tätigkeiten
  - Betonen Sie die Bedeutung von Dehnungs- und Widerstandsübungen, um den Bewegungsumfang zu erhalten, Kontrakturen zu verhindern bzw. auf ein Minimum zu reduzieren, eine Atrophie zu verlangsamen und die Beweglichkeit zu fördern
  - Weisen Sie den Patienten an, ein Gelenk nicht über den Punkt des Widerstandes hinaus zu bewegen
  - Weisen Sie den Patienten an, keine Gewalt anzuwenden. Bewegungen sollten sanft und langsam erfolgen
  - Weisen Sie den Patienten an, eine Übung bei Schmerzen abzubrechen

- Bringen Sie dem Patienten bei, folgende Faktoren zu vermeiden, die die Spastizität erhöhen: Müdigkeit, Muskelverspannungen, zu langes Halten einer Stellung, niedrige Temperaturen
- Erklären Sie, daß körperliche Inaktivität zur Gewichtszunahme beitragen kann

- *Ernährung/Diät*
  - Unterstützen Sie den Patienten bei der Planung einer ausgewogenen Ernährung aus Früchten, Gemüse, Milch, Geflügel und Fisch
  - Raten Sie zu kleineren, häufigen Mahlzeiten

Nachsorge

- Heben Sie die Bedeutung regelmäßiger Nachsorgeuntersuchungen beim Arzt, Bewegungstherapeuten und Reha-Spezialisten hervor. Stellen Sie sicher, daß der Patient über die notwendigen Telefonnummern verfügt
- Helfen Sie dem Patienten bei der Beschaffung eines Notfallmedaillons (SOS-Kapsel) und eines Ausweises mit der Diagnose, Medikation und Behandlung

Psychosoziale Betreuung

- Helfen Sie dem Patienten bei der Festlegung realistischer Ziele und bei der Suche nach alternativen Wegen der Kommunikation und Beweglichkeit, wenn die körperlichen Beeinträchtigungen zunehmen
- Ermutigen Sie den Patienten, Ängsten und Sorgen hinsichtlich der Erkrankung, der Behinderung, des Verlustes an Beweglichkeit, der Veränderung seines Körperbildes und von Gefühlen der Trauer Ausdruck zu verleihen
- Halten Sie die betreuenden Personen an, eine überbeschützende Haltung zu vermeiden
- Ermutigen Sie den Patienten, Entscheidungen zu treffen, und fördern Sie seine Unabhängigkeit
- Ermutigen Sie die betreuenden Personen, ihren Sorgen hinsichtlich der Krankheit, der Behinderung und ihrer Auswirkungen auf die Lebensweise Ausdruck zu verleihen

Hinweis

- Verweisen Sie den Patienten ggf. an einen Sozialarbeiter zur weiteren Unterstützung und Beratung
- Helfen Sie dem Patienten und den betreuenden Personen bei der Kontaktaufnahme mit gemeindegestützten Hilfsquellen, lokalen Selbsthilfegruppen sowie mit Organisationen ambulanter Pflege und für betreutes Wohnen
- Verweisen Sie den Patienten und betreuende Personen an eine genetische Beratung, so daß Genträger in der Familie erkannt und betroffene Kinder schon vor der Geburt durch Amniozentese erkannt werden können

Myasthenia gravis

Myasthenia gravis: eine neuromuskuläre Autoimmunerkrankung, die zu sporadischer, aber fortschreitender Schwächung führt, welche unter Belastung zunimmt und sich in Ruhe und unter Anticholinergika bessert. Myasthenia gravis ist eine chronische Krankheit mit unvorhersehbarem Verlauf zwischen wiederholten Schüben und Remissionen. Eine Behandlung, die zur Heilung führt, ist nicht bekannt. Eine Myasthenia gravis tritt als Folge des Verlustes von Acetylcholinrezeptoren an der postsynaptischen neuromuskulären Verbindung auf. Obwohl Myasthenia gravis in jedem Alter einsetzen kann, sind zwischen 20 und 40 Jahren Frauen, nach dem 50. Lebensjahr dagegen Männer häufiger betroffen.

Kennzeichen/Symptome

- *Augenmuskeln*
  - Augenlähmung
  - Ptose (Herabsinken des Oberlids, ein- oder beidseitig)
  - Diplopie (Doppeltsehen)
- *Gesichtsmuskulatur*
  - Maskenartiger Gesichtsausdruck und herabgesetzte Beweglichkeit (Schwäche) des Gesichts
  - Schwache Stimme, die bis zum Flüstern herabsinken kann
  - Dysphagie
  - Würgen, Ersticken
  - Aspiration, Schluckstörungen
  - Speichelfluß
  - Nasale Sprache

- *Nackenmuskulatur*
  - Auf und ab schwingender Kopf
- *Atemmuskulatur*
  - Flache Atmung
  - Atemlosigkeit
  - Respiratorische Schwäche
- *Andere Muskeln*
  - Streßinkontinenz
  - Schwäche des Analsphinkters
  - Störungen der Sexualfunktionen
- *Myasthenische Krise:* rasche oder signifikante Verschlechterung, okuläre, bulbäre und generalisierte Schwäche; unmittelbare Gefahr besteht für das Atmungssystem, assistierte Beatmung kann erforderlich werden
  - Atemnot
  - Tachykardie
  - Tachypnö
  - Allgemeine Muskelschwäche
  - Extreme Müdigkeit
  - Angst
  - Unruhe
  - Reizbarkeit
  - Schwäche der Gesichtsmuskulatur
  - Dysphagie
  - Unfähigkeit zu kauen
  - Erhöhte Körpertemperatur
  - Ptose
  - Sprechstörungen
  - Hypertonie
- *Cholinerge Krise:* als Folge einer Überdosis an Medikamenten im Verhältnis zum muskulären Bedarf; kann eine myasthenische Krise simulieren. *Nur* eine cholinerge Krise führt zu exzessivem Speichelfluß und zu Zuckungen oder Krämpfen der Muskulatur
  - Atemnot
  - Schwindel
  - Verschwommensehen
  - Schwitzen
  - Tränenfluß
  - Speichelfluß
  - Anorexie
  - Dysarthrie (Sprachstörung)

- Dysphasie (zentral bedingte Sprachstörung)
- Bauchkrämpfe, Durchfall
- Übelkeit und Erbrechen
- Muskelspasmen oder -krämpfe
- Allgemeine Muskelschwäche
- Dyspnö und Giemen
- Bradykardie
- Hypotonie

Komplikationen

- Myasthenische und cholinerge Krise
- Speichelaspiration und Würgen bzw. Verschlucken
- Pneumonie
- Ateminsuffizienz

Diagnostik

- Beschreiben Sie jedes Verfahren, seinen Zweck sowie die Empfindungen und Wahrnehmungen, die dabei wahrscheinlich vorkommen, und die Pflege davor und danach
  - Edrophonium-Test: Die Injektion ruft eine plötzliche Verbesserung der Muskelfunktion hervor. Der Test dient auch zur Differenzierung zwischen myasthenischer und cholinerger Krise. Bei letzterer verschlechtert sich der Zustand des Patienten
  - Elektromyographie zur Differenzierung von Nervenerkrankungen
  - Untersuchungen der Nervenleitgeschwindigkeit zur Messung der Geschwindigkeit, mit der ein elektrischer Impuls weitergegeben wird
  - Röntgen-Thorax oder Computertomographie zum Nachweis eines Thymoms (Geschwulst der Thymusdrüse)

Behandlung

- Eine adäquate Gesundheitsversorgung findet üblicherweise ambulant statt, wobei cholinerge bzw. myasthenische Krisen gewöhnlich stationär behandelt werden. Die medizinische Versorgung einer Myasthenia gravis (Muskelleiden) ist schwierig und wird am besten von einem Spezialisten auf diesem Gebiet wahrgenommen. Es ist wichtig, auf eine cholinerge bzw. myasthenische Krise zu achten, die bisweilen schwer voneinander zu unterscheiden sind und sich durch eine Überdosierung der Medikamente dramatisch verschlechtern können
- Bestimmen Sie exakte neurologische und respiratorische Ausgangswerte: Atemzugvolumen, Vitalkapazität, inspiratorische Kraft

Konservativ

- *Therapie*
  - Plasmapherese; wird vor der Thymektomie, während einer Atemkrise oder als adjuvante Therapie zur Senkung der Medikamentendosis angewandt
- *Medikamente*
  - Cholinesterasehemmer
  - Kortikosteroide
  - Hypophysenhormone

Chirurgisch

- *Thymektomie*
- *Tracheostomie*

Ambulante Pflege

- Geben Sie sowohl dem Patienten als auch der betreuenden Person *schriftliche* und *mündliche* Instruktionen. Vermitteln Sie ihnen Namen und Telefonnummern eines Arztes oder einer Pflegeperson, die bei Fragen angerufen werden können. Setzen Sie visuelle Hilfen ein
- *Allgemeine Informationen*
  - Erläutern und besprechen Sie den Krankheitsprozeß und Faktoren, die die Symptomatik verstärken können: Infektionen, Streß, Operationen
- *Komplikationszeichen*
  - Gehen Sie die Zeichen und Symptome einer drohenden myasthenischen bzw. cholinergen Krise (s. o., primär zunehmende Muskelschwäche, Atemnot, Schwierigkeiten beim Sprechen bzw. Kauen) durch, die einem Arzt oder einer Pflegeperson mitgeteilt werden sollten

- *Besondere Hinweise*
- Versichern Sie dem Patienten, daß ein informierter Patient mit Myasthenia gravis seine therapeutischen Erfordernisse oft am besten beurteilen kann
- Beraten und unterstützen Sie den Patienten bei der Beschaffung erforderlicher Hilfsmittel und Geräte, wie etwa einem Absauggerät oder Hilfen zur Lebensführung
- Raten Sie dem Patienten, über dem betroffenen Auge eine Augenklappe oder ein mattes Brillenglas zu tragen, um die Sehfähigkeit zu verbessern, falls die Doppelbilder bestehen bleiben
- Weisen Sie den Patienten mit Ptose an, sich künstliche Tränenflüssigkeit einzuträufeln, um die Hornhaut feucht zu halten und Abrasionen zu verhindern
- *Medikamente*
- Erläutern Sie Zweck, Dosierung, Einnahmezeitplan und Art der Verabreichung aller verordneten Medikamente sowie deren Nebenwirkungen, die einem Arzt oder einer Pflegeperson mitgeteilt werden sollten
- Unterweisen Sie den Patienten im Erkennen unerwünschter Nebenwirkungen von Cholinesterasehemmern: Kopfschmerzen, Schwäche, Schwitzen, Bauchkrämpfe, Übelkeit, Erbrechen, starker Speichelfluß und Bronchospasmen
- Unterweisen Sie den Patienten im Erkennen unerwünschter Nebenwirkungen von Kortikosteroiden: herabgesetzter Visus oder Verschwommensehen, verstärkter Durst, häufiges Wasserlassen, Blutung, Brennen und Jucken am Anus, Unruhe, Depression
- *Aktivitäten*
- Raten Sie dem Patienten, seine Tätigkeiten so zu planen, daß sie mit Energiespitzen zusammenfallen, die gewöhnlich morgens oder nach einem Nickerchen auftreten
- Betonen Sie die Bedeutung über den Tag verteilter Ruhepausen
- Raten Sie dem Patienten, folgendes zu vermeiden: anstrengende Tätigkeiten, Streß, Infektionen, unnötige Hitze- oder Kälteexposition und den Umgang mit infizierten Personen, z. B. Menschen mit Atemwegsinfekten
- Erklären Sie, daß periodische Remissionen und Schübe sowie tägliche Schwankungen üblich sind

- *Ernährung/Diät*
  - Sagen Sie dem Patienten, daß bei fortschreitender Erkrankung weiche, halbfeste Nahrung (Apfelmus, Kartoffelpüree) anstelle von Flüssigkeiten das Risiko des Verschluckens verringern und daß warme (nicht heiße) Speisen das Schlucken erleichtern können. Weisen Sie den Patienten an, langsam zu essen, die Speisen in kleine Stücke zu schneiden und gründlich zu kauen
  - Raten Sie dem Patienten, Alkohol zu meiden, da er die Schwäche verstärkt

M

Nachsorge

- Heben Sie die Bedeutung regelmäßiger Nachsorgeuntersuchungen hervor. Stellen Sie sicher, daß der Patient über die notwendigen Telefonnummern verfügt
- Helfen Sie dem Patienten bei der Beschaffung eines Notfallmedaillons (SOS-Kapsel) und eines Ausweises mit der Diagnose, Medikation und Behandlung

Psychosoziale Betreuung

- Betonen Sie die Bedeutung psychologischer Unterstützung. Ermutigen Sie den Patienten, Ängsten, Sorgen und Gefühlen hinsichtlich der Erkrankung Ausdruck zu verleihen

Hinweis

- Helfen Sie dem Patienten und den betreuenden Personen bei der Kontaktaufnahme mit Organisationen ambulanter Pflege

Myelogramm

Myelogramm: eine Untersuchung, bei der über eine Lumbal- oder Ventrikelpunktion Kontrastmittel injiziert wird, um den Spinalkanal und Nervenwurzeln darzustellen. Die *Myelographie* unterstützt die Diagnostik einer Einengung oder Verlegung des Rückenmarkkanals durch eine rupturierte bzw. prolabierte Zwischenwirbelscheibe. Von der Lumbal- bis in die Zervikalregion läßt sich der gesamte Rückenmarkkanal untersuchen. Das *Myelogramm* ist ein radiologisches Verfahren, bei dem eine Injektionsnadel in einen Zwischenwirbelraum unterhalb des Rückenmarks eingeführt wird und 2–15 ml Liquor entnommen werden. Anschließend wird ein Kontrastmittel oder Luft injiziert, das bzw. die sich auf die zu untersuchenden Gewebe und Strukturen verteilt, und es werden in kurzen Abständen Röntgenaufnahmen angefertigt. Der Kontrastmittelfluß ist von der Neigung des Tisches, auf dem der Patient gelagert wurde, und von der Lage des Patienten abhängig. Bei liegender Injektionsnadel wird der Patient auf dem Bauch mit dem Kopf nach unten auf einem geneigten Tisch gelagert. Eine Fuß- oder Schulterhalterung oder eine Leibbinde hindern ihn am Herabrutschen. Der Kontrastmittelfluß zeigt sich bei der Durchleuchtung. Die Untersuchung dauert 45 Minuten und erfordert die Bauchlage des Patienten, um den Kontrastmittelfluß zu gewährleisten. Beim *CT-Myelogramm* wird ein wasserlösliches Kontrastmittel in den Subarachnoidalraum eingebracht. Die Aufnahmen werden zum Zeitpunkt der Injektion angefertigt, und es folgen CT-Scans der entsprechenden Regionen. Dieses Verfahren ist besonders hilfreich bei Spondylose der Halswirbelsäule, bei der die Magnetresonanztomographie u. U. nicht in der Lage ist, Details eines Osteophyten oder eine prolabierte Zwischenwirbelscheibe darzustellen.

Indikationen

- Schwere Rückenschmerzen
- Lokale Zeichen und Symptome einer Rückenmarkverletzung oder -erkrankung

Präoperative Schulung

- Gehen Sie die Erläuterungen des Arztes bezüglich der Operation und ihrer Ursache durch. Ermutigen Sie den Patienten, Fragen zu stellen und jegliche Sorgen und Ängste zu besprechen
- Besprechen Sie die Notwendigkeit einer schriftlichen Einverständniserklärung nach Aufklärung

Besprechen der präoperativen Pflege

- Fragen Sie nach möglichen Allergien, vor allem gegen Jod
- Überprüfen Sie die laufende Medikation. Sagen Sie dem Patienten, er möge Antikoagulanzien zum geeigneten, vom Arzt festgesetzten Zeitpunkt, absetzen
- Gehen Sie die Laboruntersuchungen durch: großes Blutbild; Prothrombinzeit, falls der Patient zuletzt Antikoagulanzien erhalten hat
- Erklären Sie, daß es notwendig ist, Phenothiazine, trizyklische Antidepressiva, zentralnervös wirkende Stimulanzien und Amphetamine zu meiden, welche die Krampfschwelle herabsetzen können
- Informieren Sie den Patienten darüber, daß er 4 Stunden vor dem Eingriff weder essen noch trinken darf
- Besprechen Sie die Art des verwendeten Kontrastmittels und daß ein Patient, bei dem wasserlösliches Kontrastmittel verwendet wird, gut mit Flüssigkeit versorgt sein sollte
- Informieren Sie den Patienten darüber, daß die Vitalzeichen als Ausgangswerte bestimmt werden und daß eine neurologische Beurteilung vorgenommen werden wird
- Erklären Sie dem Patienten, daß er auf einem Kipptisch gelagert werden wird, so daß das Kontrastmittel den Spinalkanal gut ausfüllen kann und für eine entsprechende Darstellung des gewünschten Bereichs sorgt
- Weisen Sie den Patienten an, vor dem Eingriff Blase und Darm zu entleeren
- Erklären Sie, wie wichtig es ist, während der Untersuchung stillzuliegen

Besprechen der postoperativen Pflege

- Erklären Sie, daß der Patient nach dem Eingriff 24 Stunden lang oder bis zu seiner Entlassung engmaschig auf Anzeichen einer Hirnhautreizung oder auf Krampferscheinungen überwacht wird
- Sagen Sie dem Patienten, daß die Vitalzeichen und der neurologische Status während der ersten 2 Stunden alle 30 Minuten, während der darauffolgenden 2 Stunden alle 60 Minuten sowie für die folgenden 24 Stunden alle 4 Stunden überprüft werden
- Besprechen Sie die Notwendigkeit einer geeigneten Lagerung nach dem Eingriff
  - Bei der Pneumomyelographie wird der Patient so gelagert, daß der Kopf tiefer als der Rumpf liegt, um zu verhindern, daß Luft in das Ventrikelsystem aufsteigt und zu Kopfschmerzen führt. Diese Stellung sollte 48 Stunden lang eingehalten werden, bis die Luft resorbiert ist. Dann wird der Kopf hochgelagert

- Bei wasserlöslichem Kontrastmittel wird der Patient 12 Stunden lang in einem Winkel von 30–45 Grad angehoben gelagert, danach wird für 12 Stunden bei angehobener oder flacher Lagerung Bettruhe eingehalten
- Bei einem Kontrastmittel auf Ölbasis wird der Patient 8–12 Stunden lang flach gelagert
- Erläutern Sie, daß es an der Punktionsstelle zu Schmerzen kommen wird

Nebenwirkungen/Komplikationen

- Kopfschmerzen
- Einklemmung des Gehirns
- Meningitis
- Krämpfe
- Allergische Reaktion auf jodhaltiges Kontrastmittel: leichte Rötung, Juckreiz, Urtikaria, lebensbedrohende Anaphylaxie

Ambulante Pflege

- Geben Sie sowohl dem Patienten als auch der betreuenden Person *schriftliche* und *mündliche* Instruktionen. Vermitteln Sie ihnen Namen und Telefonnummern eines Arztes oder einer Pflegeperson, die bei Fragen angerufen werden können. Setzen Sie visuelle Hilfen ein
- *Allgemeine Informationen*
- Gehen Sie die Erläuterungen des Arztes hinsichtlich des Eingriffs und der Ausgangsbefunde durch
- *Komplikationszeichen*
- Gehen Sie die Zeichen und Symptome durch, die einem Arzt oder einer Pflegeperson mitgeteilt werden sollten
  - Hirnhautreizung: Fieber, Nackensteife, Hinterhauptkopfschmerz, Photophobie
  - Übelkeit und Erbrechen
  - Schwere Kopfschmerzen
  - Veränderungen des Bewußtseinszustandes
  - Krämpfe
- *Besondere Hinweise*
- Raten Sie dem Patienten, das Bett flach zu stellen, um Kopfschmerzen zu lindern. Informieren Sie ihn darüber, daß bei anhaltenden Schmerzen leichte Analgetika verordnet werden können
- Raten Sie dem Patienten, gegen Übelkeit und Erbrechen keine Phenothiazine einzunehmen, die die Symptome der Toxizität verstärken können

- Erklären Sie, daß es notwendig ist, soweit nicht kontraindiziert, die Flüssigkeitsaufnahme zu steigern, um die Ausscheidung des Kontrastmittels zu erhöhen und den Ersatz von Liquor cerebrospinalis zu beschleunigen

Myokarditis

Myokarditis: ein entzündlicher Prozeß des Myokards, der den Herzmuskel anteilig oder als Ganzes befällt. Er kann akut oder chronisch verlaufen und trifft Menschen aller Altersgruppen. Normalerweise kommt es zu vollständiger Heilung, die Erkrankung kann jedoch auch Schäden an den Myofibrillen verursachen und zu ventrikulärer Insuffizienz führen. Eine Myokarditis kann unkompliziert und selbstlimitierend sein.

Ätiologie

- Virusinfektionen
- Bakterielle Infektionen
- Rheumatisches Fieber
- Postkardiotomiesyndrom (entzündliche Komplikationen)
- Strahlentherapie
- Chemische Giftstoffe, wie z. B. Alkohol
- Parasiten

Kennzeichen/Symptome

- Müdigkeit
- Dyspnö
- Palpitationen
- Fieber
- Thoraxschmerzen

Komplikationen

- Dilatierte Kardiomyopathie
- Arrhythmien
- Thromboembolie

Diagnostik

- Beschreiben Sie jedes Verfahren, seinen Zweck sowie die Empfindungen und Wahrnehmungen, die dabei wahrscheinlich vorkommen, und die Pflege davor und danach
- Blutuntersuchungen
  - Herzenzyme
  - Erhöhte Antikörpertiter
  - Erhöhte Herz-Isoenzyme
  - Weißes Blutbild
  - Blutkörperchensenkungsgeschwindigkeit
- Kulturen aus Rachenabstrich und Stuhl
- EKG
- Biopsie des Endomyokards

Behandlung

Konservativ

- *Therapie*
- Behandlung der zugrundeliegenden Infektion
- Bettruhe zur Senkung des myokardialen Sauerstoffbedarfs

Ambulante Pflege

- Geben Sie sowohl dem Patienten als auch der betreuenden Person *schriftliche* und *mündliche* Instruktionen. Vermitteln Sie ihnen Namen und Telefonnummern eines Arztes oder einer Pflegeperson, die bei Fragen angerufen werden können
- *Allgemeine Informationen*
- Gehen Sie den Krankheitsprozeß durch, und erläutern Sie die Ätiologie und die verordnete Behandlung. Erklären Sie, daß die medizinische Therapie auf die Behandlung der Grunderkrankung sowie auf die Prävention und Behandlung von Komplikationen abzielt
- *Komplikationszeichen*
- Gehen Sie die Zeichen und Symptome durch, die einem Arzt oder einer Pflegeperson mitgeteilt werden sollten
  - Anhaltende und belastungsunabhängige Thoraxschmerzen
  - Kurzatmigkeit in Ruhe, unter Belastung oder nachts
  - Palpitationen

- *Medikamente*
  - Erläutern Sie Zweck, Dosierung, Einnahmezeitplan und Art der Verabreichung aller verordneten Medikamente sowie deren Nebenwirkungen, die einem Arzt oder einer Pflegeperson mitgeteilt werden sollten
  - Gehen Sie die Symptome einer Digitalisintoxikation durch, falls der Patient mit einer entsprechenden Medikation entlassen wird
- *Aktivitäten*
  - Weisen Sie den Patienten an, seine Aktivitäten einzuschränken und Tätigkeiten langsam oder nach Anweisung wieder aufzunehmen, um die Herzarbeit zu reduzieren und die Heilung zu fördern
  - Sagen Sie dem Patienten, er möge im Laufe des Tages regelmäßig Ruhepausen einlegen
  - Betonen Sie, wie wichtig es ist, körperliche Belastungen und Wettkampfsport zu vermeiden
  - Raten Sie dem Patienten, sich bei Erkältungen, Grippe oder Infektionen nicht zu belasten und keine körperlich anstrengenden Tätigkeiten auszuführen
- *Ernährung/Diät*
  - Weisen Sie den Patienten an, eine salzarme Diät einzuhalten, vor allem bei Zeichen einer Herzinsuffizienz

Nachsorge

- Heben Sie die Bedeutung regelmäßiger Nachsorgeuntersuchungen hervor. Stellen Sie sicher, daß der Patient über die notwendigen Telefonnummern verfügt

Nebenniereninsuffizienz (M. Addison, sekundäre Nebennierenrindeninsuffizienz)

Nebenniereninsuffizienz: eine chronische Erkrankung der Nebennieren. Eine Unterfunktion der Nebennieren führt zu einem Mangel an Nebennierenrindenhormonen (Glukokortikoide, Aldosteron) und Androgenen. Diese Hormone regulieren den Wasserhaushalt, die Glukoneogenese und die sekundären Geschlechtsmerkmale, vor allem bei Frauen. *M. Addison* ist eine primäre Nebennierenrindeninsuffizienz; die *sekundäre Nebennierenrindeninsuffizienz* ist eine Folge anderer Erkrankungen.

Ätiologie

- M. Addison: Schädigung der Nebennieren, möglicherweise autoimmun, traumatisch oder infektiös bedingt oder durch einen chirurgischen Eingriff verursacht
- Sekundäre Nebennierenrindeninsuffizienz: verringerte Sekretion von ACTH durch die Hypophyse infolge eines Tumors, einer Kopfverletzung oder eines Optikusglioms

Kennzeichen/Symptome

- Müdigkeit
- Gewichtsverlust
- Übelkeit, Erbrechen
- Orthostatische Hypotonie
- Kopfschmerzen
- Sucht nach Salz
- Durchfall
- Anorexie
- Schmerzen im Abdomen
- Hyperpigmentierung (bronzene Hautfarbe)
- Verlust oder Abnahme der Körperbehaarung
- Muskelschwäche, die im Laufe des Tages zunimmt
- Bei Frauen: Amenorrhö, Infertilität, reduzierte Libido

Komplikationen

- Addison-Krise: Rascher Abfall der Kortisol- und Aldosteronspiegel, der zum Schock, Koma und Tod führen kann. Sie kann durch jedes belastende Ereignis ausgelöst werden, z. B. Emotionen, Infektionen, einen kleinen chirurgischen Eingriff oder eine Verletzung. ***Es handelt sich um einen medizinischen Notfall***

Diagnostik

- Beschreiben Sie jedes Verfahren, seinen Zweck und die normalen Empfindungen oder Wahrnehmungen, die dabei wahrscheinlich vorkommen, sowie die Pflege davor und danach
- Kortisol- und ACTH-Spiegel; ACTH-Test zur Bestätigung der Nebennierenrindeninsuffizienz und zur Identifizierung des Typs
- Blutuntersuchung, Elektrolyte (Kalium, Glukose, Natrium, Chlorid)
- Urinuntersuchung: 24-Stunden-Urin auf Natrium und/oder freies Kortisol
- Computer-/Magnetresonanztomographie zur Bestimmung einer Abnahme des Nebennieren- oder Hypophysenvolumens

Behandlung

Konservativ

- *Diät*
- Hochkalorische, kohlenhydrat-, eiweiß- und vitaminreiche Ernährung
- *Medikamente*
- Kortikosteroide in Substitution, z. B. Kortison, Hydrokortison
- Antibiotika gegen Infektionen
- Addison-Krise
  - Hydrokortison i. v.
  - Intravenöse Gabe von Flüssigkeit bei schwerer Dehydratation
  - Blutdrucksteigernde Medikamente
  - Überwachung der Herzfunktion

Ambulante Pflege

- Geben Sie sowohl dem Patienten als auch der bzw. dem Betreuenden *mündliche* und *schriftliche* Instruktionen. Nennen Sie ihnen den Namen und die Telefonnummer eines Arztes oder einer Pflegeperson, die sie bei Fragen anrufen können

- *Allgemeine Informationen*
  - Erläutern Sie die Grunderkrankung, ihre Ursache und beeinflussende Faktoren
  - Besprechen Sie die Auswirkungen von Streß auf die Hormonspiegel
  - Weisen Sie den Patienten an, in Phasen erhöhter emotionaler Belastung, vor einem Elektiveingriff oder nach einem Trauma den Arzt oder eine Pflegeperson zu informieren, damit die Dosen angepaßt werden können
- *Komplikationszeichen einer Addison-Krise*
  - Gehen Sie die Kennzeichen und Symptome einer Addison-Krise durch, d. h. ausgeprägte Schwäche, Müdigkeit, Benommenheit, Übelkeit, Erbrechen, Schmerzen im Abdomen und kühle, feuchte Haut
  - Betonen Sie, wie wichtig es ist, sofort medizinische Hilfe zu suchen, wenn die oben erwähnten Anzeichen auftauchen
  - Stellen Sie sicher, daß Patient und Betreuende/r von zu Hause und vom Arbeitsplatz aus den schnellsten Weg zu einer Notfallstation kennen
  - Helfen Sie dem Patienten bei der Beschaffung einer Notfallausrüstung mit Alkoholtupfern und Spritzen mit 100 mg Hydrokortison
  - Raten Sie dem Patienten, die Notfallausrüstung auf Reisen mitzuführen und das Material regelmäßig auf Verfallsdaten zu prüfen
  - Bringen Sie dem Patienten und der betreuenden Person bei, wie man im Falle einer Addison-Krise eine Hydrokortisoninjektion vorbereitet und verabreicht
- *Besondere Hinweise*
  - Frauen: Weisen Sie die Patientin an, alle Veränderungen ihres Zyklus mitzuteilen, vor allem eine Amenorrhö
  - Besprechen Sie andere Weisen, mit belastenden Ereignissen umzugehen, z. B. Entspannungstechniken, geleitete Imagination, ablenkende Tätigkeiten
- *Medikamente*
  - Erläutern Sie Zweck, Dosierung, Zeitplan und Art der Einnahme der verschriebenen Medikamente sowie deren Nebenwirkungen, die einem Arzt oder einer Pflegeperson mitgeteilt werden sollten
  - Betonen Sie, daß eine Hormonsubstitution lebenslang durchgeführt werden muß
- *Aktivitäten*
  - Weisen Sie den Patienten an, anstrengende Tätigkeiten bei heißem, feuchtem Wetter zu vermeiden
  - Raten Sie dem Patienen, bei starkem Schwitzen die Flüssigkeits- und Salzaufnahme zu erhöhen

- *Ernährung/Diät*
  - Ermahnen Sie den Patienten, in Phasen körperlicher Betätigung keine Mahlzeiten ausfallen zu lassen
  - Legen Sie dem Patienten dringend nahe, keine salzarmen Speisen oder Salzersatzstoffe zu sich zu nehmen
  - Raten Sie einem anorektischen Patienten zu kleinen, häufigen Mahlzeiten, um seinen Ernährungszustand zu verbessern

Nachsorge

- Betonen Sie die Bedeutung regelmäßiger Nachsorgeuntersuchungen. Stellen Sie sicher, daß der Patient die notwendigen Namen und Telefonnummern hat
- Raten Sie dem Patienten, jeden Arzt, Zahnarzt und in der Gesundheitsfürsorge Tätigen *vor* einer Behandlung oder Maßnahme zu informieren
- Helfen Sie dem Patienten bei der Beschaffung eines Notfallmedaillons (SOS-Kapsel) und eines Ausweises mit der Diagnose, der Medikation und der Behandlung im Notfall

Nephrektomie

Nephrektomie: teilweise oder vollständige Resektion einer Niere. Die *radikale Nephrektomie*, die gewöhnlich bei malignen Tumoren durchgeführt wird, umfaßt das Entfernen der gesamten Niere, des umgebenden Gewebes und Fettgewebes, der Nebennieren, eines Teils des Ureters sowie der Lymphknoten.

Indikationen

- Malignom
- Polyzystische Nieren
- Nierenspende
- Trauma
- Große Nierensteine
- Hydronephrose
- Angeborene Mißbildung
- Chronische Pyelonephritis
- Gefäßerkrankung oder verengte Nierenarterien

Präoperative Schulung

- Gehen Sie die Erläuterungen des Arztes bezüglich des Eingriffs und seiner Gründe durch, und ermutigen Sie den Patienten, Fragen zu stellen und jegliche Sorgen oder Ängste zu besprechen
- Erklären Sie die Notwendigkeit einer schriftlichen Einverständniserklärung nach Aufklärung zur Operation, Anästhesie und Bluttransfusion

Besprechen der präoperativen Pflege

- Erklären Sie, daß die Aufnahme in die Klinik am Tag der Operation stattfinden kann
- Gehen Sie die möglichen präoperativen Tests durch
  - Röntgen-Thorax und EKG
  - Blutuntersuchungen: großes Blutbild, Elektrolyte, Gerinnung, Gewebskompatibilität
  - Urinuntersuchungen: Urinanalyse, Urinkultur und Resistenzbestimmung, Kreatinin-Clearance
  - Intravenöse Pyelographie
  - Urogramm
  - Nierenangiographie
- Informieren Sie den Patienten darüber, daß am Abend vor der Operation ein reinigender Einlauf vorgenommen wird
- Besprechen Sie die Notwendigkeit einer Dusche und Haarwäsche mit bakterizider Seife am Abend vor der Operation oder am Morgen desselben Tages
- Erklären Sie, daß die Haut über dem Abdomen und in den Flanken vor der Operation u. U. rasiert wird
- Erklären Sie, daß der Patient am Tag der Operation ab Mitternacht nüchtern bleiben muß
- Gehen Sie die Möglichkeit einer Nierenangiographie durch, um Blutungen während und nach der Operation zu verringern

Nierenangiographie

Mittels der Nierenangiographie wird der Zustand beider Nieren beurteilt. Unter Lokalanästhesie wird über einen Trokar ein dünner Katheter in die Leiste eingeführt und unter Röntgendurchleuchtung bis zur Nierenarterie vorgeschoben. Das Kontrastmittel wird injiziert, während Röntgenaufnahmen gemacht werden. Der Patient spürt bei der Kontrastmittelinjektion u. U. eine leichte Hitzewallung, einen seltsamen Geschmack im Mund oder Übelkeit, die jedoch rasch vorübergehen. Nach Entfernen des Katheters wird ein

Druckverband angelegt und ein Sandsack aufgelegt. Bevor der Patient gehen darf, muß er einige Stunden lang ruhig liegen. Zu den weiteren Anweisungen gehören: keine schweren Gegenstände (> 5 kg) heben, mehrere Tage lang keine anstrengende Tätigkeit. Die Untersuchung wird ambulant durchgeführt.

Besprechen der postoperativen Pflege

- Siehe die postoperative Pflege nach einem abdominalchirurgischen Eingriff, S. 3
- Sagen Sie dem Patienten, daß er nach der Operation noch 3–5 Tage in der Klinik bleiben wird
- Betonen Sie, wie wichtig es ist, die Stellung im Bett zu verändern, abzuhusten und tief durchzuatmen
- Besprechen Sie den Zweck des Giebelohrs und anderer Atemhilfsgeräte, und demonstrieren Sie deren Gebrauch
- Erläutern Sie den Zweck hüfthoher elastischer Kompressionsstrümpfe und alternativ Strümpfe zur Thromboseprophylaxe, solange der Patient im Bett liegt
- Betonen Sie, wie wichtig es ist, aufzustehen (gewöhnlich am 2. Tag postoperativ) und umherzugehen
- Erklären Sie, daß Drainageschläuche erforderlich werden können, und erläutern Sie die verschiedenen Möglichkeiten: Thorax-Drainage, Magensonde, Harnableitung aus der Blase, Nephrostomie aus der Niere über die Flanke, Penrose-Drainage oder Jackson-Pratt-Drainage aus dem Wundbereich
- Erklären Sie die Notwendigkeit häufiger Verbandwechsel bald nach der Operation
- Informieren Sie den Patienten darüber, daß der Urin blutig (hellrot) gefärbt sein wird, sein normales Aussehen jedoch nach einigen Tagen wiedergewinnt
- Besprechen Sie die Notwendigkeit schmerzstillender Medikamente und Antibiotika

Nebenwirkungen/Komplikationen

- Hämorrhagie und Schock
- Infektion
- Atelektase
- Pneumonie

Ambulante Pflege

- Geben Sie sowohl dem Patienten als auch der bzw. dem Betreuenden *mündliche* und *schriftliche* Instruktionen. Nennen Sie ihnen den Namen und die Telefonnummer eines Arztes oder einer Pflegeperson, die sie bei Fragen anrufen können
- *Allgemeine Informationen*
- Besprechen Sie den Zweck und die Art der geplanten Operation: partielle oder totale Nephrektomie
- Bereiten Sie den Patienten im Falle einer totalen Nephrektomie auf die Dialyse vor (s. S. 154)
- *Wundversorgung*
- Geben Sie dem Patienten Instruktionen bezüglich der täglichen Pflege des Operationssitus und des Verbandwechsels
  - Hände waschen
  - Wunde auf Anzeichen einer Infektion inspizieren
  - Den Bereich mit einem Antiseptikum reinigen
  - Finden sich keine Anzeichen einer Sekretabsonderung, den Wundbereich an der offenen Luft belassen. Andernfalls wird die Wunde mit sterilen Gazekompressen abgedeckt, die mit Pflasterstreifen gehalten werden
  - Zugpflaster nicht entfernen, sondern warten, bis sie sich von allein lösen
  - Unterweisen Sie den Patienten ggf. in der Pflege des Urostomas
- *Besondere Hinweise*
- Informieren Sie den Patienten darüber, daß Duschen und Baden entsprechend den Anordnungen des Arztes wieder aufgenommen werden dürfen
- Erklären Sie ggf., wie man die Urinausscheidung mißt
- *Komplikationszeichen*
- Gehen Sie Anzeichen und Symptome durch, die einem Arzt oder einer Pflegeperson mitgeteilt werden sollten
  - Infektion: Wunde gerötet, bei Berührung erwärmt, schmerzhaft, mit erhöhter oder eitriger Sekretabsonderung
  - Harnwegsinfektion: Fieber, Schüttelfrost, Hämaturie, Flankenschmerz, plötzlicher Anstieg der Harnmenge

- *Aktivitäten*
  - Besprechen Sie die Notwendigkeit körperlicher Übungen entsprechend der Belastbarkeit und das Einplanen zahlreicher Ruhepausen. Erklären Sie, daß Müdigkeit häufig vorkommt
  - Ermutigen Sie den Patienten, über Zugeständnisse und Einschränkungen in Bezug auf Beruf, Freizeit und Tätigkeiten zu sprechen
  - Sagen Sie dem Patienten, er möge das Heben schwerer Gegenstände (> 5 kg) für mindestens 6 Wochen vermeiden
  - Raten Sie dem Patienten, Kontaktsportarten, wie z. B. Ringen oder Fußball, zu vermeiden, die zu Schäden an der verbliebenen Niere führen könnten
- *Ernährung/Diät*
  - Informieren Sie den Patienten darüber, daß er sich normal ernähren kann, soweit keine Einschränkungen aufgrund der Nierenerkrankung vorliegen, die zur Nephrektomie geführt hat
  - Halten Sie den Patienten dazu an, täglich 8–10 Gläser Flüssigkeit zu trinken, soweit die Grunderkrankung dies gestattet

Nachsorge

- Betonen Sie die Bedeutung regelmäßiger Nachsorgeuntersuchungen. Stellen Sie sicher, daß der Patient die notwendigen Namen und Telefonnummern hat

Netzhautablösung

Netzhautablösung: teilweise oder vollständige Ablösung der Retina, d. h. der inneren Zellschicht des Auges, von der darunter- bzw. dahinterliegenden Zellschicht, wodurch ein subretinaler Raum entsteht, der sich mit Flüssigkeit füllt. Die Retina bildet einen Fortsatz des zentralen Nervensystems, der Bilder empfängt und sie an das Gehirn weiterleitet. Eine Netzhautablösung tritt gewöhnlich nur einseitig und spontan auf. Sie kommt häufiger bei Männern vor. Ein Netzhautloch ist eine Unterbrechung der Netzhautkontinuität, durch die Glaskörperinhalt zwischen die Netzhautschichten dringt. Die Erkrankung steht in Zusammenhang mit einem Trauma und dem Alternsprozeß.

Beeinflussende Faktoren

- Myopie
- Kataraktoperation
- Augenverletzung
- Altersbedingte degenerative Veränderungen
- *Systemische Erkrankungen*
- Schwere Hypertonie
- Chronische Glomerulonephritis
- Diabetes mellitus
- Verschluß der Nierenvene
- Netzhauttumoren, Entzündung

Kennzeichen/Symptome

- Muches volantes (gegen einen hellen Hintergrund zu sehende kleine, schwarze Flecken im Gesichtsfeld)
- Wiederholt auftretende Lichtblitze
- Verschwommenes oder verdunkeltes Sehen
- Allmählicher und einseitiger, schmerzloser Visusverlust

Komplikationen

- Beeinträchtigung der Sehfähigkeit
- Erblindung

Diagnostik

- Beschreiben Sie jedes Verfahren, seinen Zweck und die normalen Empfindungen oder Wahrnehmungen, die dabei wahrscheinlich vorkommen, sowie die Pflege davor und danach
- Ophthalmoskopie zur Darstellung einer abgeblaßten Netzhaut, einer halbmondförmig herabhängenden Netzhaut, orangeroter Einrisse oder einer ausgestülpten Netzhaut

Behandlung

Chirurgisch

- *Netzhautrisse und -löcher*
  - Photokoagulation zur Kauterisierung und zum anschließenden Verschluß umschriebener Risse und Schäden. Sie wird oft bei kleinen oder löcherigen, eingerissenen Bereichen verwendet, um eine weitere Ablösung zu verhindern
  - Kryochirurgie, d. h. Aufbringen einer gefrorenen Metallsonde auf die Konjunktiva nahe des Einrisses mit der Folge einer Skleraentzündung, die zur Bildung von Narbengewebe und einem erneuten Anhaften führt
  - Diathermie, d. h. Aufbringen einer erhitzten Sonde auf die Oberfläche der Sklera über dem Netzhautriß, wodurch eine Verbrennung verursacht wird, die wiederum zu einer entzündlichen Reaktion mit nachfolgender Narbenbildung und Heilung führt
- *Netzhautablösung*
  - Cerclage: ein Band wird gürtelähnlich an der Stelle der Ablösung um die Sklera gelegt und zieht diese näher an die Netzhaut heran, um das Anhaften zu erleichtern

Präoperative Schulung

- Gehen Sie die Erläuterungen des Arztes bezüglich des Eingriffs und seiner Gründe durch, und ermutigen Sie den Patienten, Fragen zu stellen und jegliche Sorgen oder Ängste zu besprechen
- Erklären Sie, daß eine Netzhautablösung selten spontan heilt und daß ein chirurgischer Eingriff erforderlich ist, um die Netzhaut zu verschließen
- Erklären Sie die Notwendigkeit einer schriftlichen Einverständniserklärung nach Aufklärung

Besprechen der präoperativen Pflege

- Informieren Sie den Patienten darüber, daß zur Verhinderung von Augenbewegungen strikte Bettruhe erforderlich ist
- Erklären Sie, daß der Patient sediert wird und auf beiden Augen Augenklappen erhält, um die Augenbewegungen einzuschränken. Ferner wird sein Kopf so gelagert, daß die Heilung gefördert wird
- Sagen Sie dem Patienten, daß er mydriatisch und zykloplegisch wirksame Präparate erhält, um die Pupille zu erweitern und Bewegungen intraokulärer Strukturen zu verringern

- Erklären Sie, daß das Gesicht mit bakterizider Seife gewaschen wird und möglicherweise die Wimpern beschnitten werden, um das Risiko einer Infektion zu minimieren

Besprechen der postoperativen Pflege

- Erklären Sie, wie wichtig es ist, Tätigkeiten zu vermeiden, bei denen es zu einer Erhöhung des Augeninnendrucks kommt: Pressen, Husten, Niesen, Sich-Bücken, Erbrechen
- Sagen Sie dem Patienten, er möge starke Augenbewegungen vermeiden. Er wird es unterlassen müssen, sich zu rasieren, die Zähne zu putzen, das Gesicht zu waschen und sich das Haar zu kämmen
- Erläutern Sie, daß es in den ersten 24–48 Stunden zu mäßigen Schmerzen kommt, die sich jedoch durch Analgetika lindern lassen. Weisen Sie den Patienten an, einen plötzlich auftretenden, heftigen Schmerz sofort mitzuteilen, da er das Auftreten eines Blutergusses in die vordere Augenkammer (Hyphäma) anzeigen kann
- Sie dem Patienten, daß er in den ersten Tagen nach der Operation Augenklappen tragen muß, um Augenbewegungen zu verhindern
- Besprechen Sie die Notwendigkeit einer mehrtägigen Lagerung des Patienten in einer bestimmten Position, z. B. auf dem Bauch, entsprechend der Lokalisation der Netzhautablösung und dem operativen Verfahren. Bei Beteiligung der Makula ist Bettruhe erforderlich
- Erklären Sie, daß das Augenlid nach der Operation geschwollen sein kann und daß Kältepackungen aufgelegt werden

N

Ambulante Pflege

- Geben Sie sowohl dem Patienten als auch der bzw. dem Betreuenden *mündliche* und *schriftliche* Instruktionen. Nennen Sie ihnen den Namen und die Telefonnummer eines Arztes oder einer Pflegeperson, die sie bei Fragen anrufen können
- *Allgemeine Informationen*
  - Besprechen Sie die zugrundeliegende Ätiologie und die beeinflussenden Faktoren der Erkrankung. Besprechen Sie Art und Ziel der durchgeführten Operation
- *Komplikationszeichen*
  - Gehen Sie Anzeichen und Symptome durch, die einem Arzt oder einer Pflegeperson mitgeteilt werden sollten
    - Plötzlicher Verlust der Sehfähigkeit
    - Schwere Schmerzen im Augapfel

- Starkes Auftreten von Glaskörpertrübungen
- Lichtblitze
- Eitriger Ausfluß
- Anhaltende Rötung
- Schwellung
- Fieber
- Postoperative Komplikationen: Hyphäma (Bluterguß in der Augenkammer), Netzhautablösung, Infektion, Thrombophlebitis

Besondere Hinweise

- Erinnern Sie den Patienten daran, nach der Cerclage in der empfohlenen Position zu liegen
- Raten Sie dem Patienten, kalte Kompressen auf das Auge zu legen, um die Schwellung und die Beschwerden zu lindern
- Erklären Sie, wie wichtig es ist, eine dunkle Brille zu tragen, wenn Mydriatika verordnet wurden, um die lichtempfindlichen Augen so wenig wie möglich zu belasten
- Weisen Sie den Patienten an, 2–4 Wochen lang nachts eine schützende Augenklappe zu tragen
- Besprechen Sie die Hygiene der Augenlider: Jede Sekretansammlung mit einem Wattebausch entfernen, der mit Leitungswasser angefeuchtet wurde. Den Wattebausch vorsichtig vom inneren Augenwinkel nach außen führen und bei jeder Wischbewegung einen frischen Wattebausch nehmen
- Erklären Sie, daß nach der Operation Glaskörpertrübungen auftreten, die innerhalb von Wochen, aber auch erst nach Jahren verschwinden können
- Erklären Sie, wie wichtig es ist, Reiben, Berühren und Prellungen am operierten Auge zu vermeiden

Medikamente

- Erläutern Sie Zweck, Dosierung, Zeitplan und Art der Einnahme der verschriebenen Medikamente sowie deren Nebenwirkungen, die einem Arzt oder einer Pflegeperson mitgeteilt werden sollten
- Sagen Sie dem Patienten, er möge rezeptfreie Augentropfen und -salben nicht ohne Rücksprache mit dem Arzt einsetzen
- Unterweisen Sie den Patienten im Einbringen von Augentropfen, und betonen Sie, wie wichtig es ist, sich zuvor gründlich die Hände zu waschen

- *Aktivitäten*
  - Erklären Sie, wie wichtig es ist, Tätigkeiten zu vermeiden, bei denen es zu einer Erhöhung des Augeninnendrucks kommt: Pressen (bei Verstopfung), Niesen, abrupte Kopfbewegungen, Heben schwerer Gegenstände, Autofahren, Sich-Bücken. Sagen Sie dem Patienten, er möge 4–6 Wochen lang oder entsprechend den Anweisungen des Arztes Geschlechtsverkehr vermeiden
  - Informieren Sie den Patienten darüber, daß Fernsehen gestattet ist, Lesen jedoch in der ersten Woche oder entsprechend den Anweisungen des Arztes unterlassen werden sollte
  - Besprechen Sie die Notwendigkeit zur Beseitigung häuslicher Gefahrenquellen, wie z. B. lose verlegter Teppiche, um Verletzungen zu verhindern

Nachsorge

- Betonen Sie die Bedeutung regelmäßiger Nachsorgeuntersuchungen bis zur vollständigen Heilung. Stellen Sie sicher, daß der Patient die notwendigen Namen und Telefonnummern hat

Neurogene Blase

Neurogene Blase: funktionsgestörte Blase infolge einer Unterbrechung der normalen Innervation durch Schädigung oder Verletzung. Die Formen neurogener Blasenstörungen umfassen ein herabgesetztes Fassungsvermögen, fehlende Kontrolle des Urinabgangs sowie eine reduzierte Wahrnehmung des Füllungszustands der Blase.

Beeinflussende Faktoren

- Verletzungen oder Tumor des Rückenmarks
- Schlaganfall
- Hirntumor
- Parkinson-Krankheit
- Multiple Sklerose
- Alzheimer-Krankheit
- Alternsprozesse
- Diabetes mellitus und daraus resultierende Schädigungen peripherer Nerven
- Chronischer Alkoholabusus

- Systemischer Lupus erythematodes
- Schwermetallvergiftung, z. B. durch Quecksilber
- Gefäßerkrankung
- Herpes zoster

Kennzeichen/Symptome

- Häufiges Wasserlassen, Harnträufeln
- Blasenentleerung in kleinen Mengen
- Paradoxe Harninkontinenz
- Herabgesetztes Fassungsvermögen der Blase
- Verlust des Entleerungsreflexes
- Verlust der Wahrnehmung des Füllungszustands der Blase
- Unfähigkeit zur vollständigen Blasenentleerung (Restharn)

Komplikationen

- Harnwegsinfektionen
- Reflexstörung (in Verbindung mit Rückenmarkverletzungen)
- Harnleitersteine
- Totale Inkontinenz
- Septischer Schock

Diagnostik

- Beschreiben Sie jedes Verfahren, seinen Zweck und die normalen Empfindungen oder Wahrnehmungen, die dabei wahrscheinlich vorkommen, sowie die Pflege davor und danach (s. Harninkontinenz, S. 312)

Behandlung

Konservativ

- *Therapie*
  - Hydration zur Verhinderung von Infektionen und Steinbildung
  - Blasentraining: Credé-Handgriff oder Kegel-Übungen
  - Intermittierende Katheterisierung oder Dauerkatheter
- *Medikamente*
  - Gegen die Grunderkrankung

Chirurgisch

- Implantation eines künstlichen Sphinkters
- Blasenschrittmacher (Elektrostimulation)
- Kontinente Zystostomie: chirurgischer Verschluß des Harnleiters am Übergang in die Blase und künstliche Öffnung nach außen; ein spezielles Ventil erlaubt dem Patienten das eigenständige Katheterisieren (s. Harnableitung, künstliche, S. 304)

Ambulante Pflege

- Geben Sie sowohl dem Patienten als auch der bzw. dem Betreuenden *mündliche* und *schriftliche* Instruktionen. Nennen Sie ihnen den Namen und die Telefonnummer eines Arztes oder einer Pflegeperson, die sie bei Fragen anrufen können
- *Allgemeine Informationen*
- Besprechen Sie die Faktoren, welche zu der Erkrankung beitragen
- *Komplikationszeichen*
- Gehen Sie Anzeichen und Symptome durch, die einem Arzt oder einer Pflegeperson mitgeteilt werden sollten
  - Harnwegsinfektion: Fieber, Schüttelfrost, Flankenschmerz
  - Nierensteine: akuter, kolikartiger Schmerz in der Flanke oder im unteren Abdomen
  - Probleme mit dem transurethralen Dauerkatheter (s. a. S. 132)
  - Mechanische Funktionsstörung
- Gehen Sie die Kennzeichen und Symptome einer autonomen Dysreflexie durch, indem Sie erklären, daß diese, falls unbehandelt, lebensbedrohend sein kann und gewöhnlich von einer überdehnten Blase, einem Kotverhalt, einem gefüllten Rektum oder durch sexuelle Stimulation ausgelöst wird
  - Kopfschmerzen
  - Absinken (< 60/min) oder Anstieg (>100/min) der Herzfrequenz
  - Hoher Blutdruck (> 140/90 mm Hg)
  - Verschwommensehen
  - „Gänsehaut" und Blässe unterhalb der Rückenmarkverletzung
  - Kalter Schweiß auf dem Kopf und im Nacken
  - Metallischer Geschmack im Mund
  - Verstopfte Nase
  - Parästhesien (Taubheitsgefühl, Kribbeln, Prickeln, erhöhte Sensibilität)

- *Besondere Hinweise*
- Besprechen und demonstrieren Sie Programme für ein Blasentraining (s. Harninkontinenz, S. 312)
- Beraten Sie den Patienten, wie und wo er Verbrauchsmaterial erhält
- Erläutern Sie, wie man eine autonome Dysreflexie vermeidet, indem man einen Zeitplan für die Blasen- oder Rektumentleerung erstellt und für ein ungehindertes Abfließen des Urins sorgt
- Erläutern Sie, wie man eine Blasenüberdehnung erkennt, indem man den Bereich der Blase inspiziert, die Blase abtastet und den Blasenbereich abklopft. Dieser fühlt sich geschwollen und wie ein gefüllter Ballon an. Das Beklopfen mit den Fingerspitzen führt zu einem kesselpaukenartigen Geräusch und kann ein Harnträufeln auslösen
- Demonstrieren Sie den Credé-Handgriff zur Unterstützung der Blasenentleerung. Bitten Sie den Patienten, er möge die Außenseite der Hand knapp unterhalb des Nabels auf den Bauch legen und nach unten drücken, wie beim Stuhlgang, bis zum Beginn des Wasserlassens. Danach sollte die Bewegung alle 30 Sekunden ausgeführt werden, bis der Harnfluß zum Stillstand kommt
- Gehen Sie die Technik der intermittierenden Katheterisierung und des transurethralen Dauerkatheters (s. S. 132) durch
- Erläutern Sie die Möglichkeit eines Kondomurinals für Männer (s. Harninkontinenz, S. 312)
- Gehen Sie die Anweisungen zur Pflege mechanischer Implantate durch, und erläutern Sie Kennzeichen und Symptome einer Funktionsstörung oder Infektion
  - Wundinfektion oder Erosion am Bulbus: Rötung, Empfindlichkeit, Wärme, eitriger Ausfluß
  - Probleme mit dem künstlichen Sphinkter: Harnwegsinfektion, Harnretention oder -inkontinenz, Schmerzen, Schwellung, Fieber, Blut im Urin
  - Funktionsstörung des Blasenschrittmachers: Die Blase entleert sich nicht

- *Medikamente*
  - Erläutern Sie Zweck, Dosierung, Zeitplan und Art der Einnahme der verschriebenen Medikamente sowie deren Nebenwirkungen, die einem Arzt oder einer Pflegeperson mitgeteilt werden sollten
- *Aktivitäten*
  - Ermutigen Sie den Patienten, seinen Sorgen hinsichtlich von Veränderungen der Lebensweise, die ihm durch die Krankheit auferlegt werden, Ausdruck zu verleihen
- Ermutigen Sie den Patienten, über Zugeständnisse und Einschränkungen in Bezug auf Beruf, Freizeit und Sport zu sprechen
- *Ernährung/Diät*
  - Erklären Sie, daß eine normale Ernährung oder eine vom Arzt verordnete Diät befolgt werden sollte
  - Raten Sie dem Patienten, die Aufnahme von Kalzium zu verringern und mehr zu trinken, um die Bildung von Nierensteinen zu verhindern

Nachsorge

- Betonen Sie die Bedeutung regelmäßiger Nachsorgeuntersuchungen. Stellen Sie sicher, daß der Patient die notwendigen Namen und Telefonnummern hat
- Helfen Sie dem Patienten bei der Beschaffung eines Notfallmedaillons (SOS-Kapsel) und eines Ausweises mit der Diagnose, der Medikation und der Behandlung im Notfall

Hinweis

- Sorgen Sie ggf. für Informationen über ambulante Pflegedienste.
- Helfen Sie dem Patienten, sich psychologische Unterstützung zu verschaffen

Niereninsuffizienz, Nierenversagen

Niereninsuffizienz, Nierenversagen: das Unvermögen, den normalen Anforderungen an die Nierenfunktion gerecht zu werden. Akute Niereninsuffizienz bedeutet die plötzlich einsetzende und rasche Verschlechterung der Nierenfunktion infolge von Obstruktion, verringerter Durchblutung oder einer Nierenerkrankung. Die akute Niereninsufizienz ist gewöhnlich reversibel, hat jedoch unbehandelt eine hohe Morbidität und Mortalität. Die chronische Niereninsuffizienz bedeutet den allmählichen Verlust der Nierenfunktion, der in das Endstadium der Nierenerkrankung führt. Es ist ein irreversibler Prozeß, der Dialyse oder eine Nierentransplantation erfordert.

Ätiologie/beeinflussende Faktoren

- *Akute Nierenisuffizienz*
  - Nephrotoxische Stoffe: Medikamente, Chemikalien, Metalle, Kontrastmittel
  - Infektion
  - Hämorrhagischer, septischer, kardiogener oder hypovolämischer Schock
  - Trauma: Verbrennungen
  - Thromben, Stenosierungen, Nierensteine
  - Rechtsherzinsuffizienz
- *Chronische Niereninsuffizienz*
  - Diabetes mellitus
  - Glomerulonephritis
  - Chronische Pyelonephritis
  - Polyzystische Nieren
  - Kleine Nieren
  - Tuberkulose
  - Tumoren
  - Kurze Zeit zurückliegende Herz- oder Gefäßoperation
  - Schweres Organversagen
  - Fortgeschrittenes Alter

Kennzeichen/Symptome

- *Akute Nierenisuffizienz*
  - Fehlende oder verringerte Urinausscheidung (< 400 ml/24 h)
  - Lethargie, Verwirrtheit, Reizbarkeit, Kopfschmerzen

- Übelkeit, Erbrechen, Obstipation, Diarrhö
- Kurzatmigkeit unter Belastung oder im Liegen
- *Chronische Niereninsuffizienz*
- Allgemeines Krankheitsgefühl und Müdigkeit, Schlaflosigkeit, Apathie, Verwirrtheit
- Appetitverlust, metallischer Geschmack im Mund, Übelkeit, Erbrechen
- Haut: Juckreiz; trockene, verfärbte Haut; leichte Hämatombildung; fahle Hautfarbe; dünne, brüchige Finger- und Zehennägel und Haare
- Verringerte Urinausscheidung, Anurie
- Periphere Neuropathie: Brennen, Schmerzen an den Fußsohlen oder „Restless legs"
- Kardiovaskuläre Symptome: Anämie, Hypertonie, Kurzatmigkeit, periphere Ödeme
- Amenorrhö bei Frauen, Impotenz bei Männern

Komplikationen

- *Akute Niereninsuffizienz*
- Perikarditis
- Störungen des Flüssigkeis- und Elektrolythaushalts
- Infektion und Sepsis
- *Chronische Niereninsuffizienz*
- Kardiovaskuläre Komplikationen: Herzrhythmusstörungen, Perikarditis, Rechtsherzinsuffizienz, beschleunigte Arteriosklerose
- Lungenödem
- Muskel- und Skelettsystem: Kalkablagerungen in Blutgefäßen und Gelenken, Knochenbeteiligung und gestörter Vitamin-D-Stoffwechsel
- Periphere Neuropathie
- Metabolische Enzephalopathie
- Peptische Ulzera
- Störungen des Flüssigkeis- und Elektrolythaushalts

Diagnostik

- Beschreiben Sie jedes Verfahren, seinen Zweck und die normalen Empfindungen oder Wahrnehmungen, die dabei wahrscheinlich vorkommen, sowie die Pflege davor und danach
- Blutuntersuchungen: Blut-Harnstoff-Stickstoff, Kreatinin, Elektrolyte, Harnsäure

- Urinuntersuchungen: Urinanalyse, Osmolalität, Elektrolyte, Kreatinin-Clearance, Harnsäure
- Röntgenuntersuchungen der Nieren, Harnleiter und der Blase
- Computertomographie der Nieren
- I. v.-Pyelogramm
- Nierenbiopsie

Behandlung

Konservativ

- *Therapie*
- Behandlung der Grunderkrankung
- Überwachung und ggf. Ausgleich des Flüssigkeits- und Elektrolythaushalts
- Dialyse
- Kohlenhydratreiche, eiweiß- und kaliumarme Ernährung
- *Medikamente*
- Antihypertonika
- Anabolika
- Vitamine, Eisen, Mineralien, Antazida

Chirurgisch

- *Ein- oder beidseitige Nephrektomie*
- *Nierentransplantation*

Ambulante Pflege

- Geben Sie sowohl dem Patienten als auch der bzw. dem Betreuenden *mündliche* und *schriftliche* Instruktionen. Nennen Sie ihnen den Namen und die Telefonnummer eines Arztes oder einer Pflegeperson, die sie bei Fragen anrufen können
- *Allgemeine Informationen*
- Erläutern Sie die Grunderkrankung bzw. deren beeinflussende Faktoren sowie die Art der Niereninsuffizienz und den Krankheitsprozeß
- Erläutern Sie dem Patienten ggf. die Dialyse (s. S. 154), und bereiten Sie ihn darauf vor
- *Komplikationszeichen*
- Gehen Sie Anzeichen und Symptome durch, die einem Arzt oder einer Pflegeperson mitgeteilt werden sollten
  - Verringerte Urinausscheidung (125 ml/8 h oder weniger)
  - Erhöhter Blutdruck (> 140/90 mm Hg)
  - Rasche Gewichtszunahme (> 1 kg/24 h)

- Schwellung (Ödem) der Füße und Fußgelenke sowie des Abdomens
- Ausgeprägte Muskelschwäche
- Palpitationen oder unregelmäßiger Puls
- Kurzatmigkeit bei Belastung oder in Ruhe
- Allgemeines Krankheitsgefühl und Müdigkeit, erhöhte Schläfrigkeit, Benommenheit
- Appetit- und Gewichtsverlust
- Brennen an den Füßen oder „Restless legs" (unruhige Beine), Parästhesien
- Muskelkrämpfe, besonders an den Beinen, Zuckungen
- Ausgeprägte und rasche Hämatombildung

■ *Besondere Hinweise*

- Besprechen Sie die Haut- und Körperpflege: Finger- und Fußnägel kurz und sauber halten; täglich baden, jedoch langes, heißes Baden bzw. Duschen vermeiden; heftiges Abrubbeln mit dem Handtuch vermeiden; bei juckender Haut Lanolin, nichtalkoholische, hochfettende Seifen und hauterweichende Lotionen verwenden; mildes Shampoo mit Pflegespülung verwenden; nicht kratzen, um einen Zusammenbruch der Haut und Infektionen zu vermeiden
- Unterweisen Sie den Patienten in Mundhygiene: Zähneputzen mit weicher Zahnbürste, nach jeder Mahlzeit Mundwasser gegen Mundgeruch verwenden; saure Drops gegen trockenen Mund
- Besprechen Sie die Notwendigkeit der Perianalpflege nach dem Stuhlgang
- Unterweisen Sie den Patienten in den Techniken des Blutdruck-, Temperatur- und Pulsmessens (vorher 5 Minuten ruhen). Demonstieren Sie diese Techniken. Sorgen Sie für einen Zeitplan und Eckwerte, die mitgeteilt werden sollten. Geben Sie dem Patienten Zeit zum Üben mit dem Blutdruckmeßgerät für den Hausgebrauch
- Erklären Sie, daß der Patient sich täglich zur gleichen Zeit, in derselben Kleidung, nach dem Wasserlassen und vor dem Essen wiegen sollte. Weisen Sie den Patienten an, die Ergebnisse aufzuschreiben

■ *Medikamente*

- Erläutern Sie Zweck, Dosierung, Zeitplan und Art der Einnahme der verschriebenen Medikamente sowie deren Nebenwirkungen, die einem Arzt oder einer Pflegeperson mitgeteilt werden sollten
- Raten Sie Patienten unter Diuretika, diese morgens zu nehmen, um nicht in der Nacht aufstehen zu müssen

- *Aktivitäten*
- Besprechen Sie, daß Tätigkeiten entsprechend der Belastbarkeit eingeteilt werden sollten
- Unterweisen Sie den Patienten bei Bedarf im Umgang mit Gehhilfen (Gehwagen, Gehstock, Rollstuhl)
- Besprechen Sie kraftsparende Techniken und den Gebrauch von Hilfsgeräten im Haushalt, wie etwa einem Stuhl in der Dusche bzw. Geländer an der Badewanne
- Sagen Sie dem Patienten, er möge zwischen seinen Tätigkeiten Ruhepausen einplanen
- Ermutigen Sie den Patienten dazu, über Zugeständnisse und Einschränkungen in Bezug auf Beruf und Freizeit sowie auf Tätigkeiten zu sprechen
- *Ernährung/Diät*
- Sie mit dem Patienten die verordnete Diät durch
- Besprechen Sie die Notwendigkeit einer beschränkten Aufnahme von Natrium, Kalium, Phosphat und Eiweiß. Erläutern Sie, daß die Salzaufnahme reduziert werden kann, indem man "Fast food" und Fertiggerichte meidet, kein Tafelsalz verwendet und nicht mit Salz kocht, Verpackungsetiketten liest und Dosengemüse vor der Zubereitung bzw. dem Verzehr abspült
- Raten Sie dem Patienten zu einer hochkalorischen, kohlenhydratreichen Ernährung
- Halten Sie den Patienten zu einer ballaststoffreichen Ernährung an
- Sagen Sie einem Patienten, dem übel ist, daß er eine halbe Stunde vor den Mahlzeiten ein Antiemetikum einnehmen und häufig kleinere Mahlzeiten zu sich zu nehmen sollte
- Gehen Sie die verordnete Flüssigkeitsrestriktion durch. Erklären Sie, daß die Aufnahme gewöhnlich auf der Urinausscheidung des Vortages plus 500–800 ml über die Aufnahme beruht. Halten Sie den Patienten dazu an, die Flüssigkeitsaufnahme über den Tag zu verteilen, vor allem während der Mahlzeiten und bei Tätigkeiten. Empfehlen Sie zerstoßene Eiswürfel gegen den Durst

Nachsorge

- Betonen Sie die Bedeutung regelmäßiger medizinischer und labortechnischer Nachsorgeuntersuchungen. Stellen Sie sicher, daß der Patient die notwendigen Namen und Telefonnummern hat

- Helfen Sie dem Patienten bei der Beschaffung eines Notfallmedaillons (SOS-Kapsel) und eines Ausweises

Psychosoziale Betreuung

- Ermutigen Sie den Patienten und die betreuende Person, Befürchtungen und Gefühle bezüglich des Krankheitsprozesses zu verbalisieren
- Fördern Sie Unabhängigkeit und Teilnahme bei der Pflegeplanung. Verweisen Sie den Patienten an eine Beratung zur Unterstützung des Patienten und der betreuenden Person im Umgang mit der Krankheit und ihren Folgen

Hinweis

- Sorgen Sie für Überweisungen an eine ambulante Pflege sowie an klinik- oder gemeindegestützte Hilfsquellen

Nierentransplantation

Nierentransplantation: Implantation einer Niere von einem lebenden Verwandten oder einem toten Spender in einen Empfänger zur Wiederherstellung der Nierenfunktion. Der Implantation des Spenderorgans geht die Nephrektomie der erkrankten Niere voraus.

Indikation

- Nierenerkrankung im Endstadium

Präoperative Schulung

- Gehen Sie die Erläuterungen des Arztes bezüglich des Eingriffs und seiner Gründe durch, und ermutigen Sie den Patienten, Fragen zu stellen und jegliche Sorgen oder Ängste zu besprechen
- Erklären Sie die Notwendigkeit einer schriftlichen Einverständniserklärung nach Aufklärung zur Operation, Anästhesie und Bluttransfusion

Besprechen der präoperativen Pflege

- Erklären Sie, daß der Patient in die Klinik bestellt wird, sobald ein geeigneter Spender gefunden wurde
- Gehen Sie die Aufklärungsarbeit und die Untersuchungen durch, die ein Patient vor der Transplantation verarbeiten und durchlaufen muß
  - Blut- und Gewebeuntersuchungen zur Bestimmung der Histokompatibilität sowie von Elektrolyten, Kreatinin und Blut-Harnstoff-Stickstoff
  - Zystometrographie zur Bestimmung des Fassungsvermögens der Blase und des Miktionsreflexes
  - Miktionszysturethrographie zur Bestimmung der Blasenfüllung und -entleerung
  - Urinuntersuchungen auf Kreatinin und Blut-Harnstoff-Stickstoff
  - Koordination der Transplantation
  - Vorbereitung mit dem Sozialarbeiter und ggf. mit dem Psychologen
- Besprechen Sie die präoperativen Maßnahmen, nachdem der Spender gefunden wurde
  - Hämodialyse, abhängig vom Zeitpunkt der letzten Dialyse
  - Urinuntersuchung auf Vorliegen einer Infektion
  - Blutuntersuchungen zur Bestimmung von Elektrolyten, Kreatinin und Blut-Harnstoff-Stickstoff
  - EKG, Röntgen-Thorax
- Erläutern Sie, daß der Patient vom Zeitpunkt der Information über die vorhandene Spenderniere an weder essen noch trinken darf, falls es sich um einen toten Spender handelt. Ist der Spender ein lebender Verwandter, so muß der Patient ab Mitternacht vor der Operation nüchtern bleiben
- Besprechen Sie die Nortwendigkeit eines kleinen Reinigungseinlaufs
- Informieren Sie den Patienten über die Notwendigkeit einer Dusche mit bakterizider Seife
- Besprechen Sie, daß möglicherweise das Schamhaar rasiert wird
- Gehen Sie die Behandlung mit oralen Immunsuppressiva durch
- Informieren Sie den Patienten darüber, daß die Operation 3–4 Stunden dauert und der Patient dabei unter Vollnarkose steht

Besprechen der postoperativen Pflege

- Zur allgemeinen postoperativen Pflege siehe abdominalchirurgischer Eingriff, S. 3
- Erläutern Sie, daß der Patient für die Nacht nach der Operation gewöhnlich auf die Intensivstation verlegt wird

- Erklären Sie, daß der Patient möglicherweise erneut operiert werden muß, um die transplantierte Niere wieder zu entfernen, falls es zu einer akuten Abstoßungsreaktion kommt
- Erläutern Sie die Drainagen, die verwendet werden: Blasenverweilkatheter über 2–3 Tage oder länger (der Urin wird einige Tage lang blutig tingiert sein), Jackson-Pratt-Drainage in Wundnähe
- Informieren Sie den Patienten darüber, daß bei Schmerzen Analgetika zur Verfügung stehen. Betonen Sie, wie wichtig es ist, die Art und den Schweregrad der Schmerzen zu erläutern
- Erklären Sie, daß eine Dialyse erforderlich sein kann, bis die transplantierte Niere ihre Funktion aufnimmt. Bei Nieren von toten Spendern kann dies 2–30 Tage oder länger dauern. Eine Niere von einem lebenden Verwandten nimmt ihre Funktion gewöhnlich sofort auf

Komplikationen

- Abstoßung der transplantierten Niere
- Wundinfektion
- Harnwegsinfekt
- Störungen der Lungenfunktion
- Hämorrhagie, Schock
- Paralytischer Ileus
- Nierenarterienstenose, -thrombose oder -aneurhysma
- Nebenwirkungen der Immunsuppressiva
- Gastrointestinale Blutung
- Diabetes mellitus
- Glaukom
- Cushing-Syndrom

Ambulante Pflege

- Geben Sie sowohl dem Patienten als auch der bzw. dem Betreuenden *mündliche* und *schriftliche* Instruktionen. Nennen Sie ihnen den Namen und die Telefonnummer eines Arztes oder einer Pflegeperson, die sie bei Fragen anrufen können
- *Allgemeine Informationen*
  - Gehen Sie die Nierentransplantation durch, und heben Sie dabei die Bedeutung einer lebenslangen Therapie mit Immunsuppressiva hervor
  - Gehen Sie die Kennzeichen einer Abstoßung durch, und erläutern Sie dabei, daß diese jederzeit, auch nach Jahren noch, eintreten kann

- *Wundpflege*
  - Demonstrieren Sie die Wundpflege und den Verbandwechsel (s. Nephrektomie, S. 550). Helfen Sie dem Patienten bei der Beschaffung des erforderlichen Verbrauchmaterials
- *Komplikationszeichen*
  - Gehen Sie Anzeichen und Symptome durch, die einem Arzt oder einer Pflegeperson mitgeteilt werden sollten
    - Infektion: Rötung, Schmerzempfindlichkeit, Schmerzen, Schwellung, Wärmegefühl bei Berührung, eitriger Ausfluß
    - Abstoßungsreaktion: verringerte oder fehlende Urinausscheidung; große Mengen an verdünntem Urin; Hämaturie, grippeähnliche Symptome mit Fieber (> 37,8 °C), Krankheitsgefühl, Übelkeit, Erbrechen, Diarrhö; Rötung, Schwellung und Schmerzempfindlichkeit im Bereich der Transplantation; plötzliche Gewichtszunahme (> 1,5 kg/d); erhöhter Blutdruck; beschleunigter Puls (> 100)
    - Harnwegsinfekt
    - Plötzlich einsetzende, akute Schmerzen im Wundbereich
    - Unfähigkeit zur Einnahme der Medikamente
- *Besondere Hinweise*
  - Betonen Sie, wie wichtig es ist, mindestens 3 Monate lang größere Menschenansammlungen sowie Personen mit bekannten oder vermuteten Infekten zu meiden
  - Erläutern Sie die Bedeutung des täglichen Wiegens zur gleichen Zeit, in derselben Kleidung, nach dem Wasserlassen und vor dem Essen. Weisen Sie den Patienten an, eine Gewichtszunahme von mehr als 1 kg täglich bzw. 2 kg pro Woche oder darüber dem Arzt oder einer Pflegeperson mitzuteilen
  - Erläutern und demonstrieren Sie, wie man in den ersten 3 Wochen die Ein- und Ausfuhr mißt und notiert
  - Erklären Sie, wie wichtig es ist, zweimal täglich Körpertemperatur, Puls und Blutdruck (am selben Arm, zur gleichen Zeit und vor dem Messen 5 Minuten ausruhen) zu messen. Helfen Sie dem Patienten bei der Beschaffung der Ausrüstung für den Hausgebrauch
  - Informieren Sie den Patienten darüber, daß starke oder direkte Sonneneinstrahlung vermieden werden sollte, da Immunsuppressiva die Empfindlichkeit für Hautkrebs, besonders für Lymphome, erhöhen. Sie senken auch die Empfänglichkeit für Zervix- und Vulvakarzinome sowie für Karzinome im Perinealbereich und für das Kaposi-Sarkom

- *Medikamente*
- Erläutern Sie Zweck, Dosierung, Zeitplan und Art der Einnahme der verschriebenen Medikamente sowie deren Nebenwirkungen, die einem Arzt oder einer Pflegeperson mitgeteilt werden sollten
- Sorgen Sie für ausführliche Informationen über die Therapie mit Immunsuppressiva und deren Nebenwirkungen
- Sagen Sie dem Patienten, er möge keine freiverkäuflichen Medikamente einnehmen, soweit dies nicht mit dem Arzt abgesprochen wurde
- Betonen Sie, wie wichtig es ist, keine Dosis auszulassen
- *Aktivitäten*
- Ermutigen Sie den Patienten, über Zugeständnisse und Einschränkungen in Bezug auf Beruf, Freizeit und Sport zu sprechen
- Sagen Sie dem Patienten, er möge sich erst allmählich wieder belasten und häufig Ruhepausen einlegen
- Raten Sie dem Patienten, das Heben schwerer Gegenstände (> 5 kg) und Kontaktsportarten wie Fußball und Basketball zu meiden
- Besprechen Sie, daß der Patient 2 Wochen lang nicht Auto fahren darf
- Weisen Sie den Patienten an, Körperhaltungen zu vermeiden, bei denen es zu Druckbelastungen an der Stelle der Transplantation kommt, etwa durch den Beckengurt bei langem Autofahren
- Erklären Sie die Notwendigkeit, mindestens 6 Wochen lang oder entsprechend den Anweisungen des Arztes keinen Geschlechtsverkehr zu haben. Betonen Sie, daß Frauen nicht schwanger werden sollten, soweit dies nicht mit dem Arzt abgestimmt wurde. Sorgen Sie für Informationen zur Kontrazeption
- *Ernährung/Diät*
- Sagen Sie dem Patienten, er möge einer normalen Ernährung oder der vom Arzt verordneten Diät folgen
- Weisen Sie den Patienten auf die Neigung zu übermäßigem Essen hin, da Kortikosteroide den Appetit anregen
- Erläutern Sie die Notwendigkeit einer kaliumarmen Ernährung, falls der Patient Cyclosporin nimmt
- Sagen Sie dem Patienten, er möge keinen Alkohol trinken, bis der Arzt es gestattet

Nachsorge

- Betonen Sie die Bedeutung regelmäßiger medizinischer und labortechnischer Nachsorgeuntersuchungen. Stellen Sie sicher, daß der Patient die notwendigen Namen und Telefonnummern hat. Erinnern Sie den Patienten daran, zu jedem Termin seine Aufzeichnungen über das Körpergewicht und die Vitalzeichen mitzunehmen
- Erklären Sie, daß es wichtig ist, den Arzt über Besuche beim Zahnarzt zu informieren, sich alle 6 Monate auf Glaukom bzw. Katarakt untersuchen zu lassen und, bei Frauen, jährlich eine gynäkologische Untersuchung vornehmen zu lassen
- Helfen Sie dem Patienten bei der Beschaffung eines Notfallmedaillons (SOS-Kapsel) und eines Ausweises mit der Diagnose, der Medikation und anderen Informationen

Hinweis

- Helfen Sie dem Patienten, seiner Familie und der betreuenden Person bei der Besorgung seelischer Unterstützung und ggf. einer Familienberatung

Orchiektomie

Orchiektomie: Entfernen eines oder beider Hoden.

Indikationen

- Prostatakarzinom
- Hodenkarzinom
- Trauma

Präoperative Schulung

- Gehen Sie die Erläuterungen des Arztes bezüglich des Eingriffs und seiner Gründe durch. Ermutigen Sie den Patienten, Fragen zu stellen und jegliche Sorgen oder Ängste hinsichtlich seiner Sexualfunktionen und seines Mannseins zu besprechen
- Erklären Sie die Notwendigkeit einer schriftlichen Einverständniserklärung nach Aufklärung für die Operation und Anästhesie
- Erläutern Sie, daß die Fertilität beeinträchtigt werden kann, und versorgen Sie den Patienten mit Informationen über Samenbanken

Besprechen der präoperativen Pflege

- Erläutern Sie, daß der Patient gewöhnlich am Tag der Operation in die Klinik aufgenommen wird und nach der Operation noch einen Tag dort bleibt
- Gehen Sie die Untersuchungen vor der Operation durch
  - Alpha-Fetoprotein und HCG als Tumormarker
  - Schwangerschaftstest bei bestimmten Typen und Stadien von Tumoren
  - Intravenöses Pyelogramm und Urogramm
  - Radionuklid-Untersuchung
  - Lymphangiogramm: Injektion von Kontrastmittel in die Lymphgefäße zur Darstellung von Verschlüssen
- Besprechen Sie die Notwendigkeit einer Dusche und Haarwäsche mit bakterizider Seife am Abend vor der Operation oder am Morgen desselben Tages
- Erklären Sie, daß der Patient am Tag der Operation ab Mitternacht nüchtern bleiben muß
- Sprechen Sie darüber, daß möglicherweise das Schamhaar rasiert wird

Besprechen der postoperativen Pflege

- Erklären Sie, daß bei Bedarf Analgetika und Antiemetika verabreicht werden
- Betonen Sie, wie wichtig es ist, im Bett die Stellung zu verändern, abzuhusten und tief durchzuatmen
- Demonstrieren Sie den Gebrauch des Giebelrohrs und anderer Atemhilfsgeräte
- Erläutern Sie, daß ein Hodenbänkchen dazu dienen wird, Schmerzen zu lindern und die Schwellung zu verringern. Der Hoden wird auf einem zusammengerollten Handtuch hochgelagert, und es kann eine Kühlpackung aufgelegt werden. Sagen Sie dem Patienten, daß die Schmerzen gewöhnlich 24–48 Stunden anhalten
- Raten Sie dem Patienten, langes Sitzen zu vermeiden, da dies die Hodenschwellung verstärkt

Nebenwirkungen/Komplikationen

- Anhaltende Schmerzen
- Schwellung
- Hämorrhagie
- Wundinfektion
- Infertilität

Ambulante Pflege

- Geben Sie sowohl dem Patienten als auch der bzw. dem Betreuenden *mündliche* und *schriftliche* Instruktionen. Nennen Sie ihnen den Namen und die Telefonnummer eines Arztes oder einer Pflegeperson, die sie bei Fragen anrufen können
- Bereiten Sie auf Anweisung den Patienten auf die Chemotherapie (s. S. 102) oder die Strahlentherapie (s. S. 714) vor
- *Allgemeine Informationen*
  - Gehen Sie die abgelaufene Operation durch: einseitige Entfernung eines Hodens bei intaktem Skrotum oder beidseitige Orchiektomie. Besprechen Sie den Grund für die Operation (s. Hodenkarzinom, S. 363, oder Prostatakarzinom, S. 641)
  - Erläutern Sie bei einseitiger Orchiektomie, daß das Skrotum belassen wird, um später einen plastischen Eingriff durchführen und eine gelgefüllte Hodenprothese einbringen zu können. Erklären Sie, daß die Sexualfunktionen nach abgeschlossener Wundheilung wieder einsetzen,

daß es wichtig ist, den verbliebenen Hoden einmal monatlich selbst zu untersuchen und daß ein gesunder Hoden die Funktion des verlorenen Hodens kompensiert, so daß die Charakteristika des Mannseins nicht beeinträchtigt werden

- Erläutern Sie bei beidseitiger Orchiektomie, daß die Operation gewöhnlich bei Hodenkrebs durchgeführt wird. Erklären Sie, daß die Operation den Mann steril macht und zur Impotenz führt, falls Nerven oder Gefäße beschädigt werden, und daß synthetische Hormone als Ersatz für männliche Hormone verabreicht werden. Sorgen Sie für Informationen zur Impotenz (s. Erektionsstörung, S. 225)

Wundpflege

- Demonstrieren Sie bei Bedarf die Wundpflege und den Verbandwechsel. Erklären Sie, daß der Verband über die Wunde gelegt und durch das Hodenbänkchen gehalten werden kann

Komplikationszeichen

- Gehen Sie Anzeichen und Symptome durch, die einem Arzt oder einer Pflegeperson mitgeteilt werden sollten
  - Wasserlassen erschwert oder unmöglich
  - Schwere oder anhaltende Schmerzen
  - Wundinfektion: Rötung, Erwärmung, Empfindlichkeit, eitrige Absonderungen, Fieber, Schüttelfrost
  - Übelkeit und Erbrechen
  - Auftreten einer Verdickung im erhaltenen Hoden, in der Leistenbeuge oder im Nacken

Medikamente

- Erläutern Sie Zweck, Dosierung, Zeitplan und Art der Einnahme der verschriebenen Medikamente sowie deren Nebenwirkungen, die einem Arzt oder einer Pflegeperson mitgeteilt werden sollten

Aktivitäten

- Ermutigen Sie den Patienten, über Zugeständnisse und Einschränkungen in Bezug auf Beruf, Freizeit und Tätigkeiten zu sprechen
- Weisen Sie den Patienten an, häufig Ruhepausen einzuplanen und seine Aktivität entsprechend seiner Belastbarkeit allmählich zu steigern. Sagen Sie ihm, daß er seine normalen Tätigkeiten gewöhnlich nach einer Woche wieder aufnehmen kann
- Raten Sie dem Patienten, Treppensteigen und langes Sitzen (> 2 h) zu vermeiden
- Empfehlen Sie dem Patienten, das Heben von Gegenständen mit einem Gewicht von mehr als 5 Kg oder anstrengende Tätigkeiten sowie Kontaktsportarten für eine vom Arzt festzusetzende Zeit zu vermeiden

- *Ernährung/Diät*
  - Informieren Sie den Patienten darüber, daß er sich normal ernähren kann, soweit vom Arzt nicht anders verordnet

Nachsorge

- Betonen Sie die Bedeutung regelmäßiger Nachsorgeuntersuchungen. Stellen Sie sicher, daß der Patient die notwendigen Namen und Telefonnummern hat

Psychosoziale Betreuung

- Ermutigen Sie den Patienten, seinen Gefühlen über die Veränderung des Körperbildes, der Empfindung des Verlustes der Männlichkeit, seiner Angst vor dem Verlust seiner Sexualfunktion und der Feminisierung Ausdruck zu verleihen

Hinweis

- Sorgen Sie bei Bedarf für Informationen über Fortpflanzung und Fruchtbarkeit, und verweisen Sie den Patienten an eine ärztliche oder gemeindegestützte Beratung

Osteomalazie

Osteomalazie: eine Stoffwechselerkrankung, die durch abnehmende Mineralisierung der Knochen gekennzeichnet ist und zu Knochenerweichung, erhöhter Brüchigkeit und Deformitäten führt. Ähnlich wie die Rachitis bei Kindern tritt die Osteomalazie auf, wenn ein Vitamin-D-Mangel zu verminderter Resorption von Phosphat und Kalzium führt. Knochen, die das Körpergewicht tragen, wie die Wirbel, das Becken und die unteren Extremitäten, sind am stärksten betroffen und neigen zu Frakturen. Am stärksten sind ältere Menschen und Frauen gefährdet.

Beeinflussende Faktoren

- Unzureichende Aufnahme von Vitamin D mit der Nahrung
- Kalziummangel
- Mangelnde Sonneneinstrahlung

- ■ *Intestinale Malabsorption von Vitamin D*
- □ Lebererkrankung
- □ Hypoparathyreoidismus
- □ Dünndarmerkrankung
- ■ Chronische Niereninsuffizienz
- ■ Langzeittherapie mit Antikonvulsiva

Kennzeichen/Symptome

- ■ Abnorme Beugung und Biegung der langen Knochen und Wirbelsäule
- ■ Knochen- und Gelenkschmerzen
- ■ Muskelschwäche und -krämpfe
- ■ Eingeschränkter Bewegungsumfang der Gelenke
- ■ Allgemeine Schwäche, Krankheitsgefühl, Müdigkeit

Komplikationen

- ■ Degenerative Gelenkerkrankung
- ■ Verformungen von Knochen
- ■ Frakturen

Diagnostik

- ■ Beschreiben Sie jedes Verfahren, seinen Zweck sowie die Empfindungen und Wahrnehmungen, die dabei normalerweise auftreten, und erläutern Sie die Pflege davor und danach
- □ Blutuntersuchungen: Kalzium, alkalische Phosphatase und Vitamin D im Serum, Blutkörperchensenkungsgeschwindigkeit
- □ Röntgenuntersuchungen zur Darstellung der Kalzifizierung der Knochen und zum Nachweis von Frakturen
- □ Knochenbiopsie zur Darstellung nichtmineralisierten Knochens

Behandlung

Konservativ

- ■ *Therapie*
- □ Begleitende Therapie
- □ Kalzium- und phosphatreiche Diät
- □ Physikalische Therapie

- *Medikamente*
  - Vitamin-D-Substitution
  - Kalziumsubstitution
  - Analgetika

Chirurgisch

- *Bei Bedarf Behandlung von Frakturen*

Ambulante Pflege

- Geben Sie sowohl dem Patienten als auch der bzw. dem Betreuenden *mündliche* und *schriftliche* Instruktionen. Nennen Sie ihnen den Namen und die Telefonnummer eines Arztes oder einer Pflegeperson, die sie bei Fragen anrufen können
- *Allgemeine Informationen*
  - Besprechen Sie die Erkrankung, indem Sie die Rolle von Vitamin D bei der Resorption von Kalzium und Phosphat besprechen, die zur Mineralisierung der Knochen erforderlich ist
  - Gehen Sie die Quellen für Vitamin D durch: Nahrungsmittel, Vitamin-D-Zusätze, UV-Licht. Erklären Sie, daß Sonnenlicht eine gute Hilfe bei der Bildung von Vitamin D ist
- *Komplikationszeichen*
  - Gehen Sie Anzeichen und Symptome durch, die einem Arzt oder einer Pflegeperson mitgeteilt werden sollten
    - Zunahme oder plötzliches Auftreten von Knochenschmerzen
- *Besondere Hinweise*
  - Sprechen Sie darüber, wie sich Verletzungen vermeiden lassen, indem man für eine sichere Umgebung sorgt: Geländer, rutschfeste Bodenbeläge, saubere und trockene Böden, ausreichende Beleuchtung
- *Medikamente*
  - Erläutern Sie Zweck, Dosierung, Zeitplan und Art der Einnahme der verschriebenen Medikamente sowie deren Nebenwirkungen, die einem Arzt oder einer Pflegeperson mitgeteilt werden sollten
  - Raten Sie dem Patienten, auf jegliches Zeichen einer Vitamin-D-Intoxikation zu achten: Kopfschmerzen, Übelkeit, Durchfall, Nierensteine

- *Aktivitäten*
  - Ermutigen Sie den Patienten, über Zugeständnisse und Einschränkungen in Bezug auf Beruf, Freizeit und Tätigkeiten zu sprechen
  - Beraten Sie den Patienten im Umgang mit Gehhilfen, wie einem Gehstock oder Unterarmgehstützen, um die Belastung und die Last der betroffenen Knochen und Gelenke zu verringern. Helfen Sie dem Patienten bei der Beschaffung
  - Ermutigen Sie den Patienten, und halten Sie ihn zu Übungen des Bewegungsumfangs und zur Kräftigung der Muskulatur an, um die Muskelkraft und die Beweglichkeit der Gelenke erhalten zu helfen
  - Besprechen Sie das Übungsprogramm, mit dem ein Kalziumverlust der Knochen verhindert wird: isometrische Übungen und Widerstandsübungen
  - Raten Sie dem Patienten zur Vorsicht bei Tätigkeiten, die zu Anstrengung, hoher Belastung und Frakturen führen könnten, z. B. Aufstehen von einem Stuhl, tiefes Bücken, Training
  - Besprechen Sie, daß es notwenig ist, Tätigkeiten zu vermeiden, bei denen es zu Verletzungen kommen kann, wie z. B. Bowling und Reiten, die zu Wirbelkompressionen führen können
- *Ernährung/Diät*
  - Besprechen Sie, wie wichtig es ist, die Aufnahme von Kalzium mit der Nahrung zu erhöhen, etwa durch Milchprodukte, Eigelb, Thunfisch, Lebertran und Lachs. Verweisen Sie den Patienten an eine Ernährungsberatung zur Planung der Mahlzeiten

Nachsorge

- Betonen Sie die Bedeutung regelmäßiger Nachsorgeuntersuchungen. Stellen Sie sicher, daß der Patient die notwendigen Namen und Telefonnummern hat

Osteomyelitis

Osteomyelitis: eine akute oder chronische Infektion des Knochens, verursacht durch Bakterien, Pilze oder Viren. Am häufigsten sind *Staphylococcus aureus, Escherichia coli, Klebsiella spp., Pseudomonas spp.* und *Proteine* beteiligt. Die chronische Osteomyelitis ist eine Knocheninfektion, die über Jahre hinweg besteht und nach einem geringfügigen Trauma des betroffenen Bereichs oder bei verringerter Widerstandsfähigkeit des Organismus aufflackert. Bei der primären Osteomyelitis kommt es zur direkten Invasion des Knochens als Folge von offenen Frakturen, Hieb- und Stichverletzungen, Knochenmarkaspiration oder Operationen. Die sekundäre Osteomyelitis (akute hämatogene Osteomyelitis) ist eine Infektion des Knochens auf dem Weg über das Blut oder angrenzendes Weichteilgewebe des Patienten. Sie kann z. B. im Zusammenhang mit Druckulzera oder intravenösem Drogenmißbrauch, bei Gelenken mit septischer Arthritis sowie bei Strahlentherapie auftreten.

Beeinflussende Faktoren/Risikofaktoren

- Unterernährung
- Hohes Alter
- Diabetes mellitus
- Chronisch-obstruktive Lungenerkrankung
- Sichelzellanämie
- Malignome
- Periphere Gefäßkrankheit

Kennzeichen/Symptome

- *Akute Osteomyelitis*
  - Abruptes Einsetzen eines lokalen Schmerzes
  - Fieber, Schüttelfrost
  - Rötung, Erwärmung, Schwellung, infizierter Knochen
  - Krankheitsgefühl
  - Bewegungseinschränkung
  - Ruhelosigkeit
  - Reizbarkeit
- *Chronische Osteomyelitis*
  - Anhaltender eitriger Ausfluß aus einem alten Herd

Komplikationen

- Chronische Osteomyelitis
- Amputation
- Abszeßbildung
- Pathologische Fraktur
- Gelenkkontrakturen

Diagnostik

- Beschreiben Sie jedes Verfahren, seinen Zweck sowie die Empfindungen und Wahrnehmungen, die dabei wahrscheinlich auftreten, und erläutern Sie die Pflege davor und danach
- Blutuntersuchungen
  - Leukozyten: erhöht
  - Blutkörperchensenkungsgeschwindigkeit: erhöht
  - Blutkulturen zum Erregernachweis
- Knochenbiopsie zur Gewinnung von Material für die Blutkulturen und zur Resistenzbestimmung
- Röntgenaufnahmen zur Darstellung destruktiver Prozesse
- Computertomographie zum Nachweis von Knochenveränderungen und der Ausbreitung der Infektion auf das umliegende Gewebe
- Magnetresonanztomographie zur Bestimmung der Ausdehnung einer akuten oder chronischen Infektion

Behandlung

Konservativ

- *Therapie*
- Bettruhe
- Warme, feuchte oder abwechselnd warme und kalte Kompressen
- Behandlung mit hyperbarem Sauerstoff
- *Medikamente*
- Antibiotika intravenös, verordnet für 4–6 Wochen
- Topische Antibiotika
- Analgetika, Antipyretika

Chirurgisch

- Chirurgische Dekompression des infizierten Knochens: In den Knochen werden Löcher gebohrt, um die Stellen der Exsudatbildung zu lokalisieren, und der darüberliegende infizierte Knochen wird entfernt. Die Höhlung wird zu Drainagezwecken und um die Wunde offen zu halten lose gefüllt

- Fixateur externe zur Stabilisierung des Knochens und zur Vorbeugung gegen Frakturen
- Sequestrektomie: Entfernen von nekrotischem Knochen und Narbengewebe zur Schaffung eines gesunden Untergrundes zur Regeneration des Knochens
- Autologes Knochentransplantat
- Freie mikrochirurgische Muskeltransplantation zur Abdeckung der Wunde und um Hohlräume zu füllen
- Gliedmaßenamputation bei lebensbedrohenden oder persistierenden Infektionen

Ambulante Pflege

- Geben Sie sowohl dem Patienten als auch der bzw. dem Betreuenden *mündliche* und *schriftliche* Instruktionen. Nennen Sie ihnen den Namen und die Telefonnummer eines Arztes oder einer Pflegeperson, die sie bei Fragen anrufen können
- *Allgemeine Informationen*
  - Besprechen Sie die Erkrankung, ihre Ursachen und die beeinflussenden Faktoren sowie die Möglichkeiten einer chronischen Infektion. Betonen Sie, wie wichtig es ist, die verordnete Antibiotikatherapie fortzusetzen
- *Wundpflege*
  - Erläutern und demonstrieren Sie Wundpflege unter Einsatz aseptischer Techniken des Verbandwechsels. Besprechen Sie die korrekte Entsorgung kontaminierter Verbände und den Wechsel verschmutzter Bettwäsche. Betonen Sie, wie wichtig es ist, die Wunde kontinuierlich bedeckt zu halten
- *Komplikationszeichen*
  - Gehen Sie Anzeichen und Symptome durch, die einem Arzt oder einer Pflegeperson mitgeteilt werden sollten
    - Fieber
    - Schüttelfrost
    - Verstärkter Schmerz
    - Krankheitsgefühl
    - Wiederholter Ausfluß aus der Wunde

- *Besondere Hinweise*
  - Gehen Sie ggf. die Pflege eines Fixateur externe (s. S. 239) durch
  - Unterweisen Sie den Patienten im Gebrauch und in der Pflege eines Hickman-Katheters (s. S. 421) oder anderer venöser Zugänge in der ambulanten Antibiotikatherapie. Verweisen Sie den Patienten an die ambulante Pflege
- *Medikamente*
  - Erläutern Sie Zweck, Dosierung, Zeitplan und Art der Einnahme der verschriebenen Medikamente sowie deren Nebenwirkungen, die einem Arzt oder einer Pflegeperson mitgeteilt werden sollten
  - Raten Sie dem Patienten, auf jegliche Zeichen von Nebenwirkungen der Antibiotika zu achten und diese mitzuteilen: Übelkeit, Erbrechen, Durchfall, Abdominalschmerz
- *Aktivitäten*
  - Erläutern Sie die Notwendigkeit von Ruhe, um Kraft zu sparen und um die Heilung zu fördern
  - Bringen Sie dem Patienten Übungen zum Bewegungsumfang bei, und ermutigen Sie ihn, diese durchzuführen, um die Muskelkraft und die Beweglichkeit der Gelenke zu erhalten
  - Erläutern Sie, wie wichtig es ist, den betroffenen Körperteil zu immobilisieren, um zu verhindern, daß sich eitriges Material im Körper ausbreitet
  - Unterweisen Sie den Patienten im Gebrauch von Gehhilfen (je nach Bedarf Unterarmgehstützen, Gehstock, Rollstuhl oder Gehwagen), wenn der Patient aufstehen darf. Helfen Sie dem Patienten bei der Beschaffung der Ausrüstungsgegenstände
- *Ernährung/Diät*
  - Halten Sie den Patienten zu einer gesunden Ernährung an, die reich an Eiweiß und den Vitaminen C und D ist, um die Heilung zu fördern

Nachsorge

- Betonen Sie die Bedeutung regelmäßiger Nachsorgeuntersuchungen. Stellen Sie sicher, daß der Patient die notwendigen Namen und Telefonnummern hat

Osteoporose

Osteoporose: eine Reduktion der Knochenmasse oder -dichte insgesamt, infolge einer Knochenresorption, d. h. eines Abbaus des Knochens für andere Zwecke des Körpers. Die Osteoporose bewirkt, daß der Knochen brüchig und anfällig für Frakturen wird. Die Knochen speichern Kalzium für andere Körperfunktionen. Dieses Kalzium entnimmt der Körper durch Resorption. Im Alter verläuft der Prozeß des Knochenabbaus gewöhnlich rascher als der Aufbau, die Kalziumresorption wird beeinträchtigt, und infolge eines Östrogenmangels sinkt die Vitamin-D-Bildung. Diese Veränderungen führen zu einer allmählichen Abnahme der Knochenmasse oder -dichte.

Risikofaktoren

- *Frauen*
  - Nach der Menopause aufgrund einer verringerten Östrogenproduktion und durch Bewegungsmangel
  - Zierlicher Körperbau, Kaukasier oder Asiaten wegen der geringen Knochenmasse
  - Nullipara
- *Andere*
  - Bei jungen Menschen nach schweren Verletzungen als Folge langdauernden Bewegungsmangels oder anhaltender Unbeweglichkeit
  - Rheumatoide Arthritis, Lebererkrankung, gewisse Karzinome oder eine Hyperthyreose in der Anamnese
  - Sitzende Lebensweise, Mangel an Bewegung und Tätigkeiten unter Belastung
  - Rauchen oder Alkoholmißbrauch beeinträchtigen die Kalziumresorption.
  - Langzeiteinnahme von Medikamenten, z. B. von Kortikosteroiden, Antazida, Heparin, Phenytoin, Isoniazid, unterdrückt die Aktivität knochenbildender Zellen
  - Starker Kaffeekonsum senkt die Kalziumresorption
  - Familienanamnese
  - Ungenügende Kalziumaufnahme

Kennzeichen/Symptome

- *Frakturen*
  - Rücken- und Lendenwirbelkörper
  - Bereich des Oberschenkelhalses und der Intertrochanterenregion (Hüftfraktur)
  - Distaler Radius
  - Kompressionsfrakturen von Wirbelkörpern, die zu folgenden Erscheinungen führen:
    - Abnahme der Köpergröße
    - Kyphose (Buckel)
    - Rückenbeschwerden
    - Verstopfung

Komplikationen

- Frakturen von Wirbeln, der Hüfte und des Handgelenks
- Atemstörungen infolge schwerer Kyphose

Diagnostik

- Beschreiben Sie jedes Verfahren, seinen Zweck sowie die Empfindungen und Wahrnehmungen, die dabei wahrscheinlich auftreten, und erläutern Sie die Pflege davor und danach
  - Blutuntersuchungen
    - Alkalische Phosphatase im Serum: erhöht
    - Hydroxyprolin im Serum: erhöht
  - Röntgenuntersuchung zum Nachweis osteoporotischer Frakturen und einer Verkrümmung der Wirbelsäule
  - Quantitative digitale Radiographie, Photodensitometrie, Single- und Dual-Photon-Emissionscomputertomographie zur Messung der Skelettdichte und zum Nachweis eines Knochenmasseverlustes
  - Computertomographie zur Dichtebestimmung der Wirbelkörper und zum Nachweis prolabierter oder frakturierter Zwischenwirbelscheiben

Behandlung

Konservativ

- *Therapie*
- Rückenkorsett oder Nackenstütze zur Verhinderung von Streßfrakturen
- Leichte Übungen unter Belastung, um das Kalzium im Knochen zu halten
- Kalzium- und eiweißreiche Ernährung
- Nahrungszusätze: Kalziumkarbonat und Vitamin D
- *Medikamente*
- Östrogensubstitutionstherapie bei Frauen in der Postmenopause
- Analgetika
- Resorptionshemmende Wirkstoffe, um einen weiteren Verlust an Knochenmasse zu verhindern

Chirurgisch

- Behandlung von Frakturen, z. B. der Hüfte und des Handgelenks
- Laminektomie zur Druckentlastung von Spinalnerven oder des Rückenmarks, falls diese betroffen sind (Frakturen, Diskusruptur)

Ambulante Pflege

- Geben Sie sowohl dem Patienten als auch der bzw. dem Betreuenden *mündliche* und *schriftliche* Instruktionen. Nennen Sie ihnen den Namen und die Telefonnummer eines Arztes oder einer Pflegeperson, die sie bei Fragen anrufen können
- *Allgemeine Informationen*
- Besprechen Sie die Erkrankung, ihre Ursachen und die beeinflussenden Faktoren.
- *Komplikationszeichen*
- Gehen Sie Anzeichen und Symptome durch, die einem Arzt oder einer Pflegeperson mitgeteilt werden sollten.
  - Verformung
  - Schmerzen
  - Ödem
  - Ekchymose (flächenhafter Bluterguß)
  - Verkürzung einer Extremität
  - Falsche Bewegung, eingeschränkter Bewegungsumfang
  - Verlust der Blasen- oder Darmkontrolle
  - Lähmung

- *Besondere Hinweise*
  - Sprechen Sie darüber, wie wichtig es ist, zu Hause Sicherheitsvorkehrungen zu treffen, um Stürze und Verletzungen zu verhindern: Geländer und Handgriffe im Bad, Nachtleuchte und die Beseitigung frei verlegter Teppiche
  - Raten Sie dem Patienten zum Gebrauch von Gehhilfen, wie z. B. je nach Bedarf einem Gehstock oder einem Gehwagen, um die Belastung des Rückens und der Gelenke zu senken. Dies hilft dem Patienten, das Gleichgewicht zu halten und senkt das Risiko eines Sturzes
- *Medikamente*
  - Erläutern Sie Zweck, Dosierung, Zeitplan und Art der Einnahme der verschriebenen Medikamente sowie deren Nebenwirkungen, die einem Arzt oder einer Pflegeperson mitgeteilt werden sollten
  - Besprechen Sie eine Kalziumsubstitution. Erläutern Sie, daß Kalzium jeweils 2 Stunden vor bzw. nach einer anderen Medikation verabreicht werden sollte, da es die Aufnahme der anderen Medikamente beeinträchtigen kann. Informieren Sie den Patienten darüber, daß ein erhöhtes Kalzium zur Bildung von Nierensteinen führen kann. Dies läßt sich durch eine Erhöhung der täglichen Flüssigkeitsaufnahme verhindern sowie dadurch, daß Kalzium nicht zusammen mit Eisen eingenommen wird, da die Eisenresorption behindert wird
- *Aktivitäten*
  - Erläutern Sie die Bedeutung von Übungen unter Belastung zur Erhöhung der Knochenmasse. Halten Sie den Patienten zu Tätigkeiten wie Spazierengehen, Tennis und Tanzen an, um die Knochenbildung und den Kreislauf anzuregen und die Kalziumaufnahme zu steigern
  - Raten Sie dem Patienten zur Vorsicht bei jeder Art von Tätigkeit, z. B. beim Aufstehen von einem Stuhl, da Anstrengung oder ein Sturz eine schwere Belastung verursachen und zu Frakturen führen können
- *Ernährung/Diät*
  - Halten Sie den Patienten zu einer kalziumreichen Ernährung einschließlich Käse, Milch, dunkelgrünem Blattgemüse, Eiern, Erdnüssen, Sesam oder Austern an
  - Unterweisen Sie den Patienten in der Planung von Mahlzeiten, die für eine ausreichende tägliche Aufnahme von Kalzium sorgen oder mit Kalzium und Vitamin D angereichert sind, wie z. B. Eier, Heilbutt, Hering, Milchprodukte, Leber, Lachs und Sardinen
  - Sagen Sie dem Patienten, er möge seinen Alkohol- und Kaffeekonsum einschränken

Nachsorge

- Betonen Sie die Bedeutung regelmäßiger Nachsorgeuntersuchungen. Stellen Sie sicher, daß der Patient die notwendigen Namen und Telefonnummern hat

Ovarialkarzinom

Ovarialkarzinom: ein rasch wachsender Tumor, der durch das Fehlen von Kennzeichen und Symptomen nur selten im Frühstadium diagnostiziert wird. Mehr als 60 % der Frauen mit Ovarialkarzinom befinden sich zum Zeitpunkt der Diagnose bereits in einem fortgeschrittenen Stadium der Erkrankung. Der häufigste Typ des Ovarialkarzinoms ist das seröse Zystadenokarzinom, andere Typen sind das muzinöse, das endometrioide und das klarzellige Karzinom. Die meisten Ovarialkarzinome sind primär epithelial. Zwischen 5 und 10 % der Tumoren haben ihren Ursprung in einem anderen Organ, gewöhnlich in der Brust. Die Tumoraussaat geschieht durch Einlagerung von Zellen in das Peritoneum des Beckens, Sigmoids und Zökums sowie terminalen Ileums und Omentums (Bauchfellfalte), ferner über die submesothelialen Lymphbahnen.

Risikofaktoren

- Ununterbrochene Ovulation
- Alter über 50 Jahre (Postmenopause)
- Kinderlosigkeit, Single-Dasein, Infertilität
- Seit langem bestehende Zyklusunregelmäßigkeiten
- Höherer sozioökonomischer Status
- Fettreiche Ernährung
- Exposition gegenüber Chemikalien aus industrieller Produktion, wie Asbest oder Talkum. Andere z. Z. untersuchte Faktoren sind das Alter bei Eintritt der Menopause, Röteln und Mumps in der Anamnese, Ovarialkarzinome und Funktionsstörungen der Ovarien in der Familienanamnese

Kennzeichen/Symptome

- Aszites, Völlegefühl oder Schmerzen im Abdomen oder Becken
- Gewichtsverlust
- Gastrointestinale Beschwerden und Atembeschwerden: Dyspnö und Verdauungsstörungen

- Harnwegsbeschwerden: häufiges Wasserlassen, Harndrang
- Zyklusunregelmäßigkeiten: abnorme Blutungen

Diagnostik

- Beschreiben Sie jedes Verfahren, seinen Zweck sowie die Empfindungen und Wahrnehmungen, die dabei wahrscheinlich auftreten, und erläutern Sie die Pflege davor und danach
- Beckenuntersuchung mit bimanueller Untersuchung zur Palpation der Ovarien auf Größe und Form
- Laparoskopie mit Biopsie zum Nachweis von Anomalien des Ovars und des Vorhandenseins maligner Zellen
- Lymphangiographie zum Nachweis einer Beteiligung retroperitonealer Lymphknoten
- CA 125, ein Tumormarker, der bei Ovarialkarzinom vermehrt vorhanden ist

Behandlung

Konservativ

- *Therapie*
- Strahlentherapie
  - Intrakavitäre Bestrahlung
  - Perkutane (externe) Bestrahlung
- Chemotherapie mit Monosubstanzen
  - Chlorambucil
  - Melphalan
  - Doxorubicin
  - Cyclophosphamid
  - 5-Fluorouracil
  - Methotrexat
  - Vinblastin
  - Bleomycin
  - Cisplatin
  - Stickstofflost
  - Thiotepa
  - Tetracyclin
- Kombinationschemotherapie einschließlich Cisplatin

Chirurgisch

- Einfache Salpingo-Oophorektomie
- Totale abdominale Hysterektomie mit beidseitiger Salpingo-Oophorektomie und partieller oder kompletter Omentektomie

Ambulante Pflege

- Geben Sie sowohl der Patientin als auch der bzw. dem Betreuenden *mündliche* und *schriftliche* Instruktionen. Nennen Sie ihnen den Namen und die Telefonnummer eines Arztes oder einer Pflegeperson, die sie bei Fragen anrufen können
- *Allgemeine Informationen*
  - Gehen Sie die Erläuterungen des Arztes hinsichtlich des Krankheitsgeschehens durch. Erklären Sie, daß die verordnete Therapie auf dem Stadium der Erkrankung und dem Alter der Patientin beruht
  - Sorgen Sie für Informationen über die verordnete Therapie: radikale Hysterektomie (s. S. 397), Chemotherapie (s. S. 102) oder Strahlentherapie (s. S. 714)
- *Komplikationszeichen*
  - Gehen Sie Anzeichen und Symptome durch, die einem Arzt oder einer Pflegeperson mitgeteilt werden sollten
    - Infektion: Rötung, Ausfluß, Fieber, Schmerzen
    - Blutung
    - Verlegung der Harnwege: Aufgetriebensein und verringerte Ausscheidung
    - Verlegung des Darms: Aufgetriebensein, Unterleibsbeschwerden, Flatulenz, Übelkeit, Appetitverlust
    - Pleuraerguß: Kurzatmigkeit, Fieber
- *Besondere Hinweise*
  - Zeigen Sie der Patientin Wege im Umgang mit Beschwerden im Abdomen, z. B. Medikamente, Wärme, kleine und häufige Mahlzeiten
  - Sprechen Sie über Techniken der Schmerzbewältigung: Relaxation, Imagination, Biofeedback
- *Medikamente*
  - Erläutern Sie Zweck, Dosierung, Zeitplan und Art der Einnahme der verschriebenen Medikamente sowie deren Nebenwirkungen, die einem Arzt oder einer Pflegeperson mitgeteilt werden sollten

- *Aktivitäten*
  - Ermutigen Sie die Patientin zu Übungen entsprechend ihrer Belastbarkeit. Erklären Sie ihr, daß Gehen bei Unterleibsbeschwerden besonders hilfreich ist
- *Ernährung/Diät*
  - Betonen Sie die Bedeutung einer ausreichenden Nahrungs-, Kalorien- und Flüssigkeitsaufnahme. Empfehlen Sie bei Bedarf Nahrungszusätze

Nachsorge

- Betonen Sie die Bedeutung regelmäßiger medizinischer und gynäkologischer Nachsorgeuntersuchungen nach Verordnung. Stellen Sie sicher, daß die Patientin die notwendigen Namen und Telefonnummern hat
- Raten Sie Frauen mit jungen Töchtern, daß diese sich mit Beginn der sexuellen Aktivität oder ab einem Alter von 18 Jahren jährlichen gynäkologischen Untersuchungen unterziehen

Hinweis

- Unterstützen Sie die Patientin ggf. bei der Überweisung an eine sexualpsychologische Beratung und Selbsthilfegruppen

Paget-Krankheit (Osteodystrophia deformans)

Paget-Krankheit: eine chronisch-entzündliche Erkrankung, die zu Verdickung, Erweichung und Verbiegung von Knochen führt. Die Paget-Krankheit wird durch eine Initialphase exzessiver Knochenresorption (Knochenabbau für andere Zwecke des Körpers), gefolgt von exzessiver abnormer Knochenneubildung charakterisiert. Der erkrankte Knochen ist strukturschwach und brüchig, verursacht schmerzhafte Verformungen und neigt zu Frakturen. Die Paget-Krankheit betrifft gewöhnlich Oberschenkel, Schienbein, untere Wirbelsäule, Becken und Schädel. Sie tritt weltweit auf, ist jedoch in Asien, im Mittleren Osten sowie in Afrika und Skandinavien extrem selten. In den USA trifft sie 3 % der Bevölkerung über 40 Jahren, vor allem Männer. Die Krankheitsursache ist nicht bekannt.

Kennzeichen/Symptome

- Knochenschmerzen: leicht bis schwer, verstärkt unter Belastung oder Druck, nachts zunehmend
- Erhöhte Erwärmung der betroffenen Bereiche
- Rückenschmerzen
- Skelettverformungen: Kyphose, Faßthorax, Säbelbeine (Verformung von Femur und Tibia)
- Leicht biegsame Knochen
- Pathologische Frakturen
- Hirnnervenkompression: Visusstörungen, Hörverlust, Kopfschmerzen, Schluckstörungen
- Vergößerter, weicher, verdickter Schädel

Komplikationen

- Pathologische Frakturen
- Nierensteine
- Herzinsuffizienz
- Hörverlust
- Visusstörungen
- Sarkom

Diagnostik

- Beschreiben Sie jedes Verfahren, seinen Zweck und die normalen Empfindungen oder Wahrnehmungen, die dabei wahrscheinlich vorkommen, sowie die Pflege davor und danach
  - Standard-Röntgenaufnahmen zur Dokumentation typischer Läsionen der Erkrankung, pathologischer Frakturen und verformter Knochenstrukturen
  - Blutuntersuchungen zum Nachweis einer erhöhten alkalischen Phosphatase, die neues Knochenwachstum anzeigt
  - Knochenbiopsie zur Bestätigung der Diagnose
  - Knochen-Szintigraphie zur Erkennung aktiver Knochenläsionen
  - Magnetresonanztomographie zur Darstellung von Regionen des Knochenabbaus und -wachstums

Behandlung

Konservativ

- *Therapie*
  - Orthesen, z. B. externe Schienen oder ein Gips, um die Knochen in ihrer Form zu halten und zu strecken
- *Medikamente*
  - Hormone zur Verzögerung der Knochenbildung
  - Kalzitonin
  - Etidronsäure
  - Zytostatika (Mithramycin) zur Remission der Symptome
  - Analgetika gegen Schmerzen
  - Nichtsteroidale Antiphlogistika gegen Schmerzen

Chirurgisch

- *Geschlossenes oder offenes Einrichten von Frakturen*

Ambulante Pflege

- Geben Sie sowohl dem Patienten als auch der bzw. dem Betreuenden *mündliche* und *schriftliche* Instruktionen. Nennen Sie ihnen den Namen und die Telefonnummer eines Arztes oder einer Pflegeperson, die sie bei Fragen anrufen können
- *Allgemeine Informationen*
  - Erläutern Sie den Krankheitsprozeß und die verordnete Therapie

- *Komplikationszeichen*
- Gehen Sie die Zeichen und Symptome durch, die einem Arzt oder einer Pflegeperson mitgeteilt werden sollten
  - Schädel- und Hirnbeteiligung: verminderte Hörfähigkeit, Kopfschmerzen, Parästhesien (Taubheitsgefühl, Kribbeln), Lähmung, Sehstörungen (unterschiedlich weite Pupillen), Veränderungen des Sprechverhaltens, Schwierigkeiten beim Schlucken
  - Nierensteine: Dysurie, Hämaturie
- Besprechen Sie das hohe Risiko pathologischer Frakturen, und erklären Sie, daß entsprechende Anzeichen und Symptome sofort einem Arzt oder einer Pflegeperson mitgeteilt werden sollten
  - Plötzliche Zunahme der Schmerzen
  - Spüren oder hören, wie ein Knochen knackt
  - Unfähigkeit, einen Knochen zu belasten oder normal zu bewegen
- *Besondere Hinweise*
- Bringen Sie dem Patienten bei, wie man sich selbst Kalzitonin injiziert. Geben Sie ihm Zeit zum Üben, und betonen Sie, wie wichtig es ist, die Injektionsstelle zu wechseln
- *Medikamente*
- Erläutern Sie Zweck, Dosierung, Zeitplan und Art der Einnahme der verschriebenen Medikamente sowie deren Nebenwirkungen, die einem Arzt oder einer Pflegeperson mitgeteilt werden sollten
- Sagen Sie dem Patienten, er möge freiverkäufliche Medikamente wie Antazida und Vitamine nicht ohne Rücksprache mit einem Arzt einnehmen
- Weisen Sie den Patienten unter Etidronsäure an, seine Medikation jeweils 2 Stunden vor oder nach den Mahlzeiten einzunehmen. Raten Sie ihm, dies nicht zusammen mit Milch oder kalziumreichen Nahrungsmitteln zu tun, da diese die Resorption beeinträchtigen
- *Aktivitäten*
- Ermutigen Sie den Patienten, entsprechend seiner Belastbarkeit weiter aktiv zu sein. Halten Sie ihn zu Übungen des Bewegungsumfangs der nicht betroffenen Gliedmaßen an, um die Beweglichkeit der Gelenke zu erhalten
- Halten Sie den Patienten an, sowohl übermäßige Aktivität als auch Bewegungslosigkeit zu vermeiden
- Unterweisen Sie den Patienten im Gebrauch von Gehhilfen (Unterarmgehstützen, Gehstock, Gehwagen)
- Besprechen Sie Maßnahmen der häuslichen Sicherheit: frei verlegte Teppiche, Elektrokabel und andere Hindernisse zu beseitigen

- Raten Sie dem Patienten, sich vorsichtig zu bewegen und plötzliche, abrupte Bewegungen zu vermeiden, um die Möglichkeit einer Fraktur zu verringern
- *Ernährung/Diät*
- Weisen Sie den Patienten an, den Verzehr von Nahrungsmitteln, die Vitamin D enthalten (Milch, gewisse Meeresfrüchte), Milchprodukten und dunkelgrünem Gemüse zu erhöhen
- Halten Sie den Patienten zu einer Flüssigkeitsaufnahme von 6–8 Gläsern täglich an, um die Bildung von Nierensteinen auf ein Minimum zu verringern

Nachsorge

- Betonen Sie die Bedeutung regelmäßiger Nachsorgeuntersuchungen. Stellen Sie sicher, daß der Patient die notwendigen Namen und Telefonnummern hat

Pankreaskarzinom

Pankreaskarzinom: ein hochmaligner Tumor mit schleichendem Beginn. Da es keine Frühzeichen gibt, wird er häufig zu spät diagnostiziert. Pankreastumoren sind gewöhnlich Adenokarzinome, die aus dem Pankreaskopf hervorgehen.

Risikofaktoren (bekannte und vermutete)

- Diabetes oder Pankreatitis in der Anamnese
- Zigarettenrauchen
- Nahrungsfette
- Alkoholismus
- Organische Substanzen wie Gaskoks, Leuchtgas, Betanaphthylamin und Benzidin

Kennzeichen/Symptome

- Gewichtsverlust, oft allmählich und fortschreitend
- Schmerzen: beständiger, dumpfer Schmerz im mittleren Epigastrium, der gewöhnlich nachts zunimmt und häufiger im linken oberen Quadranten auftritt, wenn der Tumor im Pankreaskorpus bzw. im -schwanz sitzt. Bei einer geringen Anzahl der Patienten kommt es zu Schmerzen im unteren Abdomen
- Rückenschmerzen, die im flachen Liegen zunehmen und im Sitzen, beim Vorwärtsbeugen und im wie ein Fetus zusammengerollten Liegen abnehmen
- Ikterus mit Juckreiz an Armen, Beinen und am Abdomen, der am Abend und nachts zunimmt
- Gewichtsverlust
- Verstopfung, Völlegefühl, Flatulenz
- Depression

Komplikationen

- Thrombophlebitis
- Diabetes mellitus
- Blutungsneigung
- Aszites

Diagnostik

- Beschreiben Sie jedes Verfahren, seinen Zweck und die normalen Empfindungen oder Wahrnehmungen, die dabei wahrscheinlich vorkommen, sowie die Pflege davor und danach
  - Computertomographie und Ultraschall zur Bestimmung des Ausmaßes und der Lokalisation des Tumors
  - Feinnadelaspirationsbiopsie zur Feststellung des Tumortyps
  - Endoskopische retrograde Cholangiopankreatographie zur genaueren Bestimmung des Ausmaßes und der Lokalisation des Tumors
  - Angiographie zur Bestimmung einer Gefäßbeteiligung des Tumors
  - Laparoskopie zum Nachweis abdominaler Metastasen
  - C-19-9-Antigen, karzinoembryonales Antigen: unspezifische Tumormarker, bei Pankreaskarzinom erhöht

Behandlung

Konservativ

- *Therapie*
- Strahlentherapie
  - Hochdosierte externe Bestrahlung
  - Interstitielle Einlagerung von 125 Jod oder 192 Iridium
  - Brachytherapie
  - Intraoperative Strahlentherapie
- *Medikamente*
- 5-Fluorouracil allein oder unter Strahlentherapie
- Nitrosoharnstoff, Mitomycin C, Doxorubicin

Chirurgisch

- Duodenopankreatektomie nach Whipple
- Totale Pankreatektomie
- Palliativ: biliodigestive (Gallenblase und Verdauungskanal betreffend) Anastomose zur Linderung von Ikterus und Juckreiz

Ambulante Pflege

- Geben Sie sowohl dem Patienten als auch der bzw. dem Betreuenden *mündliche* und *schriftliche* Instruktionen. Nennen Sie ihnen den Namen und die Telefonnummer eines Arztes oder einer Pflegeperson, die sie bei Fragen anrufen können
- *Allgemeine Informationen*
- Gehen Sie die Erläuterungen des Arztes hinsichtlich des Krankheitsprozesses und der verordneten Therapie durch
- *Komplikationszeichen*
- Gehen Sie die Zeichen und Symptome durch, die einem Arzt oder einer Pflegeperson mitgeteilt werden sollten
  - Gewichtsverlust, Dehydratation
  - Anorexie, Obstipation, Völlegefühl, Flatulenz oder andere Zeichen und Symptome einer gastrointestinalen Störung
  - Schmerzen, die sich durch die verordneten Medikamente nicht mehr kontrollieren lassen
- *Besondere Hinweise*
- Bringen Sie dem Patienten bei, häufig zu baden sowie Lotionen und Salben zu verwenden, um die Haut glatt und weich zu halten und den Juckreiz zu lindern.

- Unterweisen Sie den Patienten in alternativen Verfahren der Schmerzbekämpfung als Ergänzung oder Intensivierung der medikamentösen Schmerztherapie (s. Schmerzbekämpfung, S. 701)
- *Medikamente*
- Erläutern Sie Zweck, Dosierung, Zeitplan und Art der Einnahme der verschriebenen Medikamente sowie deren Nebenwirkungen, die einem Arzt oder einer Pflegeperson mitgeteilt werden sollten
- Bringen Sie dem Patienten die selbständige Verabreichung von Insulin bei, falls sich ein Diabetes entwickelt (s. Diabetes mellitus, S. 147)
- Halten Sie den Patienten an, Analgetika einzunehmen, um eine akzeptable Befindlichkeit zu gewährleisten
- *Ernährung/Diät*
- Betonen Sie, wie wichtig es ist, ausreichend Flüssigkeit und Nahrung aufzunehmen. Ermutigen Sie den Patienten zu kleinen, häufigen Mahlzeiten, die mit Nahrungsmittelzusätzen angereichert sind

Nachsorge

- Betonen Sie die Bedeutung regelmäßiger Nachsorgeuntersuchungen. Stellen Sie sicher, daß der Patient die notwendigen Namen und Telefonnummern hat

Psychosoziale Betreuung

- Ermutigen Sie den Patienten, seinen Ängsten und Gefühlen im Hinblick auf den Tod Ausdruck zu verleihen. Helfen Sie dem Patienten und seiner Familie bei der Suche nach Beratung
- Halten Sie den Patienten soweit irgend möglich dazu an, seine Unabhängigkeit zu wahren

Hinweis

- Helfen Sie dem Patienten dabei, sich Unterstützung zu verschaffen, einschließlich ambulanter Pflege und Hospizpflege

Pankreatitis

Pankreatitis: eine Entzündung des Pankreas. Die akute Pankreatitis setzt plötzlich ein, gewöhnlich nach einem opulenten Mahl oder Alkoholexzeß. Die akute Form stelt eine Art Selbstverdauungsprozeß des Pankreas durch seine eigenen Enzyme dar, der sich zu einer nekrotischen Form entwickelt. Die chronische Pankreatitis bedeutet eine fortschreitende funktionelle Schädigung des Pankreas.

Beeinflussende Faktoren

- Exzessiver Alkoholkonsum
- Erkrankung der Gallenblase
- Krebs
- Abdominaltrauma
- Duodenalulkus
- Mumps
- Toxische Wirkung von Medikamenten: orale Kontrazeptiva, Glukokortikoide, Sulfonamide, Chlorothiazide, Azathioprin

Kennzeichen/Symptome

- *Akute Symptome*
  - Anhaltende, schwere Schmerzen im Epigastrium
  - In den Rücken oder die rechte Schulter ausstrahlende Schmerzen, die sich im Sitzen leicht bessern
  - Übelkeit und Erbrechen
  - Stark ausgeprägtes Krankheitsgefühl
  - Reduzierte Urinausscheidung
  - Ikterus bei Beteiligung der Gallenblase
  - Fieber, Schüttelfrost
  - Schneller Puls, hoher Blutdruck
  - Verfärbung der Flanken oder des Abdomens
  - Agitiertheit, Verwirrtheit infolge von Störungen des Elektrolythaushalts
- *Chronische Symptome*
  - Konstanter, dumpfer Schmerz im Epigastrium
  - Scharfer Schmerz mit Ausstrahlung in den Rücken
  - Schmerzerleichterung durch vornübergebeugtes Sitzen
  - Zunahme der Schmerzen beim Essen und im Liegen
  - Fettige, übelriechende Stühle

- Gewichtsverlust
- Übelkeit und Erbrechen
- Mangelernährung
- Mangel an fettlöslichen Vitaminen
- Symptome eines Diabetes mellitus

Komplikatonen

- *Akute Komplikationen*
- Akutes Atemnotsyndrom
- Störungen des Elektrolythaushalts, Herzrhythmusstörungen
- Kreislauf- oder Nierenversagen
- Schock, Hämorrhagie
- Disseminierte intravasale Gerinnung (DIC)
- *Sowohl akute als auch chronische Komplikationen*
- Ikterus
- Paralytischer Ileus
- Hyperglykämie
- Infektion und Abszesse
- Wundinfektion
- Chirurgische Fisteln

P

Diagnostik

- Beschreiben Sie jedes Verfahren, seinen Zweck und die normalen Empfindungen oder Wahrnehmungen, die dabei wahrscheinlich vorkommen, sowie die Pflege davor und danach
- Stuhlanalyse auf Fett
- Röntgenaufnahme des Abdomens
- Ultraschalluntersuchung des Abdomens
- Computertomographie des Abdomens
- Serienaufnahmen des oberen Gastrointestinaltraktes
- Cholangiographie
- Untersuchungen bei akuter Pankreatitis
  - Urinuntersuchungen: Urinanalyse, Amylase
  - Blutuntersuchungen: großes Blutbild, Blut-Harnstoff-Stickstoff, Glukose, Kalzium, Albumin
  - Pankreasenzyme: Amylase, Lipase

- Untersuchungen bei chronischer Pankreatitis
  - Urinanalyse
  - Blutuntersuchungen: großes Blutbild, Glukose, alkalische Phosphatase, Amylase, Bilirubin
  - Endoskopische retrograde Cholangiopankreatographie

Behandlung

Konservativ

- *Therapie*
- Akute Pankreatitis
  - Intravenöse Verabreichung von Flüssigkeit
  - Keine orale Nahrungs- oder Flüssigkeitsaufnahme, Magensonde
  - Peritoneallavage
  - Künstliche Ernährung (totale oder partielle parenterale Ernährung, Jejunostoma-Ernährung)
- *Medikamente*
- Akute Pankreatitis
  - Analgetika
  - Antazida
  - Antibiotika
  - Anticholinergika
  - Histamin-H2-Blocker
- Chronische Pankreatitis
  - Analgetika, verdauungsfördernde Mittel (Substitution von Pankreasenzymen)
  - Antazida
  - Histamin-H2-Blocker

Chirurgisch

- *Akute Pankreatitis*
- Chirurgische Drainage von Pseudozysten
- Chirurgische Drainage von Pankreasabszessen
- Operation bei Verlegung des Gallengangs
- *Chronische Pankreatitis*
- Sekundärbehandlung bei Schmerzkomplikationen (Zysten, Abszesse)
- Chirurgie des Pankreas oder Dünndarms
- Inselzellisolate (für Insulin)
- Autotransplantation von Inselzellen
- Autotransplantation von Teilen des Pankreas
- Geschlossenes Insulininfusionssystem

Ambulante Pflege

- Geben Sie sowohl dem Patienten als auch der bzw. dem Betreuenden *mündliche* und *schriftliche* Instruktionen. Nennen Sie ihnen den Namen und die Telefonnummer eines Arztes oder einer Pflegeperson, die sie bei Fragen anrufen können
- *Allgemeine Informationen*
  - Erläutern Sie den Krankheitsprozeß, die zugrundeliegenden Ursachen und die beeinflussenden Faktoren. Betonen Sie, wie wichtig es ist, Maßnahmen zur Verhinderung weiterer Pankreatitiden einzuleiten
  - Beschreiben Sie die verordnete Behandlung. Erläutern Sie, daß eine Operation bei Pankreaspseudozysten in Abszeßform im allgemeinen nicht indiziert ist
- *Komplikationszeichen*
  - Gehen Sie die Zeichen und Symptome durch, die einem Arzt oder einer Pflegeperson mitgeteilt werden sollten
    - Schwere epigastrische Schmerzen, die sich im Sitzen bessern
    - Übelkeit und Erbrechen
    - Fettige, übelriechende oder lehmfarbene Stühle
    - Gewichtsverlust
    - Dunkler Urin
    - Pseudozyste: epigastrischer Schmerz mit Ausstrahlung in den Rücken
- *Besondere Hinweise*
  - Besprechen Sie die Pflege der Haut einschließlich des Gebrauchs nichtalkoholischer Lösungen oder Cremes zur Behandlung juckender und trockener Haut
  - Besprechen Sie nichtmedikamentöse Maßnahmen für den Umgang mit Schmerzen, wie etwa Relaxationstechniken und geleitete Imagination
- *Medikamente*
  - Erläutern Sie Zweck, Dosierung, Zeitplan und Art der Einnahme der verschriebenen Medikamente sowie deren Nebenwirkungen, die einem Arzt oder einer Pflegeperson mitgeteilt werden sollten
  - Unterweisen Sie den Patienten in der Einnahme der verordneten Enzymtherapie. Weisen Sie ihn an, die Enzyme zu den Mahlzeiten bzw. Zwischenmahlzeiten einzunehmen
  - Bringen Sie dem Patienten die selbständige Verabreichung von Insulin bei, falls sich ein Diabetes entwickelt (s. Diabetes mellitus, S. 147)

- *Ernährung/Diät*
  - Informieren Sie den Patienten darüber, daß er eine kohlenhydratreiche, eiweiß- und fettarme bzw. die jeweils vom Arzt verordnete Diät einhalten sollte
  - Betonen Sie, wie wichtig es ist, Alkohol, koffeinhaltige Getränke (Kaffee, Tee, Limonade) sowie scharfe oder den Darm reizende, gasproduzierende Speisen zu meiden

Nachsorge

- Betonen Sie die Bedeutung regelmäßiger Nachsorgeuntersuchungen. Stellen Sie sicher, daß der Patient die notwendigen Namen und Telefonnummern hat

Hinweis

- Sorgen Sie für eine Beratung, und verweisen Sie den Patienten bei Bedarf an eine gemeindegestützte Alkoholentzugsbehandlung

Parkinson-Syndrom (Paralysis agitans)

Parkinson-Syndrom: ein Syndrom, das durch fortschreitende Rigidität der Muskulatur, Bradykinese, d. h. eine Herabsetzung der Fähigkeit zu willkürlichen Bewegungen, und Ruhetremor gekennzeichnet ist. Das Parkinson-Syndrom entwickelt sich oft nach dem 60. Lebensjahr und verschlechtert sich über durchschnittlich 10 Jahre hinweg kontinuierlich. Der Tod tritt gewöhnlich infolge einer Aspirationspneumonie oder einer anderen Infektion ein. Das Parkinson-Syndrom entsteht als Folge einer Degeneration dopaminproduzierender Zellen im Gehirn, die wiederum zur Degeneration von Neuronen der Basalganglien führt. Symptome treten auf, wenn der Zellverlust 80 % erreicht. Es gibt keine erkennbare Ursache.

Beeinflussende Faktoren

- Medikamente, wie z. B. Neuroleptika oder Reserpin
- Kohlenmonoxidvergiftung

- Manganvergiftung
- Tumoren oder Infarkte im Mittelhirn

Kennzeichen/Symptome

- *Initialsymptome*
  - Schwäche; Neigung zum Zittern, gewöhnlich an einer Hand
  - Verlangsamung oder Ungelenkigkeit der betroffenen Gliedmaße
  - Leichter Verlust des Gesichtsausdrucks
  - Bedächtige Sprache
  - Neigung, den Arm im Ellenbogen gebeugt zu halten
  - Kann nach 1–2 Jahren auf die andere Körperhälfte übergehen
- *Autonome Störungen*
  - Ölige Haut, Schwitzen, Seborrhö
  - Intermittierende, profuse (reichliche) Schweißsekretion
  - Retention von Mageninhalt
  - Harndrang oder verzögertes Urinieren
  - Harnretention
  - Orthostatische Hypotonie
  - Dysphasie
- *Störungen des Gleichgewichts*
  - Festination (zunehmendes Vorwärtsneigen des Rumpfes mit jedem Schritt)
  - Propulsion (Fallneigung nach vorn)
  - Retropulsion (Fallneigung nach hinten)
  - Lateropulsion (Fallneigung zur Seite)
- *Gesicht*
  - Maskenartiges, ausdrucksloses Gesicht
  - Lidschlag seltener als normal
- *Allmählich fortschreitende Demenz*
  - Im Anfangsstadium
    - Vergeßlichkeit
    - Kürzere Episoden von Verwirrtheit
    - Depression
  - Späteres Stadium
    - Reizbarkeit, Nervosität
    - Stimmungsschwankungen
    - Paranoia und visuelle Halluzinationen
    - Offenes Delir
    - Soziale Isolation

- *Hände*
  - Gestreckte Finger, mit um etwa 30 ° gebeugten Metakarpophalangealgelenken
  - Handschrift
    - Allmählich kleiner werdende Buchstaben (Mikrographie)
    - Zittrige Schrift
- *Ernährung*
  - Gestörter Schluckakt
  - Exzessiver Speichelfluß mit Herabtropfen des Speichels
  - Gewichtsverlust
  - Fehlende Entspannung der Krikopharyngealmuskulatur mit Verschlucken
  - Verstopfung
- *Haltung und Rigidität*
  - Schlurfender Gang ohne Mitschwingen der Arme
  - Akinesie (am stärksten in der Rückenmuskulatur ausgeprägt)
  - Gebückte Haltung
  - Einschränkung der Beweglichkeit; Selbstpflegedefizite
- *Sprache*
  - Unfreiwilliges Wiederholen von Sätzen
  - Verringerte Modulation
  - Leise, schnell; monotone Sprache
- *Tremor*
  - Lippen, Kiefer, Zunge, Gesichtsmuskeln, Gliedmaßenmuskulatur
  - Finger: Pillendreher-Bewegungen oder Bewegungen des Geldzählens
  - Kopf: nach vor- und rückwärts gerichteter Tremor
  - Gewöhnlich Ruhetremor, der am deutlichsten aufscheint, wenn die betroffene Gliedmaße in Ruhe ist: Paralysis agitans
  - Zunahme des Tremors durch Streß und Angst

Komplikationen

- Demenz
- Spätdyskinesie (bei medikamenteninduziertem Parkinsonismus)
- Schwächung
- Verwirrtheit und Desorientiertheit gegen Abend

Diagnostik

- Beschreiben Sie jedes Verfahren, seinen Zweck und die normalen Empfindungen oder Wahrnehmungen, die dabei wahrscheinlich vorkommen, sowie die Pflege davor und danach
  - Serumuntersuchungen: leichte mikrozytäre Anämie
  - Röntgen-Thorax: leichte Skoliose
  - Computertomographie, Röntgenaufnahme des Schädels: normale Befunde, oder das Computertomogramm zeigt bei chronischer Demenz in der Anamnese eine Hirnatrophie
  - EEG: normale Befunde oder Verlangsamung und Unregelmäßigkeit
  - Röntgenkinematographie des Schluckaktes: abormer Ablauf
  - Untersuchungen des Gastrointestinaltraktes: Hypomotilität; verzögerte Magenentleerung, Dickdarmerweiterung unterschiedlichen Ausmasses (leeres Megakolon bei Patienten mit Obstipation)

Behandlung

Konservativ

- *Therapie*
  - Die Behandlung erfolgt ambulant, ausgenommen bei Komplikationen oder bei chirurgischen Elektiveingriffen. Die körperlichen Einschränkungen des Patienten können für die Aktivitäten des täglichen Lebens eine ganze Reihe von Adaptationen im häuslichen Bereich erforderlich machen
- *Medikamente*
  - Antiparkinsonmittel
  - Antidepressiva
  - Antihistaminika
  - Antioxidanzien (können von Nutzen sein, der jedoch nicht hinreichend nachgewiesen ist)
  - Niedrig dosiertes Vitamin E, 400 I. E., können empfohlen werden

Chirurgisch

- Stereotaktische Thalamotomie zur Kontrolle des Tremors und der Rigidität, indem eine kleine Läsion im ventrolateralen Thalamuskern gesetzt wird

Ambulante Pflege

- Geben Sie sowohl dem Patienten als auch der bzw. dem Betreuenden *mündliche* und *schriftliche* Instruktionen. Nennen Sie ihnen den Namen und die Telefonnummer eines Arztes oder einer Pflegeperson, die sie bei Fragen anrufen können
- *Allgemeine Informationen*
  - Erläutern Sie Ursachen, Symptome und Behandlunsmodalitäten des Parkinson-Syndroms, und erläutern Sie die Verfahren, sobald sie angewandt werden
- *Medikamente*
  - Erläutern Sie Zweck, Dosierung, Zeitplan und Art der Einnahme der verschriebenen Medikamente sowie deren Nebenwirkungen, die einem Arzt oder einer Pflegeperson mitgeteilt werden sollten
  - Erläutern Sie, daß der Patient seine Medikamente zu den Mahlzeiten einnehmen muß, um Reizerscheinungen des Magens und Übelkeit zu verringern
- *Aktivitäten*
  - Ermutigen Sie den Patienten, über Zugeständnisse und Einschränkungen in Bezug auf den Beruf, die Freizeit und bei Tätigkeiten zu sprechen
  - Drängen Sie den Patienten zur Aufrechterhaltung seiner Aktivität, soweit irgend möglich
  - Raten Sie dem Patienten, beim Gehen ggf. einen Gehstock zu verwenden
  - Unterweisen Sie den Patienten in Sicherheitsmaßnahmen, um Verletzungen zu verhindern
  - Erläutern Sie die Notwendigkeit einer Sprechtherapie
  - Betonen Sie die Bedeutung häufiger Hautpflege und Mundhygiene
  - Bringen Sie dem Patienten die Wichtigkeit regelmäßiger Darm- und Blasenentleerung bei
  - Erklären Sie, daß das Einhalten eines täglichen Übungsprogramms das Fortschreiten der Erkrankung verlangsamen kann
  - Weisen Sie den Patienten darauf hin, wie wichtig es ist, sich abzulenken
  - Heben Sie die Bedeutung der Unabhängigkeit hervor. Sagen Sie den betreuenden Personen, sie mögen überbeschützendes Verhalten vermeiden und es dem Patienten ermöglichen, Selbstpflege einschließlich Essen, Sich-Ankleiden und Umhergehen durchzuführen
- *Ernährung/Diät*
  - Halten Sie den Patienten zu einer rückstandsreichen, voluminösen und faserreichen Ernährung an, um die Motilität des Magen-Darm-Traktes zu fördern

- Raten Sie zum Gebrauch natürlicher Laxanzien, wie z. B. Pflaumen- oder Sauerkrautsaft, um regelmäßige Darmentleerungen zu erreichen
- Weisen Sie den Patienten an, seine Eiweißaufnahme zu kontrollieren, um die Blockade von L-Dopa so gering wie möglich zu halten
- Halten Sie den Patienten zu einer Flüssigkeitsaufnahme von 2 Litern am Tag an, um die Blasenentleerung zu erhalten
- Empfehlen Sie, den Urin mit Vitamin C, Orangen- oder Preiselbeersaft anzusäuern, um Infektionen zu verhindern
- Informieren Sie den Patienten über die Notwendigkeit einer hochkalorischen, weichen Ernährung, und weisen Sie ihn an, kleine Bissen zu nehmen und langsam zu essen
- Besprechen Sie Formen der Unterstützung bei den Mahlzeiten: Die Nahrung für den Patienten zerkleinern, alles Besteck in Reichweite legen, bei dickerer Nahrung einen Mixer verwenden, Schienen und Stützen gegen den Tremor, Strohhalm und Schnuller zur Unterstützung bei Unfähigkeit, Speichel und Flüssigkeit zu halten

Nachsorge

- Betonen Sie die Bedeutung regelmäßiger ambulanter Betreuung: Arztbesuche, Physiotherapie und häusliche Pflege. Stellen Sie sicher, daß der Patient die notwendigen Namen und Telefonnummern hat

Psychosoziale Betreuung

- Erklären Sie der Familie, daß der Patient zur Teilnahme am sozialen Geschehen ermutigt werden muß
- Erläutern Sie, daß der Patient trotz seiner Körperbehinderung intellektuell normal ist
- Betonen Sie, wie wichtig es ist, über den Verlust an Selbstwertgefühl, Sexualität und Körperfunktionen zu sprechen
- Machen Sie dem Patienten klar, wie wichtig es ist, über seine Gefühle zu sprechen

Hinweis

- Sorgen Sie dafür, daß der Patient die Adressen und Telefonnummern von Selbsthilfegruppen und Interessengemeinschaften erhält

Peptisches Ulkus

Peptisches Ulkus: umschriebene Ulzeration der Schleimhaut im unteren Ösophagus, im Magen (Magenulkus) oder im Duodenum (Duodenalulkus).

Ätiologie/beeinflussende Faktoren

- *Magenulkus*
  - Langzeiteinnahme von Medikamenten (Acetylsalicylsäure, Indomethacin, Kortikosteroide)
  - Chemische Substanzen (Nikotin, Alkohol)
  - Streß
  - Erbfaktoren
  - Infektionen
- *Duodenalulkus*
  - Erbfaktoren
  - Chemische Substanzen
  - Psychosoziale Streßfaktoren
  - Medikamente
  - Infektionen

Kennzeichen/Symptome

- *Magenulkus*
  - Schmerz im linken bis mittleren Epigastrium, der bis in den Rücken ausstrahlen kann und 60–90 Minuten nach dem Essen auftritt
  - Völlegefühl
  - Übelkeit und Erbrechen
- *Duodenalulkus*
  - Schmerz in rechten Epigastrium, der in den Rücken oder Thorax ausstrahlen kann und 2–4 Stunden nach dem Essen oder unabhängig von der Nahrungsaufnahme auftritt
  - Sodbrennen
  - Völlegefühl nach dem Essen
  - Übelkeit und Erbrechen
  - Schmerzempfindliches Abdomen
  - Aufstoßen
  - Leichte Diarrhö mit schwarzen Stühlen

Komplikationen

- Störungen des Elektrolythaushalts
- Hämorrhagie
- Perforation
- Pylorusstenose
- Schock

Diagnostik

- Beschreiben Sie jedes Verfahren, seinen Zweck und die normalen Empfindungen oder Wahrnehmungen, die dabei wahrscheinlich vorkommen, sowie die Pflege davor und danach
  - Endoskopie mit Biopsie und Zytologie
  - Bariumuntersuchungen
  - Röntgenuntersuchungen des Abdomens
  - Magenuntersuchung
  - Hämatokrit; Hämoglobin, Pepsinogen- und Gastrinspiegel

Behandlung

Konservativ

- *Therapie*
  - Diät
- *Medikamente*
  - Analgetika
  - Aluminium-Magnesium-Antazida
  - Cimetidin
  - Ranitidin
  - Sucralfat

Chirurgisch

- *Pyloroplastik*
- *Vagotomie*
- *Subtotale Gastrektomie*
- *Totale Gastrektomie*

Ambulante Pflege

- Geben Sie sowohl dem Patienten als auch der bzw. dem Betreuenden *mündliche* und *schriftliche* Instruktionen. Nennen Sie ihnen den Namen und die Telefonnummer eines Arztes oder einer Pflegeperson, die sie bei Fragen anrufen können
- *Allgemeine Informationen*
- Erläutern Sie den Krankheitsprozeß, die zugrundeliegende Ursache und die beeinflussenden Faktoren. Unterstützen Sie den Patienten bei der Identifikation von Faktoren, die eine Attacke verstärken können, und empfehlen Sie Maßnahmen zu deren maximaler Abschwächung bzw. Modifikation
- *Komplikationszeichen*
- Gehen Sie die Zeichen und Symptome durch, die einem Arzt oder einer Pflegeperson mitgeteilt werden sollten
  - Extremer Schmerz im Epigastrium
  - Hämatemesis (frisches oder kaffeesatzfarbenes Blut)
  - Blutige Stühle oder Teerstühle
  - Plötzlich einsetzender, stechender Schmerz im Epigastrium oder Abdomen
  - In die Schultern ausstrahlender Schmerz
  - Angespanntes Abdomen
  - Fieber
- *Besondere Hinweise*
- Versorgen Sie einen Patienten, der sich einer Operation unterziehen muß, mit Informationen (s. abdominalchirurgischer Eingriff, S. 3)
  - Demonstrieren Sie Wundpflege und Verbandwechsel
  - Gehen Sie die Zeichen und Symptome einer Wundinfektion durch, die einem Arzt oder einer Pflegeperson mitgeteilt werden sollten: anhaltende Rötung, Schwellung, eitriger Ausfluß, lokale Wärme, Fieber, fauliger Geruch
- Besprechen Sie die Rolle von Streß als Auslöser. Unterstützen Sie den Patienten bei der Suche nach Techniken der Streßbewältigung, z. B. Vollatmung, Meditation, geleitete Imagination
- *Medikamente*
- Erläutern Sie Zweck, Dosierung, Zeitplan und Art der Einnahme der verschriebenen Medikamente sowie deren Nebenwirkungen, die einem Arzt oder einer Pflegeperson mitgeteilt werden sollten
- Erklären Sie, daß freiverkäufliche Medikamente nicht ohne Rücksprache mit einem Arzt oder einer Pflegeperson eingenommen werden sollten

- Weisen Sie den Patienten an, nur ärztlich verordnete Antazida einzunehmen
- Besprechen Sie, weshalb es vermieden werden sollte, acetylsalicylsäurehaltige Medikamente, Ibuprofen und Kortikosteroide einzunehmen, und sagen Sie dem Patienten, er möge sich stets den Beipackzettel durchlesen
- *Ernährung/Diät*
- Gehen Sie die Möglichkeiten und Einschränkungen bei der Ernährung durch. Weisen Sie den Patienten an, einer Ernährung mit wenig Gewürzen zu folgen und belastende Nahrungsmittel wie schwarzen Pfeffer, Chilipfeffer sowie rohe, scharf gewürzte und fette Speisen, Fruchtsäfte und koffeinhaltige Getränke zu meiden
- Betonen Sie, wie wichtig es ist, keinen Alkohol zu trinken
- Weisen Sie den Patienten an, langsam zu essen, häufig kleine Mahlzeiten zu sich zu nehmen und zwischen den Mahlzeiten Kleinigkeiten zu naschen
- Verweisen Sie den Patienten und die betreuende Person zur Unterstützung bei der Umstellung der Mahlzeiten an eine Ernährungsberatung

Nachsorge

- Betonen Sie die Bedeutung regelmäßiger Nachsorgeuntersuchungen. Stellen Sie sicher, daß der Patient die notwendigen Namen und Telefonnummern hat
- Erklären Sie, wie wichtig es ist, nicht zu rauchen und Passivrauchen zu vermeiden, da Rauchen die Magensäuresekretion anregt. Sorgen Sie ggf. für Informationen über Raucherentwöhnungskurse und für Kontakte zu Organisationen wie den Anonymen Alkoholikern

Perikarditis

Perikarditis: entzündlicher Prozeß des Perikards, der zur Bildung seröser Flüssigkeit und fibröser Adhäsionen führt. Die Verdickung und Narbenbildung dieses Gewebes kann die Bewegungen des Herzens behindern. Die Erkrankung kann akut oder chronisch sein.

Ätiologie/beeinflussende Faktoren/Risikofaktoren

- Infektion mit Bakterien, Viren oder Pilzen
- Myokardinfarkt
- Operationstrauma

- Tuberkulose
- Tumoren
- Medikamente
- Strahlen
- Autoimmunerkrankungen
- Idiopathische Auslöser

Kennzeichen/Symptome

- Plötzlich einschießender Schmerz, der in die Schulter, den Rücken und den Arm einstrahlt
- Schmerz, der im Liegen und beim Einatmen zunimmt und beim Vornüberbeugen abnimmt
- Fieber und Schüttelfrost
- Übelkeit
- Kurzatmigkeit
- Angst
- Müdigkeit

Komplikationen

- Perikarderguß
- Herztamponade
- Chronische Myokardkonstriktion

Diagnostik

- Beschreiben Sie jedes Verfahren, seinen Zweck und die normalen Empfindungen oder Wahrnehmungen, die dabei wahrscheinlich vorkommen, sowie die Pflege davor und danach
  - Blutuntersuchungen: weißes Blutbild, Blut-Harnstoff-Stickstoff, Blutkörperchensenkungsgeschwindigkeit, Herzenzyme
  - 12-Kanal-EKG zur Erkennung einer diffusen ST-Hebung
  - Röntgen-Thorax zum Nachweis einer Vergrößerung des Herzens
  - Echokardiogramm zum Nachweis einer Flüssigkeitsansammlung um das Herz

Behandlung

Konservativ

- *Therapie*
  - Perikardpunktion: Nadelaspiration erhöhter Flüssigkeitsmengen aus dem Perikard
- *Medikamente*
  - Nichtsteroidale Antiphlogistika
  - Kortikosteroide
  - Analgetika
  - Antibiotika

Chirurgisch

- Fensterung des Perikards, d. h. offene Perikarddrainage
- Perikardektomie: Resektion des viszeralen und parietalen Perikards

Ambulante Pflege

- Geben Sie sowohl dem Patienten als auch der bzw. dem Betreuenden *mündliche* und *schriftliche* Instruktionen. Nennen Sie ihnen den Namen und die Telefonnummer eines Arztes oder einer Pflegeperson, die sie bei Fragen anrufen können
- *Allgemeine Informationen*
  - Besprechen Sie das Entstehen einer Perikarditis, ihre Ätiologie und die beeinflussenden Faktoren sowie Pflege und Behandlung
- *Komplikationszeichen*
  - Gehen Sie die Zeichen und Symptome durch, die einem Arzt oder einer Pflegeperson mitgeteilt werden sollten
    - Wiederauftreten der Symptome
    - Thoraxschmerzen
    - Fieber
    - Zeichen und Symptome einer Erkältung und Grippe
- *Besondere Hinweise*
  - Weisen Sie den Patienten an, Personen mit Erkältung und Grippe zu meiden und sofort ärztliche Hilfe zu suchen, sobald Verdacht auf eine Infektion, Erkältung oder Grippe besteht
  - Raten Sie dem Patienten, daß aufrechtes und über einen Tisch gebeugtes Sitzen die Thoraxbeschwerden lindern kann
  - Informieren Sie den Patienten darüber, daß ein Gefühl des Wohlbefindens nicht notwendigerweise bedeutet, daß die Infektion vollständig abgeklungen ist

- *Medikamente*
  - Erläutern Sie Zweck, Dosierung, Zeitplan und Art der Einnahme der verschriebenen Medikamente sowie deren Nebenwirkungen, die einem Arzt oder einer Pflegeperson mitgeteilt werden sollten
  - Betonen Sie, wie wichtig es ist, eine Medikation nicht ohne Rücksprache mit dem Arzt abzusetzen
- *Aktivitäten*
  - Erklären Sie, daß es notwendig ist, die Aktivitäten allmählich wieder zu steigern, energiezehrende Tätigkeiten zu meiden und während des Tages häufig Ruhepausen einzulegen
- *Ernährung/Diät*
  - Raten Sie dem Patienten, die verordnete Diät einzuhalten

Nachsorge

- Betonen Sie die Bedeutung regelmäßiger Nachsorgeuntersuchungen. Stellen Sie sicher, daß der Patient die notwendigen Namen und Telefonnummern hat

Perikardpunktion

Perikardpunktion: Entnahme von Blut oder Flüssigkeit aus dem Herzbeutel durch perkutane Punktion.

Indikationen

- Druckentlastung des Herzens und Entnahme von perikardialer Flüssigkeit zur Analyse bei Perikarditis oder Perikarderguß

Präoperative Schulung

- Gehen Sie die Erläuterungen des Arztes bezüglich des Eingriffs und seiner Gründe durch. Ermutigen Sie den Patienten, Fragen zu stellen und alle Sorgen und Ängste zu besprechen
- Erläutern Sie die Notwendigkeit einer schriftlichen Einverständniserklärung nach Aufklärung

Besprechen der präoperativen Pflege

- Weisen Sie den Patienten an, 4–6 Stunden vor dem Eingriff nichts mehr zu essen bzw. zu trinken
- Erläutern Sie, daß der Eingriff unter Lokalanästhesie durchgeführt und zuvor eine Sedierung verabreicht wird
- Informieren Sie den Patienten darüber, daß die Haut vom linken Rippenbogen bis zum Processus xiphoideus gesäubert wird
- Erklären Sie dem Patienten, daß er mit einem um 20–30 Grad angehobenen Kopfteil gelagert werden wird
- Sagen Sie dem Patienten, daß vor dem Eingriff Laboruntersuchungen und ein 12-Kanal-EKG durchgeführt werden
- Erläutern Sie, daß während des gesamten Eingriffs die Vitalzeichen einschließlich eines Pulsus paradoxus und der Pulsamplitude überwacht werden
- Informieren Sie den Patienten, daß Möglichkeiten einer Notfallbehandlung und die entsprechenden Medikamente bereitstehen
- Erklären Sie, daß der Patient über eine Maske oder eine Nasensonde Sauerstoff erhält

Besprechen der postoperativen Pflege

- Informieren Sie den Patienten darüber, daß die Kennzeichen und Symptome von Komplikationen oder einem erneuten Auftreten einer Herztamponade oder eines Perikardergusses überwacht werden
- Erläutern Sie, daß Bettruhe verordnet werden wird
- Sagen Sie dem Patienten, daß die Herztöne und der Blutdruck überwacht werden

Nebenwirkungen/Komplikationen

- Punktion einer Koronararterie, eines Ventrikels oder Lungenflügels
- Herzrhythmusstörungen einschließlich Kammerflimmern
- Lungenriß
- Pneumothorax
- Lungenembolie
- Herztamponade
- Myokardverletzung

Ambulante Pflege

- Geben Sie sowohl dem Patienten als auch der bzw. dem Betreuenden *mündliche* und *schriftliche* Instruktionen. Nennen Sie ihnen den Namen und die Telefonnummer eines Arztes oder einer Pflegeperson, die sie bei Fragen anrufen können
- *Allgemeine Informationen*
  - Gehen Sie die Erläuterungen zum Verfahren und zur speziellen Nachsorge durch
- *Komplikationszeichen*
  - Gehen Sie die Zeichen und Symptome durch, die einem Arzt oder einer Pflegeperson mitgeteilt werden sollten
    - Dyspnö
    - Palpitationen
    - Thoraxschmerzen
    - Benommenheit
    - Fieber

Nachsorge

- Betonen Sie die Bedeutung regelmäßiger Nachsorgeuntersuchungen zur Behandlung der Grunderkrankung. Stellen Sie sicher, daß der Patient die notwendigen Namen und Telefonnummern hat

Perkutane transluminale koronare Angioplastie

Perkutane transluminale koronare Angioplastie: nichtoperatives, invasives Verfahren, bei dem ein Ballonkatheter, gewöhnlich über eine Arterie in der Leistenbeuge, eingeführt wird. Unter Durchleuchtung wird der Katheter an bestimmte Bereiche der Koronararterien herangeführt, die durch atherosklerotische Plaques verengt sind. Der Ballon wird aufgeblasen, um den Plaque abzuflachen und eine erhöhte Blut- und Sauerstoffzufuhr in das Gewebe zu ermöglichen.

Indikationen

- Verschlossene oder beinahe verschlossene Koronargefäße

Präoperative Schulung

- Gehen Sie die Erläuterungen des Arztes bezüglich des Eingriffs und seiner Gründe durch. Ermutigen Sie den Patienten, Fragen zu stellen und alle Sorgen und Ängste zu besprechen
- Erklären Sie die Notwendigkeit einer schriftlichen Einverständniserklärung nach Aufklärung für die Operation und die Anästhesie

Besprechen der präoperativen Pflege

- Siehe Herzkatheteruntersuchung, S. 335

Besprechen der postoperativen Pflege

- Erklären Sie, daß der Einführungskatheter nach dem Eingriff zunächst im Körper verbleibt und daß der Patient zur kontinuierlichen Überwachung 10–36 Stunden auf der Intensivstation bleiben wird
- Betonen Sie, wie wichtig es ist, flach zu liegen. Erläutern Sie, daß der Kopf ausschließlich zu den Mahlzeiten um 15 Grad angehoben werden darf, und dies nur, wenn der Einführungskatheter liegt
- Betonen Sie, daß es notwenig ist, das Bein mit dem Katheter gestreckt zu halten. Sagen Sie dem Patienten, daß das Bein zur Erinnerung mit einer leichten Bandage fixiert werden kann
- Erklären Sie, daß die Vitalzeichen, die Leistenbeuge, die Pulse am Bein sowie dessen Farbe und Temperatur häufig überprüft werden
- Informieren Sie den Patienten, daß über Nacht ein Blasenkatheter oder ein Kondomurinal gelegt werden können
- Erklären Sie, daß die intravenöse Verabreichung von Flüssigkeit über Nacht fortgesetzt wird
- Besprechen Sie das Entfernen des Einführungskatheters. Erklären Sie, daß dies 6–12 Stunden nach dem Eingriff geschieht, daß für 20–30 Minuten manuell oder mittels einer speziellen C-Klemme Druck auf die Leistenregion ausgeübt wird, bis kein Zeichen einer Blutung mehr zu erkennen ist, und dann mittels eines 2,5 kg schweren Sandsacks noch für 6–8 Stunden danach. Erklären Sie, daß für 6–8 Stunden und über Nacht Bettruhe bei flachem Liegen eingehalten werden muß und daß die Vitalzeichen, die Leistenbeuge, die Pulse am Bein sowie dessen Farbe und Temperatur häufig überprüft werden
- Erläutern Sie, daß der Patient nach dem Entfernen des Einführungskatheters und wenn sein Zustand stabil ist, die Intensivstation verläßt

- Informieren Sie den Patienten darüber, daß er u. U. am nächsten Morgen aufstehen und umhergehen darf. Erhält er Heparin intravenös, so darf er aufstehen, ein paar Schritte gehen und sich in einen Sessel setzen. Der Blasenkatheter wird entfernt

Komplikationen

- Versagen des Dilatationsvorgangs
- Blutung (in der Leistenbeuge)
- Ruptur oder Dissektion eines Koronargefäßes oder mehrerer Koronargefäße
- Herzinfarkt
- Herzstillstand
- Gerinnselbildung im Bein oder in den Koronargefäßen
- Renale Überempfindlichkeit gegen Kontrastmittel (herabgesetzte Urinausscheidung)
- Plötzlicher erneuter Verschluß des Koronargefäßes

Ambulante Pflege

- Geben Sie sowohl dem Patienten als auch der bzw. dem Betreuenden *mündliche* und *schriftliche* Instruktionen. Nennen Sie ihnen den Namen und die Telefonnummer eines Arztes oder einer Pflegeperson, die sie bei Fragen anrufen können
- *Allgemeine Informationen*
  - Gehen Sie die Erläuterung des Verfahrens und der Befunde durch
- *Komplikationszeichen*
  - Gehen Sie die Zeichen und Symptome durch, die einem Arzt oder einer Pflegeperson mitgeteilt werden sollten
    - Infektion: Rötung, Schwellung, Wärmegefühl beim Berühren, eitrige Sekretabsonderungen
    - Blutung in der Leiste oder ein sich vergrößerndes Hämatom in diesem Bereich: Verfärbung, Verfestigung, Schmerzempfindlichkeit
    - Taubheitsgefühl oder Kribbeln in der betroffenen Extremität
    - Anhaltende Angina oder Kurzatmigkeit
    - Unregelmäßiger Puls, Benommenheit, Schwindel
    - Verstopfung

- *Besonderere Hinweise*
  - Erläutern Sie, daß ein Heftpflaster über der Punktionsstelle gewechselt wird und u. U. nach 1–2 Tagen nicht mehr notwendig ist
  - Informieren Sie den Patienten darüber, daß bei Blutungen in der Leistengegend an dieser Stelle abgedrückt und sofort ein Arzt gerufen werden sollte
- *Medikamente*
  - Erläutern Sie Zweck, Dosierung, Zeitplan und Art der Einnahme der verschriebenen Medikamente sowie deren Nebenwirkungen, die einem Arzt oder einer Pflegeperson mitgeteilt werden sollten
- *Aktivitäten*
  - Ermutigen Sie den Patienten, über Zugeständnisse und Einschränkungen in Bezug auf den Beruf, die Freizeit und bei Tätigkeiten zu sprechen.
  - Besprechen Sie, daß es notwendig ist, das Heben schwerer Gegenstände (> 5 kg), schwere körperliche Anstrengung, Pressen beim Stuhlgang und Geschlechtsverkehr für etwa eine Woche nach dem Eingriff oder entsprechend den Anweisungen des Arztes zu unterlassen
  - Sagen Sie dem Patienten, daß er duschen und baden kann, dabei jedoch kein allzu heißes Wasser nehmen sollte
- *Ernährung/Diät*
  - Betonen Sie, daß der Alkoholkonsum eingeschränkt oder entsprechend den Anweisungen des Arztes eingestellt werden sollte

Nachsorge

- Betonen Sie die Bedeutung regelmäßiger Nachsorgeuntersuchungen. Stellen Sie sicher, daß der Patient die notwendigen Namen und Telefonnummern hat

Perniziöse Anämie (Hyperchrome makrozytäre Anämie)

Perniziöse Anämie: eine Form der Anämie, die durch verminderte Resorption von Vitamin B12 verursacht wird. Ein Mangel an Intrinsic factor, der für die Resorption von Vitamin B12 essentiell ist, führt zur Bildung roter Blutkörperchen mit zumehmend instabilen Zellmembranen, die wiederum zu einer ausgedehnten Zerstörung dieser Zellen und damit zu niedrigen Hämoglobinspiegeln führen. Ein Vitamin-B12-Mangel verursacht gastrointestinale und neurologische Störungen.

Ätiologie/beeinflussende Faktoren/Risikofaktoren

- *Primär*
  - Genetische Prädisposition
  - Erkrankungen mit immunologischer Komponente (Thyreoiditis, Myxödem, Basedow-Krankheit)
- *Sekundär*
  - Resektion eines Magenanteils, die den Umfang der produktiven Magenschleimhaut einschränkt

Kennzeichen/Symptome

- Klassische Symptomentrias: Schwäche; fleischig-rote, wunde Zunge; Taubheitsgefühl und Kribbeln in den Extremitäten
- *Gastrointestinale Symptome*
  - Übelkeit und Erbrechen
  - Anorexie
  - Gewichtsverlust
  - Flatulenz
  - Diarrhö
  - Konstipation
  - Blässe
  - Ikterus
- *Neurologische Symptome*
  - Fehlende Koordination
  - Gestörte Feinmotorik der Finger
  - Benommenheit
  - Kopfschmerzen

- Störungen der Sehfähigkeit (Verschwommensehen, Doppelbilder)
- Tinnitus
- Reizbarkeit
- Depression
- Schlechtes Gedächtnis
- Beeinträchtigte Urteilsfähigkeit
- Parästhesien der Hände und Füße

Komplikationen

- Paralyse
- Psychotisches Verhalten: Paranoia, Halluzinationen, Wahnvorstellungen
- Verlust der Darm- und Blasenkontrolle
- Unbehandelt tödlicher Verlauf
- Kardiomegalie, Rechtsherzinsuffizienz
- Gastritis
- Lungen- und Harnwegsinfektionen
- Peptische Ulzera (4- bis 5mal häufiger als in einem Normalkollektiv)

Diagnostik

- Beschreiben Sie jedes Verfahren, seinen Zweck und die normalen Empfindungen oder Wahrnehmungen, die dabei wahrscheinlich vorkommen, sowie die Pflege davor und danach
- Schilling-Test entscheidend für die Diagnose der perniziösen Anämie
- Knochenmarkbiopsie: vermehrt Megaloblasten
- Magenuntersuchung: erhöhter pH-Wert, keine freie Salzsäure
- Behandlungsversuch mit parenteral verabreichtem Vitamin B12: erhöhte Retikulozytenzahl 4–5 Tage nach der Injektion
- Laboruntersuchungen
  - Erythrozyten: < 3 Mio.
  - Mittleres Erythrozytenvolumen (MCV), mittlere Hämoglobinkonzentration des Einzelerythrozyten (MCHC): erhöht
  - Weißes Blutbild, Färbekoeffizient (MCH): erniedrigt
  - Bilirubin: unkonjugierte Formen erhöht
  - Vitamin B12 im Serum: erniedrigt
  - Folsäure im Serum: erniedrigt
  - Hämoglobin: erniedrigt

Behandlung

Konservativ

- *Therapie*
  - Bluttransfusionen
  - An Vitamin B12 reiche Ernährung
- *Medikamente*
  - Vitamin-B12-Substitution
  - Folsäure
  - Eisensubstitution
  - Z. B. Eisen(II)-sulfat, Eisen(II)-gluconat
  - Verdauungsfördernd: Salzsäure
  - Schmerzstillende und gegen Pilze wirksame Mundspülungen

Ambulante Pflege

- Geben Sie sowohl dem Patienten als auch der bzw. dem Betreuenden *mündliche* und *schriftliche* Instruktionen. Nennen Sie ihnen den Namen und die Telefonnummer eines Arztes oder einer Pflegeperson, die sie bei Fragen anrufen können
- *Allgemeine Informationen*
  - Erläutern und besprechen Sie die perniziöse Anämie, ihre Ätiologie und die beeinflussenden Faktoren
  - Gehen Sie die Symptome der Erkrankung durch. Erklären Sie, daß die meisten davon unter der Therapie zurückgehen
- *Komplikationszeichen*
  - Gehen Sie die Zeichen und Symptome durch, die einem Arzt oder einer Pflegeperson mitgeteilt werden sollten
    - Lungenentzündung: Fieber, Husten, vermehrtes Sputum
    - Harnwegsinfektion: häufiges Wasserlassen, Harndrang, Brennen beim Wasserlassen, übelriechender Urin
    - Neurologische Störungen: zunehmende Schwäche, fehlende Koordination, Reizbarkeit, Verwirrtheit
- *Besondere Hinweise*
  - Erklären Sie, daß der Patient infolge seines geschwächten Zustandes zu Infektionen neigen kann. Betonen Sie, wie wichtig es ist, große Menschenansammlungen und Personen mit einer Infektion oder dem Verdacht darauf zu meiden

- Besprechen Sie die Mundpflege, wenn die Schleimhäute und die Zunge gerötet, geschwollen und schmerzhaft sind
  - Solange man wach ist, den Mund alle 2 Stunden mit verdünntem Mundwasser oder normaler Kochsalzlösung spülen
  - Bei Bedarf eine weiche Zahnbürste verwenden. Wasserlösliche Salbe für die Lippen verwenden
  - Bei ausgeprägten Beschwerden topische Analgetika einsetzen
- Sprechen Sie über Sicherheitsvorkehrungen
  - Raten Sie dem Patienten mit Sensibilitätsstörungen, er möge seine Extremitäten vor starker Hitze und Kälte schützen
  - Halten Sie den Patienten ggf. zum Gebrauch von Gehhilfen, wie z. B. einem Gehstock oder einem Rollator, an
  - Empfehlen Sie dem Patienten rutschfestes, gutsitzendes Schuhwerk.
  - Weisen Sie den Patienten an, Gefahrenquellen, wie freiverlegte Teppiche oder Möbelstücke, aus dem Weg zu räumen

- *Medikamente*
- Erläutern Sie Zweck, Dosierung, Zeitplan und Art der Einnahme der verschriebenen Medikamente sowie deren Nebenwirkungen, die einem Arzt oder einer Pflegeperson mitgeteilt werden sollten
- Erläutern Sie die Bedeutung einer lebenslangen Vitamin-B12-Substitution
- Weisen Sie den Patienten an, freiverkäufliche Medikamente nicht ohne Rücksprache mit dem Arzt einzunehmen
- Unterweisen Sie den Patienten oder die betreuende Person in der korrekten Injektionstechnik für Vitamin B12, oder sorgen Sie für entsprechende monatliche Termine beim Arzt
- Werden die Injektionen vom Patienten bzw. von der betreuenden Person verabreicht, sorgen Sie für Informationen zur Beschaffung von Vitamin B12, Injektionsnadeln, Spritzen und Alkoholtupfern. Unterweisen Sie sie in der korrekten Entsorgung von Spritzen und Injektionsnadeln

- *Aktivitäten*
- Ermutigen Sie den Patienten, über Zugeständnisse und Einschränkungen in Bezug auf den Beruf, die Freizeit und bei Tätigkeiten zu sprechen.
- Halten Sie den Patienten dazu an, sich seine Tätigkeiten einzuteilen, häufig auszuruhen und Überanstrengung zu vermeiden
- Ermutigen Sie den Patienten, entsprechend seiner Belastbarkeit an regelmäßigen Übungen teilzunehmen, um Komplikationen durch motorische Defizite vorzubeugen

- *Ernährung/Diät*
  - Halten Sie den Patienten zu einer Ernährung an, die reich an Vitamin B12 ist (Eier, Fisch, Fleisch, Milch)
  - Halten Sie den Patienten an, täglich 2,5 Liter zu trinken, soweit nicht kontraindiziert, und heiße Getränke zu meiden
  - Bringen Sie dem Patienten bei, häufig kleine Mahlzeiten und Zwischenmahlzeiten zu sich zu nehmen, um den Appetit zu fördern
  - Besprechen Sie, daß es notwendig ist, Nahrungsmittel zu meiden, die den Magen-Darm-Trakt reizen können (scharfe und blähende Speisen, Koffein)
  - Halten Sie den Patienten an, sich täglich zur gleichen Zeit und in derselben Kleidung zu wiegen, sein Gewicht zu notieren und einen stetigen oder raschen Gewichtsverlust dem Arzt mitzuteilen

Nachsorge

- Betonen Sie die Bedeutung regelmäßiger medizinischer und labortechnischer Nachsorgeuntersuchungen. Stellen Sie sicher, daß der Patient die notwendigen Namen und Telefonnummern hat

Phäochromozytom

Phäochromozytom: ein Tumor chromaffiner Zellen des sympathischen Nervensystems, der große Mengen an Adrenalin und Noradrenalin produziert. Das Phäochromozytom ist charakterisiert durch eine paroxysmale oder anhaltende Hypertonie, einen erhöhten Stoffwechsel sowie eine Hyperglykämie und tritt am häufigsten bei Frauen im Alter zwischen 30 und 40 Jahren auf. Obwohl die Krankheit u. U. tödlich verlaufen kann, ist die Prognose unter der Therapie im allgemeinen gut. Die meisten Tumoren sind gutartig.

Ätiologie/auslösende Faktoren

- Tumor chromaffiner Zellen im Nebennierenmark oder in Sympathikusganglien
- Tumor chromaffiner Zellen im Abdomen oder Thorax, in den Harnwegen oder der Blase oder in der Halsregion
- Vererbt als autosomal dominantes Merkmal
- Lagerungsdrainage
- Körperliche Belastung

- Lachen
- Rauchen
- Wasserlassen
- Veränderungen der Körper- oder Umgebungstemperatur
- Vasovagaler Reiz
- Alles, was Druck auf den Tumor ausübt, z. B. eine Schwangerschaft

Kennzeichen/Symptome

- Persistierende oder paroxysmale Hypertonie
- Kopfschmerzen
- Palpitationen
- Verschwommensehen
- Übelkeit und Erbrechen
- Gewichtsverlust
- Schwere Schweißsekretion
- Gefühl unmittelbar drohender Vernichtung
- Schmerzen präkordial oder im Abdomen
- Tachypnö
- Blässe oder Rötung der Haut
- Tremor

Komplikationen

- Zerebrovaskulärer Insult
- Retinopathie
- Herzerkrankung
- Herzrhythmusstörungen
- Niereninsuffizienz

Diagnostik

- Beschreiben Sie jedes Verfahren, seinen Zweck und die normalen Empfindungen oder Wahrnehmungen, die dabei wahrscheinlich vorkommen, sowie die Pflege davor und danach
  - Computer- oder Magnetresonanztomographie zur Darstellung von Nebennierenbefunden
  - Computertomographie, Röntgenaufnahmen oder abdominelle Aortographie zur Darstellung von Befunden außerhalb der Nebennieren

- Laboruntersuchungen
  - Gesamtkatecholamine im Plasma: 10- bis 15mal höher als normal
  - 24-Stunden-Urin: erhöhte Ausscheidung von Katecholaminen und Metaboliten

Behandlung

Konservativ

- *Therapie*
- Alphablocker
  - Phenoxybenzamin
- Betablocker
  - Propanolol
- Tyrosinhemmer
- Glukokortikoide, Mineralokortikoide bei chirurgischen Patienten
- Analgetika gegen Kopfschmerzen und postoperative Schmerzen

Chirurgisch

- *Resektion des Phäochromozytoms*

Ambulante Pflege

- Geben Sie sowohl dem Patienten als auch der bzw. dem Betreuenden *mündliche* und *schriftliche* Instruktionen. Nennen Sie ihnen den Namen und die Telefonnummer eines Arztes oder einer Pflegeperson, die sie bei Fragen anrufen können
- *Allgemeine Informationen*
- Besprechen Sie das Phäochromozytom, seine Ätiologie und die auslösenden Faktoren. Erklären Sie, daß die Operation die Therapie der Wahl ist
- Versorgen Sie den Patienten mit Informationen über die Adrenalektomie (s. S. 6), falls diese durchgeführt wird
- *Komplikationszeichen*
- Gehen Sie die Zeichen und Symptome durch, die einem Arzt oder einer Pflegeperson mitgeteilt werden sollten
  - Kopfschmerzen
  - Übelkeit
  - Schwindel
  - Palpitationen
  - Dyspnö
  - Schweißsekretion

- *Besondere Hinweise*
  - Zeigen Sie dem Patienten und der betreuenden Person, wie man zu Hause den Blutdruck mißt und notiert. Geben Sie ihnen Zeit zum Üben. Beraten Sie den Patienten bei der Beschaffung des Gerätes
  - Halten Sie den Patienten an, sich täglich zu gleichen Zeit und in derselben Kleidung zu wiegen
  - Gehen Sie auslösende Ereignisse durch, und besprechen Sie, wie sich diese vermeiden lassen
  - Unterweisen Sie den Patienten in Techniken der Streßbewältigung: Meditation, Atemübungen, Imagination
  - Unterweisen Sie operierte Patienten in der Kontrolle auf Atem- und Harnwegsinfektionen: Fieber, Husten, übelriechendes Sputum; Brennen beim Wasserlassen, häufiges Wasserlassen oder Harndrang, übelriechender Urin
  - Weisen Sie den Patienten an, die Wunde täglich auf Anzeichen einer Infektion zu inspizieren: Ausfluß, Nahtdehiszenz, Rötung, Schwellung
- *Medikamente*
  - Erläutern Sie Zweck, Dosierung, Zeitplan und Art der Einnahme der verschriebenen Medikamente sowie deren Nebenwirkungen, die einem Arzt oder einer Pflegeperson mitgeteilt werden sollten
  - Weisen Sie den Patienten an, freiverkäufliche Medikamente nicht ohne Rücksprache mit dem Arzt einzunehmen
- *Aktivitäten*
  - Ermutigen Sie den Patienten, über Zugeständnisse und Einschränkungen in Bezug auf den Beruf, die Freizeit und bei Tätigkeiten zu sprechen
- Ernährung/Diät
  - Raten Sie dem Patienten, tyraminhaltige Nahrungsmittel, wie z. B. alten Käse oder Wein, zu meiden
  - Halten Sie den Patienten zu kleinen, häufigen Mahlzeiten an

Nachsorge

- Betonen Sie die Bedeutung regelmäßiger medizinischer und labortechnischer Nachsorgeuntersuchungen. Stellen Sie sicher, daß der Patient die notwendigen Namen und Telefonnummern hat
  - Besprechen Sie, daß es notwendig ist, stets ein Notfallmedaillon bzw. eine SOS-Kapsel und einen Ausweis zu tragen

Pleuraerguß

Pleuraerguß: Ansammlung von Flüssigkeit (Blut, Eiter, Chylus, seröse Flüssigkeit) im Pleuraspalt zwischen der viszeralen und der parietalen Pleura (Lungen- und Rippenfell). Der Erguß kann exsudativer Art sein und besteht dann oft aus einer dunkelgelben oder bernsteinfarbenen Flüssigkeit, die sich infolge einer Erkrankung an der Pleuraoberfläche oder durch eine Obstruktion des lymphatischen Systems gebildet hat. Bei einem Transsudat bildet sich der Erguß durch eine Flußbehinderung proteinfreier Flüssigkeiten.

Ätiologie/beeinflussende Faktoren

- *Exsudate*
  - Neoplasmen
  - Virusinfektionen
  - Tuberkulose
  - Empyempneumonie
  - Thoraxtrauma
  - Pankreatitis
  - Rheumatisches Fieber
  - Kollagene Gefäßerkrankung
  - Urämie
  - Lungenembolie
  - Subphrenischer Abszeß
- *Transsudate*
  - Peritonealdialyse
  - Perikarditis
  - Leberzirrhose
  - Rechtsherzinsuffizienz
  - Myxödem
  - Sarkoidose
  - Hyperproteinämie
  - Nephrotisches Syndrom
  - Atelektase

Kennzeichen/Symptome

- Kurzatmigkeit
- Schwierigkeiten beim Atmen
- Thoraxschmerz

- Asymmetrische Thoraxexkursionen
- Erhöhte Körpertemperatur
- Müdigkeit
- Husten

Komplikationen

- Pneumothorax
- Atelektase
- Empyem

Diagnostik

- Beschreiben Sie jedes Verfahren, seinen Zweck und die normalen Empfindungen oder Wahrnehmungen, die dabei wahrscheinlich vorkommen, sowie die Pflege davor und danach
  - Röntgen-Thorax
  - Thorakozentese (Punktion des Brustfellraums)
  - Pleurabiopsie

Behandlung

Konservativ

- *Therapie*
  - Bettruhe
  - Anlegen eines Thoraxdrains
- *Medikamente*
  - Antibiotika
  - Antipyretika
  - Analgetika
  - Instillation von Stickstofflost oder Tetracyclin über den Thoraxdrain

Ambulante Pflege

- Geben Sie sowohl dem Patienten als auch der bzw. dem Betreuenden *mündliche* und *schriftliche* Instruktionen. Nennen Sie ihnen den Namen und die Telefonnummer eines Arztes oder einer Pflegeperson, die sie bei Fragen anrufen können

- *Allgemeine Informationen*
  - Besprechen Sie die Grunderkrankung, ihre Ätiologie und die auslösenden Faktoren
- *Komplikationszeichen*
  - Gehen Sie die Zeichen und Symptome durch, die einem Arzt oder einer Pflegeperson mitgeteilt werden sollten
    - Schwierigkeiten beim Atmen
    - Thoraxschmerz
    - Erhöhte Körpertemperatur
    - Anhaltender Husten
    - Symptome einer Erkältung oder Grippe
- *Besondere Hinweise*
  - Besprechen Sie Maßnahmen zur Verhinderung von Atemwegsinfektionen: Personen mit Infekten, vor allem der oberen Atemwege, vermeiden; ggf. Impfung gegen Influenza
  - Weisen Sie den Patienten an, abzuhusten und tief einzuatmen, um die Lungenbelüftung aufrechtzuerhalten. Demonstrieren Sie beides, und halten Sie den Patienten dazu an, es auch durchzuführen
  - Demonstrieren Sie den Gebrauch des Giebelrohrs und anderer Atemtherapiegeräte
- *Medikamente*
  - Erläutern Sie Zweck, Dosierung, Zeitplan und Art der Einnahme der verschriebenen Medikamente sowie deren Nebenwirkungen, die einem Arzt oder einer Pflegeperson mitgeteilt werden sollten
  - Weisen Sie den Patienten an, freiverkäufliche Medikamente nicht ohne Rücksprache mit dem Arzt einzunehmen
- *Aktivitäten*
  - Sagen Sie dem Patienten, wie wichtig es ist, sich entsprechend seiner Belastbarkeit zu betätigen, dabei Ermüdung zu vermeiden und häufig Ruhepausen einzuplanen

Nachsorge

- Betonen Sie die Bedeutung regelmäßiger medizinischer und labortechnischer Nachsorgeuntersuchungen. Stellen Sie sicher, daß der Patient die notwendigen Namen und Telefonnummern hat
- Betonen Sie, wie wichtig es ist, nicht zu rauchen und Passivrauchen zu vermeiden

Pneumonie, Pneumonitis

Pneumonie: ein entzündlicher Prozeß der Bronchiolen und Alveolarräume, verursacht durch eine Entzündung. Eine *bakterielle Pneumonie* wird gewöhnlich durch Streptokokken, Staphylokokken oder Hämophilus verursacht. Sie kann von einer Infektion der oberen Atemwege, etwa einer Streptokokkeninfektion des Rachenraums, oder durch Einatmen von Flüssigkeiten oder anderen Fremdstoffen in die Lunge ausgehen. Eine *Viruspneumonie* wird gewöhnlich durch Influenza A verursacht und durch Tröpfcheninfektion übertragen. Eine *Mykoplasmenpneumonie,* die am häufigsten unter Kindern im Schulalter und jungen Erwachsenen vorkommt, breitet sich unter den Mitgliedern einer Familie aus. Man geht davon aus, daß sie durch Tröpfcheninfektion übertragen wird. Eine *Aspirationspneumonie* tritt als Folge einer Aspiration bei Bewußtseinsstörungen des Patienten auf, z. B. bei Krämpfen, unter Drogen oder Alkohol, in Narkose, bei akuten Infekten oder im Schock.

Pneumonitis: nichtinfektiös bedingte Entzündung der Bronchien und Alveolarräume.

Kennzeichen/Symptome

- Schüttelfrost und Fieber zwischen 38,8 und 41,1 °C
- Erschwerte und schmerzhafte Atmung
- Pleuraschmerz
- Kurzatmigkeit und grunzende Atemgeräusche
- Tachypnö
- Schweißsekretion
- Appetitverlust oder gereizter Magen
- Allgemeine Müdigkeit, die stärker ist, als man von einer Erkältung erwarten sollte
- Husten, bei dem zunächst grüngelbes, später rosa- oder rostfarbenes Sputum produziert wird
- Ruhelosigkeit
- Zyanose
- Desorientiertheit oder Verwirrtheit und schwaches Fieber bei älteren Menschen
- Angst

Komplikationen

- Atelektase
- Empyem
- Akutes Atemnotsyndrom
- Perikarditis als Superinfektion
- Lungenabszeß

Diagnostik

- Beschreiben Sie jedes Verfahren, seinen Zweck und die normalen Empfindungen oder Wahrnehmungen, die dabei wahrscheinlich vorkommen, sowie die Pflege davor und danach
    - Röntgen-Thorax zur Beurteilung der Lunge und zum Nachweis fleckiger oder diffuser Infiltrate
    - Sputumuntersuchung mittels Gram-Färbung, Kultur und Resistenzbestimmung zur Identifikation des Erregers, so daß die geeigneten Antibiotika verschrieben werden können
    - Leukozyten: bei bakterieller Pneumonie erhöht (> 11000/ml), normal oder erniedrigt bei Virus- oder Mykoplasmenpneumonie
    - Blutkultur und Resistenzbestimmung zum Nachweis einer Bakteriämie und zur Unterstützung bei der Identifizierung des auslösenden Erregers
    - Serologische Untersuchungen zur Diagnostik einer Viruspneumonie: Ein relativer Titeranstieg legt eine Virusinfektion nahe
    - Arterielle Blutgase
    - Bronchoskopie

Behandlung

Konservativ

- *Therapie*
    - Überwachung des Flüssigkeitshaushalts
    - Parenterale Therapie
    - Sauerstofftherapie
    - Physiotherapie des Thorax
    - Assistierte Beatmung
- *Medikamente*
    - Antipyretika
    - Antibiotika

Ambulante Pflege

- Geben Sie sowohl dem Patienten als auch der bzw. dem Betreuenden *mündliche* und *schriftliche* Instruktionen. Nennen Sie ihnen den Namen und die Telefonnummer eines Arztes oder einer Pflegeperson, die sie bei Fragen anrufen können
- *Allgemeine Informationen*
- Besprechen Sie die Grunderkrankung und die auslösenden Faktoren
- *Komplikationszeichen*
- Gehen Sie die Zeichen und Symptome durch, die einem Arzt oder einer Pflegeperson mitgeteilt werden sollten
  - Schwierigkeiten beim Atmen
  - Erhöhte Körpertemperatur
  - Anhaltender Husten
  - Schweißsekretion
  - Erkältung oder Grippe
- *Besondere Hinweise*
- Erläutern Sie, wie wichtig es ist, die Übertragung von Infektionen zu vermeiden: beim Husten das Gesicht abwenden, den Mund mit einem Taschentuch bedecken, Taschentücher nur einmal verwenden und im Abfalleimer entsorgen, nach Gebrauch eines Taschentuchs sowie vor und nach dem Gang zur Toilette Hände waschen
- Erläutern Sie, wie wichtig es ist, eine Reinfektion zu vermeiden: infizierte Personen, vor allem mit Atemwegsinfekten, meiden
- Demonstrieren und erläutern Sie die Bedeutung der Lagerungsdrainage und von Atemübungen. Sagen Sie dem Patienten, er möge diese Übungen viermal täglich für 6–8 Wochen fortsetzen
- Erläutern Sie die Notwendigkeit eines Verdampfers oder Luftbefeuchters zu Hause. Beraten Sie den Patienten bei der Beschaffung der Geräte in einem Sanitätshaus
- *Medikamente*
- Erläutern Sie Zweck, Dosierung, Zeitplan und Art der Einnahme der verschriebenen Medikamente sowie deren Nebenwirkungen, die einem Arzt oder einer Pflegeperson mitgeteilt werden sollten
  - Antibiotika
  - Antipyretika
  - Analgetika bei Thoraxschmerzen
  - Antitussiva bei unproduktivem Husten
- Weisen Sie den Patienten an, freiverkäufliche Medikamente nicht ohne Rücksprache mit dem Arzt einzunehmen

- *Aktivitäten*
  - Erläutern Sie, wie wichtig es ist, daß die Heilung allmählich geschieht
  - Erklären Sie die Notwendigkeit, körperliche Betätigung und Aktivitäten auf die Grenzen der Belastbarkeit einzuschränken, Ermüdung zu vermeiden und während des Tages 2–3 Ruhepausen einzuplanen
  - Erläutern Sie die Notwendigkeit von 7–8 Stunden Schlaf pro Nacht
- *Ernährung/Diät*
  - Erklären Sie, wie wichtig es ist, die Diät einzuhalten, soweit sie vertragen wird
  - Raten Sie dem Patienten, wenigsten 6–8 Gläser Flüssigkeit täglich zu trinken, soweit nicht kontraindiziert

Nachsorge

- Betonen Sie die Bedeutung regelmäßiger Nachsorgeuntersuchungen. Stellen Sie sicher, daß der Patient die notwendigen Namen und Telefonnummern hat

Polyzystische Nieren

Polyzystische Nieren: eine erbliche Nierenerkrankung, die durch multiple, flüssigkeitsgefüllte Zysten gekennzeichnet ist, welche sich vergrößern und das funktionelle Nierenparenchym allmählich komprimieren und ersetzen. Bei der Erwachsenenform ist der Beginn schleichend, Symptome treten im Alter zwischen 30 und 50 Jahren auf, und die Erkrankung schreitet langsam bis zum Nierenversagen fort.

Kennzeichen/Symptome

- *Frühsymptome*
  - Hypertonie
  - Gesteigerte Harnproduktion
  - Harnwegsinfekt
- *Spätsymptome*
  - Geblähtes und schmerzendes Abdomen
  - Lendenschmerz
  - Palpable Nieren
  - Hämaturie

- Proteinurie
- Herabgesetzte Harnproduktion

Komplikationen

- Rupturierte Zysten, die zu Infektionen und Blutungen führen
- Schwere Hypertonie
- Abszesse
- Harnwegsverschlüsse durch Gerinnsel
- Niereninsuffizienz und -versagen

Diagnostik

- Beschreiben Sie jedes Verfahren, seinen Zweck und die normalen Empfindungen oder Wahrnehmungen, die dabei wahrscheinlich vorkommen, sowie die Pflege davor und danach.
  - Blutuntersuchungen: Elektrolyte, Eiweiß, Blut-Harnstoff-Stickstoff, Kreatinin
  - Urinuntersuchungen: Urinanalyse, Kultur und Resistenzbestimmung, 24-Stunden-Urin auf Kreatinin-Clearance
  - Röntgenaufnahmen der Nieren, Ureteren und Blase
  - Computertomographie der Nieren

Behandlung

Konservativ

- *Therapie*
  - Bei Blutungen Bettruhe
  - Diätetische Einschränkung der Natrium-, Kalium- und Eiweißaufnahme
  - Dialyse im Endstadium der Nierenerkrankung
- *Medikamente*
  - Antihypertonika
  - Diuretika
  - Antibiotika

Chirurgisch

- Eingreifen bei Ruptur von Zysten mit nachfolgender Infektion (s. abdominalchirurgischer Eingriff, S. 3)
- Eingreifen bei allzu schweren Blutungen
- Nephrektomie
- Nierentransplantation

Ambulante Pflege

- Geben Sie sowohl dem Patienten als auch der bzw. dem Betreuenden *mündliche* und *schriftliche* Instruktionen. Nennen Sie ihnen den Namen und die Telefonnummer eines Arztes oder einer Pflegeperson, die sie bei Fragen anrufen können
- *Allgemeine Informationen*
- Besprechen Sie die Grunderkrankung und deren weitere Entwicklung
- *Komplikationszeichen*
- Gehen Sie die Zeichen und Symptome durch, die einem Arzt oder einer Pflegeperson mitgeteilt werden sollten
  - Plötzliche Veränderungen des Urins: Farbe, Blut, abnehmende Menge, Geruch
  - Plötzlich einsetzender Flankenschmerz
  - Fieber, Schüttelfrost
  - Harnwegsinfekt: Fieber, Schüttelfrost, Schmerzen beim Wasserlassen, Kreuzschmerzen oder Flankenschmerz, dunkler und übelriechender Urin (ammoniakalischer oder fischiger Geruch), Blut im Urin
- *Besondere Hinweise*
- Unterweisen Sie den Patienten in der Verhütung von Harnwegsinfekten: reichlich Flüssigkeit trinken (die Menge ist jeweils abhängig vom Stadium der Erkrankung), regelmäßiges Wasserlassen, gute Hygiene des Perianal- und Perinealbereichs nach dem Wasserlassen und Stuhlgang sowie gründliches Händewaschen vor und nach dem Gang zur Toilette
- Weisen Sie den Patienten an, seinen Blutdruck zu messen und zu notieren, und geben Sie ihm Richtwerte, die er einem Arzt oder einer Pflegeperson mitteilen sollte
- Weisen Sie den Patienten an, sich täglich zur gleichen Zeit, auf derselben Waage und in derselben Kleidung zu wiegen
- *Medikamente*
- Erläutern Sie Zweck, Dosierung, Zeitplan und Art der Einnahme der verschriebenen Medikamente sowie deren Nebenwirkungen, die einem Arzt oder einer Pflegeperson mitgeteilt werden sollten
- *Aktivitäten*
- Raten Sie dem Patienten, auf Tätigkeiten zu achten, die Schmerzen auslösen können
- Ermutigen Sie den Patienten, über Zugeständnisse und Einschränkungen in Bezug auf den Beruf, die Freizeit und bei Tätigkeiten zu sprechen
- Raten Sie dem Patienten, mit fortschreitender Erkrankung häufig Ruhepausen einzulegen und Ermüdung zu vermeiden

- *Ernährung/Diät*
  - Erklären Sie, daß die Ernährung bzw. Diät vom Stadium der Erkrankung abhängt und eine Natrium-, Kalium- und Eiweißrestriktion beinhaltet. Die Flüssigkeitsaufnahme wird zunächst empfohlen und dann mit zunehmender Einschränkung der Nierenfunktion ebenfalls reduziert

Nachsorge

- Betonen Sie die Bedeutung regelmäßiger Nachsorgeuntersuchungen. Stellen Sie sicher, daß der Patient die notwendigen Namen und Telefonnummern hat

Prostatakarzinom

Prostatakarzinom: eine maligne Erkrankung der Prostata, der häufigsten Lokalisation von Malignomen beim Mann. Ein Prostatakarzinom tritt selten bei Männern unter 50 Jahren auf. Inzidenz und Mortalität steigen, vor allem unter Afroamerikanern. Die meisten Prostatakarzinome sind langsamwachsende Adenokarzinome, die sich über die Lymphbahnen auf die Beckenregion bis in die Beckenknochen hinein und über die Blutbahn in die Lungen, Leber und Nieren sowie in die Knochen (Wirbelkörper, Beckenknochen, Oberschenkel und Rippen) ausbreiten. Die übrigen Formen des Prostatakarzinoms bilden Übergangsepithel- und Epithelzellkarzinome, endometrioide Karzinome und Sarkome. Die azinöse Dysplasie bzw. die prostatische intraepitheliale Neoplasie ist eine Präkanzerose.

Ätiologie/beeinflussende Faktoren

- Einfluß endogener Hormone, besonders von Dihydrotestosteron
- Genetische Einflüsse
- Nahrungsfette
- Gewisse Viren, pathogene Stoffe oder chemische Substanzen aus industrieller Produktion
- Städtisches Umfeld

Kennzeichen/Symptome

- *Frühsymptome*
  - Schwacher Harnstrahl
  - Häufiges Wasserlassen
  - Dysurie
  - Schwierigkeiten zu Beginn und am Ende des Wasserlassens
- Schmerzen im Kreuz, im Becken oder in den Oberschenkeln
- Beidseitige Harnwegsobstruktion mit Niereninsuffizienz
- *Spätsymptome*
  - Hämaturie
  - Knochenschmerzen, häufiges Wasserlassen, abgeschwächter Harnstrahl, Harnträufeln

Diagnostik

- Beschreiben Sie jedes Verfahren, seinen Zweck und die normalen Empfindungen oder Wahrnehmungen, die dabei wahrscheinlich vorkommen, sowie die Pflege davor und danach
  - Digitale rektale Untersuchung zur Palpation der Prostata und zum Nachweis von Veränderungen
  - Perineale oder transrektale Feinnadelbiopsie zum Nachweis maligner Zellen
  - Transrektale Ultraschalluntersuchung zum Nachweis einer Läsion und deren Merkmalen
  - Computer- und Magnetresonanztomographie zur Bestimmung von Größe und Ausdehnung der Läsion
  - Lymphangiographie zur Bestimmung des Ausmaßes einer Beteiligung paraaortaler und pelviner Lymphknoten
  - Prostataspezifisches Antigen, ein Tumormarker, der bei Vorliegen eines Prostatakarzinoms erhöht ist

Behandlung

Konservativ

- *Therapie*
  - Strahlentherapie
    - Perkutane Strahlentherapie
    - Interstitielle Strahlentherapie
    - Allgemeine prä- und postoperative Pflege siehe Strahlentherapie, S. 714

- *Medikamente*
- Chemotherapie mit Einzelwirkstoffen
  - Cyclophosphamid
  - 5-Fluorouracil
  - Doxorubicin
  - Methotrexat
  - Cisplatin
  - Mitomycin C
  - Dacarbazin
- Hormonbehandlung
  - Diäthylstilböstrol
  - Estradiol
  - Estramustin
- Medikamentöse Adrenalektomie
  - Aminoglutethimid
  - Ketokonazol
  - Spironolacton
  - Glukokortikoide
- Antiandrogene
  - Cyproteronacetat
  - Flutamid
  - Megestrolacetat
- Gonadotropin-releasing-hormone-Agonisten (LH-RH-Agonisten)
  - Buserelin

Chirurgisch

- *Transurethrale Resektion*
- *Radikale Prostatektomie*
- *Beidseitige Orchiektomie*
  - Allgemeine prä- und postoperative Pflege siehe Prostatektomie, S. 645

Ambulante Pflege

- Geben Sie sowohl dem Patienten als auch der bzw. dem Betreuenden *mündliche* und *schriftliche* Instruktionen. Nennen Sie ihnen den Namen und die Telefonnummer eines Arztes oder einer Pflegeperson, die sie bei Fragen anrufen können

- *Allgemeine Informationen*
  - Gehen Sie die Erläuterungen des Arztes hinsichtlich der Erkrankung, möglicher Ursachen oder beeinflussender Faktoren sowie des Tumortyps und -stadiums und der verordneten Therapie durch
  - Besprechen Sie aktuelle und mögliche Störungen der Sexualfunktionen in Verbindung mit der verordneten Therapie. Ermutigen Sie den Patienten, Fragen zu stellen (s. Hodenkarzinom, S. 363)
- *Komplikationszeichen*
  - Gehen Sie die Zeichen und Symptome durch, die einem Arzt oder einer Pflegeperson mitgeteilt werden sollten
    - Verringerte Urinausscheidung
    - Ödem
    - Hypertonie
    - Gewichtszunahme
- *Besondere Hinweise*
  - Besprechen Sie Methoden der Schmerzbekämpfung (s. Schmerzbekämpfung, S. 701)
- *Medikamente*
  - Erläutern Sie Zweck, Dosierung, Zeitplan und Art der Einnahme der verschriebenen Medikamente sowie deren Nebenwirkungen, die einem Arzt oder einer Pflegeperson mitgeteilt werden sollten
- *Aktivitäten*
  - Betonen Sie, wie wichtig es ist, ausreichend Flüssigkeit zu sich zu nehmen sowie sich fit zu halten und ausreichende Ruhepausen einzulegen

Nachsorge

- Betonen Sie die Bedeutung regelmäßiger Nachsorgeuntersuchungen einschließlich einer jährlichen digitalen rektalen Untersuchung, soweit die Prostata nicht entfernt wurde. Stellen Sie sicher, daß der Patient die notwendigen Namen und Telefonnummern hat

Psychosoziale Betreuung

- Ermutigen Sie den Patienten, seinen Gefühlen hinsichtlich seines Körperbildes und Selbstwertgefühls sowie seiner Sexualität Ausdruck zu verleihen

Hinweis

- Unterstützen Sie den Patienten bei der Weiterleitung an entsprechende Hilfsdienste, wie z. B. Selbsthilfegruppen oder eine Sexualberatung

Prostatektomie

Prostatektomie: Resektion eines Teils oder der gesamten Prostata zur Beseitigung einer Harnwegsobstruktion. Die *transurethrale Prostataresektion* (TURP) beinhaltet die Resektion eines Teils der hypertrophen Prostata über ein Zystoskop oder Rektoskop, das durch die Harnröhre eingeführt wird. Eine Spinalanästhesie oder leichte Vollnarkose wird gegeben, und die Hospitalisierung beträgt 3 Tage oder länger. Die *Abtragung mit dem Laser* umfaßt das Einführen eines Lasers durch die Urethra und Abtragen eines Teils der Prostata. Der Patient ist in Vollnarkose oder unter Spinalanästhesie. Der Eingriff wird am Tag der Aufnahme in die Klinik durchgeführt, und der Patient bleibt gewöhnlich über Nacht in der Klinik. Die *offene Prostatektomie* bedeutet die Resektion eines Teils der Prostata über eine Inzision im unteren Abdomen oder am Perineum aufgrund einer vergrößerten Prostata oder rezidivierender Blasensteine, Blasendivertikel, unbeweglicher Hüftgelenke oder eines Carcinoma in situ. Die radikale Prostatektomie bedeutet die vollständige Resektion der Prostata einschließlich der Kapsel und der Gänge durch eine Inzision im unteren Abdomen. Die Resektion beruht auf der Diagnose eines Karzinoms, das auch die Kapsel einschließt.

Indikationen

- Benigne Prostatahypertrophie
- Prostatakarzinom

Präoperative Schulung

- Gehen Sie die Erläuterungen des Arztes bezüglich des Eingriffs und seiner Gründe durch. Ermutigen Sie den Patienten, Fragen zu stellen und alle Sorgen und Ängste zu besprechen
- Erläutern Sie die Notwendigkeit einer schriftlichen Einverständniserklärung nach Aufklärung für die Operation, Anästhesie und Bluttransfusion

Besprechen der präoperativen Pflege

- Informieren Sie den Patienten darüber, daß die Routineuntersuchungen von Blut und Urin, eine Röntgenaufnahme des Thorax und ein EKG durchgeführt werden
- Erklären Sie dem Patienten, daß am Abend vor der Operation eine Darmvorbereitung mittels eines Einlaufs durchgeführt wird
- Weisen Sie den Patienten an, am Abend vor der Operation mit einer bakteriziden Seife zu duschen
- Besprechen Sie, daß der Patient am Tag vor der Operation von Mitternacht an weder essen noch trinken darf
- Erwähnen Sie, daß vor der Operation möglicherweise das Schamhaar rasiert wird
- Erklären Sie, daß die Operation die Sexualfunktionen beeinträchtigen kann
  - TURP oder offene Prostatektomie: Das Sperma fließt bei der Ejakulation in die Blase anstatt in die Harnröhre (retrograde Ejakulation); verursacht keine Impotenz, beeinträchtigt die Fertilität
  - Radikale Prostatektomie: hängt von der Ausdehnung der Operation ab und davon, ob Nerven erhalten bleiben; beeinträchtigt u. U. die Ejakulation
  - Prostatektomie mit dem Laser: Ejakulation bleibt oft erhalten, wenn auch mit geringerem Volumen

Besprechen der postoperativen Pflege

- Hinsichtlich der allgemeinen postoperativen Pflege siehe abdominalchirurgischer Eingriff, S. 3
- Erklären Sie dem Patienten, daß der Urin blutig (hellrot) gefärbt sein wird, dann zu einem dunklem teebraun wechselt und im Laufe einer Woche klar wird. Sagen Sie dem Patienten, daß sich der Urin nach langem Gehen oder Sitzen rosa färben kann
- Erklären Sie dem Patienten, daß es nach dem Entfernen eines Blasenverweilkatheters zu Streßinkontinenz oder Harnträufeln kommen kann und daß Beckenübungen (Kegel-Übungen) erforderlich werden können, um den Zustand zu bessern
- Erklären Sie, daß es bei der flachen Penrose-Drainage möglicherweise zu häufigen Verbandwechseln kommt
- Sagen Sie dem Patienten, daß langes Sitzen (> 2 h) während der ersten Woche zu Blutungen führen kann

- Besprechen Sie die Pflege nach TURP
  - Erklären Sie, daß der Patient für 3 oder mehr Tage in der Klinik bleiben wird
  - Informieren Sie den Patienten darüber, daß er nach der Operation Drainageschläuche haben wird: einen Dreiwege-Blasenkatheter in der Harnröhre zur kontinuierlichen Blasenspülung
  - Sagen Sie dem Patienten, daß der Zug des Blasenkatheters nach der Operation noch einige Zeit anhält
  - Besprechen Sie das Tragen von Antithrombosestrümpfen oder alternativ von Strümpfen zur Thromboseprophylaxe, solange der Patient im Bett liegt
  - Betonen Sie die Bedeutung des tiefen Einatmens und Abhustens
- Besprechen Sie die Pflege nach Prostatektomie mittels Laser
  - Sagen Sie dem Patienten, daß der Eingriff am Tage der Aufnahme in die Klinik stattfindet und daß er über Nacht bleiben muß
  - Erklären Sie dem Patienten, daß ein Blasenkatheter für gewöhnlich 5 Tage lang liegenbleibt
- Besprechen Sie die Pflege nach offener und radikaler Prostatektomie
  - Sagen Sie dem Patienten, daß der Eingriff am Tage der Aufnahme in die Klinik stattfindet und daß er 3–5 Tage bleiben muß
  - Erläutern Sie die Drainagen, die möglicherweise erforderlich sind: Blasenkatheter für 7–10 Tage oder länger, suprapubischer Katheter, flache Penrose-Drainage im Gewebe nahe der Inzision, Jackson-Pratt-Drainage nahe der Inzision

Komplikationen

- TUR-Syndrom (nach TURP)
- Schock
- Blutgerinnsel in den Beinen oder an anderer Stelle
- Streßinkontinenz
- Harnträufeln
- Retrograde Ejakulation
- Impotenz
- Schmerzen
- Infektion: Fieber, Schüttelfrost, Rötung und Schwellung an der Operationswunde
- Paralytischer Ileus
- Obstipation

Ambulante Pflege

- Geben Sie sowohl dem Patienten als auch der bzw. dem Betreuenden *mündliche* und *schriftliche* Instruktionen. Nennen Sie ihnen den Namen und die Telefonnummer eines Arztes oder einer Pflegeperson, die sie bei Fragen anrufen können
- *Allgemeine Informationen*
- Erläutern Sie die Art des Eingriffs und dessen Gründe. Besprechen Sie die Drainagen und Schläuche, die am Patienten belassen werden
- *Komplikationszeichen*
- Gehen Sie die Zeichen und Symptome durch, die einem Arzt oder einer Pflegeperson mitgeteilt werden sollten
  - Verschluß der Blasenkatheters: Gefühl der vollen Blase, Harndrang, Blasenspasmen, Abfließen von Urin am Katheter vorbei, verringerte oder fehlende Urinausscheidung im Beutel über 4 Stunden
  - Infektion: Fieber, Schüttelfrost, Rötung und Schwellung und eitrige Absonderungen aus der Operationswunde
  - Harnwegsinfekt (s. Urolithiasis, S. 751)
  - Epididymitis, vor allem nach TURP (s. Epididymitis, S. 213)
  - Anhaltende Schmerzen im Wundbereich
  - Größere Blutung oder Gerinnsel aus dem Blasenverweilkatheter
  - Obstipation
- *Besondere Hinweise*
- Beraten Sie den Patienten, wie und wo man Verbrauchsmaterial erhält.
- Erläutern und demonstrieren Sie die Pflege eines Blasenverweilkatheters (s. Dauerkatheter, transurethraler, S. 132)
- Weisen Sie den Patienten an, Geschlechtsverkehr zu vermeiden, bis der Arzt sein Einverständnis erteilt (je nach Art des Eingriffs unterschiedlich lange). Erinnern Sie den Patienten daran, daß es nach TURP zur retrograden Ejakulation kommen kann
- Unterweisen Sie den Patienten in Kegel-Übungen, um das Perineum zu straffen und nach dem Entfernen des Blasenverweilkatheters die Rückkehr der Sphinkterkontrolle zu fördern (s. Harninkontinenz, S. 312)
- Sagen Sie dem Patienten, er möge täglich duschen. Empfehlen Sie Sitzbäder, um die perinealen Beschwerden zu lindern
- Besprechen Sie die Notwendigkeit, das Einführen von Suppositorien und Einläufen zu unterlassen, soweit vom Arzt nicht anders verordnet
- *Medikamente*
- Erläutern Sie Zweck, Dosierung, Zeitplan und Art der Einnahme der verschriebenen Medikamente sowie deren Nebenwirkungen, die einem Arzt oder einer Pflegeperson mitgeteilt werden sollten

- Weisen Sie den Patienten an, freiverkäufliche Medikamente nicht ohne Rücksprache mit dem Arzt einzunehmen
- *Aktivitäten*
- Ermutigen Sie den Patienten, über Zugeständnisse und Einschränkungen in Bezug auf den Beruf, die Freizeit und bei Tätigkeiten zu sprechen
- Weisen Sie den Patienten an, sich häufig Ruhepausen zu gönnen und seine Aktivitäten allmählich, soweit erlaubt und entsprechend seiner Belastbarkeit zu steigern
- Raten Sie dem Patienten, langes Autofahren (> 2 h) oder Fahren auf holprigen Straßen zu vermeiden
- *Ernährung/Diät*
- Informieren Sie den Patienten, daß er eine normale Ernährung bzw. die für die Grunderkrankung verordnete Diät einhalten sollte
- Sagen Sie dem Patienten ausdrücklich, er möge einen Monat lang keinen Alkohol trinken
- Halten Sie den Patienten zu einer ballaststoffreichen Ernährung an, um Verstopfung zu vermeiden und den Stuhlgang zu erleichtern. Erklären Sie, daß Pressen beim Stuhlgang zu Blutungen führen kann
- Halten Sie den Patienten an, täglich 6–10 Gläser Wasser oder Säfte zu trinken (Preiselbeer, Pflaumen- oder Zwetschgensaft), um häufiges Wasserlassen zu fördern

Nachsorge

- Betonen Sie die Bedeutung regelmäßiger Nachsorgeuntersuchungen. Stellen Sie sicher, daß der Patient die notwendigen Namen und Telefonnummern hat

Psychosoziale Betreuung

- Helfen Sie dem Patienten bei der Suche nach psychologischer Beratung und einer Fertilitätsberatung, soweit erforderlich

Hinweis

- Unterstützen Sie den Patienten ggf. bei der Organisation einer ambulanten Pflege

Pulmonale Hypertension

Pulmonale Hypertension: erhöhter Druck in den Lungenarterien als Folge einer fortschreitenden Erkrankung der Lungengefäße oder des Lungengewebes. Eine pulmonale Hypertension tritt primär oder sekundär als Folge einer bestehenden Herz- oder Lungenerkrankung auf. Bei der primären pulmonalen Hypertension verengen sich die dünnen Lungenarterien infolge einer Verdickung der Zellauskleidung der Lunge. Die primäre Hypertension trifft hauptsächlich Frauen im Alter zwischen 20 und 40 Jahren.

Ätiologie/beeinflussende Faktoren

- *Primäre pulmonale Hypertension*
  - Unbekannt
- *Sekundäre pulmonale Hypertension*
  - Kongenitale Herzkrankheit, die einen Links-Rechts-Shunt verursacht
  - Erworbene Herzkrankheit, die zu einer Insuffizienz bzw. einem Versagen des linken Ventrikels führt, z. B. eine rheumatische Erkrankung der Herzklappen
  - Chronische Hypoxie im Zusammenhang mit einer chronisch-obstruktiven Lungenkrankheit
  - Lungenembolie
  - Stenosierung der Lungengefäße

Kennzeichen/Symptome

- Zunehmende Dyspnö unter Belastung und in Ruhe
- Tachypnö
- Thoraxschmerz
- Schwindel
- Synkope
- Besorgnis, Vorahnung, Furcht
- Zyanose (sekundäre Hypertension)

Komplikationen

- Rechtsherzinsuffizienz oder -versagen
- Plötzlicher Tod

Diagnostik

- Beschreiben Sie jedes Verfahren, seinen Zweck und die normalen Empfindungen oder Wahrnehmungen, die dabei wahrscheinlich vorkommen, sowie die Pflege davor und danach
- Röntgen-Thorax zum Nachweis einer Vergrößerung der Lungenarterien sowie des rechten Vorhofs und Ventrikels
- EKG zum Nachweis von Arrhythmien
- Echkardiogramm zur Beurteilung der Funktion und Struktur des Herzens
- Arterielle Blutgase zur Bestimmung des Säure-Basen-Gleichgewichts und des Sauerstoffbedarfs
- Herzkatheteruntersuchung, ein invasives Verfahren zur optischen Darstellung des Herzens und der großen Blutgefäße

Behandlung

Konservativ

- *Therapie*
- Sauerstofftherapie
- Kreislaufüberwachung
- Überwachung der Herzfunktion
- Isovolumetrische Phlebotomie (bei sekundärer pulmonaler Hypertension)
- *Medikamente*
- Primäre pulmonale Hypertension: Vasodilatatoren, Diuretika, Kalziumantagonisten

P

Ambulante Pflege

- Geben Sie sowohl dem Patienten als auch der bzw. dem Betreuenden *mündliche* und *schriftliche* Instruktionen. Nennen Sie ihnen den Namen und die Telefonnummer eines Arztes oder einer Pflegeperson, die sie bei Fragen anrufen können
- *Allgemeine Informationen*
- Besprechen Sie die Erkrankung, ihre Ursachen sowie die beeinflussenden Faktoren.
- *Komplikationszeichen*
- Gehen Sie die Zeichen und Symptome durch, die einem Arzt oder einer Pflegeperson mitgeteilt werden sollten.
  - Geringere körperliche Belastbarkeit
  - Veränderungen der Hautfarbe
  - Konsistenz des Sputums

- Vermehrter Husten
- Anschwellen der Unterschenkel und Knöchel oder des Abdomens
- Erythrozytose: Kopf- und Muskelschmerzen, Verschwommensehen, verstärkte Müdigkeit, Hämoptyse, Epistaxis (Nasenbluten)

■ *Besondere Hinweise*

- Erklären Sie Patienten mit sekundärer pulmonaler Hypertension, daß es als Folge einer Shunt-Bildung (Mischung zwischen arteriellem und venösem Blut) zu einer kompensatorischen Polyzythämie (Erythrozytose) kommen kann und daß ein Hämatokrit über 45 % innerhalb der individuellen Normwerte des Patienten liegen kann. Nennen Sie ihm die entsprechenden individuellen Parameter
- Versorgen Sie den Patienten mit Informationen über die Sauerstofftherapie (s. S. 682), falls diese verordnet wurde, und unterstützen Sie ihn bei der Beschaffung der Ausrüstung in einem Sanitätshaus
- Demonstrieren Sie Techniken der Atemadaptation, und versorgen Sie den Patienten mit Informationen darüber
- Erläutern Sie den Wert von Entspannungstechniken, wie der Musiktherapie, der Vollatmung, der Meditation und des Biofeedbacks
- Betonen Sie, wie wichtig es ist, weder zu rauchen noch Tabakerzeugnisse zu konsumieren. Erklären Sie, daß Rauchen die Herzlast erhöht, indem es zur Gefäßkontraktion führt

■ *Medikamente*

- Erläutern Sie Zweck, Dosierung, Zeitplan und Art der Einnahme der verschriebenen Medikamente sowie deren Nebenwirkungen, die einem Arzt oder einer Pflegeperson mitgeteilt werden sollten
- Weisen Sie den Patienten an, Acetylsalicylsäure und Eisenpräparate zu meiden. Raten Sie ihm, die Beipackzettel frei verkäuflicher Medikamente daraufhin zu prüfen

■ *Aktivitäten*

- Besprechen Sie die Bedeutung körperlicher Übungen entsprechend der Belastbarkeit unter Vermeiden von Ermüdung und Einplanen von Ruhepausen. Besprechen Sie die Art der Übungen mit dem Arzt
- Sagen Sie dem Patienten, er möge Tätigkeiten mit plötzlichen, anstrengenden Bewegungen, Wechselbelastung zwischen Druck und Zug oder das Heben schwerer Gegenstände vermeiden
- Raten Sie dem Patienten, körperliche Anstrengung an heißen oder smogbelasteten Tagen zu vermeiden
- Erklären Sie, daß Aktivitäten mit isotonischer Belastung (Gehen, Radfahren, Schwimmen) erlaubt sind, solange sich der Patient über die in den Phasen der Ermüdung oder Dyspnö zu ergreifenden Maßnahmen im klaren ist

- Unterweisen Sie den Patienten in Maßnahmen zur Energieeinsparung: Rasieren, Haarekämmen, Anziehen, Kochen und Duschen im Sitzen
- Betonen Sie, wie wichtig es ist, eine Dehydratation zu vermeiden, indem man an heißen Tagen reichlich Flüssigkeit zu sich nimmt und anstrengende Tätigkeiten vermeidet

Nachsorge

- Betonen Sie die Bedeutung regelmäßiger Nachsorgeuntersuchungen. Stellen Sie sicher, daß der Patient die notwendigen Namen und Telefonnummern hat
- Sorgen Sie ggf. für Informationen über einen Raucherentwöhnungskurs, und verweisen Sie den Patienten an eine entsprechende Organisation

Pulsmessen

Pulsmessen: Auszählen der Pulsfrequenz, d. h. des regelmäßigen Sich-Zusammenziehens und Wieder-Ausdehnens eines Gefäßes beim Hindurchströmen des Blutes. Die üblichen Stellen zur Messung des arteriellen Pulses sind das Handgelenk (Radialispuls), der Hals (Karotispuls), der Kopf (Temporalispuls), die Rückseite des Kniegelenks (Poplitealpuls) und die Innenseite des Ellenbogens (Kubitalpuls). Handgelenk und Hals sind die von Patienten am häufigsten verwendeten Punkte zur Pulsmessung.

Ambulante Pflege

- Geben Sie sowohl dem Patienten als auch der bzw. dem Betreuenden *mündliche* und *schriftliche* Instruktionen. Nennen Sie ihnen den Namen und die Telefonnummer eines Arztes oder einer Pflegeperson, die sie bei Fragen anrufen können
- Erläutern Sie, was der Puls ist, warum der Patient ihn messen soll und was zu tun ist, wenn der Puls zu schnell, zu langsam oder unregelmäßig ist
- Erklären Sie, daß eine Reihe von Faktoren den Puls beeinflussen können: körperliche Belastung, Streß, Stimulanzien wie Tabak und Koffein, illegale Drogen und Alkohol, Medikamente gegen Erkältung oder Allergie sowie Störungen des Elektrolytgleichgewichtes von Natrium und Kalium

- Unterweisen Sie den Patienten in der Pulsmessung, und nehmen Sie sich Zeit für eine erneute Demonstration und zu wiederholtem Üben
- Verwenden Sie zwei Finger, den Zeige- und den Mittelfinger. Der Daumen ist nicht geeignet, da er selbst einen Puls hat
- Legen Sie die beiden Finger leicht auf die Stelle, wo es pulsiert und klopft
  - Radialispuls (außen an der Innenseite des Handgelenks): An der Außenseite des Handgelenks beginnen und mit beiden Fingern leicht nach innen gleiten, bis der Puls spürbar wird
  - Karotispuls (rechts oder links des Kehlkopfes): In der Mitte des Kehlkopfes genau unterhalb des Kinns beginnen und mit den Fingern 2–3 Zentimeter nach links oder rechts gleiten, bis das Pulsieren spürbar wird
- Weisen Sie den Patienten an, den Puls 30 Sekunden lang zu zählen und das Ergebnis dann mit 2 zu multiplizieren. Erklären Sie, daß dies dann der Anzahl der Pulsschläge pro Minute entspricht
- Weisen Sie den Patienten an, die Pulswerte aufzuschreiben und zu notieren, was er gerade tat oder aß, falls der Puls langsamer, schneller oder unregelmäßiger als normal ist

Pyelonephritis

Pyelonephritis: ein entzündlicher Krankheitsprozeß infolge der akuten und chronischen Auswirkungen eines unteren Harnwegsinfektes. Die Inzidenz ist bei Frauen höher, da deren Harnröhre kürzer ist und ihnen die antibakteriellen Sekrete der männlichen Prostata fehlen.

Beeinflussende Faktoren

- Unterer Harnwegsinfekt
- Urologische Verfahren, die mit einem Katheter oder einem Instrument durchgeführt werden
- Verschluß der Harnröhre durch Steine, Gerinnsel, Strikturen oder Tumoren
- Angeborene Schwäche des Blasenhalses mit Reflux des Urins
- Neurogene Blase
- Glomerulonephritis
- Polyzystische Nieren
- Diabetes mellitus

- Analgetikaabusus
- Benigne Prostatahyperplasie
- Unklare Fieberzustände oder Bettnässen in der Anamnese
- Schwangerschaft

Kennzeichen/Symptome

- Häufiges Wasserlassen, Harndrang, Brennen beim Wasserlassen
- Verringerte Ausscheidung
- Wolkig getrübter, übelriechender Urin (ammoniakalischer oder fischiger Geruch)
- Blut im Urin
- Flankenschmerz und Schmerzempfindlichkeit
- Hohes Fieber
- Schüttelfrost
- Krankheitsgefühl, Müdigkeit, Schwäche
- Appetitverlust
- Übelkeit und Erbrechen

Komplikationen

- Generalisierte bakterielle Infektion (septischer Schock)
- Narbenbildung des Nierengewebes
- Nierenabszeß
- Nierensteine
- Nekrose von Nierengewebe

Diagnostik

- Beschreiben Sie jedes Verfahren, seinen Zweck und die normalen Empfindungen oder Wahrnehmungen, die dabei wahrscheinlich vorkommen, sowie die Pflege davor und danach.
  - Urinanalyse, -kultur und Resistenzbestimmung
  - Röntgenaufnahmen der Nieren und Harnleiter sowie der Blase
  - I.v.-Pyelogramm und -Urogramm
  - Blutkultur und Resistenzbestimmung bei anhaltend hoher Körpertemperatur

Behandlung

Konservativ

- *Therapie*
  - Intravenöse oder orale Hydratation, um eine tägliche Urinausscheidung von mindestens 2 Litern zu erreichen
- *Medikamente*
  - Antibiotika
  - Antipyretika
  - Analgetika

Chirurgisch

- Eingreifen nur bei Vorliegen eines Abflußhindernisses (s. Urolithiasis, S. 751, und Nephrektomie, S. 550)

Ambulante Pflege

- Geben Sie sowohl dem Patienten als auch der bzw. dem Betreuenden *mündliche* und *schriftliche* Instruktionen. Nennen Sie ihnen den Namen und die Telefonnummer eines Arztes oder einer Pflegeperson, die sie bei Fragen anrufen können
- *Allgemeine Informationen*
  - Besprechen Sie die Erkrankung, ihre Ursachen sowie die beeinflussenden Faktoren
- *Komplikationszeichen*
  - Gehen Sie die Zeichen und Symptome durch, die einem Arzt oder einer Pflegeperson mitgeteilt werden sollten
    - Erneutes Auftreten von Symptomen
- *Besondere Hinweise*
  - Besprechen Sie Methoden zur Prävention erneuter Harnwegsinfekte: Blase regelmäßig entleeren, zu lange Dehnung der Blase vermeiden, vor und nach dem Gang zur Toilette die Hände waschen
  - Raten Sie Patientinnen, den Perinealbereich sauber und trocken zu halten. Nach dem Stuhlgang von vorne nach hinten abwischen. Vor und nach dem Geschlechtsverkehr Wasser lassen, um eine (erneute) Infektion zu verhindern; Intimpflegesprays meiden. Vaginalen Ausfluß dem Arzt oder einer Pflegeperson mitteilen und die Behandlung nicht unterbrechen. Die Unterwäsche sollte aus Baumwolle, nicht aus Nylon sein; lockere, nicht beengende Kleidung tragen
  - Bringen Sie dem Patienten bei, wie man Mittelstrahlurin zur Kultur und Resistenzbestimmung gewinnt

- Bringen Sie dem Patienten die Selbstuntersuchung des Urins auf Bakterien bei
- *Medikamente*
- Erläutern Sie Zweck, Dosierung, Zeitplan und Art der Einnahme der verschriebenen Medikamente sowie deren Nebenwirkungen, die einem Arzt oder einer Pflegeperson mitgeteilt werden sollten
- Betonen Sie, wie wichtig es ist, eine Antibiotikatherapie auch dann fortzusetzen, wenn man sich schon besser fühlt
- *Aktivitäten*
- Ermutigen Sie den Patienten, über Zugeständnisse und Einschränkungen in Bezug auf den Beruf, die Freizeit und bei Tätigkeiten zu sprechen
- *Ernährung/Diät*
- Informieren Sie den Patienten, daß er eine normale Ernährung bzw. die vom Arzt verordnete Diät einhalten sollte
- Betonen Sie, wie wichtig es ist, 10–15 Gläser klare Flüssigkeit (Wasser, Preiselbeer-, Pflaumen- oder Zwetschgensaft) täglich zu trinken
- Sagen Sie dem Patienten, er möge koffeinhaltige Getränke (Kaffee, Tee, Limonade) und Alkohol meiden, vor allem während eines floriden Harnwegsinfektes

Nachsorge

- Betonen Sie die Bedeutung regelmäßiger medizinischer und labortechnischer Nachsorgeuntersuchungen. Stellen Sie sicher, daß der Patient die notwendigen Namen und Telefonnummern hat

Rheumatisches Fieber

Rheumatisches Fieber: eine entzündliche Systemerkrankung, die sich als Folge eines Infekts der oberen Atemwege mit beta-hämolysierenden Streptokokken, z. B. einer Tonsillitis, einer Mittelohrentzündung oder einer Entzündung des Nasen-Rachen-Raums, entwickelt. Das rheumatische Fieber befällt am häufigsten das Herz, die Synovia (Gelenkschmiere), die Haut und das zentrale Nervensystem. Die Mitralklappe ist in 75–80 % und die Aortenklappe in weniger als 5 % der Fälle betroffen. Die Heilung kann vollständig erfolgen, infolge einer chronischen Entzündung kann es jedoch auch zur Narbenbildung kommen.

Kennzeichen/Symptome

- Fieber
- Wechselnde Gelenkschmerzen, zunehmend: Polyarthritis
- Schwellung, Rötung, Gelenkergüsse
- Hautläsionen am Stamm und an den Extremitäten
- Subkutane Knötchen an den Finger-, Hand- und Kniegelenken
- Chorea (ungerichtete, schleudernde Bewegungen)

Komplikationen

- Herzinsuffizienz
- Perikarditis
- Endokarditis
- Myokarditis
- Beteiligung der Herzklappen, am häufigsten der Mitral- und Aortenklappe
- Herzrhythmusstörungen

Diagnostik

- Beschreiben Sie jedes Verfahren, seinen Zweck und die normalen Empfindungen oder Wahrnehmungen, die dabei wahrscheinlich vorkommen, sowie die Pflege davor und danach.
- Weißes Blutbild, C-reaktives Protein, Blutkörperchensenkungsgeschwindigkeit (BSG) zum Nachweis des entzündlichen Prozesses
- Streptolysin- oder Antistreptolysin-O-Titer zum Nachweis einer Infektion mit betahämolysierenden Streptokokken

- Kulturen aus Rachenabstrichen
- EKG
- Röntgen-Thorax
- Echokardiographie

Behandlung

Konservativ

- *Therapie*
- Bettruhe in der akuten Phase
- *Medikamente*
- Antibiotika: Penicillin, Erythromycin
- Antipyretika, Salicylate: Acetylsalicylsäure

Ambulante Pflege

- Geben Sie sowohl dem Patienten als auch der betreuenden Person *mündliche* und *schriftliche* Anleitungen sowie Namen und Telefonnummer eines Arztes oder einer Pflegeperson, die bei Fragen angesprochen werden können
- *Allgemeine Informationen*
- Erläutern Sie den Krankheitsprozeß, seine Ätiologie, die beeinflussenden Faktoren, die Pflege und die Behandlung
- *Komplikationszeichen*
- Gehen Sie die Zeichen und Symptome durch, die einem Arzt oder einer Pflegeperson mitgeteilt werden sollten
  - Wiederholte Streptokokkeninfekte: plötzlich entzündeter und geröteter Rachen, geschwollene Lymphknoten, Schmerzen beim Schlukken, Fieber, Kopfschmerzen, Übelkeit
  - Reaktion auf die Penicillintherapie: Hautausschlag, Fieber, Schüttelfrost
- *Besondere Hinweise*
- Gehen Sie die möglichen Quellen einer Reinfektion durch, und besprechen Sie Maßnahmen der Prävention
  - Gute Mundhygiene mit täglichem Zähneputzen und regelmäßigen Besuchen beim Zahnarzt
  - Menschen mit Infekten der oberen Atemwege meiden. Jeden Furunkel dem Arzt mitteilen und behandeln
  - Bei Akne nicht kratzen und Infektionen vermeiden

- Erläutern Sie die Anzeichen kardialer Komplikationen, und bringen Sie dem Patienten bei, darauf zu achten: Thoraxschmerz (Perikarditis); Kurzatmigkeit, zunehmende Ermüdung, Palpitationen, Anschwellen der Knöchel und Füße (Herzinsuffizienz, Beteiligung der Herzklappen)
- Erläutern Sie die Notwendigkeit einer Antibiotikaprophylaxe vor Eingriffen, die zu einer Bakteriämie führen können, wenn es zu einer Beteiligung der Herzklappen gekommen ist. Dazu gehören eine Zahn- oder Zahnfleischbehandlung, urologische oder gynäkologische Eingriffe und Geburten

- *Medikamente*
- Erläutern Sie Zweck, Dosierung, Einnahmezeitplan und Art der Verabreichung der verordneten Medikamente sowie deren Nebenwirkungen, die einem Arzt oder einer Pflegeperson mitgeteilt werden sollten
- Betonen Sie, wie wichtig es ist, eine Antibiotikatherapie abzuschließen, um ein erneutes Auftreten von Infekten zu verhindern, und besprechen Sie die Notwendigkeit einer lebenslangen Antibiotikaprophylaxe bei Vorliegen einer Herzklappenbeteiligung
- Besprechen Sie die Überempfindlichkeitsreaktion auf Penicillin. Warnen Sie den Patienten davor, daß eine solche Reaktion nach langer Einnahme möglich ist. Weisen Sie den Patienten an, die Einnahme von Penicillin zu stoppen und sofort einen Arzt aufzusuchen, falls eine Reaktion eintritt

- *Aktivitäten*
- Erläutern Sie die Notwendigkeit strikter, bis zu 5 Wochen dauernder Bettruhe während der akuten Phase. Weisen Sie den Patienten nach Wiederaufnahme seiner Aktivitäten an, Ermüdung zu vermeiden, regelmäßige Ruhepausen einzuplanen und anstrengende Tätigkeiten zu vermeiden
- Ermutigen Sie den Patienten, über Erleichterungen und Beschränkungen am Arbeitsplatz, in der Freizeit oder bei bestimmten Tätigkeiten zu sprechen
- Empfehlen Sie in der Rekonvaleszenz nichtbelastende Tätigkeiten

Nachsorge

- Betonen Sie die Bedeutung regelmäßiger Nachsorgeuntersuchungen. Stellen Sie sicher, daß der Patient die notwendigen Namen und Telefonnummern hat
- Betonen Sie, wie wichtig es ist, den Zahnarzt und andere Ärzte über das rheumatische Fieber und die möglicherweise erforderliche Antibiotikaprophylaxe zu informieren

Rückenmarkverletzung

Rückenmarkverletzung (zur Dauerpflege im Anschluß an eine Rehabilitation): eine Verletzung, bei der das Rückenmark durchtrennt, eingerissen, gedehnt oder komprimiert wird, wodurch es zu einer gestörten Butversorgung, Hämorrhagie, Ödembildung oder Ischämie kommt. Neurologische Ausfälle werden durch die Unterbrechung der neurologischen Funktionen und der Übertragung von Nervenimpulsen verursacht. Die neurologischen Ausfälle hängen von der Läsion und der Höhe der Verletzung ab. Rückenmarkverletzungen werden eingeteilt nach Typ, Ursache, Ort der Verletzung, Verletzungsmechanismus, Stabilität und Grad des Funktionsverlustes des Rückenmarks.

Ätiologie/beeinflussende Faktoren/Risikofaktoren

- Verkehrsunfälle
- Tauch- oder andere Sportunfälle
- Arbeitsunfälle
- Stürze
- Überfälle einschließlich Schußverletzungen
- Degenerative Veränderungen oder Erkrankungen der Wirbelsäule

Kennzeichen/Symptome

- Die Kennzeichen und Symptome hängen ab vom Grad sowie von Art und Höhe der Verletzung
- Verlust der Muskelfunktion unterhalb der Verletzung, einschließlich der Atemmuskulatur
- Sensibilitätsverlust unterhalb der Verletzung: Propriozeption, Schmerz, Temperatur, Berührung und Druck
- Verlust spinaler Reflexe unterhalb der Verletzung
- Schmerzen auf der Höhe der Verletzung
- Vasomotorischer Tonusverlust
- Funktionsstörungen von Blase und Darm
- Priapismus: abnorm verlängerte oder konstante Erektion, selten in Verbindung mit sexueller Erregung
- Störung autonomer Reflexe: Bradykardie, Schwitzen oberhalb der Verletzung, erhöhte Körpertemperatur, Kopfschmerzen, Übelkeit, verstopfte Nase, paroxysmale Hypertonie

Komplikationen

- Kontrakturen
- Dekubitus
- Harnsteine und Harnwegsinfektionen
- Pneumonie
- Störung autonomer Reflexe
- Störung der Sexualfunktionen
- Paralytischer Ileus
- Ateminsuffizienz
- Sepsis
- Spinaler Schock

Diagnostik

- Beschreiben Sie jedes Verfahren, seinen Zweck und die normalen Empfindungen oder Wahrnehmungen, die dabei wahrscheinlich vorkommen, sowie die Pflege davor und danach
  - Röntgenaufnahmen der Wirbelsäule zum Nachweis einer Fraktur, Deformierung oder Verschiebung von Wirbelkörpern
  - Computertomographie oder Magnetresonanztomographie zum Nachweis von Veränderungen im Rückenmark oder in den Wirbeln
  - Myelographie zur Darstellung einer Unterbrechung des Wirbelkanals
  - Arterielle Blutgase zur Beurteilung der Wirksamkeit einer Beatmung
  - Serumelektrolyte
  - Großes Blutbild mit Differentialblutbild

Behandlung

Konservativ

- *Therapie*
  - Systematische Lagerungsdrehbehandlung auf unterschiedlichen Typen von speziellen Wendebetten, z. B. Stryker oder Foster
  - Frakturbehandlung nach Böhler, Drahtzuggipsverband
  - Halskrawatte, z. B. Schanz' Wattekragen
  - Hilfsmittel: Schienen, Stützen, Rollstuhl
  - Nervenstimulation
  - Physikalische Therapie
  - Beschäftigungstherapie
  - Neurologische Rehabilitation
  - Psychologische Beratung einschließlich Sexualberatung

- Trainingsprogramm für Blase und Darm
- Ernährungsberatung
- Weder essen noch trinken, bis die Funktionen des Kauens, Schluckens und Magen-Darm-Traktes wieder hergestellt sind
- Enterale oder parenterale Ernährung
- Kompressionsstrümpfe
- Intermittierende Blasenkatheterisierung
- *Medikamente*
- Kortikosteroide
- Osmotische Diuretika
- Antikoagulanzien
- Analgetika
- Antazida und H_2-Blocker
- Stuhlerweichende Medikamente und Laxanzien
- Anxiolytika
- Muskelrelaxanzien
- Spasmolytika
- Antibiotika
- Anticholinergika
- Antihypertonika

Chirurgisch

- Laminektomie zur Druckerleichterung bei Hämatomen, zum Entfernen von Knochenfragmenten oder eingedrungener Fremdkörper
- Spondylodese zur Stabilisierung der Wirbelsäule
- Extension mit der Crutchfield-Klammer oder Halo-Extension zur Immobilisierung der Halswirbelsäule
- Gipskorsett und Harrington-Stäbe zur Immobilisierung der Brustwirbelsäule
- Tracheostoma zur langfristigen Unterstützung der Atmung
- Tenotomien (Sehnendurchschneidung), Myotomien, Neurektomien, Rhizotomie (Durchtrennung von Rückenmarksnerven) und Muskeltransplantationen zur Behandlung der Spastizität

Ambulante Pflege (zur Dauerpflege nach Langzeitrehabilitation)

- Geben Sie sowohl dem Patienten als auch der betreuenden Person *mündliche* und *schriftliche* Anleitungen sowie Namen und Telefonnummer eines Arztes oder einer Pflegeperson, die bei Fragen angesprochen werden können. Sorgen Sie für schriftliches Anschauungsmaterial zum Thema Rückenmarkverletzung
- *Allgemeine Informationen*
- Erläutern und besprechen Sie die Rückenmarkverletzung, ihre Pflege, Behandlung sowie die Erfordernisse der Rehabilitation
- *Komplikationszeichen*
- Gehen Sie die Zeichen und Symptome durch, die einem Arzt oder einer Pflegeperson mitgeteilt werden sollten
  - Zusammenbruch der Haut oder schlechtes Ansprechen auf eine Dekubitusbehandlung
  - Harnwegsinfekt: häufiges Wasserlassen, Harndrang, Harnretention oder -inkontinenz; suprapubische Vorwölbung; Schmerzen oder Brennen beim Wasserlassen, übelriechender Urin, wolkig getrübter oder blutiger Urin, Fieber, Schüttelfrost, Flankenschmerz
  - Nierensteine: Schmerzen in der Flanke, die stechend, plötzlich einschießend und intensiv oder dumpf und ziehend sein können; häufiges Wasserlassen, Blasenentleerung in kleinen Mengen, Hämaturie
  - Infekt der oberen Atemwege: Veränderungen der Atmung und der Farbe des Sputums, Fieber
  - Atemnot
  - Störung autonomer Reflexe: Bradykardie, Schwitzen oberhalb der Verletzung, erhöhte Körpertemperatur, Kopfschmerzen, Übelkeit, verstopfte Nase, paroxysmale Hypertonie
  - Fehlender Stuhlgang für mehr als 3 Tage oder Koprostase (Kotstauung)
  - Thrombophlebitis: Erythem, Erwärmung, Ödem in den Waden oder Schenkeln
  - Plötzliche Veränderungen der Motorik oder Sensibilität
  - Lose oder dislozierte Stifte oder Halo-Weste
- *Besondere Hinweise*
- Besprechen Sie die Hautpflege
  - Ist der Patient ans Bett oder an den Rollstuhl gebunden, so bringen Sie ihm bei, wie man die Haut mit einem Spiegel auf Zeichen eines Zusammenbruchs untersucht

- Unterweisen Sie die betreuende Person in der Pflege des Intimbereichs nach dem Stuhlgang: vorsichtig mit milder Seife waschen, gut mit warmem Wasser abspülen, trockentupfen und ein Hautschutzmittel aufbringen
- Raten Sie, scharfe Gegenstände, Krümel und Falten aus dem Bett und von Stühlen zu entfernen
- Raten Sie dem Patienten, wegen des Verlustes der Temperaturwahrnehmung die Wassertemperatur beim Baden zu regulieren und allzu hohe bzw. zu niedrige Temperaturen zu vermeiden
- Weisen Sie den Patienten an, im Rollstuhl spätestens alle 15–30 Minuten und im Bett mindestens alle 2 Stunden die Position zu wechseln. Weisen Sie ihn an, sich einen Wecker zu stellen, um sich auch nachts zu drehen

- Besprechen Sie die Urinausscheidung
  - Betonen Sie, wie wichtig es ist, dem Blasentrainingsprogramm zu folgen
  - Lehren Sie den Patienten, alle 2–4 Stunden auf eine Dehnung der Harnblase zu achten
  - Verstärken oder lehren Sie Methoden zur Stimulation des Miktionsreflexes
  - Lehren Sie die intermittierende Selbstkatheterisierung
  - Lehren und demonstrieren Sie die Pflege eines Blasenverweilkatheters
- Besprechen Sie die Darmentleerung
  - Betonen Sie, wie wichtig es ist, dem Darmtrainingsprogramm zu folgen
  - Versuchen Sie, den früheren Rhythmus des Stuhlgangs mit regelmäßigen, passenden Zeiten oder 30 Minuten nach den Mahlzeiten wieder herzustellen
  - Verstärken oder lehren Sie Methoden zur Stimulation des Stuhlgangs
  - Massieren Sie das Abdomen von rechts nach links, um den Gastrointestinaltrakt zu stimulieren
  - Empfehlen Sie beim Stuhlgang Pressen, Vornüberbeugen oder manuellen Druck auf die Bauchwand
  - Bringen Sie dem Patienten die Kennzeichen eines vollen Rektums bei: Gänsehaut, Schwitzen, Aufrichten der Haare an Armen und Beinen sowie das Gefühl der Völle
  - Weisen Sie den Patienten an, sich zu der für den Stuhlgang festgesetzten Zeit auf die Bettpfanne, die Toilette oder den Toilettenstuhl zu begeben. Halten Sie den Patienten dazu an, während des Stuhlgangs gerade zu sitzen, soweit möglich

  - Sagen Sie dem Patienten, er möge nicht länger als 20 Minuten auf der Bettpfanne, Toilette oder dem Toilettenstuhl zubringen
  - Bringen Sie dem Patienten die Kennzeichen einer Kotverhaltung bei: keine geformten Stühle über mehr als 3 Tage oder halbflüssige Stühle
- Unterweisen Sie den Patienten und die betreuende Person im Umgang mit und in der Vorsorge gegen Störungen autonomer Reflexe einschließlich schädigender Stimuli, die sie auslösen
- Erklären Sie, daß zur Katheterisierung der Blase, zum Einführen von Zäpfchen und bei Einläufen reichlich anästhesierendes Gel verwendet werden sollte
- Betonen Sie, wie wichtig es ist, das für die jeweilige Rückenmarkverletzung vorgeschriebene Rehabilitationsprogramm einzuhalten
- Unterstützen Sie den Patienten bei der Beschaffung von Hilfsmitteln zur Selbstpflege, Beweglichkeit, Unterstützung und körperlichen Betätigung
- Unterstützen Sie den Patienten und die betreuende Person bei der Suche nach Adaptationen in der häuslichen Umgebung: Beschaffung spezieller Betten mit Bettgalgen oder Spezialmatratze, Erweiterung von Türen, Installation von Rampen für Rollstühle
- Sorgen Sie für alternative Methoden im Umgang mit chronischen Schmerzen: Visualisierung, geleitete Imagination, Meditation, Relaxation, Biofeedback

Medikamente

- Erläutern Sie Zweck, Dosierung, Einnahmezeitplan und Art der Verabreichung der verordneten Medikamente sowie deren Nebenwirkungen, die einem Arzt oder einer Pflegeperson mitgeteilt werden sollten
- Betonen Sie, wie wichtig es ist, freiverkäufliche Medikamente nicht ohne Rücksprache mit dem Arzt einzunehmen

Aktivitäten

- Ermutigen Sie den Patienten, über Erleichterungen und Beschränkungen am Arbeitsplatz, in der Freizeit oder bei bestimmten Tätigkeiten zu sprechen
- Zeigen Sie der betreuenden Person bzw. der Familie des Patienten Übungen zum Bewegungsumfang, und weisen Sie sie an, dem Patienten dabei zu helfen
- Raten Sie dem Patienten, daß die Bauchlage helfen kann, Druck auf empfindliche Zonen zu reduzieren sowie Kontrakturen und Spasmen in Hüften und Knien zu verringern
- Betonen Sie, wie wichtig es ist, Übungen zum Bewegungsumfang, zur Kräftigung der Muskulatur und zur Dehnung durchzuführen
- Weisen Sie den Patienten an, zwischen Aktivitäten und Übungen Ruhepausen einzuplanen

- Erklären Sie, daß es notwendig ist, Aktivitäten zu planen, um Ermüdung zu vermeiden
- Besprechen Sie Möglichkeiten zum Schutz der Beine vor Verletzungen bei Bewegungen und auf dem Transport
- Raten Sie dem Patienten zu warmen Bädern und Massagen als Unterstützung gegen die Spastizität
- Unterweisen Sie den Patienten im Gebrauch von Schienen und Schuhen mit hohem Schaft und an den Zehen abgeschnittener Spitze, um bei Patienten mit Spastik Kontrakturen verhindern zu helfen
- Raten Sie dem Patienten, Stimuli zu vermeiden, die Spasmen auslösen: Kälte, Angst, Ermüdung, emotionaler Streß, Infektionen, Überdehnung von Darm oder Blase, Ulzera, Schmerzen, enge Kleidung, zu langes Verharren in einer Stellung
- Raten Sie der Familie und den betreuenden Personen, daß eine Berührung kräftig, sanft und stetig sein sollte

Ernährung/Diät

- Unterstützen Sie den Patienten bei der Planung einer hochkalorischen, eiweiß- und ballaststoffreichen Ernährung
- Raten Sie dem Patienten, Nahrungsmittel zu vermeiden, die zu einem verdorbenen Magen oder zu Durchfall führen können
- Versorgen Sie den Patienten mit einer Liste von Nahrungsmitteln, die besonders viel Gas erzeugen und dementsprechend vermieden werden sollten
- Halten Sie den Patienten dazu an, viel Flüssigkeit (bis zu 2 Litern täglich) zu trinken, soweit nicht kontraindiziert
- Halten Sie den Patienten dazu an, Preiselbeersaft zu trinken oder Vitamin C zu nehmen, um den pH-Wert des Urins zu senken
- Halten Sie den Patienten dazu an, Pflaumensaft zu trinken, um eine Verstopfung zu verhindern
- Raten Sie dem Patienten, tagsüber regelmäßig Flüssigkeit zu sich zu nehmen
- Weisen Sie den Patienten an, seine Flüssigkeitsaufnahme vor dem Zubettgehen zu reduzieren
- Raten Sie dem Patienten, alkohol- und koffeinhaltige Getränke und Nahrungsmittel zu meiden. Versorgen Sie ihn mit einer Liste speziell koffeinhaltiger Nahrungsmittel
- Raten Sie dem Patienten zur Einschränkung bei Milch und Milchprodukten, um das Risiko einer Bildung von Nierensteinen so gering wie möglich zu halten

- Weisen Sie die Familie und die betreuende Person an, dem Patienten ggf. bei der Nahrungsaufnahme zu helfen

Nachsorge

- Betonen Sie die Bedeutung regelmäßiger medizinischer und labortechnischer Nachsorgeuntersuchungen. Stellen Sie sicher, daß der Patient die notwendigen Namen und Telefonnummern hat
- Helfen Sie dem Patienten bei der Beschaffung eines Notfallmedaillons (SOS-Kapsel) sowie eines Ausweises mit der Diagnose, Medikation und Behandlung

Psychosoziale Betreuung

- Unterstützen Sie den Patienten bei der Setzung realistischer Ziele und bei der Implementierung alternativer Methoden der Kommunikation und Mobilität
- Ermutigen Sie den Patienten, auch weiterhin seinen Besorgnissen hinsichtlich der Verletzung und Behinderung, des Verlustes seiner Beweglichkeit, der Veränderungen seines Körperbildes und seiner Trauer Ausdruck zu geben
- Raten Sie der Familie, überbeschützendes Verhalten zu vermeiden
- Halten Sie den Patienten dazu an, Entscheidungen zu treffen, und fördern Sie seine Unabhängigkeit
- Ermutigen Sie die Familie, ihrer Besorgnis hinsichtlich der Verletzung und Behinderung sowie deren Auswirkung auf die Lebensweise Ausdruck zu verleihen
- Bieten Sie spezielle Empfehlungen über Wege zur Erreichung sexueller Befriedigung oder über den Umgang mit allgemeinen Problemen in Verbindung mit Rückenmarkverletzungen und sexueller Betätigung an
- Gestatten Sie dem Patienten bzw. der Patientin und seiner Partnerin bzw. ihrem Partner, Sorgen in Bezug auf die Sexualität zu verbalisieren

Hinweise

- Verweisen Sie den Patienten an einen Sozialarbeiter bzw. eine Sozialarbeiterin zur weiteren Unterstützung und Beratung sowie an entsprechende Stellen zur finanziellen Unterstützung, falls erforderlich

- Verweisen Sie den Patienten an eine Sexualberatung
  - Für Männer: Störungen der Sexualfunktion, vor allem die Unfähigkeit zur Ejakulation
  - Für Frauen: zur Beratung hinsichtlich einer Schwangerschaft und zur Kontrazeption, da Wehen bei Frauen mit Rückenmarkverletzungen auf der Höhe von Th 8 und darüber zu Störungen autonomer Reflexe führen können
- Unterstützen Sie den Patienten bei der Beschaffung ambulanter Pflege oder Obhut
- Verweisen Sie den Patienten an kommunale Hilfsquellen, lokale Selbsthilfegruppen und Reha-Organisationen
- Helfen Sie dem Patienten bei der Kontaktaufnahme mit Patientenorganisationen und Fachgesellschaften

Rückenschmerzen

Rückenschmerzen: eines der häufigsten Leiden, das Menschen in jedem Alter und unabhängig vom Lebensstil trifft, vom Schwerarbeiter bis zum Büroangestellten mit überwiegend sitzender Tätigkeit. Die Betroffenen können bei guter Gesundheit oder auch erkennbar krank sein. Die Mehrzahl der Rückenschädigungen tritt in der Lendenwirbelsäule und im Kreuzbein auf, die für die zur Bewegung erforderliche Flexibilität sorgen und daher für Überlastung und Verletzungen besonders anfällig sind. Die Halswirbelsäule, C 5–6 und C 6–7, gehört zu den am häufigsten betroffenen Bereichen, in denen Knochenneubildungen zur Kompression von Nerven führen können. Kreuzschmerzen werden durch eine Hernie des Nucleus pulposus verursacht, die auch als Diskushernie oder Bandscheibenvorfall bezeichnet wird.

Ätiologie/beeinflussende Faktoren

- Überlastung und Ermüdung des Bandapparates
- Überlastung oder Krämpfe der Muskulatur
- Schädigung bzw. Verletzung der Zwischenwirbelscheibe
- Erkrankung: Arthritis, Diskusruptur, Osteoporose, angeborene Mißbildungen
- Degeneration der Zwischenwirbelscheibe (bei älteren Menschen)
- Haltungsfehler: krumme Haltung, Hohlkreuz
- Mangelnde körperliche Betätigung: schwache Bauch- und Rückenmuskeln
- Fettsucht, vor allem am Bauch

- Infektion
- Rückenmarktumoren

Kennzeichen/Symptome

- Muskelspasmen
- In einen Arm oder ein Bein ausstrahlender Schmerz
- Schmerzhaftigkeit des Rückens und der beteiligten Extremitäten
- Lumbago: Schmerzattacken im Kreuzbeinbereich
- Ischias: einschießender Schmerz an der Rückseite des Oberschenkels und im Gesäß
- Empfindlichkeit, Steifigkeit, Schmerzhaftigkeit
- Nackensteife, Kopfschmerzen, Benommenheit, Schmerzen in Schulter und Arm (bei Beteiligung der Halswirbelsäule)
- Parästhesie, Taubheitsgefühl

Komplikationen

- Lähmung
- Motorische Schwäche
- Veränderungen der Sensibilität
- Hängender Fuß bei Peronäuslähmung, Spitzfuß bei Fibularislähmung
- Verlust der Blasen- und Darmkontrolle

Diagnostik

- Beschreiben Sie jedes Verfahren, seinen Zweck und die normalen Empfindungen oder Wahrnehmungen, die dabei wahrscheinlich vorkommen, sowie die Pflege davor und danach
  - Röntgenaufnahmen der Wirbelsäule zum Nachweis einer Abflachung der Zwischenwirbelräume
  - Myelographie, um den Grad der Beteiligung der Zwischenwirbelscheiben zu dokumentieren
  - Computertomographie zur Darstellung eines Bandscheibenvorfalls oder einer Knochen- oder Gewebebeteiligung
  - Magnetresonanztomographie zur Bestätigung einer Diskusruptur und zur Erkennung evtl. komprimierter Zwischenwirbelscheiben
  - Elektromyographie, um das Ausmaß des Schadens festzustellen

Behandlung

Konservativ

- *Therapie*
  - Während des akuten Schmerzes: Bettruhe in bequemer Lage, in Seitenlage oder im Liegen auf dem Rücken mit einem Kissen unter den Knien
  - Abreiben des Lumbosakralbereichs mit Eis
  - Stützmieder
  - Übungsprogramm zur Kräftigung der Rücken- und Bauchmuskulatur (s. Kasten, S. 676)
  - Zug: Heftpflasterextension, beidseitige Buck-Extension, Schlingen-Extension
- Halswirbelsäule
  - Extensionsbehandlung, z. B. durch Halo-Extension, Glisson-Extension oder Halsorthesen
- Allgemein
  - Ultraschalldiathermie mit Rückenmassage
  - Heizkissen im Rücken zur Linderung der Steifigkeit; nur kurze Zeit (15–30 min) einsetzen
  - Transkutane elektrische Nervenstimulation
- *Medikamente*
- Analgetika, Antipyretika
- Muskelrelaxanzien
- Nichtsteroidale Antiphlogistika
- Opioide bei schweren, durch die vorgenannten Medikamente nicht beherrschbaren Schmerzen
- Kortikosteroide gegen das Ödem
- Laxanzien bzw. stuhlerweichende Mittel, um eine Obstipation und Pressen beim Stuhlgang, die die Schmerzen verstärken können, zu verhindern

Chirurgisch

- Chirurgische Maßnahmen werden erst erwogen, wenn es durch konservative Behandlung nicht gelungen ist, die Symptome zu beseitigen, oder wenn Zeichen einer Kompression des Rückenmarks, wie Störungen der Motorik oder Sensibilität oder ein Verlust der Sphinkterkontrolle, vorliegen.
- Laminektomie
- Mikrodiskektomie: mikrochirurgische Resektion einer Zwischenwirbelscheibe durch einen Schnitt von ca. 2,5 cm Länge

- Perkutane laterale Diskektomie: Entfernen einer Zwischenwirbelscheibe durch Einführen einer Metallkanüle unter Röntgendurchleuchtung, 2–3 Tage Klinikaufenthalt erforderlich
- Diskolyse durch Injektion von Enzymen direkt in die betroffene Zwischenwirbelscheibe zur Auflösung des Faserknorpels, der die Kompression der Wirbelsäule verursacht; selten angewandt

Ambulante Pflege

- Gehen Sie den Krankheitsprozeß durch. Geben Sie sowohl dem Patienten als auch der betreuenden Person *mündliche* und *schriftliche* Anleitungen sowie Namen und Telefonnummer eines Arztes oder einer Pflegeperson, die bei Fragen angesprochen werden können
- *Allgemeine Informationen*
  - Erläutern Sie die Erkrankung und die beeinflussenden Faktoren
- *Komplikationszeichen*
  - Gehen Sie die Zeichen und Symptome durch, die einem Arzt oder einer Pflegeperson mitgeteilt werden sollten
    - Zunehmender Verlust der Sensibilität (Taubheitsgefühl, Kribbeln)
    - Zunehmender Verlust der motorischen Leistung bzw. zunehmende Schwäche (Lähmung)
    - Verlust der Blasen- und Darmfunktion
- *Medikamente*
  - Erläutern Sie Zweck, Dosierung, Einnahmezeitplan und Art der Verabreichung der verordneten Medikamente sowie deren Nebenwirkungen, die einem Arzt oder einer Pflegeperson mitgeteilt werden sollten
    - Nichtsteroidale Antiphlogistika: Warnen Sie den Patienten davor, rezeptfreie Präparate oder Muskelrelaxanzien einzunehmen, ohne zuvor einen Arzt zu konsultieren
- *Aktivitäten*
  - Raten Sie dem Patienten, alles zu vermeiden, was die Muskelkrämpfe verstärkt, z. B. langes Stehen in einer Position, Ermüdung, Auskühlen und Ängstlichkeit
  - Erklären Sie dem Patienten, wie wichtig es ist, zu ruhen, wenn man müde oder angestrengt ist, und sich bei Schmerzen keinen Belastungen auszusetzen

- Besprechen Sie, wie wichtig es ist, den Bewegungsapparat in gutem Zustand zu halten, um die Belastung des Rückens zu verringern
  - Stehen
    - Erläutern Sie, daß langes aufrechtes oder vornübergebeugtes Stehen den Druck auf die Wirbelsäule erhöht und dazu führt, daß sich der untere Lendenwirbelbereich und die Hüften nach vorne senken. Weisen Sie den Patienten daher an, mit gebeugten Hüften und mit einem Fuß auf einem Stuhl bzw. einer Treppenstufe zu stehen
    - Frauen sollten hohe Absätze vermeiden, die zu einem Hohlkreuz führen können
  - Sitzen. Um ein zunehmendes Hohlkreuz zu verhindern, bringen Sie dem Patienten richtiges Sitzen bei:
    - Beugen Sie sich nicht vornüber
    - Sitzen Sie entspannt
    - Drehen Sie sich auf dem Stuhl nicht hin- und her
    - Die Rückenlehne des Stuhls sollte den Rücken stützen
    - Die Füße sollten fest auf dem Boden stehen
    - Der Stuhl sollte hart, nicht weich sein
    - Sitzen Sie nicht mit vorgestrecktem Kopf und Hals
    - Stellen Sie beim Autofahren den Sitz nicht zu weit nach hinten
  - Schlafen. Erklären Sie, daß es im Schlaf zu ernsten Rückenschäden kommt. Um diese zu vermeiden, raten Sie folgendes:
    - Schlafen Sie auf einer festen Matratze
    - Legen Sie eine Sperrholzplatte zwischen Matratze und Rahmen
    - Schlafen Sie bei Abwesenheit von zu Hause oder in Hotels mit weichen Betten auf dem Boden
    - Schlafen Sie niemals auf dem Bauch
  - Beim Heben, Bücken oder Strecken: Eine Überlastung oder Verletzung am Rücken kommt häufig bei ganz gewöhnlichen Tätigkeiten vor. Um das Risiko möglichst gering zu halten, beachten Sie folgendes:
    - Lehnen Sie sich niemals nach vorne, ohne die Knie zu beugen
    - Beugen Sie beim Anheben eines Gegenstandes stets die Knie
    - Tragen Sie Gegenstände stets dicht am Körper. Heben Sie einen Gegenstand niemals über die Ellenbogenebene hinaus an
    - Gehen Sie beim Nach-oben-Greifen und Strecken sicher, daß Sie eine breite Unterstützungsfläche haben, und verdrehen oder rotieren Sie den Körper nicht
    - Liegen Sie nie mit gestreckten Beinen und flachen Hüften auf dem Rücken

- Liegen Sie nicht auf dem Rücken, mit einem Kissen unter dem Kopf oder im Nacken
- Liegen Sie mit gebeugten Hüften und Knien auf der Seite
- Wenn Sie auf dem Rücken liegen, unterstützen Sie die Knie, um ein Hohlkreuz zu verhindern
- Legen Sie ein 20–25 cm dickes Polster unter die Knie, um ein Hohlkreuz und das Schlafen auf dem Bauch zu verhindern

- Nehmen Sie in Ruhe eine Stellung ein, die Verspannung und Schmerzen im Rücken lindert, indem Sie die Wirbelsäule strecken:
  - Gehen Sie in die Hocke
  - Setzen Sie sich auf einen Stuhl, beugen sich nach vorne und nehmen den Kopf zwischen die Knie
  - Legen Sie sich mit dem Rücken auf den Boden, und legen Sie die Beine auf einen Stuhl
  - Stehen Sie grade, legen die Hände ins Kreuz, und beugen sich nach vorne

- Halten Sie den Patienten zu allgemeiner Ertüchtigung an, etwa in Form täglicher Spaziergänge, die für eine Kräftigung und Dehnung der Rücken- und Schenkelmuskulatur sorgen und helfen, das Gewicht unter Kontrolle zu halten
- Erinnern Sie den Patienten daran, bequeme, gut gepolsterte Schuhe zu tragen und Schuhe mit einem Absatz von mehr als 1,5 cm Höhe zu vermeiden

- *Ernährung/Diät*
- Raten Sie dem Patienten, sein Körpergewicht entsprechend seinem Alter, Geschlecht und seiner Körpergröße zu halten. Ist der Patient übergewichtig, erklären Sie ihm, daß ein überhöhtes Körpergewicht die Belastung der Wirbelsäule verstärkt. Verweisen Sie den Patienten zum Zweck einer Reduktionsdiät an eine Ernährungsberatung

Nachsorge

- Betonen Sie die Bedeutung regelmäßiger Nachsorgeuntersuchungen. Stellen Sie sicher, daß der Patient die notwendigen Namen und Telefonnummern hat

Übungen für den Rücken

Erklären Sie, daß der Patient, um den Rücken zu kräftigen, starke Bauchmuskeln haben muß, um die Wirbelsäule zu stützen. Schwache Bauchmuskeln ermöglichen es der Wirbelsäule, nach vorne zu kippen und verursachen ein Hohlkreuz. In dieser Stellung wird Druck auf die Zwischenwirbelscheiben und die Nerven ausgeübt. Legen Sie dar, daß regelmäßiges Üben den einzigen Weg zur Stärkung der Rückenmuskulatur bildet.
Betonen Sie, wie wichtig es ist, vor dem Beginn eines Übungsprogramms den Arzt zu konsultieren.
Besprechen Sie, wie wichtig es ist, jede Übung langsam, gründlich und genau nach Anweisung des Arztes oder Physiotherapeuten durchzuführen.
Erinnern Sie den Patienten daran, daß gelegentliches Üben ohne jede Wirkung bleibt.
Die folgenden Übungen sind für Patienten gedacht, die sich gerade von einer Phase schwerer Rückenschmerzen erholen. Gehen Sie sie mit dem Patienten durch, und führen Sie sie vor.

Heranziehen der gebeugten Knie an den Brustkorb (zur Streckung der Hüften, der Gesäßmuskulatur und der Rückenmuskeln)

- Legen Sie sich rücklings auf den Boden, mit gebeugten Knien und beiden Füßen flach aufgesetzt
- Ziehen Sie beide Knie zur Brust
- Legen Sie beide Hände um die Knie, und ziehen sie kräftig in Richtung der Brust. Halten Sie diese Stellung für 30 Sekunden
- Setzen Sie die Beine ab, und kehren Sie in die Ausgangsstellung zurück
- Wiederholen Sie dies 5- bis 10mal

Anheben des gestreckten Beins

- Legen Sie sich rückwärts auf den Boden, das linke Knie gebeugt und den linken Fuß flach aufgesetzt
- Heben Sie das rechte Bein so weit an, wie es Ihnen noch angenehm ist
- Halten Sie das Bein in dieser Position, und zählen Sie bis fünf
- Legen Sie das Bein langsam wieder ab
- Beugen Sie das rechte Knie, und stellen Sie den rechten Fuß flach auf den Boden
- Heben Sie das rechte Bein an, und zählen Sie bis fünf
- Wiederholen Sie dies 5- bis 10mal mit jedem Bein

Anheben beider Beine

- Legen Sie sich ausgestreckt auf den Rücken
- Heben Sie beide Beine langsam an, bis sie sich ca. 25 cm über dem Boden befinden
- Halten Sie die Beine grade, und bleiben Sie in dieser Stellung. Zählen Sie dabei bis zehn
- Legen Sie dann die Beine wieder ab
- Wiederholen Sie dies fünfmal

Beckenkippung durch Anspannung des Gesäßes

- Legen Sie sich rückwärts auf den Boden, mit gebeugten Knien und beiden Füßen flach aufgesetzt
- Spannen Sie die Gesäßmuskeln kräftig an
- Halten Sie diese Stellung, und zählen Sie dabei bis fünf
- Entspannen Sie die Gesäßmuskeln
- Wiederholen Sie dies 5- bis 10mal
- Sorgen Sie dafür, daß Becken und Kreuzbein flach auf dem Boden bleiben

Halbes Aufrichten (zur Stärkung der Bauchmuskeln)

- Legen Sie sich rücklings auf den Boden, mit gebeugten Knien und beiden Füßen flach aufgesetzt, die Hände auf dem Brustkorb
- Heben Sie Kopf und Nacken langsam an, bis das Kinn auf der Brust liegt
- Strecken Sie die Hände nach vorne, und legen Sie sie auf die Knie
- Bleiben Sie in dieser Stellung und zählen dabei bis fünf
- Kehren Sie in die Ausgangslage zurück
- Wiederholen Sie dies 5- bis 10mal

Unterarmstütz (zur Dehnung des Kreuzbeinbereichs)

- Legen Sie sich auf den Bauch, das Gesicht zur Seite gedreht, die Arme am Körper
- Bleiben Sie für 2–5 Minuten in dieser Stellung, und entspannen Sie völlig
- Bleiben Sie auf dem Bauch liegen, und stützen Sie sich auf die Ellenbogen
- Bleiben Sie für 2–3 Minuten in dieser Stellung
- Kehren Sie in die Ausgangslage zurück, und entspannen Sie für eine Minute
- Wiederholen Sie dies 5- bis 10mal

Übung für die Rumpfrotatoren

- Legen Sie sich flach auf den Rücken, die Knie gebeugt
- Neigen Sie Beine und Hüften langsam und so weit wie möglich nach einer Seite
- Neigen Sie Beine und Hüften zur entgegengesetzten Seite
- Wiederholen Sie dies fünfmal

Rumpfbeuge

- Stehen Sie aufrecht und entspannt
- Beugen Sie Kopf und Rumpf nach vorne, und versuchen Sie, die Zehen mit den Fingerspitzen zu berühren
- Halten Sie die Knie gestreckt
- Führen Sie diese Bewegung nicht hastig oder gewaltsam durch
- Beugen Sie sich nur so weit vor, wie es Ihnen möglich ist
- Wiederholen Sie dies fünfmal

Sarkoidose

Sarkoidose: eine granulomatöse Multisystemerkrankung unbekannter Ätiologie, deren Charakteristika u. a. in Lungeninfiltraten, einer Lymphadenopathie und Hautläsionen bestehen. In den meisten Fällen verläuft die Erkrankung gutartig und selbstlimitierend ohne bleibende Schäden. Die Sarkoidose tritt am häufigsten bei jungen Erwachsenen im Alter zwischen 20 und 40 Jahren auf. Frauen erkranken etwas häufiger als Männer.

Kennzeichen/Symptome

- Gewichtsverlust, Anorexie
- Fieber, Nachtschweiß, Gelenkschmerzen, Müdigkeit
- Trommelschlegelfinger
- Respiratorisch: Dyspnö, Husten
- Palpitationen
- Knötchen in der Haut im Gesicht, am Hals und an den Extremitäten
- Knochenzysten an Händen und Füßen
- Läsionen der Nasenschleimhaut
- Haarausfall
- Verschwommensehen, Augenschmerzen, Tränenfluß, Infektion

Komplikationen

- Lungenfibrose
- Cor pulmonale

Diagnostik

- Beschreiben Sie jedes Verfahren, seinen Zweck und die normalen Empfindungen oder Wahrnehmungen, die dabei wahrscheinlich vorkommen, sowie die Pflege davor und danach
- ☐ Kveim-Test: positiv nach 3–6 Wochen
- ☐ Haut- und Lymphknotenbiopsie
- ☐ Bronchoskopie: transbronchiale Biopsie, offene Lungenbiopsie, Bronchoalveolarlavage
- ☐ ^{67}Gallium-Scan
- ☐ Röntgen-Thorax
- ☐ Lungenfunktionstests

- Serumuntersuchungen: großes Blutbild, Kreatinin, Eiweiß, Blutkörperchensenkungsgeschwindigkeit, Konzentration an Angiotensin converting enzyme

Behandlung

Konservativ

- *Therapie*
- Thorax-Physiotherapie
- Wärmebehandlung und Gelenkstützen bei Arthritis
- *Medikamente*
- Systemische oder topische Kortikoide
- Azathioprin
- Methylzellulose-Augentropfen
- Antiarrhythmika
- Kalziumchelatbildner
- Therapie der Arthritis: Salicylate, nichtsteroidale Antiphlogistika, Kortikosteroide
- Zusätzlich Vitamin D

Ambulante Pflege

- Geben Sie sowohl dem Patienten als auch der betreuenden Person *mündliche* und *schriftliche* Instruktionen. Nennen Sie ihnen den Namen und die Telefonnummer eines Arztes oder einer Pflegeperson, die sie bei Fragen anrufen können
- *Allgemeine Informationen*
- Erläutern und besprechen Sie die Sarkoidose, ihre Ätiologie und die beeinflussenden Faktoren.
- *Komplikationszeichen*
- Gehen Sie die Zeichen und Symptome durch, die einem Arzt oder einer Pflegeperson mitgeteilt werden sollten.
  - Kurzatmigkeit
  - Gerötete, wäßrige Augen
  - Benommenheit
  - Thoraxschmerz
  - Geschwollene Gelenke
  - Ungewöhnliche Müdigkeit
  - Fieber

- *Besondere Hinweise*
- Sprechen Sie über die Bedeutung der Physiotherapie des Thorax (Atemübungen, Lagerungsdrainage) als Prophylaxe oder Behandlung bei chronischer Lungenerkrankung
- Betonen Sie, wie wichtig es ist, große Menschenansammlungen und Personen mit offenen Infektionen zu meiden
- Weisen Sie den Patienten an, sich täglich zu wiegen, um einen allmählichen Gewichtsverlust zu entdecken
- *Medikamente*
- Erläutern Sie Zweck, Dosierung, Einnahmezeitplan und Art der Verabreichung der verordneten Medikamente sowie deren Nebenwirkungen, die einem Arzt oder einer Pflegeperson mitgeteilt werden sollten
  - Topische und systemische Kortikosteroide (s. Kortikosteroide, Therapie mit, S. 458)
- Unterweisen Sie den Patienten in der aseptischen Verabreichung von Augentropfen, um eine Kontamination zu vermeiden
  - Alle Sekretansammlungen aus den Augen entfernen
  - Hände waschen
  - Zur Decke schauen
  - Das Unterlid leicht herabziehen, während die Spitze der Phiole etwa 1–2 cm vom Auge entfernt gehalten wird
  - Tropfen einbringen
  - Ein Zuviel an Medikament abwischen
- Unterweisen Sie den Patienten in der aseptischen Verabreichung von Augensalbe
  - Alle Sekretansammlungen aus den Augen entfernen
  - Hände waschen
  - Das Unterlid abziehen und einen dünnen Salbenfaden genau in das Unterlid einbringen, ohne dabei das Auge oder dessen Umgebung zu berühren
  - Augen schließen und kreisen lassen, um die Salbe zu verteilen
  - Verschlußkappe wieder aufschrauben und Salbe vorschriftsmäßig lagern
- *Aktivitäten*
- Ermutigen Sie den Patienten, über Anpassungen und Einschränkungen bezüglich der Arbeit sowie von Freizeit- und anderen Tätigkeiten zu sprechen
- Sprechen Sie über das Einsparen von Energie und über Atemübungen
- Halten Sie den Patienten dazu an, seine Tätigkeiten einzuteilen, sich ausreichend Ruhepausen zu gönnen und Überanstrengung zu vermeiden

- *Ernährung/Diät*
  - Halten Sie den Patienten zu einer salz-, kalium- und kalziumarmen Ernährung mit Vitamin-D-Zusätzen an
  - Raten Sie dem Patienten zu mehreren kleinen Mahlzeiten, um seine Ernährung sicherzustellen

Nachsorge

- Betonen Sie die Bedeutung regelmäßiger medizinischer und labortechnischer Nachsorgeuntersuchungen. Stellen Sie sicher, daß der Patient über die erforderlichen Namen und Telefonnummern verfügt
- Besprechen Sie die Notwendigkeit routinemäßiger Röntgenuntersuchungen des Thorax und von Lungenfunktionstests zur Überwachung des Krankheitsgeschehens
- Besprechen Sie die Bedeutung eines Notfallmedaillons (SOS-Kapsel) und eines Patienenausweises

Sauerstofftherapie

Sauerstofftherapie: Versorgen des Gewebes mit Sauerstoff, so daß ein normaler Stoffwechsel stattfinden kann. Die Sauerstofftherapie wird eingesetzt, um eine Hypoxämie zu lindern und eine Hypoxie zu verhindern. Der Sauerstoff kann in flüssiger Form, über einen Sauerstoffkonzentrator oder aus einer Gasflasche verabreicht werden.

Komplikationen

- Atelektase
- Sauerstoffintoxikation: rauher Hals, Husten, Übelkeit, Angst, Taubheitsgefühl, Muskelzuckungen, Thoraxschmerzen beim tiefen Einatmen

Ambulante Pflege

- Geben Sie sowohl dem Patienten als auch der betreuenden Person *mündliche* und *schriftliche* Instruktionen. Nennen Sie ihnen den Namen und die Telefonnummer eines Arztes oder einer Pflegeperson, die sie bei Fragen anrufen können

- *Allgemeine Informationen*
- Erläutern Sie den Zweck der Sauerstofftherapie
- *Komplikationszeichen*
- Gehen Sie die Zeichen und Symptome durch, die einem Arzt oder einer Pflegeperson mitgeteilt werden sollten
  - Unregelmäßige, flache oder verlangsamte Atmung, Schwierigkeiten beim Atmen
  - Unruhe oder Angst
  - Müdigkeit, Schläfrigkeit, Schwierigkeiten beim Aufwachen
  - Anhaltende Kopfschmerzen
  - Verwaschene Sprache
  - Verwirrtheit, Konzentrationsstörungen
  - Bläulich verfärbte Fingernägel oder Lippen
- *Besondere Hinweise*
- Arbeiten Sie mit dem Sozialdienst oder einer Organisation der ambulanten Pflege zusammen, um die Ausrüstung zu beschaffen und einen Händler für Verbrauchsmaterial nahe dem Wohnsitz des Patienten zu finden. Beteiligen Sie den Patienten und die betreuende Person an der Entscheidungsfindung
- Helfen Sie dem Patienten bei der Beschaffung eines ambulanten Pflegedienstes für die Nachsorge zu Hause
- Bringen Sie dem Patienten die Verabreichung der verordneten Sauerstoffmenge bei. Erklären Sie, wie wichtig es ist, die entsprechende Flußrate aufrechtzuerhalten, da hohe Flußraten bei Patienten mit chronisch-obstruktiver Lungenkrankheit den Atemimpuls unterdrücken können
- Bringen Sie dem Patienten bei, wie man die Sauerstoffmaske abnimmt und wieder aufsetzt, um das Gesicht abzuwischen und abzutrocknen, die Nase zu putzen oder essen zu können
- Sorgen Sie für Instruktionen für Patienten, die höhere Luftfeuchtigkeit und eine Aerosoltherapie benötigen
- Erläutern Sie, daß ein Anfeuchten der Luft und eine ausreichende Hydratation wichtig sind, da Sauerstoff die Schleimhäute austrocknet
- Demonstrieren Sie den Gebrauch der Ausrüstung und wie man Luftbefeuchter und Vernebler nachfüllt
- Demonstrieren Sie die Verabreichung von Medikamenten über handbetriebene Vernebler
- Zeigen Sie dem Patienten die Pflege der Haut und der Schleimhäute, da Sauerstoffgeräte bei längerem Gebrauch zur Hautreizungen und zum Zusammenbruch der Haut führen können, was wiederum eine zusätzliche Eintrittspforte für Mikroorganismen bilden kann

- Demonstrieren Sie den Gebrauch, die Pflege und das Reinigen der Gerätschaften
- Unterweisen Sie den Patienten im Gebrauch der Sauerstoffquelle, der Atemmaske und des Luftbefeuchters
- Demonstrieren Sie, wie man den Wasserstand im Luftbefeuchter und im Vernebler alle 8 Stunden prüft, um einen ausreichenden Pegel aufrechtzuerhalten, und wie man die Geräte nachfüllt
- Erläutern Sie, wie wichtig es ist, die Temperatur in den Befeuchtern zwischen 35 und 36,6 °C zu halten
- Stellen Sie sicher, daß der Luftbefeuchter auf einem Tisch mindestens 60 cm von Wänden und Möbelstücken entfernt steht, wobei der Nebel direkt in den Raum gerichtet ist
- Sorgen Sie für Anleitung über den Umgang mit Sauerstoff bei Fahrten in der Stadt: Vor der Fahrt planen. Rufen Sie die Firma an, die den Patienten mit Sauerstoff versorgt, und fragen Sie, welche Ausrüstung erforderlich ist und wie lange man bis zum nächsten Nachfüllen unterwegs sein kann. Planen Sie eine Sicherheitsreserve von 20–25 % Sauerstoff für unerwartete Verzögerungen mit ein. Verwenden Sie eine Uhr mit Wecker, die Ihnen anzeigt, wenn der Sauerstofftank allmählich leer wird. Üben Sie vor der Fahrt den Umgang mit der Ausrüstung
- Informieren Sie den Patienten darüber, daß es flüssigen Sauerstoff in kleinen, leichten Behältern von der Größe einer Thermosflasche gibt. Raten Sie ihm jedoch, diese nur im Außenbereich auf Reisen zu verwenden, da ein Dauergebrauch teuer ist
- Besprechen Sie den Umgang mit Sauerstoff auf Reisen mit dem Auto
  - Zeigen Sie, wie man die Sauerstoffeinheit mit dem Sicherheitsgurt und einem Schultergurt sichert
  - Weisen Sie den Patienten bzw. die betreuende Person an, den Sauerstoffbehälter stets aufrecht zu halten, um ein rasches Freisetzen von Sauerstoff zu vermeiden. Leichtes Anstoßen des Behälters mit flüssigem Sauerstoff beim Be- und Entladen ist nicht gefährlich
- Raten Sie dem Patienten, zusätzliche Gasflaschen im Kofferraum zu lagern, da sie wegen ihrer Größe im Inneren des Fahrzeugs nicht aufrecht stehen können
- Weisen Sie den Patienten an, das Wagenfenster während der Verabreichung von Sauerstoff etwas geöffnet zu halten
- Sagen Sie Campern und Besitzern von Wohnmobilen, sie mögen sich einen Tank für flüssigen Sauerstoff einbauen lassen

- Plant der Patient eine Reise mit öffentlichen Verkehrsmitteln, raten Sie ihm, sich an die entsprechenden Betreiber zu wenden, um sich über eventuelle Einschränkungen beim Transport zu informieren
- Betonen Sie, wie wichtig es ist, nicht zu rauchen und dies wegen der Gefahr eines Brandes, einer Verpuffung oder einer Explosion auch anderen in der Umgebung des Patienten nicht zu gestatten
- Erläutern Sie, daß es notwendig ist, alle elektrischen Geräte, die sich im selben Raum mit dem Sauerstoffgerät befinden, auf freiliegende Kabel bzw. die Möglichkeit einer Funkenbildung hin zu prüfen, um einen Brand, eine Verpuffung bzw. eine Explosion zu verhindern
- Sagen Sie dem Patienten, er möge keinen Teppich oder Teppichboden und keine Möbelstücke über die Schläuche legen, da dies ein Leck verursachen könnte
- Demonstrieren Sie den Gebrauch eines Allzweck-Feuerlöschers, und weisen Sie den Patienten an, einen solchen in der Umgebung der Geräte bereitzuhalten
- Raten Sie dem Patienten, die örtliche Feuerwehr über das Vorhandensein von Sauerstoffgeräten im Haus zu informieren und, falls erforderlich, einen Wartungsvertrag für die Geräte abzuschließen

- *Medikamente*
- Erläutern Sie Zweck, Dosierung, Einnahmezeitplan und Art der Verabreichung der verordneten Medikamente sowie deren Nebenwirkungen, die einem Arzt oder einer Pflegeperson mitgeteilt werden sollten

- *Aktivitäten*
- Ermutigen Sie den Patienten, ensprechend seiner Belastbarkeit zum Spazierengehen und zu anderen Tätigkeiten. Raten Sie ihm zum Gebrauch eines tragbaren Sauerstoffgerätes, da eine kontinuierliche Sauerstofftherapie die Beweglichkeit einschränken kann

Nachsorge

- Betonen Sie die Bedeutung regelmäßiger Nachsorgeuntersuchungen. Stellen Sie sicher, daß der Patient über die erforderlichen Namen und Telefonnummern verfügt

Schädelhirntrauma

Schädelhirntrauma: jeder plötzliche Stoß, Schlag oder jede Kopfverletzung, die zu physischen Schäden des Gehirns führt. Kopfverletzungen werden unterteilt in offene oder penetrierende und geschlossene oder stumpfe Verletzungen. Zu den Arten der Verletzungen gehören Verletzungen der Kopfhaut (Lazerationen, Abrasionen, Hämatome), Schädelfrakturen (Berstungsbruch, Impressionsfraktur, Schädelbasisfraktur), die Commotio (vorübergehender Bewußtseinsverlust nach Aufprall des Gehirns gegen die Schädelkalotte; kann einige Stunden anhalten) und die Contusio (Prellung des Hirngewebes mit Unterbrechung neuraler Funktionen).

Ätiologie/beeinflussende Faktoren/Risikofaktoren

- Trauma: Verkehrsunfälle, Stürze
- Angriffe: Schuß- und Stichverletzungen

Kennzeichen/Symptome

- Phasen des Bewußtseins, gefolgt von Bewußtlosigkeit
- *Commotio cerebri*
  - Anterograde und retrograde Amnesie
  - Kopfschmerzen
  - Übelkeit, Erbrechen
  - Schwindel
- *Contusio cerebri*
  - Veränderungen des Geisteszustandes: Verwirrtheit, Agitiertheit, Unruhe, Delir, Stupor, Koma
  - Körperhaltung: obere oder untere Enthirnungsstarre
  - Ein- oder beidseitige sensomotorische Störungen; Parese oder Paralyse
  - Ungleich weite Pupillen und unkoordinierte Augenbewegungen
- *Schädelfrakturen*
  - Ausfluß aus Nase und Ohren
  - Lokaler Kopfschmerz
  - Brillenhämatom
  - Hörstörung

Komplikationen

- Hirnödem
- Sensomotorische und neurologische Ausfälle
- Erhöhter intrakranieller Druck
- Intrakranielle Hämorrhagie
- Subdurales oder epidurales Hämatom
- Hirnprolaps
- Krämpfe
- Hirnschaden

Diagnostik

- Beschreiben Sie jedes Verfahren, seinen Zweck und die normalen Empfindungen oder Wahrnehmungen, die dabei wahrscheinlich vorkommen, sowie die Pflege davor und danach
- ☐ Röntgenaufnahmen des Schädels zur Darstellung von Knochenfragmenten und Frakturen
- ☐ Röntgenaufnahmen des Halses zur Darstellung von Knochenfragmenten und Frakturen
- ☐ Computer- oder Magnetresonanztomographie zur Beurteilung des Hämatoms oder einer Verformung von Hirnventrikeln
- ☐ Gewinnung einer Liquorprobe; kann bei erhöhtem Schädelinnendruck kontraindiziert sein
- ☐ Zerebrale Angiographie zur Lokalisation von Hämatomen und Gefäßverlagerungen
- ☐ EEG zur Beurteilung einer Entwicklung pathologischer Wellen
- ☐ Pneumenzephalogramm zur Einschätzung einer Verlagerung, Verformung oder Erweiterung von Hirnventrikeln
- ☐ Zisternographie zum Auffinden der Lokalisation eines Durarisses bei Schädelbasisfraktur
- ☐ Serumelektrolyte und -osmolarität
- ☐ Harnosmolarität
- ☐ Arterielle Blutgase

Behandlung

Konservativ

- *Therapie*
- Offenhalten der Atemwege und ausreichende Beatmung und Oxygenierung
- Korrekte Lagerung mit angehobenem Kopfteil des Bettes zur Förderung des venösen Abflusses und damit Reduzierung des Schädelinnendrucks, des Hirnödems und der Stauung
- Wärmeschutzdecke gegen Hypothermie
- Überwachung der Herzfunktion
- Rehabilitation
  - Physiotherapie
  - Beschäftigungstherapie
  - Sprach- und Sprechtherapie
  - Darm- und Blasentraining
  - Kognitive Rehabilitation
- Ernährung
  - Unmittelbar: weder essen noch trinken
  - Später totale parenterale Ernährung, Lipidlösungen, Sondennahrung oder allmählich aufbauende Ernährung, abhängig vom Bewußtseinszustand des Patienten, seiner Fähigkeit zu schlucken und dem Funktionieren seines Magen-Darm-Traktes
  - Flüssigkeitsrestriktion zur Verringerung des Hirnödems
- Überwachung des intrakraniellen Drucks
- Überwachung der Hämodynamik zur Statusbeurteilung des Flüssigkeitsvolumens
- Blasenverweilkatheter zur Messung des Harnvolumens
- Magensonde zum Absaugen von Mageninhalt und freier Luft
- *Medikamente*
- Antiepileptika
- Glukokortikoide
- Osmotische Diuretika
- Antibiotika
- Tetanusprophylaxe
- Antipyretika
- Analgetika
- Sedativa
- Antazida und H2-Blocker
- Stuhlerweichende Medikamente

- Substanzen zur neuromuskulären Blockade
- Komatherapie mit Barbituraten

Chirurgisch

- Setzen von Nähten bei oberflächlichen Rissen
- Kraniotomie, Kraniektomie zum Ausräumen von Hämatomen, zur Stillung von Blutungen, zum Entfernen von Knochenfragmenten und Fremdkörpern, zum Débridement von Gewebe oder zum Anheben von Impressionsfrakturen
- Trepanation zum Ausräumen von Hämatomen und Einbringen von Instrumenten zur intrakraniellen Überwachung
- zur Wiederherstellung traumatischer Defekte der Schädelkalotte
- Ventrikeldrainage zur Entfernung von überschüssigem Liquor cerebrospinalis
- Verfahren der Ventrikel-Shunt-Bildung zur Entfernung von Liquor cerebrospinalis und Senkung des intrakraniellen Drucks

Ambulante Pflege

- Geben Sie sowohl dem Patienten als auch der betreuenden Person *mündliche* und *schriftliche* Instruktionen. Nennen Sie ihnen den Namen und die Telefonnummer eines Arztes oder einer Pflegeperson, die sie bei Fragen anrufen können
- *Allgemeine Informationen*
- Erläutern und besprechen Sie die Arten der Kopfverletzung, ihre Ätiologie, beeinflussenden Faktoren, Pflege und Behandlung sowie die Spätfolgen und die Prävention weiterer Verletzungen
- *Wundversorgung*
- Besprechen und demonstrieren Sie bei Bedarf die Pflege jeglicher Lazerationen oder chirurgischer Inzisionen
  - Den Bereich vorsichtig waschen
  - Saubere Handschuhe tragen und Wunden der Schädelhaut mit Gazeverbänden abdecken
- *Komplikationszeichen*
- Gehen Sie die Zeichen und Symptome durch, die einem Arzt oder einer Pflegeperson mitgeteilt werden sollten
  - Infektion der Inzisionsstelle: Fieber, Erythem, Schmerzempfindlichkeit, Schmerzen, Erwärmung, eitrige Absonderungen
  - Meningitis: Fieber, Schüttelfrost, Krankheitsgefühl, Schmerzen und Steifigkeit des Rückens, Nackensteife

- Neurologische Veränderungen: Änderungen des Verhaltens und der Persönlichkeit, Reizbarkeit, Verwirrtheit, verwaschene Sprache
- Sensomotorische Veränderungen: Unkoordiniertheit, Schwäche der Extremitäten, Gangstörungen
- Erhöhter Schädelinnendruck: Änderungen des Bewußtseinszustandes, etwa in Form von Schwierigkeiten beim Aufwecken des Patienten oder einer verstärkten Schläfrigkeit; Übelkeit und Erbrechen; Krämpfe; zunehmende Kopfschmerzen
- Sehstörungen: Verschwommensehen, Diplopie, Änderungen des Gesichtsfeldes, der Tiefenschärfe oder der Wahrnehmung
- Veränderungen kognitiver Fähigkeiten, der Urteilskraft, der emotionalen Kontrolle, der Orientierung, des Gedächtnisses und der Konzentration
- Austritt von Liquor cerebrospinalis: klare oder blutige Flüssigkeit aus Ohren, Nase oder Rachen; Klagen über salzigen Geschmack im Mund oder häufiges Schlucken; "Heiligenschein" auf dem Kopfkissen
- Atemstörungen

Besondere Hinweise

- Wird der Patient mit einer leichten Kopfverletzung zur Beobachtung nach Hause entlassen, so weisen Sie eine verantwortungsbewußte Betreuungsperson an, für 24–48 Stunden bei dem Patienten zu bleiben. Bitten Sie die betreuende Person, den Patienten während der ersten Nacht alle 2 Stunden zu wecken und nach seinem Namen und dem Ort, an dem er sich befindet, zu fragen. Ferner möge die betreuende Person den Patienten fragen, ob er sie bzw. ihn erkennt. Gelingt es der betreuenden Person nicht, den Patienten zu wecken, so soll sie den Notarzt verständigen
- Unterweisen Sie bei Bedarf in Vorsichtsmaßnahmen bei Krämpfen
  - Versuchen, einen Sturz zu verhindern oder abzufangen
  - Den Patienten zu Boden gleiten lassen
  - Den Kopf des Patienten stützen und schützen
  - Den Patienten auf die Seite drehen
  - Möbel und alle harten bzw. scharfe Gegenstände aus der Umgebung des Patienten entfernen
  - Am Hals einschnürende Kleidung lockern
  - Beim Patienten bleiben und sofort den Notarzt rufen
- Erklären Sie, daß mögliche Spätfolgen, wie Schwindel, Kopfschmerzen und Gedächtnisverlust, noch 3–4 Monate nach dem Trauma bestehen bleiben können

- Erklären Sie, daß es bei dem Patienten nach einer Kopfverletzung zu Persönlichkeitsveränderungen, inadäquatem Sozialverhalten und unangemessenen Affekten, Halluzinationen und veränderten Schlafgewohnheiten kommen kann
- Helfen Sie dem Patienten je nach Bedarf bei der Beschaffung von Hilfsmaterialien und -utensilien für seine Beweglichkeit und die Aktivitäten des täglichen Lebens
- Raten Sie dem Patienten mit Concussio cerebri, Valsalva-Manöver wie etwa Pressen beim Stuhlgang, heftiges Husten, Naseputzen oder Niesen zu vermeiden
- Bieten Sie dem Patienten andere Methoden der Schmerzbekämpfung außer Medikamenten: Visualisierung, geleitete Imagination, Meditation, Relaxation, Biofeedback

Medikamente

- Erläutern Sie Zweck, Dosierung, Einnahmezeitplan und Art der Verabreichung von Medikamenten sowie deren Nebenwirkungen, die einem Arzt oder einer Pflegeperson mitgeteilt werden sollten
- Betonen Sie, wie wichtig es ist, die Einnahme rezeptfreier Medikamente ohne Rücksprache mit dem Arzt zu vermeiden. Sagen Sie dem Patienten, er möge wegen des Risikos einer Blutung keine Acetylsalicylsäure einnehmen

Aktivitäten

- Ermutigen Sie den Patienten, über Anpassungen und Einschränkungen bezüglich der Wiederaufnahme der Arbeit sowie von Freizeit- und anderen Tätigkeiten zu sprechen
- Ermutigen Sie den Patienten zur Selbstpflege, soweit ihm dies möglich ist
- Fördern Sie den Entscheidungsfindungsprozeß beim Patienten
- Sorgen Sie für strukturierte tägliche Verrichtungen und Routinen mit eingeplanten Ruhepausen
- Raten Sie der betreuenden Person, eine überbeschützende Haltung zu vermeiden. Helfen Sie der Familie und der betreuenden Person, Gefahrenquellen im Hause zu erkennen und zu beseitigen, um Stürze und Verletzungen zu verhindern
  - Alle unfallträchtigen Gegenstände entfernen
  - Für freie Wege sorgen
  - Für gute Beleuchtung sorgen
  - Den Patienten mit geeignetem Schuhwerk und einer Brille versorgen. Stellen Sie Gegenstände im Gesichtskreis des Patienten auf
  - Hilfen für die Sicherheit und zur Unterstützung installieren, wie z. B. Rampen, Geländer und einen Stuhl für die Dusche

- Weisen Sie die Familie und die betreuenden Personen an, den Patienten beim Umhergehen zu beaufsichtigen oder ihm dabei zu helfen
- Unterweisen Sie die Familie in Übungen zum Bewegungsumfang, und integrieren Sie die Familie in das Übungsprogramm
- Weisen Sie den Patienten an, Alkohol, Autofahren, Rauchen, das Hantieren mit potentiell gefährlichem Werkzeug und Maschinen, Kontaktsportarten, Wannenbäder und Schwimmen zu vermeiden, bis dies mit einem Arzt geklärt wurde

- *Ernährung/Diät*
- Raten Sie dem Patienten, die Nahrung gut zu kauen und langsam zu schlucken
- Sorgen Sie für Ergänzungsnahrung, soweit verordnet

Nachsorge

- Betonen Sie die Bedeutung regelmäßiger Nachsorgeuntersuchungen beim Arzt, Physiotherapeuten, Sprach- und Sprechtherapeuten sowie beim Beschäftigungstherapeuten. Stellen Sie sicher, daß der Patient über die erforderlichen Namen und Telefonnummern verfügt
- Halten Sie ggf. den Patienten an, sich ein Notfallmedaillon bzw. eine SOS-Kapsel und einen Notfallausweis zu beschaffen, in denen die Diagnose, Medikation und Behandlung verzeichnet sind

Psychosoziale Betreuung

- Ermutigen Sie den Patienten und die betreuenden Personen, Befürchtungen und Sorgen hinsichtlich der Kopfverletzung, der Behinderung, der Veränderungen des Körpers und seiner Funktionen sowie der Anpassung an die verbliebenen Ausfälle und die geistigen und emotionalen Folgeerscheinungen zu verbalisieren

Hinweis

- Verweisen Sie den Patienten an einen Sozialarbeiter bzw. eine Sozialarbeiterin zur weiteren Unterstützung und Beratung
- Helfen Sie dem Patienten und den betreuenden Personen bei Kontakten zu Selbsthilfegruppen, Möglichkeiten kommunaler Unterstützung und ambulanten Pflegediensten

Schlaganfall

Schlaganfall: eine Unterbrechung der Sauerstoffversorgung der Gehirnzellen, die zur Ischämie eines Bereichs des Gehirns mit begleitenden neurologischen Ausfällen führt.

Ätiologie/beeinflussende Faktoren/Risikofaktoren

- *Ischämischer Insult*
  - Thrombose: Arteriosklerose, Hypertonie, hämatologische Erkrankungen
  - Embolie: Vorhofflattern, extrakraniale Gerinnselbildung, Herzklappenerkrankung
  - Systemische Minderdurchblutung: Kreislaufinsuffizienz, Hypovolämie, systemische Hypotonie, Hypoxie
- *Hämorrhagischer Insult*
  - Hypertonie
  - Aneurysma
  - Gefäßmißbildungen
  - Trauma
  - Systemische hämatologische Erkrankungen

Kennzeichen/Symptome

- Die Symptome hängen vom Ausmaß und von der Lokalisation der Läsion und dem Umfang der Verletzung ab. Sie können auf der der Verletzung gegenüberliegenden Seite des Körpers oder beidseits auftreten
- Veränderter Bewußtseinszustand: Schläfrigkeit, Stupor, Koma
- Verhaltensänderungen: Reizbarkeit, Gedächtnisverlust, Desorientiertheit
- Verlust der Sensibilität und Reflexe: gewöhnlich einseitig, kann vorübergehend oder von Dauer sein
- Schlaffer oder spastischer Muskeltonus
- Ungleich weite Pupillen
- Ptose (Herabhängen) des Augenlides
- Sehstörungen, Verschwommensehen oder Sehverlust
- Speichelfluß
- Ein- oder beidseitige Schwäche oder Paralyse
- *Störungen der Kommunikation*
  - Aphasie: Störungen des Sprachverständnisses und der Sprachproduktion
  - Apraxie: Störung der Fähigkeit zu zielgerichtetem Handeln oder zum Umgang mit Gegenständen

- Agnosie: Störung der Fähigkeit, vertraute Gegenstände oder Personen zu erkennen
- Dysphagie
- Stuhl- und Harninkontinenz
- Übelkeit und Erbrechen
- Krämpfe
- Synkope

Komplikationen

- Erhöhter Schädelinnendruck
- Einklemmungserscheinungen
- Krämpfe
- Aspiration
- Kontrakturen
- Störungen der Herz- und Atemfunktion

Diagnostik

- Beschreiben Sie jedes Verfahren, seinen Zweck und die normalen Empfindungen oder Wahrnehmungen, die dabei wahrscheinlich vorkommen, sowie die Pflege davor und danach
- Computer- oder Magnetresonanztomographie zur Beurteilung des Infarkgebietes, des Hämatoms, der Verlagerung von Hirnstrukturen, der Hirndurchblutung und eines Hirnödems
- EEG zur Beurteilung der Lokalisation des Insults und der elektrischen Aktivität des Gehirns
- Zerebrale Angiographie zur Beurteilung der Lokalisation und Größe des Insults
- Transkraniale Doppler-Ultraschalluntersuchung zur Bestimmung des Drucks und der Durchströmung der intrakraniellen Arterien
- Positronenemissionstomographie zur Bestimmung des Hirnstoffwechsels und der Hirndurchblutung
- Phonoangiographie oder Doppler-Ultraschalluntersuchung zum Nachweis arterieller Strömungsgeräusche in den Karotiden
- Röntgenaufnahmen des Schädels zum Nachweis intrakranieller Verkalkungen
- Lumbalpunktion und Analyse des Liquor cerebrospinalis auf Erythrozyten, Eiweiß und das Vorliegen einer Infektion

Behandlung

Konservativ

- *Therapie*
- Physikalische Therapie
- Beschäftigungstherapie
- Sprach- und Sprechtherapie
- Darm- und Blasentraining
- Ernährung: kann bis zu Flüssigkeiten, pürierter, weicher oder zerschnittener Nahrung oder zu Sondenernährung reichen, abhängig vom Bewußtseinsgrad und der Fähigkeit zu kauen und zu schlucken; natrium-, fett- und cholesterinarme Diät kann verordnet werden
- Akutpflege
  - Überwachung des intrakraniellen Drucks
  - Mechanische Beatmung zur Offenhaltung der Atemwege und zur ausreichenden Beatmung
  - EKG-Überwachung zur Beurteilung von Herzrhythmusstörungen
  - Überwachung der Hämodynamik zur Beurteilung des Flüssigkeitshaushalts
  - Magensonde zum Absaugen von Mageninhalt und freier Luft
  - Blasenverweilkatheter zur Überwachung der Urinausscheidung
- *Medikamente*
- Antikoagulanzien
- Antihypertonika
- Diuretika
- Kortikosteroide
- Antikonvulsiva
- Analgetika
- Antipyretika
- Antazida
- H_2-Blocker
- Stuhlerweichende Medikamente

Chirurgisch

- Bypass-Operation der Hirnarterie zur Schaffung eines Kollateralkreislaufs für den Bereich distal der Stenose
- Kraniotomie zur Beseitigung eines intrazerebralen Hämatoms, Korrektur eines rupturierten Aneurhysmas und zum Anbringen von Clips an der Arterie
- Karotis-Endarteriektomie: chirurgisches Entfernen von Plaque in der verengten A. carotis zur Erhöhung der Blutversorgung des Gehirns

Ambulante Pflege

- Geben Sie sowohl dem Patienten als auch der betreuenden Person *mündliche* und *schriftliche* Instruktionen. Nennen Sie ihnen den Namen und die Telefonnummer eines Arztes oder einer Pflegeperson, die sie bei Fragen anrufen können
- *Allgemeine Informationen*
- Erläutern und besprechen Sie die Arten des Schlaganfalls, seine Ätiologie, beeinflussenden Faktoren, Pflege und Behandlung
- *Komplikationszeichen*
- Gehen Sie die Zeichen und Symptome durch, die einem Arzt oder einer Pflegeperson mitgeteilt werden sollten
  - Kopfschmerzen, Schwindel, Sehstörungen
  - Veränderungen der geistigen Aktivität und des Bewußtseins
  - Krampfaktivität
  - Fehlender Stuhlgang über mehr als 3 Tage
  - Atemnot
  - Fortschreitende sensible und motorische Ausfälle sowie Wahrnehmungsstörungen
- *Besondere Hinweise*
- Helfen Sie dem Patienten und der betreuenden Person bei der Beschaffung geeigneter Hilfsmittel wie Gehstöcken, Spezialbetten, Hilfsmitteln zur Sicherung, zur Ernährung, für den Stuhlgang und die Körperpflege
- Besprechen Sie alternative Methoden für den Umgang mit chronischen Schmerzen: Visualisierung, geleitete Imagination, Meditation, Relaxation, Biofeedback
- Besprechen Sie Maßnahmen zur Schaffung einer sicheren Umgebung
  - Den Patienten in der Umgebung orientieren
  - Für gute Beleuchtung sorgen
  - Unnötige Möbelstücke und Gegenstände, vor allem scharfe und gefährliche Gegenstände wie z. B. Scheren, entfernen
  - Möbel so umräumen, daß die Wege frei sind
  - Das Bett und persönliche Gegenstände in Reichweite und in den Bereich des nichtbetroffenen Gesichtsfeldes stellen
  - Die betroffene Seite bei Aktivitäten schützen
  - Gefahrenquellen und notwendige Anpassungen im häuslichen Bereich herausfinden, wie z. B. Rampen, Verbreiterung von Türen für einen Rollstuhl, Geländer, entfernen lose verlegter Teppiche, Sicherheitseinrichtungen in der Dusche und flache Schuhe

- Ermutigen Sie den Patienten, auch seine Sehfähigkeit auf der betroffenen Seite zu nutzen
  - Bewegen Sie Gegenstände einschließlich von Mahlzeiten allmählich auf die betroffene Seite
  - Bewegen Sie sich bei der Kommunikation mit dem Patienten allmählich aus dem nichtbetroffenen in das betroffene Gesichtsfeld
  - Halten Sie den Patienten dazu an, das Gesichtsfeld auf der betroffenen Seite selbst auszutesten
  - Plazieren Sie den Patienten zu Beginn mit der betroffenen Seite in Richtung auf die aktivste Stelle im Raum. Verlegen Sie Interaktionen und Gegenstände auf die vernachlässigte Seite des Patienten
- Ermutigen Sie den Patienten zum Einsatz der betroffenen Seite bei der Selbstpflege
  - Weisen Sie den Patienten an, die betroffene(n) Extremität(en) in die Aktivitäten des täglichen Lebens einzuschließen
  - Weisen Sie den Patienten an, sich bei der Körperpflege, bei der Pflege und bei der richtigen Lagerung auch um die betroffene Seite zu kümmern
  - Stimulieren Sie in den betroffenen Extremitäten mittels Berührung, parfümierter Lotionen oder Materialien verschiedener Beschaffenheit verschiedene Wahrnehmungen
- Halten Sie den Patienten dazu an, sein Gehör auf der betroffenen Seite einzusetzen. Bewegen Sie sich beim Sprechen über das Wahrnehmungsfeld des Patienten zur betroffenen Seite, und fahren Sie auf dieser Seite fort zu sprechen, um die Aufmerksamkeit des Patienten auf die vernachlässigte Seite zu ziehen
- Ermutigen Sie den Patienten, die betroffene Seite beim Umlagern und beim Bewegen mit der nichtbetroffenen Extremität zu unterstützen, und zeigen Sie ihm, wie dies geht
  - Demonstrieren Sie die Lagerung der betroffenen Extremitäten unter Verwendung von Kissen oder anderen Stützhilfen sowie das Hochlagern der Extremitäten
  - Sorgen Sie für eine Schlinge für den betroffenen Arm, um Arm und Schulter zu stützen, und demonstrieren Sie deren Einsatz
  - Weisen Sie den Patienten an, die betroffenen Extremitäten beim Umlagern abzustützen
  - Weisen Sie den Patienten an, nicht länger als 1 Stunde auf der betroffenen Seite zu liegen

    - Weisen Sie den Patienten an, unter Einsatz der nichtbetroffenen Extremitäten Übungen zum Bewegungsumfang mit den betroffenen Extremitäten durchzuführen
    - Weisen Sie den Patienten an, das betroffene Bein beim Gehen zu beobachten
    - Weisen Sie die Familie an, bei gestörter Körperwahrnehmung im Raum für entsprechende Sicherheitseinrichtungen wie z. B. Stützgürtel zu sorgen
- Weisen Sie den Patienten an, bei Beeinträchtigung des Tastsinns die betroffene Seite vor Temperaturextremen zu schützen
- Weisen Sie den Patienten bzw. die betreuende Person an, alle Aktivitäten zu überwachen, falls der Lagesinn, die Fähigkeit zur Entfernungseinschätzung oder die Orientierung im Raum gestört sind
- Demonstrieren Sie die Durchführung von Aktivitäten des täglichen Lebens unter Einsatz der nichtbetroffenen Seite, und unterstützen Sie den Patienten dabei
- Unterweisen Sie den Patienten im Gebrauch von Hilfsmitteln für den Stuhlgang, wie etwa einem erhöhten Toilettensitz, einem Toilettenstuhl, Handgriffen oder Unterwäsche, die sich leicht entfernen und wieder anziehen läßt, und sorgen Sie für entsprechendes Material
- Unterweisen Sie den Patienten im Gebrauch von Anzieh- und Badehilfen, wie Klettverschlüssen, Reißverschlüssen und elastischen Miedern, und versorgen Sie ihn damit
- Weisen Sie den Patienten an, regelmäßig Ruhepausen einzuplanen, um Ermüdung zu vermeiden
- Ermutigen Sie zu körperlicher Beweglichkeit
    - Halten Sie den Patienten dazu an, sich auf der kräftigeren Seite zu belasten und zu drehen
    - Bringen Sie dem Patienten bei, sich auf die nichtbetroffene Seite umzulagern. Weisen Sie ihn an, diese Seite dem Bett oder Stuhl zuzuwenden, auf das bzw. den er sich umzulagern wünscht
- Ermutigen Sie zu effektiver Kommunikation
    - Verweisen Sie den Patienten an eine Sprach- und Sprechtherapie
    - Stellen Sie sicher, daß der Patient gut ausgeruht ist, wenn mit Kommunikationsübungen begonnen wird
    - Stellen Sie sich in das Gesichtsfeld des Patienten. Halten Sie Augenkontakt
    - Reduzieren Sie Ablenkung aus der Umgebung, wie z. B. Fernsehen, Musik oder andere Unterhaltungen

- Sprechen Sie in normaler Stimmstärke mit dem Patienten, schreien Sie nicht, und sprechen Sie auch nicht mit erhobener Stimme
- Sprechen Sie langsam, in einfachen Sätzen und mit einem Vokabular, das der Patient versteht. Wiederholen Sie bei Bedarf das Gesagte
- Verwenden Sie nonverbale Gesten zur Unterstützung der Kommunikation
- Beschränken Sie jede Unterhaltung auf ein klar definiertes Thema
- Verwenden Sie bei jeder Wiederholung eines Satzes oder einer Frage die gleichen Worte
- Schreiben Sie die Worte, die jedesmal benutzt werden sollen, auf
- Stellen Sie Fragen, die sich mit „Ja“ oder „Nein“ beantworten lassen
- Geben Sie dem Patienten Zeit zur Beantwortung einer Frage
- Vermeiden Sie es, die Sätze des Patienten selbst zuende zu bringen
- Sorgen Sie für Feedback. Berichtigen Sie Fehler, und loben Sie Bemühungen. Ist die Kommunikation des Patienten undeutlich, bitten Sie ihn, seinen Satz zu wiederholen oder auf Gegenstände zu zeigen
- Weicht ein Patient mit Schädigung der rechten Hirnhälfte vom Thema der Unterhaltung ab, so bringen Sie ihn wieder darauf zurück. Erläutern Sie Geräusche, die der Patient hört, indem Sie die Geräuschquelle identifizieren
- Sorgen Sie bei Patienten mit einer Schädigung der linken Hemisphäre für Gegenstände, die der Patient berühren und benennen kann
- Sorgen Sie ggf. für Wort- und/oder Bildkarten, auf die der Patient zur Kommunikation zeigen kann, oder für eine Schiefertafel
- Vermeiden Sie es, den Patienten in Zusammenhängen zu unterweisen, bei denen Ziffern oder Zeit verwendet werden
- Vermeiden Sie Umschreibungen. Sprechen Sie in klaren, konkreten Begriffen

- Helfen Sie dem Patienten bei der Ausscheidung
  - Bieten Sie alle 2 Stunden oder nach einer Flüssigkeitsaufnahme Gelegenheit zur Ausscheidung
  - Überwachen Sie die täglichen Stuhlgänge
  - Sorgen Sie für Inkontinenzwindeln und wasserfeste Unterwäsche

Medikamente

- Erläutern Sie Zweck, Dosierung, Einnahmezeitplan und Art der Verabreichung von Medikamenten sowie deren Nebenwirkungen, die einem Arzt oder einer Pflegeperson mitgeteilt werden sollten

- *Aktivitäten*
  - Ermutigen Sie den Patienten und die betreuenden Personen, über die Fähigkeit zur Wiederaufnahme des Berufs sowie von Freizeitaktivitäten und Tätigkeiten zu sprechen
  - Raten Sie der betreuenden Person, selbständige Aktivität soweit irgend möglich zu fördern
  - Bringen Sie der betreuenden Person und dem Patienten Übungen zum Bewegungsumfang bei
  - Helfen Sie dem Patienten mit Hilfsmitteln wie einem Rollstuhl oder Gehstock
  - Unterstützen Sie den Patienten in Fortschritten bei Aktivitäten und beim Umhergehen. Weisen Sie die betreuende Person an, beim Gehen mit dem Patienten auf dessen betroffener Seite zu gehen
- *Ernährung/Diät*
  - Helfen Sie bei Sondenernährung entsprechend den Anweisungen
  - Helfen Sie beim Essen anreichern, soweit notwendig
    - Plazieren Sie Speisen und Eßbesteck in Reichweite
    - Verwenden Sie Hilfsmittel für eigenständiges Essen, wie etwa große Griffe am Besteck oder einen speziell gegen das Herabfallen von Speisen konstruierten, aufsetzbaren Tellerrand
  - Helfen Sie dem Patienten und seiner Familie bei der Planung einer Ernährung, die bevorzugte Speisen beinhaltet, dick und leicht zu schlucken ist und einen erhöhten Gehalt an Ballaststoffen hat
  - Weisen Sie den Patienten und seine Familie an, Milch sowie dünne und glatte Nahrungsmittel zu meiden
  - Weisen Sie den Patienten an, kleine Bissen zu nehmen und gründlich zu kauen
  - Weisen Sie den Patienten an, Nahrung in die nichtbetroffene Seite des Mundes zu nehmen
  - Lagern Sie den Patienten auf der Seite mit angehobenem Kopfteil, wenn Sie ihn im Bett essen anreichen
  - Halten Sie den Patienten zur Aufnahme von 2 Litern Flüssigkeit täglich an, soweit nicht kontraindiziert

Nachsorge

- Betonen Sie die Bedeutung anschließender medizinischer Versorgung durch den Arzt, ein Reha-Programm, Sprach-, Sprecht-, Physio- und Beschäftigungstherapie. Stellen Sie sicher, daß der Patient über die erforderlichen Namen und Telefonnummern verfügt

Psychosoziale Betreuung

- Raten Sie der betreuenden Person, überbeschützendes Verhalten zu vermeiden
- Helfen Sie der betreuenden Person bei der Formulierung realistischer, erreichbarer Ziele
- Loben Sie Verbesserungen und Fortschritte des Patienten
- Ermutigen Sie den Patienten und seine Familie, Besorgnissen bezüglich einer Anpassung hinsichtlich des Verhaltens sowie der psychosozialen und funktionellen Veränderungen an die Behinderung Ausdruck zu geben.
- Informieren Sie den Patienten, daß emotionale Labilität und Depression häufig vorkommen
- Verweisen Sie den Patienten an eine(n) Sozialarbeiter(in) zur weiteren Unterstützung und Beratung

Hinweise

- Unterstützen Sie den Patienten und seine Familie bei der Weitervermittlung an Selbsthilfegruppen, gemeindegestützte Hilfsquellen und ambulante Pflegedienste
- Verweisen Sie den Patienten an eine(n) Physiotherapeute(i)n und Beschäftigungstherapeute(i)n

Schmerzbekämpfung

Schmerzbekämpfung: Umgang mit dem Zustand, in dem ein Mensch schweres Unbehagen oder eine unangenehme Empfindung verspürt. Schmerz kann durch eine Vielzahl physiologischer, psychologischer und soziologischer Faktoren beeinflußt werden. Schmerztoleranz ist die Fähigkeit, Schmerzen einer bestimmten Intensität auszuhalten. Die Schmerzschwelle bedeutet das Maß oder den Grad an Schmerzen, den ein Patient aushalten kann, bevor er die Empfindung als schmerzhaft bezeichnet. Chronische Schmerzen bestehen länger als 6 Monate und können intermittierend oder kontinuierlich sein. Chronischer Schmerz dient nicht als Warnsignal für einen Gewebeschaden.

Ambulante Pflege

- Geben Sie sowohl dem Patienten als auch der betreuenden Person *mündliche* und *schriftliche* Instruktionen. Nennen Sie ihnen den Namen und die Telefonnummer eines Arztes oder einer Pflegeperson, die sie bei Fragen anrufen können

- *Allgemeine Informationen*
- Erläutern Sie die Zusammenhänge zwischen dem Krankheitsprozeß und den Schmerzen. Helfen Sie dem Patienten, die Schmerzursache zu verstehen
- *Besondere Hinweise*
- Helfen Sie dem Patienten, Faktoren oder Handlungen zu erkennen, die Schmerzen auslösen, wie z. B. Tätigkeiten, Bewegungen und Temperaturextreme
- Sprechen Sie über wirksame und unwirksame Maßnahmen der Schmerzbekämpfung in der Vergangenheit. Untersuchen Sie die frühere Wirkung von Maßnahmen zur Schmerzerleichterung auf den Patienten, wie Schlaflosigkeit, Lethargie sowie herabgesetzte Energie und sexuelle Aktivität
- Helfen Sie dem Patienten, den Schmerz zu lokalisieren und dessen Intensität auf einer Skala von beispielsweise 0 bis 10 zu bestimmen, wobei 0 das Fehlen von Schmerzen und 10 stärksten Schmerz bedeutet
- Besprechen Sie andere Interventionen bei unbehandelbaren Schmerzen als Medikamente
  - Anästhesieverfahren wie Nervenblockaden, Injektionen an Triggerpunkten und den Einsatz von Stickoxid
  - Neuroablative Verfahren wie die Chordotomie
  - Physiatrisch stützende Maßnahmen wie den Einsatz einer Prothese, Physio- und Beschäftigungstherapie
- Besprechen Sie alternative Strategien, die Patienten anwenden können, um Schmerzen zu lindern, ohne die verordneten Medikamente einnehmen zu müssen, und erläutern Sie, daß diese Techniken auch die Wirkung der Schmerzmedikation verstärken können (s. Anhang A)
  - Sensorische Interventionen. Massage, wie z. B. Rücken- und Fußmassage zum Abbau muskulärer Spannungen und zur lokalen Durchblutungsförderung; Übungen zum Bewegungsumfang (passiv, unterstützend oder aktiv) zur Entspannung der Muskulatur, zur Durchblutungsförderung und zur Vorbeugung gegen Schmerzen im Zusammenhang mit Gelenksteifigkeit und Immobilität; Kälteanwendungen, initial zur Abschwächung der Gewebsreaktion auf Verletzungen (Anschwellen) und zur Schmerzlinderung; Wärmeanwendungen, im Anschluß an Kälteanwendungen eingesetzt, um die Reinigung des Gewebes von Giftstoffen zu fördern und Flüssigkeitsbewegungen in Gang zu bringen; transkutane elektrische Nervenstimulation (TENS) mittels eines batteriebetriebenen Gerätes im Taschenformat, das über auf der Haut angebrachte Elektroden schwache elektrische Dauerimpulse durch die Haut schickt (s. u.)

- Psychische Interventionen zur Erhöhung der Schmerzschwelle durch Kontrolle oder Verringerung von Angst, Müdigkeit und Depression: *Vorbeugen gegen Angst oder deren Kontrolle* zur Senkung der Muskelanspannung und zur Steigerung der Schmerztoleranz durch Entspannungsübungen und langsames, kontrolliertes Atmen; *Unterstützung der Selbstbeherrschung,* um Gefühle der Hilflosigkeit und des Kontrollverlustes zu beherrschen, die zu der Angst und den Schmerzen beitragen; *Einteilung von Aktivitäten*
- Kognitive Interventionen: *Ablenkung,* d. h. sich auf etwas konzentrieren, das nicht mit den Schmerzen in Zusammenhang steht, z. B. Unterhaltungen, Fernsehen, Video, Musik hören, Humor; *geleitete Imagination,* d. h. der Einsatz von Bildern, um einen körperlichen oder seelischen Zustand zu verändern, die Entspannung zu fördern und die Schmerzwahrnehmung abzuschwächen

- Besprechen Sie die Notwendigkeit, bequeme Körperhaltungen herauszufinden. Halten Sie den Patienten dazu an, auf richtige Haltung und Ausrichtung des Körpers zu achten. Raten Sie ihm, den betroffenen Bereich bewegungslos oder in Ruhe zu halten
- Sagen Sie dem Patienten, er möge Bereiche schützen, die Druck ausgesetzt sind, indem er jeweils seine Position verändert und Systeme wie etwa eine Dekubitusmatratze verwendet
- Besprechen Sie den Einsatz von TENS. Erläutern Sie, daß der schwache elektrische Strom Schmerzimpulse blockiert oder modifiziert, bevor sie das Gehirn erreichen und sie durch ein schwirrendes oder kribbelndes Gefühl ersetzt. Informieren Sie den Patienten darüber, daß TENS die körpereigene Produktion von Endorphinen und körpereigenen Substanzen gegen Schmerzen, stimulieren kann. Unterweisen Sie den Patienten im Gebrauch und in der ambulanten Pflege der TENS-Einheit
  - Bringen Sie eine dünne Schicht Gel auf die gesamte Fläche einer jeden Elektrode
  - Befestigen Sie die Elektroden mit Pflaster sicher auf der Haut
  - Befestigen Sie die Elektroden dicht an der schmerzenden Stelle
  - Drehen Sie den Knopf für die Meßstärke, bis sich auf der Haut ein leicht kribbelndes oder schwirrendes Gefühl bemerkbar macht. Erhöhen Sie die Intensität, wenn der Schmerz noch spürbar ist, verringern Sie die Intensität, falls das Kribbeln Unbehagen verursacht
  - Schalten Sie die TENS-Einheit aus, bevor Sie sie entfernen
  - Wischen Sie die Elektroden nach dem Abnehmen von der Haut mit einer Mischung aus Alkohol und Wasser ab

  - Schützen Sie die Einheit vor Nässe. Falls sie dennoch naß wird, lassen Sie sie vor erneutem Gebrauch gründlich trocknen
  - Ersetzen Sie die Elektroden, wenn sich die Haftschicht vom Untergrund löst oder wenn sie nicht mehr fest auf der Haut haften
  - Ersetzen Sie bei Bedarf die Batterien, oder laden Sie sie ggf. wieder auf. Wenn es beim Hochregeln der Intensität nicht zu einem Kribbeln kommt, so lassen die Batterien in ihrer Leistung nach
  - Verwenden Sie hypoallergenes Pflaster zur Befestigung der Elektroden, um Rötung oder Hautausschlag zu verhindern. Reinigen Sie die Haut gründlich nach dem Entfernen der Elektroden, und tragen Sie Hautlotion auf die entsprechenden Stellen auf

- *Medikamente*
- Erläutern Sie Zweck, Dosierung, Einnahmezeitplan und Art der Verabreichung von Medikamenten sowie deren Nebenwirkungen, die einem Arzt oder einer Pflegeperson mitgeteilt werden sollten
- Geben Sie dem Patienten allgemeine Richtlinien für den Einsatz von Analgetika
  - Erklären Sie ihm, daß bei einigen Schmerzformen verschiedene Maßnahmen zur Schmerzlinderung erforderlich sein können
  - Weisen Sie den Patienten an, mit den Maßnahmen gegen den Schmerz zu beginnen, bevor schwere Schmerzen auftreten. Stellen Sie die Fähigkeit bzw. Bereitschaft des Patienten zur aktiven Teilnahme an der Schmerzbekämpfung fest, und empfehlen Sie Maßnahmen, von denen der Patient glaubt, daß sie helfen
  - Verlassen Sie sich eher auf das Verhalten des Patienten als Schmerzindikator als auf bekannte physische Stimuli
  - Halten Sie den Patienten dazu an, eine Maßnahme zur Schmerzbekämpfung mindestens zweimal auszuprobieren, bevor er sie als unwirksam aufgibt. Sagen Sie dem Patienten, er möge offen bleiben für Möglichkeiten der Schmerzbekämpfung
  - Raten Sie dem Patienten dringend, die Schmerzbekämpfung nach Möglichkeit nicht aufzugeben und sich nicht entmutigen zu lassen
- Besprechen Sie den Einsatz von Analgetika, die nicht zu den Opiaten und Opioiden gehören
  - Informieren Sie den Patienten darüber, daß dazu Acetaminophen, Acetylsalicylsäure und nichtsteroidale Antiphlogistika wie Ibuprofen, Indomethacin und Naproxen gehören
  - Erläutern Sie, daß diese Medikamente in der Regel gut vertragen werden, jedoch möglicherweise zu Ulzera des Magen-Darm-Traktes führen, nierentoxisch sein und die Thrombozytenaggregation hemmen können

- Sagen Sie dem Patienten, daß die Dosis solcher Analgetika erhöht werden sollte, falls sie zu Anfang wirkungslos bleiben, bevor ein anderes Analgetikum versucht wird

- Besprechen Sie den Einsatz von Opiaten und Opioiden, die bei schweren postoperativen Schmerzen oder unbehandelbaren Schmerzen, wie sie bei Krebs entstehen, indiziert sind
  - Informieren Sie den Patienten darüber, daß zu diesen Substanzen Morphin, Hydromorphon und Methadon gehören und daß diese intravenös, intrathekal oder epidural verabreicht werden können, um die analgetische Wirkung zu verstärken
  - Erläutern Sie, daß festgelegte Dosierungsschemata der Schmerztherapie konstantere Blutspiegel und eine besser planbare Schmerzerleichterung bieten. Empfehlen Sie, daß darüber hinausgehende Dosen zur Bekämpfung von Schmerzspitzen verwendet werden
  - Besprechen Sie die Nebenwirkungen von Opiaten und Opioiden: Verstopfung, Erbrechen sowie Atemdepression und Betäubung des ZNS.
  - Gehen Sie den Einsatz der Agonisten und Antagonisten durch: Nalbuphin, Pentazocin und Buprenorphin
- Erläutern Sie den Einsatz von Substanzen, die die Wirkung von Analgetika potenzieren
  - Informieren Sie den Patienten darüber, daß dazu Promethazin, Chlorpromazin, Hydroxyzin, Diazepam, Lorazepam und Diphenhydramin gehören
- Besprechen Sie den Einsatz von Stimulanzien
  - Informieren Sie den Patienten, daß dazu Kokain, Methylphenidat, Dextroamphetamin und Koffein gehören
- Sprechen Sie über andere Arten von Medikamenten, die zur Schmerzbekämpfung eingesetzt werden. Dazu gehören trizyklische Antidepressiva wie Amitriptylin, Imipramin und Doxepin sowie Butyrophenone wie Droperidol und Haloperidol
- Besprechen und demonstrieren Sie die Verwendung von Instrumenten zur Verabreichung von Analgetika
  - Externe und implantierbare Pumpen zur intravenösen, epiduralen und intrathekalen Verabreichung von Opiaten und Opioiden
  - Patientenkontrollierte Analgesie (PCA), teilweise zur Behandlung akuter Schmerzen, z. B. nach einer Operation
  - Subkutane Dauerinfusion mit einer tragbaren Infusionspumpe
  - Transkutane elektrische Nervenstimulation (TENS)

Sichelzellanämie

Sichelzellanämie: eine chronische hämolytische Krankheit, die infolge einer von den Eltern auf das Kind übertragenen Genveränderung auftritt. Die Sichelzellanämie ist durch abnorme, halbmondförmige, starre und verlängerte Erythrozyten gekennzeichnet. Diese „Sichelzellen" stören die Blutzirkulation, da sie die kapilläre Strombahn nicht durchqueren können und dabei zerstört werden. Krisenhafte Krankheitsbilder treten u. a. in Form schmerzhafter Krisen durch Gefäßverschlüsse und als aplastische Krisen auf. Die Krise infolge von Gefäßverschlüssen kommt häufiger vor, wobei die Ansammlung fehlgebildeter Erythrozyten in kleineren Blutgefäßen, etwa an der Peripherie oder in den Nieren, zu deren Verschluß, zur Gewebshypoxie und zum Gewebsuntergang führt. Die Sichelzellanämie ist überwiegend innerhalb der schwarzen Bevölkerung verbreitet. Bei aplastischen Krisen führt eine Infektion zu einer verringerten Verfügbarkeit funktionstüchtiger Erythrozyten infolge einer Knochenmarkaplasie, Eisenmangels oder eines Abbaus der Erythrozyten in der Milz.

Ätiologie

- Erbliche Erkrankung

Kennzeichen/Symptome

- *Allgemeine Kennzeichen*
- Müdigkeit
- Belastungsdyspnö
- Verzögerte Geschlechtsreife
- *Krisen*
- Schwere Schmerzen in den Knochen, im Abdomen und Thorax sowie in Muskeln und Gelenken
- Ikterus
- Blässe
- Gelenkschwellungen
- Schwaches Fieber
- Myokardinfarkt
- Hämolytische Anämie

Diagnostik

- Beschreiben Sie jedes Verfahren, seinen Zweck und die normalen Empfindungen oder Wahrnehmungen, die dabei wahrscheinlich vorkommen, sowie die Pflege davor und danach
- Gefärbter Blutausstrich
- Sichelzell-Blutausstrich
- Hämoglobinelektrophorese (HbS)
- Lebensdauer der Erythrozyten

Behandlung

Konservativ

- *Therapie*
- Ruhe
- Sauerstoff
- Flüssigkeit und Elektrolyte i. v.
- *Medikamente*
- Analgetika
- Medikamente gegen Infektionen (niedrig dosiertes Penicillin)
- Desferrioxamin (Chelatbildner)
- Sedativa
- Eisenpräparate

Ambulante Pflege

- Geben Sie sowohl dem Patienten als auch der betreuenden Person *mündliche* und *schriftliche* Instruktionen. Nennen Sie ihnen den Namen und die Telefonnummer eines Arztes oder einer Pflegeperson, die sie bei Fragen anrufen können
- *Allgemeine Informationen*
- Erläutern und besprechen Sie die Sichelzellanämie, ihre Ätiologie und die beeinflussenden Faktoren
- *Komplikationszeichen*
- Gehen Sie die Zeichen und Symptome durch, die einem Arzt oder einer Pflegeperson mitgeteilt werden sollten
  - Ikterus
  - Dyspnö
  - Schwere Gelenk- oder Leibschmerzen
  - Kopfschmerzen
  - Schwindel

- Schlaflosigkeit mit Schwierigkeiten beim Aufwachen
- Anhaltendes Fieber (> 2 Tage)
- Hämaturie

- *Besondere Hinweise*
- Machen Sie den Patienten darauf aufmerksam, er möge Faktoren vermeiden, die eine hämolytische Krise auslösen können: große Höhe über dem Meeresspiegel, das Trinken eiskalter Flüssigkeiten, starke körperliche Anstrengung
- Besprechen Sie, wie wichtig es ist, Personen mit Infekten, etwa der oberen Atemwege, zu meiden. Sagen Sie dem Patienten, er möge sich bei einer Infektion frühzeitig in Behandlung begeben
- Raten Sie dem Patienten, er möge die Notwendigkeit von Impfungen, etwa gegen *Haemophilus influenzae* B, mit dem Arzt oder der Pflegeperson besprechen
- Betonen Sie, wie wichtig es ist, sich bei einer hämolytischen Krise frühzeitig in Behandlung zu begeben. Erklären Sie ihm, daß eine Aufnahme in die Klinik erforderlich werden kann
- Bringen Sie dem Patienten bei, sich vorsichtig zu schneuzen und Husten sowie Pressen beim Stuhlgang zu vermeiden
- Bringen Sie dem Patienten bei, wie man wegen der gestörten Durchblutung Verletzungen und Temperaturextreme vermeidet und die Gliedmaßen vor Verletzungen schützt
- Demonstrieren Sie, wie man die orale Flüssigkeitsaufnahme, die Urinausscheidung und den Eiweißgehalt des Urins bestimmt
- Machen Sie den Patienten auf die Notwendigkeit aufmerksam, Familienmitglieder auf HbS testen zu lassen. Verweisen Sie Genträger an eine genetische Beratung
- Sagen Sie einer Patientin, daß bei Frauen ein hohes Risiko für Lungen- und Nierenkomplikationen besteht. Betonen Sie, wie wichtig es ist, Schwangerschaften zu planen, und sorgen Sie für Informationen zur Geburtenkontrolle

- *Medikamente*
- Erläutern Sie Zweck, Dosierung, Einnahmezeitplan und Art der Verabreichung von Medikamenten sowie deren Nebenwirkungen, die einem Arzt oder einer Pflegeperson mitgeteilt werden sollten

- *Aktivitäten*
- Ermutigen Sie den Patienten, über Anpassungen und Einschränkungen bezüglich der Arbeit sowie von Freizeit- und anderen Tätigkeiten zu sprechen

- Bringen Sie dem Patienten Übungen zum Bewegungsumfang bei, und ermutigen Sie ihn zu regelmäßiger körperlicher Betätigung, um eine Demineralisierung der Knochen zu verhindern
- Erklären Sie, daß zwischen Aktivität und Ruhe ein ausgewogenes Verhältnis bestehen muß
- *Ernährung/Diät*
- Besprechen Sie die Notwendigkeit einer ausgewogenen Ernährung
- Halten Sie den Patienten an, häufig kleine Mahlzeiten zu sich zu nehmen
- Halten Sie ihn zur Flüssigkeitsaufnahme an, um eine Dehydrierung zu verhindern

Nachsorge

- Betonen Sie die Bedeutung regelmäßiger medizinischer und labortechnischer Nachsorgeuntersuchungen. Stellen Sie sicher, daß der Patient über die erforderlichen Namen und Telefonnummern verfügt

Hinweis

- Helfen Sie dem Patienten bei Bedarf bei der Suche nach psychologischer Beratung und sozialer Unterstützung. Verweisen Sie ihn ggf. an gemeinde- oder klinikgestützte Selbsthilfegruppen

Sigmoidoskopie

Sigmoidoskopie: Einführen eines starren oder flexiblen Endoskops zur direkten Darstellung der Mukosa oder Biopsie bei Läsionen des Sigmoids, Rektums und Analkanals.

Indikationen

- Veränderte Stuhlgewohnheiten
- Rektale Blutungen
- Divertikulose
- Polypen
- Colitis ulcerosa
- Morbus Crohn
- Reizdarmsyndrom
- Benigne Tumoren

- Anorektale Fisteln
- Gewichtsverlust
- Anämie

Präoperative Schulung

- Gehen Sie die Erläuterungen des Arztes bezüglich des Eingriffs und seiner Gründe durch. Ermutigen Sie den Patienten, Fragen zu stellen und alle Sorgen und Ängste zu besprechen
- Erläutern Sie die Notwendigkeit einer schriftlichen Einverständniserklärung nach Aufklärung

Besprechen der präoperativen Pflege

- Besprechen Sie, daß sich die präoperative Pflege nach der Verdachtsdiagnose richtet
- Informieren Sie den Patienten darüber, daß 48 Stunden vor dem Eingriff leichte Mahlzeiten oder klare Flüssigkeiten verordnet werden können
- Besprechen Sie, daß der Patient 8 Stunden vor dem Eingriff nichts mehr essen oder trinken darf
- Erklären Sie, daß eine Darmvorbereitung in Form von Laxanzien oder Einläufen verordnet werden kann
- *Besprechen Sie, was während des Eingriffs passiert*
  - Der Patient wird in Knie-Ellenbogen-Lage auf einem Kipptisch oder in Linksseitenlage mit angehobener rechter Gesäßhälfte gelagert
  - Zur besseren optischen Darstellung und leichteren Einführung des Endoskops kann Luft eingeblasen werden
  - Ein leichtes Sedativum oder Analgetikum wird verabreicht. Zur Begrenzung der Schleimsekretion im Magen-Darm-Trakt kann Atropin gegeben werden

Besprechen der postoperativen Pflege

- Erklären Sie, daß der Patient nach dem Eingriff 1–2 Stunden lang unter Bettruhe liegen bleibt, um eine Überwachung auf Kennzeichen und Symptome einer Komplikation zu ermöglichen
- Erklären Sie, daß es aufgrund der während des Eingriffs eingeblasenen Luft zu unkontrollierbaren Blähungen kommen kann, die jedoch vorübergehen und sich durch Umhergehen lindern lassen

Komplikationen

- Darmperforation
- Vasovagale Reizung

Ambulante Pflege

- Geben Sie sowohl dem Patienten als auch der betreuenden Person *mündliche* und *schriftliche* Instruktionen. Nennen Sie ihnen den Namen und die Telefonnummer eines Arztes oder einer Pflegeperson, die sie bei Fragen anrufen können
- *Allgemeine Informationen*
- Gehen Sie die Erläuterung des Verfahrens und der speziellen Nachsorge durch. Sagen Sie dem Patienten, daß es nach einer Entnahme von Biopsieproben zu leichten rektalen Blutungen kommen kann
- *Komplikationszeichen*
- Gehen Sie die Zeichen und Symptome durch, die einem Arzt oder einer Pflegeperson mitgeteilt werden sollten
  - Abdominalschmerzen und Blähungen
  - Rektale Blutung
  - Fieber
  - Blässe und Schwitzen
- *Aktivitäten*
- Erklären Sie, daß der Patient anstrengende Tätigkeiten am Tage des Eingriffs vermeiden sollte, sich jedoch später entsprechend seinen Toleranzgrenzen belasten kann
- *Ernährung/Diät*
- Sagen Sie dem Patienten, daß er eine normale Ernährung oder eine vom Arzt entsprechend der Grunderkrankung verordnete Diät einhalten kann

Nachsorge

- Betonen Sie die Bedeutung regelmäßiger Nachsorgeuntersuchungen. Stellen Sie sicher, daß der Patient über die erforderlichen Namen und Telefonnummern verfügt

Sondenernährung

Sondenernährung: unterstützende Ernährung auf enteralem Wege zur Behandlung oder Prävention einer Unter- oder Fehlernährung. Enterale Produkte bestehen aus Standardzusammensetzungen und modularen Zusammensetzungen und werden zur Sondenernährung verwendet. Dies kann über eine Magensonde oder ein Gastrostoma geschehen. Die Magensonde wird über den Mund oder die Nase in den Magen eingeführt. Das Gastrostoma ist eine Öffnung im Magen, durch die ein Tubus eingeführt. wird. Es ist indiziert bei Patienten, die über lange Zeit künstlich ernährt werden müssen. Es hat sich gezeigt, daß ein Knopfventil viele der Nachteile eines Gastrostomietubus verringert, wie z. B. den Austritt von Speisebrei, die Beweglichkeit sowie den Verschluß und das Ausstoßen des Tubus.

Indikationen

- Geschwächte, komatöse Patienten
- Ösophagusstrikturen
- Maligne Neoplasien

Nebenwirkungen/Komplikationen

- Aspiration (bei über die Nase eingeführten Magensonden)
- Mechanische Probleme: Verschluß, Verschieben
- Stoffwechselstörungen, wie z. B. Diarrhö, Dehydratation, Hyperglykämie, Störungen des Elektrolythaushalts, Mangel an Vitaminen und Spurenelementen, hohe Rückstandsmengen im Magen

Ambulante Pflege

- Geben Sie sowohl dem Patienten als auch der betreuenden Person *mündliche* und *schriftliche* Instruktionen. Nennen Sie ihnen den Namen und die Telefonnummer eines Arztes oder einer Pflegeperson, die sie bei Fragen anrufen können
- *Allgemeine Informationen*
  - Besprechen Sie den Zweck und die Indikation sowie die Art der enteralen Ernährung
- *Komplikationszeichen*
  - Gehen Sie die Zeichen und Symptome durch, die einem Arzt oder einer Pflegeperson mitgeteilt werden sollten

- Unverträglichkeit für den Magen-Darm-Trakt: Übelkeit, Erbrechen, Blähungen, Krämpfe, Durchfall
- Wundinfektion des Gastrostomas: Fieber, Rötung, Ausfluß, Schwellung, Empfindlichkeit, Geruch

Besondere Hinweise

- Helfen Sie der betreuenden Person bei der Beschaffung von Nahrung, Ausrüstung und Material
- Lehren Sie die Pflege der Sonde bzw. des Tubus für die Ernährung
  - Magensonden vorsichtig mit Seife und Wasser abspülen und trockentupfen. Sichern Sie die Magensonde, um Spannungen auf der Haut und im Gewebe des Patienten zu vermeiden
  - Bringen Sie dem Patienten mit einem Gastrostoma bei, wie man den Tubus wechselt. Erklären Sie, daß dieser nach einigen Wochen entfernt und zu den Mahlzeiten wieder eingesetzt werden kann. Die Haut um den Tubus sollte täglich inspiziert, vorsichtig gewaschen und trocken getupft werden
- Unterweisen Sie den Patienten darin, wie man Übelkeit und Erbrechen vermeidet. Vermeiden Sie rasches Infundieren, und passen Sie die Menge den Verordnungen an. Demonstrieren Sie die Vorgehensweise
- Besprechen Sie die Notwendigkeit einer Spülung des Tubus bzw. der Sonde mit 50–150 ml Wasser nach jeder Verabreichung von Nahrung oder Medikamenten. Blockierte Sonden sollten unter Verwendung einer Spritze mit dem proteolytischen Enzym Papain, Pankreasenzym, Cola oder Preiselbeersaft gespült werden
- Demonstrieren Sie das Vorbereiten und Verabreichen der Nahrung. Zeigen Sie den Gebrauch einer Pumpe, falls der Patient unter kontinuierlicher Nahrungszufuhr steht. Geben Sie der betreuenden Person Zeit zum Üben

Medikamente

- Erläutern Sie Zweck, Dosierung, Einnahmezeitplan und Art der Verabreichung von verordneten Medikamenten sowie deren Nebenwirkungen, die einem Arzt oder einer Pflegeperson mitgeteilt werden sollten
- Weisen Sie die betreuende Person an, nach Rücksprache mit einem Arzt oder Apotheker eine flüssige Zubereitung der Tabletten herzustellen oder diese in 30 ml Wasser aufzulösen

Ernährung/Diät

- Besprechen Sie die verordnete Art und Menge der Nahrung. Weisen Sie den Patienten an, während der Versorgung und noch eine Stunde danach den Kopf um 30 Grad angehoben zu halten, um ein Regurgitieren und Aspirieren zu vermeiden. Zeigen Sie der betreuenden Person, wie man bei jeder Versorgung auf Reste der vorangegangenen Versorgung achtet

- Sagen Sie der betreuenden Person, sie möge die Nahrung bei Raumtemperatur verabreichen. Weisen Sie sie an, alle offenen Produkte zu kühlen und nach 24 Stunden zu verwerfen, eine saubere Technik im Umgang mit der Sonde bzw. dem Tubus und den Nahrungsmitteln einzusetzen und alle 24 Stunden eine andere Nahrung anzubieten

Nachsorge

- Betonen Sie die Bedeutung regelmäßiger medizinischer und labotechnischer Nachsorgeuntersuchungen. Stellen Sie sicher, daß der Patient über die erforderlichen Namen und Telefonnummern verfügt

Strahlentherapie

Strahlentherapie: die wichtigste Art der Tumortherapie. Die Strahlentherapie umfaßt den Einsatz von Gammastrahlen zur Störung der Zellproliferation durch Herabsetzen der Mitoserate oder Störung der DNS-Synthese und damit Reduktion der Tumormasse. Strahlentherapie kommt in allen Bereichen der Tumortherapie zum Einsatz: kurativ, adjuvant und palliativ.

Bestrahlungsarten

- Perkutane (externe) Strahlentherapie/Teletherapie: Der Patient liegt auf einem Tisch in einer gewissen Entfernung von der Strahlenquelle und wird täglich einer festgelegten Strahlendosis ausgesetzt. Das Strahlenfeld umfaßt gewöhnlich den Tumor und die Lymphbahnen der entsprechenden Region
- Kontaktbestrahlung, Spickung: Versiegelte Strahlenquellen werden unmittelbar in den Tumor oder in die den Tumor umgebende Körperhöhlung implantiert. Die verwendeten Strahlenquellen (Caesium, Iridium) haben nur eine geringe Eindringtiefe und strahlen den größten Teil der Dosis in einem kleinen Bereich ab. Ziel ist es, eine hohe Dosis in einem kleinen Gewebevolumen abzugeben. Der Patient ist für die Zeit, in der sich die Strahlenquelle in seinem Körper befindet, d. h. gewöhnlich für 3–5 Tage, radioaktiv, und Vorsichtsmaßnahmen (Zeit, Abstand, Abschirmung) sind notwendig
- Applikation von Radiopharmaka: Einsatz unversiegelter Strahlenquellen, wie z. B. Flüssigkeiten in der Behandlung von Malignomen. Am häufigsten wird 131Jod beim Schilddrüsenkarzinom eingesetzt. Seine Halbwertzeit beträgt 8 Tage

- Kombination von Strahlentherapie und lokaler bzw. regionaler Hyperthermie. Die Dosis kann lokal, regional oder systemisch (Ganzkörpertherapie) mittels elektromagnetischer, radiofrequenz- oder ultraschalltechnischer Verfahren verabreicht werden
- Intraoperative Strahlentherapie: bietet direkte Sicht auf den Tumor und Behandlung zur Kontrolle lokaler Rezidive
- Kombinierte Chemo- und Strahlentherapie: dient der Behandlung von Residualzuständen nach Operation
- Strahlensensibilisierende Substanzen: nichthypoxische oder hypoxische Wirkstoffe werden zur Steigerung des Strahlungseffektes eingesetzt

Nebenwirkungen/Komplikationen

- Akute (während der Behandlung bis zu 6 Monaten), subakute (nach 6 Monaten) oder chronische Nebenwirkungen (nach unterschiedlicher Zeit auftretend). Nebenwirkungen werden zunächst an Haut und Schleimhäuten sowie an den Haarfollikeln, später am Gefäßsystem und an der Muskulatur sichtbar. Frühzeitig auftretende Nebenwirkungen gelten als reparabel, Spätwirkungen sind oft bleibend
- Allgemeine Auswirkungen: Müdigkeit, Anorexie
- Vorübergehendes Erythem schon bei der ersten Behandlung; trockene oder nässende Desquamation in der zweiten oder dritten Woche (s. S. 718)
- Wirkungen auf die Lunge: verstärkt produktiver oder nichtproduktiver Husten, Dyspnö, Pneumonitis (Dyspnö, Fieber, Husten, Nachtschweiß). Spätfolge ist eine gewöhnlich asymptomatische Fibrose
- Wirkungen auf den Gastrointestinaltrakt: Erbrechen, Anorexie, Diarrhö, gedehnter Magen
- Toxische Wirkungen: abhängig vom Zielgebiet der Strahlung, vom bestrahlten Gewebevolumen, der Gesamtdosis und dem Zeitrahmen

Diagnostik

- Beschreiben Sie jedes Verfahren, seinen Zweck und die normalen Empfindungen oder Wahrnehmungen, die dabei wahrscheinlich vorkommen, sowie die Pflege davor und danach
- [ ] Großes Blutbild
- [ ] Elektrolyte
- [ ] Urinuntersuchung

Behandlung

Konservativ

- *Medikamente*
- Antiemetika
- Antibiotika
- Medikamente gegen Diarrhö
- Blutprodukte

Ambulante Pflege

- Geben Sie sowohl dem Patienten als auch der betreuenden Person *mündliche* und *schriftliche* Instruktionen. Nennen Sie ihnen den Namen und die Telefonnummer eines Arztes oder einer Pflegeperson, die sie bei Fragen anrufen können
- *Allgemeine Informationen*
- Wiederholen und bekräftigen Sie die Erläuterungen des Arztes hinsichtlich der Therapie: Art der durchzuführenden Behandlung, Häufigkeit und Dauer (Wochen) sowie zu erwartende Nebenwirkungen bzw. toxische Wirkungen
- Erklären Sie, daß eine hochdosierte Strahlentherapie zur Sterilität führt
- Erläutern Sie Frauen mit Endometriumkarzinom, die sich einer Strahlentherapie unterziehen, daß es zu einer Schrumpfung der Vagina kommen kann
- *Komplikationszeichen*
- Gehen Sie die Zeichen und Symptome durch, die einem Arzt oder einer Pflegeperson mitgeteilt werden sollten
  - Hautreaktionen: Rötung, Juckreiz, Schwellung, trockene oder feuchte Desquamation (Abschuppung) (s. S. 718), Schmerzen
  - Mukositis
  - Übelkeit, Erbrechen
  - Tachykardie
  - Dyspnö
  - Bei Frauen unter Strahlentherapie wegen eines Endometriumkarzinoms: vaginale oder rektale Blutung, übelriechender Ausfluß, Schmerzen im Abdomen, Hämaturie
- *Besondere Hinweise*
- Besprechen Sie, daß es notwendig ist, Infektionen zu vermeiden, indem man große Menschenansammlungen und vor allem Personen mit Infekten der oberen Atemwege meidet

- Unterweisen Sie den Patienten in der Hautpflege einschließlich der Pflege von Farbstoffmarkierungen, und verdeutlichen Sie ihm die Notwendigkeit, Seife und Salben, Sonnenbaden sowie die Anwendung von Wärme zu meiden (s. S. 718)
- Machen Sie dem Patienten die Bedeutung der Mundhygiene klar, wenn er Strahlentherapie im Mund-, Kopf- oder Nackenbereich erhält (s. Tumoren, allgemein, S. 745)
- *Aktivitäten*
- Unterweisen Sie den Patienten im Umgang mit seiner Müdigkeit und wie man seine Beweglichkeit erhält, etwa indem man Tätigkeiten vor und nach der Behandlung in Abhängigkeit vom Grad der eigenen Energie plant
- Ermutigen Sie den Patienten, seine Arbeit und andere Aktivitäten des täglichen Lebens einschließlich körperlicher Übungen entsprechend seiner Belastbarkeit fortzusetzen
- *Ernährung/Diät*
- Lehren Sie den Patienten die Bedeutung einer regelmäßigen Ernährung mit kleinen, häufigen Mahlzeiten
- Raten Sie dem Patienten, einige Stunden vor und nach einer Behandlung nichts zu essen, um Übelkeit zu verhindern
- Halten Sie den Patienten zur Aufnahme von bis zu 3 Litern Flüssigkeit täglich an

Nachsorge

- Betonen Sie, wie wichtig es ist, den gesamten Behandlungsplan sowie die Laboruntersuchungen und die medizinischen Nachsorgeuntersuchungen einzuhalten. Stellen Sie sicher, daß der Patient über die erforderlichen Namen und Telefonnummern verfügt

Hinweis

- Verweisen Sie den Patienten an Selbsthilfegruppen und bei Bedarf an andere gemeindegestützte Hilfsquellen

Hautpflege während einer perkutanen (externen) Strahlentherapie

Eine perkutane (externe) Strahlentherapie kann leichte bis schwere Hautreaktionen hervorrufen, abhängig von der Höhe der Strahlendosis und der Häufigkeit der Bestrahlung sowie der Größe des bestrahlten Areals und der Art der verwendeten Strahlung. Im allgemeinen wird die Haut des bestrahlten Bezirks in den ersten beiden Wochen der Behandlung rosa oder rot und empfindlich gegen Sonneneinstrahlung. Sie verliert die Haare oder es entwickelt sich ein Hautausschlag. Unter weiterer Bestrahlung kann sich ein Zustand entwickeln, der als trockene Desquamation bezeichnet wird: Die Haut schält sich, wird schmerzhaft und näßt. Sehr wahrscheinlich nehmen die Patienten 10–14 Tage nach dem Abschluß der Behandlung eine Hautreaktion wahr. Der Haarausfall bei einer Behandlung im Kopfbereich beginnt etwa 10 Tage nach der ersten Bestrahlung.

Prävention von Hautreaktionen

Um Hautreaktionen zu verhindern oder abzuschwächen, weisen Sie den Patienten an, folgendes zu tun:

- Die Haut mit warmem, nicht mit heißem Wasser waschen
- Die Haut nach dem Waschen mit lauwarmem Wasser abspülen und mit einem weichen Handtuch trocken tupfen
- Nicht in der Badewanne liegen. Beim Baden nicht die Feldmarkierungen entfernen. Vermeiden Sie Seife soweit wie möglich. Falls Seife für ein richtiges Waschen notwendig ist, eine milde, unparfümierte Seife verwenden, die die Haut nicht austrocknet
- Keine Heizkissen, Wärmepackungen und kein Eis auf den bestrahlten Bereich aufbringen
- Keine parfümierten oder gepuderten Produkte auf der Haut des behandelten Bereichs verwenden. Keine Salben und keine mentholhaltigen Produkte zum Einreiben verwenden
- Rasieren mit einem elektrischen Rasierer
- Die Haut vor Wärme, Kälte und Sonnenlicht mit einem Sonnenschutzmittel, Faktor 15 oder darüber schützen. Gesicht und Nacken mit einem Schal oder breitkrempigen Hut schützen
- Lockere Kleidung tragen. Enge Kleidung und Gürtel reiben und reizen die ohnehin schon empfindliche Haut

- Keine Heftpflaster auf die Haut bringen
- Die Haut gegen Juckreiz sowie gegen Feuchtigkeit in Nackenfalten, Armbeugen und zwischen den Brüsten leicht mit Maisstärke bestäuben

Behandlung von Hautreaktionen

Bei trockener Desquamation reines Aloe-vera-Gel, Vitamin-A- und -D-haltige Salben und andere hautstärkende und nichtreizende Salben verwenden.
Bei feuchter Desquamation kühle, mit Wasser oder normaler Kochsalzlösung angefeuchtete Kompressen auflegen. Es können spezielle Salben verordnet werden. Während des Heilungsprozesses können feuchtigkeitsdurchlässige Sprühverbände oder andere sterile Verbände auf den zu schützenden Bereich aufgebracht werden. Die feuchte Desquamation heilt gewöhnlich 1–2 Wochen nach dem Abschluß der Therapie.
Bei Schmerzen im bestrahlten Bereich können freiverkäufliche Analgetika, wie etwa Acetylsalicylsäure, Paracetamol oder Ibuprofen, eingesetzt werden. Auch nach der Heilung kann die Haut noch empfindlich gegen Hitze, Kälte und Sonnenlicht sein. Manche in der Chemotherapie verwendeten Substanzen erzeugen ein Rebound-Phänomen, bei dem die früheren Hautsymptome erneut auftreten und sich gewöhnlich in Form einer Rötung des betroffenen Bereichs zeigen.
Besprechen Sie mit dem Patienten, daß es unter der Bestrahlung möglicherweise zu einem Haarausfall kommt. Sagen Sie ihm, er möge sich vor Therapiebeginn Schals, Hüte, Perücken oder Toupets aussuchen. Diese sollten vom Perückenmacher an die echte Haarfarbe angeglichen werden, so daß der Unterschied weniger auffällt, wenn der Patient die Perücke zu tragen beginnt. Der Haarausfall ist gewöhnlich nur vorübergehend, hängt jedoch ab von der Strahlendosis, vom Geschlecht und Alter sowie von einer ggf. gleichzeitig ablaufenden Chemotherapie.
Besprechen Sie die Zeichen und Symptome, die einem Arzt oder einer Pflegeperson mitgeteilt werden sollten: Hautausschlag; trockene, juckende, schuppige Hautbezirke; Schälen und Nässen der Haut; Schmerzen.

Tendovaginitis, Epikondylitis, Bursitis

Tendovaginitis (Tenosynovitis): Entzündung der Sehnenscheide um eine Sehne oder eine Gruppe von Sehnen.

Epikondylitis: Entzündung der Sehnen an ihrem Ansatzpunkt in den Kondylen der Knochen, etwa am Oberarm oder am Oberschenkel.

Bursitis: Entzündung eines Schleimbeutels, der von Muskeln, Sehnen und Knochenfortsätzen umschlossen ist. Tendovaginitis und Epikondylitis treten im allgemeinen gemeinsam auf, und die Symptome gleichen sich. Die Ursache dieser Erkrankungen liegt in wiederholten Bewegungen und einer Überlastung, die zu Einrissen, Blutungen, Ödem und Schmerzen in den betroffenen Sehnen führen. Beide Erkrankungen neigen zum Auftreten in jüngeren Altersgruppen und werden oft durch Sportverletzungen verursacht. So wird die Epicondylitis humeri radialis, für gewöhnlich auch als Tennisellenbogen bezeichnet, durch wiederholte drehende und schwingende Bewegungen des Ellenbogens ausgelöst, die beim Schwingen des Tennisschlägers entstehen. Die Epicondylitis humeri ulnaris wird als Golfellenbogen bezeichnet, da sie mit den Schwüngen eines Golfspielers in Zusammenhang steht. In höheren Altersgruppen sind die Epikondylitis und Tendovaginitis Zeichen einer Überlastung, oft infolge repetitiver Bewegungen bei Büroangestellten, schreibend Tätigen oder Fleischzuschneidern. Eine Tendovaginitis trifft auch Menschen mit rheumatoider Arthritis und Diabetes und tritt in allen Altersgruppen auf. Eine Bursitis wird im allgemeinen durch konstante Reibung zwischen der Haut und dem Gewebe des Muskel-Skelett-Systems um ein Gelenk herum verursacht. Selten entsteht sie infolge eines Fremdkörpers, etwa durch Kalkablagerungen, oder durch eine Infektion. Da ein Schleimbeutel von anderem Gewebe umgeben ist, breitet sich die Entzündung in diese Gewebe aus. Es können sich ein oder mehrere Schleimbeutel entzünden, am häufigsten sind jeoch diejenigen an der Schulter, am Ellenbogen, am Trochanter major der Hüfte und am oberen Schienbein betroffen. Eine Bursitis tritt am häufigsten bei Sportlern auf, die wiederholte Bwegungen durchführen.

Kennzeichen/Symptome

- Empfindlichkeit und Schmerzen um das Gelenk herum, die bei Bewegung zunehmen
- Bewegungseinschränkung

- Wärme, Rötung, Schwellung im Gelenk
- Fieber, Krankheitsgefühl (bei infektiöser Ätiologie)

Komplikationen

- Chronische Entzündung
- Degenerative Arthritis
- Aus- bzw. Abrisse
- Kalkablagerungen in den Gelenken
- Verlust des Bewegungsumfangs im Gelenk
- Muskelschwäche

Diagnostik

- Beschreiben Sie jedes Verfahren, seinen Zweck und die normalen Empfindungen oder Wahrnehmungen, die dabei wahrscheinlich vorkommen, sowie die Pflege davor und danach
- Röntgenaufnahmen können eine vergrößerte Bursa mit oder ohne Kalkeinlagerungen (Bursitis) zeigen; Bereiche mit Kalkablagerungen, Risse in einer einzelnen Sehne oder degenerative Veränderungen (Tendinitis oder Epikondylitis)

Behandlung

Konservativ

- *Therapie*
- Eisbeutel auf dem betroffenen Bereich
- Feuchte Wärme nach Kälteanwendungen
- Orthesen
  - Fersenpolster oder Einlagen bei Tendovaginitis der Achillessehne
  - Kniepolster aus Schaumstoff (Bursitis)
  - Epikondylitisspange bei Epicondylitis humeri radialis (Tennisellenbogen)
  - Unterarmschiene bei Tennis- und Golferellenbogen
  - Elastische Binden zur Reduktion des Ödems, falls der Schleimbeutel zugänglich ist
- *Medikamente*
- Kortikosteroide p. o. oder i. v. in den entzündeten Bereich, um Schmerzen zu lindern und die Entzündung abzuschwächen
- Analgetika, Antipyretika
- Nichtsteroidale Antiphlogistika

Chirurgisch

- Exzision der Schleimbeutelwand und verkalkter Bereiche
- Resektion von Exostosen (Knochenneubildungen) um den Epicondylus ulnaris
- Resektion einer degenerierten Sehnenscheide

Ambulante Pflege

- Geben Sie sowohl dem Patienten als auch der bzw. dem Betreuenden *mündliche* und *schriftliche* Instruktionen. Nennen Sie ihnen den Namen und die Telefonnummer eines Arztes oder einer Pflegeperson, die sie bei Fragen anrufen können
- *Allgemeine Informationen*
  - Beschreiben Sie die Art der Schädigung, und erläutern Sie, daß sie gewöhnlich konservativ durch Ruhigstellung und Medikamente behandelt wird und daß eine chirurgische Behandlung selten indiziert ist
- *Besondere Hinweise*
  - Unterweisen Sie den Patienten im Gebrauch der Orthesen (Polster, Einlagen), einer Ellenbogenimmobilisationsstütze oder von Schienen zur Druckentlastung empfindlichen Gewebes. Raten Sie dem Patienten, wie sie zu beschaffen sind
  - Erklären Sie, wie man Wärme und Kälte entsprechend der Verordnung anwendet, und erläutern Sie, wie wichtig es ist, die Haut vor thermischen Schäden zu schützen. Bringen Sie dem Patienten bei, die Wärme- bzw. Kältepackung mit einem trockenen Baumwolltuch zu bedecken
- *Medikamente*
  - Erläutern Sie Zweck, Dosierung, Zeitplan und Art der Einnahme der verschriebenen Medikamente sowie deren Nebenwirkungen, die einem Arzt oder einer Pflegeperson mitgeteilt werden sollten
  - Raten Sie dem Patienten, nichtsteroidale Antiphlogistika nicht auf nüchternen Magen einzunehmen
  - Erhält der Patient Kortikosteroide i. v., so erklären Sie ihm, daß die Schmerzen während der ersten 24 Stunden nach der Injektion zunehmen können, danach jedoch bei gleichzeitig steigendem Bewegungsumfang deutlich abnehmen
- *Aktivitäten*
  - Betonen Sie, daß es notwendig ist, den betroffenen Körperteil ruhen zu lassen, da dies dem entzündeten Gewebe die Heilung ermöglicht. Erklären Sie, daß es bis zur vollständigen Heilung 4–6 Wochen dauert

- Warnen Sie den Patienten vor Aktivitäten, die die Heilung einer bestehenden Entzündung verhindern oder deren erneutes Auftreten bewirken könnten
  - Beine: Knien, Rennen, Aerobic, vor allem unter hohem Krafteinsatz und mit hoher Geschwindigkeit
  - Arme: wiederholte Bewegungen – Heben der Arme über den Kopf, Schwingen eines Tennis- oder Golfschlägers, Werfen oder Schlagen eines Balles
- Informieren Sie den Patienten über die Bedeutung von Übungen zum Bewegungsumfang, nachdem die Entzündung zurückgegangen ist, um die Funktion zu erhalten

Nachsorge

- Betonen Sie die Bedeutung regelmäßiger Nachsorgeuntersuchungen. Stellen Sie sicher, daß der Patient die notwendigen Namen und Telefonnummern hat

Thorakozentese

Thorakozentese: Punktion der Thoraxwand mit einer großkalibrigen Nadel zum Entfernen von Luft oder Flüssigkeit aus dem Pleuraspalt.

Indikationen

- Pleuraerguß
- Verdacht auf Malignom

Präoperative Beratung

- Gehen Sie die Erläuterungen des Arztes bezüglich des Eingriffs und seiner Gründe durch, und ermutigen Sie den Patienten, Fragen zu stellen und jegliche Sorgen oder Ängste zu besprechen.

Besprechen der präoperativen Pflege

- Informieren Sie den Patienten, daß er sich während des Eingriffs weder bewegen noch husten darf, um versehentliche Schäden an der Lunge oder der Pleura durch die Nadel zu verhindern. Sagen Sie dem Patienten, er möge dem Arzt signalisieren, wenn Husten unvermeidlich wird, damit dieser die Nadel leicht zurückziehen kann, um eine Punktion zu vermeiden. Erklären Sie, daß bei störendem Husten ein hustenstillendes Mittel verabreicht werden kann

- Informieren Sie den Patienten, daß ein Anästhetikum gegeben wird, um die Beschwerden so gering wie möglich zu halten und daß er beim Einstechen der Nadel nur einen Druck spüren wird
- Erklären Sie, daß der Patient am Bettrand sitzt, wobei die Füße abgestützt werden und Kopf und Arme auf dem Beistelltisch ruhen. Ist der Patient nicht in der Lage, auf dem Bettrand zu sitzen, so liegt er auf der nichtbetroffenen Seite, mit angehobenem Kopfteil des Bettes und über dem Kopf erhobenem Arm

Besprechen der postoperativen Pflege

- Erklären Sie, daß an der Punktionsstelle ein Verband angebracht wird
- Gehen Sie die Zeichen und Symptome durch, die einem Arzt oder einer Pflegeperson mitgeteilt werden sollten: blutiges Sputum, Tachypnö, Schwierigkeiten beim Atmen, Unruhe, Fieber
- Informieren Sie den Patienten darüber, daß zum Ausschluß eines Pneumothorax eine Röntgenaufnahme des Thorax angefertigt wird
- Erläutern Sie, daß der Patient seine normalen Tätigkeiten nach einer Stunde wieder aufnehmen kann, soweit kein Kennzeichen oder Symptom einer Komplikation nach Thorakozentese zu erkennen ist
- Betonen Sie die Bedeutung der Vollatmung alle 2–4 Stunden und einer korrekten Lagerung, um die Atemarbeit zu erleichtern. Unterweisen Sie den Patienten darin

Komplikationen

- Hämothorax
- Pneumothorax
- Luftembolie
- Subkutanes Emphysem
- Lungenödem
- Mediastinalverschiebung

Ambulante Pflege

- Geben Sie sowohl dem Patienten als auch der bzw. dem Betreuenden *mündliche* und *schriftliche* Instruktionen. Nennen Sie ihnen den Namen und die Telefonnummer eines Arztes oder einer Pflegeperson, die sie bei Fragen anrufen können
- *Allgemeine Informationen*
- Beschreiben Sie die zugrundeliegende Ursache für den Eingriff
- *Komplikationszeichen*
- Gehen Sie Anzeichen und Symptome durch, die der Patient einem Arzt oder einer Pflegeperson mitteilen sollte
  - Schwierigkeiten beim Atmen
  - Thoraxschmerzen
  - Schwindel
  - Erhöhte Körpertemperatur
  - Unkontrollierbarer Husten
  - Blutiges Sputum
- *Besondere Hinweise*
- Erklären Sie, wie wichtig es ist, Menschen mit Infekten der oberen Atemwege zu meiden
- *Medikamente*
- Erläutern Sie Zweck, Dosierung, Zeitplan und Art der Einnahme der verschriebenen Medikamente sowie deren Nebenwirkungen, die einem Arzt oder einer Pflegeperson mitgeteilt werden sollten
- Erklären Sie, daß rezeptfreie Medikamente nicht ohne Rücksprache mit dem Arzt eingenommen werden sollten
- *Aktivitäten*
- Erklären Sie, daß der Patient seine gewohnten Tätigkeiten nach der Entlassung wieder aufnehmen kann, das Heben schwerer Gegenstände jedoch vermeiden sollte. Raten Sie ihm, über besondere Einschränkungen mit dem Arzt oder der Pflegeperson zu sprechen

Nachsorge

- Betonen Sie die Bedeutung regelmäßiger Nachsorgeuntersuchungen. Stellen Sie sicher, daß der Patient die notwendigen Namen und Telefonnummern hat

Thoraxtrauma

Thoraxtrauma: Verletzung des Brustkorbs mit zahlreichen Rippenfrakturen. Man unterscheidet penetrierende Verletzungen (z. B. Schuß- und Stichwunden, Pfählungsverletzungen) und nichtpenetrierende Verletzungen (z. B. Stürze, stumpfes Trauma, Schleudertraumen bei Autounfällen).

Ätiologie/beeinflussende Faktoren

- Autounfälle
- Überfälle
- Explosionen
- Andere Unfälle

Kennzeichen/Symptome

- Stechender Thoraxschmerz
- Schwierigkeiten beim Atmen
- Flache, beschleunigte Atmung
- Ungleichmäßige Bewegungen der Thoraxwand
- Tachykardie
- Zyanose
- Reichliches, blutiges Sputum

Komplikationen

- Spannungspneumothorax
- Hämothorax
- Lungenödem
- Herztamponade
- Atemstillstand
- Schock

Diagnostik

- Erklären Sie, daß die folgenden diagnostischen Verfahren die Diagnose bestätigen helfen. Beschreiben Sie jedes Verfahren, seinen Zweck und die normalen Empfindungen oder Wahrnehmungen, die dabei wahrscheinlich vorkommen, sowie die Pflege davor und danach

- Röntgen-Thorax zur Untersuchung auf Atelektasen und Pneumothorax sowie zum Nachweis von Rippenfrakturen
- Arterielle Blutgase zur Kontrolle einer Hypoxämie (erniedrigter P_aO_2) und Hyperkapnie (erhöhter P_aCO_2)
- Lungenfunktionstest durch Messung der Ein- und Ausatemluft und Berechnung der Lungenkapazität

Behandlung

Konservativ

- *Therapie*
- Sauerstofftherapie
- Legen eines Thoraxdrains
- Intubation und künstliche Beatmung
- Schmerztherapie
- *Medikamente*
- Antibiotika
- Muskelrelaxanzien

Ambulante Pflege

- Geben Sie sowohl dem Patienten als auch der bzw. dem Betreuenden *mündliche* und *schriftliche* Instruktionen. Nennen Sie ihnen den Namen und die Telefonnummer eines Arztes oder einer Pflegeperson, die sie bei Fragen anrufen können
- *Allgemeine Informationen*
- Erläutern Sie die zugrundeliegende Ätiologie oder die beeinflussenden Faktoren
- Zeigen Sie, wie man den Brustkorb beim Husten mit den flachen Händen abstützt, um Schmerzen zu vermeiden
- *Komplikationszeichen*
- Gehen Sie Anzeichen und Symptome durch, die der Patient einem Arzt oder einer Pflegeperson mitteilen sollte
  - Infektion der oberen Atemwege
  - Kurzatmigkeit
  - Anhaltender Husten
  - Anhaltender Thoraxschmerz

- *Medikamente*
  - Erläutern Sie Zweck, Dosierung, Zeitplan und Art der Einnahme der verschriebenen Medikamente sowie deren Nebenwirkungen, die einem Arzt oder einer Pflegeperson mitgeteilt werden sollten
  - Erklären Sie, daß rezeptfreie Medikamente nicht ohne Rücksprache mit dem Arzt eingenommen werden sollten
- *Aktivitäten*
  - Weisen Sie den Patienten auf die Bedeutung körperlicher Übungen entsprechend seiner Belastbarkeit hin, und bitten Sie ihn, Überanstrengung und die intensive Teilnahme an Sport und allgemeinen Unternehmungen zu vermeiden

Nachsorge

- Betonen Sie die Bedeutung regelmäßiger medizinischer und labordiagnostischer Nachsorgeuntersuchungen. Stellen Sie sicher, daß der Patient die notwendigen Namen und Telefonnummern hat

Thrombolyse

Thrombolyse: intravenöse oder intrakoronare Verabreichung einer thrombolytischen Substanz zur Auflösung von Gerinnseln, Wiederherstellung der Koronardurchblutung und Begrenzung einer Myokardischämie. Die Thrombolyse ist indiziert bei diagnostisch nachgewiesenem Ablauf eines Myokardinfarktes.

Indikationen

- Seit kurzem bestehende Thoraxschmerzen (4–6 Stunden)
- Akuter Myokardinfarkt, nachgewiesen durch ein EKG

Präoperative Schulung

- Gehen Sie die Erläuterungen des Arztes bezüglich des Eingriffs und seiner Gründe sowie der Begleitrisiken durch. Ermutigen Sie den Patienten, Fragen zu stellen und jegliche Sorgen oder Ängste zu besprechen
- Besprechen Sie die Notwendigkeit einer schriftlichen Einverständniserklärung nach Aufklärung für die Thrombolyse, die Herzkatheteruntersuchung, die perkutane transluminale Koronarangioplastie (PTCA) und die Bypass-Operation

- Informieren Sie den Patienten und seine Familie über eine eventuelle Notfallbehandlung: PTCA oder Bypass-Operation

Besprechen der präoperativen Pflege

- Erklären Sie, daß der Eingriff etwa 3 Stunden dauern kann
- Gehen Sie die Wahrnehmungen während des Eingriffs durch: Druck beim Einführen, aber keine Beschwerden bei der Infusion
- Erklären Sie, daß alle unangenehmen Wahrnehmungen im Zusammenhang mit der Thrombolyse bei ihrem Auftreten behandelt werden
- Informieren Sie den Patienten, daß vor dem Eingriff Laboruntersuchungen, ein 12-Kanal-EKG für die Ausgangswerte sowie die Bestimmung der Blutgruppe und die Kreuzprobe durchgeführt werden
- Erklären Sie, daß mindestens 2 oder 3 venöse Zugänge gelegt werden
- Sagen Sie dem Patienten, daß vor und nach dem Eingriff die Vitalzeichen und das EKG überwacht werden und auf eventuelle Blutungen geachtet wird. Ferner wird vor dem Eingriff eine vollständige neurologische Untersuchung durchgeführt und während der ersten 24 Stunden nach der Infusion stündlich wiederholt

Besprechen der postoperativen Pflege

- Sagen Sie dem Patienten, daß er während des Eingriffs und 12 Stunden nach einer intrakoronaren Infusion Bettruhe wahren muß. Nach einer intravenösen Infusion gibt es keine Einschränkungen
- Erklären Sie, daß zur Überwachung der Gerinnungszeit häufig Blutproben genommen werden und daß die Kennzeichen und Symptome einer erfolgreichen Reperfusion des Myokards, eines erneuten Verschlusses der Koronargefäße und von Blutungen überwacht werden
- Erklären Sie, daß Blutungen unter der Haut zu erwarten sind und mit der Zeit zurückgehen

Nebenwirkungen/Komplikationen

- Blutung
- Hämorrhagie, gastrointestinal oder kranial
- Myokardinfarkt

Ambulante Pflege

- Geben Sie sowohl dem Patienten als auch der bzw. dem Betreuenden *mündliche* und *schriftliche* Instruktionen. Nennen Sie ihnen den Namen und die Telefonnummer eines Arztes oder einer Pflegeperson, die sie bei Fragen anrufen können
- *Allgemeine Informationen*
- Gehen Sie die Erläuterungen des Arztes bezüglich des Ergebnisses der Therapie, des Ausmaßes eines Myokardschadens und möglicherweise notwendiger Interventionen wie PTCA oder einer Bypass-Operation durch
- Unterweisen Sie den Patienten in der Entstehung einer koronaren Herzkrankheit, und informieren Sie ihn über ein möglicherweise erneutes Auftreten eines Verschlusses von Koronararterien
- *Komplikationszeichen*
- Gehen Sie Anzeichen und Symptome durch, die der Patient einem Arzt oder einer Pflegeperson mitteilen sollte
  - Thoraxschmerzen: Herzrhythmusstörungen, Tachykardie, Benommenheit, kühle und feuchte Haut, Schwitzen
  - Blutung: Hämatome, Zahnfleischbluten, Hämaturie, Bluterbrechen, Teerstühle, Flankenschmerz, Kopfschmerzen
- *Medikamente*
- Erläutern Sie Zweck, Dosierung, Zeitplan und Art der Einnahme der verschriebenen Medikamente sowie deren Nebenwirkungen, die einem Arzt oder einer Pflegeperson mitgeteilt werden sollten
- *Besondere Hinweise*
- Raten Sie dem Patienten, heftiges Zähneputzen zu vermeiden
- Besprechen Sie, daß es notwendig ist, Risikofaktoren einer koronaren Herzkrankheit zu verändern

Nachsorge

- Betonen Sie die Bedeutung regelmäßiger Nachsorgeuntersuchungen. Stellen Sie sicher, daß der Patient die notwendigen Namen und Telefonnummern hat
- Erklären Sie, daß eine weitere Koronarangiographie erforderlich sein kann, um die Durchgängigkeit der Koronargefäße zu prüfen

Thrombose, venöse

Thrombose, venöse: Bildung eines Thrombus oder mehrerer Thromben in einer Vene als Folge einer venösen Stase, einer Intimaschädigung, einer erhöhten Gerinnbarkeit des Blutes oder infolge einer Entzündung. Andere Begriffe zur Beschreibung einer Venenthrombose sind Phlebitis (Venenentzündung), Phlebothrombose (intraluminaler Thrombus mit oder ohne entzündliche Komponente), Thromboembolie (Ablösen und Verschleppen eines Thrombus in der Blutbahn) sowie Thrombophlebitis (akute Thrombose und Entzündung einer oberflächlichen oder tiefen Vene).

Ätiologie/beeinflussende Faktoren/Risikofaktoren

- Venentrauma durch intravenös verabreichte Lösungen oder direkte Verletzung
- Entzündung
- Koagulopathien in Zusammenhang mit Polyzythämie, Anämie, Kortikosteroiden und Malignomen
- Stase des Blutes in Verbindung mit Herzinsuffizienz, Schock, Immobilisierung infolge langer Bettlägerigkeit, Erkrankungen mit Strukturdefekten an den Venen oder Nebenwirkungen einer Anästhesie
- Hämokonzentration
- Kurze Zeit zurückliegende Operation
- Orale Kontrazeptiva
- Adipositas (Fettsucht)
- Varizen
- Geburt
- Immobilisierung infolge langer Bettlägerigkeit

Kennzeichen/Symptome

- Beinödem
- Schmerzen und Empfindllichkeit in der Wade oder im Oberschenkel
- Erythem
- Lokale Erwärmung
- Hervortretende oberflächliche Venen
- Größenzunahme im Vergleich zur nichtbetroffenen Extremität
- Schweregefühl in der betroffenen Extremität
- Krämpfe

Komplikationen

- Lungenembolie
- Chronische Veneninsuffizienz
- Venöse Ulzera
- Zerebrovaskulärer Insult

Diagnostik

- Beschreiben Sie jedes Verfahren, seinen Zweck und die normalen Empfindungen oder Wahrnehmungen, die dabei wahrscheinlich vorkommen, sowie die Pflege davor und danach
  - Doppler-Ultrasonographie zur Darstellung des Bereichs der reduzierten Durchblutung
  - Duplex-Sonographie zur Untersuchung der Venen auf Druck und Strömungsverhältnisse
  - Plethysmographie zur Messung der Durchblutung distal des Verschlusses
  - Radiofibrinogentest mit ^{99m}Tc-markiertem Fibrinogen zum frühzeitigen Nachweis von Gerinnseln und okkludierten Bereichen
  - Phlebographie zur Darstellung einer vorhandenen bzw. fehlenden Venenfüllung

Behandlung

Konservativ

- *Therapie*
  - Bettruhe in der akuten Phase
  - Feuchte Wärme
  - Antithrombosestrümpfe
- *Medikamente*
  - Antikoagulanzien
  - Fibrinolytika
  - Thrombolytika
  - Analgetika

Chirurgisch

- *Thrombektomie: operative Exzision eines Thrombus*

Ambulante Pflege

- Geben Sie sowohl dem Patienten als auch der betreuenden Person mündliche und schriftliche Instruktionen. Nennen Sie ihnen den Namen und die Telefonnummer eines Arztes oder einer Pflegeperson, die sie bei Fragen anrufen können
- *Allgemeine Informationen*
- Erläutern Sie die Entwicklung einer venösen Thrombose, ihre Ätiologie und die beeinflussenden Faktoren sowie Pflege, Behandlung und präventive Maßnahmen
- *Komplikationszeichen*
- Gehen Sie Anzeichen und Symptome durch, die der Patient einem Arzt oder einer Pflegeperson mitteilen sollte
  - Venöse Ulzera, Zusammenbruch der Haut, Rötung
  - Schmerzen, Empfindlichkeit, Rötung, Wärme beim Berühren
  - Lungenembolie: Thoraxschmerz, Hämoptyse (Bluthusten), Dyspnö, Tachypnö
- *Besondere Hinweise*
- Bringen Sie dem Patienten bei, den Umfang der betroffenen Gliedmaße täglich zu messen und das Ergebnis zu notieren
- Unterweisen Sie den Patienten in der korrekten Hautpflege
  - Milde Seife verwenden und gut abspülen
  - Vorsichtig und gründlich abtrocknen
  - Heftiges Abrubbeln und Massieren der betroffenen Extremität vermeiden
- Demonstrieren Sie den Gebrauch von Stützstrümpfen zum Umhergehen und für langes Sitzen, soweit diese verordnet wurden. Helfen Sie dem Patienten bei der Beschaffung von Strümpfen der richtigen Größe. Weisen Sie den Patienten an, diese alle 8 Stunden auszuziehen und das Bein und die Haut zu inspizieren
- Unterweisen Sie den Patienten im Gebrauch eines schützenden Bettbogens im Bett
- Demonstrieren Sie das Auflegen von Wärmepackungen auf die betroffene Gliedmaße

- *Medikamente*
  - Erläutern Sie Zweck, Dosierung, Zeitplan und Art der Einnahme der verschriebenen Medikamente sowie deren Nebenwirkungen, die einem Arzt oder einer Pflegeperson mitgeteilt werden sollten (s. Antikoagulanzien, Therapie mit, S. 36)
- *Aktivitäten*
  - Bringen Sie dem Patienten bei, wie man die Bildung von Thromben verhindert
    - Beengende Kleidungsstücke wie Hüfthalter, Gürtel und Kleidungstücke mit Gummibändern in der Leistengegend vermeiden
    - Langes Stehen vermeiden. Position verändern, indem man zunächst auf den Zehen, dann auf den Fersen steht
    - Beine im Sitzen über die Herzebene anheben
    - Die Beine nicht herabhängen lassen
    - Haltungen vermeiden, die den venösen Blutstrom behindern, wie z. B. das Übereinanderschlagen der Beine
    - Nikotin und Rauchen vermeiden
    - Verletzungen der Extremitäten vermeiden
  - Halten Sie den Patienten dazu an, mit einem „Walking-Programm" zu beginnen. Sorgen Sie für die Übernahme in einen betreuten Kurs

Nachsorge

- Betonen Sie die Bedeutung regelmäßiger Nachsorgeuntersuchungen. Stellen Sie sicher, daß der Patient die notwendigen Namen und Telefonnummern hat
- Helfen Sie dem Patienten bei der Beschaffung eines Notfallmedaillons (SOS-Kapsel) und eines Ausweises, in dem die Medikation, etwa Antikoagulanzien, aufgeführt ist
- Betonen Sie, wie wichtig es ist, nicht zu rauchen. Verweisen Sie den Patienten an gemeindegestützte Ressourcen in Bezug auf Raucherentwöhnungskurse

Thyreoidektomie

Thyreoidektomie: teilweise oder vollständige Resektion der Schilddrüse. Die Thyreoidektomie wird durchgeführt bei Hyperthyreose, Atemwegsobstruktion durch einen Kropf und bei Schilddrüsenkarzinom. Eine subtotale Thyreoidektomie, die zur Korrektur einer Hyperthyreose eingesetzt wird, nachdem eine medikamentöse Therapie versagt hat und eine Strahlentherapie kontraindiziert ist, führt zu einer Senkung der Sekretion von Schilddrüsenhormon. Sie ist ebenfalls eine effiziente Maßnahme bei diffuser Schilddrüsenhyperplasie. Nach der Operation liefert das verbliebene Schilddrüsengewebe normalerweise genügend Schilddrüsenhormon für eine normale Körperfunktion. Die totale Thyreoidektomie kommt bei bestimmten Formen des Schilddrüsenkarzinoms, wie dem papillären, follikulären, medullären oder anaplastischen Schilddrüsenkarzinom, zum Einsatz. Nach der Operation ist eine lebenslange Substitutionstherapie mit Schilddrüsenhormon erforderlich.

Nebenwirkungen/Komplikationen

- Hämorrhagie
- Hypokalzämie mit Tetanie
- Hypothyreose
- Schäden an Kehlkopfnerven
- Thyreoide Krise

Ambulante Pflege

- Geben Sie sowohl dem Patienten als auch der bzw. dem Betreuenden *mündliche* und *schriftliche* Instruktionen. Nennen Sie ihnen den Namen und die Telefonnummer eines Arztes oder einer Pflegeperson, die sie bei Fragen anrufen können
- *Allgemeine Informationen*
  - Erläutern und besprechen Sie das Verfahren der Thyreoidektomie, vor allem Veränderungen der Schilddrüsenfunktion als Folge der Operation
- *Wundversorgung*
  - Bringen Sie dem Patienten bei, die Wunde sauber und trocken zu halten.
  - Lehren Sie Methoden, um die Operationswunde zu verbergen, ohne die Heilung zu beeinträchtigen. Empfehlen Sie locker geknöpfte Kragen, hochkragige Blusen oder Schals

- Informieren Sie den Patienten, daß eine Hautlotion die heilende Narbe erweichen und deren Aussehen verbessern kann, soweit der Arzt deren Anwendung billigt
- *Komplikationszeichen*
- Gehen Sie Anzeichen und Symptome durch, die der Patient einem Arzt oder einer Pflegeperson mitteilen sollte
  - Allgemein: Atemnot, Blutung
  - Wundinfektion: Rötung, Erwärmung, Schwellung, anhaltender Ausfluß, eitriges Exsudat
  - Nach totaler Thyreoidektomie: Kennzeichen und Symptome einer Hyper- oder Hypothyreose (s. Hypothyreose, S. 394)
  - Schäden der Nebenschilddrüse mit Zeichen einer Hypokalzämie: Taubheitsgefühl, Kribbeln, Zuckungen, Spasmen, Tetanie (s. Hypoparathyreoidismus, S. 390)
- *Besondere Hinweise*
- Besprechen Sie Methoden der Streßbewältigung
- *Medikamente*
- Erläutern Sie Zweck, Dosierung, Zeitplan und Art der Einnahme der verschriebenen Medikamente sowie deren Nebenwirkungen, die einem Arzt oder einer Pflegeperson mitgeteilt werden sollten
- Erklären Sie, daß rezeptfreie Medikamente nicht ohne Rücksprache mit dem Arzt oder einer Pflegeperson eingenommen werden sollten
- Erklären Sie dem Patienten nach totaler Thyreoidektomie die Bedeutung einer regelmäßigen Einnahme seiner Schilddrüsenhormone
- Erklären Sie Patienten mit Schäden der Nebenschilddrüse die Notwendigkeit einer Kalziumsubstitution
- *Aktivitäten*
- Ermutigen Sie den Patienten, über Zugeständnisse und Einschränkungen in Bezug auf seinen Beruf, seine Freizeit und seine Tätigkeiten zu sprechen
- Lehren Sie die verordneten Hals- und Kopfübungen: Beugen, Seitwärtsneigen, Überstrecken
- *Ernährung/Diät*
- Besprechen Sie, daß eine eine gut ausgewogene Ernährung eingehalten werden sollte

Nachsorge

- Betonen Sie die Bedeutung regelmäßiger Nachsorgeuntersuchungen. Stellen Sie sicher, daß der Patient die notwendigen Namen und Telefonnummern hat

Tracheotomie

Tracheotomie: Einlegen eines Tubus in die Trachea durch eine operativ geschaffene Inzision (Tracheostoma).

Indikationen

- Tumoren
- Verlegung der oberen Atemwege durch einen Fremdkörper, ein Ödem oder Schleim
- In Verbindung mit einer Laryngektomie oder Neck dissection (Halsausräumung)

Ambulante Pflege

- Geben Sie sowohl dem Patienten als auch der betreuenden Person *mündliche* und *schriftliche* Instruktionen. Nennen Sie ihnen den Namen und die Telefonnummer eines Arztes oder einer Pflegeperson, die sie bei Fragen anrufen können
- *Allgemeine Informationen*
- Erläutern Sie die zugrundeliegende Ursache und die beeinflussenden Faktoren
- Beschreiben und zeigen Sie den Typ des Endotrachealtubus, der eingelegt wurde, und geben Sie dem Patienten Zeit, das Herausnehmen und Einsetzen des äußeren und inneren Rohres zu üben
- *Komplikationszeichen*
- Gehen Sie Anzeichen und Symptome durch, die der Patient einem Arzt oder einer Pflegeperson mitteilen sollte
  - Stomareizung
  - Infektion: erhöhte Körpertemperatur, eitrige Sekretabsonderungen
  - Anhaltender Husten
  - Unfähigkeit, das Sekret zu entfernen
  - Atemnot
- *Besondere Hinweise*
- Demonstrieren Sie die Hautpflege um das Stoma herum: Wasserstoffsuperoxid verwenden, mit Wasser spülen und die Haut trockentupfen
- Besprechen Sie die Notwendigkeit einer täglichen Dusche: Das Tracheostoma mit einer Schutzklappe abdecken; beim Duschen mit einem Schlauch den direkten Strahl unterhalb des Halses halten und das Eindringen von Seife in das Tracheostoma vermeiden

- Besprechen Sie bei Männern die Notwendigkeit eines elektrischen Rasierers, damit kein Rasierschaum in das Tracheostoma eindringt
- Informieren Sie den Patienten darüber, das Tracheostoma stets bedeckt zu halten. Empfehlen Sie das Tragen von Kleidungsstücken mit hohem Kragen und Schals, um das Eindringen von Fremdkörpern zu verhindern
- Unterweisen Sie den Patienten und die betreuende Person im häuslichen Gebrauch von Sauerstoff und Atemgeräten. Beraten Sie sie, wo man Ausrüstung und Material erhält, z. B. in einer Apotheke oder einem Sanitätshaus
- Unterweisen Sie den Patienten in Techniken des Händewaschens, und heben Sie dessen Bedeutung vor dem Säubern des Tracheostomas und nach dem Absaugen hervor
- Unterweisen Sie den Patienten im Entsorgen verschmutzter Verbände und verunreinigten Materials
- Demonstrieren Sie die Technik des Absaugens: Nehmen Sie bei Spontanatmung 3–4 tiefe Atemzüge vor und nach dem Absaugen
- Demonstrieren Sie das Reinigen und die Lagerung von Absaugkathetern: Katheter gründlich unter fließendem Wasser abspülen, 5 Minuten in Wasserstoffsuperoxid einweichen, gründlich abspülen, 5–10 Minuten in kochendes Wasser legen, auf einem sauberen Handtuch an der Luft trocknen lassen und in einem sauberen Plastikbeutel lagern. Informieren Sie den Patienten darüber, daß Katheter mehrere Tage benutzt werden können und erst entsorgt werden müssen, wenn sich die Sekretablagerungen nicht mehr vollständig entfernen lassen
- Demonstrieren Sie die Pflege des Endotrachealtubus: Betonen Sie, wie wichtig es ist, beim Reinigen des Endotrachealtubus eine saubere Technik anzuwenden. Tracheostomaverbände sind nur bei starken Sekretabsonderungen notwendig. Heben Sie hervor, wie wichtig es ist, das Tracheostoma beim Husten abzudecken
- Unterweisen Sie den Patienten in Techniken der Säuberung von Kanülen sowie des Wechsels von Tracheostomabinden und Verbänden. Demonstrieren Sie diese Techniken
- Besprechen Sie die Notwendigkeit eines kommerziellen Luftbefeuchters oder eines Gefäßes mit Wasser auf der Heizung zur Steigerung des Wohlbefindens und um Verkrustungen zu verhindern. Weisen Sie den Patienten an, Temperaturextreme zu vermeiden, da sie zu Reizerscheinungen der Trachealschleimhaut führen können
- Besprechen Sie, daß Personen mit Atemwegsinfekten und Reizstoffe, wie z. B. Rauch, Staub, Dämpfe, Aerosole und Puder, gemieden werden müssen

- Weisen Sie den Patienten an, Mittel zur Kommunikation mit sich zu führen, z. B. Bleistift und Notizbuch oder ein magisches Brett
- *Medikamente*
- Erläutern Sie Zweck, Dosierung, Zeitplan und Art der Einnahme der verschriebenen Medikamente sowie deren Nebenwirkungen, die einem Arzt oder einer Pflegeperson mitgeteilt werden sollten
- Betonen Sie, wie wichtig es ist, keine rezeptfreien Medikamente ohne Rücksprache mit einem Arzt oder einer Pflegeperson einzunehmen
- *Aktivitäten*
- Machen Sie den Patienten darauf aufmerksam, wie wichtig es ist, sich entsprechend der Toleranzgrenzen körperlich zu belasten und Ruhepausen einzuplanen
- Sagen Sie dem Patienten, daß Schwimmen nicht gestattet ist
- *Ernährung/Diät*
- Erklären Sie, daß eine normale Ernährung eingehalten werden sollte, soweit nicht kontraindiziert
- Raten Sie dem Patienten, täglich mindestens 3 Liter zu trinken, soweit nicht kontraindiziert

Nachsorge

- Betonen Sie die Bedeutung regelmäßiger Nachsorgeuntersuchungen. Stellen Sie sicher, daß der Patient die notwendigen Namen und Telefonnummern hat
- Helfen Sie dem Patienten bei der Beschaffung eines Notfallmedaillons (SOS-Kapsel) und eines Ausweises mit der Diagnose und der Medikation
- Heben Sie hervor, wie wichtig es ist, nicht zu rauchen und auch keine Tabakerzeugnisse zu konsumieren sowie Passivrauchen zu vermeiden

Hinweis

- Verweisen Sie den Patienten an kommunale Hilfsdienste

Trepanation

T

Trepanation (Kraniotomie): operatives Eröffnen des Schädels zur Schaffung einer Zugangs zu intrakraniellen Strukturen zum Zweck der chirurgischen Revision, der Resektion oder des Entfernens pathologischer Strukturen.

Osteoklastische Trepanation (Kraniektomie): operatives Entfernen eines Teils der Schädeldecke.

Indikationen

- Resektion von Tumoren oder Hämatomen
- Behandlung von Aneurhysmen
- Intrakranielle Blutungen
- Druckentlastung bei erhöhtem Schädelinnendruck

Präoperative Schulung

- Gehen Sie die Erläuterungen des Arztes bezüglich des Eingriffs und seiner Gründe durch, und ermutigen Sie den Patienten, Fragen zu stellen und jegliche Sorgen oder Ängste zu besprechen. Sprechen Sie über die Lokalisation der Schädigung
- Erklären Sie die Notwendigkeit einer schriftlichen Einverständniserklärung nach Aufklärung

Besprechen der präoperativen Pflege

- Besprechen Sie die Verwendung von aseptischem Shampoo, die Verabreichung von Kortikosteroiden und Antikonvulsiva sowie die Notwendigkeit der Erhebung eines neurologischen Status als Basisuntersuchung

Besprechen der postoperativen Pflege

- Besprechen Sie die Umgebung einer Intensivstation: die Messung des intrakraniellen Drucks, externe Beatmung, EKG-Monitor, intravenöse Zugänge, postoperative neurologische Untersuchungen, Überwachung des Flüssigkeitshaushalts, chirurgische Drainagen, korrekte Lagerung, Bettruhe und die Möglichkeit einer Halskrause
- Versichern Sie dem Patienten, daß Vorkehrungen gegen Krampfanfälle getroffen werden

- Besprechen Sie die zu erwartenden Veränderungen am Körper: Verlust des Haars an der Operationsstelle, Kopfverband sowie die Möglichkeit und Dauer eines Periorbital- und Gesichtsödems
- Warnen Sie den Patienten davor, am Verband oder an den Drainagen zu ziehen
- Betonen Sie, wie wichtig es ist, tief zu atmen sowie Husten und Niesen zu vermeiden. Der Patient soll bis auf weiteres nüchtern bleiben und dann innerhalb der verordneten Einschränkungen Flüssigkeit und Nahrung erhalten. Prüfen Sie, ob der Patient in der Lage ist, zu schlucken und zu kauen

Nebenwirkungen/Komplikationen

- Erhöhter intrakranieller Druck
- Krampfanfälle
- Meningitis
- Störungen der Atmung
- Herzrhythmusstörungen
- Wundinfektion
- Diabetes insipidus
- Hämorrhagie
- Thrombophlebitis
- Sehstörungen
- Persönlichkeitsveränderungen
- Störungen der Motorik und der Sensibilität

Ambulante Pflege

- Geben Sie sowohl dem Patienten als auch der betreuenden Person *mündliche* und *schriftliche* Instruktionen. Nennen Sie ihnen den Namen und die Telefonnummer eines Arztes oder einer Pflegeperson, die sie bei Fragen anrufen können
- *Allgemeine Informationen*
  - Gehen Sie die Erläuterung des Arztes bezüglich des Eingriffs und der speziellen Nachsorge durch
  - Ermutigen Sie die betreuende Person, ihren Sorgen bezüglich der Operation, der Grunderkrankung und des Rehabilitationsprozesses Ausdruck zu verleihen

- *Wundpflege*
- Demonstrieren Sie die richtige Wundpflege und korrekten Verbandwechsel: Verfahren, Häufigkeit des Verbandwechsels und Inspektion der Einschnittstelle bei jedem Verbandwechsel
- Weisen Sie den Patienten an, sich nicht an den Nähten zu kratzen und die Einschnittstelle trocken zu halten
- Sagen Sie dem Patienten, daß die Haare beim Entfernen der Nähte gewaschen werden, bitten Sie ihn jedoch, sich nicht an der Nahtlinie zu kratzen
- Raten Sie dem Patienten von der Verwendung eines Föns ab, solange das Haar nicht nachgewachsen ist
- *Komplikationszeichen*
- Gehen Sie Anzeichen und Symptome durch, die der Patient einem Arzt oder einer Pflegeperson mitteilen sollte
  - Infektion: Fieber, Erythem, Empfindlichkeit, Schmerzen, Wärme, eitrige Absonderungen aus der Wunde
  - Meningitis: Fieber, Schüttelfrost, Unwohlsein, Rückensteifigkeit und -schmerzen, Nackensteife
  - Neurologische Veränderungen: Verhaltens- oder Persönlichkeitsveränderungen, motorische oder sensible Veränderungen
  - Erhöhter Schädelinnendruck: Veränderung des Bewußtseinszustands, Übelkeit, Erbrechen, Krämpfe, Kopfschmerz
  - Austreten von Liquor cerebrospinalis: klare oder blutige Flüssigkeitsabsonderung aus dem Ohr, der Nase oder dem Rachen; Klagen über salzigen Geschmack oder häufiges Schlucken; „Heiligenschein" auf dem Kopfkissen
- *Besondere Hinweise*
- Bringen Sie der betreuenden Person bei Bedarf Vorsichtsmaßnahmen gegen Krampfanfälle bei
  - Stürze zu verhindern oder abzufangen suchen
  - Den Patienten auf dem Boden austrecken
  - Den Kopf des Patienten stützen und schützen
  - Den Patienten auf die Seite drehen
  - Möbelstücke und harte oder scharfe Gegenstände außer Reichweite bringen
  - Am Hals einengende Kleidung öffnen
  - Beim Patienten bleiben und sofort einen Arzt rufen

- Betonen Sie, wie wichtig es ist, auf richtige Lagerung und Körperbewegungen zu achten, wie sie durch die Operation vorgegeben sind
  - Bringen Sie dem Patienten bei, sich nicht aus der Hüfte heraus zu beugen, um Gegenstände aufzuheben, sondern dabei den Rücken grade zu halten, die Knie zu beugen und den Rumpf zu senken
  - Verwenden Sie grade, flache Stühle, und vermeiden Sie weich gepolsterte
  - Beine nicht übereinanderschlagen
  - Heben bei gebeugter oder verdrehter Wirbelsäule vermeiden
  - Kopf und Hals entsprechend der Halskrause ausgerichtet halten
  - Überstrecken der Wirbelsäule vermeiden: Nicht auf dem Bauch oder auf dem Rücken, sondern mit angezogenen Knien und gebeugten Hüften auf der Seite schlafen
- Bringen Sie dem Patienten bei, aufgrund eines eventuellen Sensibilitätsverlustes extrem hohe und niedrige Temperaturen an den unteren Extremitäten zu vermeiden
- Weisen Sie den Patienten an, Pressen beim Stuhlgang und Verstopfung zu vermeiden, indem er die verordneten stuhlerweichenden Mittel und Laxanzien einnimmt
- Weisen Sie den Patienten an, Husten, Niesen und Schneuzen zu vermeiden. In unvermeidbaren Fällen muß es mit offenem Mund geschehen, um den Schädelinnendruck unter Kontrolle zu halten
- *Medikamente*
- Erläutern Sie Zweck, Dosierung, Zeitplan und Art der Einnahme der verschriebenen Medikamente sowie deren Nebenwirkungen, die einem Arzt oder einer Pflegeperson mitgeteilt werden sollten
- Raten Sie dem Patienten, rezeptfreie Medikamente nicht ohne Rücksprache mit dem Arzt einzunehmen
- *Aktivitäten*
- Ermutigen Sie den Patienten, über Zugeständnisse und Einschränkungen in Bezug auf Beruf, Freizeit und Tätigkeiten zu sprechen
- Ermutigen Sie zu unabhängigen Aktivitäten, je nach den Möglichkeiten des Patienten. Helfen Sie dem Patienten und der betreuenden Person bei Bedarf beim Erkennen und Anwenden von Maßnahmen, die bei der Reorientierung und Kommunikation helfen
- Besprechen Sie spezifische Sicherheitsvorkehrungen bei postoperativ verbliebenen motorischen, sensiblen oder kognitiven Ausfällen bzw. bei Krampfanfällen. Helfen Sie dem Patienten und der betreuenden Person beim Erkennen und Beseitigen potentieller Gefahrenquellen

Nachsorge

- Betonen Sie die Bedeutung regelmäßiger Nachsorgeuntersuchungen je nach Bedarf beim Arzt, Physiotherapeuten, Beschäftigungstherapeuten, Sprachtherapeuten und in der Reha-Klinik. Stellen Sie sicher, daß der Patient die notwendigen Namen und Telefonnummern hat
- Helfen Sie dem Patienten bei der Beschaffung eines Notfallmedaillons (SOS-Kapsel) und eines Ausweises mit der Diagnose und der Medikation

Hinweis

- Verweisen Sie den Patienten an örtliche Selbsthilfegruppen und Hauspflegedienste.

Tumoren, allgemein

Tumoren sind universelle Erkrankungen, die Menschen ohne Ansehen von Rasse, Geschlecht, sozioökonomischem Status oder Kultur treffen. Jedoch kommen bestimmte Formen von Krebs in speziellen Altersgruppen und Ethnien sowie geschlechtsbezogen mit unterschiedlicher Häufigkeit und in unterschiedlichem Schweregrad vor. Bei Männern treten tödliche Krebserkrankungen am häufigsten in den Lungen, der Prostata sowie dem Kolon und Rektum auf. Bei Frauen sind es die Lungen und Brüste sowie Kolon und Rektum. Manche Krebserkrankungen, etwa das Magen-, Mamma-, Kolon-, Rektum-, Uterus- und Lungenkarzinom, treten familiär gehäuft auf. Gewisse Erkrankungen, wie die Adenomatosis coli und das Gardner-Syndrom, gelten als Präkanzerosen. Weitere mögliche Ursachen eines Karzinoms umfassen immunsuppressive Substanzen und Viren (Adenoviren, Papovaviren, Herpes-Viren, HTLL-Virus, Epstein-Barr-Virus und Hepatitis-B-Virus).

Prävention

- Prüfen und beurteilen Sie den Wissensstand des Patienten hinsichtlich Risikofaktoren, präventiver Maßnahmen sowie Kennzeichen und Symptomen spezieller Krebsformen, die einem Arzt oder einer Pflegeperson mitgeteilt werden sollten. Klären Sie jegliche Besorgnisse oder falschen Vorstellungen.
- Gehen Sie die Richtlinien der Primärprävention durch
  - Rauchen: nicht rauchen bzw. damit aufhören, falls es bereits zur Gewohnheit geworden ist; Zigaretten, Zigarren, Schnupftabak, Kautabak und Pfeifentabak meiden

- Sonnenlicht: Sonneneinstrahlung vermeiden, notfalls ein Sonnenschutzmittel benützen, schützende Kleidung tragen, vor allem Gesicht und Kopf schützen
- Strahlung: übermäßige Exposition gegenüber ionisierender Strahlung und Radon meiden
- Berufsbedingte Gefährdungen: Exposition gegenüber Industrieprodukten wie Asbest vermeiden
- Alkohol: Konsum einschränken
- Ernährung: ballaststoffhaltige, fettarme Ernährung sowie Obst und Gemüse mit hohem Gehalt an Vitamin A und C; Gepökeltes, Geräuchertes und in Salz Eingelegtes meiden; das Körpergewicht auf einem Stand halten, der dem Alter und Geschlecht sowie der Konstitution entspricht

- Weisen Sie Frauen auf spezielle Maßnahmen zur Prävention hin
- Monatliches Abtasten der Brüste, vor allem nach der Menstruation
- Regelmäßige Brustuntersuchung: vom 29. bis zum 30. Lebensjahr alle 3 Jahre, ab dem 40. Lebensjahr und danach jährlich
- Mammographie: Basisuntersuchung im Alter zwischen 35 und 39, alle 1–2 Jahre im Alter zwischen 40 und 49 sowie jährlich ab 50 und darüber
- Papanicolaou-Abstrich und Beckenuntersuchung jährlich bei sexuell aktiven bzw. Frauen über 18 Jahre
- Vorsicht bei Östrogensubstitution zur Behandlung von Symptomen der Menopause
- Langfristige Einnahme östrogenhaltiger oraler Kontrazeptiva vermeiden

- Weisen Sie Männer auf spezielle Maßnahmen zur Prävention hin
- Monatliche Selbstuntersuchung der Hoden ab dem Alter von 15 Jahren
- Regelmäßige körperliche Untersuchung auf ein Prostatakarzinom: Männer unter 50 Jahren jährlich, danach alle 6 Monate

Staging und Grading von Tumoren

Das Staging und Grading eines Tumors dient zur Beschreibung der Tumorausdehnung im Hinblick auf die Therapieplanung, zur Einschätzung der Prognose und zur Beurteilung der Behandlungsergebnisse. Das Staging sollte vor der Behandlungsphase und nach einem chirurgischen Eingriff vorgenommen werden, falls ein solcher geplant ist. Es wird auch bei erneutem Auftreten der Erkrankung nach einem krankheitsfreien Intervall durchgeführt. Das klinische Staging umfaßt die körperliche Untersuchung und die Auswertung von Biopsieproben (Tumorgewebe und Lymphknoten). Die allgemein übliche TNM-Klassifikation beruht auf der Untersuchung des Primärtumors (Größe, Eindringtiefe, Invasion angrenzender Strukturen), der Lymphknotenbeteiligung (Vorliegen, Ausdehnung und Lokalisation) sowie auf dem Grad der Metastasierung (Vorhandensein von Fernmetastasen); siehe auch folgende Tabelle.

Grading bedeutet die histologische Klassifizierung eines Tumors, die bei der Bestimmung der Prognose hilfreich ist. Karzinome werden gewöhnlich von 1 (gut differenziert) bis 4 (wenig differenziert) eingeteilt. Je geringer ein Tumor differenziert ist, desto weniger ähnelt er normalen Zellen, und desto schlechter ist seine Prognose.

Tumor-Staging nach der TNM-Klassifikation. Die Überlebensraten und Bemerkungen können sich entsprechend der Art und Lokalisierung des Primärtumors und der Lymphknoten sowie abhängig von einer Metastasierung ändern.

Stadium	T	N	M	Überlebens-rate	Bemerkung
I	1	0	0	70–90 %	Operabel und resezierbar
II	2	1	0	50 % +/-	Operabel, aber keine sichere Totalresektion möglich
III	3	2	0	20 % +/-	Operabel, aber nicht resezierbar
IV	4	3	+	< 5 %	Fernmetastasen; inoperabel

T Primärtumor; T_1, T_2, T_3, T_4 Zunahme des Tumorumfangs oder seiner Ausbreitung;
N regionale Lymphknoten; N_1, N_2, N_3 zunehmende veränderte regionale Lymphknoten;
M Metastasen; M_0 fehlend, M_1 vorhanden

Pflege im allgemeinen

Infolge des Tumors oder seiner Behandlung kann es bei dem Patienten zu Appetitverlust, Übelkeit und Erbrechen oder zu Stomatitis kommen. Sowohl der Patient als auch die betreuende Person sollten wissen, welche Probleme entstehen können und wie man damit umgeht.

Appetitverlust

Appetitverlust kann ein schwerwiegendes Problem sein und zu Unterernährung und starkem Gewichtsverlust führen. Eine ausreichende Aufnahme der geeigneten Nahrungsmittel kann schwierig sein, wenn der Patient nur wenig bis gar keinen Appetit hat. Hier kann folgendes empfohlen werden:

- Machen Sie vor dem Essen einen Spaziergang; leichte Bewegung kann den Appetit anregen
- Vermeiden Sie, vor dem Essen etwas zu trinken, da Flüssigeiten füllend wirken

- Essen Sie, wenn möglich, im Kreise der Familie oder von Freunden. Es ist weniger ermüdend, wenn es als soziales Ereignis stattfindet
- Variieren Sie Ihre Ernährung. Machen Sie die Speisen attraktiver durch Kräuter, Gewürze und Soßen. Verwenden Sie Butter, Schinkenwürfel, Croutons, Weinsoßen und Marinaden
- Stopfen Sie sich nicht mit Salaten oder Diätnahrungsmitteln voll. Essen Sie Gemüse und Obst zusammen mit Fleisch, Geflügel und Fisch, um eine ausreichende Kalorienzufuhr und Ernährung zu gewährleisten
- Nehmen Sie häufiger kleine Mahlzeiten zu sich
- Der Arzt kann diätetische Ergänzungen empfehlen, die sich der Milch oder einer Suppe bzw. einem Pudding hinzufügen lassen

Übelkeit und Erbrechen

Übelkeit und Erbrechen sind häufige Nebenwirkungen einer Chemo- oder Strahlentherapie. Oft verschreibt der Arzt ein Antiemetikum, das wenige Stunden vor der Behandlung sowie nach der Behandlung für 1–2 Tage alle 3–4 Stunden eingenommen wird. Darüber hinaus kann folgendes helfen:

- Essen Sie tagsüber Laugengebäck und saure Drops gegen die Übelkeit
- Essen Sie Speisen kalt oder bei Raumtemperatur, da warme und heiße Speisen Übelkeit zu verursachen scheinen
- Vermeiden Sie salzige, fette oder süße Speisen sowie Speisen mit starkem Geruch. Wählen Sie stattdessen ungewürzte, cremige Speisen wie Hüttenkäse, Toast und Kartoffelbrei
- Halten Sie sich von Übelkeit erregenden Gerüchen, Anblicken und Geräuschen fern. Sorgen Sie für frische Luft, so oft es geht: Ein ruhiger Spaziergang kann die Übelkeit lindern
- Essen Sie vor einer Tumortherapie nichts. Nehmen Sie stattdessen einige Stunden danach eine leichte Mahlzeit zu sich
- Versuchen Sie es mit progressiver Relaxation, Selbsthypnose oder Phantasiereisen, um Übelkeit erzeugende Spannung abzubauen
- Lenken Sie sich durch ein Buch, Fernsehen oder eine andere Beschäftigung ab
- Schlafen Sie, wenn möglich, während einer Phase der Übelkeit
- Falls es zum Erbrechen kommt, essen Sie erst wieder, wenn sich Ihr Magen beruhigt hat, im allgemeinen einige Stunde nach dem letzten Erbrechen. Beginnen Sie mit kleinen Schlucken klarer Flüssigkeiten, oder lutschen Sie Eiswürfel. Wenn Sie die Flüssigkeit bei sich behalten, beginnen Sie einige Stunden darauf mit ungewürzten Speisen

Stomatitis

Eine Entzündung der Mundschleimhaut kann 7–14 Tage nach dem Beginn einer Chemo- oder Strahlentherapie im Mundbereich, bei weiteren Störungen jedoch auch früher einsetzen. Vor dem Beginn der Behandlung sollte der Zustand der Mundschleimhaut und des Gebisses von einem Zahnarzt begutachtet werden. Darüber hinaus ist folgendes zu beachten:

- Eine Stomatitis kann verhindert bzw. gelindert werden, indem man eine weiche Zahnbürste verwendet und den Mund nach den Mahlzeiten sowie vor dem Zubettgehen mit einer Lösung aus einem halben Liter Wasser und je einem halben Teelöffel Salz und Backpulver spült. Ungewachste Zahnseide, das Trinken von Wasser und ungesäuerten Säften, Süßstoff statt Zucker in Bonbons und Kaugummi sowie künstlicher Speichel bei Mundtrockenheit können ebenfalls helfen
- Achten Sie auf Kennzeichen und Symptome einer Stomatitis: Brennen im Mund, gerötete und gereizte Mundschleimhaut, geschwollene und entzündete Zunge, offene Stellen in der Mundhöhle
- Die Behandlung richtet sich nach der Ausdehnung und dem Schweregrad der Stomatitis. Die Maßnahmen umfassen Spülen mit der oben beschriebenen Lösung, das Lösen von Schleim und verkrustetem Sekret mit einem Antazidum oder eine Analgetikaspülung vor den Mahlzeiten, um den Schmerz beim Schlucken zu reduzieren
- Zahnprothesen nur zu den Mahlzeiten tragen
- Gewürzte, saure und knusprige, harte Speisen sowie heiße oder kalte Speisen und Getränke meiden
- Teilen Sie folgende Anzeichen einer Infektion dem Arzt oder einer Pflegeperson mit: weiche, weiße Flecken; trockene, bräunlich-gelbe Ulzerationen mit scharfen Rändern oder offene Bezirke im Mund oder an den Lippen

Terminologie

Gutartig und bösartig siehe folgende Tabelle:

Unterschiede zwischen gutartigen und bösartigen Tumoren
Aus: Belcher, A. E.: Cancer Nursing. Mosby, St. Louis 1992

Charakteristikum	Gutartiger Tumor	Bösartiger Tumor
Struktur und Differenziertheit	Ursprung typischerweise im Gewebe	Ursprung im Gewebe atypisch
Wachstum	Gewöhnlich langsam	Langsam, schnell oder sehr schnell
Progredienz	Langsam (kann stationär bleiben), unter Behandlung selten tödlich	Gewöhnlich fortschreitend, unbehandelt fast immer tödlich
Art des Wachstums	Expandierend (gekapselt)	Infiltrierend und/oder metastasierend
Zerstörung des Gewebes	Keine	Häufig (Ulzerierung und Nekrose)
Rezidive	Selten	Häufig
Prognose	Kann bei unzugänglichem Tumor infaust sein	Infaust, falls nicht beherrschbar

Als Verdoppelungszeit gilt die durchschnittlich erforderliche Zeit zur Verdoppelung aller vorhandenen Tumorzellen. Man hat berechnet, daß für einen Tumor von einem Zentimeter Durchmesser etwa 30 Verdoppelungszyklen (-zeiten) erforderlich sind.

Direkte Invasion angrenzender Organe oder lokale Ausbreitung: Tumorzellen können in eine Struktur wie den Uterus eindringen, sich von einem Organ zum anderen ausbreiten, etwa vom Kolon aus in die Leber, oder in seröse Hohlräume der Umgebung infiltrieren, wie beispielsweise das Ovarialkarzinom, das sich in den Peritonealraum ausbreitet. Dieser Prozeß wird auch als Aussaat bezeichnet.

Metastasierung: Ausbreitung des Tumors von seinem Ursprungsort über die Lymph- oder Blutgefäße bis in entfernte Organe, etwa beim Lungenkarzinom bis ins Gehirn. Häufige Lokalisationen von Metastasen sind die Lungen, die Leber, Knochen und das Gehirn.

Tumorarten:

- Karzinome: Epithelzellkarzinome
- Sarkome: Knochen-, Muskel- oder Bindegewebssarkome
- Leukämie: Krebs der blutbildenden Organe
- Lymphome: Krebs der für das Immunsystem verantwortlichen Organe

Urolithiasis

Urolithiasis: abnorme Steinbildung in den Nieren oder ableitenden Harnwegen. Nierensteine werden entsprechend ihrer Zusammensetzung klassifiziert: Kalzium-, Harnsäure-, Phosphat-, Oxalat- oder Struvitsteine. Sie sind verschieden groß und können einzeln oder multipel vorkommen. Am häufigsten treten sie bei Männern im Alter zwischen 30 und 50 Jahren auf.

Ätiologie/beeinflussende Faktoren

- Familiäre Neigung zur Steinbildung
- Geschlecht: Frauen sind von bestimmten Steintypen, wie z. B. dem Struvitstein, stärker als Männer betroffen
- Kalzium-, oxalsäure- und harnsäurereiche Ernährung
- Dehydratation
- Beruf: in der Industrie Tätige; Arbeiter in der Textilindustrie, vor allem in baumwollverarbeitenden Betrieben; sitzende Tätigkeit
- Wiederholte Harnwegsinfekte
- Zustände und Krankheiten, die zu einer Stase des Urins führen: Unbeweglichkeit (Paralyse), Unfähigkeit zur vollständigen Entleerung der Blase, Knochenkrebs, multiples Myelom, Brustkrebs mit Metastasen
- Nierentuberkulose
- Langfristiger (über Jahre anhaltender) Gebrauch von Dauerkathetern
- Künstliche Harnableitung, Ileum-Conduit

Kennzeichen/Symptome

- Abruptes Einsetzen kolikartiger Schmerzen, die gewöhnlich in den Flanken beginnen und sich in die Leiste und in den Kreuzbeinbereich fortsetzen
- Übelkeit und Erbrechen
- Extreme Unruhe
- *Abnorm veränderter Urin*
  - Wolkig getrübt
  - Anurie oder nur geringe Harnmenge
  - Hämaturie
  - Sediment (sandähnlich)

Komplikationen

- Harnwegsinfekt
- Pyelonephritis
- Harnwegsobstruktion
- Hydronephrose
- Niereninsuffizienz

Diagnostik

- Beschreiben Sie jedes Verfahren, seinen Zweck sowie die Empfindungen und Wahrnehmungen, die dabei wahrscheinlich vorkommen, und die Pflege davor und danach
- Röntgenaufnahmen der Nieren, Ureteren und Blase
- Röntgenuntersuchung mit Kontrastmittel zur Lokalisation des Steins bzw. der Verlegung
- I. v.-Pyelographie bzw. -Urographie
- Retrograde Pyelographie
- Blutuntersuchungen zum Nachweis von Elementen und Substanzen, wie z. B. Kalzium, Phosphor oder Harnsäure, bzw. einer Infektion
- Urinanalyse oder 24-Stunden-Urin
- Chemische Analyse der bzw. des Steine(s)
- Ultraschalluntersuchungen
- Radionukliduntersuchungen zum Nachweis von Nierenschäden

Behandlung

Konservativ

- *Therapie*
- Orale oder parenterale Hydratation; die orale Verabreichung von 15–20 Gläsern Wasser dient dem Herausspülen von Steinen mit einem Durchmesser von weniger als 4 mm
- Ernährung: Modifikationen entsprechend der Steinzusammensetzung
- Chemolyse zur Auflösung von Steinen durch orale Medikation oder lokale Irrigation
- Lithotripsie: Steinzertrümmerung mittels externer Energiequelle; kann durch Korbextraktion mit einem Dormia-Körbchen oder durch Spülungen mit Spülflüssigkeiten angewandt werden. Der Einsatz dieses Verfahrens hängt von der Größe und Lokalisation des Steines ab

- Extrakorporale Stoßwellenlithotripsie: nichtinvasives Verfahren, bei dem Steine mit einem Durchmesser von weniger als 2,5 cm in den Nieren und im oberen Abschnitt der Ureteren mittels Stoßwellen zertrümmert werden. Die zystoskopische Implantation eines Stents (s. u.) kann die Harnpassage durch den Harngries hindurch ermöglichen. Der Eingriff erfolgt ambulant, oder der Patient verbleibt über Nacht in der Klinik
- Zystoskopische Lithotripsie oder Steinextraktion durch Korbextraktion mit einem Dormia-Körbchen aus der Blase: Unter Lokalanästhesie wird das Instrument durch die Harnröhre eingeführt. Der Patient ist leicht bis nicht sediert, und der Eingriff findet ambulant statt
- Ureteroskopische Lithotripsie oder Korbextraktion mit einem Dormia-Körbchen im unteren Ureter: Ein Endoskop wird den Harnleiter aufwärts bis zum Stein geführt, und durch dieses Instrument wird ein dünneres, faseroptisches Ureteroskop vorgeschoben. Der Eingriff findet ambulant unter Lokalanästhesie und leichter bis keiner Sedierung des Patienten statt
- Perkutane nephroskopische Lithotripsie bzw. Korbextraktion mit einem Dormia-Körbchen mit oder ohne Herausspülen von Steinen: Über einen kleinen Flankenschnitt wird ein Nephroskop in die Niere eingeführt, um mittels einer Ulraschallsonde (Ultraschallwellen), einer elektrohydraulischen Sonde (elektrische Funkenstrecke) oder einer Lasersonde (Laserstrahl) Steine von einem Durchmesser über 2,5 cm zu zertrümmern. Der Nephrostomietubus kann vorübergehend in Position bleiben und an einen kleinen Drainagebeutel angeschlossen werden. Der Eingriff findet unter Lokalanästhesie ambulant statt, oder der Patient bleibt über Nacht in der Klinik
- Mehrstufenverfahren: jede Kombination der oben genannten Verfahren, in Abhängigkeit von der Größe und Lokalisation des Steins

Chirurgisch

- Steinexzision: durchgeführt unter Vollnarkose oder Spinalanästhesie. Der Patient bleibt 2–5 Tage oder länger stationär (s. abdominalchirurgischer Eingriff, S. 3)

Ambulante Pflege

- Geben Sie sowohl dem Patienten als auch der betreuenden Person *schriftliche* und *mündliche* Instruktionen. Vermitteln Sie ihnen Namen und Telefonnummern eines Arztes oder einer Pflegeperson, die bei Fragen angerufen werden können

- *Allgemeine Informationen*
- Erläutern Sie die Urolithiasis und deren Ursachen. Besprechen Sie die Zusammensetzung des Steins
- *Komplikationszeichen*
- Gehen Sie die Zeichen und Symptome durch, die einem Arzt oder einer Pflegeperson mitgeteilt werden sollten
  - Einsetzen kolikartiger Schmerzen
  - Herabgesetzte Urinausscheidung
  - Kennzeichen und Symptome eines Harnwegsinfektes: Harndrang, häufiges Wasserlassen, Brennen, schwaches Fieber
  - Infektion: Rötung, Wärme beim Berühren, Schmerzempfindlichkeit, Ausfluß
  - Austritt von Flüssigkeit um den Nephrostomietubus
- Helfen Sie dem Patienten beim Erkennen von Frühzeichen eines Anfalls (Unruhe, ziehender Schmerz, Flankenschmerz), und weisen Sie ihn an, sofort den Arzt zu benachrichtigen. Weisen Sie den Patienten an, sich bei schweren Schmerzen von jemandem in die Notaufnahme fahren zu lassen
- *Besondere Hinweise*
- Besprechen Sie Maßnahmen, um ein Rezidiv zu verhindern, einschließlich von Medikamenten, einer Diät, Flüssigkeiten (s. u.), regelmäßigem Wasserlassen und der Prophylaxe bzw. rechtzeitigen Behandlung von Harnwegsinfekten
- Weisen Sie den Patienten an, seine Ausfuhr zu messen, den Urin zu filtern und Harngries zu identifizieren. Betonen Sie, wie wichtig es ist, diesen Harngries aufzuheben und den Arzt oder eine Pflegeperson zu verständigen. Beraten Sie den Patienten, wo und wie er Verbrauchsmaterial erhält
- Erklären Sie die Pflege eines Nephrostomietubus, falls dieser bei der Entlassung des Patienten noch liegt
  - Der Tubus muß stets gut befestigt sein
  - Verbandwechsel nur auf Anweisung. Der Verband kann wieder befestigt werden
  - Überwachung des Urins auf Menge, Farbe und Geruch; Abnahme oder Fehlen von Urin im Beutel mitteilen
  - Den Beutel in einem sauberen Verfahren entleeren: Hände waschen, Verbindungsstelle mit Alkohol säubern, Kappe abnehmen, nach dem Aufsetzen der Kappe Hände waschen
  - Beim Wechsel des Beutels zur Nacht das für den transurethralen Dauerkatheter beschriebene Vorgehen einhalten (s. S. 132)

- Im Stehen oder Liegen den Beutel über der Nierenebene halten
- Bitten Sie den Patienten mit einem Nephrostomietubus, Duschen und Baden mit dem Arzt abzustimmen

■ *Medikamente*

- Erläutern Sie Zweck, Dosierung, Einnahmezeitplan und Art der Verabreichung der verordneten Medikamente sowie deren Nebenwirkungen, die einem Arzt oder einer Pflegeperson mitgeteilt werden sollten
- Besprechen Sie die Notwendigkeit, Antibiotika auch weiterhin in vollem Umfang einzunehmen, selbst wenn sich der Patient gut fühlt

■ *Aktivitäten*

- Fördern Sie das Gespräch über Anpassungen und Einschränkungen im Hinblick auf Beruf, Freizeit und allgemeine Tätigkeiten

■ *Ernährung/Diät*

- Halten Sie den Patienten dazu an, die Aufnahme klarer Flüssigkeiten (Wasser, Säfte) auf 2,5 Liter täglich zu erhöhen; in der Folge sollten es täglich mindestens 8–10 Gläser sein
- Erklären Sie, daß alkoholische Getränke gemieden werden sollten
- Raten Sie dem Patienten, Getränke mit Zucker oder mit Substanzen, die zur Steinbildung beitragen, einzuschränken
- Besprechen Sie die Änderungen der Ernährungsweise in Abhängigkeit von der Zusammensetzung des Steins
  - Kalzium: weniger Milch, Speiseeis, Käse, Sardinen, Lachs aus der Dose, dunkelgrünes Blattgemüse
  - Harnsäure: weniger Fleisch von Organen (Niere, Leber, Herz) und Vollkorn
  - Oxalsäure: weniger Gemüse (Spargel, Rüben, Spinat, Rhabarber), weniger Früchte (Pflaumen, Preiselbeeren, Himbeeren) und weniger Säfte (Himbeer-, Trauben- und Pampelmusensaft) sowie weniger Nüsse (Mandeln, Cashew-Nüsse)

Nachsorge

■ Betonen Sie die Bedeutung regelmäßiger Nachsorgeuntersuchungen. Stellen Sie sicher, daß der Patient die erforderlichen Namen und Telefonnunmmern hat. Erinnern Sie den Patienten daran, die gesammelten Steinproben jeweils zur Untersuchung mitzubringen

■ Betonen Sie, wie wichtig es ist, bei Steinerkrankungen auch auf Reisen ärztlichen Rat zu suchen

Venenligatur und -stripping der V. saphena

Venenligatur und -stripping: ein Verfahren zur Behandlung von Varizen. Derartig vergrößerte, gewundene und erweiterte Venen treten gewöhnlich an den unteren Extremitäten auf. Mit zunehmender Erweiterung und abnehmender Ventilfunktion der Venenklappen nimmt auch die funktionelle Leistungsfähigkeit der Venen ab, und es kommt zur venösen Stase und Thrombenbildung.

Indikationen

- Varizen

Präoperative Schulung

- Gehen Sie die Erläuterungen des Arztes bezüglich des Eingriffs und seiner Gründe durch, und ermutigen Sie den Patienten, Fragen zu stellen und jegliche Sorgen oder Ängste zu besprechen
- Erklären Sie die Notwendigkeit einer schriftlichen Einverständniserklärung nach Aufklärung

Besprechen der präoperativen Pflege

- Sagen Sie dem Patienten, daß das zu operierende Bein rasiert wird
- Weisen Sie den Patienten an, sich innerhalb von 12 Stunden vor dem Eingriff zweimal mit Hexachlorophen zu duschen
- Weisen Sie den Patienten an, ab Mitternacht vor der Operation nichts mehr zu essen oder zu trinken
- Erklären Sie, daß alle zu strippenden Varizen am stehenden Patienten farbig markiert werden
- Informieren Sie den Patienten darüber, daß er in der Nacht vor dem Eingriff ein Beruhigungsmittel erhält

Nebenwirkungen/Komplikationen

- Ekchymose (flächenhafter Bluterguß), Blutung
- Taubheitsgefühl
- Ulzeration
- Infektion
- Thromboembolien
- Narben

Ambulante Pflege

- Geben Sie sowohl dem Patienten als auch der betreuenden Person *schriftliche* und *mündliche* Instruktionen. Vermitteln Sie ihnen Namen und Telefonnummern eines Arztes oder einer Pflegeperson, die bei Fragen angerufen werden können
- *Allgemeine Informationen*
- Gehen Sie alle Erklärungen über den Eingriff und die spezielle Nachsorge durch
- *Wundversorgung*
- Besprechen und demonstrieren Sie die korrekte Pflege der Wunde
- *Komplikationszeichen*
- Gehen Sie die Zeichen und Symptome durch, die einem Arzt oder einer Pflegeperson mitgeteilt werden sollten
  - Fieber
  - Rötung, Wärme, Schmerzen, Ödem oder eitrige Sekretabsonderungen aus den Inzisionen
- *Besondere Hinweise*
- Weisen Sie den Patienten an, Stützstrümpfe zu tragen. Helfen Sie ihm bei der Beschaffung entsprechenden Materials und der Auswahl der richtigen Größe
- Raten Sie dem Patienten, beengende Kleidung zu meiden und kniehohe Strümpfe zu tragen
- *Medikamente*
- Erläutern Sie Zweck, Dosierung, Einnahmezeitplan und Art der Verabreichung der verordneten Medikamente sowie deren Nebenwirkungen, die einem Arzt oder einer Pflegeperson mitgeteilt werden sollten
- Ermutigen Sie den Patienten zur Einnahme von Schmerzmitteln
- *Aktivitäten*
- Raten Sie dem Patienten, er möge mindestens 6 Wochen lang tagsüber häufig Ruhepausen einlegen und das Bein im Sitzen über die Herzebene hinaus hochlagern
- Sagen Sie dem Patienten, er möge langes Sitzen und Stehen vermeiden und häufig die Körperhaltung wechseln
- Raten Sie dem Patienten, im Sitzen nicht die Beine übereinander zu schlagen
- Ermutigen Sie den Patienten dazu, mit regelmäßigen Spaziergängen zu beginnen
- Betonen Sie ggf. die Bedeutung einer Gewichtsreduktion. Verweisen Sie den Patienten an Möglichkeiten in der Gemeide bzw. an Kurse für das Abnehmen

Nachsorge

- Betonen Sie die Bedeutung regelmäßiger Nachsorgeuntersuchungen. Stellen Sie sicher, daß der Patient die erforderlichen Namen und Telefonnunmmern hat

Verbrennungen

Verbrennung: Verletzung der Haut und des epithelialen Gewebes durch direkten Kontakt mit oder Exposition gegenüber extremen Temperaturen, elektrischem Strom, Chemikalien oder radioaktiver Strahlung.

Einteilung der Verbrennungen

- Oberflächlich (1. Grad): Rötung der Epidermis ohne Blasenbildung
- Kennzeichen/Symptome
  - Schmerzen
  - Rötung
  - Verblassen des Gewebes unter Druck
  - Normale Beschaffenheit des Gewebes
- Teilweise Schädigung der Hautschichten (2. Grad): Blasenbildung in Epidermis und Dermis mit Unterhautödem und Schmerzen
- Kennzeichen/Symptome
  - Schmerzen
  - Blasen
  - Rötung
  - Verblassen des Gewebes unter Druck
  - Feste Beschaffenheit des Gewebes
- Sämtliche Hautschichten betroffen (3. und 4. Grad): alle Schichten der Haut beteiligt; Fettgewebe, Muskeln, Gefäße und Knochen können betroffen sein.
- Kennzeichen/Symptome
  - Trockenheit
  - Blasse, weiße, braune oder rote Färbung
  - Verkohlung
  - Kein Auffüllen der Kapillaren
  - Keine Schmerzen
  - Feste, lederartige Beschaffenheit des Gewebes

Ätiologie

- Thermische Verbrennungen: Feuer, heiße Flüssigkeiten, Strahlung
- Chemische Verbrennungen: Kontakt mit, Verschlucken, Einatmen oder Injektion von Säuren, Laugen oder Vesikantien (Hautreizmittel)
- Verbrennungen durch elektrischen Strom, der durch den Körper zur Erde fließt

Komplikationen

- Dehydrierung
- Hypoxie
- Kreislaufkollaps
- Hämaturie, Oligurie
- Anämie
- Atemnotsyndrom des Erwachsenen
- Septischer Schock
- Seelischer Schock
- Curling-Ulkus, ein wenige Tage nach ausgedehnten Hautverbrennungen auftretendes Magen-Darm-Geschwür
- Magenatonie
- Disseminierte intravasale Gerinnung (DIG)
- Inaktivitätsatrophie, Kontrakturen
- Infektion

Diagnostik

- Beschreiben Sie jedes Verfahren, seinen Zweck sowie die Empfindungen und Wahrnehmungen, die dabei wahrscheinlich vorkommen, und die Pflege davor und danach
- Laboruntersuchungen
  - Großes Blutbild
  - Elektrolyte
  - Harnstoff und Kreatinin im Serum
  - Kohlenmonoxidhämoglobin
  - Arterielle Blutgase
  - Bilirubin
  - Phosphor
  - Alkalische Phosphatase
  - Urinuntersuchung auf Myoglobin und Hämoglobin

- Bronchoskopie zur Diagnostik von Verletzungen der oberen Atemwege
- Lungen-Szintigraphie zur Diagnostik von Verbrennungen der tiefen Atemwege

Behandlung

Sofortbehandlung

Konservativ

- *Therapie*
- Nüchtern für die ersten 12–24 Stunden, totale parenterale Ernährung
- Offenhalten der Atemwege
- Flüssigkeitssubstitution
- Blasenkatheter
- Magensonde
- Wundreinigung mit bakterizider Lösung
- *Medikamente*
- Zentralwirksame Analgetika
- Sedativa
- Tetanusimmunisierung
- Diphtherie-Tetanus-Impfstoff

Chirurgisch

- *Escharotomie (op. Entfernung von Wundschorf)*
- *Fasziotomie*

Langzeitbehandlung schwerer Verbrennungen

Konservativ

- *Therapie*
- Hydrotherapie 1- bis 2mal täglich zum Entfernen von Verbänden und zum Débridement
- Verbände: feucht bis trocken oder trocken
- Bei Bedarf Überernährung: hochkalorische, sehr proteinreiche Ernährung mit Vitamin- und Eisenzusätzen
- *Medikamente*
- Antibiotika, topisch und steril angewandt
- Zentralwirksame Analgetika

Chirurgisch

- *Hauttransplantate*
- *Amputation bei schwerer Schädigung der Extremitäten*
- *Wunddébridement*

Kleinere Verbrennungen

Konservativ

- *Therapie*
- Wundreinigung mit bakterizider Lösung
- Wunddébridement
- Verbandwechsel: Nichthaftende, mehrschichtige Verbände werden 1- bis 2mal täglich gewechselt. Polyurethan-, Hydrokolloid- und Silber-Sulfadiazinverbände für mehrere Tage werden bis zu einer Woche belassen
- *Medikamente*
- Tetanusimpfstoff
- Diphtherie-Tetanus-Impfstoff
- Topische Antibiotika
- Zentralwirksame Analgetika
- Analgetika, Antipyretika

Ambulante Pflege

- Geben Sie sowohl dem Patienten als auch der betreuenden Person *schriftliche* und *mündliche* Instruktionen. Vermitteln Sie ihnen Namen und Telefonnummern eines Arztes oder einer Pflegeperson, die bei Fragen angerufen werden können
- *Allgemeine Informationen*
- Gehen Sie die Erklärungen über die Art der Verbrennung und den Umfang des Schadens durch
- Besprechen Sie die Verlegung in eine Reha-Klinik oder eine Institution der Langzeitpflege entsprechend der Verordnung, und bereiten Sie den Patienten darauf vor
- *Wundversorgung*
- Unterweisen Sie den Patienten bei kleineren Brandwunden in Wundpflege und Verbandwechsel
  - Die Wunde auf Zeichen einer Infektion inspizieren
  - Reinigen der Wunde mit schwach dosierter PVP-Jodlösung und steriler Gaze, dabei die Rückstände topischer Präparate vorsichtig abreiben
  - Topische Antibiotika dick genug auftragen, um die Wunde zu bedecken und ein Anhaften des Verbandes zu verhindern
  - Nichthaftende, feinmaschige und darüber lockere, stark auftragende, gröbere Gaze auflegen, die Sekret aufnehmen kann. Diese Kombination mit einem halbelastischen Netzverband zusammenhalten, durch den der Druck überall gleichmäßig verteilt wird

- Besprechen Sie, wie wichtig es ist, eine Kontamination zu vermeiden. Erklären Sie das Entsorgen von gebrauchtem Verbandmaterial
- Gehen Sie die Pflege abgeheilter Verbrennungen durch
  - Die Haut vorsichtig waschen, gut abspülen, gründlich abtrocknen und Creme auftragen
  - Die Haut vor Sonnenlicht, aggressiven Waschmitteln, Weichspülern und scheuernder Kleidung schützen
  - Feuchtigkeitscremes und Sonnenschutzmittel gegen Reizungen auftragen

■ *Komplikationszeichen*

- Gehen Sie die Zeichen und Symptome durch, die einem Arzt oder einer Pflegeperson mitgeteilt werden sollten
  - Fieber, Unwohlsein
  - Blutung, Geruch, Sekretabsonderung des betroffenen Bereichs

■ *Besondere Hinweise*

- Raten Sie dem Patienten, Kontakt mit infizierten Personen zu vermeiden, besonders, wenn es um Infektionen der oberen Atemwege geht
- Beraten und unterstützen Sie den Patienten bei der Beschaffung von Verbandmaterial und sonstigem für die ambulante Pflege erforderlichen Material

■ *Medikamente*

- Erläutern Sie Zweck, Dosierung, Einnahmezeitplan und Art der Verabreichung aller verordneten Medikamente sowie deren Nebenwirkungen, die einem Arzt oder einer Pflegeperson mitgeteilt werden sollten
- Warnen Sie den Patienten vor der Einnahme rezeptfreier Medikamente, soweit nicht von einem Arzt gebilligt

■ *Aktivitäten*

- Erklären Sie, wie wichtig es ist, Ruhepausen einzuplanen
- Sprechen Sie über die Aufrechterhaltung normaler Tätigkeiten entsprechend der Belastbarkeit
- Halten Sie den Patienten zu aktiven und passiven Übungen des Bewegungsumfangs an, um Muskelschwund und Kontrakturen zu verhindern
- Unterweisen Sie den Patienten im Gebrauch verordneter Hilfsgeräte oder von Lagerungshilfen
- Erläutern Sie die Bedeutung der Physiotherapie zur Unterstützung des Übungsprogramms
- Ermutigen Sie den Patienten zu Wassergymnastik, um die Beweglichkeit der Gliedmaßen zu erhalten
- Fördern Sie das Gespräch über Anpassungen und Einschränkungen im Hinblick auf Beruf, Freizeitsport und allgemeine Tätigkeiten

- *Ernährung/Diät*
  - Betonen Sie die Bedeutung einer hochkalorischen, eiweiß- und vitaminreichen Ernährung zur Erhaltung des Körpergewichts und zur Unterstützung des Heilungsprozesses. Verweisen Sie den Patienten an eine Ernährungsberatung zur Unterstützung bei der Ernährungsplanung
  - Halten Sie den Patienten zu ausreichender Flüssigkeitsaufnahme an

Nachsorge

- Betonen Sie die Bedeutung regelmäßiger Nachsorgeuntersuchungen beim Arzt sowie regelmäßiger Laboruntersuchungen und Physiotherapie, bis der Heilungsprozeß abgeschlossen ist. Stellen Sie sicher, daß der Patient die erforderlichen Namen und Telefonnunmmern hat

Hinweis

- Beraten Sie den Patienten bezüglich Selbsthilfegruppen und der Möglichkeiten in der Gemeinde zur Unterstützung bei der Wiederaufnahme des täglichen Lebens und der gewohnten Kontakte

Verstauchungen und Zerrungen

Verstauchungen und Zerrungen: Verletzungen an Muskeln und Bändern. Verstauchungen und Zerrungen variieren nach Schweregrad und betroffenem Gewebe, die Behandlung ist jedoch oft die gleiche. Eine Verstauchung bedeutet einen Riß, gewöhnlich in einem Muskel, bisweilen aber auch in einem Band oder einer Sehne, der einen teilweisen oder vollständien Abriß der Fasern an ihrem Ansatzpunkt darstellt. Eine Zerrung bedeutet einen „Zug“ infolge einer plötzlichen oder anhaltenden Überdehnung oder übermäßigen Belastung, bei der ein Muskel beteiligt sein kann, die jedoch gewöhnlich Bänder oder Sehnen trifft. Das Einreißen oder Dehnen infolge dieser Verletzungen führt zu Blutungen in das Gewebe, die eine Entzündungsreaktion in Gang setzen. Sowohl Verstauchungen als auch Zerrungen werden entsprechend ihrem Schweregrad unterteilt.

Kennzeichen/Symptome

- Zerrung 1. Grades: exzessiver Zug bzw. Dehnung
- Leichter Schmerz
- Ödem mit leichter Hämatombildung (Blutung ins Gewebe)
- Muskelkrampf
- Schmerzempfindlichkeit
- Leichte Abnahme der Kraft, leichter Funktionsverlust
- Verstauchung 1. Grades: teilweise eingrissene ligamentäre Fasern
- Leichter Schmerz
- Leichtes Ödem
- Lokale Schmerzempfindlichkeit
- Keine Gelenkinstabilität
- Kurzfristige und leichte Funktionseinschränkung
- Zerrung 2. Grades: Einreißen oder Riß einiger Muskelfasern
- Verstärkt Schmerzen und Ödem
- Rötung
- Blutung
- Funktionsveränderungen
- Lokale Erwärmung
- Verstauchung 2. Grades: unvollständiger Bänderriß
- Leichtes Ödem
- Lokale Schmerzen und Schmerzempfindlichkeit
- Leichte Gelenkinstabilität
- Gewöhnliche Aktivitäten nicht mehr möglich
- Zerrung 3. Grades: vollständiger Riß der Muskelfasern mit möglichem Faszienriß
- Schwere Schmerzen
- Muskelkrampf
- Ausgeprägtes Ödem
- Deutliche Ekchymose (kleine Blutungen) mit Hämatombildung
- Deutliche Schmerzempfindlichkeit
- Funktionsverlust
- Zerrung 3. Grades: vollständiger oder kompletter Riß des Ligaments oder der Sehne
- Schwere Schmerzen
- Minimales bis ausgeprägtes Ödem
- Behinderung des Gelenks
- Funktionsverlust

Komplikationen

- Dauerhafte Behinderung im Gelenk
- Neurovaskuläre Funktionsstörungen der Extremität
- Posttraumatische Arthritis

Diagnostik

- Beschreiben Sie jedes Verfahren, seinen Zweck sowie die Empfindungen und Wahrnehmungen, die dabei wahrscheinlich vorkommen, und die Pflege davor und danach
  - Röntgenaufnahmen unter Belastung zur Beurteilung des Schweregrades der Verletzung
  - Magnetresonanztomographie zur Bestätigung der Ausdehnung der Verletzung bzw. des Bänderrisses

Behandlung

Konservativ

- *Therapie*
  - Ruhen des verletzten Bereichs; die Dauer hängt vom Schweregrad der Verletzung ab.
  - Kühlung: Eispackungen auf dem betroffenen Bereich, damit die Schwellung und der Bluterguß zurückgehen
  - Druck: elastische Binden um den verletzten Bereich; Gips oder Schienen bei schweren Verstauchungen oder Zerrungen; Bandage
  - Hochlagern: Anheben des verletzten Bereichs über die Herzebene, um die Schwellung zu reduzieren (Fuß höher als Knie, Hand höher als Ellenbogen)
- *Medikamente*
  - Analgetika
  - Antiphlogistika

Chirurgisch

- Indiziert bei Verstauchungen und Zerrungen 3. Grades
- Offenes Wiedereinrichten und Wiederherstellen gerissenen oder ausgerissenen Gewebes zur Wiedererlangung der vollen Gelenkfunktion
- Wiederanheften oder Entfernen des Ligaments oder der Sehne bei schweren Schäden

Ambulante Pflege

- Geben Sie sowohl dem Patienten als auch der betreuenden Person *schriftliche* und *mündliche* Instruktionen. Vermitteln Sie ihnen Namen und Telefonnummern eines Arztes oder einer Pflegeperson, die bei Fragen angerufen werden können
- *Allgemeine Informationen*
  - Erläutern Sie Art und Ausdehnung der Verletzung (1., 2. oder 3. Grad)
- *Komplikationszeichen*
  - Gehen Sie die Zeichen und Symptome durch, die einem Arzt oder einer Pflegeperson mitgeteilt werden sollten
    - Hautfarbe: Rot, Blau, Lila
    - Hauttemperatur: Verletztes Gewebe ist kühler als das umgebende Gewebe; warme oder heiße Haut
    - Schwellung: Der verletzte Bereich ist geschwollen, die umgebende Haut sollte jedoch nicht gespannt sein
    - Plötzlich zunehmender Schmerz
    - Unfähigkeit, Finger oder Zehen der betroffenen Extremität zu beugen
    - Taubheitsgefühl oder Kribbeln in Fingern bzw. Zehen
    - Verlangsamte Kapillarfüllung: Bei Druck auf die Nägel der betroffenen Gliedmaße dauert es länger als 4 Sekunden, bis die rosa Färbung wiederkehrt
- *Besondere Hinweise*
  - Unterweisen Sie den Patienten im Gebrauch der erforderlichen Gehhilfen, z. B. Unterarmgehstütze, Gehstock
  - Unterweisen Sie den Patienten im korrekten Anbringen elastischer Binden von distal nach proximal zur Unterstützung der Venenpumpe und des venösen Rückstroms. Raten Sie dem Patienten, die Binden zu lockern, sobald sich Zeichen einer neurovaskulären Störung bemerkbar machen
  - Weisen Sie den Patienten an, abhängig von der Verletzung während der ersten 24–72 Stunden oder länger Eispackungen aufzulegen, um die Blutung und das Ödem zu verringern
- *Medikamente*
  - Erläutern Sie Zweck, Dosierung, Einnahmezeitplan und Art der Verabreichung aller verordneten Medikamente sowie deren Nebenwirkungen, die einem Arzt oder einer Pflegeperson mitgeteilt werden sollten

- *Aktivitäten*
  - Besprechen Sie, wie lange die Bewegungsfreiheit in Abhängigkeit von der Verletzung eingeschränkt sein wird: 24–72 Stunden für Verstauchungen und Zerrungen 1. Grades, 10 Tage bis 3 Wochen und länger bei Verstauchungen und Zerrungen 2. und 3. Grades
  - Betonen Sie, wie wichtig es ist, Schonung und Ruhigstellung der betroffenen Gliedmaße während der vorgeschriebenen Zeit einzuhalten. Erläutern Sie, daß eine Wiederaufnahme der Aktivität bei noch bestehender Schwellung oder Blutung zu weiterer Schädigung und verzögerter Heilung und Wiederherstellung führen kann
  - Besprechen Sie, daß es nötig ist, die verletzte Gliedmaße hochzulagern. Weisen Sie den Patienten an, die Extremität nicht zu hoch zu lagern, da dies zu einer Abnahme der Durchblutung und damit Zunahme der Schwellung führen kann
  - Unterweisen Sie den Patienten in sich steigernden Übungen zum Bewegungsumfang und Reha-Übungen, die vom Arzt entsprechend der Verletzung verordnet wurden

Nachsorge

- Betonen Sie die Bedeutung regelmäßiger medizinischer und labortechnischer Nachsorgeuntersuchungen. Stellen Sie sicher, daß der Patient die erforderlichen Namen und Telefonnunmmern hat

Zellulitis

Zellulitis: eine eitrige Entzündung der Haut und des Unterhautgewebes, gewöhnlich infolge des Eindringens von Bakterien durch eine vorgeschädigte Haut. Eine Zellulitis kann ohne erkennbare Eintrittspforte auftreten und sich durch die Gewebsspalten ausbreiten. Es kann zur Lymphangitis kommen. Zu den häufigsten Auslösern gehören *Streptococcus pyogenes* und *Staphylococcus aureus.*

Ätiologie/beeinflussende Faktoren

- Verletzungen der Haut
- Hautulzera
- Lymphödem

Kennzeichen/Symptome

- Lokal Schmerzen, Rötung, Schwellung, empfindliche Haut
- „Orangenhaut“
- Rote Streifen auf der Haut als Zeichen einer Lymphangitis
- Grübchenbildung beim Ausüben von Druck auf die Haut
- Fieber, Schüttelfrost, Krankheitsgefühl
- Kopfschmerzen
- Charakteristische Läsionen oder offene Wunde
- Eiterabsonderung aus der Wunde

Komplikationen

- Abszesse
- Sepsis
- Gangrän

Diagnostik

- Beschreiben Sie jedes Verfahren, seinen Zweck und die normalen Empfindungen oder Wahrnehmungen, die dabei wahrscheinlich vorkommen, sowie die Pflege davor und danach
- ☐ Tests zum Nachweis des auslösenden Erregers: beta-hämolysierende Streptokokken der Gruppe A oder *Staphylococcus aureus*
- ☐ Anlegen einer Kultur aus einer Hautläsion

- Blutkultur
- Blutuntersuchungen
  - Großes Blutbild mit Leukozyten zum Nachweis eines entzündlichen Prozesses
  - Blutkörperchensenkungsgeschwindigkeit (BSG): erhöht

Behandlung

Konservativ

- *Therapie*
- Intravenöse Antibiotikatherapie bei schwerer Infektion, die eine Hospitalisierung, gewöhnlich für 2 Tage erfordert
- Immobilisierung und Hochlagern der betroffenen Gliedmaße, um das Ödem zu verringern
- Kalte Kompressen gegen die Beschwerden, abwechselnd mit warmen Kompressen zur Förderung der Durchblutung und des Heilungsprozesses
- *Medikamente*
- Analgetika und Antipyretika (z. B. Acetylsalicylsäure)

Chirurgisch

- Inzision und Drainage in Fällen, die nicht auf die Behandlung ansprechen oder bei denen es zu Gewebsschäden gekommen ist
- Débridement von abgestorbenem Gewebe

Ambulante Pflege

- Geben Sie sowohl dem Patienten als auch der bzw. dem Betreuenden *mündliche* und *schriftliche* Instruktionen. Nennen Sie ihnen den Namen und die Telefonnummer eines Arztes oder einer Pflegeperson, die sie bei Fragen anrufen können
- *Allgemeine Informationen*
- Besprechen Sie die Erkrankung und die beeinflussenden Faktoren.
- *Komplikationszeichen*
- Gehen Sie die Zeichen und Symptome durch, die einem Arzt oder einer Pflegeperson mitgeteilt werden sollten.
  - Kopfschmerzen, Fieber, Schüttelfrost
  - Schmerzen, Rötung, Schwellung, Hitzewallung
  - Eitrige Absonderungen
  - Geruch aus dem Verband

- *Besondere Hinweise*
  - Erklären Sie, wie wichtig es ist, die betroffene Gliedmaße für wenigstens 2–3 Tage zu immobilisieren und hochzulagern, bis die Rötung und Schwellung zurückgegangen sind
  - Sie den Patienten in Wundpflege und im Verbandwechsel
    - Erklären Sie, wie man eine offene oder nässende Wunde vorsichtig mit einem sauberen Waschlappen, Wasser und Seife wäscht, und wie man unter Beachtung der Asepsis einen Verband anlegt
    - Weisen Sie den Patienten an, sich vor und nach dem Verbandwechsel die Hände zu waschen, und erklären Sie ihm, wie man verbrauchtes Verbandmaterial entsorgt
    - Zeigen Sie dem Patienten die Behandlung von verschmutzter Wäsche und Kleidung: Separates Waschen in heißem Wasser verhindert eine Ausbreitung der Infektion
  - Zeigen Sie dem Patienten, wie man kalte Kompressen gegen die Beschwerden abwechselnd mit warmen Kompressen zur Förderung der Durchblutung auflegt
- *Medikamente*
  - Erläutern Sie Zweck, Dosierung, Zeitplan und Art der Einnahme der verschriebenen Medikamente sowie deren Nebenwirkungen, die einem Arzt oder einer Pflegeperson mitgeteilt werden sollten
  - Erklären Sie, daß oral gegebene Antibiotika noch eine Woche nach dem Erlöschen der Infektion eingenommen werden müssen. Sagen Sie dem Patienten, daß die Behandlung abhängig von der Schwere der Infektion noch für einige Wochen fortgesetzt werden muß
- Informieren Sie den Patienten darüber, daß Tätigkeiten entsprechend der Belastbarkeit unter Verwendung von Hilfsmitteln, wie z. B. einer Armschlinge oder einer Unterarmgehstütze, gestattet sind. Unterweisen Sie den Patienten ggf. im Gebrauch von Gehhilfen

Nachsorge

- Betonen Sie die Bedeutung regelmäßiger Nachsorgeuntersuchungen. Stellen Sie sicher, daß der Patient die notwendigen Namen und Telefonnummern hat

Zervixkarzinom

Zervixkarzinom: Krebs des Gebärmutterhalses (Zervix) und zweithäufigstes Malignom bei Frauen. Es kommt häufiger bei Frauen in schlechteren sozioökonomischen Verhältnissen vor. Man unterscheidet das präinvasive und das invasive Zervixkarzinom. Das präinvasive Karzinom ist auf die Zervix beschränkt und in 75–90 % der Fälle heilbar. Das invasive Zervixkarzinom erfaßt die Zervix und andere Beckenstrukturen. Die Inzidenz des invasiven Zervixkarzinoms nimmt ab, dagegen steigt die Häufigkeit prämaligner Veränderungen, auch „Carcinoma in situ" genannt, vor allem bei jungen Frauen. Zervixkarzinome sind überwiegend Plattenepithelkarzinome. Einige sind Adenokarzinome. Das Klarzellenkarzinom findet sich vor allem bei jüngeren Frauen und nimmt an Häufigkeit zu. Der Begriff "zervikale intraepitheliale Neoplasie" dient der Beschreibung maligner Veränderungen in der Übergangszone zwischen Zervixschleimhaut und Vaginalepithel. Ein Zervixkarzinom breitet sich durch direktes Wachstum sowie über die Lymph- und Blutbahn aus. 75 % der Rezidive sind lokal, 25 % bestehen in Fernmetastasen in der Leber, den Knochen sowie den mediastinalen und supraklavikulären Lymphknoten.

Risikofaktoren

- Früher erster Geschlechtsverkehr, besonders im Alter zwischen 15 und 17 Jahren
- Zahlreiche Sexualpartner
- Sexuell übertragbare Krankheiten, vor allem Humanpapillomviren und möglicherweise das Herpes-simplex-Virus
- Schwangerschaften im Teenager-Alter
- Rauchen in der Anamnese
- Langzeiteinnahme von Hormonen wie Progesteron

Kennzeichen/Symptome

- Anomale Vaginalblutung – schmerzlos, dünnflüssig, fleischwasserfarben – die sich zur Schmierblutung und zur offenen Blutung entwickelt
- Verlängerte Regelblutung oder Zwischenblutungen
- Kontaktblutung nach Geschlechtsverkehr
- Anämie infolge des chronischen Blutverlustes

- Im fortgeschrittenen Stadium: Der Ausfluß wird dunkel und übelriechend, Schmerzen im Kreuz, in den Beinen und in der Leiste (im Becken), Ödeme in den Beinen, Schwierigkeiten beim Wasserlassen, Harndrang und Hämaturie, Tenesmen und Blutung im Rektum

Diagnostik

- Beschreiben Sie jedes Verfahren, seinen Zweck und die normalen Empfindungen oder Wahrnehmungen, die dabei wahrscheinlich vorkommen, sowie die Pflege davor und danach
- Kolposkopie mit Untersuchung der Zervix und Biopsie zum Nachweis von Tumormassen, malignen Zellen oder beidem
- Computertomographie des Abdomens zur Feststellung einer Beteiligung der retroperitonealen Lymphknoten
- Magnetresonanztomographie zur Beurteilung des Tumorvolumens
- Lymphangiographie zur Beurteilung einer Beteiligung des Lymphsystems
- Röntgen-Thorax, Ausscheidungsurographie, Zystoskopie, Proktosigmoidoskopie zum Nachweis einer Tumorausbreitung

Behandlung

Konservativ

- *Therapie*
- Kryotherapie (Kälteanwendung) oder Abtragen mit dem Laser
  - Unmittelbare Komplikationen: Blutungen, Uterusperforation
  - Langzeitkomplikationen: Zervixstenose, Infertilität, Zervixinsuffizienz, erhöhte Inzidenz von Frühgeburten mit niedrigem Geburtsgewicht
- Strahlentherapie: perkutane (externe) und intrakavitäre Bestrahlung
- Chemotherapie
  - Cisplatin
  - Carboplatin
  - Cyclophosphamid
  - Melphalan
  - 5-Fluorouracil
  - Vincristin
  - Methotrexat
  - Hydroxyharnstoff

Chirurgisch

- Konisation zur Behandlung von Frauen im gebärfähigen Alter mit Carcinoma in situ

- Radikale abdominale oder vaginale Hysterektomie mit Entfernen der Beckenlymphknoten
  - Komplikationen: Ureterfisteln, Störungen der Blasenfunktion, Lungenembolie, Infektionen im Beckenraum, Darmverschluß, Rektovaginalfisteln, Hämorrhagien
- Exenteratio pelvis (Entfernung der Organe des kleinen Beckens) mit Lymphknotendissektion und Entfernen der Blase und Urethra, des Uterus, der Zervix und Vagina, des Rektums und allen seitlichen Stützgewebes. Die Patientin erhält einen permanenten künstlichen Darmausgang und eine künstliche Harnableitung
  - Komplikationen: Lungenembolie oder -ödem, Schlaganfall, Hämorrhagie, Myokardinfarkt, Sepsis, Dünndarmverschluß

Präoperative Schulung

- Gehen Sie die Erläuterungen des Arztes bezüglich der Operation und ihrer Begründung sowie die Pflege davor und danach durch. Ermutigen Sie die Patientin, Fragen zu stellen und alle Sorgen und Ängste zu besprechen, vor allem hinsichtlich der Veränderung ihres Körperbildes und ihrer Körperfunktionen, der Fertilität und der Sexualfunktionen
- Erklären Sie die Notwendigkeit einer schriftlichen Einverständniserklärung nach Aufklärung
- Falls eine Strahlentherapie durchgeführt wird, erklären Sie, daß diese zur Menopause führt
- Sagen Sie der Patientin, bei der eine Konisation vorgenommen wird, daß für etwa eine Woche nach dem Eingriff Schmierblutungen und Blutungen auftreten. Sagen Sie ihr, daß es auch zu Krämpfen kommen kann
- Bezüglich der Hysterektomie und der Exenteratio pelvis siehe die allgemeine präoperative Schulung unter abdominalchirurgischer Eingriff, S. 3
- Ermutigen Sie die Patientin, der eine Exenteratio pelvis bevorsteht, sich mit einer Frau zu treffen, die sich einer ähnlichen Operation unterzogen hat, möglicherweise zusätzlich mit einer Scheidenplastik. Bieten Sie Kontakte zu einer Sexualberatung an

Besprechen der postoperativen Pflege

- Ermutigen Sie die Patientin, sich in regelmäßigen Abständen zu drehen, abzuhusten und tief durchzuatmen
- Bereiten Sie die Patientin auf dicke Verbände an den operierten Stellen des Körpers, Katheter zur Harnableitung sowie ein Kolo- oder Ileostoma, je nach Art der Operation, vor
- Erklären Sie ihr, daß der Verband häufig kontrolliert und bei Bedarf gewechselt wird
- Ermutigen Sie die Patientin dazu, schon frühzeitig aufzustehen

Ambulante Pflege

- Geben Sie sowohl der Patientin als auch der bzw. dem Betreuenden *mündliche* und *schriftliche* Instruktionen. Nennen Sie ihnen den Namen und die Telefonnummer eines Arztes oder einer Pflegeperson, die sie bei Fragen anrufen können
- Gehen Sie die Erklärungen über die Art des Karzinoms sowie die vorgesehenen konservativen und operativen Behandlungsverfahren durch. Zur Strahlentherapie siehe S. 714, zur Chemotherapie siehe S. 102

Patientinnen mit Operation

- *Allgemeine Informationen*
  - Siehe abdominalchirurgischer Eingriff, S. 3
- *Komplikationszeichen*
  - Gehen Sie die Zeichen und Symptome durch, die einem Arzt oder einer Pflegeperson mitgeteilt werden sollten
    - Infektion: Rötung, Schwellung, Ausfluß, Wärme, Fieber, Schmerzen an der Operationswunde
- *Aktivitäten*
  - Erklären Sie, daß die Patientin für 2–6 Wochen nach der Operation entsprechend ärztlicher Anweisung Geschlechtsverkehr und Duschen vermeiden sollte
  - Betonen Sie, wie wichtig es ist, regelmäßig umherzugehen und langes Sitzen zu vermeiden
  - Heben schwerer Gegenstände und anstrengende Tätigkeiten für 6–8 Wochen nach der Operation vermeiden

Z

Patientin mit Kryochirurgie/Lasertherapie

- *Besondere Hinweise*
  - Erklären Sie, daß die Perinealdrainage zu Beginn wäßrig und klar erscheint und später zu einem übelriechenden Ausfluß wird, der tote Zellen enthält. Ausfluß aus der Drainage, der länger als 8 Wochen anhält, ist mitzuteilen
  - Gehen Sie die Pflege und Hygiene des Perineums durch. Sagen Sie der Patientin, daß Duschen und Abreiben mit dem Schwamm erlaubt sind, Wannen- und Sitzbäder jedoch vermieden werden sollten
  - Besprechen Sie die Notwendigkeit regelmäßiger Papanicolaou-Abstriche und Beckenuntersuchungen aufgrund der hohen Rezidivrate

Patientin mit Exenteratio pelvis

- *Besondere Hinweise*
  - Helfen Sie der Patientin bei der Beschaffung geeigneten Materials zur Pflege eines Enterostomas (s. S. 199)
  - Sorgen Sie für Anleitung zur Pflege des Perineums. Erklären Sie, daß der Ausfluß mehrere Monate anhalten kann und daß die Patientin entsprechend ärztlicher Anweisung Sitzbäder nehmen sollte
  - Bitten Sie die Patientin, langes Sitzen zu vermeiden
  - Ermutigen Sie die Patientin, über Verluste der Sexualität und des Körperbildes zu sprechen

Nachsorge

- Betonen Sie die Bedeutung regelmäßiger Nachsorgeuntersuchungen. Stellen Sie sicher, daß die Patientin die notwendigen Namen und Telefonnummern hat

Hinweis

- Helfen sie der Patientin bei der Suche nach Hilfsorganisationen und Selbsthilfegruppen sowie nach Sexualberatung und Beratung hinsichtlich ihrer Fertilität

Zystische Fibrose

Zystische Fibrose: eine autosomal-rezessive Erkrankung der exokrinen, schleimproduzierenden Drüsen (Atemwege, Pankreas, Schweißdrüsen). Die zystische Fibrose führt dazu, daß die Drüsen in den Atemwegen einen abnorm dickflüssigen, zähen Schleim produzieren, der sich dort ansammelt. Die Pankreasfunktion ist durch einen Mangel an Trypsin und Lipase gestört, der die Aufnahme von Fett und Eiweiß im Darm stört und die Verdauung beeinträchtigt. Es handelt sich um eine chronisch-progressive, erbliche Erkrankung, die sich unmittelbar nach der Geburt oder erst nach Jahren zeigen kann. Die Überlebensdauer ist gestiegen, und die Patienten können 30–40 Jahre alt werden.

Kennzeichen/Symptome

- *Gastrointestinaltrakt*
- Ungenügende Gewichtszunahme
- Dünne Extremitäten mit geblähtem Abdomen
- Stuhl (Steatorrhö): häufige, voluminöse, schaumige, fettige und übelriechende Stühle, die in der Toilette schwimmen
- Anorexie
- *Atmungssystem*
- Trockener, chronischer Husten, gefolgt von lockerem, produktiven Husten
- Dicker, zäher Schleim
- Belastungsdyspnö
- Giemen
- Zyanose, Trommelschlegelfinger

Komplikationen

- *Atmung*
- Schwere Atelektase
- Emphysem
- Pneumonie
- Pneumothorax
- Cor pulmonale
- Pulmonale Hypertension
- *Magen-Darm-Trakt*
- Ileus
- Ösophagusvarizen

- Portale Hypertension
- Leberzirrhose
- *Andere*
- Dehydratation
- Arthralgie der distalen langen Röhrenknochen und der damit verbundenen Gelenke, z. B. Knie-, Fuß- und Handgelenke
- Sterilität: sekundäre Amenorrhö bei Frauen, Azoospermie (Fehlen von Spermien) beim Mann

Diagnostik

- Beschreiben Sie jedes Verfahren, seinen Zweck und die normalen Empfindungen oder Wahrnehmungen, die dabei wahrscheinlich vorkommen, sowie die Pflege davor und danach
- Elektrolyte im Schweiß: erhöhter Natriumgehalt (> 60 mEq/l)
- Pankreasenzyme: erniedrigtes oder fehlende(s) Trypsin, Lipase und Amylase
- Stuhluntersuchung: minimales oder fehlendes Trypsin und erhöhtes Fett und Albumin im Stuhl (Azotorrhö, > 20 mg/dl)
- Röntgen-Thorax: pulmonale Komplikationen
- Lungenfunktionstests

Behandlung

Konservativ

- *Therapie*
- Atmung: Lungenhygiene, Sauerstofftherapie, Lagerungsdrainage
- *Medikamente*
- Bronchodilatatoren, Mukolytika, Expektoranzien
- Antibiotika gegen Lungeninfektionen
- Substitution von Pankreasenzymen zu den Mahlzeiten und Zwischenmahlzeiten
- Fettlösliche Vitamine
- Tägliche Eisensubstitution
- Salztabletten bei heißem Wetter

Chirurgisch

- *Pulmonal- oder Bronchiallavage*
- *Resektion von Lungenbläschen und Pleuranarben*

Ambulante Pflege

- Geben Sie sowohl dem Patienten als auch der bzw. dem Betreuenden *mündliche* und *schriftliche* Instruktionen. Nennen Sie ihnen den Namen und die Telefonnummer eines Arztes oder einer Pflegeperson, die sie bei Fragen anrufen können
- *Allgemeine Informationen*
- Erläutern Sie den Krankheitsprozeß, seine Ätiologie und die verordnete Behandlung
- *Komplikationszeichen*
- Gehen Sie die Zeichen und Symptome durch, die einem Arzt oder einer Pflegeperson mitgeteilt werden sollten
  - Zahlreiche voluminöse, übelriechende Stühle
  - Veränderungen in den Charakteristika oder der Farbe des Sputums, z. B. eingedickt und blutig
  - Verminderte Belastbarkeit
  - Schlechter Appetit
  - Müdigkeit
  - Gewichtsverlust
  - Fieber
  - Streßsymptome
- *Besondere Hinweise*
- Sie die Bedeutung von Atemübungen und Techniken der Lagerungsdrainage hervor. Demonstrieren Sie diese, und geben Sie dem Patienten Zeit, sie zu lernen
- Unterweisen Sie den Patienten und seine Familie im Gebrauch von Verneblern und anderen Atemhilfsgeräten, die zur Lösung des Schleims erforderlich sind. Helfen Sie dem Patienten, diese Ausrüstung in der Apotheke oder einem Sanitätshaus zu erwerben
- Erklären Sie, daß Personen mit Infektionen der oberen Atemwege sowie bekannte Reizstoffe der Atemwege wie Zigarettenrauch oder Luftschadstoffe vermieden werden sollten
- *Medikamente*
- Erläutern Sie Zweck, Dosierung, Zeitplan und Art der Einnahme der verschriebenen Medikamente sowie deren Nebenwirkungen, die einem Arzt oder einer Pflegeperson mitgeteilt werden sollten
- Raten Sie dem Patienten davon ab, rezeptfreie Medikamente ohne Rücksprache mit dem Arzt einzunehmen

- *Aktivitäten*
  - Ermutigen Sie den Patienten zu Übungen an frischer Luft. Schwimmen hilft die Atemmuskeln zu stärken und fördert gute Atemgewohnheiten
  - Sagen Sie dem Patienten, er möge vor körperlichen Aktivitäten eine Atmungsbehandlung durchführen
  - Besprechen Sie die Vorkehrungen, die an warmen Tagen gegen eine Dehydrierung getroffen werden müssen: Tätigkeiten an heißen Tagen oder an Tagen mit hoher Luftverschmutzung vermeiden, reichlich trinken und den Salzverlust ersetzen
- *Ernährung/Diät*
  - Gehen Sie die verordnete Diät durch, die kalorien-, eiweißreich und fettarm ist
  - Besprechen Sie die Notwendigleit einer Vitaminsubstitution (A, D, E, K)
  - Halten Sie den Patienten dazu an, salzige Speisen zu essen und die Speisen bei Tisch zu salzen
  - Erklären Sie, daß kohlenhydratreiche Speisen, wie z. B. Apfelmus, mit zusätzlichen Pankreasenzymen gemischt werden sollten. Eiweißhaltige Nahrung führt zu unmittelbarem Versagen der Enzyme. Weisen Sie den Patienten an, die Ergänzungspräparate sowohl zu den Zwischenmahlzeiten als auch zu den Mahlzeiten einzunehmen und die Substitution der Pankreasenzyme nach Bedarf und in Übereinstimmung mit der Nahrungsaufnahme und den Stuhlgewohnheiten anzupassen
  - Sagen Sie dem Patienten, er möge bekannte Reizstoffe in der Nahrung vermeiden
  - Helfen Sie dem Patienten und der betreuenden Person, eine Diätassistentin aufzusuchen und sich hinsichtlich einer speziellen Diät, alternativer Verfahren der Nahrungszubereitung und der Anpassung von Familienrezepten beraten zu lassen

Nachsorge

- Betonen Sie die Bedeutung regelmäßiger Nachsorgeuntersuchungen. Stellen Sie sicher, daß der Patient die notwendigen Namen und Telefonnummern hat
- Sorgen Sie entsprechend den Empfehlungen für eine Grippe- und Pneumonieimpfung

Psychosoziale Betreuung

- Ermutigen Sie den Patienten und die betreuende Person, Gefühle und Sorgen den jeweiligen Mitarbeitern in der Gesundheitsversorgung und einander mitzuteilen. Ermutigen Sie die betreuende Person und den Patienten zu einem Gespräch mit einer anderen Familie, die mit zystischer Fibrose und ihrer Prognose lebt
- Besprechen Sie mit der betreuenden Person, daß jeder in der Familie an der Pflege des Familienmitglieds mit zystischer Fibrose beteiligt sein sollte

Hinweise

- Verweisen Sie den Patienten an eine einschlägige Hilfsorganisation
- Sorgen Sie bei Bedarf für Informationen über Beratung und finanzielle Hilfen

Anhang A
Techniken der Schmerzbekämpfung

Progressive Muskelrelaxation (PMR) – Entspannung

Die progressive Muskelrelaxation lindert Schmerzen, indem sie Spannungen in der Muskulatur abbaut. Sie kann auch dabei helfen, sich weniger müde und nervös zu fühlen und dazu beitragen, daß andere Verfahren der Schmerzbekämpfung besser funktionieren.

Durchführung
Suchen Sie sich einen ruhigen Ort, und setzen oder legen Sie sich hin. Machen Sie es sich bequem - Arme nicht verschränken und Beine nicht übereinanderschlagen. Atmen Sie tief ein, und spannen Sie die Muskeln an. Dabei kann es sich um die gesamte Körpermuskulatur, aber auch nur um jeweils einzelne Muskelgruppen, etwa die Gesichtsmuskeln oder die Muskeln der Arme und Hände handeln.

Halten Sie den Atem an und die Muskeln angespannt. Atmen Sie dann aus, und entspannen Sie dabei gleichzeitig die Muskeln. Lassen Sie Ihren Körper vollkommen locker werden. Wiederholen Sie dies mit anderen Muskelgruppen, falls Sie sich jeweils nur auf eine bestimmte Gruppe konzentriert hatten.

Zur Unterstützung können Sie zusätzlich Phantasiereisen unternehmen oder bei den Übungen Musik hören. Ensprechende Tonkassetten sind im Handel erhältlich.

Lassen Sie sich nicht entmutigen, wenn es mit der Entspannung nicht sofort funktioniert. Üben Sie die progressive Muskelrelaxation mindestens 2 Wochen lang, bevor Sie es aufgeben. Stellt sich heraus, daß Ihre Schmerzen unter der progressiven Muskelrelaxation zunehmen, wechseln Sie zu einer anderen Methode.

Phantasiereisen

Phantasiereisen erfordern den Einsatz Ihrer Vorstellungskraft, um vor Ihrem inneren Auge Szenen zu kreieren, die alle Ihre Sinne beanspruchen: Sehen, Hören, Tasten, Riechen und Schmecken. Sie können sich exotische Plätze vorstellen oder einen Ihrer Lieblingsorte besuchen. Sie können Geschichten und Charaktere erfinden und in Ihren Szenarien auftreten lassen. Phantasiereisen können Ihren Geist von Furcht, Langeweile und Schmerz ablenken.

Durchführung
Schließen Sie die Augen. Einige Augenblicke der Relaxationstechnik (s. o.) helfen, Ihren Körper und Geist auf die Phantasiereise vorzubereiten. Lassen Sie Ihren Geist mit der Formung seines Bildes beginnen. Das Folgende ist ein Beispiel für eine Phantasiereise: Stellen Sie sich vor, Sie seien am Meeresstrand. Sie sitzen im nassen Sand, die Nachmittagssonne warm auf Ihren Schultern. Die See rollt in sanften Wellen an den Strand, und das Wasser greift spielerisch nach Ihren Zehen. Ein paar hungrige Seemöven kreischen über Ihnen und schießen immer wieder im Sturzflug auf einen am Ufer herumstöbernden Hund herab. Mit jeder Welle, die ihre Zehen umspült und sich wieder zurückzieht, läßt Ihre Spannung nach. Sie schließen die Augen und atmen tief und langsam ein. Sie sind vollkommen entspannt. Bleiben Sie an diesem Strand, solange es Ihnen gefällt. Um die Phantasiereise zu beenden, zählen Sie bis drei, und öffnen Sie die Augen. Nehmen Sie Ihre vorherige Tätigkeit langsam wieder auf.

Ablenkung

Jede Tätigkeit, die Ihren Geist von Ihren Schmerzen ablenkt und Ihre Aufmerksamkeit sich auf etwas anderes konzentrieren läßt, ist eine Ablenkung. Basteln, Lesen, Fernsehen oder Musikhören über Kopfhörer können Ihren Geist ablenken. Ablenkung funktioniert gut, wenn Sie auf den Wirkungseintritt von Medikamenten warten oder kurze Schmerzattacken haben. Besonders bei leichten Schmerzen gelingt es manchen Menschen, ihre Aufmerksamkeit über lange Zeit von den Schmerzen abzulenken.

Stimulation der Haut

Die Stimulation der Haut dient dazu, die Schmerzwahrnehmung in den Nerven zu blockieren. Druck, Massage, warme und kalte Anwendungen, Abreibungen sowie schwacher elektrischer Strom sind Mittel dazu. Sollten Sie unter Strahlentherapie stehen, fragen Sie vor jeglicher Stimulation der Haut Ihren Arzt. Sie können die Stimulation an der schmerzenden Stelle, in deren Nähe oder auch am entgegengesetzten Ort vornehmen. Indem Sie beispielsweise bei Schmerzen im rechten Handgelenk das linke Handgelenk stimulieren, lassen sich Schmerzen im rechten Handgelenk tatsächlich lindern.

Druck

Drücken Sie mindestens 15 Sekunden lang auf den Punkt, an dem Sie den Schmerz verspüren. Sie können dazu die ganze Hand, den Handballen, den Daumen oder die Knöchel, aber auch beide Hände nehmen. Falls Sie beim ersten Mal keine Linderung finden, versuchen Sie es an verschiedenen Punkten um den schmerzenden Bereich herum. Sie können bis zu einer Minute lang Druck ausüben.

Massage

Sie oder jemand anderes kann die langsamen, kreisförmigen Massagebewegungen ausführen. Füße, Rücken, Nacken und Kopfhaut können massiert werden, um Spannung und Schmerz überall im Körper abzubauen. Manche ziehen den Gebrauch von Massageöl oder Lotionen vor. Ist die tiefe Massage zu unangenehm, versuchen Sie es mit leichtem Streicheln. Massieren Sie keine gerötete, offene oder verletzte Haut.

Wärme und Kälte

Manche mögen es kalt, andere lieben es warm. Wählen Sie, was Ihnen besser hilft. Eine bequeme Art der Kälteanwendung besteht in gefrorenen Gelpackungen, die in Handtücher eingeschlagen werden. Auch Eiswürfel können verwendet werden. Wärme kann über ein Heizkissen, durch heiße, feuchte Handtücher, eine Wärmflasche oder ein heißes Bad angewandt werden. Achten Sie darauf, sich nicht mit zu heißem Wasser zu verbrühen oder mit eingeschaltetem Heizkissen einzuschlafen. Setzen Sie Ihre Haut nicht allzulange großer Kälte aus.

Transkutane elektrische Nervenstimulation (TENS)

TENS kann zur Linderung oder Beseitigung von Schmerzen eingesetzt werden. Eine TENS-Einheit besteht aus einem batteriebetriebenen Gerät im Taschenformat, das über 2–4 auf der Haut befestigte Elektroden einen schwachen Gleichstrom durch die Haut schickt. Die Elektroden sind durch Kabel mit dem Gerät verbunden. Dieser schwache elektrische Strom blockiert oder verändert die Schmerzsignale und ersetzt sie durch ein leicht vibrierendes, kribbelndes Gefühl. Man nimmt an, daß TENS darüber hinaus die körpereigene Produktion von Endorphinen, natürlichen Schmerzmitteln, stimuliert.

Anhang B
Pflege bei künstlicher Harnableitung

Die häufigste Art der künstlichen Harnableitung ist die Ileumblase (Ileumconduit), bei der ein kleines Stück Dünndarm dazu dient, den Harn an die Hautoberfläche abzuleiten. Dieses Dünndarmstück ist an einem Ende geschlossen, das andere Ende wird an die Oberfläche des Abdomens verlagert und bildet dort eine Öffnung (Stoma). Die Harnleiter werden innerhalb des Abdomens mit dem Darm verbunden, so daß der Harn über das Ileumconduit und durch das Stoma nach außen abfließt. Andere Formen der Harnableitung umfassen das Kolonconduit, bei dem das Sigmoid als Ableitung dient, die Ureterostomie, bei der die Harnleiter durch die Bauchwand hindurchgeführt werden und Stomata bilden, und die Vesikotomie, eine Öffnung in der Harnblase.

Anbringen eines Urinbeutels

- Ziehen Sie das Papier von der selbstklebenden Haftplatte. Zentrieren Sie den Beutel über dem Stoma, und drücken Sie die Haftplatte über dem Stoma rundherum gut an, um sicherzugehen, daß sie fest auf der Haut haftet. Legen Sie bei Bedarf den Gürtel an, um zusätzlich sicher zu sein.
- Drücken Sie die Luft aus dem Beutel, und verschließen Sie das untere Ende des Beutels mit einer Klemme.

Entfernen eines Urinbeutels

Erklären Sie, daß ein Urinbeutel alle 5–7 Tage entfernt werden muß. Weisen Sie den Patienten an, vor Beginn der Maßnahme folgendes Instrumentarium vorzubereiten: Lösungsmittel, Gazetupfer, Puder (bei Bedarf), Handtuch und Schere. Beschreiben Sie das Vorgehen:

- Spannen Sie im Stehen die Haut um das Stoma, und ziehen Sie die Klebefolie ab, die den Beutel auf der Haut hält. Von oben nach unten funktioniert es am besten. Läßt sich der Beutel nicht abziehen, lösen Sie die Ränder mit Lösungsmittel ab.
- Wischen Sie ablaufende Flüssigkeit um das Stoma herum mit Gazetupfern ab.
- Waschen Sie den Bereich um das Stoma mit Wasser und Seife, und trocknen Sie ihn gut ab. Gereizte Haut wird eingepudert. Vielleicht möchten Sie auch einen Sprühverband anlegen.

Gewinnung von Urin zur Kultur und Resistenzbestimmung

Die Pflegeperson oder der Arzt entfernen den äußeren Beutel und führen einen sterilen Katheter in das Stoma ein, um eine sterile Probe zu gewinnen.

Spezielle Aspekte der Pflege

Verwenden Sie einen Sprühverband, um die Haut vor Irritationen zu schützen. Trinken Sie täglich mindestens 8 Gläser Wasser. Bestimmen Sie regelmäßig vor jeder Mahlzeit den pH-Wert des Urins an einer frisch gewonnenen Probe. Der pH-Wert sollte bei 4,5–8 liegen. Teststäbchen sind in der Apotheke erhältlich. Vitamin C hilft, den Urin im sauren Bereich zu halten. Geruch kann einen alkalischen Urin anzeigen, der zur Steinbildung oder zum Entstehen einer Infektion führen kann.

Anhang C
Selbsthilfegruppen
(Kinder und Erwachsene)

Aktive SchmerzHilfe e. V. (ASH)
Postfach 206
47702 Krefeld
Tel.: 0 21 51/76 17 97

Allergie- und umweltkrankes Kind e. V.
Westerholter Straße 142
45892 Gelsenkirchen
Tel.: 02 09/3 05 30

Allergieverein in Europa e. V.
Marienstraße 57
99817 Eisenach
Tel./Fax: 0 36 91/21 30 88

Allergiker Selbsthilfe e. V.
Hermann-Löns-Weg 11 a
65779 Kelkheim
Tel./Fax: 0 61 95/91 06 74

Amputierten-Initiative e. V. – Selbsthilfegruppe für Beinamputierte
Spanische Allee 158
14129 Berlin
Tel./Fax: 0 30/8 03 26 75

Ansprechstelle für Selbsthilfegruppen der Deutschen Liga zur Bekämpfung des hohen Blutdruckes e. V.
Berliner Straße 46
69120 Heidelberg
Tel.: 0 62 21/41 17 74
Fax: 0 62 21/40 22 74

Arbeitsgemeinschaft Allergiekrankes Kind - Hilfen für Kinder mit Asthma, Ekzem oder Heuschnupfen (AAK) e. V.
Hauptstraße 29
35745 Herborn
Tel.: 0 27 72/92 87-0
Fax: 0 27 72/92 87-48

Arbeitsgemeinschaft Behinderte in den Medien e. V.
Bonner Platz 1/V
80803 München
Tel.: 0 89/30 79 92-0
Fax: 0 89 / 30 79 92-22

Arbeitsgemeinschaft Erkrankung mit Unterzuckerung – Geschäftsstelle
Bachstraße 61
22083 Hamburg
Tel.: 0 40/22 51 67

Arbeitskreis der Pankreatektomierten e. V. – Zentrale Beratungsstelle
Krefelder Straße 52
41539 Dormagen
Tel.: 0 21 33/4 23 29
Fax: 0 21 33/4 26 91

Bund diabetischer Kinder und Jugendlicher e. V.
Hahnbrunner Straße 46
67659 Kaiserslautern
Tel.: 06 31/7 64 88
Fax: 06 31/9 72 22

Bundesverband Herzkranke Kinder e. V. – Geschäftsstelle
Kullenhofwinkel 24 a
52074 Aachen
Tel./Fax: 02 41/8 23 28

Bund zur Förderung Sehbehinderter e. V.
Max-Planck-Straße 24
40880 Ratingen
Tel./Fax: 0 21 02/44 47 37

Bundesverband der Organtransplantierten (BDO) e. V.
Unter den Ulmen 98
47137 Duisburg
Tel.: 02 03/44 20 10
Fax: 02 03/44 21 27

Bundesverband Neurodermitiskranker in Deutschland e. V.
Oberstraße 171
56135 Boppard
Tel.: 0 67 42/87 13-0
Fax: 0 67 42/27 95

Bundesselbsthilfeverband für Osteoporose e. V.
Kirchfeldstaße 149
40215 Düsseldorf
Tel.: 02 11/31 91 65
Fax: 02 11/33 22 02

Bundesverband Skoliose Selbsthilfe e. V.
Interessengemeinschaft für Wirbelsäulengeschädigte – Geschäftsstelle
Mühlweg 12
74838 Limbach
Tel.: 0 62 87/7 37
Fax: 0 62 87/47 92

CED-Hilfe e. V. – Hilfe bei chronisch entzündlichen Darmerkrankungen
Fuhlsbüttler Straße 401
22309 Hamburg
Tel./Fax: 0 40/6 32 37 40

CF-Selbsthilfe Bundesverband e. V.
Meyerholz 3
28832 Achim
Tel./Fax: 0 42 02/8 22 80

Dachverband des Freundeskreises der Wirbelsäulenerkrankten e. V.
Mainzer Ring 22
34560 Fritzlar
Tel.: 0 56 22/91 53 10
Fax: 0 56 22/91 53 12

Deutsche AIDS-Hilfe e. V.
Dieffenbachstraße 33
10967 Berlin
Tel.: 0 30/69 00 87-0
Fax: 0 30/69 00 87-42

Deutsche Alzheimer Gesellschaft e. V.
Büchsenstraße 34-36
70174 Stuttgart
Tel.: 07 11/2 26 85 98
Fax: 07 11/2 26 85 19

Deutsche Arthrosehilfe e. V.
Postfach 11 05 51
60040 Frankfurt/M.
Tel.: 0 68 31/94 66 77

Deutsche Atemwegsliga e. V. – Geschäftsstelle
Burgstraße 12
33175 Bad Lippspringe
Tel.: 0 52 52/95 45 05
Fax: 0 52 52/95 45 06

Deutsche Epilepsievereinigung e. V.
Zillestraße 102
10585 Berlin
Tel.: 0 30/3 42 44 14
Fax: 0 30/3 42 44 66

Deutsche Gesellschaft für Muskelkranke (DGM) e. V.
– Bundesgeschäftsstelle
Im Moos 4
79112 Freiburg
Tel.: 0 76 65/94 47-30
Fax: 0 76 65/94 47-20

Deutsche Gesellschaft Venen e. V. – Generalsekretariat
Postfach 18 10
90007 Nürnberg
Tel.: 09 11/5 98 86 00
Fax: 09 11/59 12 19

Deutsche Gesundheitshilfe (DGH) e. V. – Magen und Darm
Postfach 94 03 03
60461 Frankfurt/M.
Tel.: 0 69/7 89 47 47
Fax: 0 69/78 77 00

Deutsche Hämophilieberatung – Verein zur Beratung bei Blutungskrankheiten e. V.
Lessingstraße 61
45772 Marl
Tel.: 0 23 65/2 15 03
Fax: 0 23 65/2 65 78

Deutsche Hämophiliegesellschaft zur Bekämpfung von Blutungskrankheiten e. V.
Halenseering 3
22149 Hamburg
Tel.: 0 40/6 72 29 70
Fax: 0 40/6 72 49 44

Deutsche Haut- und Allergiehilfe e. V.
Fontanestraße 14
53173 Bonn
Tel.: 02 28/35 10 91
Fax: 02 28/36 37 43

Deutsche Hepatitis Liga e. V.
Postfach 20 06 66
80006 München
Tel.: 0 89/50 40 91
Fax: 0 89/50 40 92

Deutsche Herzhilfe e. V.
Weißhausstraße 21
50939 Köln
Tel.: 02 21/41 08 12

Deutsche Herzstiftung e. V.
Wolfsgangstraße 20
60322 Frankfurt/M.
Tel.: 0 69/95 51 28-0
Fax: 0 69/95 51 28-13

Deutsche ILCO e. V. – Bundesgeschäftsstelle
Landshuter Str. 30
85356 Freising
Tel.: 0 81 61/93 43 01, -02
Fax: 0 81 61/93 43 04

Deutsche Krebsgesellschaft – Psychosoziale Krebsberatungsstelle
Paul-Ehrlich-Straße 41
60596 Frankfurt/M.
Tel.: 0 69/6 30 09 60
Fax: 0 69/63 91 30

Deutsche Krebshilfe e. V.
Thomas-Mann-Straße 40
53111 Bonn
Tel.: 02 28/7 29 90-0

Deutsche Leberhilfe e. V.
Gesmolder Straße 27
49324 Melle
Tel.: 0 54 22/4 44 99
Fax: 0 54 22/65 68

Deutsche Leukämie-Forschungshilfe – Aktion für krebskranke Kinder e. V. – Dachverband
Joachimstraße 20
53113 Bonn
Tel.: 02 28/22 18 33
Fax: 02 28/21 86 46

Deutsche Leukämie-Hilfe e. V. – Bundesverband der Selbsthilfeorganisationen für Erwachsene mit Blut- und System-erkrankungen – Geschäftsstelle
Thomas-Mann-Straße 44 a
53111 Bonn
Tel.: 02 28/7 29 90 67
Fax: 02 28/7 29 90 11

Deutsche Morbus Crohn/Colitis ulcerosa Vereinigung (DCCV) e. V. – Bundesverband
Paracelsusstraße 15
51375 Leverkusen
Tel.: 02 14/8 76 08-0
Fax: 02 14/8 76 08-88

Deutsche Multiple Sklerose Gesellschaft (DMSG) e. V. – Bundesverband
Vahrenwalder Straße 205-207
30165 Hannover
Tel.: 05 11/63 30
Fax: 05 11/63 38 87

Deutsche Parkinson Vereinigung – Bundesverband e. V.
Moselstraße 31
41464 Neuss
Tel.: 0 21 31/4 10 16
Fax: 0 21 31/4 54 45

Deutsche RheumaLiga e. V. – Bundesverband
Rheinallee 69
53173 Bonn
Tel.: 02 28/95 75 00
Fax: 02 28/95 70 20

Deutsche Sarkoidose-Vereinigung e. V.
Uerdinger Straße 43
40668 Meerbusch
Tel./Fax: 0 21 50/73 60

Deutsche Schmerzhilfe e. V. – Bundesverband
Woldsenweg 3
20249 Hamburg
Tel.: 0 40/46 56 46
Fax: 0 40/4 60 17 19

Deutsche SCHMERZLIGA e. V.
Postfach 10 08 34
60008 Frankfurt/M.
Tel.: 0 69/29 98 80 75
Fax: 0 69/29 98 80 33

Deutscher Allergie- und Asthmabund e. V.
Hindenburgstraße 110
41061 Mönchengladbach
Tel.: 0 21 61/18 30 24
Fax: 0 21 61/20 85 02

Deutscher Blindenverband e. V.
Bismarckallee 30
53173 Bonn
Tel.: 02 28/95 58 20
Fax: 02 28/35 77 19

Deutscher Diabetiker-Bund e. V. – Bundesgeschäftsstelle
Danziger Weg 1
58511 Lüdenscheid
Tel.: 0 23 51/98 91 53
Fax: 0 23 51/98 91 50

Deutscher Diabetiker-Verband e. V.
Hahnbrunner Straße 46
67659 Kaiserslautern
Tel.: 06 31/7 64 88
Fax: 06 31/9 72 22

Deutscher Neurodermitiker Bund e. V.
Spaldingstraße 210
20097 Hamburg
Tel.: 0 40/23 08 10

Deutscher Verein der Blinden und Sehbehinderten in Studium und Beruf (DVBS) e. V.
Frauenbergstraße 8
35039 Marburg
Tel.: 0 64 21/48 14 50
Fax: 0 64 21/5 18 22

Deutsches Krebsforschungszentrum – Krebsinformationsdienst (KID)
Im Neuenheimer Feld 280
69120 Heidelberg
Tel.: 0 62 21/41 01 21

Dialysepatienten Deutschlands e. V.
Weberstraße 2
55130 Mainz
Tel.: 0 61 31/8 51 52
Fax: 0 61 31/83 51 98

Dortmunder Selbsthilfegruppe für Bluthochdruckkranke
Postfach 55 01 10
44209 Dortmund
Tel./Fax: 02 31/73 43 81

Elterninitiative brandverletzte Kinder e. V.
Lauferstraße 30 a
90571 Schwaig
Tel./Fax: 09 11/5 07 57 18

Elterninitiative HIV-betroffener Kinder
Burscheider Straße 33
40591 Düsseldorf
Tel.: 02 11/76 72 37
Fax: 02 11/76 21 04

Endometriose Selbsthilfeverband Deutschland
A.-Hoffmann-Straße 109
04275 Leipzig
Tel.: 03 41/4 77 77 54

Fördergemeinschaft der Querschnittgelähmten in Deutschland e. V.
Silcherstraße 15
67591 Mölsheim
Tel.: 0 62 43/52 56
Fax: 0 62 43/52 56

Fördergemeinschaft für Taubblinde e. V. – Bundeselternvertretung Deutschland
Basteistraße 83 a
53173 Bonn
Tel.: 02 28/9 56 37 63
Fax: 02 28/9 56 37 65

Förderkreis Herz- und Kreislaufhilfe e. V.
Josef-Lutz-Weg 15
81371 München
Tel./Fax: 0 89/7 23 53 33

Frauenselbsthilfe nach Krebs e. V. – Bundesverband
B 6, 10/11
68159 Mannheim
Tel.: 06 21/2 44 34
Fax: 06 21/15 48 77

Gesellschaft für Inkontinenzhilfe (GIH) e. V.
Friedrich-Ebert-Straße 124
34119 Kassel
Tel.: 05 61/78 06 04
Fax: 05 61/77 67 70

Grace P. Kelly Vereinigung zur Unterstützung Krebskranker Kinder und ihrer Familien e. V.
Wagnerstraße 7
75365 Calw-Heumaden
Tel.: 0 70 51/1 32 46

Herzkind e. V.
Husarenstraße 70
38102 Braunschweig
Tel.: 05 31/2 20 66-0
Fax: 05 31/2 20 66-22

Herz-Kreislauf-Telefon Heidelberg
c/o Deutsche Liga zur Bekämpfung des hohen Blutdruckes e. V.
Berliner Straße 46
69120 Heidelberg
Tel.: 0 62 21/47 48 00

Hilfe für Inkontinente Personen e. V.
Postfach 11 13 22
40513 Düsseldorf
Tel.: 02 11/59 21 27
Fax: 02 11/59 24 94

Hilfe für medikamentenabhängige Schmerzkranke HIMS e. V.
Ascherfeld 11
28757 Bremen
Tel.: 04 21/65 14 95
Fax: 04 21/65 14 30

Informationszentrum Epilepsie (IZE)
Herforder Straße 5-7
33602 Bielefeld
Tel.: 05 21/12 41 17
Fax: 05 21/12 41 72

Insuliner Verlag
Narzissenweg 17
57548 Kirchen-Freusburg
Tel.: 0 27 41/93 00 40
Fax: 0 27 41/93 00 41

Junge Parkinson-Kranke – Club U 40 (dPV)
Friedrich-Naumann-Straße 37
76187 Karlsruhe
Tel./Fax: 07 21/7 14 39

Kinder-Aids-Hilfe Deutschland e. V.
Kasernenstraße 59
40213 Düsseldorf
Tel.: 02 11/32 67 02
Fax: 02 11/13 47 36

Kinderherzstiftung in der Deutschen Herzstiftung e. V.
Wolfsgangstraße 20
60322 Frankfurt/M.
Tel.: 0 69/95 51 28-0
Fax: 0 69/95 51 28-13

Kuratorium Knochengesundheit e. V.
Leipziger Straße 6
74889 Sinsheim
Tel.: 0 72 61/9 21 70
Fax: 0 72 61/6 46 59

LIBERO – Hilfe für das Kind mit Krankheiten des Nervensystems e. V.
Farmser Straße 24
31174 Schellerten
Tel.: 0 51 23/84 37

Lupus Erythematodes Selbsthilfegemeinschaft e. V.
Göllenkamp 3
44357 Dortmund
Tel./Fax: 02 31/37 02 86

Magdeburger Krebsliga e. V., Kontakt- und Beratungsstelle
Gerhart-Hauptmann-Straße 35
39108 Magdeburg
Tel.: 03 91/6 71 73 94

Mukoviszidose e. V.
Bendenweg 101
53121 Bonn
Tel.: 02 28/9 87 80-0
Fax: 02 28/9 87 80-77

Netzwerk Hypophysen- & Nebennierenerkrankungen e. V.
Krankenhausstraße 12
91054 Erlangen
Tel.: 0 91 31/85 61 02
Fax: 0 91 31/85 33 20

Patientenliga Atemwegserkrankungen e. V.
c/o Patients' Care Mainz
S. Platacis
Wormser Straße 81
55276 Oppenheim
Tel.: 0 61 33/35 43
Fax: 0 61 33/20 24

Psychosoziale Beratungsstelle für Krebskranke und Angehörige – Selbsthilfe Krebs e. V.
Albrecht-Achilles-Straße 65
10709 Berlin
Tel./Fax: 0 30/8 91 40 49

RHEUMA-FORUM e. V. - Kontakt-, Informations-, Beratungs- und Unterstützungsstelle verbandsunabhängiger Rheuma-Selbsthilfegruppen
Postfach 13 08
71536 Murrhardt
Tel.: 0 71 92/13 66
Fax: 0 71 91/98 00 13

Runder Tisch Organerkrankter – Arbeitsgemeinschaft von Selbsthilfegruppen
Karlsbader Ring 28
68782 Brühl
Tel./Fax: 0 62 02/78 00 15

S.E.L.P. e. V. – Selbsthilfevereinigung zur Unterstützung erwachsener Leukämiepatienten – Geschäftsstelle
Herrenstraße 34
48167 Münster
Tel.: 0 25 06/67 68
Fax: 0 25 06/8 55 59

Selbsthilfegruppe für Blinde und Sehbehinderte
Villbacherstraße 7
63599 Biebergemünd
Tel.: 0 60 50/74 60

Selbsthilfegruppe Lebertransplantierter Deutschland e. V.
Karlsbader Ring 28
68782 Brühl
Tel./Fax: 0 62 02/78 00 15

Selbsthilfegruppe MaculaDegeneration
Breslauer Straße 26
93073 Neutraubling
Tel.: 0 94 01/16 66

Selbsthilfegruppe Morbus Hodgkin
Gelderner Straße
52428 Jülich
Tel.: 0 24 61/5 75 34
Fax: 0 24 61/5 95 91

Selbsthilfegruppen für Patienten mit künstlichen Herzklappen
Neidsteiner Straße 11
90482 Nürnberg
Tel.: 09 11/50 26 68
Fax: 09 11/50 26 04

Selbsthilfeverband „Schädel-Hirn-Patienten in Not e. V.“
Bayreuther Straße 33
92224 Amberg
Tel.: 0 96 21/6 48 00
Fax: 0 96 21/6 36 63

SHG für Brandverletzte
Dr. Ebelingstraße 26
31020 Salzhemmendorf
Tel.: 0 51 53/10 39

SHG Psoriasis-Arthritis
c/o RheumaForum e. V.
Postfach 13 08
71536 Murrhardt
Tel.: 0 71 92/13 66
Fax: 0 71 91/98 00 13

SHG Wegener'sche Granulomatose
c/o RheumaForum e. V.
Postfach 13 08
71536 Murrhardt
Tel.: 0 71 92/13 66
Fax: 0 71 91/98 00 13

Stiftung Deutsche Schlaganfall-Hilfe
Carl-Bertelsmann-Straße 256
33311 Gütersloh
Tel.: 0 52 41/97 70 - 0
Fax: 0 52 41/70 20 71

Stiftung Michael – Stiftung für Epilepsie
Münzkamp 5
22339 Hamburg
Tel.: 0 40/5 38 85 40
Fax: 0 40/5 38 15 59

Tuberöse Sklerose Deutschland e. V.
Worthgarten 3
32549 Bad Oeynhausen
Tel.: 0 57 34/15 17
Fax: 0 57 34/59 12

Verband Organtransplantierter Deutschlands e. V.
Wielandstraße 28 a
32545 Bad Oeynhausen
Tel.: 0 57 31/79 21 81
Fax: 0 57 31/79 21 82

Verein Krebsnachsorge Braunschweig e. V. – Geschäftsstelle
Hagenmarkt 2
38100 Braunschweig
Tel.: 05 31/1 46 89
Fax: 05 31/12 47 85

Verein Leberkrankes Kind e. V. – Geschäftsstelle
Am Tarpenufer 33
22848 Norderstedt
Tel./Fax: 0 40/5 29 47 21

Vereinigung für chronische Schmerzpatienten e. V.
Nachtigallweg 2
75365 Calw-Stammheim
Tel.: 0 70 51/71 72
Fax: 0 70 51/7 78 26

Literaturverzeichnis

Aergerter, E., Kirkpatrick, J. A.: *Orthopedic diseases.* W. B. Saunders, Philadelphia, 1975

Beare, P. G., Myers, J. L.: *Principles and Practice of adult health nursing,* 2. Aufl. Mosby, St. Louis, 1994

Belcher, A. E.: *Mosby's clinical series: cancer nursing.* Mosby, St. Louis, 1992

Brundage, D.: *Mosby's clinical series: renal disorders.* Mosby, St. Louis, 1993

Buckwald, E.: *Physical rehabilitation for daily living.* McGraw-Hill, New York, 1952

Canobbio, M. M.: *Mosby's clinical series: cardiovascular disorders.* Mosby, St. Louis, 1990

Carey, L. C.: *The surgical clinics of North America.* W. B. Saunders, Philadelphia, 1983

Cheitlin, M. D., Sokolow, M., McIlroy, M. B.: *Clinical cardiology,* 6. Aufl. Appleton & Lange, Norwalk, Conn., 1993

Ferri, F. F.: *Practical guide to the care of the medical patient.* 3. Aufl. Mosby, St. Louis, 1994

Garrick, J. G., Webb, D. R.: *Sports injuries.* W. B. Saunders, Philadelphia, 1990

Giloth, B. E.: *Managing hospital-based patient education.* American Hospital Publishing Inc., Washington, DC, 1993

Gray, M.: *Mosby's clinical series: genitourinary disorders.* Mosby, St. Louis, 1992

Griffith, H., Dambro, M.: *The five minute clinical consultant.* Lea & Febiger, Philadelphia, 1993

Grimes, D. E.: *Mosby's clinical series: infectious diseases.* Mosby, St. Louis, 1991

Groenwald, S. L., Frogge, M. H., Goodman, M. et al.: *Cancer nursing: principles and practice,* 3. Aufl. Jones & Bartlett, Boston, 1993

Hamilton, H. K., Rose, M. B.: *Diseases.* Nurse's Reference Library. Springhouse, Springhouse, Penn., 1984

Handbook of medical surgical nursing. Springhouse, Springhouse, Penn., 1994

Holloway, N.: *Medical surgical care planning,* 2. Aufl. Springhouse, Springhouse, Penn., 1993

Ignatavicius, D. D., Batterden, R. A., Hausman, K. A.: *Pocket companion for medical-surgical nursing.* W. B. Saunders, Philadelphia, 1992

Isselbacher, K., Braunwald, E., Wilson, J. et al.: *Harrison's principles of internal medicine,* 13. Aufl. McGraw-Hill, New York, 1994

Jaffe, M. S., Skidmore-Roth, L.: *Home Health: nursing care plans,* 2. Aufl. Mosby, St. Louis, 1993

Kniesl, C. R., Ames, S. W.: *Adult health nursing: a biopsychosocial approach.* Addison-Wesley, Reading, Mass., 1986

Mosby's patient teaching guides. Mosby, St. Louis, 1995

Mourad, L. A.: *Mosby's clinical series: orthopedic disorders.* Mosby, St. Louis, 1991

Mudge-Grout, C. L.: *Immunologic disorders.* Mosby, St. Louis, 1992

Nurses desk reference: diagnostics: a comprehensive manual of laboratory tests and diagnostic procedures. Springhouse, Springhouse, Penn., 1994

Nurses desk reference: diseases, 2. Aufl. Springhouse, Springhouse, Penn., 1988

Onion, D.: *The little black book of primary care: pearls and references.* W. W. Norton, New York, 1993

Otto, S. E.: *Oncology nursing,* 2. Aufl. Mosby, St. Louis, 1994

Pagana, K., Pagana, T.: *Mosby's diagnostic and laboratory test reference.* Mosby, St. Louis, 1992

Palandri, M. K., Sorrentin, C. R.: *Pocket companion: Luckmann and Sorensen's medical surgical nursing,* 4. Aufl. W. B. Saunders, Philadelphia, 1993

Professonal guide to diseases, 4. Aufl. Springhouse, Springhouse, Penn., 1992

Redman, B. K.: *The process of patient education,* 7. Aufl. Mosby, St. Louis, 1993

Rothman, R. H., Simeone, F. A.: *The spine.* W. B. Saunders, Philadelphia, 1975

Rutherford, R. B.: *Vascular surgery,* 3. Aufl. W. B. Saunders, Philadelphia, 1989

Stillwell, S.: *Mosby's critical care nursing reference.* Mosby, St. Louis, 1992

Swearingen, P. L.: *Manual of medical-surgical nursing care.* Mosby, St. Louis, 1994

Taber's cyclopedic medical dictionary. F. A. Davis, Philadelphia, 1993

Thompson, J., McFarland, G., Hirsch, J., Tucker, S.: *Clinical nursing,* 3. Aufl. Mosby, St. Louis, 1993

Tucker, S., Canobbio, M. M., Paquette, E. V., Wells, M. F.: *Patient care standards,* 6. Aufl. Mosby, St. Louis, 1996

Wagner, M. M.: *Pathophysiology related to peripheral vascular disease.* Nurs Clin North Am 21(2), 195-206, 1986

Weinsier, R. L., Heimburger, D. C., Butterworth, C. E.: *Handbook of clinical nutrition: clinician's manual for prevention, diagnosis and management of nutritional problems,* 2. Aufl. Mosby, St. Louis, 1989

Whitman, N. I. et al.: *Teaching in nursing practice: a professional model,* 2. Aufl. Appleton & Lange, Norwalk, Conn., 1992

Wilson, S. F., Thompson, J. M.: *Respiratory disorders.* Mosby, St. Louis, 1993